中国少数民族语言研究暨庆祝戴庆厦先生80华诞学术研讨会论文集

中央民族大学中国少数民族语言文学学院　策划

# 庆祝戴庆厦教授
# 80华诞文集

主　编◎　阿不都热西提·亚库甫

副主编◎　胡素华　李春风

中国社会科学出版社

**图书在版编目（CIP）数据**

庆祝戴庆厦教授 80 华诞文集 / 阿不都热西提·亚库甫主编. —北京：中国
社会科学出版社，2016.10
ISBN 978-7-5161-9429-4

Ⅰ. ①庆… Ⅱ. ①阿… Ⅲ. ①少数民族–民族语言学–中国–文集
Ⅳ. ①H2–53

中国版本图书馆 CIP 数据核字（2016）第 284490 号

| | | |
|---|---|---|
| 出 版 人 | 赵剑英 |
| 责任编辑 | 任　明 |
| 特约编辑 | 李晓丽 |
| 责任校对 | 韩天炜 |
| 责任印制 | 何　艳 |

| | | |
|---|---|---|
| 出　　版 | 中国社会科学出版社 |
| 社　　址 | 北京鼓楼西大街甲 158 号 |
| 邮　　编 | 100720 |
| 网　　址 | http://www.csspw.cn |
| 发 行 部 | 010-84083685 |
| 门 市 部 | 010-84029450 |
| 经　　销 | 新华书店及其他书店 |

| | | |
|---|---|---|
| 印刷装订 | 北京市兴怀印刷厂 |
| 版　　次 | 2016 年 10 月第 1 版 |
| 印　　次 | 2016 年 10 月第 1 次印刷 |

| | | |
|---|---|---|
| 开　　本 | 710×1000　1/16 |
| 印　　张 | 39.25 |
| 插　　页 | 2 |
| 字　　数 | 699 千字 |
| 定　　价 | 108.00 元 |

戴老师近照（在中央民族大学 507 工作室）

戴老师语：尽心尽力　顺其自然

# 庆祝戴庆厦教授 80 华诞文集

主　编　阿不都热西提·亚库甫

副主编　胡素华　李春风

编辑组:（按姓氏拼音排列）

胡素华　蒋　颖　李春风　王跟国

闻　静　余成林　张　军　朱艳华

# 目　录

汉藏语动词词干变化的类型观察 ……………………………… 孙天心（1）

类型学视角下的汉藏语数量名结构语序研究 ……………… 黄　平（9）

汉藏语隔位数词结构的标记成分 ………………………… 彭　茹（21）

藏缅语"指量名"结构的语序特征及相关问题的讨论 ……… 王跟国（30）

藏缅语助词"看"的类型学特征 ………………………… 邱　月（41）

语言接触对藏缅语复句的影响

　　——以因果复句、假设复句为例 ………………… 范丽君（49）

从方位词到比较标记

　　——藏缅语差比句比较标记的一个来源 ………… 邓凤民（60）

藏缅语动量表达的类型与动量词的句法强制性 ……戴宗杰　李文琪（70）

彝缅语指示代词的类型学特点 …………………………… 张　洁（78）

彝语支语言的数词 ……………………………………… 刘丽媛（86）

彝语支语言句尾强调型语气词研究 …………………… 刘沛江（95）

藏语安多方言的语音距离 ……………… Abe Powell（华子轩　美）（109）

羌语的空间指示系统 …………………………………… 黄成龙（119）

景颇语前置 a 音节的功能属性 ………………………… 徐悉艰（128）

论缅甸语浊音的历史演变 ……………………………… 蔡向阳（142）

载瓦语的形态标记 $kɔ^{51}$ ……………………………… 朱艳华（153）

梁河阿昌语的话题结构 ………………………………… 时　建（162）

彝语北部方言和西部方言受事格标记及小句语序的类型比较

　　………………………………………… 胡素华　周廷升（171）

豪尼哈尼语的存在句 …………………………………… 张　鑫（184）

碧约哈尼语的述补结构 ………………………………… 经　典（200）

论哈尼族支系与支系语言 ……………………………… 李泽然（211）

拉祜语话题标记的多功能性 …………………………… 李春风（219）

金平白苦聪话的体范畴 ………………………………… 常俊之（233）

大具纳西语反响型名量词研究 ………………………… 和智利（238）

怒苏语的亲属称谓词 …………………………………… 罗自群（247）

昆格话概况………………………………………蒋光友　时　建（257）

检槽白语的差比句…………………………………………杨伟芬（272）

搓梭话助词初探……………………………………季红丽　瞿海萍（278）

侗台语"稻秧"的地理分布…………………………………曾晓渝（289）

贵州普定仡佬语语音系统及其变异……阳柳艳　李锦芳　曾宝芬（297）

广南壮语的话题句…………………………………………李　洁（307）

论蒙古语标准语的几个重要关系…………………………宝玉柱（324）

孟高棉语次要音节结构及其语音演变……………………陈国庆（340）

新常态下我国少数民族语言生态研究……………………冯广艺（358）

我国与周边国家跨境民族的文字系统差异………………黄　行（368）

跨境景颇族的语言认同——对中缅青年学生语言态度的调查

　　………………………………………………………张　军（383）

跨境语言的田野调查方法…………………………………蒋　颖（391）

论中越边城都龙镇多民族的语言和谐……………………杨　露（401）

广西三江侗语使用情况及演变趋势预测…………张景霓　苏　丹（411）

耿马景颇族的语言使用特点及其成因……………………余成林（424）

董腊鱼苗族壮族的母语活力与双语变迁

　　………………………………余金枝　赵　静　娄朦朦（441）

天祝县藏族居民语言使用现状调查与思考………王浩宇　何俊芳（454）

彝族和白族杂居区的语言使用情况

　　——以漾濞县平坡镇为个案研究………………………李雪巧（465）

哈萨克斯坦维吾尔族的母语生活——以阿瓦特乡为例……田　静（474）

Evidence for Rank Theory in Vanishing Languages ………Wang Feng（481）

时—式—体调查问卷………Östen Dahl　著　田阡子、潘家荣　译（489）

晋北方言地名的音变………………………………………崔　霞（498）

万家乡方言音系与普通话的比较…………………………马　邹（504）

武汉方言的四音格词初探…………………………………姚　洲（510）

论汉语的"诗性智慧"及其相关问题……………………张文国（521）

维吾尔族说汉语普通话时韵律焦点的表达方式……王　玲　刘　岩（529）

汉英形修名结构选择与搭配对比研究……………………乔　翔（538）

泰国汉字教学现状调查与思考……………………………田　艳（548）

泰国学生习得汉语声母的难度等级和教学策略…………陈　娥（558）

谈编写和使用韵文类汉语教材的必要性…………………吴　铮（569）

藏汉双语平行　文理学科并重——藏汉双语教育人才

　　培养的最佳途径探索………………………………………严木初（574）

领航　成果　感谢——破解"汉字难学"的探索…………赵明德（581）

戴庆厦学术思想初探………………………………班　弨　李丽娜（593）

20 世纪 50 年代语言实习生活回忆札记 …………………戴庆厦（603）

"中国少数民族语言研究暨庆祝戴庆厦先生八十华诞

　学术研讨会"弟子代表发言 ………………………………张　博（613）

庆祝戴庆厦先生八十华诞学术研讨会隆重举行………………（616）

后记 ………………………………………………………………（620）

# 汉藏语动词词干变化的类型观察[*]

## 孙天心

**【提要】** 词干是实体词在进行曲折变化前的基本形式。部分语言动词须受语法（而非语音）条件制约，区别几种不同的词干。汉藏语系中，仅有少部分语支存在词干交替现象，本文根据一手材料及相关研究文献，介绍语法性词干交替的六个个案，据以归纳出五种类型，并提出进一步探索本研究议题的几个思考方向。

**【关键词】** 汉藏语　动词形态　词干　语法性词干交替

## 一　引言

"词干"是语词在进行曲折变化前的基本形式（Haspelmath and Sims，2010：§2.2；Dixon，2012：340）。有些语言里，动词可以依照特定的语法环境，区别几种不同的词干。衍生词干的形态手段粗略说有两种，可以并用：（一）在基本词干前、后、中间加上词缀（affixation）；（二）在基本词干内部进行音韵变化（stem modification）。

以现代英语为例，绝大部分动词（如"讲话"）以加后缀-ed 方式造成过去与过去分词形式；少数所谓的"强动词"（如"喝"）采用内部元音变换（ablaut）手段衍生不同的词干：

|  | "讲话" | "喝" |
|---|---|---|
| 原形 | talk | drink |
| 过去式 | talk-**ed** | dr**a**nk |
| 过去分词 | talk-**ed** | dr**u**nk |

元音变换原是古英语（乃至古日耳曼语、古印欧语）动词词干变化的主流规律，还有第一（单数）、第二（复数）过去词干的区别。在英语演变

---

\* 作者二十年前走上嘉戎语群学术研究的道路，全仰仗戴庆厦教授的指引与鼓励。谨以本文敬献，祝福戴教授松柏长青、健康快乐！初稿承蒙云南师范大学田阡子女士校对指正，特此致谢。

的过程中，词干本身的音韵变化手段逐渐被加齿音后缀（<古日耳曼语*-dē，可能源自加上动词"做"的迂说构造）的创新形态取代，目前仅残留约 250 个不规则动词。

汉语属于较缺乏形态的"孤立语"类型，古代汉语存在较多形态变化，但未发现动词词干交替现象。汉藏语系其他语支形态较为丰富，不少语言动词有词干变化，其中基兰特（Kiranti）语支与内瓦利（Newari）语等语言有受语音条件制约（或［语音性］）的词干音韵交替。以亚卡语（基兰特语支东基兰特语群）为例，动词"看"有 ni 与 nis 两个词干形式，后者出现于元音或滑音 w 之前：**ni-ma**"看见（不定式）"；**nis-una**"他看见了"；**nis-wana**"他将看见"（Schackow，2015：209）。

类似英语强动词，纯粹受语法制约（或［**语法性**］）的词干交替在汉藏语系中极为罕有，目前仅见于少数语言，尚待充分的发掘与探讨。以下根据目前掌握的语料，为后者提供简单的类型学介绍。

## 二　汉藏语系语言的词干变化

### 2.1　西夏语

西夏语是古西夏王国党项人的语言，目前早已消亡，仅有文献记录。西夏语动词有词干交替现象，西田龙雄先生（1975—1976）年已发现，但未能充分掌握其规律性。通过长期而严谨的研究，龚煌城先生首度阐释了西夏语动词词干的音韵构成规律及语法功能（龚，2001；Gong，2003：609-610）。龚先生指出，西夏语及物动词在带第一、第二人称单数主语（即你、我）与第三人称宾语时，除加人称后缀（-ŋa²"我"；-nja²"你"）反映主语之外，词干的韵母还要发生系统的音韵交替：

| 基本词干 | 衍生词干 |
| --- | --- |
| -ji/-ju | -jo |
| -ji | -jɨ |
| -jij | -ji |
| -ier | -ior |

由于人称后缀可以省略，上列受语法条件制约的衍生词干便成为反映第一、第二人称单数主语的对谐标记。

最近，向柏霖进一步将西夏语的动词形态与羌语支语言联系起来，提出西夏语衍生词干的历史来源可能是第三人称宾语的后缀-w（Jacques 2009）。

## 2.2　木雅语

木雅语分布于四川康定、石棉、九龙、雅江等县，一般认为属于羌语支。木雅语动词也有语法性的词干变化，音韵交替主要采元音变化，语法环境则是反映人称呼应，特点与西夏语接近。然而，木雅语的词干交替也有三点与西夏语不同之处（以康定县六巴乡木雅话为例；黄布凡，1991）。

其一，西夏语动词的衍生词干只有一种，而木雅语动词依据反映的人称与数，最多有四种衍生词干，以 da³³ "打" 为例：

| 衍生词干 1 | -do³³ "我打/打我" |
|---|---|
| 衍生词干 2 | -di³³~-de³³ "我们打/打我们" |
| 衍生词干 3 | -da³³ "你打/打你" |
| 衍生词干 4 | -de³³ "你们打/打你们" |

其二，西夏语有人称后缀，可与衍生词干并存。木雅语动词没有人称后缀，衍生词干本身标志不同之人称与数。

其三，西夏语衍生词干仅在第三人称宾语时呼应第一、第二人称单数主语；木雅语动词则永远与第一、第二人称论元呼应，不论主、宾语及单、复数，因此衍生词干出现的频率远高于西夏语。

### 2.3　藏语

#### 2.3.1　藏语书面语

藏语书面语的常用动词常有词干变化，及物动词最多可以区别四个词干，传统称为现在、过去、未来、命令词干，其音韵构成牵涉声母、元音、韵尾的变化。现以 "看"、"说"、"抓"、"想"、"拿" 五个常用动词为例说明：

| | 元音变换模式 | 现在 | 过去 | 未来 | 命令 |
|---|---|---|---|---|---|
| 看 | a-a-a-o | lta | b-lta-s | b-lta | lto-s |
| 说 | o-a-a-o | zlo | b-zla-s | b-zla | zlo-s |
| 抓 | i-u-u-u | N-dzin | b-zuŋ | g-zuŋ | zuŋ-s |
| 想 | e-a-a-o | sem-s | b-sam-s | b-sam | som-s |
| 拿 | e-o-a-o | len | b-loŋ-s | b-laŋ | loŋ-s |

以上呈现的部分音韵交替仍是早期语音程序的产物。例如，"抓" 的现在词干更古老的形式曾带有-d 后缀，正是这个齿音后缀造成元音由*u 变成

i，韵尾也由 ŋ 变成 n（请参考 Hill，2010）。

### 2.3.2　色尔坝藏语、卡龙藏语

四川色达县的色尔坝藏语（Sun，2006）、壤塘县的卡龙藏语（Sun，2007）都有特殊的动词词干变化，由非完整体词干（常源自书面藏语过去词干）经过元音变换，构成完整体词干。以色尔坝藏语为例：

| 元音变换模式 | 非完整体词干 | 完整体词干 | |
|---|---|---|---|
| a-e | va | ve | 做 |
| i-e | fsi | fse | 混合 |
| u-e | ŋal fsu | ŋal fse | 休息 |
| o-e | rpor | rper | 搬 |
| ɔ-e | tʂɔ | tʂe | 裁剪 |
| u-i | ⁿtʰu | ⁿtʰi | 喝 |
| ɛ-i | tɛ | ti | 赶 |
| o-i | fkom | fkim | 缩回 |
| ə-i | ptʃə | ptʃi | 放入 |
| ɛ(k)-ə(k) | zɛk | zək | 吠 |

通过与书面语及其他方言比较，可知这些元音变换是音韵创新，而非存古特征。这种创新形态还可应用于书面藏语无变化的动词以及源自名词之衍生动词：

| | 书面藏语 | 色尔坝藏语 |
|---|---|---|
| "嗅" | snom（现在词干）<br>b-snam-s（过去词干） | vnam（非完整体词干）<br>**vnem**（创新完整体词干） |
| "拉" | tʰen（无词干變化） | ⁿtʰen（非完整体词干）<br>ⁿtʰin（创新完整体词干） |
| "心智" | blo | vlu "背诵"（非完整体词干）<br>**vle**（创新完整体词干） |

### 2.4　赖语

赖语是分布于缅甸钦邦的一种钦语支（Chin）语言。与其他同支语言一样，赖语多数动词都有词干变化，衍生词干由基本词干通过规律音韵变化产生（Hyman & VanBik，2002），例如：

| | 基本（第一）词干 | 衍生（第二）词干 |
|---|---|---|
| 带韵尾舒声韵 | 平调或降调<br>hàl "问" | 升调<br>hàl |
| | 升调<br>tál "杀" | 加喉塞韵尾<br>tálʔ |
| 无韵尾舒声韵 | 无促声尾<br>hnii "擤（鼻子）" | 加促声韵尾 -t<br>hniit |
| 促声韵 | 促声韵尾<br>fék "结实" | 转成喉塞韵尾-ʔ<br>féʔ |

赖语词干的分布，是由多种形态句法条件共同决定：

| | 第一词干 | 第二词干 |
|---|---|---|
| 及物性 | 不及物 | 及物 |
| 肯定/否定 | 否定 | 肯定 |
| 语气 | 疑问 | 直述 |
| 句型 | 主要子句 | 从属子句 |

### 2.5　戎语（Lepcha）

印度锡金省及大吉岭地区的戎语，开音节动词多数有词干变化。作为助动词补语时，所谓的"规律词干"须增加辅音韵尾 -t, -n, -m，构成"变化词干"，同时元音 i, o 也须变成 í（古戎语与 i 有区别，现代戎语发音与 i 相同），ó[ɔ]（Plaisier，2007：103—104），例如：

| | 规律词干 | 变化词干 |
|---|---|---|
| 抵达 | tʰi | tʰí-t |
| 说 | li | lí-n |
| 吃 | zo | zó-m |

### 2.6　修梧嘉戎语

嘉戎语组包括嘉戎、拉坞戎、霍尔三个语群，其中尤以嘉戎语群形态最为保守，动词变化最为丰富。以修梧嘉戎语为例，动词分为规则、不规则两类，规则动词没有词干变化，不规则动词最多可区别三个词干，分别为第一（基本）词干、第二（过去）词干、第三（单数及物非过去）词干（Sun，2004）。第二、第三词干的构成牵涉多种音韵变化，包括声母送气、元音变音、韵尾添加、声调交替等手段，例如：

| | 做 | 刺 |
|---|---|---|
| 第一词干 | pjî | mtsû |
| 第二词干 | pʰjī | mtʰō |
| 第三词干 | pō | mtsâ-m |

其中最突出的音韵变化，便是及物动词呈现的复杂元音变音模式：

| | 第一词干 | 第二词干 | 第三词干 | 例词 |
|---|---|---|---|---|
| ɐ-ʌ-e | vzjê | vzjʌ̄ | vzjē | 学 |
| ɐ-i-e | rgê | rgî | rgē | 除（草） |
| ɐ-ə-e | skê | skə̄ | skē | 铺 |
| ə-ʌ-ʌ | sqʌ̄ | sqʰē | sqē | 煮 |
| ʌ-i-e | rbʌ̄ | rbî | rbē | 压 |
| u-o-ə | ʃû | ʃō | ʃə-m | 寄托 |
| e-i-ʌ | ⁿdzē | ⁿdzī | ⁿdzʌ̄ | 吃 |
| e-i-o | fʃē | fʃî | fʃō | 放置 |
| o-u-i | cʰōv | cʰūv | cʰīv | 打碎 |
| o-u-ə | ɣdō | ɣdû | ɣdâ-m | 击打 |
| ə-u-o | tə̄ | tʰū | tō | 倒入 |

## 三　总结与讨论

依据以上六个个案，我们可以针对汉藏语［语法性］的动词词干交替区分出以下五种类型：

| | | 是否能产 | 音韵变化 | 语法范畴 |
|---|---|---|---|---|
| 第一类 | 西夏语、木雅语[1] | 是 | 主元音、韵尾 | 人称 |
| 第二类 | 藏语[2] | 否 | 声母、主元音、韵尾 | 时（体）、命令式 |
| 第三类 | 修梧嘉戎语[3] | 否 | 声母、主元音、声调、重音 | 时、语气、及物性、数 |
| 第四类 | 赖语[4] | 否 | 主元音、韵尾、声调 | 及物性、语气、语句类型 |
| 第五类 | 戎语 | 否 | 韵尾 | 语句类型 |

[1] 却域、霍尔、独龙等语言也属于本类型。
[2] 指藏语书面语。色尔坝藏语、卡龙藏语的创新完成体词干仅牵涉主元音变化。
[3] 川西嘉戎语组部分其他语言、方言也属于本类型。
[4] 印度、缅甸、巴基斯坦境内其他的钦语支语言也属于本类型。

我们可以做出三点观察：其一，衍生词干的音韵变化主要体现在韵母，较少体现在声母。其二，词干交替主要标记人称、时体、语气、及物性等形态范畴。标记语句类型等句法范畴比较少见，应该是后起的创新。其三，色尔坝、卡龙等藏语完整体词干交替可能是受到周边嘉戎语影响产生的创新演变（Sun，2006，2007）。

此外还有一些相关问题值得进一步思考。其一，西夏语、嘉戎语、戎语的研究开展都颇早，而动词词干的交替均属较晚近的发现。至今没有更多汉藏语词干交替的报道，是否因为研究还不够深、不够广？其二，英语动词的词干交替可追溯到古印欧语的元音变换系统（Coetsem，1993），明显是古老语法特征的残迹。现代汉藏语动词的词干交替能产性通常不高，看来也是残留形态。其中是否蕴含着某种古语结构的信息？其三，部分现代藏语的动词词干是形态创新的结果。其他汉藏语的词干衍生是否也有后起发展的可能？它们的发展途径为何？

## 参考文献

龚煌城. 2001.《西夏语动词的人称呼应与音韵转换？.《语言暨语言学》2.1：21-67.

黄布凡. 1991.《木雅语》. 戴庆厦等编《藏缅语十五种》98-131. 北京：燕山出版社.

西田龙雄. 1975-76.《西夏文華嚴經》. 京都：京都大學文學部.

Coetsem, Frans van (1993). *Ablaut and Reduplication in the Germanic Verb*. Heidelberg: Winter Verlag.Dixon, R. M. W. 2012. *Basic Linguistic Theory. Volumn 3 Further Grammatical Topics*. Oxford: Oxford University Press.

Dixon, R. M. 2012. *Basic Linguistic Theory: Further Grammatical Topics* (Vol. 3). Oxford: Oxford University Press.

Gong, Hwang-cherng. 2002. Tangut. *The Sino-Tibetan Languages*, edited by Graham Thurgood and Randy J. LaPolla, 602-620. London & New York: Routledge.

Haspelmath, Martin and Andrea D. Sims. 2010. *Understanding Morphology* (2nd edition). London: Hodder Education.

Hill, Nathan W. 2010. *A Lexicon of Tibetan Verb Stems as Reported by the Grammatical Tradition*. Munich: Bayerische Akademie der Wissenschaften.

Hyman, M. Larry & Kenneth VanBik. Tone and Stem2-Formation in Hakha Lai. *Linguistics of the Tibeto-Burman Area*, 25.1: 113-121.

Jacques, Guillaume. 2009. The Origin of Vowel Alternations in the Tangut

Verb. *Language and Linguistics,* 10.1: 17-27.

Plaisier, Heleen. 2007. *A Grammar of Lepcha.* Leiden: Brill.

Schackow, Diana. 2015. *A Grammar of Yakkha* (Studies in Diversity Linguistics 7). Berlin: Language Science Press.

Sun, Jackson T.-S. 2004. Verb-stem variations in Showu rGyalrong. *Studies on Sino-Tibetan Languages: Papers in Honor of Professor Hwang-Cherng Gong on His Seventieth Birthday*, edited by Ho Dah-an et al., 245-272. Taipei: Institute of Linguistics, Academia Sinica.

Sun, Jackson T.-S. 2006. Special linguistic features of gSerpa Tibetan. *Linguistics of the Tibeto-Burman Area,* 29.1: 107-126.

Sun, Jackson T.-S. 2007. Perfective stem renovation in Khalong Tibetan. *Linguistics of the Himalayas and Beyond*, edited by Roland Bielmeier & Felix Haller, 323-340. Mouton de Gruyter. 2007.

# Stem alternation in the Sino-Tibetan verb: a typological overview

Jackson T.-S. Sun

**Abstract:** stem of a word is the base form to which inflectional processes apply. In some languages, verbs show alternation of stems driven by grammatical rather than phonological conditions. This phenomenon is attested only in a very limited number of branches in the Sino-Tibetan family. Based on firsthand data as well as data from secondary sources, six cases of grammatically driven stem variation in Sino-Tibetan languages are described in this study, which fall under five distinct types. The implications of this study and further research questions are discussed.

**Key words:** Sino-Tibetan; Verbal Morphology; Stem; Grammatically Driven Stem Alternation

（通信地址：11529　台北　台湾"中研院"语言学研究所）

# 类型学视角下的汉藏语数量名结构语序研究

黄 平

【提要】 汉藏语数量名结构的语序类型复杂多样。本文考察了 57 种汉藏语系语言，统计了动词与宾语的语序、指示词与名词的语序、形容词与名词的语序及领属定语与名词的语序等语序类型学参项，分析了汉藏语数量名结构的语序共性以及数量名结构的语序与其他类型学参项的关系。得出结论为汉藏语数量名结构中做修饰成分的数量短语与其他名词性短语的修饰成分，如形容词、指示词以及名词的领属类定语均没有语序上的蕴含共性。

【关键词】 类型学 汉藏语 数量名

数量名结构（Numerically Quantified Noun Phrase，NQNP）由数词、量词和名词组成，是一种表达数量范畴的名词性短语结构。量词是汉藏语系语言的特征之一，在汉藏语中，数词修饰名词通常要加上一个量词，组成 NQNP。汉藏语的 NQNP 有多种语序组合类型，不同类型的分布与量词发达程度是否相关，与语言的亲缘关系是否存在对应关系？量词、数词与形容词、指示词及领属语等名词性短语的修饰成分是否存在语序上的蕴含关系？汉藏语名词性短语的修饰成分的语序排列是否完全遵照 Greenberg 提出的语言共性？这些都是本文讨论的重点问题。

## 一 汉藏语系 NQNP 的语序特征

### （一）语序种类丰富，分布有规律

本文统计了 57 种汉藏语系语言，NQNP 的语序类型共有 4 种："数词+量词+名词"类型（Num+Cl+N）、"名词+数词+量词"类型（N+Num+Cl）、"名词+量词+数词"类型（N+Cl+Num）和"量词+名词+数词"类型（Cl+N+Num）。分别见下例：

（1）ja$^{11}$ tu$^{11}$ mok$^{21}$pət$^{55}$ 两只水鸭　　　　　（侗语）

两　只　水鸭

（2）sin²⁴ tɕ³¹ vbəuŋ⁵⁵ 一棵树　　　　　　　　（普米语）

　　　树　　一　　棵

（3）kjep³¹din³³ man³³ mi³³ 一双皮鞋　　　　　　（景颇语）

　　　皮鞋　　双　一

（4）dan³⁵ kwa³⁵ diau³⁵ 一口锅　　　　　　　　（布依语）

　　　口　锅　一

在这 4 种类型中，前 3 种是汉藏语的优势语序类型，都在某些语言的数量表达方式中发挥主要的语用功能，与各语族存在着对应关系，是最常用的语序类型。第 4 种，即 Cl+N+Num 属于劣势语序类型，其使用率低，使用范围小，只存在于个别语言中，并且只能与数词"一"组合使用。本文按照马学良先生（1991：16）的分类方法，将汉藏语系语言分为"一语三族"，即汉语、藏缅语族、壮侗语族和苗瑶语族。NQNP 的语序类型分布与各语族的对应关系表现为：Num+Cl+N 分布很广，在汉语、壮侗语族和苗瑶语族都作为优势语序类型出现，N+Num+Cl 和 N+Cl+Num 则主要分布在藏缅语族。N+Num+Cl 也出现在汉语和壮侗语族的一些语言中。在商周以前的上古汉语中，N+Num+Cl 是优势语序类型，而在现代汉语中 N+Num+Cl 的使用率很低，主要用于记账。壮侗语族台语支的傣语、老挝语和泰语等语言则以 N+Num+Cl 为优势语序类型。可见，NQNP 的语序分布与语族有一定对应关系，但对应关系不严整。

（二）语序与语言的对应关系复杂

NQNP 的语序类型与特定语言的对应关系比较复杂，主要有 3 种类型：一种语言对应一种语序；一种语言对应多种语序；多种语言对应同一种语序。一种语言对应一种 NQNP 语序是一种普遍现象。Num+Cl+N 是汉藏语中分布最广的语序类型，存在于汉语、苗瑶语族和壮侗语族的 30 余种语言中。一种语言存在多种 NQNP 语序类型的现象在汉藏语中比较普遍。据本文数据，存在两种及以上 NQNP 语序的汉藏语多达十余种，通常来讲，只有一种语序类型是优势语序，使用率和使用范围具有绝对优势，而其他语序则是劣势语序类型。

一种语言出现两种甚至多种 NQNP 语序类型的主要原因是内因和外因。内因是语言发展和演变的内在需要，语言系统产生新的 NQNP 语序，并逐渐代替旧语序类型是一个长期的历史过程。因此，新旧语序类型要在一定的历史时期长期共存。如果在语言使用中，两种语序类型的语用功能形成了互补分布格局，它们共存的时期将更加长久。以汉语为例，N+Num+Cl 在商周时代是优势语序类型，如例（5）。到了春秋时期，Num+N 成为优势语序，如例（6）。而到了宋代，汉语的个体量词得到全面发展，Num+Cl+N

逐渐发展为优势语序类型，如例（7）。在现代汉语中，Num+Cl+N 仍然是优势语序类型，如例（8），N+Num+Cl 因常用于记账，如例（9），与 Num+Cl+N 形成语用功能互补，保留在现代汉语中，而历史上曾出现过的 N+Num，如例（10）和 Num+N 几乎在现代汉语的数量表达式中消失。

（5）癸子（巳），王易小臣邑贝十朋。（《商周青铜器铭文选·商·帝辛》）

（6）十目所视，十手所指，其严乎！（《大学·中庸·第七章》）

（7）梵志遂放下左手一株花。（《五灯会元·七佛》）

（8）队长领了一帮人去制止，副队长叫人抬我上牛车去医院。（《黄金时代》）

（9）这些军用货车每辆搭客一人和行李一件或两件，开向韶关去的，到了韶关再坐火车进湖南。（《围城》）

（10）休王易效父鉼三。（《商周青铜器铭文选·西周早期》）

外因可归结为语言接触产生的语言影响。随着社会经济的快速发展，民族交往日益频繁而深入，互相学习对方语言才能使操不同语言的人们能更顺畅地进行交际。语言接触的过程即产生语言影响。语言影响最初发生在词汇层面，深度的语言影响则引起语音系统和语法系统的变化，有的甚至导致语言转用。当两种语言发生接触，其中一种语言会发展为强势语言，而另一种语言成为弱势语言。强势语言对弱势语言的影响较大，而弱势语言对强势语言的影响较小。弱势语言首先会从强势语言引进大量的词汇来丰富本民族语的词汇系统，进一步的语言影响可能导致音位的增加，而在语法层面表现为引进新语序等，新旧语序并存和竞争（戴庆厦，2007）。在汉藏语系各种语言的相互接触中，强势语言的 NQNP 语序被弱势语言引进，弱势语言出现新旧语序共存的现象。汉语和少数民族语言接触时，受汉语影响，藏缅语族部分语言中出现固有语序 N+Num+Cl 和外来语序 Num+Cl+N 共存的现象，如波拉语、载瓦语、基诺语、羌语和独龙语等。壮侗语族台语支的临高语除本民族语的优势语序 N+Num+Cl 外，还存在仅限数词"一"使用的 N+Cl+Num 语序和汉语语序 Num+Cl+N。

（三）量词是导致 NQNP 语序类型多样化的主要原因

在 NQNP 的 3 个组成成分中，名词和数词起源较早，量词起源较晚。不同语言量词发达程度各不相同，有的语言含有丰富的个体量词，如汉语；有的语言个体量词不发达，如藏语。在缺乏个体量词的语言中，NQNP 仅由数词和名词组成，其语序只有 Num+N 和 N+Num 两种。

汉藏语属量词型语言，每种语言都有量词，但个体量词的发展程度不同。根据个体量词的发达程度可将汉藏语分为量词发达型语言和量词欠发达型语言。量词发达型语言主要包括汉语、苗瑶语和壮侗语，量词欠发达型语言主要分布在藏缅语族（蒋颖，2009：25-27）。在量词发达型语言中，NQNP 的语序以 Num+Cl+N 和 N+Num+Cl 为主。而在量词欠发达的语言中，则同时出现 N+Num+Cl、Num+Cl+N 和 N+Cl+Num 3 种类型，并且在多数情况下，数词可直接修饰名词，出现 N+Num 和 Num+N 的语序类型。

量词导致 NQNP 语序复杂化的观点还可以从汉语 NQNP 的历时发展中得到论证。如前所述，随着汉语个体量词的产生和发展，NQNP 先后出现了 N+Num+Cl、Num+N、N+Num 和 Nun+Cl+N4 种语序类型，而且各种语序类型在不同的历史时期共存并竞争，最终在现代汉语保留了 Num+Cl+N 和 N+Num+Cl 两种语序类型。

## 二　NQNP 与其他类型学参项的语序对应关系

名词与数词的语序关系是名词性短语句法结构的重要语序类型学参项之一。量词是汉藏语系语言的特征之一，多数汉藏语的数词与名词结合都需要添加量词，构成 NQNP 的语序关系。本文参阅了 57 种汉藏语系语言的语料，以便从数据上考察 NQNP 的语序与其他名词性短语的类型学参项的关系。除 NQNP 语序外，本文还统计了指示词与名词的语序、动词与宾语的语序、领属语与名词的语序及形容词与名词的语序等语序类型学参项。

为统计方便，本文根据具体语言的实际情况，对个别参项作如下处理。

本文统计的形容词指作为修饰成分的描写性形容词，不包含动词性质的谓语形容词。

如果一个参项在某语言中含有多种语序，本文仅统计优势语序类型。优势语序类型的认定条件为在非强调句中，无重叠、数等形态变化，不使用结构助词的情况下，使用范围最广的语序类型。

数量短语作为统计 NQNP 语序的一个参项。虽然个别语言存在量词和数词分列名词两侧的情况，如壮侗语族的布依语、毛南语等，但 Cl+N+Num 不是该语言的优势语序类型，不在本文统计之列。

（一）数量短语与小句基本语序的对应关系

小句基本语序是语序类型学考察的重要参项，指动词与宾语的语序关系。研究语序类型学通常要拿小句基本语序来比照其他语序类型学参项。Greeenberg（1963）提出的 45 条语言共性中有 6 条与小句基本语序相关。国内外学者均对小句基本语序和名词与数词语序的对应关系进行过研究。Dryer（2005）统计了世界不同地区的 200 多种语言，考察了名词与数词的语序和小句基本语序的对应关系，并根据统计数据得出这两个参项没有语序上的一致关系的结论，即两个参项不存在语序蕴含共性。同时，还得出另一条结论：VO 型语言的数词前置为优势语序类型，OV 型语言的数词后置为优势语序类型。

为了考察量词加入后，这两个语序类型学参项的对应关系，即 NQNP 与小句基本语序的对应关系，本文把 57 种汉藏语分别归入 VO 型语言数量短语前置、VO 型语言数量短语后置、OV 型语言数量短语前置和 OV 型语言数量短语后置 4 种逻辑上可能的对应关系。统计结果见表 1：

表 1 　　　　　　　　　　NQNP 与小句基本语序的对应关系

| 序号 | 语序对应关系 | 语言数量（种） | 百分比（%） |
| --- | --- | --- | --- |
| 1 | VO，Num+Cl+N | 20 | 35.1 |
| 2 | VO，N+Num+Cl | 4 | 7.0 |
| 3 | OV，Num+Cl+N | 0 | 0 |
| 4 | OV，N+Num+Cl | 33 | 57.9 |
| 合计 | | 57 | 100 |

从上表数据可以看出，第 1 类和第 4 类对应关系是优势语序对应关系，具有数据上的绝对优势，统计范围内的汉藏语有 93% 属于这两类。第 2 类对应关系包含了 4 种语言，占 7%；而对于第 3 类对应关系，在本文统计的 OV 型语言数据中没有数量短语前置的例证。在 VO 型语言中，数量短语前置的语言有 20 种，占 24 种 VO 型语言的 83.3%；而在 OV 型语言中，33 种 OV 型语言全部属于数量短语前置。该统计结果与 Dryer(2008) 提出的 VO 型语言以数词前置于名词为优势语序，OV 型语言以数词后置于名词为优势语序的结论相一致。由此论断，量词的加入并未对数词与名词的语序和小句基本语序的对应关系产生影响。

（二）NQNP 与形容词的语序对应关系

NQNP 中的数量短语与形容词都能作为定语修饰和限制中心名词或名词性短语。句法结构的临摹性特点倾向于把句法功能相似的成分放在同侧。Dryer（2008）指出数词与名词的语序关系可能受到其他语序结构的影响，比如形容词与名词的语序等。那么，汉藏语中数量短语与名词的语序和形容词与名词的语序是否存在一致关系值得研究。本文对 57 种汉藏语进行归类，分别列入形容词前置于名词、数量短语前置于名词，形容词前置于名词、数量短语后置于名词，形容词后置于名词、数量短语前置于名词和形容词后置于名词、形容词后置于名词 4 种逻辑对应关系。具体数据如表 2 所示：

| 表 2 | 数量短语与名词和形容词与名词的语序对应关系 | | |
|---|---|---|---|
| 序号 | 语序对应关系 | 语言数量（种） | 百分比（%） |
| 1 | Adj+N，Num+Cl+N | 2 | 3.5 |
| 2 | Adj+N，N+Num+Cl | 1 | 1.8 |
| 3 | N+Adj，Num+Cl+N | 18 | 31.6 |
| 4 | N+Adj，N+Num+Cl | 36 | 63.1 |
| 合计 | | 57 | 100 |

从表 2 数据中可得到以下几点认识。

1. 形容词后置于名词是汉藏语系语言的优势语序类型。上表数据显示，54 种语言属于形容词后置型，只有 3 种语言以形容词前置为优势语序类型。在汉藏语的某些语言中，形容词修饰名词存在前置或后置于名词两种语序关系。形容词前置通常是带语法标记的，比如形态变化或有助词标记等。此外，也有形容词无论是前置还是后置都没有标记的情况，但是从使用频率上看，母语人更倾向于使用形容词后置的表达方式。

2. 数量短语后置型语言在数量上有一定优势。数量短语后置型语言的数量多于数量短语前置型语言，在 57 种汉藏语中，有 20 种语言属于数量短语前置型，而有 37 种语言属于数量短语后置型。数量短语后置的语序优势不突出，数据对比亦表明数量短语后置的语序优势远没有形容词后置的语序优势大。因此，数量短语与名词的语序关系中不存在绝对优势语序类型。

3. 数量短语和形容词不存在语序上的一致关系。表 2 数据显示，数量短语和形容词位于名词同侧的是第 1 类和第 4 类，共有 38 种语言，分列名词两侧的第 2 类和第 3 类共有 19 种语言。即位于名词同侧的类型有明显优势，属于优势语序类型，但不具有绝对优势，另有 1/3 的语言属于数量短语和形容词分列名词量词的类型。这种对比关系无法认定数量短语和形容词在语序上存在一致关系。

（三）NQNP 与指示词的语序对应关系

指示词是名词性短语结构中位置最灵活的句法成分。在本文统计的汉藏语语料中，指示词与名词的位置关系有 3 种：前置于名词、后置于名词及前后并置于名词。数量短语和指示词共同出现在名词性短语中的语序关系非常复杂。本文仅统计优势语序，而有 4 种语言难以辨别，因此，共有 53 种语言在统计之列，指示词与数量短语的语序对应关系如表 3 所示：

表3　　　　　　　　　　数量短语和指示词的语序对应关系

| 序号 | 语序对应关系 | 语言数量（种） | 百分比（%） |
|---|---|---|---|
| 1 | Dem+N，Num+Cl+N | 6 | 11.4 |
| 2 | N+Dem，N+Num+Cl | 12 | 22.6 |
| 3 | Dem+N，Num+Cl+N | 13 | 24.5 |
| 4 | N+Dem，N+Num+Cl | 22 | 41.5 |
| 合计 | | 53 | 100 |

从表3数据中得到如下认识：

1. 数量短语和指示词的语序对应关系复杂

表3列举的4种逻辑上可能的语序对应类型都有一定数量的语言。从各种语序对应类型所占比例来看，4种类型依次占11.4%、22.6%、24.5%和41.5%。数据显示，各种类型所占比重的差距不大。属于第4类语序对应关系的语言数量最多，有22种。因此，可以从数据的角度认定指示词后置和数量短语后置是汉藏语的优势语序对应关系。

2. 数量短语和指示词不存在语序上的蕴含关系

如上所述，数量短语和指示词相对于名词的位置关系共有4种逻辑对应类型，从数据可以看出数量短语和指示词不存在语序上的一致关系。此外，数量短语和指示词位于名词同侧和分列两侧的比例也差别不大。表3中，第1类和第4类属于数量短语和指示词位于名词同侧的类型，共有28种语言；而属于数量短语和指示词分列名词两侧的第2类和第3类共有25种语言。由此判断，汉藏语中数量短语和指示词的语序对应关系复杂，不存在语序蕴含共性。

（四）数量短语和领属语的语序对应关系

领属语和名词的语序关系有两种，前置于名词或后置于名词。因此，领属语和数量短语相对于名词共有4种逻辑语序关系，分别是领属语前置，数量短语前置；领属语前置，数量短语后置；领属语后置，数量短语前置；领属语后置，数量短语后置。汉藏语的数量短语和领属语的语序对应关系如表4所示：

表4　　　　　　　　　　数量短语和领属语的语序对应关系

| 序号 | 语序对应关系 | 语言数量（种） | 百分比（%） |
|---|---|---|---|
| 1 | Gen+N，Num+Cl+N | 10 | 17.5 |
| 2 | N+Gen，N+Num+Cl | 33 | 57.9 |
| 3 | Gen+N，Num+Cl+N | 10 | 17.5 |
| 4 | N+Gen，N+Num+Cl | 4 | 7.1 |
| 合计 | | 57 | 100 |

根据上表数据判断，汉藏语的数量短语和领属语不存在语序一致关系。表 4 显示，汉藏语在各种逻辑语序对应类型均有分布，并且不存在优势明显的语序对应关系。虽然属于第 2 类的语言多达 33 种，占 57.9%，但相对于第 1 类和第 3 类的 17.5%，优势不够明显。另外，属于数量短语和领属语位于名词同侧的第 1 类和第 4 类共有 14 种语言；而分列名词两侧的第 2 类和第 3 类共有 43 种语言。这种数字对比仍然不能说明领属语和数量短语具有语序上的一致关系。

（五）小结

通过上文分析，可以得到如下结论：在汉藏语中，NQNP 的数量短语和其他名词性短语的修饰成分，如指示词、领属语而言形容词都不存在语序上的一致关系。即我们无法根据 NQNP 中数量短语和名词的语序关系推断名词与形容词、指示词和领属语的位置关系，亦不能根据形容词、指示词或领属语的位置推测数量短语和名词的语序关系。

数量短语和形容词、指示词、领属语的语序对应关系并不是完全无序可循的。虽然在汉藏语系的层面上找不到一致关系，但是如果把对比范围缩小到语支，它们的语序对应关系则不那么杂乱无章。对比发现，相同语支的语言在数量短语、形容词、指示词和领属语的语序对应关系上表现出一致性的倾向。本文所统计的语料显示：藏语支语言倾向于领属语前置，数量短语、指示词和形容词后置。彝语支和缅语支语言表现出与藏语支相同的倾向性，但是基诺语和土家语除外。景颇语支则倾向于领属语和指示词前置，而数量短语和形容词后置。但有特例，僜语中指示词和名词的语序关系有前置和后置两种，且无法根据现有语料判断哪个是优势语序类型。侗水、苗、瑶等语支共同表现出一种倾向性：数量短语前置，指示词、形容词和领属语后置。

同语支语言所表现出的这种语序对应的一致性倾向是源自亲缘关系，还是语言接触所致，有待深入研究。语言接触确实能对语言的语序产生影响，比如侗水语支的标话受汉语影响较大，语序发生变化，不符合侗水语支数量短语前置，指示词、形容词和领属语后置的倾向性。然而，本文认为亲缘关系是致使同语支语言在语序上表现出一致性倾向的主要原因。

### 三　NQNP 与 Greenberg 的第 20 条语言共性

（一）Greenberg 的第 20 条语言共性

Greenberg 的代表作《某些主要跟语序有关的语法普遍现象》，被认为是当代语序类型学的开山之作。Greenberg 挑选了 30 种来自世界各大洲的不同语系中有代表性的语言，在对这 30 种语言进行大量数据统计的基础上提出了 45 条语言共性。文章中的第 20 条语言共性与本文有关，引述如下：

Universal20.When any or all of the items (<u>demonstrative</u>, <u>numeral</u>, and <u>descriptive</u> adjective) precede the <u>noun</u>, they are always found in that order. If they follow, the order is either the same or its exact opposite. (Greenberg, 1966)

具体说来，在名词性短语结构中，如果指示词、数词和描写性形容词前置于名词，它们就以这样的顺序出现，构成 Dem+Num+Adj+N 的语序类型。如果它们后置于名词，则要么语序依旧，要么完全相反，即 N+Dem+Num+Adj 或 N+Adj+Num+Dem。共性 20 的前提条件是这几种修饰成分出现在名词的同侧，而根据本文统计的数据，汉藏语中有多种语言存在修饰成分分列名词两侧的现象。根据共性 20 的解释，如果这几种修饰成分分列名词两侧，则位于名词同侧的成分依然遵从共性 20 所描述的语序。

（二）共性 20 与汉藏语名词性短语

自从 Greenberg 的语言共性理论问世以来，世界各国学者纷纷用自己熟悉的语言去验证他提出的各种语言共性。本文研究发现汉藏语名词性短语的语序排列存在违反共性 20 的现象。共性 20 所考察的参项中不包括量词，为了便于比较，下文用 Num 代表数量短语。由于汉藏语名词性短语中的量词总是和数词结合起来共同出现在名词的同侧，因此，用 Num 代表数量短语不会影响比较结果。根据本文语料，参照共性 20 的参项，汉藏语名词性短语共有以下 6 种语序组合类型。

（11）Dem+Num+Adj+N

na:i⁵⁵ pua³³ tsun⁵³ tom⁵³ djan²⁴ sei³³ a³³tɛ³³ tsun²⁴ ɲɛi³³.（泰国瑶语）
这　三　棵　大　树　是　爸爸　种　的
这三棵大树是爸爸种的。

（12）Dem+Num+N+Adj

hɔ²¹ tsi¹³ vau⁴² nɛk³³ lon³⁵ （村语）
那　一　棵　树　大
那一棵大树

（13）Dem+N+Adj+Num

kə³¹zə⁵⁵ ke³¹mə⁵⁵ ɲi⁵⁵ɲi³¹ tshə⁵⁵tshɿ⁵⁵tɕyi³¹ shə⁵⁵ zə⁵⁵ zе³⁵?（扎巴语）
这　衣服　红　十几　（量）　谁（助）（助）
这十几件红衣服是谁的？

（14）Num+N+Adj+Dem

ɣa³¹ to³¹ po⁴² la:u⁴² tsa³⁵ （水语）
两　只　黄牛　大　那
那两只大黄牛

（15）N+Adj+Num+Dem

kan ngə ʑa ngo so ma hsəm bo kan kaŋ ngə ɳu nə rə?（藏语）

他 的 帽子 新 三 个 那 哪 从 买了

他的那三顶新帽子是从哪儿买的？

（16）N+Adj+Dem+Num

ŋa⁵⁵ vɛ⁵⁵ᐟ³⁵ ɛ³¹ khji⁵⁵tʃauŋ³⁵ᐟ³¹ na⁷³¹ tʃhə⁵⁵ i³⁵ᐟ⁵⁵ tʃam⁵⁵ᐟ³⁵ kjai³¹ kai⁵⁵ᐟ³¹ a⁵⁵.

（波拉语）

我 买 的 鞋 黑 这 两 双 很 好 (助)

我买的这两双黑鞋很好。

在上述 6 种语序组合中，只有例（16）与共性 20 的描述不一致。根据共性 20 的描述，指示词与名词的距离最远，当其后置于名词时，应该位于形容词和数词之后。然后在第 6 种组合中，指示词却移位到数词之前。出现第 6 种语序组合方式的语言均分布在藏缅语族的缅语支和彝语支，例如拉祜语、彝语、纳西语、卡卓语、哈尼语、傈僳语、载瓦语、波拉语、仙岛语、阿昌语、柔若语、桑孔语及白语等。如此多的亲属语言集体违反了语序组合原则，应该是受某种语言机制的制约，在原始母语分化之前形成的。

（三）影响语序排列的语言机制

除了汉藏语外，其他语系语言违反 Greenberg 语言共性的现象也十分普遍。Greenberg 提出的 45 条语言共性，几乎每一条都有与之相悖的语言存在。汉藏语出现违反共性 20 的特例说明名词性短语的语序排列可能受到多重语言机制的制约。

语言是一个复杂的系统，它包含许多个子系统。各个子系统并不是孤立的，而是相互关联、相互影响的。语言单位的组合要遵循该语言的组合规则，语序组合违反了一般组合规律，可能是多种语言机制相互作用产生的结果。陆丙甫（2009：1-15）在分析 Greenberg 的 45 条语言共性的基础上提出了多种制约语序排列的语言机制，例如，处理难度、需要程度、语义靠近、可别度领先、经济性及标志置末等。陆文同时指出共性 20 受到语义靠近原则和可别度领先原则的共同的制约。根据陆文，可别度领先原则表述为：

如果其他一切条件相同，那么对所属名词短语可别度贡献高的定语总是前置于贡献度低的定语。

名词性短语中的定语成分按照可别度领先原则进行排序，依次是指示词前置于数词，数词前置于形容词。Greenberg 提出共性 20 主要是依照语义靠近原则，当所有以上定语成分都出现在名词之前时，可别度领先原则和语义靠近原则相一致，因此不存在违反共性 20 的现象，而当定语成分全部后置于名词时，可别度领先原则与语义靠近原则相冲突，定语语序排列顺序容易产生混乱。彝语支和缅语支语言出现违反共性 20 的现象很可能是语义靠近原则和可别度领先原则相冲突所致。当然，也不能排除其他可能影响名词性短语语序排列的语言机制的制约作用。

**参考文献**

戴庆厦、田静：《语言的外部影响与内部机制》，《民族语文》2007 年第 4 期。

蒋颖：《汉藏语系语言名量词比较研究》，民族出版社 2009 年版。

陆丙甫：《对 Greenberg45 条共性的分析》，《东方语言学》2009 年第 5 辑。

马学良：《汉藏语概论》，北京大学出版社 1991 年版。

Dryer, Matthew S.2008.Word Order in Tibeto-Burman Languages. Linguistics of the Tibeto-Burman Area 31:1-88.

Greenberg, Joseph H.1963.Some Universals of Grammar with Particular References. Essay in Linguistics. Chicago: University of Chicago Press.

# Word Order of Numerically Quantified Noun Phrase in Sino-Tibetan Languages from a Typologicl Perspective

Huang Ping

**Abstract:** Numerically Quantified Noun Phrase (NQNP) is a noun phrase constructed by noun, numeral and classifier. The word orders of NQNP are various in Sino-Tibetan languages. Two issues are discussed in this paper, the first of which analyzes the orderly universals of NQNP in Sino-Tibetan languages. The second issue is about the relationship between NQNP and other parameters in word order, in which Fifty-seven languages in Sino-Tibetan are observed. The conclusion is that numeral phrases, which functioned as modifiers in NQNP, have no implicational universal with other parameters functioned as modifiers of noun, such as adjective, demonstrative, and genitive.

**Key words:** Typology; Sino-Tibetan Languages; Numerically Quantified Noun Phrase

（通信地址：130012　长春吉林省经济管理干部学院文化旅游学院）

# 汉藏语隔位数词结构的标记成分

彭　茹

【提要】本文使用语言比较的方法，揭示汉藏语隔位数词结构标记成分的若干特点。指出汉藏语隔位数词结构加不加标记存在三种类型；隔位数词结构的标记成分有"零"、连词、动词、方位词、短语等几种；标记成分呈现出一定的演变层次，并进一步构拟出这样一个演变链：无标记 > 可有可无标记 > 短语、动词、连词、方位词标记 > "零"标记。还从表意、韵律和语言接触等方面，分析了汉藏语隔位数词结构需要加标记的动因。

【关键词】汉藏语隔位数词结构　标记成分　演变链

汉藏语多个位数词连用，各语言都是按大位数在前，小位数在后的顺序排列。多个位数词排列时有两种情况：一是位数依次排列，中间不隔位数，如汉语的"一千一百一十"；二是中间隔了一个或一个以上的位数，如汉语的"一百零五"中间隔了一个十位数，"五万零五十"中间隔了千位数和百位数。多位数连用，如果中间缺了一个或一个以上的位数词，我们称之为"隔位数词结构"。

数词研究是汉藏语词类研究中的一个薄弱环节，特别是对汉藏语隔位数词结构的研究还尚未见有成果。本文基于汉藏语 70 多种语言（包括方言）的语料，运用语言比较的方法，从类型学的视角分析汉藏语隔位数词结构标记成分的若干特点，包括加不加标记的类型、充当标记成分的类型、标记成分的演变链、加标记连接的动因。[①]

## 一　汉藏语隔位数词结构标记成分的特点

### 1.1　加不加标记的类型

隔位的数词结构，汉藏语多数语言需要加标记，但有少数语言不需要

---

① 本文语料主要来源于《中国少数民族语言简志丛书》《中国少数民族语言方言研究丛书》《中国新发现语言研究丛书》《中国的语言》和《中央民族大学"985"工程中国少数民族语言参考语法研究系列丛书》等著作。

加标记，还有个别语言可用可不用。举例如下。

（1）必须加标记的。如：

纳西语：（和即仁、姜竹仪，1985）

dɯ$^{33}$tv$^{31}$ne$^{13}$tshe$^{31}$uɑ$^{55}$一千零十五

一　千　和　十　五

（2）不加标记的。如：

独龙语：（孙宏开，1982）

pɯ$^{31}$ŋɑ$^{53}$tu$^{ʔ55}$pɯ$^{31}$ŋɑ$^{53}$五千零五

五　　千　五

（3）可加可不加标记的。如：

尔苏语：（孙宏开、胡增益、黄行，2007）

tɑ$^{55}$zɑ$^{55}$（lɑ$^{33}$）te$^{55}$wo$^{33}$一百零一

一百　（和）一个

### 1.2　充当标记成分的类型

汉藏语充当隔位数词结构标记的有"零"、连词、方位词、动词、短语等。

（1）以连词为标记的，如：

普米语（兰坪）：（陆绍尊，1983）

tʂhu$^{13}$ʂə$^{55}$nə$^{55}$tʂhu$^{13}$六百零六

六　百（连词）六

普米语（兰坪）"六百零六"百位数和个位数间加连词 nə$^{55}$"和"。

（2）以动词为标记的，如：

苗语（矮寨）：（余金枝，2011）

pʐei$^{53}$wɛ$^{21}$tɛ$^{44}$pʐa$^{53}$pa$^{35}$（tɛ$^{44}$）　四万零五百（根）

四　万　到　五　百（根）

苗语（矮寨）"四万零五百"万位数和百位数间加动词 tɛ$^{44}$"到"。

（3）以方位词为标记的，如：

嘉戎语：（林向荣，1993）

kə-sampərjɐwu-ŋkhutə-rgi 三百零一

三　百（前缀）后一个

嘉戎语"三百零一"在百位数和个位数间加方位词 wu-ŋkhu"的……后"。

（4）以短语为标记的，如：

藏语（拉萨话）：（金鹏，1983）

n̠i$^{12}$toŋ$^{55}$ca$^{12}$mɛ$^{ʔ12}$tɕuk$^{53}$tɕi$^{ʔ53}$两千零一十一

两　千（缺百）十　一

藏语"两千零一十一"在千位数和十位数间加短语 ca¹²mɛ²¹² "缺百"。

（5）以"零"为标记的，如：

阿昌语：（戴庆厦、崔志超，1985）

ta³¹pak³⁵mɔ³⁵sum³⁵一百零三

一　百　零　三

侗语：（梁敏，1980）

sa:m¹ˊ˩sin¹ˈljiŋ²sət⁷ˊɕəp⁸三千零七十

三　千　零　七　十

阿昌语"一百零三"在百位数和个位数间加 mɔ³⁵ "零"，侗语"三千零七十"在千位数和十位数间加 ljiŋ² "零"。

### 1.3　各标记成分在不同语族中的分布

各标记成分在汉藏语各语族间的分布存在差异。为了清楚地显示各标记成分在汉藏语各语族间的分布差异，我们对使用标记成分的 33 种语言进行了考察和统计。统计结果见表 1。

**表 1**

| 语言 | | 加标记情况 | 加标记情况及标记类型 | | | | | | |
|---|---|---|---|---|---|---|---|---|---|
| | | | 加标记 | | | | | 可有可无标记 | 无标记 |
| | | | 零 | 连词 | 方位词 | 短语 | 动词 | | |
| 汉语 | | | + | | | | | | |
| 藏缅语族 | 藏语支 | 藏语（拉萨话） | | + | | + | | | |
| | 羌语支 | 普米语（兰坪） | | + | | | | | |
| | | 嘉戎语 | | | + | | | | |
| | | 扎巴语 | | + | | | | | |
| | | 尔苏语 | | + | | | | + | |
| | 景颇语支 | 景颇语 | | | | | | | + |
| | | 独龙语 | | | | | | | + |
| | 彝语支 | 彝语（喜德） | | + | | | | | |
| | | 拉祜语（邦朵） | | + | | | | | |
| | | 纳西语 | | + | | | | | |
| | | 基诺语 | | + | | | | | |
| | | 怒苏语 | | + | | | | | |

续表

| 语言 | | 加标记情况及标记类型 | | | | | | |
|---|---|---|---|---|---|---|---|---|
| | | 加标记 | | | | | 可有可无标记 | 无标记 |
| | | 零 | 连词 | 方位词 | 短语 | 动词 | | |
| 藏缅语族 | 彝语支 哈尼语（绿春） | | | | | | | + |
| | 哈尼语（碧约） | | + | | | | + | |
| | 柔若语 | | | | | | | + |
| | 缅语支 载瓦语（遮放） | | | | | + | + | |
| | 阿昌语 | + | | | | | | |
| | 浪速语 | | | | | | | + |
| | 仙岛语 | + | | | | | | |
| | 波拉语 | | + | | | | | |
| | 勒期语 | + | | | | | | |
| | 待定语支语言 白语 | + | | | | | | |
| 侗台语族 | 台语支 壮语（北部） | + | | | | | | |
| | 壮语（南部） | + | | | | | | |
| | 傣语（西傣） | + | | | | | | |
| | 侗水语支 侗语 | + | | | | | | |
| | 水语 | + | | | | | | |
| | 仫佬语 | + | | | | | | |
| | 毛南语 | + | | | | | | |
| | 黎语支 黎语 | | | | | | | + |
| 苗瑶语族 | 苗语支 苗语（矮寨话） | | | | | + | | |
| | 瑶语支 勉语 | + | | | | | | |
| 总计① | 33 | 13 | 11 | 1 | 1 | 2 | 3 | 6 |

表 1 统计数据显示：加"零"的共有 13 种语言，主要分布在汉语、藏缅语族的缅语支、侗台语族、苗瑶语族瑶语支，有汉语、阿昌语、仙岛语、勒期语、白语、壮语（北部）、壮语（南部）、傣语（西傣）、侗语、水语、仫佬语、毛南语、勉语；加连词的共有 11 种语言，主要分布在藏缅语族的

① 藏语（拉萨）话既可以加连词也可以加短语。可加可不加的 3 个语言，在加的情况下，尔苏语、哈尼语（碧约）加连词，载瓦语（遮放）加零。

藏语支、羌语支和彝语支，有藏语（拉萨）、普米语（兰坪）、扎巴语、尔苏语、彝语（喜德）、拉祜语（邦朵）、纳西语、基诺语、怒苏语、哈尼语（碧约）、波拉语；加方位词和短语的各只有 1 种语言，分别是嘉戎语和藏语（拉萨）；加动词的只有载瓦语（遮放）和苗语（矮寨）2 种语言。

## 二　汉藏语隔位数词结构标记成分的演变链

汉藏语隔位数词结构的标记在不同语族间呈现出一定的演变层次。从上面所述的语言事实中，可以推测标记成分是原始汉藏语分化后的一个产物。我们假设，原始汉藏语是不加标记的，但随着原始汉藏语的分化，各语言不同的结构特点、各民族的认知差异和语言接触等因素，决定了标记成分存在不同的发展方向和路径。我们把不同的现象串在一起，可以构拟出如下一个演变链：

无标记＞可有可无标记＞短语、动词、连词、方位词标记＞"零"标记

少量语言如景颇语、独龙语、哈尼语（绿春）、柔若语、浪速语和黎语隔位的位数词直接组合，是原始汉藏语隔位数词结构无标记的遗迹。

个别语言如尔苏语、哈尼语（墨江）和载瓦语（遮放）处于汉藏语隔位数词结构发展的一个中间状态，可有可无标记。

在表意因素、韵律因素和语言接触（以下将做详细分析）等动因的制约下，汉藏语隔位数词结构发展出了短语、动词、连词、方位、"零"等标记成分。

在这些标记中，"零"是后起的，因此在各语族间不存在同源关系。得出这个结论的前提有两个：一是藏缅语族多数语言目前都没出现表示"零"数目的专门词语；二是存在"零"数目的藏缅语族几个语言和汉语不存在语音对应关系。

为了进一步论证这个观点，我们对藏缅语族几种语言和汉语"零"的语音形式进行了对比，结果如表 2 所示。

**表 2**

| 　　　　　语言<br>语音形式 | 拉祜语<br>（邦朵） | 阿昌语 | 仙岛语 | 勒期语 | 汉语 |
|---|---|---|---|---|---|
| "零"的语音形式 | va$^{31}$ | mo$^{35}$ | ma$^{255}$/mu$^{51}$a$^{31}$ | lɔ$^{35}$ | liŋ$^{35}$ |

从表 2 可以看出："零"在藏缅语族几个语言和汉语间不存在同源关系。我们初步认为这主要和民族的需要与认知有关。由于需要和认知的不同，

有些民族的语言至今还没有形成表达"零"概念的专门词语。

另外，汉语隔位数词结构标记的形成情况，也能为以上的观点提供一个有力的旁证。古汉语隔位数词结构有过加连词"有"标记。例如：《左传·文公文十六年》："乃出师，旬有五日，百濮乃罢。"发展到近代汉语，就加"零"表示。例如："一万零八"。

### 三　汉藏语隔位数词结构加标记连接的动因

通过对语料的分析，我们初步认为，汉藏语隔位数词结构需要加标记的动因有表意因素、韵律因素和语言接触等。

#### 3.1　表意因素

表意因素有消除歧义和清晰度两个方面的内容。

（1）消除歧义的需要

汉藏语多数语言多位数结构中末位的位数词如果不带余数，其往往可以省略。省略的结果是会导致隔位数词结构产生歧义，尤其是处于结构末尾的数词。出于消除歧义的需要，汉藏语有些语言就会采取相应的词汇手段来消除这种表意的模糊性。汉语、拉祜语（邦朵）、阿昌语等属于这种类型。例如：汉语中"一百零五"这个结构，去掉"零"，"一百五"，就表达"一百五十"的意思。为表达"一百零五"这个概念，必须在"一百"和"五"之间加标记"零"。

拉祜语（邦朵）也需要加连词标记"和"来消除歧义。例如：

$te^{53}xa^{33}l\epsilon^{33}xi^{35}$一百零八

一百　和　八

（李春风，2014）

如果 $te^{53}xa^{33}l\epsilon^{33}xi^{35}$ "一百零八"这个结构去掉 $l\epsilon^{33}$ "和"，$te^{53}xa^{33}xi^{35}$ 意义就不明确了。

再如阿昌语也需要加标记"零"来消除歧义。例如：

$ta^{31}pak^{35}mɔ^{35}sum^{35}$一百零三

一百　零　三

（戴庆厦、崔志超，1985）

如果 $ta^{31}pak^{35}mɔ^{35}sum^{35}$ "一百零三"这个结构去掉 $mɔ^{35}$ "零"，$ta^{31}pak^{35}sum^{35}$ 意义也不明确了。

（2）清晰度的需要

隔位数词结构，居后的位数词带余数或者个位数已经带其他标记表明其身份，不存在表意的歧义性；如果要使意义更加清晰、明了，有的语言就会加词汇标记说明。藏语（拉萨）、嘉戎语、怒苏语等有这种情况。例如：

藏语（拉萨）：（金鹏 1983）

toŋ⁵⁵tʂha²⁵³n̩i⁵⁵tatɕuk⁵³tɕi²⁵³ 二千零一十一

千（表整数）二（连词）十 一

或

n̩i¹²toŋ⁵⁵ca¹²mɛ²¹²tɕuk⁵³tɕi²⁵³ 二千零一十一

二千（缺百） 十 一

嘉戎语：（林向荣 1993）

kə-sampərjɐwu-ŋkhutə-rgi 三百零一

三 百 （前缀）后一个

怒苏语：（孙宏开、刘璐，1986）

sɔ³⁵ɕi³⁵i³¹sɔ³⁵tshe³⁵ 三千零三十

三千（连词）三十

### 3.2 韵律因素

上述汉语、拉祜语（邦朵）、阿昌语等语言加标记，除了消除歧义的表意需要外，还兼有韵律作用。韵律的作用是使末尾的数词跟连词、"零"等标记形成双音节的语音节律。

有些语言不需要加，是因为基数词多数是双音节的，已存在双音节节律，如景颇语"一"至"十"基数词是双音节的，当其出现在隔位数词结构的个位数位置上时，由于韵律作用的制约，其前面不需加标记。例如：

mǎ³¹sum³³tsa̱³³mǎ³¹ŋa³³ 三百零五

三 百 五

（戴庆厦，2012）

### 3.3 语言接触的动因

有的语言通过语言接触借用汉语的"零"。如侗台语族多数语言和苗瑶语族勉语都借用了汉语的"零"。例如：

壮语（北部）：（韦庆稳、覃国生，1980）

ɣok⁷faːn⁶haː³ɕiːn¹liŋ²ŋei⁶ 六万五千零二

六 万 五 千 零二

壮语（南部）：（郑贻青，1996）

khjɔːk⁷sin¹ləŋ²haː³ 六千零五

六 千 零 五

侗语：（梁敏，1980）

saːm¹ʔsin¹ʔljiŋ²sət⁷ɕəp⁸ 三千零七十

三 千 零 七 十

水语：（张均如，1980）

ti$^3$fa:n$^6$lin$^4$ti$^3$pek$^7$一万零一百

一万　零一百

仫佬语：（王均、郑国乔，1980）

fɛ:k$^7$leŋ$^2$ŋa:u$^3$一百零一

百　零　一

毛南语：（梁敏，1980）

pek$^7$li:ŋ$^6$ŋɔ$^4$一百零五

百　零五

勉语：（毛宗武、蒙朝吉、郑宗泽，1982）

pet$^7$tshin$^1$ɲi$^6$pɛ$^7$leŋ$^2$fa:m$^1$八千二百零三

八　千　二　百　零　三

以下是侗台语族多数语言、苗瑶语族勉语和汉语"零"的语音对应表：

| 语音＼语言 | 汉语 | 壮语（北部） | 壮语（南部） | 侗语 | 水语 | 仫佬语 | 毛南语 | 勉语 |
|---|---|---|---|---|---|---|---|---|
| 零的语音形式 | lin$^{33}$ | liŋ$^2$ | ləŋ$^2$ | ljiŋ$^2$ | lin$^4$ | leŋ$^2$ | li:ŋ$^6$ | leŋ$^2$ |

从上表可以发现，侗台语族多数语言、苗瑶语族勉语和汉语的"零"语音形式存在严整对立，应该是语言接触的结果。

**参考文献**

常竑恩主编：《拉祜语简志》，民族出版社 1986 年版。

陈士林、边仕明、李秀清：《彝语简志》，民族出版社 1985 年版。

戴庆厦、崔志超：《阿昌语简志》，民族出版社 1985 年版。

戴庆厦、徐悉艰：《景颇语语法》，中央民族大学出版社 1992 年版。

戴庆厦：《浪速语研究》，民族出版社 2005 年版。

戴庆厦、丛铁华、蒋颖、李洁：《仙岛语研究》，中央民族大学出版社 2005 年版。

戴庆厦、蒋颖，孔志恩：《波拉语研究》，民族出版社 2007 年版。

戴庆厦、田静：《仙仁土家语研究》，中央民族大学出版社 2005 年版。

戴庆厦、李洁：《勒期语研究》，中央民族大学出版社 2007 年版。

戴庆厦：《景颇语参考语法》，中国社会科学出版社 2012 年版。

和即仁、姜竹仪：《纳西语简志》，民族出版社 1985 年版。

贺嘉善：《仡佬语简志》，民族出版社 1983 年版。

梁敏、张均如：《标话研究》，中央民族大学出版社 2002 年版。

梁敏：《侗语简志》，民族出版社 1980 年版。

梁敏：《毛难语简志》，民族出版社 1980 年版。

林向荣：《嘉戎语研究》，四川民族出版社 1993 年版。

刘丹青：《语法调查研究手册》，上海教育出版社 2008 年版。

喻翠容：《布依语简志》，民族出版社 1980 年版。

喻翠容、罗美珍：《傣语简志》，民族出版社 1980 年版。

余金枝：《湘西矮寨苗语参考语法》，中国社会科学出版社 2011 年版。

# On Markedness of the Discontinuous Numeral Structure in Sino-Tibetan Language

Peng Ru

**Abstract:** This paper aims to analyze the marked properties of the discontinuous numeral structure in Sino-Tibetan language. It is found out that there are three kinds of the discontinuous numeral structure. The marked forms of the discontinuous numeral structure have "zero" (零)、coordination、verb、locative and phrase. The marked forms form a developmental chain: unmarkedness>optional markedness>phrase、verb、coordination、locative>zero (零). Finally, the paper also explicates the reasons of adopting marked forms to form discontinuous numerals in Sino-Tibetan language from perspectives of semantics、prosody and language contact.

**Key words:** Sino-Tibetan Discontinuous Numeral Structure; Marked Froms; Developmental Chain

（通信地址：650500　昆明　云南师范大学汉藏语研究院）

# 藏缅语"指量名"结构的语序特征及
# 相关问题的讨论①

王跟国

【提要】本文考察了藏缅语"指量名"结构的语序特征，归纳出"指量名"结构的语序类型，讨论了藏缅语中"指量名"结构的优势语序、"指量名"结构中"这、那"和"这些、那些"的语法差异，指出"这些、那些"和"这、那"的本质区别。

【关键词】藏缅语 "指量名"结构 语序类型

　　语序特征是语言类型研究的中心内容，也是语言历时研究的重要内容。藏缅语（除白语、克伦语外）是典型的 OV 型语言，基本语序特征是宾语居于动词之前、格助词置于名词之后。藏缅语中的定语有名词中心语前后两个位置，缺乏和基本语序之间的蕴含性特征。但是就定中短语的内部结构来看，不同类型的定语成分却在语序上表现出一定的相关性和倾向性特征。戴庆厦先生（2002）探讨了景颇语的两种"形修名"语序，戴庆厦、傅爱兰（2002）接着又深入探讨了藏缅语形修名语序，论证了"形修名"语序的类型特征。本文通过考察藏缅语中指示词、数量成分修饰名词中心语时的语序类型，讨论藏缅语"指量名"结构的语序特征及相关问题。

　　多数藏缅语中的"这、那"通常有两种用法。一种是只能起限定作用充当定语，而不能单独充当论元的指示用法，称作指示词；另一种是既能起限定作用充当定语，又能代替名词充当论元的指代用法，称作指代词。我们把具有两种用法的"这、那"称作指示代词。本文讨论的是"指量名"结构的语序特征，其中的"指"指的是"这、那"的指示用法。

---

　　① 本文所用材料引自戴庆厦先生主编的《中国少数民族语言参考语法》系列丛书及孙宏开先生主编的《中国新发现语言研究》系列丛书，在此一并致谢。

### 一　"指量名"结构的语序类别

藏缅语的"指量名"结构，其语序结构的差异主要体现在指示词相对于名词中心的不同位置。从指示词的位置来看，藏缅语的"指量名"结构存在以下几种类型。

（一）指示词居后型

指示词居后型的语言，指示词始终后置于名词。"指量名"结构的语序是"名词+指示词+数量短语/量词"、"名词+指示词"或"名词+复合指示词"。如：

梁河阿昌语：

tsu³³ xa⁵⁵/³³ tɑ³¹ ʐu²³¹　　　　　　　　　　这一个人

人　　这　　一　　个

ŋa³¹ʂa³¹ xəu⁵⁵ sɹ̩⁵⁵ to³³　　　　　　　　　　那两条鱼

鱼　　那　　两　　条

sə²³¹nɑ²³¹ xa⁵⁵n̥a²³¹　　　　　　　　　　　这些煤

煤　　　这些

tɕɑŋ³³ xəu⁵⁵n̥a²³¹　　　　　　　　　　　那些桥

桥　　那些

桑孔语：

tshaŋ⁵⁵ŋa³¹ n̠i⁵⁵　　　　　　　　　　　　这人

人　　　这

tsha³¹la³¹ qhɯ⁵⁵　　　　　　　　　　　　那老虎

老虎　　那

qham³⁵ n̠i⁵⁵ ti³¹ aŋ⁵⁵　　　　　　　　　　这一只老熊

老熊　这　一　只

te³¹qha⁵⁵ qha³¹phu⁵⁵ thi⁵⁵ n̠i³¹ lem³¹　　　　那两个酒杯

酒　杯　那　二　个

sa³¹phi⁵⁵ thɯ⁵⁵ mbja³¹a⁵⁵mba³³ phi⁵⁵（ɣ）ŋ̍³⁵.　　那些辣椒狠辣。

辣椒　那些　很　　　辣　（助）

ʐø³³lø³³ n̠ɯ⁵⁵ mbja³¹a⁵⁵mba³³ mbɯ³¹!　　　这些花多么好！

花　　这些　多么　　　好

错那门巴语：

chem⁵³　tso³⁵　ŋu³⁵　ko³¹　jin³⁵.　　　　　这房子是我的。

房子　　这　　我　（助词）是

chem⁵³　mo³⁵　ʔi⁵³　ko³¹　jin³⁵　mA³¹?　　　　　　那房子是你的吗？

房子　　那　　你（助词）是　（语助）

chem⁵³　tho⁵³　pe³⁵　ko³¹　jin³⁵te³¹.　　　　　那房子是他的（在远处）。

房子　　那　　他（助词）是

te⁵³　tso³⁵kAŋ³⁵　ŋA³⁵rAʔ⁵³　tui⁵⁵　ko³¹　jin³⁵.　　　这些马是我们队的。

马　　这些　　　我们　队（助词）是

chem⁵³　tho⁵³tsem³⁵　mAk⁵⁵kAr⁵⁵　ko⁵³　jin³⁵te³¹.　　那些房子是营房。

房子　　那些　　　　营房　　（助词）是

赵庄白语：

lɔ³⁵tsi⁴⁴ nɯ⁵⁵ sa⁵⁵ tɯ²¹　　　　　　　　　这三头骡子

骡子　　这　三　头

çy⁵⁵li⁵⁵ na⁵⁵ ko³³ kuɛ⁴²　　　　　　　　　那两颗梨

梨　　那　两　颗

ʑi³⁵ nɯ³³ kho⁵⁵　　　　　　　　　　　这件衣服

衣　这　件

tsɯ³³ pɯ³³ tsɯ³³　　　　　　　　　　那棵树

树　那　棵

（二）指示词并置于名词前后型

指示词并置于名词前后型的语言，同一个指示词要在名词前后同时出现。目前公开出版的资料中只有麻窝羌语存在这种情况，而且在没有具体的数量成分时，名词后的指示词要采用指示词和数词"一"的合音形式。如：

tsə　khuə tsa:　khuə ʁuʁula ari ŋuə ji.　　　　这是一只疯狗。

这　狗　这一　狗　疯　一只 是（后加）

tsə　təçuq tsa: wamatʃə gən kəkatça ari ŋuə ji.

这　农民　这一 劳动　很　积极　一个 是 （后加）

这农民是一个劳动很积极的人。

（三）指示词居前型

指示词居前型的语言，指示词"这/那"总是居于名词中心语之前。但表达数量的成分却分为两种情况：一种是指示词单独居前，表达确定数量的数量短语和表达非确定数量的"（一）些"居于名词中心之后，即"指示词+名词+数量成分"；另一种是指示词和数量成分都居于名词中心之前，即"指示词+数量成分+名词"。

1. 指示词居前数量成分居后的语言

墨江哈尼族卡多话：

ʃɿ⁵⁵ za³¹n̩i³¹zɔ³¹ tɕhȩ³³phi³¹ ɔ⁵⁵mo⁵¹.　　　　　　　这孩子失踪了。

这　　孩子　　失踪　　掉　了

a⁵⁵lɿ⁵⁵ lɔ³¹sɿ³³ za³¹n̩i³¹zɔ³¹tsu³¹ zɔ⁵⁵ a³¹pjo³¹ sɔ³³ luɯ³³ mo⁵¹.

那　　老师　　孩子们　　　（宾）书　　送　来　了

那个老师送书给孩子们来了。

ʃɿ⁵⁵ a³¹pjo³¹ thuɯ³¹ pɤŋ³¹ ŋɔ³³ kuɯ³³ ŋɤŋ⁵⁵.　　　　这本书是我的。

这　书　　一　　本　我　的　是

a⁵⁵lɿ⁵⁵ a⁵⁵tsã⁵⁵ thuɯ³¹tɕhe⁵⁵le⁵⁵ tsɔ³¹ ma³¹ tsɔ³¹ kha⁵⁵?　　那一块肉吃不吃啊？

那　　肉　　　　一块　　　吃　不　吃　啊

ʃɿ⁵⁵ to³¹ tsu³¹ a³¹tsho³¹ ei³³ tɕɔ³¹ ɔ⁵⁵ mo⁵¹.　　　　　这些话被别人听见了。

这　话　些　别人（施）听　掉　了

ʃɿ⁵⁵ ka³¹tɕhi³¹ tsu³¹ a³¹ zɔ³¹xɔ³³ kuɯ³³ ŋɤŋ⁵⁵.　　　　这些衣服是他的。

这　衣服　　些（话）他　的　是

嘉戎语：

ʃtə　　wə-rmi　　　　　　　　　　　　这人

这（从缀）人

wətə　　wa-pu　　　　　　　　　　　那孩子

那　（从缀）孩子

ʃtə　　wə-rmi-ɲe　　　　　　　　　　这些人

这（从缀）人　些

wətə　　wa-pu-ɲe　　　　　　　　　那些孩子

那　（从缀）孩子　些

wətə　　wə- mbro-nʤəs　　　　　　　那两（匹）马

那　　（从缀）马　俩

ʃtə　　wə-lɐk tʃ'ɐ ɲe　tə　tə-rmi kə-mŋo-I　ŋos.　这些东西是五个人的。

这（前缀）东西 些（复指）人　五（助词）是

## 2. 指示词、数量成分均居于名词中心语之前的语言

苦聪话：

ɕi³⁵ phuɯ³³kuɯ³³ a⁵⁵sv³³ ɣuɯ³³n̩i³¹?　　　　　　这衣服是谁的？

这　衣服　　谁　的（语助）

ɕi⁵⁵ vʌ³¹tɕɛ³¹ nɔ³¹kie⁵⁵ n̩ɛ³³pɤ³³ɕi³³ n̩i³¹?　　　　　那竹子是你砍的？

那　竹子　你（施事）砍　（语助）

ɕi⁵⁵tɕɛ³³ sɤ³³tɕɛ³¹ khie³¹tɕɛ³³ na⁵⁵muɯ³³a³³.　　　　那些树都长得很高。

那　些　树　非常　都　高（语助）

ɕi³⁵tɕɛ³³ tʂhu³³ tsa³¹sʐ³³ nʌ³³. 　　　　　　　　　　　　　这些人真好。

这　些　人　着实　好

ɕi³⁵ ti³¹ tɕɛ³¹ sɤ³³tɕɛ³¹ ɣɯ³⁵a³³. 　　　　　　　　　　　这棵树大。

这　一　棵　树　大（语助）

ɕi⁵⁵ ti³¹ khɯ³³ phɯ³¹ tɕi⁵⁵ kɔ⁵⁵v³³ o³³. 　　　　　　　　狗跑走了。

那　一　条　狗　跑　过去（语助）

（四）指示词居后或居前两可型

指示词居后或居前两可型的语言，即指示词可居于名词之后，也可居于名词之前，指示词的位置表现出一定的灵活性。当指示词居后时，"指量名"结构的语序同于指示词居后型语言；指示词居前时，"指量名"结构的语序同于指示词居前型的语言，也有数量成分居后居前之分。

1. 指示词居后居前两可，指示词居前时数量成分居后的语言。

基诺语：

tshʌ³¹zɔ⁴⁴ xji³³ thi⁴⁴ xjo³¹ tʃhe³¹phɯ⁴⁴ tʌ³¹ mo⁴⁴ a⁴⁴ nɛ³³. 这人喝醉酒了。

人　　　这　一　个　酒　　喝　醉　助　助

xji³³ tshʌ³¹zɔ⁴⁴ thi⁴⁴ xjo³¹ tʃhe³¹phɯ⁴⁴ tʌ³¹ mo⁴⁴ a⁴⁴ nɛ³³. 这人喝醉酒了。

这　人　　一　个　酒　　喝　醉　助　助

xji³³ tshʌ³¹zɔ⁴⁴ tʃhe³¹phɯ⁴⁴ tʌ³¹ mo⁴⁴ a⁴⁴ nɛ³³. 　　　　　这人喝醉酒了。

这　人　　酒　　喝　醉　助　助

tshʌ³¹zɔ⁴⁴ khɤ³¹ kɔ³³ tʃu⁴⁴ 　　　　　　　　　　　那一群人

人　　那　一　群

khɤ³¹ tshʌ³¹zɔ⁴⁴ kɔ³³ tʃu⁴⁴ 　　　　　　　　　　　那一群人

那　人　　一　群

柔弱语：

在柔弱语中，当数量短语中数词为一且省略时，光杆量词可随指示词前置于名词中心之前。如：

tso³³ tɕo⁵⁵ kɛ¹³ 　　　 tɯ⁵⁵lɛ⁵⁵. 　　　　　　　　　　　那碗饭热。

饭　那　碗（定）热

tɕo⁵⁵ kɛ¹³ 　　　 tso³³ tɯ⁵⁵lɛ⁵⁵. 　　　　　　　　　　　那碗饭热。

那　碗（定）饭　热

ĩ³¹ tɕĩ⁵³ ʔa⁵⁵ fu³³ ŋu⁵⁵ ze³³. 　　　　　　　　　　　这副眼镜是我的。

眼镜　这　副（定）我（助词）

ʔa⁵⁵ fu³³ ĩ³¹ tɕĩ⁵³ ŋu⁵⁵ ze³³. 　　　　　　　　　　　这副眼镜是我的。

这　副（定）眼镜　我（助词）

蒲溪羌语：

pho ʦa-pho la bʐi. 　　　　　　　　　　　　这棵树最大。

树　这　棵　最　大

ʦa-lɑ　phu 　　　　　　　　　　　　　　　这件衣服

这 件　衣服

phu　　ʦa-lɑ 　　　　　　　　　　　　　　这件衣服

衣服　这 件

qaˡ　phu　the　χsi-la 　　　　　　　　　　我的那三件衣服

我的 衣服 那 　三件

景颇语：

kǎ³¹thoŋ³¹ n³³tai³³ wǎ³³loi³³ lǎ³¹ʦa³³ tʃan⁵⁵ mǎ³¹ʒi³³ sai³³.

寨子　　　这　　水牛　一百　多　买　（尾）

这寨子买了一百多头水牛。

ma²³¹ʃa³¹ n³³tai³³ni³³ ko³¹ tʃoŋ³¹ma³¹ ʒai⁵⁵ sam⁵⁵ ma²³¹ai.

人　　　这些　（话）学生　是　可能　（尾）

这些人可能是学生。

mǎ³¹ʃa³¹ tai³³ ko³¹ kǎ³¹naŋ⁵⁵ na⁵⁵ ʒai⁵⁵ a³¹ni⁵¹?

人　　那（话）哪儿　的　是　（尾）

那人是哪儿的？

tai³³ wa³³ ko³¹ kai⁵⁵n⁵⁵mai⁵¹ kǎ³¹niŋ³¹ ti³³ khai⁵⁵ na³³ phe²⁵⁵ n⁵⁵tʃe³³u²³¹ ai³³.

那　人　（话）庄稼　　怎么（泛）种　要（宾）不懂　　（尾）

那人不懂得怎么种庄稼。

n³³tai³³ phun⁵⁵ ko³¹ sum³³wum³³phun⁵⁵ ʒai⁵⁵ŋa³¹ ai³³.

这　　树　（话）桃树　　　　　是（貌）（尾）

这树是桃树。

2. 指示词居后居前两可，指示词居前时数量成分居后或偶有居前的语言。如：

邦朵拉祜语：

phɯ⁵³ tɕhi³³（ve³³）ɲi⁵³ khɛ³³ 　　　　　　这两条狗

狗　　这　　　　两　条

phɯ⁵³ u³⁵（ve³³）ɲi⁵³ khe³³ 　　　　　　　那两条狗

狗　　那　　　　两　条

ɕa¹¹lạ³¹ tɕhi³³（ve³³）ɲi⁵³ ɣa⁵³ 　　　　　这两位老师

老师　这　　　　两　个

li³¹xe⁵³ja⁵³ u³⁵（ve³³）ɕɛ⁵³ ɣa⁵³ 　　　　　那三个学生

学生　　那　　三　个

tɕhi³³（ve³³）ɕa¹¹la³¹ n̩i⁵³ ɣa⁵³ 　　　　　这两位老师

这　　　　老师　两　个

u³⁵（ve³³）li³¹xe⁵³ja⁵³ ɕɛ⁵³ ɣa⁵³ 　　　　　那三个学生

那　　　学生　三　个

tɕhi³³（ve³³）ɣa⁵³ ŋa⁵³ khɛ³³ 　　　　　　这五只鸡

这　　　鸡　　五　只

u³⁵（ve³³）a³⁵tɕhɛ³¹ khɔ³¹ khɛ³³ 　　　　　那六只羊

那　　　羊　　六　只

tɕhi³³te⁵³ma³¹ phɯ³³lɔ⁵³ lɛ³³ xa³⁵pɯ³³ɕi¹¹ te³³lɛ³³te³³ ta¹¹ ve³³.

这　一　张　　桌子（话）石头　　用　做着　的

这个桌子是石头做的。

## 二　相关问题的讨论

### （一）藏缅语"指量名"结构具有语序类型学的价值

1."名词+指示词+数量成分"的语序是藏缅语"指量名"结构的优势语序

从公开出版的藏缅语文献材料来看，以指示词居后型的语言为多。指示词居前型的语言只有墨江哈尼族卡多话、嘉戎语、苦聪话。刘光坤（1998：135）指出：麻窝羌语中出现的指示词前后并置的现象，是"为了强调指示作用，在被指示的词前后都可加指示代词。"通常情况下，麻窝羌语仍是指示词后置型的语言。指示词居后居前两可型的语言，也是以指示词居后为常见语序，如李春风（2014：275）：邦朵拉祜语指量短语做定语时，"指量短语多居中心语之后"，"有时，也可居中心语之前，其出现频率较低。"也就是说，除了墨江哈尼族卡多话、嘉戎语、苦聪话外，藏缅语的"指量名"结构的语序大都是"名词+指示词+数量成分"或是以"名词+指示词+数量成分"为主。

2."指量名"结构的语序具有较强的稳定性

"指量名"结构中指示词、数量成分居后，尤其是数量成分居后具有极强的稳定性。像在白语那样的 SVO 型语言中，"指量名"结构仍然是"名词+指示词+数量成分"的语序。如：

赵庄白语：

lɔ³⁵tsi⁴⁴ nɯ⁵⁵ sa⁵⁵ tɯ²¹ 　　　　　　　这三头骡子

骡子 · 这　三　头

çy⁵⁵li⁵⁵ na⁵⁵ ko³³ kuɛ⁴²　　　　　　　　　那两颗梨

梨　　那　两　颗

u⁴² puɯ⁵⁵ çi⁴⁴ ne²¹　　　　　　　　　　那四个笋

笋　　那　四　个

fv⁴⁴ puɯ⁵⁵ ŋv³³ kua⁴⁴　　　　　　　　　那五支笔

笔　　那　五　支

ʑi³⁵ nuɯ³³ kho⁵⁵　　　　　　　　　　　这件衣服

衣　　这　件

tsɯ³³ puɯ³³ tsɯ³³　　　　　　　　　　那棵树

树　　那　棵

　　指示词居后型、指示词前后并置型的语言都是数量成分居后。指示词居前型的语言、指示词前后两可型的语言，除了苦聪话数量成分居前、拉祜语的数量成分偶有居前外，其余基本上都是数量成分居后。

　　容易和指示词"这、那"形成凝合形式的"一些"或"些"，在指示词居前时，"些"也仍旧居后，或者是"这、那"偶有居前，但"这些、那些"一定居后。如：

嘉戎语：

ʃtə　　wə-lɐk tʃ'a ɲɛ tə　tə-rmi kə-mŋo-I　ŋos.　　　这些东西是五个人的。

这（前缀）东西　些（复指）人　五（助词）是

墨江哈尼族卡多话：

ʃɲ⁵⁵ to³¹ tsu³¹ a³¹tsho³¹ ei³³ tɕɔ³¹ ɔ⁵⁵ mo⁵¹.　　　这些话被别人听见了。

这　话　些　别人（施）听　掉　了。

ʃɲ⁵⁵ tsho⁵⁵ tsu³¹ wa³¹ thɯ³¹ ʐɔ³¹ mɛ⁵⁵ tsɔ³¹ ɔ⁵⁵ mo⁵¹.　　　这些人把一只猪都吃了。

这　人　些　猪　一　只（状）吃　掉　了。

景颇语：

tai³³ wa³³ ko³¹ kai⁵⁵n⁵⁵mai⁵¹ kǎ³¹niŋ³¹ ti³³ khai⁵⁵ na³³ pheʔ⁵⁵ n⁵⁵tʃe³³uʔ³¹ ai³³.

那　人（话）庄稼　怎么（泛）种　要（宾）不懂　　　（尾）

那人不懂得怎么种庄稼。

maʔ³¹ʃa³¹ n³³tai³³ni³³ ko³¹ tʃoŋ³¹ma³¹ ʐai⁵⁵ sam⁵⁵ maʔ³¹ai.

人　　这些（话）学生　是　可能　（尾）

这些人可能是学生。

　　（二）"这、那"与"这些、那些"的语法差异

　　1. 藏缅语中的"这、那"不分单复数

　　一些藏缅语研究者把"这、那"与"这些、那些"看作指示代词的单数与复数形式。事实上，正如吕叔湘先生在《近代汉语指代词》中指出的

"'这、那'不分单复",藏缅语中"这、那"也不分单复数,"这、那"可指示单数事物也可指示复数事物。"数"范畴主要是靠数词、数量短语或其他可以推知是多数的词语来表示。如:

景颇语:

kă³¹thoŋ³¹ n³³tai³³ wă³³loi³³ lă³¹tsa³³ tʃan⁵⁵ mă³¹ʒi³³ sai³³.

寨子　　这　　水牛　　一百　多　买　（尾）

这寨子买了一百多头水牛。

桑孔语:

qham³⁵ ɲi⁵⁵ ti³¹ aŋ⁵⁵　　　　　　　　这一只老熊

老熊　这　一　只

te³¹qha⁵⁵ qha³¹phu⁵⁵ thi⁵⁵ ɲi³¹ lem³¹　　那两个酒杯

酒　　杯　　那　二　个

蒲溪羌语:

phu　tsa-lɑ　　　　　　　　　　　这件衣服

衣服　这件

qaᴶ　phu　the　χsi-la　　　　　　我的那三件衣服

我的　衣服　那　　三件

2. "这些、那些"是"这、那"分别和"一些"凝合而成的复合词

从"这、那"和"一些"的分布情况来看,在指示词居后型、指示词前后并置型、指示词居前且数量成分居前型的语言里,"这、那"和"一些"分布于名词的同一侧并相连出现,便产生了"这些、那些"的复合形式,"这些、那些"是"这、那"分别和"一些"凝合且省略数词"一"形成的。在指示词居前型和指示词前后两可型的语言里,当指示词居前数量成分居后时,会出现两种情况:一种是指示词居前、"一些"或"些"居后,如:

嘉戎语:

ʃtə　wə-rmi-ɲe　　　　　　　　　这些人

这（从缀）人　些

wətə　　wa-pu-ɲe　　　　　　　　那些孩子

那　（从缀）孩子　些

墨江哈尼族卡多话:

ʃŋ⁵⁵ tsho⁵⁵ tsu³¹ wa³¹ thɯ³¹ zɔ³¹ me⁵⁵ tsɔ³¹ ɔ⁵⁵ mo⁵¹.　这些人把一只猪都吃了。

这　人　些　猪　一　只（状）吃　掉　了

ʃŋ⁵⁵ kɑ³¹tɕhi³¹ tsu³¹ a³¹ zɔ³¹xɔ³¹ kɯ³³ ŋɤŋ⁵⁵.　这些衣服是他的。

这　衣服　些（话）他　的　是

一种是单纯指示词"这、那"可以居前，但凝合性较强的"这些、那些"居后，如：

景颇语：

tai³³ wa³³ ko³¹ kai⁵⁵n⁵⁵mai⁵¹ kǎ³¹niŋ³¹ ti³³ khai⁵⁵ na³³ pheʔ⁵⁵ n⁵⁵tʃe³³uʔ³¹ ai³³.

那　人　（话）　庄稼　　怎么　（泛）种　要（宾）不懂　（尾）

那人不懂得怎么种庄稼。

maʔ³¹ʃa³¹ n³³tai³³ni³³ ko³¹ tʃoŋ³¹ma³¹ ʒai⁵⁵ sam⁵⁵ maʔ³¹ai.

人　　　这些　（话）学生　　是　　可能　（尾）

这些人可能是学生。

以上情况也说明，在藏缅语中"这些、那些"的凝合程度还不平衡，"这些、那些"并没有普遍存在于各语言中。当"这、那"和"一些"分布于名词中心的同一侧时，它们就容易凝合，形成"这些、那些"。在数量成分始终居于名词中心之后的语言里，要么是"这、那"单独居前、"一些"或"些"居后，要么是"这、那"可居前，但"这些、那些"只能居后。

因此，从结构上看，"这、那"是单纯形式，"这些、那些"是"这、那"分别和"一些"凝合而成的复合形式。"这、那"和"这些、那些"可以区分为单纯指示代词和复合指示代词。起指示作用充当定语的时候，"这、那"要和表示定量的数词或数量短语（包括单数"一"省略时的情况）以及表达不定量少数的"几个"共同修饰名词中心的，"这些、那些"是直接修饰名词中心表示不定量的多数事物。起指代作用充当主宾语的时候，"这、那"常指代单数，指代多数的时候，"这些、那些"仅能指代不定量的多数，定量的多数需要用"这、那"加上定量的数量短语来表示。

**参考文献**

戴庆厦：《景颇语"形修名"两种语序对比》，《民族语文》2002 年第 4 期。

戴庆厦、傅爱兰：《藏缅语的形修名语序》，《中国语文》2002 年第 3 期。

黄成龙：《羌语名词短语的词序》，《民族语文》2003 年第 2 期。

李春风：《邦朵拉祜语参考语法》，中国社会科学出版社 2014 年版。

刘光坤：《麻窝羌语研究》，四川民族出版社 1998 年版。

# The Word Order Characteristics of the Structure "Demonstrative Pronoun +Quality+Noun" in Tibeto-BurmanLanguages and Discussion on the Related Issues

Wang Genguo

**Abstract:** This paper examines the word order characteristics of the structure "demonstrative pronoun+quality+noun" in Tibeto-Burman languages, summarizes the word order types of the structure. It also discusses the dominate word order of the structure and the grammar differences between "zhe, na" and "zhe xie, na xie", and points out the essential difference between "zhe, na" and "zhe xie, na xie".

**Key words:** Tibeto-Burman; "Demonstrative Pronoun+Quality+Noun" Structure; Word Order Type

（通信地址：037009　山西大同　大同大学文学学院）

# 藏缅语助词"看"的类型学特征

邱 月

**【提要】**通过对汉藏语系藏缅语族（简称为"藏缅语"）内各种语言的助词"看"的使用情况进行共时性比较研究，并以现代汉语的助词"看"作为重要参照系，归纳出藏缅语助词"看"的类型学特征。

**【关键词】**藏缅语 助词"看" 语言比较 类型学

## 一 引言

20 世纪 60 年代以来，格林伯格（Greenberg）开创的语言类型学研究有了长足的发展。语言类型学主张运用跨语言的研究方法，从各种类型语言中选取一些有代表性的语言，从这些语言表层结构的对比中，探求人类语言的共性（language universals），并不断寻求对这些共性的解释。

现代汉语助词"看"（很多学者称为语助词）的研究，经历了半个多世纪的探索，已经有了较为充分的推进。从陆俭明（1959）开始提出现代汉语中一个新的语助词"看"，接着心叔（1962）、劳宁（1962）探讨了语助词"看"的形成，再到李宇明（1985）对"VP 看"结构的关注，以及蔡镜浩（1990）和吴福祥（1995）深入研究"看"的演变发展史。后来汉语研究界还有一些学者从语法化、认知心理学、语用学等角度剖析助词"看"的用法。

相对而言，对汉藏语系藏缅语族（以下简称"藏缅语"）助词"看"的研究目前还是学术界的一处空白。本文尝试以藏缅语助词"看"为研究对象，描写和分析该语族内部多种语言中"看"的用例，以现代汉语为重要的参照系，进行跨语言的类型学比较。

藏缅语包括藏语支、羌语支、景颇语支、彝语支和缅语支，该语族内有一些语言的语支归属，学术界目前尚存争议。从本文所搜集到的语料来看，尚未发现羌语支语言中有助词"看"的用例，其他各语支语言均有用例。助词"看"尤其在彝语支和缅语支里出现得比较高频，因此这两个语支所选取的语言数量略多（各五种）。本文所涉及的藏缅语族语言共有 14

种，如下表所示：

| 语支名称 | 各语支所选取的代表性语言 |
| --- | --- |
| 藏语支 | 门巴语 |
| 景颇语支 | 景颇语、阿侬语 |
| 彝语支 | 彝语、傈僳语、拉祜语、桑孔语、毕苏语 |
| 缅语支 | 阿昌语、载瓦语、波拉语、勒期语、浪速语 |
| 语支未定 | 土家语 |

　　本文认为藏缅语助词"看"的类型学特征主要是藏缅语中的"看"均由实义动词"看"（眼部动作）语法化演变成助词，其语法意义主要是表示动作的尝试性，其次是表示动作的经历态。这不同于现代汉语中的助词"看"大多表示尝试态的语法意义。同时，藏缅语助词"看"对句类具有选择性，最常出现在祈使句中。这一点与现代汉语助词"看"的情况具有很强的一致性。

## 二　藏缅语助词"看"的语法意义

（一）主要表示动作的尝试性

　　吕叔湘先生主编的《现代汉语八百词》将"看"的语义归纳为八种，最后一种是助词，表示动作的尝试性。现代汉语中的助词"看"由动词（词义为使视线接触人或物）语法化而来。其语义已经发生了虚化，已经不表示"看"这一动作，而只表达尝试性的语法意义，如：

　　（1）这个问题你再跟他谈谈看。

　　（2）这葡萄真是好吃，不信，你尝一下看。

　　藏缅语藏语支、景颇语支、彝语支和缅语支各种语言中的"看"，也有类似的由动词语法化为助词的发展历程。助词"看"的语法意义也主要表示动作的尝试性。以下的语例，出于跨语言比较的研究需要，均采用国际音标的形式标注，并作逐字对译。各语支语言中"看"作动词与助词的两种用法，分述如下。

　　1. 藏语支的门巴语（仓洛）[kot$^{13}$] "看"有实义动词的用法。例如：

　　（3）ai$^{55}$pa$^{13}$ nam$^{13}$ȵiŋ$^{13}$ kot$^{13}$ tɕhum$^{55}$ me$^{13}$.　　　　明天我们就看完了。

　　　　我们　　明天　　看　　完　（未行体词尾）

　　门巴语（仓洛）形态丰富，动词后可以加上各种词尾表达相应的语法意义，下面例（4）和例（5）中[kot$^{13}$pe$^{55}$]，其中的[kot$^{13}$] "看"是词根，加上未行体词尾[pe$^{55}$]，作为一个整体，作助词用，与其他动词连用，表示尝试前一动词的动作行为。例如：

（4）tɕi¹³　ki¹³　ɳat¹³　kot¹³pe⁵⁵.　　　　　　　　我听听看。

　　我　（结助）听　看（未行体词尾）

（5）ai⁵⁵pa¹³　tɕim¹³　kot¹³pe⁵⁵.　　　　　　　　咱们问问看。

　　咱们　　问　看（未行体词尾）

2. 景颇语支的景颇语 [ju³³]"看"有实义动词的用法。例如：

（6）ma³¹　ju³³　　ja³¹　　ʒit³¹.　　　　　　　（你）帮我看（一下）小孩。

　　小孩　看　给（助动）（句尾词）

景颇语形态丰富，尤其是句尾词非常发达。例（6）中的句尾词 [ʒit³¹] 表示说话者命令第二人称单数"你"向着自己方向来实施某种动作行为。

景颇语助词 [ju³³]"看"也可以用于动词之后，作助词用，表示动作的尝试性。例如：

（7）ʃa⁵⁵ ju³³u²³¹！　　　　　　　　　　　　　（你）吃吃看！

　　吃看（句尾词）

（8）naŋ³³ kǎ³¹lo³³ ju³³　u²³¹！　　　　　　　你做做看！

　　你　做　看（句尾）

例（7）和例（8）中的句尾词 [u²³¹] 用于命令口吻较重的祈使句，表示主语是第二人称单数"你"，一般语气。

3. 彝语支的毕苏语 [fu³³]"看"也有实义动词的用法。例如：

（9）za³³it³¹ xi⁵⁵kɤ³³ fu³³ ni⁵⁵kɤ³³ fu³³.　　　　他俩看看那里，看看这里。

　　他俩　那里　看　这里　看

毕苏语助词[fu³³]"看"，用于动词之后，表示尝试，后面还常常加上虚词[le⁵⁵]，以完足语义。例如：

（10）tsɤ³¹　fu³³　le⁵⁵　　　　　　　　　唱唱看

　　唱看（虚词）

（11）pɤk³³　fu³³　le⁵⁵　　　　　　　　跳跳看

　　跳看（虚词）

4. 缅语支的勒期语 [ju⁵⁵]"看"也是既有实义动词的用法，又有语法化为表示前一动作尝试性的助词用法。例如：

（12）ŋo⁵³ ɲjaŋ³³　le⁵⁵　　ju⁵⁵ naːu⁵³　a³³ʃi⁵⁵.　　　我仍然喜欢他。

　　我他（宾格助词）看想仍然

例（12）中 [naːu⁵³]"想"与实义动词 [ju⁵⁵]"看"连用，引申为"喜欢"的意思。

（13）ŋŏ⁵³nuŋ⁵⁵　　ɲjǎŋ³³nuŋ⁵⁵ taːi⁵³ tse⁵³　ʃi⁵⁵　kjɔː³³ ju⁵⁵ ʃaŋ⁵³！

　　我们　　　　他们　　　说　的　暂且　听　看（语助词）

我们暂且听听看他们说的吧！

勒期语是 SOV 型藏缅语，例（13）的谓语动词 [kjɔː$^{33}$] "听" 位于句末，助词[ju$^{55}$] "看" 加在 [kjɔː$^{33}$] "听" 之后，表示动作的尝试性。

（二）其次表示动作的经历态

藏缅语的一些语言，如：景颇语支的景颇语，缅语支的载瓦语、波拉语和浪速语等，助词"看"由实义动词语法化为助词，在表示动作尝试性的同时，还有第二种用法，即表示动作曾经经历的语法意义。这种用法翻译成现代汉语时，经常译成汉语的经历态助词"过"。例如：

1. 景颇语：

（14）n$^{33}$tai$^{33}$  tat$^{55}$ʃin$^{31}$ naŋ$^{33}$  ma$^{33}$khoi$^{33}$ ʒai$^{31}$  n$^{55}$ mu$^{31}$ ju$^{33}$  n$^{55}$then$^{55}$?

　　　这　　电影　你　大概　　还　没　看　看　恐怕

这部电影你大概还没有看过？

例（14）中[mu$^{31}$]和[ju$^{33}$]二者语义同为"看"，但[mu$^{31}$]是实义动词，而[ju$^{33}$]则语法化为助词，表示"看"这一动作的经历态。类似的语例还有：

（15）tai$^{33}$ ʃa$^{31}$ ko$^{31}$ ko̯$^{255}$si$^{33}$ ko$^{31}$ n$^{55}$ khʒum$^{55}$ ju$^{33}$ u$^{231}$ai$^{33}$.

　　这　孩子（话助）饿　（结助）没　遇　　看　（句尾）

这孩子没有遇到过饥饿。

2. 载瓦语：

（16）xji$^{51}$ pan$^{21}$ po$^{55}$ vu$^{55}$  pe$^{51}$.　　　　　　这花开过了。

　　　这　花　开　看（已行体谓语助词）

（17）ŋo$^{51}$ pe$^{21}$kjin$^{55}$ tʃe$^{55}$ vu$^{55}$  pe$^{51}$.　　　　我到过北京了。

　　　我　北京　　到　看（已行体谓语助词）

3. 波拉语：

（18）ta$^{31}$nɔ$^{35}$ tʃhə$^{55}$ ŋa$^{55}$ pɔn$^{35}$ u$^{31}$ vɛ$^{55}$.　　　我抱过这婴儿。

　　　婴儿　这　我　抱　看（助词）

（19）nɔ̃$^{55}$ pɛ$^{31}$kjin$^{35}$ khǎ k$^{55}$ tɛ̃$^{55}$ la$^{31}$ u$^{35}$ ɛ$^{31}$?　　你哪一年去过北京？

　你北京哪年去看（助词）

4. 浪速语：

（20）nɔ̃$^{31}$ maŋ$^{31}$ʃi$^{31}$ tʃø$^{55}$ vu$^{55}$ vǎ$^{55}$ khai$^{31}$?　　你到过芒市了吧？

　　　你　芒市　到　看（助词）（语词助）

载瓦语、波拉语和浪速语同属于同一个语支（缅语支），例（16）—（20）显示出这三种语言中助词"看"表示动作的经历态，共性较强。景颇语支的景颇语也有类似的用法，见例（14）和例（15），就说明了这并非缅语支的单一用法。但是在藏语支和彝语支尚未发现这样的用法，因此可以看出，藏缅语助词"看"所表达的语法意义乃是以动作的尝试性为主，以动作的经历态为辅。

### 三 藏缅语助词"看"对句类具有选择性

藏缅语助词"看"在句子里的出现是不自由的，对句类具有选择性。祈使句是藏缅语助词"看"最常出现的句类，藏缅语各种语言的语例丰富。陈述句也有助词"看"出现，但句子主语通常是第一或第三人称。感叹句对助词"看"的出现严格排斥，藏缅语各种语言未见语例。疑问句中的助词"看"的语法意义常常是表示动作的经历态，具体语例请参见例（14）、例（19）和例（20）。

（一）助词"看"最常出现于藏缅语的藏语支、景颇语支、彝语支和缅语支的祈使句。藏缅语助词"看"主要的语法意义是表示动作的尝试性，这与祈使句的句义相配合。祈使句是说话人表示使令、命令，要求听话人做相应的动作行为的句类，加上助词"看"的语用效果是使语气和缓，让听话人更易于接受。

各语支语言祈使句里的助词"看"语例，列举如下：

1. 藏语支的门巴语（仓洛）的祈使句：

（21）nan$^{13}$ n̩or$^{13}$ kot$^{13}$tɕo$^{55}$ !　　　　　　　　你蹲蹲看！

　　　你　蹲　看（祈使式词尾）

（22）nan$^{13}$ ki$^{13}$　ko$^{55}$ tap$^{13}$ kot$^{13}$tɕo$^{55}$ !　　　你把门关关看！

　　　你（施助）门　关　看（祈使式词尾）

（23）nan$^{13}$ lak$^{55}$ kot$^{13}$ tɕo$^{55}$　　　　le !　　　　你骑骑看。

　　　你　骑　看（祈使式词尾）（祈使语助词）

门巴语（仓洛）的祈使句有两种很鲜明的形态标记。例（21）和例（22）中祈使标记是附着于助词 [kot$^{13}$]"看"之上的祈使式词尾[tɕo$^{55}$]，例（23）中的标记则是祈使式词尾[tɕo$^{55}$]与表示祈使语气的语助词 [le]的叠用。

2. 景颇语支景颇语的祈使句：

（24）naŋ$^{33}$ tʃam$^{55}$ ju$^{33}$　u$^{231}$ !　　　　　　　你试试看吧！

　　　你　试　看（句尾词）

（25）ʃi$^{33}$ kǎ $^{31}$niŋ$^{31}$ ti$^{33}$　tsi $^{31}$ ʃǎ $^{31}$mai$^{55}$　la$^{55}$　ai$^{33}$ lam$^{33}$ sa$^{33}$ san$^{51}$ ju$^{33}$　su$^{231}$ !

　　　他　怎么（泛动）治　使好（助动）的　事　去　问　看（句尾词）

　　　你去问问看他的病是怎么治好的！

景颇语例（24）中的句尾词[u$^{231}$]专门用于祈使句，表示主语是第二人称单数"你"。例（25）中的句尾词 [su$^{231}$]也是专门用于祈使句的，表示说话者命令第二人称单数"你"离开自己去实施某种动作行为。

3. 彝语支的彝语、傈僳语、拉祜语的祈使句：

（26）傈僳语：nu$^{33}$ za$^{35}$ ȵi$^{33}$ xa$^{31}$ !　　　　　　　　你试试看吧！

　　　　　你　试　看　吧

（27）彝语（喜德）：nɯ$^{33}$ ndza$^{55}$ndʐ$^{31}$ mu$^{33}$ tsʰ$^{31}$lɔ$^{33}$ ŋo$^{31}$ huɯ$^{44}$.

　　　　　　　　你　好好　（助词）一下　想　看

　　　　　　　你好好地想想看。

（28）拉祜语：nɔ$^{31}$xɯ$^{33}$　dɔ$^{53}$xa$^{33}$ ni$^{33}$.　　　　　　　你们想想看。

　　　　　你们　　想　　看

4. 缅语支的阿昌语、载瓦语、波拉语的祈使句：

（29）阿昌语（潞西）：naŋ$^{31}$ wut$^{31}$ tɕau$^{33}$ zɛ$^{ʔ55}$ !　　　你穿穿看！

　　　　　　　　　你　穿　看　（语助词）

（30）载瓦语：naŋ$^{51}$ thʉ$^{ʔ55}$khjun$^{55}$ nun$^{55}$ vu$^{55}$ a$^{ʔ55}$ !　　你摇摇看酒桶吧！

　　　　　你酒桶摇看吧

（31）波拉语：nɔ̃$^{55}$ a$^{31}$mu$^{35}$ lai$^{31}$la$^{55}$ ɛ$^{31}$ ti$^{35}$ u$^{31}$ ɛ$^{31}$ !

　　　　　你　事情　经过　的　说　看　（助词）

　　　　　你把事情的经过说说看吧！

（二）藏缅语除了羌语支之外，其他各个语支语言的陈述句也有助词"看"的出现，句子主语大多是第一或第三人称。助词"看"的语法意义依然是表示动作的尝试性，起到了缓和语气的作用，有时还可以表示谦逊、与说话对方商量的语气，以及对对方的尊重。例如：

（32）藏语支的门巴语（仓洛）：tɕi$^{13}$　ki$^{13}$　ȵat$^{13}$　kot$^{13}$pe$^{55}$

　　　　　　　　　　　　　　　我（结构助词）听　看（未行体词尾）

　　　　　　　　　　　　　我听听看

（33）景颇语支的阿侬语：a$^{31}$io$^{31}$ a$^{31}$laŋ$^{35}$ iɛ$^{33}$ȵɯ$^{33}$　a$^{31}$tɕʰi$^{33}$ dzo$^{31}$ɛ$^{31}$.

　　　　　　　　　　　我　溜索　这种　（前缀）换　看（陈述后缀）

　　　　　　　　　　我把这种溜索换换看。

（34）彝语支的桑孔语：mjo$^{31}$ ŋgɯ$^{55}$ la$^{55}$ na$^{55}$ hu$^{33}$.

　　　　　　　　　　猴子　些　来　听　看

　　　　　　　　　猴子们来听听看。

（35）缅语支的勒期语：ŋo$^{53}$ naŋ$^{53}$ le$^{55}$　ta$^{53}$ tʃuŋ$^{33}$ mjeːi$^{33}$ ju$^{55}$ pa$^{53}$.

　　　　　　　　　我　你（宾格助词）一件事　问　看（语助词）

　　　　　　　　我问问你一件事看。

（36）语支未定的土家语（仙仁）：ŋa$^{33}$ tie$^{33}$ pa$^{54}$ ȵe$^{54}$.　　我想想看。

　　　　　　　　　　　　我　想　看　（助词）

## 四 结论

本文在藏缅语族范围内，对各个语支的语言进行共时性的横向比较，虽然羌语支尚未发现助词"看"的用例，但其他各个语支的助词"看"的用法已经呈现出了一定的共性。藏缅语助词"看"具有相似的由动词词义虚化而来的语法化发展路径，在语法意义上也主要是表示动作的尝试性，其次表示动作的经历态。对照现代汉语来看，现代汉语的助词"看"也是以表示动作的尝试性为主要用法，之外还有表示警醒甚至威胁的用法（如：看我今晚不好好收拾你），但现代汉语未见助词"看"用于动词之后表示经历态的用法。可见，表示动作的经历态是藏缅语助词"看"较为独特的用法。

在各种句类中，藏缅语助词"看"倾向于高频出现于祈使句。这与现代汉助词"看"的用法具有很高的相似度。现代汉语的一些祈使句如果不用助词"看"就显得语气生硬，不够礼貌，听话者可能有不悦的心理感受。例如：祈使句"你说说看！"与"你说！"相比，显然前一句带有助词"看"的祈使句更容易让听话者接受。但是，藏缅语祈使句中的助词"看"的用法和现代汉语相比较，还有一个不同之处。现代汉语祈使句中助词"看"紧随的动词不能是光杆动词，一般使用叠音"VV看"，或者"V一V看"以及"V一下看"的形式，例如："你写写看！""你想一想看！""你们先讨论一下看。"现代汉语在光杆动词上做这些处理的目的是加强和缓的语气。而藏缅语的助词"看"用于祈使句，则一般可以直接加在光杆动词之后［参见例（21）—例（31）］，不需要把助词"看"前面的动词作叠音变化或添加补语。

希望本文通过对藏缅语族内部各语言的比较，以及藏缅语和汉语的比较，所归纳出的藏缅语助词"看"的这些类型学特征，能有助于我们突破单一语言研究的局限，深化对藏缅语和现代汉语助词"看"的认识。

## 参考文献

蔡镜浩：《重谈语助词"看"的起源》，《中国语文》1990 年第 1 期。
常竑恩：《拉祜语简志》，民族出版社 1986 年版。
陈士林、边仕明、李秀清：《彝语简志》，民族出版社 1985 年版。
戴庆厦、崔志超：《阿昌语简志》，民族出版社 1985 年版。
戴庆厦、徐悉艰：《景颇语语法》，中央民族学院出版社 1992 年版。
戴庆厦：《浪速语研究》，民族出版社 2005 年版。
戴庆厦、田静：《仙仁土家语研究》，中央民族大学出版社 2005 年版。
戴庆厦、李洁：《勒期语研究》，中央民族大学出版社 2007 年版。
戴庆厦、蒋颖、孔志恩：《波拉语研究》，民族出版社 2007 年版。

高再兰：《"看/听"从感官动词到小句标记语法化的类型学研究》，《语言科学》2012 年第 5 期。

高增霞：《汉语担心——认识情态词"怕""看""别"的语法化》，《中国社会科学院研究生院学报》2003 年第 1 期。

劳宁：《语助词"看"的形成》，《中国语文》1962 年第 6 期。

李永燧：《桑孔语研究》，中央民族大学出版社 2002 年版。

李宇明：《说"VP 看"》，《汉语学习》1985 年第 6 期。

陆俭明：《现代汉语中一个新的语助词"看"》，《中国语文》1959 年第 10 期。

孙宏开、刘光坤：《阿侬语研究》，民族出版社 2005 年版。

沈家煊：《"语法化"研究综观》，《外语教学与研究》1994 年第 4 期。

吴福祥：《尝试态助词"看"的历史考察》，《语言研究》1995 年第 2 期。

心叔：《关于语助词"看"的形成》，《中国语文》1962 年第 8 期。

徐琳、木玉璋、盖兴之：《傈僳语简志》，民族出版社 1986 年版。

徐世璇：《毕苏语研究》，远东出版社 1998 年版。

徐悉艰、徐桂珍：《景颇族语言简志（载瓦语）》，民族出版社 1984 年版。

张济川：《仓洛门巴语简志》，民族出版社 1986 年版。

[美]伯纳德·科姆里著，沈家煊译：《语言共性和语言类型》，华夏出版社 1989 年版。

# The Typological Characteristics of the Auxiliary Word "*Kan*（看）" in the Tibeto-Burman Languages

Qiu Yue

**Abstract:** Based on the synchronic comparative analysis of the auxiliary word "*Kan*(看)" in the Tibeto-Burman Languages of the Sino-Tibetan language family, this article summarizes the typological characteristics of the auxiliary word "*Kan*(看)" regarding the usage of the auxiliary word "*Kan*(看)" in contemporaryChinese as an very important reference.

**Key words:** the Tibeto-Burman Languages; the Auxiliary Word "*Kan*(看)"; the Comparison of Language; Typology

（通信地址：519087　珠海　北京师范大学珠海分校文学院）

# 语言接触对藏缅语复句的影响

## ——以因果复句、假设复句为例

### 范丽君

**【提要】** 语言接触对藏缅语因果、假设复句关联标记及其模式产生了一定的影响。本文认为：藏缅语复句关联标记不发达或缺乏标记性、与源语言结构差异性大等因素导致语言借用的发生；语言接触不平衡性导致各语言复句演变的差异性；藏缅语内部演变机制和语言接触的共同作用导致了复句的演变。

**【关键词】** 语言接触　藏缅语　因果复句　假设复句

随着不同民族之间密切交往，语言之间的相互接触现象频繁，语言接触会导致两种语言系统不同程度的改变。以往，学者们较多地考察了语言接触对词汇（包括基本词汇、一般词汇、功能词等）、语序类型、语言结构（限于单句）等方面的影响，较少探讨对复句的影响。本文试探讨汉语对藏缅语复句的影响。

## 一　语言接触对复句关联标记的影响

分句之间是何种逻辑关系，除了依赖语言环境判断外，关联标记是标明逻辑关系的重要手段。藏缅语绝大部分因果类复句都有固有的关联标记，也出现了借用汉语关联标记的现象。借用的关联标记与藏缅语固有的关联标记之间有以下几种关系。

### （一）关联标记的偶然借用

语言接触程度较浅时，只是偶尔地借用其他语言关联标记，复句以本族语关联标记为主。如下面桃坪羌语的复句借用了汉语的 $iŋ^{55}ue^{15}$ "因为"：

（1）$iŋ^{55}ue^{15}$ $χmə^{33}da^{241}pə^{33}$ $ti^{33}$ $u^{55}χna^{55}$ $tshyi^{31}$, $tʂuaŋ^{55}tɕa^{55}$ $tə^{31}pia^{55}$

　　因为　　　天　　（助）旱　厉害　　庄稼　　　生长

tsʅ³³ tə³¹ mi⁵⁵ ʂe⁵¹ i³¹.① 因为天旱，所以庄稼长得不好。

　不　　好

（二）固有关联标记和借用关联标记的博弈

一种语言向另一种语言借入词汇，这是最常见的语言接触的结果。关联标记属于语法功能词，借入的关联标记与固有的标记之间相互博弈，在很长一段时间内，二者之间互有分工，长期共存。主要有下面两种情况。

1. 固有标记和借用标记共同存在于同一复句当中。例如：

羌语桃坪话：

iŋ⁵⁵ue¹⁵ tsuə³³ ti³³　　　　ɚ¹⁵⁵pə³¹tʂhe⁵¹i³¹，

因为　　水（助词）（前加）小　（后加）

the¹³mə³¹ tsuə³¹dʐe⁵⁵ ti³³　da³¹ɕye³³la⁵⁵ mi⁵⁵ qe³³pa³³i³¹.

（连词）　水　磨　（助）（前加）旋转　不　行（后加）

因为水小了，所以水磨转不动了。

前一分句使用汉语音译借词"iŋ⁵⁵ue¹⁵"，后一分句的连词"the¹³mə³¹"则是羌语固有词汇。再如表示因果关系的连词tɕi¹³zaŋ³¹…nə³³… "既然……就……"，tɕi¹³zaŋ³¹是汉语借词，nə³³是羌语固有的副词。

2. 固有标记和借用标记并存于复句表达中，二者在不同的复句中皆可使用，但不同时出现在同一复句中。例如卡卓语：

（1）ŋa³³ zi³²³ ŋa³²³ ma³¹ ta²⁴，zi³³ woi²⁴ n̠ɣ³¹ tɛ³³ tɕi³³ ŋa³³ kv³³ ma³¹ ta²⁴.

　　我　去　　不　能　因为　事　这件　我　做　不　了

　　我不能去，因为我做不好这件事。

（2）m̩³¹ ma²⁴ tɕa⁵³ ta³¹ni²⁴，ŋa³³ tsʅ³¹ ka²⁴ kv³³ na³²³ wa³⁵.

　　天　气　冷　因为……所以我 伤 风　得 疼（语尾助）

　　因为天气冷，我得了风寒病。

zi³³ woi²⁴和ta³¹ni²⁴都表示因果关系，zi³³ woi²⁴是汉语借词，ta³¹ni²⁴是卡卓语固有的因果关联标记。

（三）关联标记的消失与替换

语言接触程度的进一步加深，会使语言固有的关联标记消失，代之以借用的关联标记。

土家语：

（1）ʑi⁵⁵wui³³ n̠e³⁵pie⁵⁵tsə³³ lu³³，ɛ³⁵ka⁵⁴ kha⁵⁴phu³³ phu³³ ɕi³³ zi³³ tɛ³³/³⁵.

　　因为　打瞌睡　　了　所以　花　开（助）见 没

_____

① 本文语料主要选自相关的语言简志、中国新发现语言丛书、参考语法丛书等，部分语料由李泽然、蒋颖、朱艳华、赵金灿、李春风等老师提供。

因为打瞌睡了，所以没看见花开。

（2）ʐĩ⁵⁵ wui³³ ko³³ ti³⁵ lu³³，（so⁵⁴zi³³）ko⁵⁵tsõ⁵⁵ tu³³ tɕi³³ tɛ³³/³⁵.

　　因为　　他　病了　　所以　　高中　读　完　没

　　因为病了，所以他高中没读完。

（3）tɕa⁵⁵sɿ³³ mɯe³⁵tsə³³ lu³³，ŋa³³ tɕu³⁵ sõ⁵⁵ kho³³ tha³³.

　　假使　　下雨　　了　我　就　回去　不

　　如果天下雨了，我就不回去。

（4）tɕa⁵⁴zu³³ n̠i³³ a³³tshɿ⁵⁴，ŋa³³ tɕu³⁵ phu⁵⁴ lie³³ n̠i³³ o⁵⁴ lie³⁵

　　假如　你　喜欢　　　我　就　买　　　你　送

　　假如你喜欢的话，我就买给你。

（5）ŋa³³ thõ³³tɕhẽ³³ ɕe³³³⁵ ti³³xua³⁵，ŋa³³ tɕu³⁵ n̠i³³ o⁵⁴ tho⁵⁴ lie³³ xu³³

　　我　钱　　　　有　的话　我　就　你（助）还　将要

　　只要我有了钱，我就还你。

土家语因果类复句固有关联标记仅存例（1）中的ɛ³⁵ka⁵⁴一词，其他因果、假设、条件复句关联标记都借用汉语。再如鹤庆白语的假设关联标记均借自汉语，固有关联标记也已被彻底替换。

（1）ŋo³¹ y⁴⁴ tṳ⁴⁴ xã̠⁴² tsi³³ nɯ³³ xua⁵⁵，tɕã³¹ xã̠⁴² uã̠⁴².

　　我　遇　得　汉（后缀）的　话　讲　汉　话

　　我遇到汉族人的话，就说汉语。

（2）zo̠⁴² ku³¹ mər⁵⁵ tṳ²¹ vo³³ pṳ²¹ ɣã̠⁴²，jã⁵⁵ tshu³³ ŋe r²¹ tsi³³ nɯ³³.

　　如果　明　天　雨　不　下　咱们　就　去　街（助词）

　　如果明天不下雨，我们就去上街。

除了上述nɯ³³ xua⁵⁵"的话"、zo̠⁴² ku³¹"如果"等关联标记，还有zo̠⁴²ko³¹/ja̠ u⁵⁵si⁵⁵…tsʰu³³"如果……就……"等框式借用标记，都是汉语借词。

语言接触可以导致语言系统结构发生改变。不同的语言特征，在语言接触过程中可变异性的几率不一，有些语言特征容易并入新的语言系统中，有的语言特征则很难并入。吴福祥（2007）认为不同的语言特征在可并入度上的差别大致构成一个等级序列：词汇（非基本词汇）>句法/音系>派生形态>屈折形态。词汇的借用是最容易融入新的语言系统的，关联词作为功能词，相对于一般词汇来说，更难被并入另一语言系统。而藏缅语复句中的借用关联标记则越来越多。根据近30种藏缅语的语料，白语、土家语、羌语（桃坪话）、卡卓语等语言的因果类复句都有借用汉语的关联标记。

### 二　语言接触使藏缅语复句新增了关联标记位置模式

复句关联标记的位置与语言语序类型相关，藏缅语是 OV 型语言，因果、假设复句以后置关联标记为主。但是，藏缅语不少语言复句也出现了前置关联标记。现将统计的藏缅语的假设复句和因果复句关联标记的位置类型统计如表 1、表 2：

**表 1　　　　　　　　藏缅语因果复句关联标记位置类型统计**

| 关联标记位置<br>藏缅语种数 | 因句前置型 | 因句后置型 | 果句前置型 | 因果句框式<br>关联标记 |
|---|---|---|---|---|
| 27（语言或方言） | 4 | 24 | 12 | 5 |

**表 2　　　　　　　　藏缅语假设复句关联标记位置类型统计**

| 关联标记位置<br>藏缅语种数 | 假设句后置型 | 假设句前置型 | 假设句框式<br>关联标记 | 假设-结论句<br>框式关联标记 |
|---|---|---|---|---|
| 27（语言或方言） | 27 | 13 | 9 | 3 |

表 1 显示，27 种语言或方言中，24 种语言有后置型的因果复句关联标记，4 种语言有前置于原因句的标记，12 种语言有前置于结果句的标记。表 2 显示，假设复句都有后置型关联标记，其中 13 种语言有前置关联标记。藏缅语因果、假设复句绝大多数都有后置关联标记，但不同程度地出现了前置关联标记，前置关联标记是怎么出现在后置型语言当中的，我们认为这与语言间的相互接触有很大的关系。现就前置关联标记的存在类型作具体分析。

1. 前置不居中的关联标记

复句的关联标记连接前后两个分句，起连接作用的联系项一般居于中间位置，藏缅语后置于因句的关联标记和后置于假设句的关联标记居于两个分句的中间位置，与 Dik（1997）提出的联系项居中原则相符，也与 OV 型语序相和谐。但藏缅语因句前置型关联标记与联系项原则和语序类型相悖。如下例：

羌语桃坪话：

（1）iŋ$^{55}$ue$^{15}$ χmə$^{33}$da$^{241}$pə$^{33}$ ti$^{33}$ u$^{55}$χna$^{55}$ tshyi$^{31}$, tʂuaŋ$^{55}$tɕa$^{55}$ tə$^{31}$pia$^{55}$

因为　　天　　（助）旱　厉害　　庄稼　　　生长

tsɿ$^{33}$ tə$^{31}$ mi$^{55}$ ʂe$^{51}$ i$^{31}$.

不　好

因为天旱，所以庄稼长得不好。

全句只有借用汉语的前置关联标记iŋ⁵⁵ue¹⁵"因为"，没有居于中间的联系项，也与羌语ov型语序不和谐。显然，羌语中前置关联标记iŋ⁵⁵ue¹⁵是语言借用的结果。

2. 前置居中的关联标记

前置于果句的关联标记连接的复句，仍然居于中间位置，这种类型的关联标记符合联系项原则，但与语言的语序类型相悖。如：

藏语（拉萨话）：

（1）lok¹³² tɕø²⁵² pɛ n̩a⁵² nõ⁵⁵ ɕe¹³²tʂa¹³² n̩aŋ¹⁴ ko reʔ¹³², tɕhɛ¹⁴tsaŋ⁵⁵ the¹³²thyʔ¹³²
　　　反动派　的　压迫　很　受　要是　　那时

tsho⁵²wa¹³² tɕi⁵²taci²⁵²po⁵² tsaŋ⁵⁵ nɛ joʔ¹³² ma¹³² reʔ¹³².
　生活　等　愉快　根本　　没　有
因为受反动派的压迫，所以那时候生活一点儿都不愉快。

彝语：

（2）ɬo²¹bo²¹ du̩³³ la³³ o⁴⁴, ɕi²¹n̩ ɛ⁴⁴ m̩（u）⁴⁴dɯ³³ ko³³ tsho³³ bu̩³³z̩l³³ dʑi²¹ o⁴⁴.
　　月　出　来了　因此　地　下　人　影　有了
月亮出来了，因此地下有了人影。

景颇语：

（3）ʃan⁵⁵ tso²⁵⁵ʒa²³¹ mjit³¹ ma̩ ŋ³³ khʒu̩ m⁵⁵ kha̩ t⁵⁵ ŋa³¹　ai³³, tai³³ mǎ³¹tʃo³¹
　他俩　热爱　思想　梦　相遇（助动）（助动）（句尾）那　因而

ka³¹te²⁵⁵ e³¹ mu̩ŋ³¹n⁵⁵ lu³¹ ja³¹phja̩ k³¹ ka̩ u⁵⁵　ja³³ mu²³¹ai³³.
　谁　的　代　也　不能　使散（助动）（助动）（句尾）
他俩相亲相爱，因而谁也拆不散他俩。

藏语关联标记tɕhɛ¹⁴tsaŋ⁵⁵"所以"、彝语关联标记ɕi²¹n̩ ɛ⁴⁴"因此"、景颇语的mǎ³¹tʃo³¹前置于果句，位于两个分句的中间位置，与联系项居中原则相符，但与语序类型不和谐。上述语言的前置关联标记均为本族语词汇，景颇语mǎ³¹tʃo³¹的后置是为了强调结果句。此种类型的关联标记前置似乎与语言间的相互接触关系不大。

3. 后置、前置共存的框式关联标记

前置关联标记和后置关联标记共存于复句中构成框式关联标记。因果复句中，后置于因句的关联标记和前置于果句的关联标记共同构成框式标记，如：

载瓦语：

ja ŋ³¹ n̩un⁵¹ a³¹wo⁵⁵ mu⁵¹,（a⁵⁵su³¹mu⁵¹）mǒ³¹pu³¹ xji⁵¹ tuŋ³¹ a³¹ wo⁵⁵ wui⁵¹.
　他　钱　没有　因为　　所以　　衣服　这件　不能　买

他因为没钱，所以买不起这件衣服。

勒期语：

tshɔn⁵⁵ （n）a³³ju⁵⁵ ŋ⁵³ke³³ （xa³³su⁵⁵mo³³）wɔm³³ a³³tso³³ nou⁵³.

菜　　　没　有　因为　　　　所以　　　饭　　不吃　想

因为没有菜，所以不想吃饭。

扎巴语：

ŋa⁵⁵ m̥ui³¹m̥ui⁵⁵ ʂka⁵⁵ mtsha³¹n̩i⁵⁵, tə³⁵mtshu³¹ŋa⁵⁵ zi³⁵ çho⁵⁵ kə³⁵ ma⁵⁵ ntçhe³¹ ze³¹.

我　很　　　累　因为　　　　所以（因此）我　去（助）前加　否定　想　　（助）

因为我实在太累了，所以不想去。

上述三例因果复句，既有后置于因句的关联标记，如载瓦语的mu⁵¹、勒期语的ŋ⁵³ke³³、扎巴语的mtsha³¹n̩i⁵⁵，也有前置于果句的关联标记如载瓦语的a⁵⁵su³¹mu⁵¹、勒期语的tə³⁵mtshu³¹，三例中，前置于果句的关联标记可用可不用，但必须有后置的关联标记。单用后置的关联标记完全可以表达因果关系。由此我们可以看出，前置于果句的关联标记应该是后来出现的，仅仅借用了汉语的前置关联标记模式，但仍使用本族语词汇。

假设复句中，后置于假设句的关联标记和前置于假设句的关联标记构成框式关联标记。27 种语言中，有 9 种语言有此类型的关联标记。如：

玛曲藏语：

kar sət n̩ə ma xar hdʑə met na，n̩ən kar rtçət po rtçət po zək　　kaŋ na jo nə！

如果 太阳 升 将 没 的话 白　天　舒服　　舒服（表整体）哪里有呢

如果没有太阳的升起，哪会有灿烂的白天！

景颇语：

la³³ma³³wa³³ phot⁵⁵ni⁵⁵ naŋ³³ ka³¹ka³¹ te⁷³¹ n³³ sa³³ jaŋ³³，an⁵⁵ tʃa³¹tha³¹

假　　如 明天　你 别的　处 不 去 的话　我俩 聊天

tʃai³³ khat⁵⁵ ka⁷³¹！如果你明天不去别的地方，我俩互相聊聊吧！

玩　相互（句尾）

载瓦语：

taŋ³¹kə⁵⁵ naŋ⁵¹ a³¹ tai³¹ tʃaŋ⁵⁵，ja ŋ³¹ tat³¹ n̩i k⁵⁵jɔ⁵¹ lɛ⁵¹.

假如　　你 不 说 的话　他　不 会 生气（谓助）

假如（如果）你不说的话，他就不会生气。

上述例句中，后置关联标记na、jaŋ³³、tʃaŋ⁵⁵均可单独表示假设关系，前置关联标记kar sət、la³³ma³³wa³³、taŋ³¹kə⁵⁵可用可不用。与因果复句的前置关联标记相似，假设复句的前置关联标记极有可能借了汉语的关联标记位置。藏缅语都有后置的假设关联标记，如果借汉语的前置标记，则极易形成关联标记位于假设句首尾的假设句框式关联标记。与汉语接触程度较深的白语、土家语等则直接借用了汉语关联标记的模式及词汇。

4. 均前置的框式关联标记

羌语桃坪话前置于原因句的 iŋ⁵⁵ue¹⁵ 和前置于结果句的 the¹³mə³¹ 构成 iŋ⁵⁵ue¹⁵ …the¹³mə³¹ 框式关联标记，形成"因为……所以……。"如：

iŋ⁵⁵ue¹⁵ tsuə³³ ti³³　　　ə'⁵⁵pə³¹tʂhe⁵¹i³¹,

因为　 水 （助词）（前加）小（后加）

the¹³mə³¹ tsuə³¹dʐe⁵⁵ ti³³　　　da³¹çye³³la⁵⁵ mi⁵⁵ qe³³pa³³i³¹.

（连词）水 磨 （助）（前加）旋转　不 行（后加）

因为水小了，所以水磨转不动了。

土家语前置于因句的关联标记 ʑ̃i⁵⁵ wui³³ 和前置于果句的关联标记 so⁵⁴ʑi³³ 构成框式关联标记。

ʑ̃i⁵⁵ wui³³ ko³³ ti³⁵ lu³³,（so⁵⁴ʑi³³）kɔ⁵⁵tsõ⁵⁵ tu³³ tçi³³ tɛ³³/³⁵.

因为　　 他 病 了　　 所以　　 高中 读 完 没

因为病了，所以他高中没读完。

ʑ̃i⁵⁵ wui³³ 还能与土家语固有标记 ɛ³⁵ka⁵⁴ 构成框式标记。

此外羌语桃坪话的假设复句框式关联标记 zu³¹ko⁵¹…，nə… "如果……就……"，也分别前置于假设句和结论句，白语的 zo̩⁴²ko³¹/ja u⁵⁵si⁵⁵…tsʰu³³ "如果……就……"也是如此。在此模式中，前置于后一分句的关联标记仍然居中，但与 OV 型语序不和谐。这种语序的不和谐是由语言接触引起的，羌语不只借用了连词 iŋ⁵⁵ue¹⁵，还借用了汉语表达因果关系标记的位置模式。白语与汉语接触程度较深，假设关联标记和模式等都借自汉语。

### 三　影响藏缅语因果、假设复句演变的语言因素和社会因素

随着现代化进程的加快，民族间交往的深入，不同语言相互接触更加频繁，这无形中促进了语言的演变。语言接触导致的语言演变向着何种方向发展，受到多种因素的制约。藏缅语复句关联标记及其模式的演变受语言接触的影响，表现出关联词的借入和替代，关联标记模式的借入和替代等方面。由于语言因素和社会因素的共同影响，各语言复句的演变并不一致。

（一）语言因素

1. 语言特征不发达或缺乏标记性，容易吸收相关特征较发达或标记性显著的语言

藏缅语因果复句关联标记没有同源关系[①]，是原始藏缅语分化为不同的

---

① 戴庆厦、范丽君：《藏缅语因果复句关联标记研究》，《中央民族大学学报》2010 年第 2 期。

语言后才各自创新的。在各自发展的过程中，藏缅语因果、假设复句关联标记并不发达，如错那门巴语、白马语、普米语、嘉戎语等只有 1 个因果关联标记，景颇语因果关联标记较为发达，约有 6 个。一些语言表示因果、假设关系时甚至可以不用关联标记，只依赖语言环境来确定前后分句之间的逻辑关系。因果关联标记不发达的或者说因果关系没有标记的语言，在表达因果关系时，特别容易借用标记发达和标记特征显著的语言。如羌语：

tɕi¹³ẓaŋ³¹ tha⁵⁵lə⁵⁵ sl̩⁵⁵pɑ³³qe³³ ko³³, thuŋ⁵⁵tʂ̩⁵⁵ mi⁵⁵ pu³³tsaŋ³³ nə³³ qe³³.
既然 他 知道 连词 通知 不 作 也就 行
既然他已经知道了，就不通知他也行了。

如羌语的因果关系的表达，一般不用连词，其说明性因果关联标记iŋ⁵⁵ue¹⁵和推论性因果复句关联标记tɕi¹³ẓaŋ³¹都借自汉语。

Eckman（1977）提出的"标记性差异度假设"认为双语学习者的困难可以根据普遍语法的标记性理论来预测，指出目标语在这些方面的困难程度和标记性程度有关；如果目标语有些方面和母语有差异而且比母语更具有标记性，那么这些方面是学习者的困难所在。吴福祥（2007）认为，"在借用情形里，标记性很可能所起作用甚小；因为一旦受语社团具有广泛的双语制且借用者成为源语的流利使用者，那么也就没有任何可学性与此相关。因此，原则上他们也能像借用无标记特征那样比较容易地借用有标记特征。"藏缅语诸语言因果假设关联标记不甚发达，有些语言里因果、假设关系缺乏标记性，在这种情况下，反而易于借用汉语的复句关联标记。这种容易借用的原因也并不是广泛的双语制造成的，而是与标记性明显有可能易于掌握学习有关。

2. 语言结构差异性大，某些语言特征也能借用

一般认为，互相接触的两种语言如果结构类型相似度高，互相之间语言特征更容易被借用，相反，如果相互接触的两种语言结构相似度低，语言特征则不容易被并入。刘珣（1999）第二语言习得的对比分析理论也认为，两种语言相同之处产生正迁移，不同之处产生负迁移，两种语言的差异越大，干扰越大，学习的困难也就越大，更不容易习得目的语。但往往实际情况并非如此，两种语言差异性大，掌握起来会有困难，但掌握的准确度反而高。语言的差异与学习者困难并不是简单的正比关系。相互接触的两种语言结构相似度低，语言特征则不容易被并入，但在某些项目上，这一推测不具有绝对性。藏缅语是 OV 型语言，关联标记后置，汉语是 VO 型语言，关联标记前置，两者的语言结构差异不可谓不大，但藏缅语因果、假设复句借用了汉语的关联标记，并借用了关联标记的位置模式。白语主

谓宾结构和主宾谓结构并存，年轻人多用前者，老年人多用后者。其复句又受到多少影响呢？如白语：

（1）tshu³³ui⁴⁴ tur³³ no³¹ no³³, ja³⁵mu³³tsi⁵⁵ ŋɑ⁵⁵ tsu³³ tshu³³ phiɑ⁴⁴ lɑ⁴².

就为　　等你（助）要不（连）我们早　就　到　了

就因为等你，要不我们早就到了。

（2）jõ̠⁴⁴suɑ⁴⁴ ɣɯ⁴² phiɑ⁴⁴ mur⁵⁵ nɑ⁴² ja³⁵mu³³ tsi⁵⁵, tsi⁵⁵kɛ̠²¹ tsu⁵⁵ tɕhõ⁵⁵ phiɑ⁴⁴ liɑ⁴² no³³.

要是　学　到　它的　家　没有（连词）怎么　做　好　到　这样（助）

要是没有学到家，怎么会做得这么好。

例（1）为白语因果复句，借用了汉语的关联标记tshu³³ui⁴⁴，且关联标记前置于原因句。例（2）为白语假设复句，有其固有的后置关联标记tsi⁵⁵，但句中还有借自汉语的前置关联标记jõ̠⁴⁴suɑ⁴⁴"要是"。在鹤庆白语中，有借自汉语的前置关联标记zo̠⁴² ku³¹，也有借自汉语的后置关联标记nɯ³³ xua⁵⁵。

3. 语言接触不平衡性导致各语言复句演变的差异性

土家语、白语等语言由于接触强度较深，OV 型语序 VO 语序并存，这类语言复句不只借用关联标记，也借用关联标记的位置模式。而载瓦语、勒期语、景颇语、彝语等大多数藏缅语，并没有直接借用汉语的词汇，而是间接地借用了汉语关联标记的位置模式，导致前置关联标记和后置关联标记并存。如载瓦语：

taŋ³¹kə̠⁵⁵ naŋ⁵¹ a³¹ tai³¹ tʃaŋ⁵⁵, ja ŋ³¹ a³¹ tat³¹ ni̠ k⁵⁵jɔ⁵¹.

假如　你　不　说　的话　他　不　会　生气

假如（如果）你不说的话，她就不会生气。

tʃaŋ⁵⁵是载瓦语固有的后置关联标记，taŋ³¹kə̠⁵⁵"假如"是前置关联标记，在此仅借用了汉语前置关联标记模式，其在假设关系的表述中，可用可不用，而tʃaŋ⁵⁵则不能省略。

4. 藏缅语内部机制和语言接触的共同作用导致复句演变

戴庆厦（2007）认为语言接触中影响语言演变的因素中，语言的内部因素是更重要的，一般是决定性的。"那些在表层形式上看上去是源语(汉语)植入受语(少数民族语言)中的新语序或句法结构，实际上是由受语内部机制决定的。""比如，有人认为少数民族语言受汉语的影响，不同程度地借入了表示复句各分句之间关系的关联虚词，因而增加了复句的语义类型。其实不然。借入的汉语虚词，是将复句各分句之间隐性的关系显性化，而并没有增添新的复句类型。"藏缅语分句间逻辑关系的表达，主要依赖前后语境，但大部分自发产生了后置的关联标记。在语言接触的过程中，借入的关联标记及其模式使分句间隐性的逻辑关系更为明显。

（二）接触导致藏缅语复句演变的社会因素

社会因素包括语言接触的强度和语言使用者的语言态度，前者前面我们已有论述，这里主要探讨语言使用者的态度对复句演变的影响。吴福祥（2007）语言使用者的态度在接触性演变上的差别不仅体现在不同语言社团上，也表现在同一个语言社团不同人群上。语言使用群体的阶层、年龄等是影响复句演变的主要因素。藏缅语复句关联标记的借用主要发生在青年人、知识分子、干部等群体中，中老年人和经常使用本族语的群体则倾向于使用固有结构和关联标记。此外，语言使用场合也会影响到借用关联标记和模式的使用，一般正式场合倾向于使用借用关联标记及其模式。

**参考文献**

戴庆厦、田静：《语言的外部影响与内部机制》，《民族语文》2007 年第 4 期。

吴福祥：《关于语言接触引发的演变》，《民族语文》2007 年第 2 期。

李云兵：《论语言接触对苗瑶语语序类型的影响》，《民族语文》2005 年第 3 期。

刘丹青：《语序类型学与介词理论》，商务印书馆 2003 年版。

刘珣：《对外汉语教育学引论》，北京语言大学出版社。

孙宏开编著，孙宏开、刘光坤修订：《羌语简志》，《中国少数民族语言简志丛书》修订本卷壹，民族出版社 2009 年版。

木仕华：《卡卓语研究》，民族出版社 2003 年版。

戴庆厦、田静：《仙仁土家语研究》，中央民族大学出版社 2005 年版。

金鹏主编，江荻修订：《藏语简志》，《中国少数民族语言简志丛书》修订本卷壹，民族出版社 2009 年版。

戴庆厦、徐悉艰：《景颇语语法》，中央民族大学出版社 1992 年版。

周毛草：《玛曲藏语》，民族出版社 2003 年版。

陈士林、边仕明、李秀清编著，曲木铁西、胡素华修订：《彝语简志》，《中国少数民族语言简志丛书》修订本卷贰，民族出版社 2009 年版。

龚群虎：《扎巴语研究》，民族出版社 2007 年版。

戴庆厦、李洁：《勒期语研究》，中央民族大学出版社 2007 年版。

Eckman 1977 F.Markedness and the contrastive analysis hypothesis. Language Learning, (27): 315-330.

Dik 1997. *The Theory of Functional Grammar*. Berlin & New York: Mouton de Gruyter.

# Language Contact Has Influence in Complex Sentences in Tibeto-Burman

## —Take Cause-effect Complex Sentences and Hypothesis Complex Sentences for Example

Fan Lijun

**Abstract:** Language contact haves influence in conjunctive markers and its pattern of cause-effect complex Sentences and hypothesis complex sentences in Tibeto-Burman.Conjunctive markers in Tibeto-Burman is not developed and is different from source language structure, all of this caused language borrow. The imbalances of Language contact lead to differences in the evolution of language. The interaction of internal evolution mechanism and language contact in Tibeto-Burman has led to the evolution of complex sentences.

**Key words:** Language Contact; Tibeto-Burman; Cause-effect Complex Sentences; Hypothesis Complex Sentences

（通信地址：100024　北京　中国传媒大学文法学部）

# 从方位词到比较标记

## ——藏缅语差比句比较标记的一个来源

邓凤民

**【提要】** 藏缅语中有些语言的差比句的比较标记来自方位词。本文试讨论这类比较标记的演变路径、形成机制、标记模式及其对差比表达格局的重要影响。

**【关键词】** 藏缅语　方位词　比较标记

差比句是通过语义关系范畴来定性的一种句子类型，它表示两个对象在某一属性上的程度差异。这种语义关系在不同语言和方言中的句法表现形式各异。在差比句的各构成要素中，比较标记是最能体现一种语言的类型特点的，因此差比句成为类型学的一个重要参项。藏缅语中有些语言的差比句的比较标记来自方位词。本文试讨论这类比较标记的演变路径、形成机制、标记模式及其对差比表达格局的重要影响。

## 一 "方位"义比较标记实词性

藏缅语中有些语言的差比句比较标记是由"上/下面"和"在……之上"，"在……里"义方位成分充当的，如箐花普米语的 $to^{55}$（在……上）、彝语 $tha^{55}$（上）独龙语 $mu^{31}dǎ\ m^{53}$（上面）、尔苏语的 $t\varepsilon ho^{55}$、毕苏语 $tha^{31}\gamma^{33}$（在……之上）和景颇语 $tha^{\gamma 31}$（在……里）等。为了行文简便，我们把这类比较标记列表如下（表1）。

表1

| 语言 | 比较标记（M） |
| --- | --- |
| 普米语（箐花） | $to^{55}$ |
| 尔苏语 | $t\varepsilon ho^{55}$ |
| 彝语（核桃箐） | $tha^{55}$ |

续表

| 语言 | | 比较标记（M） |
|---|---|---|
| 柔若语 | | tɯ$^{33}$ |
| 傈僳语 | | thɛ$^5$si$^3$；ku$^3$si$^3$ |
| 哈尼语 | 绿春 | xu$^{55}$tạ$^{33}$ |
| | 西摩洛 | a$^{31}$tha$^{31}$ |
| | 卡多 | tha$^{33}$ |
| 拉祜语（苦聪话） | | tha$^{31}$ |
| 基诺语 | | jə$^{33}$ |
| 毕苏语 | | tha$^{31}$ɣ$^{33}$ |
| 景颇语 | | tha$^{ʔ31}$ |
| 载瓦语 | | tho$^{ʔ55}$ |
| 独龙语 | | mɯ$^{31}$dǎ m$^{53}$ |
| 浪速语 | | thɔ$^{ʔ55}$ |

以上诸语言的差比句比较标记都来自方位词，表示"在……之上；在……里"之义，用作方位词时，主要用在名词、代词之后构成名词性短语，表示某种特定的方位。例如：

哈尼语（西摩洛）：

tsɿ$^{31}$tʃɔ$^{31}$ xɯ$^{55}$ ji$^{55}$ kẽ$^{33}$ ɯ$^{55}$ ji$^{55}$ kẽ$^{33}$ kɯ$^{33}$ a$^{31}$tha$^{31}$ ko$^{31}$tʃɔ$^{31}$ jʌ$^{55}$ mo$^{55}$ ji$^{55}$.

绳子  这一根  那一根  的  上面  好多  M$_2$  长 （语助）

这根绳子比那根长很多。

彝语（核桃箐）：

（1）ji$^{213}$ bɤ$^{21}$ tha$^{55}$ tɕhe$^{213}$ɕ $^4$. 到山上去。

　　去  山  上   到

（2）xɔ$^{44}$ tɕhi$^{33}$ dˑɔ$^{44}$ tha$^{55}$ go$^{32}$ le$^{34}$. 领狗到街上来玩。

　　领  狗  处  上  玩  来

（以上例句引自高华年（1958，82））

景颇语（载瓦）：

sǎ $^{21}$poi$^{51}$ tho$^{ʔ55}$ ma$^{55}$ mau$^{51}$sau$^{21}$ lǎ $^{21}$ pap$^{21}$ tʃo$^{ʔ21}$.

桌子  上  （助）  书  一  本  有

桌上有一本书。

（例句引自徐悉艰（1984，112））

傈僳语：

tʃɛ⁵⁵tsɯ⁴⁴ the⁴²si⁴⁴ kua⁴⁴ kɯ⁴⁴ ha³⁵.放在桌子上面。

桌子　　　上面　（助）　放　下

（例句引自《傈僳语语法纲要》（1959，62））

景颇语：

（1）sǎ³¹poi⁵⁵ tha²³¹ paŋ³³ tat³¹ u²³¹！（你）放在桌子里面吧！

桌子　里　放　上（句尾）

（2）kǎ³¹pa³¹ ai³³ tha²³¹ paŋ³³ u²³¹！（你）放在大的里面！

大　的　处　放（句尾）

（例句引自戴庆厦（1998，286—288））

上面例句中划线部分的a³¹tha³¹、tha⁵⁵、the⁴²si⁴⁴ 和tha²³¹显然是实词性质的，其语义实在具体，如哈尼语（西摩洛）比较标记a³¹tha³¹前必须加"kɯ³³"、傈僳语the⁴²si⁴⁴后有表方位的助词"kua⁴⁴"。这些词除了能放在名词后表示方位外，有的还能受形容词的修饰做句子成分的中心语，特别是景颇语里（2）句，其实词性语义就更明显了。一般说来，当这些词做为句子的中心成分时，实词性最强，表示实实在在的方位义。

## 二　"方位"义比较标记虚词性

藏缅语差比句"方位义"比较标记，有时和处所格助词采用相同的形式，比如基诺语的jə³³、普米语的to⁵⁵、尔苏语的tɕho⁵⁵、柔若语的tɯ³³、景颇语的tha²³¹等，都既能表示处所（在……上；在……里），也能表示比较。例如：

基诺语：

（1）tso⁴⁴ tɕho⁴⁴lo⁴⁴ jə³³　ʃɔ⁴⁴ ɬo⁴⁴ ɑ.屋里很热。

屋　里（方位助）很　热

（2）ɑ⁴⁴ʃo⁴⁴ ɣ³³ nɣ⁴²zɔ⁴⁴ jə³³ ʃɔ⁴⁴ thə⁵⁵ ɑ tʃɣ⁴⁴ pə⁴⁴ ɑ.哥哥比弟弟胖得多。

哥哥（关联助词）弟弟　M　很　多　更　胖

（以上例句引自盖兴之（1986：107，91））

普米语（箐花）：

（1）tʃa⁵⁵ to⁵⁵　sgiã u¹² diã u⁵⁵.地上有草。

地　上面　草　有

（2）m̩ i⁵⁵ tsy⁵⁵ to⁵⁵ mia⁵⁵ba⁵⁵.女孩比男孩聪明。

女孩　男孩　M　聪明

（以上例句引自陆绍尊（2001：64，311））

尔苏语：

（1）tʃo⁵⁵tsɛ⁵⁵ tɕho⁵⁵ ndʒo⁵⁵ndzɿ⁵⁵、kã⁵⁵pi⁵⁵、tʃũ⁵⁵tʃũ⁵⁵ a⁵⁵nɛ⁵⁵a⁵⁵nɛ⁵⁵ la⁵⁵dʒɑ⁵⁵.

　　桌子　（助）　书　　钢笔　　茶盅　　　等等　　都有

　　桌子上有书、钢笔、茶盅等等。

（2）ɛi⁵⁵tsɿ⁵⁵pho⁵⁵ the⁵⁵ tɕho⁵⁵ tɛ⁵⁵sɿ⁵⁵ ja³³kuɑ⁵⁵. 我的年纪比他大一些。

　　我　年纪　　他　M　一些　大

　　　　　　　　　　　　　（以上例句引自孙宏开等（2007：965））

柔若语：

（1）tɕa⁵⁵tsɿ³¹ tɕo⁵⁵ tuɯ³³ iɛ̃³¹ kha⁵³ tɔ⁵³，no³³ io³³ tɕhɛ⁵³ pɔ³⁵！

　　桌子　张　（助词）　烟　放　（助词），你　拿　抽　（语气）

　　桌子上放着烟，你拿着抽吧！

（2）ʔʐ⁵³ phio³³ kõ⁵⁵ ʔʐ⁵³nũ⁵³kõ⁵⁵ tuɯ³³ li³³. 白猪比黑猪重。

　　猪　白　只　猪　黑　只　M　重

　　　　　　　　　　　　　　（例句引自孙宏开等（2002：126））

景颇语：

（1）ŋa⁵⁵ n³³tai³³ kha⁷³¹ tha⁷³¹ ʒoŋ³³ ma⁷³¹ai³³. 这河里有鱼。

　　鱼　这　河　里　有　（句尾）

（2）kǎ³¹nau³³ kǎ³¹phu³¹ tha⁷³¹ kʒau³³ tset³¹ ai³³. 弟弟比哥哥勤快。

　　弟弟　　哥哥　M　更　勤快（句尾）

　　　　　　　　　　　　　　（例句引自戴庆厦（1998，291））

以上诸例中（1）的划线部分为处所格助词，例（2）为比较标记。

上述事实表明，藏缅语的比较标记与处所助词关系密切：许多语言分别用具有"上/下"方位义的比较标记来表示比较主体"胜过"或"不及"比较基准。比如："我比他大"和"我比他小"这两种意义分别表达为"我他上面大"和"我他下面小"。

在比较标记含有"方位"义的语言中，处所助词大部分是从方位名词语法化而来的，比较助词、处所助词与方位名词之间存在着密切联系，大致形成一个由实到虚的等级序列：方位名词＞处所助词＞比较助词（标记）。戴庆厦（1998）曾举例论证这一语法化过程：

（1）kǎ³¹pa³¹ ai³³ tha⁷³¹ paŋ³³ u⁷³¹！（你）放在大的里面！

　　大　　的　处　放　（句尾）

（2）naŋ³³ lai³¹kʑa³³ tha⁷³¹ paŋ³³ tɔ n³¹ u⁷³¹！你放进书里吧！（修饰关系）

　　你　书　里　放　进　（句尾）

（3）kǎ³¹nau³³ ko³¹ kǎ³¹phu³¹ tha⁷³¹ kʒau³³ tsɔ³¹ ai³³. 弟弟比哥哥高。

　　弟弟　（助）　哥哥　M　更　高　（句尾）

上面例（1）中的tha$^{231}$"里、处"作为方位名词是显而易见的，意义实在，前面有结构助词ai$^{33}$"的"和形容词kǎ$^{31}$pa$^{31}$"大"。例（2）中的tha$^{231}$就有一定程度的虚化，意义由最初的"里、处"义泛化为"方位"。此时tha$^{231}$处在语法化中途的虚实两可之间，为处所助词，句法上是强制的。例（3）中的tha$^{231}$为纯粹的比较标记，无实词意义。可见，景颇语的比较标记tha$^{231}$源自实词的语法化。在不同的语境中，tha$^{231}$的语法化呈现三个不同的层次，并形成一个语义由实到虚的虚化链。语法化进程中的不同层次，不仅表现在语义层次上，更表现在语法功能上。由此可见，景颇语的比较标记的语法化不是一次性完成的，而是在不同的语境中出现不同程度的虚化，是一个虚化程度由低到高的渐进过程。在这一过程中，词项的语义和语法功能的变化相伴而行。

值得一提的是，哈尼支系西摩洛语的比较标记意义更加实在，其句法形式上必须前加"的"。这也为由方位名词到比较助词（标记）这个序列的演变规律提供了一个有力的佐证。由此可见，比较标记与处所助词或方位名词关系密切，这种同形并非偶然，况且这些语言还具有亲属关系。

### 三 "方位"义比较标记的形成机制

藏缅语方位词之所以能虚化为比较标记，可能与它的句法位置有关，这些方位词的主要用法是放在名词后组成状语性短语。由于它与后面的谓语动词关系密切，它出现虚化，产生了结构助词的功能。这类词出现在句中，不是表达实在意义需要，而是为了语法结构的需要。下面诸例中的方位词对前面名词的表义可有可无，不加也不影响意义的表达，但在语法结构上则是必不可少的。

基诺语：

（1）ŋɔ$^{31}$ tʃa$^{54}$ɬø$^{54}$ va$^{44}$ je$^{31}$ my$^{33}$ ja$^{54}$ jɔ$^{44}$kho$^{44}$ a$^{44}$kjɔ$^{44}$ jʌ$^{33}$ no$^{31}$pho$^{31}$ lɔ$^{31}$nɛ$^{33}$.

　　我　扎吕　　助　去　助　助　路　　中　　　回　　来　助

　　我在去扎吕的中途返回来了。

（2）khɤ$^{31}$ ŋo$^{31}$ jʌ$^{33}$ tʃɤ$^{44}$ vai$^{31}$ thʌ$^{31}$ nɛ$^{33}$. 他比我跑得快。

　　他　我　　更　　快　跑　助

（例句引自蒋光友，2008：133—134）

景颇语：

（1）khji$^{33}$ kum$^{31}$ʒa$^{31}$ leŋ$^{31}$ thaʔ$^{31}$ tuŋ$^{33}$ ŋa$^{31}$ ai$^{33}$.他坐在马车上。

　　他　　马　　车　　　坐　在（语尾助）

（2）khji³³ tha²³¹ ŋai³³ kɹau³³ kǎ lu³¹ n³¹ŋai³³. 我比他高。

　　　他　　　　我　　　更/较　长　<sub>（句尾助）</sub>

（例句引自刘璐，1984：73）

彝语（核桃箐）：

（1）thi²¹ tɕhi⁴⁴ pha²¹ tha²¹ pa³² thu⁵⁵ gu³³ ti³³ tha⁵⁵ tsɣ⁴⁴. 他一只脚在门外。

　　　他　　脚　　一　只　　门　口　　上　　在

（2）ŋa²¹³ vɣ³³ thi²¹ tha⁵⁵ dʲi³³ bɔ⁴⁴ dzɔ²¹³. 我的父亲比他有钱。

　　　我　父亲　他　上　　钱　　有

（例句引自高华年，1958：82，117）

上面例句中画线部分前的名词、代词在句中修饰谓语时，如果没有这些"方所"义助词的话就难以成句。上面诸例句中的（2）句的画线部分用在表示人的代词后面，表示其前面人称代词为比较基准，其"方所"就进一步减弱了，其作用是表示结构关系的语法意义。

### 四　藏缅语差比句的语序格局

藏缅语"方位"义比较标记属于后置词，且标记比较基准，句法性质明确，即使"比较基准+比较标记"居于比较主体之前也不致引起结构的混乱，所以在句中比较基准的句法位置就显得不那么重要，可以兼有两种语序类型，即其差比句的语序格局可以概括：SJ+ST+M+R 或 ST+M +SJ+R。①例如：

普米语：

（1）di¹³tsə⁵⁵ ti¹³tsə⁵⁵ to⁵⁵ phʒi⁵⁵ʐɯu⁵⁵.

　　　那个　　这个　　M　好

（2）ti¹³tsə⁵⁵ to⁵⁵ di¹³tsə⁵⁵ phʒi⁵⁵ʐɯu⁵⁵.

　　　这个　M　那个　　好

　　　那个比这个好。

（例句引自陆绍尊，2001：312）

西摩洛语：

（1）tsʰ⁵⁵jɔ³¹ je³³ kɯ³³ a³¹tha³¹ kɯ³¹ je³³ kɯ³³ jʌ⁵⁵ khuai⁵⁵ ji⁵⁵.

　　　麂子　跑　的　M　狗　跑　的　更　快　<sub>（语助）</sub>

（2）kɯ³¹ je³³ kɯ³³ tsʰ⁵⁵jɔ³¹ je³³ kɯ³³ a³¹tha³¹ jʌ⁵⁵ khuai⁵⁵ ji⁵⁵ɕ

　　　狗　跑　的　麂子　跑　的　M　更　快　<sub>（语助）</sub>

　　　狗比麂子跑得快。

---

① SJ：比较主体；ST：比较基准；M：比较标记；R：比较结果。

柔若语：

（1）nu³³ ko⁵³ t̪u̱ɯ³³ mia³³ ko⁵³ t̪a̱³³ mia³³.

　　牛　只　M　马　只　跑　快

（2）mia³³ ko⁵³ nu³³ ko⁵³ t̪u̱ɯ³³ t̪a̱³³ mia³³.

　　马　只　牛　只　M　跑　快

马比牛跑得快。

（例句引自孙宏开等，2002：125—126）

基诺语：

（1）nə⁴² ŋə⁴² jə̱³³ tʃɣ⁴⁴ m̥ ɛ⁴²ɑ.

　　你　我　M　更　矮

（2）nə⁴² ŋə⁴² jə̱³³ tʃɣ⁴⁴ m̥ ɛ⁴²ɑ.

　　你　我　M　更　矮

你比我矮。

（例句引自盖兴之，1986：73）

毕苏语：

（1）ga³³　xɣ³³　taum³³mja³¹ naŋ³³ xɣ³³（tsum³³ mja³¹）t̪ha³¹ɣ³³ aŋ³³xɯ³¹.

　　我　的　碗　你·的　碗　M　大

（2）naŋ³³　xɣ³³ tsum³³ mja³¹ t̪ha³¹ɣ³³ ga³³ xɣ³³（taum³³mja³¹）aŋ³³xɯ³¹.

　　你　的　碗　M　我　的　碗　大

我的碗比你的（碗）大。

（例句引自徐世璇，1998：141—142）

景颇语：

（1）wo³³ʐa³¹ pum³¹ t̪haʔ³¹　ko³¹ n³³tai³³ pum³¹ kɹau³³ kǎ ³¹pa³¹ ai³³.

　　那　山　M　(语气词)　这　山　更/较　大　(句尾助)

（2）n³³tai³³ pum³¹ ko³¹ wo³³ʐa³¹ pum³¹ t̪haʔ³¹ kɹau³³ kǎ ³¹pa³¹ ai³³.

　　这　山　(语气词)　那　山　M　更/较　大　(句尾助)

这山比那山大。

（例句引自刘璐，1984：73）

独龙语：

（1）ĭ k⁵⁵　dɯ³¹ɗŭ p⁵⁵ mɯ³¹dǎ m̥⁵⁵ nɯ⁵⁵ ĭ k⁵⁵ dɯ³¹ɗŭ p⁵⁵ gǎ m⁵³.

　　我们 (领格) 庄稼　M　你们 (领格) 庄稼　好

（2）nɯ⁵⁵ ĭ k⁵⁵ dɯ³¹ɗŭ p⁵⁵ ĭ k⁵⁵　dɯ³¹ɗŭ p⁵⁵ mɯ³¹dǎ m̥⁵⁵ gǎ m⁵³.

　　你们 (领格)　庄稼　我们 (领格) 庄稼　M　好

你们的庄稼比我们的庄稼好。

（例句引自孙宏开，1982：135）

　　上面诸语言差比句均有两种语序类型：SJ+ST+M+R 和 ST+M+SJ+R。上述诸例（1）句为藏缅语差比句的常态分布，即 "SJ+ST+M+R" 语序格局。例（2）句为 "ST+M+SJ+R"，即 "比较基准+比较标记" 居于比较主体之前的差比句，其意在凸显比较基准，此时 "ST+M" 整体结构出现在句首。就现有的语料看，也有一些语言只能采用其中一种差比格局，即 "SJ+ST+M+R"，如彝语（核桃箐）、傈僳语、拉祜语（苦聪）、尔苏语和浪速语。

　　另外，应该特别指出的是："ST+M" 作为一个板块，是固定组合，不可分离。这反映了 "人类认知的领域中，在处理'比较'，特别是'差比'这一思维过程中，认知顺序与认知方法是相当一致的。"[①] 因此，我们有理由认为，后者是前者的变式。看下面西摩洛语的实例：

tho$^{33}$l$\Lambda^{55}$ kui$^{33}$mĩ $^{31}$ ku$^{33}$ a$^{31}$tha$^{31}$ o$^{31}$xo$^{55}$ j$\Lambda^{55}$ xo$^{55}$ ji$^{55}$.（SJ+ST+M+R）

墨江　　昆明　　的　　上面　　热　　更　　热 <sub>（语助）</sub>

kui$^{33}$mĩ $^{31}$ ku$^{33}$ a$^{31}$tha$^{31}$ tho$^{33}$l$\Lambda^{55}$ o$^{31}$xo$^{55}$ j$\Lambda^{55}$ xo$^{55}$ ji$^{55}$.（ST+M+SJ+R）

昆明　　的　　上面　　墨江　　热　　更　　热 <sub>（语助）</sub>

墨江比昆明热。

　　跟 "SJ+ST+M+R" 格式比较起来，"ST+M+SJ+R" 格式通常是为了强调比较基准的需要，而使比较基准话题化，于是 "SJ+ST+M+R" 就产生了 "ST+M+SJ+R" 这样的变式。这种变式之所以成立，一是因为比较基准 ST 有标记 M，二者紧密相连，不可分离，整个板块移动时，不影响对句子意义的理解；二是因为比较结果的语义指向决定的，比较结果（R）的语义指向永远指向比较主体（SJ），所以当 "ST+M" 作为一个板块游移之后，比较主体（SJ）和比较结果（R）直接搭配，语义顺畅，毫无滞碍，故句式也得以成立。汉语的 "比较标记+比较基准" 结构也并非完全不可移动，只是就典型差比句来说，语序较为固定。赵金铭（2006）指出，在一定的语境条件下，特别是在口语表达中，如汉语 "我比你大得多" 也可以产生变异形式：

M+ST+SJ+R（比你我大得多）

SJ+R+M+ST（我大得多比你）

　　上述两种形式在使用上受到较多限制，如 "比你，我大得多"。在语气上，往往在 "标记+基准" 之后有语音停顿。这两种句式并非汉语差比句的常式，前者可看成 "倒装"，后者可看成 "追加"。这是因为，说话人所要强调的重点不同，而使句式具有特殊的语用色彩。我们认为，这两个句式

---

[①] 参见赵金铭《从类型学视野看汉语差比句偏误》，《世界汉语教学》2006 年第 4 期。

之所以成立，除上述两个原因外，跟"比"的语义滞留可能有一定的关系，也就是说，"比"还具有一定的动词特性。但跟藏缅语差比句相比，汉语这两个句式远不如藏缅语允许的两种语序格局来得自由。

## 五　方位词到比较标记的几点认识

从以上的分析中，我们可以得到以下几点认识。

藏缅语方位词原是个实词，后来演变为比较标记，这就使它具有了一定的虚词性质，这类词就成了跨虚实两性的词。这种兼用，是由实词虚化引起的。跨语言的研究表明，实词虚化是一种普遍现象。方位词的虚化为比较标记也只是实词虚化的一个组成部分，只不过的虚化程度还不高。

藏缅语的方位词虚化，要具备两个条件。一是它大多出现在状语和谓语中心之间，这种位置容易使它兼有表示语法结构关系的功能。二是它的句法位置，它一般都在名词之后，不论是在语法结构或是在语义结构上都处于从属地位，这就容易使它出现虚化。在语义上，方位词的表义功绝大多数情况下不再是必需的，即使没有它也不影响语义表达，这就使它可能兼任别的功能。

### 参考文献

戴庆厦：《景颇语方位词"里、处"的虚实两重性》，《民族语文》1998年第 6 期。

戴庆厦：《藏缅语族语言研究》（二），云南民族出版社 1998 年版。

戴庆厦：《哈尼语概论》，云南民族出版社 1995 年版。

高华年：《彝语语法研究》，科学出版社 1958 年版。

盖兴之：《基诺语简志》，民族出版社 1986 年版。

陆绍尊：《普米语简志》，民族出版社 1983 年版。

陆绍尊：《普米语方言研究》，民族出版社 2001 年版。

刘璐：《景颇族语言简志》（景颇语），民族出版社 1984 年版。

中国科学院少数民族语言研究所：《傈僳语语法纲要》，科学出版社 1959年版。

孙宏开：《独龙语简志》，民族出版社 1982 年版。

孙宏开：《柔若语研究（果力话）》，中央民族大学出版社 2002 年版。

孙宏开：《中国的语言》，商务印书馆 2007 年版。

徐悉艰、徐桂珍：《景颇族语言简志》（载瓦语），民族出版社 1984 年版。

徐世璇：《毕苏语研究》，上海远东出版社 1998 年版。

# From Noun of Locality to Comparative Marker

## —A Source of Comparative Marker in Comparative Construction of Tibeto-Burman Languages

Deng Fengmin

**Abstract:** Some of comparative markers originate from nouns of locality in comparative construction of Tibeto-Burman languages. The paper is intended to outline the evolutionary path, mechanism and marked mode of comparative markers of this kind. Also, the paper has demonstrated that these comparative markers have great influences on comparative patterns.

**Key words:** Tibeto-Burman Languages; Noun of Locality; Comparative Marker

（通信地址：200233　上海师范大学教育学院）

# 藏缅语动量表达的类型与动量词的句法强制性*

戴宗杰　李文琪

**【提要】**语言表达动量意义，有"数词型"和"数量型"两种最常见的类型。藏缅语的主要动量表达类型为"数量型"，只有少量语言可以用数词直接表示行为、动作或事件的量。藏缅语的动量词具有较高的句法强制性。

**【关键词】**藏缅语　动量词　类型　句法强制性

语言表达动量意义，有两种最常见的类型。一种是用数词直接表示行为、动作或事件的量，可称为"数词型"；另一种是用数词与动量词组合为动量结构来表示行为、动作或事件的量，可称为"数量型"。没有动量词的语言，其动量表达一定是"数词型"；有动量词的语言，其动量表达可以有"数词型"和"数量型"两种类型。

几乎所有的藏缅语都有动量词。藏缅语的主要动量表达类型为"数量型"，动量词具有较高的句法强制性；但也有少量语言可以用数词直接表示行为、动作或事件的量。

## 一　藏缅语动量表达的两种类型

### 1.1　数词型

一般来说，没有动量词的语言用数词直接表示行为、动作或事件的量。藏缅语基本上都已产生了动量词，借助动量词来表示动量含义。但有个别藏缅语，由于动量词发展不充分，仍倾向于用数词直接表示动量含义。如崩尼—博嘎尔语的动量词一般很少使用，表示行为、动作或事件的量时，通常在动词前面直接用数词（词头a-改用la-）表示。例如：

lo: kunu ɦiam lako ape: to.　七天休息一次。

天　七　(结助)　一次　休息(语助)

---

* 本研究得到了 2015 年度教育部人文社会科学研究青年基金项目"类型学视野下的藏缅语族语言动量词研究"（项目批准号：15YJC740010）的资助。

ŋo: laɳi ben pa.　　我说了两次了。

我　二次　说（尾助）

laɦum lapi: tapjek jit to.　　打（他）三四鞭子。

三次　四次　鞭子　打（语助）

（欧阳觉亚，1985：31—32）

　　还有少数藏缅语，虽然动量词已相对较为发达，以动量结构为动量意义表达的最主要的形式，但有时仍会直接使用数词。这类藏缅语的数量很少，且通常仅限于数词"一"。例如：

藏语（玛曲）：

tɕhu hdʐon ma tɕək ɳ then na toŋ!　　你拉卓玛一下！

你（具格）卓　玛　一　拉　（虚）（表命令）

（周毛草，2003：152）

te raŋ ŋa li khoŋ naŋ ŋa tɕək ndʐo hgo ɣə.　　今天我得去一趟单位。

今天　我　单位　里　（助）一　走　要

（周毛草，2003：182）

ʁor kə tɕək ɕot hda.　　请再讲一遍。

再　一　说

（周毛草，2003：251）

ŋa tɕək rgək hda!　　等我一下呀！

我　一　等　呀

（周毛草，2003：268）

嘉戎语：

ta-ko te kɐ-bʒɐr　　剃一下头

头　一　剃

（林向荣，1993：108）

ŋa-ja ʃam ndu te to-lɐt to!　　哥哥向上打一枪啊！

（前缀）哥　枪　一（前缀）打（语气词）

ŋə-mo ŋə-wɐ te to-sar ro!　　妈妈给我找一下衣服啊！

（前缀）妈（前缀）衣服一（前缀）找（语气词）

no ŋa te təu - sə - mtso - ŋ mo!　　你告诉我一下嘛！

你　我　一（前缀）（中缀）告诉（后缀）（语气词）

（林向荣，1993：340—341）

土家语（保靖）：

kue³³ pho⁵⁴thi³³khe³³ na⁵⁴/³³ phe³⁵　　拍一拍他的肩膀

他的　肩膀　一　拍

（戴庆厦、田静，2005：302）

pha³³phu³⁵ na⁵⁴ tɕe³³　喊一声爷爷
爷爷　　一　喊

（戴庆厦、田静，2005：321）

n̠i³³ səu⁵⁵su³³ na⁵⁴/³³ pã³⁵ to³³/⁵⁴.　你办一下手续。
你 手续　 一　 办 要

（戴庆厦、田静，2005：325）

### 1.2　数量型

绝大多数藏缅语都有动量词，用数词和动量词组合构成的动量结构来表示行为、动作的量，是藏缅语动量意义表达的最主要的类型。除个别语言外，藏缅语要表示行为、动作或事件的量，均必须借助动量词。例如：

白马语：

tɕhø⁴² ndɐ³⁵ ɑ¹³ku⁵³ ʃi¹³ tɕhɛ¹³ tɛ⁵³, tɛ¹³rɛ³⁵ tʃʰ̩⁵³gø¹³ ɦõ³⁵ ndʑi⁵³ i⁵³ n̠i⁵³ʔ
你　昨天　次　一　去　（连）　今天　为什么　又　去　（将行）（语气）
你昨天去过一次了，为什么今天又要去呢？

（孙宏开，2007：137）

拉坞戎语（观音桥）：

ɣmar⁵⁵ lviu⁵⁵ qhra³³ ə⁵⁵ phjem³³ nɛ³³-tho³³.　昨天下了一阵大雪。
昨天　雪　大　一　阵　（完）　来

（黄布凡，2007：119）

n̠e⁵³ jəm³³de⁵³ ə⁵⁵ le³³ nɛ-ɕɛ-n⁵⁵!　你去一趟楼下！
你　楼下　一　趟（命令）去（2、单）

（黄布凡，2007：347）

阿侬语：

tʂʰ̩⁵⁵n̠i³¹ bɯ⁵⁵dʑa³¹vu³¹su⁵⁵ ba³¹ dɛ³¹gn̠⁵⁵ mi⁵³ thi⁵⁵ mo³³ khi⁵³ ɑ³¹ba³⁵.
昨天　乞丐　　（受助）　狗　　（施助）　一　口　咬　去
昨天乞丐被狗咬了一口。

（孙宏开、刘光坤，2005：78-79）

ɑ³¹laŋ⁵⁵ iɛ³³ ŋɯ³³ ŋɯ³¹ɑ³¹ thi⁵⁵ n̠uŋ⁵⁵ duŋ⁵⁵ ɑ³¹n̠i⁵⁵ dʑaŋ³¹ som⁵³ dʑaŋ³¹
溜索　这种　（定助）　一　年　（处助）　二　次　三　次
ɑ³¹ tɕhi³³ dʑo³¹ ɛ³¹.　溜索每年要换两到三次。
（互动前缀）换　看　（陈述后缀）

（孙宏开、刘光坤，2005：256）

撒都语：

ŋo²¹ xɯ³¹³ te²¹ po²¹ gɯ³³ ʑi²¹ la³³.　我只回了一次家。

　我　家　一次　回　去　(语助)

（白碧波等，2012：155）

波拉语：

tă³¹ la̠ŋ⁵⁵ ai³¹ u³⁵ᐟ³¹ vɛ⁵⁵.　去过了一回。

　　一　回　去　看　(助)

（戴庆厦等，2007：97）

tă³¹ tɛ̃⁵⁵ kai³¹ ai⁵⁵ᐟ³¹ a⁵⁵.　能去一次。

　　一　次　可以　去　(助)

（戴庆厦等，2007：118）

有少数藏缅语，当动量结构中的数词为"一"时，可以将数词省略。例如：

彝语（喜德）：

ŋa³³ thɯ²¹ʐ̩³³ vi⁵⁵ zo³³ lo⁴⁴.　我读了一遍书（以后）。

我　书　　遍　读　了

e²¹tɕʰ⁵⁵ ba³³ɬɔ²¹ ndo³³.　喝一口水。

水　　口　喝

m̩(u)³³ha³³ ki⁵⁵ dʑi²¹ o⁴⁴.　下了一阵雨。

雨　　阵　下　了

（陈士林等，1985：118）

白语（剑川）：

ŋo³¹ ma³¹ ȵi⁵⁵ kɛ³¹.　我背您一下。

我　背　您　下

mo³¹ tɯ⁴²tã⁵⁵ȵi²¹ phɛ⁴⁴ tɯ⁴⁴ tã⁵⁵.　他自己拉了一刀。

他　自己　　割　着　刀

（徐琳、赵衍荪，1984：18）

ŋo³¹ tsu⁵⁵ pɛ²¹ lɯ³¹！　让我做一会儿！

我　做　会儿　(助)

（徐琳、赵衍荪，1984：84）

## 二　藏缅语动量词的句法强制性

绝大多数藏缅语都已经产生了动量词，且动量词具有较高的句法强制性。在我们所掌握的材料中，只发现藏语（玛曲）、嘉戎语、土家语（保靖）和崩尼—博嘎尔语等少数语言有用数词直接表示行为、动作或事件的量的少量用例，且仅限于数词"一"。其他藏缅语均以数词和动量词组合为动量结构来表示行为、动作或事件的量。

藏缅语动量词的起源晚于名量词，但句法强制性却明显高于名量词。蒋颖（2009）根据名量词的发达程度，将藏缅语分为两类：（名）量词准发达型语言和（名）量词不发达型语言。其中，彝语支和缅语支为（名）量词准发达型语言，藏语支和景颇语支为（名）量词不发达型语言，羌语支语言的名量词发达程度不一。（名）量词准发达型的藏缅语，名量词的使用一般是强制性的，表达事物的数量时，数词必须和量词结合；而（名）量词不发达型的藏缅语，名量词（特别是个体量词）的使用则是非强制性的，在某些情况下可以直接用数词来表示事物的数量。例如：

仓洛门巴语：

$tuŋ^{13}$ $ȵik^{13}tsiŋ^{55}$　两个村庄　　　　$so^{55}$ $ŋo^{13}$ $phi^{55}$　四个人
村　二　　　　　　　　　　　　　　人　　四

$pu^{13}tɕhi^{55}la$ $jen^{13}$　八条蛇　　　　$ɕiŋ^{55}$ $khuŋ^{55}$　六棵树
蛇　　八　　　　　　　　　　　　树　六

（张济川，1986：41）

景颇语：

$ti^{ʔ31}$ $mǎ^{31}sum^{33}$　三口锅　　　　$tʃoŋ^{31}$ $lǎ^{55}ŋai^{51}$ $mi^{33}$　一所学校
锅　三　　　　　　　　　　　　　学校　一　　一

$pau^{31}$ $lǎ^{55}khoŋ^{51}$　两个锣　　　　$sǎ^{33}pja^{33}$ $mǎ^{31}li^{33}$　四块肥皂
锣　两　　　　　　　　　　　　肥皂　四

（戴庆厦，2012：139）

普米语：

$sgɛ̃^{13}$ $ɣuã^{55}$　五匹马　　　　　　$phʐɑ^{13}$ $sã$ $u^{13}$　三头猪
马　五　　　　　　　　　　　　猪　三

$tie^{13}$ $ti^{13}$　一面旗子　　　　　　$pɐ^{13}tsə^{55}$ $ni^{13}$　两朵花
旗子 一　　　　　　　　　　　　花　二

（陆绍尊，1983：39）

而藏缅语中的动量词则具有很高的句法强制性，除个别语言外，动量词在动量表达中不能省略。为比较名量词与动量词句法强制性的差异，我们对 34 种藏缅语进行了考察和统计。统计显示，在 34 种藏缅语中，名量词具有句法强制性的有 22 种，其余 12 种语言在表示事物数量时，不强制要求名量词的参与；动量词具有句法强制性的有 31 种，只有 3 种语言在表示行为、动作或事件的量时，不强制要求动量词的参与（见附表）。可见，在藏缅语中，动量词的句法强制性显著高于名量词。

## 三　结语

以上，我们分析藏缅语表达动量的类型，并对 34 种藏缅语的动量表达进行了考察和统计。结果显示，由于藏缅语已普遍产生了动量词，其动量表达通常需要借助于动量词，即用数词和动量词组合构成的动量结构来表示行为、动作的量，只有个别语言由于动量词发展不充分，仍倾向于用数词直接表示；藏缅语的动量词具有较高的句法强制性，绝大多数藏缅语在表达动量意义时，强制要求动量词的参与。

附表　　　　　　　　　　　**藏缅语量词的句法强制性**

| 语言 | 名量词[①]的句法强制性 | 动量词的句法强制性 |
| --- | --- | --- |
| 藏语（玛曲） | － | － |
| 白马语 | － | ＋ |
| 仓洛门巴语 | － | ＋ |
| 错那门巴语 | － | ＋ |
| 羌语 | － | ＋ |
| 普米语 | － | ＋ |
| 拉坞戎语 | － | ＋ |
| 扎巴语 | ±[②] | ＋ |
| 嘉戎语 | － | － |
| 景颇语 | － | ＋ |
| 独龙语 | ＋ | ＋ |
| 阿侬语 | ＋ | ＋ |
| 苏龙语 | － | ＋ |
| 义都语 | － | ＋ |
| 崩尼—博嘎尔语 | － | － |
| 彝语 | ＋ | ＋ |
| 哈尼语 | ＋ | ＋ |
| 基诺语 | ＋ | ＋ |
| 拉祜语 | ＋ | ＋ |

---

① 此处主要统计个体量词。

② 龚群虎（2007）指出，扎巴语"有时数词与名词直接结合，并不带或者省略（名）量词"。但我们所搜集的数词直接与名词结合的扎巴语的例句极少，绝大多数表示事物数量的例句均有名量词。因此，此处暂记为"±"。

续表

| 语言 | 名量词的句法强制性 | 动量词的句法强制性 |
|------|------------------|------------------|
| 傈僳语 | + | + |
| 卡卓语 | + | + |
| 纳西语 | + | + |
| 怒苏语 | + | + |
| 柔若语 | + | + |
| 桑孔语 | + | + |
| 白语 | + | + |
| 土家语（保靖） | + | ±[①] |
| 载瓦语 | + | + |
| 勒期语 | ±[②] | + |
| 波拉语 | + | + |
| 浪速语 | + | + |
| 阿昌语 | + | + |
| 仙岛语 | + | + |
| 克伦语 | + | + |

**参考文献**

戴庆厦：《藏缅语个体量词研究》，《藏缅语新论》，中央民族学院出版社 1994 年版。

戴庆厦、蒋颖：《论量词的功能与演变——汉语景颇语量词比较》，《汉语与少数民族语法比较》，民族出版社 2006 年版。

戴宗杰：《藏缅语动量词形成的动因和机制》，《汉藏语学报》第 8 期，商务印书馆 2015 年版。

蒋颖：《汉藏语系语言名量词比较研究》，民族出版社 2009 年版。

李锦芳主编：《汉藏语系量词研究》，中央民族大学出版社 2005 年版。

徐悉艰：《景颇语量词的产生和发展》，《中央民族大学学报》1990 年第 2 期。

---

① 戴庆厦、田静（2005）指出，土家语（保靖）的"量词在句法结构中是强制性的，即名词或动词在计算数量时，都必须使用量词"。但我们仍找到了少量用数词直接表示行为、动作的量的例句，故此处暂记为"±"。

② 戴庆厦、李洁（2007）指出，勒期语"数词和（名）量词一般要连用，但计'十'以上的数量时，可省去（名）量词，名词直接与数词结合"。据此，此处将勒期语名量词的句法强制性记为"±"。

徐悉艰：《彝缅语量词的产生和发展》，《语言研究》1994 年第 1 期。

# The Type of Verbal-Quantity Expression and Syntactic Compulsion of Verb-Classifier in the Tibeto-Burman Languages

Dai Zongjie　　Li Wenqi

**Abstract:** When it comes to language expressing the meaning of verbal-quantity, there are two most common types: the numeraltype and the quantitative type. The quantitative type is mainexpression of verbal-quantity in the Tibeto-Burman languages that only a small amount of languages can be used directly to represent the number of behavior, action or event. The verbal classifiers of Tibeto-Burman havea higher coercivenessof syntax.

**Key words:** the Tibeto-Burmanlanguages; Verb-Classifier; Type; Syntactic Coerciveness

（通信地址：戴宗杰，264025　山东烟台　鲁东大学文学院；
李文琪，100081　中央民族大学民族学与社会学学院）

# 彝缅语指示代词的类型学特点*

张 洁

【提要】文章比较了彝缅语 14 种语言的指示代词，认为彝缅语指示代词在类型学上存在共性。第一，这些语言的指示代词的类型主要为三分型，此外还有二分型和多分型。部分语言的指示代词在远指、更远指中还区分高、低。第二，大部分彝缅语指示代词的复数是通过在单数后添加词缀得到。第三，大部分彝缅语指示代词远指或更远指是通过近指转换声韵调得到。第四，大部分彝缅语的指示代词可以单独做句子成分；也可以直接和名词组合做句子成分，语序为"名+指"和"指+名"；还可以直接和量词组合做句子成分，语序为"指+量"；在与数量词、名词组合做句子成分时，语序有三种"指+数量+名、名+指+数量、指+名+数量"。

【关键词】彝缅语 指示代词 类型 表示方法 语序

文章考察的彝缅语包括下面 14 种语言：彝语、哈尼语、傈僳语、纳西语、基诺语、怒苏语、苦聪话、载瓦语、仙岛语、阿昌语、勒期语、浪速语、波拉语、白语，研究的指示代词限于单纯指示代词。语料取自己发表的简志、概况、参考语法以及有关的研究论著。下面从彝缅语指示代词的类型、复数指示代词的表示方法、远指或更远指的表示方法、指示代词的语序四个方面分析彝缅语指示代词的类型学特征。

## 一 彝缅语指示代词的类型

14 种彝缅语指示代词按远近分成三种类型：二分型、三分型和多分型。其中，三分型是彝缅语指示代词的主要类型，多分型是个别现象。下面分别叙述。

* 基金项目：云南省教育厅课题"藏缅语指示代词研究"中期成果，项目编号：2014J033。云南师范大学文学院研究生科研创新基金课题的中期成果，项目编号：00300205020502003。本文曾在第 47 届国际汉藏语言暨语言学会议青年论坛上宣读，感谢导师戴庆厦教授的悉心指导。

（一）二分型

这 14 种彝缅语中，指示代词属于二分型的语言分别是，怒苏语、阿昌语、仙岛语。例如：

|  |  | 近指 | 远指 |
|---|---|---|---|
|  | 高 |  | $u^{31}$ |
| 怒苏语 | 平 | $\varphi i^{31}$ | $t\varphi hi^{31}$ |
|  | 低 |  | $ma^{31}$ |
| 阿昌语 |  | $xa^{55}$（$xai^{55}$） | $x\mathrm{ə}u^{55}$ |
|  |  | $xai^{55}$ | $the^{55}$ |
|  | 高 |  | $\mathsf{s}u^{31}$ |
| 仙岛语 | 平 |  | $the^{55}$ |
|  | 低 |  | $m\mathrm{\mathsf{o}}^{35}$ |

其中，在《梁河阿昌语参考语法》中，作者将远指 $x\mathrm{ə}u^{55}$ 拉长作为更远指。在很多语言中，声音拉得越长表示越远，这是一种普遍现象，但一般不当成区别意义的手段。

（二）三分型

这 14 种彝缅语中，指示代词属于三分型的语言分别是，彝语、傈僳语、哈尼语、纳西语、苦聪话、基诺语、载瓦语、勒期语、浪速语、白语等。例如：

|  |  | 近指 | 远指 | 更远指 |
|---|---|---|---|---|
| 彝语 |  | $thi^{55}$ | $a^{33}di^{55}$  $a^{22}di^{55}ko^{33}$ $a'$ $a^{33}di^{55}ko^{33}$ |  |
|  |  |  | $bo^{21}a^{33}di^{55}ko^{33}$ $c'$ $o^{21}a^{33}di^{55}ko^{33}$ |  |
| 纳西语 |  | $t\mathsf{s}h\mathrm{ɯ}^{33}$ | $th\mathrm{ɯ}^{33}$ | $\mathrm{ə}^{55}th\mathrm{ɯ}^{33}$ |
| 傈僳语 |  | $t\varphi he^{33}$ | $go^{33}$ | $ko^{55}$ |
| 哈尼语 |  | $\varphi i^{55}$ | $th\mathrm{ø}^{55}$ | $\mathrm{ø}^{55}$ |
| 苦聪话 |  | $\varphi i^{35}/t\varphi hi^{35}$ | $\varphi i^{55}/mi^{33}/m\mathrm{ɔ}^{33}$ | $\mathrm{^{+}i}^{33}$ |
|  | 高 | $l\mathrm{ø}^{31}$ | $l\mathrm{ø}^{35}$ | $l\mathrm{ø}^{53}$ |
| 基诺语 | 平 | $khɣ^{31}$ | $khɣ^{35}$ | $khɣ^{53}$ |
|  | 低 | $mo^{31}$ | $mo^{35}$ | $mo^{53}$ |
| 载瓦语 | 高 |  |  | $xu^{51}$ |
|  | 平 | $xji^{51}$ | $xau^{51}$ | $xj\varepsilon^{51}$ |
|  | 低 |  |  | $m\mathrm{\mathsf{o}}^{51}$ |
| 勒期语 | 平 | $xj\varepsilon^{33}$ | $xu^{33}$ | $xu^{55}$ |
|  | 前 | $x\varepsilon^{33}$ | $th\mathrm{ə}^{33}$ | $th\mathrm{ə}^{55}$ |
|  | 下 | $m\mathrm{\mathsf{o}}^{33}$ | $m\mathrm{\mathsf{o}}^{55}$ |  |

| 浪速语 | 高 | | $xu^{31}$ | | $xu^{55}$ |
| --- | --- | --- | --- | --- | --- |
| | 平 | $tʃhɛ^{31}$ | $thø^{31}$ | | $thø^{55}$ |
| | 低 | | $mɔ^{31}$ | | $mɔ^{55}$ |
| 白语 | | $nɯ^{33}$ | $na^{55}$ | | $pɯ^{33}$ |

此处有几点需要说明：1. 苦聪话的更远指ˈi$^{33}$，原书中描述为非亲见。在所比较的 14 种语料中，只有苦聪话才有亲见非亲见的区别。本文将非亲见放在更远指中。2. 彝语的更远指分为 4 种，上例①②③④都表示更远，②比①更远，③比②更远，④比③更远，通过添加词缀、改变声调和使用重音来区别，这在彝缅语指示代词中很少见。

（三）多分型

这 14 种彝缅语中，指示代词的类型属于多分型的语言只有波拉语，这是彝缅语指示代词类型的个别现象。波拉语指示代词在近指中分为最近 $tshǒ^{55}$、特别近$tʃǒ^{35}$、稍远$ai^{55}$、较近$a^{31}$；在远指中区分高$xu^{51}$、平$thɔi^{55}$、低$ma^{51}$，还有较远$thǒ^{55}$、最远$thǒ^{55}thǒ^{55}$。

通过上述分析可以看出：1. 怒苏语、载瓦语、浪速语、仙岛语和波拉语在远指或更远指中还区分高指、平指和低指。勒期语分平指、前指和下方指。基诺语在近指、远指、更远指中全部区分高指、平指和低指，这在彝缅语指示代词中是很少见的。2. 几乎所有彝缅语语言的近指、远指和更远指都是通过改变声调、声母或韵母来表示。彝语通过添加词缀、改变声调和使用重音来区别，这在彝缅语指示代词中很少见。可以看出，通过改变声韵调来表示远近是彝缅语语言指示代词类型之间的最普遍的表示方法。

## 二　彝缅语复数指示代词的表示方法

指示代词单复数是针对人物、事物指示代词而言的。彝缅语各语言指示代词在复数构词形式方面存在着普遍共性：大部分语言是通过在单数指示代词后加词缀的方式表示复数。例如：

元江苦聪话加$tɕɛ^{33}$　　　　遮放载瓦语加$pə^{55}$，$paŋ^{31}$，$wui^{51}$

基诺语加$pu^{33}$　　　　　　波拉语加$kɔ^{31}$（可数），$pɛ^{31}$（不可数）

哈尼语加$tsu̠$　　　　　　　浪速语加$pɛ^{55}$

彝语$gɯ^{33}$　　　　　　　　勒期语加$pei^{55}$，$pə^{55}$，$pəi^{55}$，$paŋ^{55}$

纳西语加$xo^{33}$　　　　　　梁河阿昌语加$n̠ɑʔ^{31}$

怒苏语加$phɔ^{35}$　　　　　　仙岛语加$ŋ jeʔ^{35}$，$pɣ^{51}$

傈僳语加$xua^{55}$

个别语言除了使用这一方式外，还通过改变单数形式的声调来表示复数。如赵庄白语，除了在单数指示代词后加 tiɛ⁴⁴ 表示复数外，还通过改变单数声调来表示，这 nɯ³³，这些 nɯ⁵⁵，那（远指）na⁵⁵，那些 na⁵⁵，那（更远指）pɯ³³，那些 pɯ⁵⁵。所以，我们认为，添加后缀是彝缅语各语言指示代词表示复数形式最普遍的方法。

### 三 彝缅语指示代词远指或更远指的表示方法

彝缅语指示代词的远指、更远指一般是通过变化近指的声韵调来表示。有的只变化声母，如怒苏语等；有的只变化韵母，如阿昌语、载瓦语等；有的只变化声调，如勒期语等；还有一些语言综合这几种方式，如纳西语等。例如：

| | 近指 | 远指 | 更远指 |
|---|---|---|---|
| 怒苏语（平） | çi³¹ | tɕhi³¹ | |
| 阿昌语 | xɑ⁵⁵（xɑi⁵⁵） | xəu⁵⁵ | |
| 载瓦语（平） | xji⁵¹ | xau⁵¹ | xjɛ⁵¹ |
| 勒期语（平） | xjɛ³³ | xu³³ | xu⁵⁵ |
| （前） | xɛ³³ | thə³³ | thə⁵⁵ |
| （下） | mɔ³³ | mɔ⁵⁵ | |
| 纳西语 | tʂhɯ³³ | thɯ³³ | ə⁵⁵thɯ³³ |

此外，波拉语、仙岛语等语言使用不同的词表示远近高低。彝语通过在近指前添加前缀和变换声韵调的方式来表示远指、更远指。所以，可以看出，通过改变近指的声韵调来表示远指、更远指是最普遍的方法。

### 四 彝缅语指示代词的语序

大部分彝缅语指示代词可以单独做句子成分，在句中充当主语、谓语、宾语；也可以直接和名词组合做句子成分，语序为"名+指"和"指+名"；还可以直接和量词组合做句子成分，语序为"指+量"；在与数量词、名词组合做句子成分时，语序有三种"指+数量+名、名+指+数量、指+名+数量"。下面对彝缅语指示代词的语序做具体分析。

（一）指示代词单独做句子成分

除了梁河阿昌语、赵庄白语、傈僳语、怒苏语，大部分彝缅语指示代词可以单独做句子成分，在句中可以充当主语、宾语。例如：

勒期语　xjɛ³³ tʃei⁵³ kɛː⁵³．这更好。
　　　　这　更　好

载瓦语　xji⁵¹ kə³¹ ŋa⁵⁵　ə⁵⁵ lai³¹ka⁵⁵puk³¹ ŋut⁵⁵ lɛ⁵¹．这是我的书。
　　　　这（话助）我的 的　书　　是（非实然）

（二）指示代词与名词组合

彝缅语中除了傈僳语、怒苏语、彝语、赵庄白语等语言指示代词和名词不能直接结合，其他语言都可以直接和名词组合，在句中做主语、宾语、定语等。其中，纳西语、基诺语、哈尼语、苦聪话、梁河阿昌语、遮放载瓦语、波拉语、仙岛语的指示代词与名词组合时，采用"指+名"这一语序。纳西语、梁河阿昌语、遮放载瓦语、波拉语、仙岛语、勒期语、浪速语采用"名+指"这一语序。所以纳西语、梁河阿昌语、遮放载瓦语、波拉语、仙岛语等语言这两种语序都有。例如：

基诺语　　xji³³ tshʌ³¹zɔ⁴⁴ tʃhe³¹phɯ⁴⁴ tʌ³¹ mo⁴⁴ a⁴⁴ nɛ³³.

　　　　　这　人　酒　　喝醉　助助

　　　　　这人喝醉酒了。（指+名）

勒期语　　tshɔn⁵⁵ xjɛ³³ ŋa:m⁵⁵ tək⁵⁵ pje³³.

　　　　　菜　这　好吃　极　了

　　　　　这菜好吃极了。（名+指）

载瓦语　　xji⁵¹ pan³¹pθ⁵⁵ tʃaɔɛ³¹ nɛ⁵¹/³¹ 'a⁵⁵.

　　　　　这　花　　很红（实然）

　　　　　这朵花很红。（指+名）

　　　　　tsɔ̃³¹ ʃaŋ⁵¹ xji⁵¹ xji⁵¹mjɔ̠⁵⁵ mjạ ŋ⁵¹ pɔ⁵¹.

　　　　　孩子　这　这么　　高（变化）

　　　　　这孩子这么高了。（名+指）

（三）指示代词与量词组合

彝缅语大部分语言指示代词单数可以直接修饰量词，语序为"指+量"。组合后做主语、宾语，如赵庄白语、彝语、纳西语、怒苏语、梁河阿昌语、仙岛语、勒期语、波拉语、遮放载瓦语、浪速语等。而有的语言指示代词不能直接修饰量词，如苦聪话、基诺语。哈尼语、傈僳语，指示代词只能和汉语介词"个"直接组合成指量短语。例如：

勒期语　　xje³³ tʃham⁵⁵（ke³³）kɛ:⁵³, thə³³ tʃham⁵⁵（ke³³）a³³ ke⁵³.

　　　　　这　个　（话助）好　那　个　（话助）不　好

　　　　　这个（果子）是好的，那个是坏的。（指+量）

仙岛语　　ʂu³¹te⁵⁵ lui⁵¹ jɔ³⁵.

　　　　　那　个　赶　走

　　　　　把（上面的）那个赶走。（指+量）

载瓦语　　jạ ŋ⁵⁵mɔɛ³¹ xjɛ⁵¹/⁵⁵ puk³¹ a³¹ wui⁵¹.

　　　　　他们　　那　本　没买

　　　　　他们没买那本书。（指+量）

（四）指示代词与数词、量词、名词组合

彝缅语指示代词与数量词、名词组合有三种语序，分别为"指+数+量+名、名+指+数+量、指+名+数+量"。采用"指+数+量+名"语序的有苦聪话、梁河阿昌语、勒期语、遮放载瓦语和波拉语等。采用"名+指+数+量"语序的有赵庄白语、彝语、纳西语、傈僳语、怒苏语、勒期语、基诺语、苦聪话、梁河阿昌语、仙岛语、遮放载瓦语、浪速语、波拉语。采用"指+名+数+量"语序的有苦聪话、基诺语、哈尼语、遮放载瓦语。所以，大部分语言都有"指+数+量+名、名+指+数+量"两种语序。苦聪话、遮放载瓦语有三种语序。例如：

勒期语　khui⁵⁵ xjɛ³³ ta⁵³ tu³³ ʃɔ⁵⁵ tsɔ:³³ pjam⁵³ pje³³.

　　　　狗　这　一　只　肉　吃　掉　了（名+指+数+量）

　　　　这只狗把肉吃掉了

　　　　xjɛ³³ ta⁵³ khjap⁵⁵ pji³³　这件衣服

　　　　这　一　件　衣服（指+数+量+名）

基诺语　xji³³ tshʌ³¹zɔ⁴⁴ thi⁴⁴ xjo³¹ tʃhe³¹phɯ⁴⁴ tʌ³¹ mo⁴⁴ a⁴⁴ ne³³.

　　　　这　人　　一　个　酒　　喝　醉　助　助

　　　　这人喝醉酒了。（指+名）

　　　　tshʌ³¹zɔ⁴⁴ xji³³ thi⁴⁴ xjo³¹ tʃhe³¹phɯ⁴⁴ tʌ³¹ mo⁴⁴ a⁴⁴ ne³³.

　　　　人　　这　一　个　酒　　喝　醉　助　助

　　　　这人喝醉酒了。　（名+指+数+量）

载瓦语　ŋŏ ³¹tsɔ³¹ xji⁵¹/⁵⁵ i⁵⁵ tu³¹　　这两条鱼

　　　　鱼　　这　两条

　　　　xji⁵¹/⁵⁵ i⁵⁵ tu³¹ ŋŏ ³¹tsɔ³¹　　这两条鱼

　　　　这　　两条　鱼

　　　　xji⁵¹/⁵⁵ ŋŏ ³¹tsɔ³¹ i⁵⁵ tu³¹　　这两条鱼

　　　　这　鱼　　两条

我们认为，"名+指+数+量"这一语序是彝缅语指示代词与名词、数量短语组合的基本语序。当数词为"一"时，可以省略。此外，可以看出，没有哪一种语言单独采用"指+数+量+名"这一语序，有的学者认为，少数民族语言采用这一语序是受汉语的影响，有的学者认为是为了强调，本文同意前者的说法。

五　结语

文章从远近的角度分析彝缅语指示代词。认为彝缅语支语言指示代词在类型学上有以下几个特点。

1. 三分型是彝缅语指示代词的主要类型，各类型之间主要通过变换声韵调的方式表示。

2. 指示代词在远指更远指中还区分高低，主要集中在缅语支语言指示代词中，这是彝缅语支语言指示代词的一个重要特征。

3. 通过在单数后添加后缀是彝缅语各语言指示代词表示复数形式最普遍的方法。

4. 大部分彝缅语指示代词可以单独做句子成分；可以直接与名词组合做句子成分，有"只+名"和"名+指"两种语序；也可以与量词直接组合做句子成分，语序为"指+量"；与数量短语、名词组合做句子成分有三种语序，"指+数+量+名、名+指+数+量、指+名+数+量"，其中"名+指+数+量"是彝缅语指示代词的基本语序。

## 参考文献

戴庆厦：《波拉语研究》，民族出版社 2007 年版。

戴庆厦、黄布凡等：《藏缅语十五种》，燕京出版社 1991 年版。

戴庆厦、李洁：《勒期语研究》，中央民族大学出版社 2007 年版。

戴庆厦、丛铁华、蒋颖、李洁：《仙岛语研究》，中央民族大学出版社 2005 年版。

戴庆厦：《浪速语研究》，民族出版社 2005 年版。

马学良主编：《汉藏语概论》，民族出版社 2003 年版。

蒋光友：《基诺语参考语法》，中国社会科学出版社 2010 年版。

朱艳华、勒排早扎：《遮放载瓦语参考语法》，社会科学出版社 2013 年版。

李永燧、王尔松：《哈尼语简志》，民族出版社 1986 年版。

时建：《梁河阿昌语参考语法》，社会科学出版社 2009 年版。

常俊之：《元江苦聪话参考语法》，社会科学出版社 2009 年版。

赵燕珍：《赵庄白语参考语法》，社会科学出版社 2012 年版。

# Typology Charaeteristie of Demonstrative Pronouns of Burmese

## Zhang Jie

**Abstract:** This paper compares the demonstrative pronouns of fourteen Yi

Burmese languages, that Yi Burmese demonstratives are similar in Typology. Firstly, the main type of demonstrative pronouns of these languages is trichotomy, and just a few of them are dichotomy and multi-division. Proximal, distal and farther also distinguish high and low in some of these languages. Secondly, most complex Yi Burmese demonstratives are obtained by adding the suffix in the singular after. Thirdly, Most of the distal and farther demonstrative pronouns are got by changing the consonant, vowel and tone of their proximal demonstrative pronouns. Lastly, Most of the demonstrative pronouns can do parts of the sentence independently; and can also combine with noun, which order is "N+DP" and "DP+N"; and can also combine with measure word, and the order is "DP+MW"; when combine with quantifiers and noun, it has three orders, "DP+Q+N" "N+DP+Q" "DP+N+Q".

**Key words:** Yi Burmese Languages; Demonstrative Pronouns; Typology; Representing Methods; Word Order

（本文原载于《齐齐哈尔大学学报》2015 年第 8 期）
（通信地址：650500　昆明　云南师范大学文学院；汉藏语研究院）

# 彝语支语言的数词

刘丽媛

【提要】本文以藏缅语族彝语支语言的数词为研究对象，运用现代语言学理论方法对其进行共时分析，揭示彝语支数词的共性与个性特征。文章主要从彝语支各语言中基数词的音变规则、序数词的不同表达方式、特殊数词"零""半"的用法这几个方面来阐述数词在彝缅语支语言中的功能和用法，认为：彝语支语言的数词存在少量差异。

【关键词】彝语支　数词

数词存在于每一种语言中，是人们生产、生活中必不可少的语言表达的词汇类型。彝语支语言的数词在共时平面的功能和用法上既有共同特点，也存在细小差异，主要表现在基数词的音变规则，序数词的表达方式、特殊数词的用法等方面。

## 一　基数词的音变规则

彝语支语言中的很多语言都存在基数词与位数词组合时发生音变的现象，但其各自音变产生的位置及方式不同。如表 1 所示。

**表 1　　　　　彝语基数词的音变："十一""二十"**

| 基数词：一 | 位数词：十 | 组合读音 | 实际读音 |
|---|---|---|---|
| $tsh^{21}$ | $tshi^{33}$ | $tshi^{33}tsh^{21}$ | $tshi^{44}tsn^{33}$ |
| 基数词：二 | 位数词：十 | 组合读音 | 实际读音 |
| $ni^{21}$ | $tshi^{33}$ | $ni^{21}tshi^{33}$ | $n(i)^{21}tsi^{33}$ |

另外，云南弥勒阿细彝语中，"十"为 $tshi^{33}$，"一"为 $thi^{11}$，但"十一"实际上念作 $tshi^{33}ti^{55}$；"二"为 $ni^{11}$，"二十"为 $tshi^{33}$，但"二十"实际上念作 $ni^{11}tsi^{33}$。"七"为 $si^{11}$，"十"为 $tshi^{33}$，但"七十"有两种说法，既可念作 $si^{11}tshi^{33}$，也可以念作 $si^{11}tsi^{33}$。从上表可以看出，彝语的基数词的音变主

要出现在原因及声调上。这种音变不能从音位的语音环境、语音位置来说明，可能是历史音变、形变的遗迹。

哈尼语中也存在基数词与位数词组合发生音变的现象。数词 $sɔ^{55}$ 接在"十""百"等高平调的数词以及高平和中平调的量词的前边，变读为降调。例如：

$sɔ^{55}$ "三" ＋ $tshe^{55}$ "十"　　　　$sɔ^{31}tshe^{55}$　　三十

$sɔ^{55}$ "三" ＋ $mo^{55}$ "个"　　　　$sɔ^{31}mo^{55}$　　三个

$sɔ^{55}$ "三" ＋ $nɯ^{33}$ "粒"　　　　$sɔ^{31}nɯ^{33}$　　三粒

傈僳语中，数词"一"有 $thi^{31}$ 和 $ti^{55}$ 两种形式，其变化条件是数词"一"与其他词结合，出现在第二音节时用声母不送气高平调的 $ti^{55}$。除数词 $tshi^{44}$ "十一"外，$ti^{55}$ 还可以和其他名词结合表示"单个儿""单独"的意思。例如 $e^{55}ti^{55}$ "单数"，$za^{31}ti^{55}$ "独子"，$mu^{41}ti^{55}$ "独女"，$la^{31}ti^{55}ma^{31}$ "单牛犁地"，$khu^{31}ti^{55}$ "独猎狗"等。至于"十"的变化，与"一"的变化有相同点，也有不同点。在声母由送气变为不送气这一点上是相同的，不同点是：第一，$tshi^{44}$ "十"的声母不变；第二，变化后的 $tsi^{44}$，仅出现在"二十"这个词中(口语)。"二十"以上的十位数均不发生变化。

纳西语中，"十"与其他基数词组合时，有以下三种变化：从"十一"到"十九"，读作 $tshe^{31}$；从"二十"到"二十九"读作 $tsər^{31}$；从"三十"到"九十九"读作 $tshər^{31}$。例如：

$tshe^{33}du^{31}$　　　　十一　　　　$tshe^{33}su^{31}$　　　　十三

$tshe^{31}ua^{33}$　　　　十五　　　　$tshe^{31}ŋgv^{33}$　　　　十九

$ȵi^{33}tsər^{31}$　　　　二十　　　　$ȵi^{33}tsər^{31}ua^{33}$　　　二十五

$ȵi^{33}tsər^{31}ʂer^{33}$　　二十七　　　$ȵi^{33}tsər^{31}xo^{55}$　　　二十八

$su^{33}tshər^{31}$　　　　三十　　　　$lu^{33}tshər^{31}$　　　　四十

$ua^{33}tshər^{31}$　　　　五十　　　　$tʂhua^{55}tshər^{31}$　　　六十

$ʂər^{33}tshər^{31}$　　　　七十　　　　$xo^{55}tshər^{31}$　　　　八十

$ŋgv^{33}tshər^{31}$　　　　九十　　　　$ŋgv^{33}tshər^{31}su^{31}$　　九十三

## 二　序数词

彝语支语言中一半没有专门的序数词，其序数的表达主要有两种方式，有些民族是通过借自汉语的"第"，有些民族会使用特殊的表达方式表达序数的概念。用法如下。

1. 汉语借词"第"

白语、怒苏语、基诺语中的序数概念的表达都会使用汉语借词"第"。但是，怒苏语和基诺语中的序数不只有一种表达方式，除使用汉语借词外，还会使用本民族特殊的表达方式。白语中，表示"第一"到"第十"的序数词由相应基数词前边加汉语借词ti$^{31}$"第"构成。例如：

ti$^{31}$ji$^{44}$ʃi $^{21}$    第一个    ti$^{31}$ne$^{44}$ʃi $^{21}$    第二个

ti$^{31}$sã $^{55}$ʃi $^{21}$    第三个

从"第十一"开始就不用序数词素ti$^{31}$"第"，而直接用基数词的组合形式，如tsɛ$^{42}$ji$^{44}$"十一"、tsɛ$^{42}$ne$^{44}$"十二"。

怒族怒苏语的序数词有两种表示方法：

一种是直接借用汉语。例如：

ti$^{35}$i$^{31}$    第一    ti$^{35}$sɿ$^{35}$    第四

ti$^{35}$lu$^{31}$    第六    ti$^{35}$pa$^{31}$    第八

另一种是数词+量词+thi$^{31}$+量词。例如：

vɹi$^{35}$+dzõ ɹ$^{35}$+thi$^{31}$+dzõ ɹ$^{35}$                第四棵

tshe$^{35}$+ʔiu$^{53}$+thi$^{31}$+ʔiu                第十个

tshi$^{53}$tshe$^{35}$ŋa$^{55}$+khaɹ$^{53}$+thi$^{31}$+khaɹ$^{31}$        第十五根

基诺语的序数词同样也有两种：一种是借用汉语的序数词；另一种是采用mɯ$^{33}$pɯ$^{33}$加数量词表示。在日常生活中各地已基本上使用了汉语的序数词。例如：

ti$^{35}$ji$^{42}$            第一    ti$^{35}$pa$^{42}$            第八

ti$^{35}$ʃi$^{42}$ji$^{42}$        第十一    ti$^{35}$ʃi$^{42}$pa$^{42}$        第十八

mɯ$^{33}$pɯ$^{33}$thi$^{44}$ço$^{42}$    第一个    mɯ$^{33}$pɯ$^{33}$sø$^{44}$ço$^{42}$    第三个

2. 同中有异的序数

有些语言的序数没有借用汉语的"第"，会在表达序数的时候运用基数词+量词+一个表示"前头、首先"的意义的词语的结构来表达序数。各语言对序数的表达既有相似性，也有自己的特点。

哈尼语中的"第一"用mi$^{31}$the$^{55}$the$^{55}$li$^{33}$"前边、前头"加tɕhi$^{31}$，"一"加量词的形式表示；"第二"以后用基数词加量词加tɕhi$^{31}$，"一"再重复量词的形式表示。例如：

mi$^{31}$the$^{55}$the$^{55}$li$^{33}$tɕhi$^{31}$ɣa$^{31}$    第一人    ȵi$^{31}$ɣa$^{31}$tɕhi$^{31}$ɣa$^{31}$    第二人
    前    头 一 个            二 个 一 个

sɔ$^{55}$ɣa$^{31}$tɕhi$^{31}$ɣa$^{31}$
三 个 一 个

"最后一个"说成nɔ$^{55}$xɔ$^{33}$cx$^{33}$li$^{33}$tɕhi$^{31}$ɣa$^{31}$。（nɔ$^{55}$xɔ$^{33}$cx$^{33}$li$^{33}$"后边，后头"）

傈僳语中，序数的表达有两种方式：

（1）用e$^{55}$vu$^{55}$"头、先"+数词thi$^{31}$，"一"+量词表示"第一"。"第二"

至"第十"则用基数词+量词+thi³¹+量词表示。例如：

e⁵⁵vu⁵⁵thi³¹xua³⁵                            第一回
e⁵⁵vu⁵⁵thi³¹ma³³                            第一个
ȵi³¹xua³⁵thi³¹xua³¹                          第二回
ȵi³¹ma⁴⁴thi³¹ma³³                           第二个

ʒo³¹  phɛ³¹  tʃho³¹  nia⁴⁴  e⁵⁵vu⁵⁵  thi³¹  ʒo⁴⁴  dɯ³¹  xua⁵⁵  li³³  ua⁴⁴
咱们  排球  （连）  第  一  名  打  胜  利  了
咱们排球打了第一名。

sa⁴⁴  go⁴²  thi³¹  go⁴²  tɛ³⁵  pio⁴⁴  ta³⁵  xui³⁵  ʒe³³  fu⁴⁴  kɯ⁴⁴
三  次  一  次  代  表  大  会  召  开  了
召开了第三次代表大会。

（2）用基数词加表示"第一""第二"……例如：

thi³¹  tsɿ⁵⁵  nia⁴⁴  sɿ³⁵  ne⁴⁴  mi⁴⁴  tɛ⁵⁵  po⁴²  dʒɑ³³
第  一  （连）  森  林  （助）  保  护
第一是保护森林。

ȵi³¹  tsɿ⁵⁵  nia⁴⁴  sɿ³⁵dzɿ⁴⁴  mo⁴²zɑ⁴²ʃi⁵⁵za⁴²  tɯ
第  二  （连）  树  木  草  种
第二是种草种树。

sa⁴⁴  tsɿ⁵⁵  nia⁴⁴  ɑ⁵⁵to⁵⁵  mɯ⁵⁵  la³³  ma⁴⁴tɛ⁵⁵  ʒɑ⁴⁴mu³³
第  三  （连）  火  放  来  （助）  防  止
第三是防止放野火。

拉祜语的序数词除第一、第末和倒数第几之外，一般用基数词加量词 ma³¹（个）再加 te⁵³ma³¹（一个）来表示。

（1）一般次序。例如：

ɣɔ⁵³ lɔ³⁵ te⁵³ ma³¹          第一个          yu⁵³ sɿ³¹ te⁵³ ɣa⁵³          第一名
先 前 一 个                                    前面 一 名

ɔ³¹ le³³ te⁵³ ma³¹          最后一个          ɔ³¹ le³³ te⁵³ ɣa⁵³          最后一名
最后 一 个                                    最后 一 名

pa¹¹ ɣɔ³³ qɔ²¹ la³³ te⁵³ ma²¹  倒数第一      ni⁵³ ma³¹ te⁵³ ma³¹          第二
倒数 一 个                                    二 个 一 个

se⁵⁴ ma³¹ te⁵³ ma³¹          第三          ɔ³¹ lɛ³¹ mɣ⁵³ te⁵³ ma³¹     最后一个
三 个 一 个                                    最后 尾 一 个

（2）长幼次序。拉祜语只有老大和老幺，此外则用汉语表示。例如：

tsa³¹ ɣ³¹          札锷（札表示男性ɣ³¹老大之意）
na³³ ɣ³¹          娜莪（"娜"表示女性）

tsa³¹le³³　　　　　札莱（老幺男性）

na³³le³³　　　　　娜莱（老幺女性）

lɔ⁵³ɣ³⁵　　　　　老二（男）

lɔ⁵³sa³³　　　　　老三（男）

ta³⁵mei³⁵　　　　大妹　　　　　ɣ³⁵mei³⁵　　　　　　二妹

sa³³mei³⁵　　　　三妹　　　　　sɿ³⁵mei³⁵　　　　　　四妹

（3）一周的次序。一周的次序用 si³⁵（星期）加 tɔ⁵⁴（出）再加基数词和 ni³³（天）表示现在和未来的时间，用 si³⁵（星期）加 pɣ³¹（完）再加基数词和 ni³³ 表示过去的时间。例如：

si³⁵ ni³³　　　　星期日　　　　si³⁵ tɔ⁵⁴ te⁵³ ni³³　　　　星期一

星期日　　　　　　　　　　　　星 期 出 一日

si³⁵ tɔ⁵⁴ ni⁵³ ni³³　　星期二　　　si³⁵ tɔ⁵⁴ sɛ⁵⁴ ni³³　　　　星期三

星 期 出 二日　　　　　　　　　星 期 出 三日

si³⁵ pɣ³¹ te⁵³ ni³³　　上星期一　　si³⁵ pɣ³¹ ni⁵³ ni³³　　　上星期二

星 期 完一 日　　　　　　　　　星 期 完 二 日

si³⁵ pɣ³¹ ŋa⁵³ ni³³　　上星期五

星 期 完 五　 日

（4）时间的顺序。时间的顺序常用十二属相表示。例如：

fa⁵⁴ ni³³　　　　鼠日　　　　　fa⁵⁴ qhɔ²¹　　　　　鼠年

mɣ⁵³ ni³³　　　　马日　　　　　mɣ ghɔ²¹　　　　　马年

lɔ⁵³ni³³　　　　　龙日　　　　　lɔ⁵³qhɔ²¹　　　　　龙年

la⁵³ni³³　　　　　虎日　　　　　la⁵³qhɔ²¹　　　　　虎年

纳西语里原来只有表示日的序数词。头十天在基数词的前面加附加成分 tshe³³do³³ "初" 表示。从十一日到三十日则用合成基数的方式表示。例如：

tshe³³ do³¹ dɯ³³ ɳi³³　　初一　　　tshe³³ do³¹ tshe³¹ ɳi³³　　初十

初　　一　 日　　　　　　　　　初　　　十　　 日

tshe³¹ dɯ³³ ɳi³³　　　十一日　　　ɳi³³ tsər³¹ ɳi³³　　　　二十日

十 一 日　　　　　　　　　　　　二 十　　　 日

sɯ³³ tshər³¹ ɳi³³　　　三十日

三 十　 日

另外，纳西语里还有一些固有的表示次序的方法，如 ka³³ zɯ³¹ "前次"、ma⁵⁵zɯ³¹ "下次"、zo³³ dɯ³¹ "长子"、zo³³ly⁵⁵ "次子"、zo³³tɕi⁵⁵ "幺儿"。

现代纳西语中，表示序数的 ti⁵⁵ʑi¹³ "第一"、ti⁵⁵ər⁵⁵ "第二"、ti⁵⁵li¹³ "第六"、ti⁵⁵tshi¹³ "第七" 则是采取音译的方式从现代汉语里借来的。

### 三 "零"的用法

许多彝语支语言中的个位基数词中不包括"零",但是在实际的语言使用中,"零"是不可被忽略的一个数字。在这一数字的用法上,各语言之间表现除了一些差异。

哈尼语中没有"零",三位以上的数当中的缺位,不读出来。例如:

$\eta i^{31}$ tho$^{55}$ s$\eta^{55}$ tshe$^{55}$ 　　两千零七十

两　千　七　十

$\eta a^{31}$ mi$^{55}$ so$^{31}$ tshe$^{55}$ 　　五万零三十

五　万　三　十

在傈僳语中,没有"零"的概念。但当多位数词连用,中间有空位数时,则要用相当于"零"概念的ne$^{44}$、ne$^{31}$表示。例如:

thi$^{31}$ tu$^{44}$ ne$^{31}$ thi$^{31}$ 　　一千零一

一　千　零　一

$\eta i^{31}$ tu$^{44}$ ne$^{44}$ sa$^{44}$ 　　两千零三

两　千　零　三

sa$^{31}$ tu$^{44}$ ne$^{31}$ $\eta ua^{31}$ tshi$^{44}$ 　　三千零五十

三　千　零　五　十

ne$^{44}$、ne$^{31}$还有另一种用法,即在超过百位数、千位数的时候,最大位数后都可以带ne$^{44}$、ne$^{31}$。在这种情况下,它似乎起到连接作用。例如:

sa$^{44}$ mɯ$^{31}$ ne$^{31}$ $\eta ua^{31}$ tu$^{44}$ sa$^{31}$ he$^{33}$ 　　三万五千三百

三　万　零　五　千　三　百

li$^{55}$ hɛ$^{33}$ ne$^{44}$ li$^{55}$ tshi$^{44}$ li$^{33}$ 　　四百四十四

四　百　零　四　十　四

但是,ne$^{44}$、ne$^{31}$代替"零"的用法并不严格,有时可以省略。例如:

tsho$^{44}$ za$^{31}$ ʃi$^{31}$ tu$^{44}$ thi$^{31}$ ʒo$^{44}$ 　　七千零一人

人　　七　千　一　人

tsha$^{41}$ bo$^{44}$ li$^{55}$ tu$^{44}$ $\eta ua^{31}$ tʃi$^{55}$ 　　四千零五斤盐

盐　　四　千　五　斤

xua$^{31}$ tshɯ$^{44}$ $\eta i^{31}$ hɛ$^{33}$ tʃi$^{55}$ sa$^{44}$ lo$^{31}$ 　　二百斤零三两油

油　　二　百　斤　三　两

纳西语中的"零"是用ne$^{13}$来表示的,ne$^{13}$在纳西语里代表"和"。例如:

du$^{33}$tv$^{31}$ ne$^{13}$ tshe$^{31}$ ua$^{33}$ 　　一千零十五

一　千　和　十　五

suɯ³¹ɕi³³ ne¹³ tʂhua⁵⁵　　　　　　三百零六

三百　　和　　六

基诺语的数词中没有"零"，但有一个作用与零相当的助词jə³³。在合成数词使用jə³³时，末尾的个位数需加量词，无个位数的不加。例如：

thi⁴⁴ ço⁴⁴ jə³³ thi⁴⁴ læ⁴⁴　　　　　　一百零一

一　百　零　一　个

sø⁴⁴tɕhã ³³jə³³ŋɔ⁴⁴tshə⁴⁴　　　　　　三千零五十

三　千　零　五　十

彝语同样没有个位基数词"零"。三位以上的数中间填空位的si³³ni²¹，虽然可以汉译为"零"，但这是连词si³³ni²¹的活用。

从上述例子可以看出，很多彝语支语言都没有表示"零"这一数字的词汇，但在语言使用的过程中，人们都会自觉使用一种可以替代"零"的表达方式，使数字的表达更加准确，也表现除了语义表达的明确性。

## 四　"半"的用法

"半"在数词系统中算是一个特殊的数词，也正是由于它的特殊性，许多彝语支语言中对于它的表达都使用不同的方法，这体现了语支内部的亲属语言之间在长期发展的过程除继承共性外，发展出本民族语的特性。

彝语中，gṵ⁴⁴pha³³"半"是个特殊的数词。它不同别的数词连用（除了tshɿ²¹gṵ⁴⁴pha³³"一半"，n̠i²¹gṵ⁴⁴pha³³"两半"）。它出现在量词的前、后和数量词组之后时，有三种不同的词形。单说或出现在单音量词之前时为gṵ⁴⁴pha³³；出现在单音量词之后时为pha³³（pha²¹）；出现在数量词组之后时为a⁴⁴pha³³。例如：

gṵ⁴⁴pha³³：

gṵ⁴⁴pha³³　　　　　半　　　　gṵ⁴⁴pha³³ma³³　　　　　半个

pha³³（pha²¹）：

ɬɯ²¹pha³³（33）半月　　　khu⁵⁵pha³³（21）　　　半年

a⁴⁴pha³³：

sɔ³³ma³³a⁴⁴pha³³　三个半

哈尼语中，pa̠³³"半"是一个特殊的基数，用在量词的后边表示它的一半，量词前边接有数词时，pa̠³³的前边要加tɕhi³¹"一"。例如：

bja̠³³pa̠³³　　　　半块　　　dɕi⁵⁵pa̠³³　　　　　半斤

块　半　　　　　　斤　半

tɕhi³¹mo⁵⁵tɕhi³¹pa̠³³　一个半　　n̠i³¹dzi⁵⁵tɕhi³¹pa̠³³　二斤半

一　个　一　半　　　　　二　斤　一　半

纳西语中，有三个词表示"半"，分别为：phu$^{55}$、kho$^{33}$、ŋgɯ$^{33}$。分别与不同的成分使搭配使用，用法如下：

A. phu$^{55}$"半"常与量词khv$^{55}$"年"、xɛ$^{33}$"月"、tɕi$^{31}$"斤"、gu$^{31}$"背"、ta$^{33}$"挑"等组合。例如：

| | | | |
|---|---|---|---|
| khv$^{55}$phu$^{55}$ | 半年 | xe$^{33}$phu$^{55}$ | 半月 |
| tɕi$^{31}$phu$^{55}$ | 半斤 | gu$^{33}$phu$^{55}$ | 半背 |

B. kho$^{33}$"半"可以与量词ȵi$^{33}$"天"、xu$^{31}$"夜"、zə$^{13}$"幅（布）"、khua$^{55}$"碗"、khə$^{55}$"背篮"、thv$^{31}$"桶"、tɕər$^{33}$"杯"等组合。例如：

| | | | |
|---|---|---|---|
| ȵi$^{33}$kho$^{33}$ | 半天 | xu$^{31}$kho$^{33}$ | 半夜 |
| khua$^{55}$kho$^{33}$ | 半碗 | khə$^{55}$kho$^{33}$ | 半篮 |
| thv$^{31}$kho$^{33}$ | 半桶 | zə$^{13}$kho$^{33}$ | 半幅（布） |
| tɕər$^{33}$kho$^{33}$ | 半杯 | | |

C. ŋgɯ$^{33}$"半"只与数词组合。例如：

| | | | |
|---|---|---|---|
| dɯ$^{33}$ŋgɯ$^{33}$ | 一半 | ȵi$^{33}$ŋgɯ$^{33}$ | 两半 |

## 五 小结

通过对彝语支语言的数词进行比较后，发现许多彝语支语言中的基数词都有一些音变现象，在与其他基数词或位数词组合使用时会在声调及原因上产生变化，但是不同语言基数词出现音变的条件不同。另外，对于序数词，许多语言本身的语言系统里没有序数词，当要表达"序数"的概念时，有一些语言会借用汉语的序数词，也有一些语言会用特殊的组合结构来表达。对于"零"、"半"这样特殊的数词，每个语言都有属于符合本民族心理的表达方式，也说明亲属语言在各自的分化发展过程会不断发展自己的表达系统，使语义表达明晰化。

### 参考文献

戴庆厦：《藏缅语族语言研究》（五），云南民族出版社 2010 年版。

戴庆厦：《藏缅语族语言研究》（三），云南民族出版社 2004 年版。

《中国少数民族语言简志》编委会：《中国少数民族语言简志丛书》，民族出版社。

木玉璋、孙宏开：《傈僳语方言研究》，民族出版社 2012 年版。

黄伯荣、廖序东：《现代汉语》，高等教育出版社 2007 年版。

木玉璋：《傈僳语数词的构成和用法》，《中央民族学院学报》1994 年第 3 期。

李绍尼：《白语基数词与汉语、藏缅语关系初探》，《中央民族学院学报》

1992 年第 1 期。

# The Numeral Word of Yi Language

Liu Liyuan

**Abstract:** This paper analysis Numeral of Yi languages from synchronic aspect by theoretical methods of modern linguistics, to reveal the generality and individuality between Numeral of Yi languages. We analysis the function and useage of Yi languages Numeral from three aspects. Firstly, the phonetic changes of cardinal numbers. Secondly, the different ways of expression of ordinal numeral. Thirdly, the useage of special numeral "zero". Finally, we consider that there is a litter differences between Numeral of Yi languages.

**Key words:** Yi Languages; Numeral

（通信地址：650500　　昆明　云南师范大学文学院）

# 彝语支语言句尾强调型语气词研究

刘沛江

【提要】 彝语支语言的句尾强调型语气词以鼻音声母为主要语音形式，表示对陈述事实的肯定和强调；同时与判断词"是"存在语音和句法相似，一般在名词性谓语句中分析为判断词"是"，具有动词的一般特征；形容词谓语句中具有"系词标记"的联结功能，赋予形容词谓语的特征；动词性谓语句中的"多余"，则是语气词的具体体现。句尾的句法位置使语气词与谓语及其相关语法范畴构成复杂的句尾形式，往往具有再分析的研究价值。

【关键词】 彝语支　语气词　句尾　强调

## 一　引言

彝语支语言属于汉藏语系的藏缅语族，目前能确定的有彝语、傈僳语、哈尼语、拉祜语、纳西语、基诺语、怒语（怒苏语）、桑孔语①等。操这一语支语言的人主要聚居在我国西南部的云南、四川、广西、贵州等省区；在国外，主要分布在泰国、老挝、缅甸、越南等地。彝语支语言形态不发达，分析性较强，虚词（助词）丰富，这些虚词（助词）位于主、宾、谓等句法成分和不同语义角色、范畴之后构成重要的语法手段。

彝语支语言的语序类型是 SOV，在谓语后存在一系列的语气词表示不同的句类，如陈述句、疑问句、祈使句和感叹句等。彝语支语言句类，尤其是陈述句存在一系列以鼻音声母为主要形式的语气词，它们一般位于句尾，表示对陈述事件和事实的肯定或强调，不但是陈述句的句类标记，同时也是强调型的语用标记。

---

① 李永燧（1992）分析了桑孔语的词汇和语法特点，认为桑孔语属于彝语支；另根据《中国新发现语言研究丛书》，属于彝语支的还有毕苏语、末昂语和撒都语等。

## 二 彝语支语言句尾强调型语气词的语音情况

彝语支语言同源关系不仅表现在基本词汇，而且涉及词法和句法领域。作为动词句尾的语言，谓语后存在一批以鼻音为主要声母形式的语气词，这些词一般用在陈述句的句尾表示对陈述情况的肯定或强调，同时与该语言的判断词一致（部分语言分析为判断词表强调语气的作用）或者语音相近。具体情况如表 1 所示：

**表 1** **彝语支语言句尾强调型语气词**

| 语言＼词性 | 语气词（肯定；强调） | 语言＼词性 | 语气词（肯定；强调） |
|---|---|---|---|
| 彝语（诺苏话） | ŋɯ³³[1] | 彝语（撒尼话） | ŋæ³³/je⁴⁴[2] |
| 彝语（东部方言） | ŋɯ³³[3] | 纳西语（西部） | mv³³/zə³³[4] |
| 基诺语 | ŋa⁴² a[5] | 拉祜语（纳方言） | zu³¹[6] |
| 哈尼语 | ŋa³³/ja³³[7] | 怒苏语 | sa⁵⁵/ha⁵⁵[8] |
| 傈僳语 | ŋa³³/ŋo³³或 ŋu³³[9] | 桑孔语 | ŋa⁵⁵/ ʑe55[10] |

语音特点：

1. 以鼻音声母，尤其以后鼻音 ŋ 为主要语音形式，韵母和声调比较简单。即使不是鼻音声母，也可能是由鼻音声母演变而来的。如拉祜语的鼻音声母与塞擦音、塞音声母之间存在对应关系。以拉祜语的两大方言纳方

---

① 陈康、巫达（1998）彝语诺苏话 ŋɯ³³为判断词，表示判断和解释；但兼具语气词，尤其在长篇语料中。

② 马学良（1952）将 ŋæ³³/je⁴⁴都分析为"是"，位于句尾表示强调陈述事实；ŋæ³³用于动词性或名词性谓语句，je⁴⁴用于形容词性谓语句。

③ 丁椿寿（1992）分析毕节彝语的 ŋɯ³³为判断词，同时强调其能在句尾表示肯定和强调的语气。

④ 和即仁、姜竹仪（1985）分析 mv³³为肯定语气词，zə³³为感叹语气词，表示对陈述事实的肯定等。

⑤ 盖兴之（1986）：ŋa⁴²是判断词，ŋa⁴² a 应该是动词性（名词性）肯定句的句式标记，词缀 a 为形容词性肯定句的句式标记，后文会详述。

⑥ 常竑恩（1986）认为 zu³¹为判断动词，但在句尾表示强调语气只是判断动词语法意义的扩展。

⑦ 李永燧、王尔松（1986）：语气助词 ŋa³³、ja³³，表示陈述语气。ja³³的语气较重，有强调的作用。

⑧ 孙宏开、刘璐（1986）：sa⁵⁵、ha⁵⁵可互换；在陈述句的末尾（谓语助词的后边）加重肯定事实。

⑨ 徐琳、木玉璋、盖兴之（1985）：ŋo³³或 ŋu³³表示肯定而坚决的语气，区别于肯定语气词 ŋa³³；《中国少数民族语言简志丛书·卷贰》，（2009）修订 ŋo³³或 ŋu³³为 wa³³。

⑩ 李永燧（1992）：ŋa⁵⁵和 ʑe⁵⁵是陈述式语尾助词反映主语的人称。主语为第一人称或虽为其他人称但为说话者亲见/确知而有强调意味的，用 ŋa⁵⁵；第二、第三人称用 ʑe⁵⁵。

言和熙方言[①]为例：

| 汉义 | 拉祜纳方言 | 拉祜熙方言 |
|---|---|---|
| 草 | $z\textipa{1}^{53}$ | $m\textipa{G}^{21}$ |
| 儿童 | $za^{53}ze^{53}$ | $\textipa{z}a^{53}n\textepsilon^{35}$ |
| 跨（小沟） | $\eta a^{35}qu^{53}$ | $qu^{53}$ |
| 容易 | $\eta ai^{33}$ | $sa^{33}$ |
| 闭 | $mi^{21}$ | $ts\textipa{1}^{35}$ |
| 拦（鸡） | $zv^{31}/ni^{35}$ | $ni^{21}$ |

怒苏语鼻音声母 ŋ 与 h 存在对应关系。北部方言的声母 ŋ 在中部、南部方言读 h，同时中、南部方言韵母补偿上鼻化。[②]例如

| 汉义 | 南部方言 | 中部方言 | 北部方言 |
|---|---|---|---|
| 露水 | $h\tilde{a}^{35}t\textctc he^{35}$ | $t\textctc he^{55}$ | $\eta e^{31}za^{31}$ |
| 霜 | $h\tilde{a}^{35}$ | $h\tilde{e}^{35}$ | $\eta e^{31}$ |
| 鸟 | $h\tilde{a}^{53}$ | $h\tilde{\textopeno}^{53}$ | $\eta a^{55}$ |
| 歪 | $hi\tilde{\textepsilon}^{31}$ | $hi\tilde{\textepsilon}^{31}$ | $\eta e^{55}$ |
| 鱼 | $\eta a^{55}$ | $\texthtbardotlessj\tilde{\textopeno}^{31}\textctc\textopeno^{55}$ | $\eta a^{35}$ |
| 说 | $h\tilde{u}^{35}$ | $h\tilde{o}^{35}$ | $\eta\eta^{31}$ |

彝语支语言句尾强调型呈现出相似的语音形式，即大都以后鼻音"ŋ"为声母；虽然纳西语、怒苏语和拉祜语等由于语音演变而呈现出不同的语音形式，但从其方言之间的语音形式可以看出其判断词与鼻音声母存在一定的对应关系，所以我们认为彝语支语言中句尾强调型语气词存在同源关系。

2. 语音形式与判断词"是"的一致性或语音相似性。

彝语支部分语言句尾强调型语气词一般被分析为判断词"是"或是判断词"是"语法意义向语用的扩展，相当于现代汉语中的"是……的"；另外部分语言可直接分析为语气词，不同于判断词。而桑孔语则与第一人称代词"我"一致。所以应该关注这些特有的语气功能的语言实际，不能单纯地将其归入判断词"是"语用的扩展，从实际的语言表现中发现隐藏在内部的语义、语法等差异。

3. 彝语支部分语言存在两个表示句尾表示强调的语气词，因语法和句法表现各异，具体表现形式我们将在句法分布中详述。

---

① 常竑恩（1986）拉祜语方言的名称和划分主要根据民族自称和语音、词汇差异。

② 孙宏开，刘璐（1986）认为各方言之间相异的声母彼此有明显的语音对应关系，南部、中部方言读 h，在北部方言读 ŋ，ŋ→以后，使韵母带上鼻化。

### 三　彝语支语言句尾强调型语气词的句法分布及其特点

#### 3.1　彝语支语言句尾强调型语气词句法分布

彝语支语言句尾强调型语气词主要分布在句尾，因为占据了句尾动词的位置，可以分析为动词"是"（判断动词），同时具有动词的一般特征；与判断词的形态一致，但其语义和句法特征区别与判断词。

彝语诺苏话：bo⁴⁴ zɯ³³ ŋa³³ ndʐu³³ lɿ⁴⁴ ma³³ ŋɯ³³. 我能蹬动小山。

　　　　　　　　山　小　我　蹬　摇动　个　是/（助）

撒尼彝语：（1）khɿ⁴⁴ mæ¹¹ lɿ³³ tɕi⁴⁴ ŋɔ³³gu⁴⁴ qa³³ ŋæ³³. 怕被他妻子抓住。

　　　　　　　　他　妻　被　抓　害怕　（助）是/（语助）

　　　　　　（2）ɿ⁴⁴ na³³ tshŋ¹¹ la⁴⁴ qha¹¹ lɣ³³ lɣ³³ je⁴⁴. 这个药很苦。

　　　　　　　　这　药　个　苦　很（语助）

毕节彝语：（1）thi²¹ li²¹ ŋɯ³³.① 他肯定来。

　　　　　　　　他　来　是/（助）

　　　　　　（2）thi²¹ khʊ²¹sɯ²¹ ŋɯ⁵⁵？　他怎么了？

　　　　　　　　他　　怎么　（语助）

哈尼语：（1）ŋa⁵⁵ so³¹ ɣa³¹ me³¹ ɣ³³ ŋa⁵⁵ ŋa³³. 我是教书的。

　　　　　　　　我　书　教　的　是（语助）

　　　　　（2）je³¹ nɔ³³ dɔ³³ lɔ⁵⁵ ja³³. 今天很热。

　　　　　　　　今天　很　热（语助）

傈僳语：（1）ŋua³³ nia⁴⁴ tʃua⁵⁵ niɛ³⁵ ŋa³³. 我住在下边。

　　　　　　　　我　下边　住（语助）

　　　　　（2）ɲi⁵⁵ mi³³ ŋua³³nu³¹ a³¹khɯ⁵⁵ ka³⁵tʃʰŋ³¹ ŋa³³. 今晚我们很快乐。

　　　　　　　　今　夜　我　们　很　快乐　（语助）

　　　　　（3）sa⁵⁵ma⁴⁴ e⁵⁵do³¹ ŋua⁴⁴ pa⁴⁴ dʑɛ³³ li³³ ŋo³³（或 ŋu³³）.②

　　　　　　　　侄女　消息　我　听　到　了　（语助）

　　　　　　　　我已听到侄女的消息了。

基诺语：（1）çe³³ ɣ³³　　　nə⁴² pə⁴² se⁵⁵ mɛ⁵⁵ ŋa⁴² a. 这是你打死的。

　　　　　　　　这（关联助）你　打　杀（助）是（语助）

　　　　　（2）ki⁴⁴ ŋo⁴⁴ ɣɯ⁴²tha⁵⁵ mɣ⁴⁴ a. 基诺山好。

　　　　　　　　基诺　山　好（语助）

---

① 丁椿寿（1992）将"ŋɯ³³"解释为判断词"是"，值得商榷。

② 徐琳、木玉璋、盖兴之：《中国少数民族语言简志丛书·卷贰》，（2009）修订 ŋo³³或 ŋu³³为 wa³³。

纳西语：（1）ba³³la³¹ tʂhɯ³³ lv⁵⁵ thɯ³³ gə³³ mv³³. 这件衣服是他的。

    衣服 这 件 他 的（助）

   （2）ba⁵⁵ba³³ tʂhɯ³³ ba³¹ dʑa³¹ ndzʐɯ⁵⁵ ʑə³³. 这朵花很漂亮。

    花 这 朵 很 美 （语助）

拉祜语：（1）ŋa³¹ zɔ⁵³ xɔ³³ ve³³ tha²¹ ka⁵³ve³³ zu³¹. 我听见他哭了。

    我 他 哭（助）（助） 听见（语助）

   （2）ma³⁵tsv³⁵ si¹¹ tshi³³ te⁵³ tsɛ³¹ tsi³¹ tɛ³¹ zu³¹. 这一个橘子真酸。

    橘 子 这 一 棵 酸 真（语助）

怒苏语：（1）a⁵⁵ɲi³¹ ŋa³⁵dɯ³¹ dãɹ³¹ u³¹ khɹã³⁵ du⁵⁵ bɯe³¹ ku³¹ a³¹.

    今天 我们 水田 那 块 挖 完 （助）

   （2）a⁵⁵ɲi³¹ ŋa³⁵dɯ³¹ dãɹ³¹ u³¹ khɹã³⁵ du⁵⁵ bɯe³¹ ku³¹sa⁵⁵(或 ha⁵⁵).

    今天 我们 水田 那 块 挖 完 （助）（语助）

    今天我们把那块水田挖完了。（语气加重，强调"挖完水田"的事实。）

桑孔语：（1）ŋa⁵⁵ haŋ³¹ tsa³¹ sa³³ pi⁵⁵ ŋa⁵⁵. 我吃了饭了。

    我 饭 吃 过 了（语助）

   （2）naŋ⁵⁵（thaŋ⁵⁵）maŋ³¹ la⁵⁵ ʑe⁵⁵. 你（他）要老了。

    你 他 老 来（语助）

   （3）laŋ⁵⁵ ça⁵⁵ me³³ laŋ⁵⁵tɕho³¹ qø³³ ʑe⁵⁵. 水田里有水。

    水 田 （助）水 有（语助）

   （4）laŋ⁵⁵ ça⁵⁵ me³³ laŋ⁵⁵tɕho³¹ qø³³ ŋa⁵⁵. 水田里有水。（亲知）

    水 田 （助）水 有（语助）

## 3.2 彝语支语言句尾强调型语气词的句法特点

强调型语气词位于句尾，表示对陈述内容和事件的肯定和强调；一般用于陈述句中表肯定，但也有例外，本节彝语的例（2）则用在疑问句中，可表示对疑问事实的强调。

### 3.2.1 单个语气词和多个语气词存在的句法差异

#### 3.2.1.1 单个语气词存在的句法差异

① 有一个语气词，只能用于动词性谓语句中。如彝语诺苏话的 ŋɯ³³与判断词一致，用在动词性谓语句中表强调，用在动词性谓语句中则作为判断句标记。如：

（1）ŋa³³ tshi²¹ o³³ɲi⁵⁵ ku⁵⁵dʑi²¹ ŋɯ⁴⁴ ŋɯ³³. 我照顾了他的面子。

   我 他的 面子 照顾（助）（语助）

（2）ŋa³³ zo⁴⁴zu³³ ŋɯ³³. 我是学生。

   我 学生 是

② 既能用于动词性谓语句中，也能用于形容词性谓语句中，如拉祜语

的 zu$^{31}$可用在例（1）的动词性谓语句和例（2）的形容词性谓语句中。

#### 3.2.1.2　多个语气词存在的句法差异

多个语气词存在的句法差异往往区分动词性和形容词性谓语句，但是又有互补分布和替换分布以及语用的差异。

① 互补分布。分为两类：一类是动词性谓语句和形容词性谓语句互补分布，如撒尼彝语的"ŋæ$^{33}$"和"je$^{44}$"，哈尼语的"ŋa$^{33}$"和 ja$^{33}$，基诺语的"ŋa$^{42}$ ɑ"和后缀-ɑ，纳西语的"mv$^{33}$"和"zə$^{33}$"等。另一类是第一人称代词和非第一人称代词的互补分布。如桑孔语的第一人称代词做主语句尾用 ŋa$^{55}$；非第一人称代词做主语用 ze$^{55}$；ŋa$^{55}$则具有亲知，强调的语用色彩。

② 两个语气词可以互相替换。如，怒苏语的 sɑ$^{55}$和 hɑ$^{55}$。

③ 语气词存在语用上的差异和分化。傈僳语有一般肯定语气词和强调、坚决型语气词。一般肯定语气词 ŋɑ$^{33}$既能用于动词或形容词性谓语句中，同时与强调性更强的语气词 ŋo$^{33}$和 ŋɯ$^{33}$相区分。

#### 3.2.2　区别于句尾判断词"是"

句尾强调型语气词存在与判断词"是"一致的情况，如彝语、傈僳语和拉祜语等。在句法上表现出判断和语气属性，同时位于句尾的句法位置影响了二者的判别，又或者二者本来就是同一语音和语法形式。但从其语言事实和实际语用考虑，句尾的这些语气词表示判断的属性较弱，往往是对陈述事实的确定和强调。比较下列例子：

彝语诺苏话：（1）ŋa$^{33}$ zo$^{44}$zu$^{33}$ ŋɯ$^{33}$. 我是学生。

　　　　　　　我　学生　　是

（2）ŋa$^{33}$ tshi$^{21}$ o$^{33}$ȵi$^{55}$ ku$^{55}$dʑi$^{21}$ ŋɯ$^{44}$ ŋɯ$^{33}$. 我照顾了他的面子。

　　　　　　　我　他的　面子　照顾　（助）（语助）

撒尼彝语：（1）ŋa$^{33}$ ŋ$^{11}$ lɿ$^{33}$ gɣ$^{44}$ tæ$^{33}$ qɑ$^{33}$　ŋæ$^{33}$. 我被牛触着。

　　　　　　我　牛　被触　着　（助）（语助）

（2）ŋa$^{33}$ ba$^{11}$ ʅ$^{44}$ sʅ$^{44}$ kɣ$^{33}$ tsho$^{33}$ ŋæ$^{33}$. 我的父亲是木匠。

　　　　　　我　父　木　做　人　是

毕节彝语：（1）se$^{33}$ tshʅ$^{21}$ dʑie$^{33}$ ʔe$^{21}$bu$^{33}$ dzv$^{33}$ ma$^{21}$ ŋɯ$^{21}$. 这棵树不是蚕桑树。

　　　　　　树　这　棵　蚕虫　吃　不　是

（2）thi$^{21}$ li$^{21}$ ŋɯ$^{33}$. 他肯定来。

　　　　　　他　来　是/（语助）

傈僳语：（1）ŋua$^{33}$ a$^{31}$ne$^{33}$ e$^{55}$ a$^{31}$dʑɿ$^{31}$ mi$^{31}$ʒe$^{33}$ su$^{44}$ ŋa$^{33}$. 我和他都是劳动人民。

　　　　　　我　和　他　都　劳动　人　是

（2）ŋua³³ nia⁴⁴ tʃua⁵⁵ niɛ³⁵ ŋa³³. 我住在下边。

　　我　　下边　　住（语助）

拉祜语：（1）zɔ⁵³xɯ³³ lɛ³³ pγ³¹mɔ⁶³pɛ³³mi³¹ ve³³ sʅ³⁵ ve⁵⁴qhe³³ zu³¹.

　　　　他们　（助）　　祖国　　（助）花　朵（如同）是

　　　　他们是祖国的花朵。

（2）ŋa³¹ zɔ⁵³ xɔ³³ ve³³ tha²¹ ka⁵³ve³³ zu³¹. 我听见他哭了。

　　我　他　哭（助）（助）听见（语助）

## 四　句尾语气词附加的语法范畴

彝语支的句尾强调型语气词不仅能表示陈述、强调的语气功能，而且能够通过语音屈折表示不同的语法范畴或构成复杂的句尾形式。

### 4.1　句尾语气词与式

句尾语气词通过语音屈折（声调或韵母屈折）或增加后缀等区分不同的句式。

4.1.1　基诺语用语音（声调和韵母）屈折的形式表示句尾判断词的肯定、疑问、否定、感叹等四种不同的"式"。[1]肯定句和否定句的句尾的语音后缀-a 是陈述句的句式标记，区别于疑问句的后缀-ɛ 和感叹句的零形式。

一般陈述式：çe³³　γ³³　　nə⁴² pə⁴² se⁵⁵ mɛ⁵⁵ ŋa⁴² a.

　　　　　　这（关联词）你　打　杀（助）（语助）

　　　　　　这是你打死的。

肯定强调式：çe³³　γ³³　　nə⁴²pə⁴²se⁵⁵ mɛ⁵⁵ ŋa³⁵ a. (ŋa⁴² a—ŋa³⁵ a)

　　　　　　这（关联词）你　打　杀（助）（语助）

　　　　　　这是你打死的。

否定式：çe³³　γ³³　　nə⁴²pə⁴²se⁵⁵ mɛ⁵⁵ mɔ³³ ŋa⁴⁴ a. (ŋa⁴² a—ŋa⁴⁴ a)

　　　　这（关联词）你　打　杀（助）不　（语助）

　　　　这不是我打死的。

疑问式：çe³³　γ³³　　nə⁴²pə⁴²se⁵⁵ mɛ⁵⁵ ŋa³⁵ ɛ　la⁴²？(ŋa⁴² a—ŋa³⁵ ɛ)

　　　　这（关联词）你　打　杀（助）（语助）吗

　　　　这是你打死的吗？

感叹句：tʃa⁴² lœ³³, çe³³　γ³³　　nə⁴² pə⁴² se⁵⁵ mɛ⁵⁵ ŋa⁴⁴！(ŋa42 a—ŋa44)

　　　　哎哟　这（关联助）你　打　杀（助）（语助）

　　　　哎哟，这是你打死的啊！

---

① 盖兴之（1986）称之为判断词 ŋə⁴²的变体，但是根据其韵母形式，同时结合其在句尾的语法作用，分析应为句尾语气词 ŋa⁴²（a）通过语音屈折所表达的不同的"式"。

4.1.2　傈僳语通过句尾语气词韵母的屈折，区分陈述句、感叹句和疑问句。

ŋa⁵⁵ so³¹ ɣa³¹ me³¹ ɣ³³ ŋa⁵⁵ ŋa³³. 我是教书的。（陈述句）

我　书　　教　的　是（语助）.

o⁵⁵ʒe³³，ɑ⁵⁵ʃ̩³¹ ne³³ ʃɑ³⁵ do⁴⁴ la³³ ŋa³³！哎呀，用什么造出来的！（感叹句）

哎呀　什么（助）造出　来（语助）

nu³³ sɯ⁵⁵le³³ gu³³ ŋɛ⁴¹？你已经知道了是吗？（疑问句）

你　知道　完　是吗

4.1.3　哈尼语的句尾语气词 ŋa³³ 既能表示强调句，又能表示陈述句，区分句尾语气词 ȵa⁵⁵ 的祈使句。

（1）no⁵⁵ ŋa³¹ a³³ bi³¹ ŋa³³. 　　（是）你给我的。（陈述式）

　　你　我（宾助）给（语助）

（2）ŋa⁵⁵ ba̱³¹ li³³ ȵa⁵⁵！　　　　　让我拿去吧！（祈使句）

　　我　拿去（助）

哈尼语句尾语气词可能存在"式"和人称的语法范畴，具有句尾语气词过渡演变的特点。

4.2　句尾语气词与人称范畴

彝语支部分语言的句尾语气词兼表人称范畴，与主语存在一致关系。李永燧（1992）认为桑孔语的语尾助词 ŋa⁵⁵ 和 ʑe⁵⁵ 除表语气外，还在动词和形容词谓语句中与主语的人称存在一致关系。

4.2.1　肯定式陈述的句尾语气词 ŋa⁵⁵ 和 ʑe⁵⁵

当主语为第一人称或虽为其他人称但为说话者（第一人称）亲见/确知而有强调意味的，用语尾助词 ŋa⁵⁵（与人称代词"我"同形）表示；第二、第三人称用 ʑe⁵⁵ 表示（助词 ŋa⁵⁵ 和 ʑe⁵⁵ 有时兼表体貌。）例如：

（1）（ŋa⁵⁵/ho³³ ȵaŋ³¹）pɣ³³ tso̱³³ pi⁵⁵ ŋa⁵⁵. （我/我们）打中了。

　　　我　我们　　打　中　了（我们）

（2）（thaŋ⁵⁵/thi⁵⁵kun³³）pɣ³³ tso̱³³ pi⁵⁵ ʑe⁵⁵. （他/他们）打中了。

　　　他　他们　　打　中　了（助）

以上两例，要是省去了人称主语，我们可以从语气助词推断出主语的人称，但是不能区分是单数还是复数。

4.2.2　否定式陈述的句尾语气词

当陈述式为否定形式时第一人称语尾助词 ŋa⁵⁵ 该读 ŋe⁵⁵（或 e⁵⁵），第二、第三人称语尾助词 ʑe⁵⁵ 改读 ȵi⁵⁵（或 i⁵⁵）。例如：

（1）ŋa⁵⁵ han³¹ a³¹ tsa³¹ sɯ̱ɯ³¹ ŋe⁵⁵. 我还没有吃饭。

　　　我　饭　不　吃　还（助）

（2）thi⁵⁵ kun³³ a³¹ tsa³¹ suɯ³¹ ɲi⁵⁵. 他们还没有吃饭。

　　他们　不　吃　还　（助）

### 4.2.3　语尾语气助词（ɣ）ŋ³⁵表示一般的陈述语气

语尾助词 ŋ³⁵在语音上看似是语尾助词 ŋa⁵⁵弱化的结果，基本上变成了一个自称音节的舌根鼻音。语尾助词 ŋa⁵⁵位于句尾表示人称范畴的语法意义已经模糊甚至丧失，演化为表示一般陈述语气的语尾助词。例如：

（1）ŋa⁵⁵ haŋ³¹ mbe³¹ （ɣ）ŋ³⁵. 我饿（想吃）饭。

　　我　饭　饿　（助）

（2）thi⁵⁵ kun³³ a31 he33 ɕø35（ɣ）ŋ35. 他们不想干。

　　他　们　不　干　想　（助）

（3）qhoŋ⁵⁵ loŋ⁵⁵ tshɔŋ⁵⁵ ŋa³¹ tɕaŋ⁵⁵ （ɣ）ŋ³⁵. 里边有人。

　　　里　变　人　在　有

彝语支语言中的桑孔语仍然保留着部分黏着型语言的特点。通过分析，应该是附着在谓语（动词、形容词）的人称范畴却后移至句尾，同时演变为句尾语气词，附带语气助词和人称范畴的双重语法意义，或者继续演变并分析为陈述句的结尾词，这些特征都反映出桑孔语从黏着型到分析型语言的特点。

### 4.3　句尾语气词与示证范畴

示证范畴主要是标明信息来源的一种语法范畴，其核心为信息来源和信息的获取途径，即说明信息是自己看见、听说还是推断等。彝语支语言中的桑孔语和怒苏语区分信息来源是否亲知，同时附带一定的强调语气。

### 4.3.1　桑孔语的句尾语气词 ŋa⁵⁵和 ʑe⁵⁵区分陈述事实是亲知和非亲知，如：

（1）laŋ⁵⁵ ɕa⁵⁵ me³³ laŋ⁵⁵tɕho³¹ qø³³ ʑe⁵⁵. 水田里有水。

　　水　田　（助）　水　有（语助）

（2）laŋ⁵⁵ ɕa⁵⁵ me³³ laŋ⁵⁵tɕho³¹ qø³³ ŋa⁵⁵. 水田里有水。（亲知）

　　水　田　（助）　水　有（语助）

例（1）和例（2）说的都是"田里有水"。例（1）表示一般陈述语气，陈述事实并非说话者亲知，同时确定性不强。例（2）则表明是说话者亲知，有强调陈述事实的意味。

### 4.3.2　怒苏语的句尾语气词 sɑ⁵⁵和 hɑ⁵⁵

孙宏开、刘璐（1986）认为怒苏语的句尾语气词 sɑ⁵⁵和 hɑ⁵⁵的作用相同，可以互换；在陈述句的句尾（谓语助词的后边）起进一步加重肯定所讲述事实的作用。例如：

（1）$a^{55}ȵi^{31}$ $ŋa^{35}duɹ^{31}$ $dã̱ɻ^{31}$ $u^{31}$ $khɹã^{35}$ $du^{55}$ $buɛ^{31}$ $ku^{31}$ $a^{31}$.

今天　我们　水田　那块　挖　完（助）了

今天我们把那块水田挖完了。（一般陈述）

（2）$a^{55}ȵi^{31}$ $ŋa^{35}duɹ^{31}$ $dã̱ɻ^{31}$ $u^{31}$ $khɹã^{35}$ $du^{55}buɛ^{31}$ $ku^{31}sa^{55}/ha^{55}$.

今天　我们　水田　那　块　挖　完（助）（助）

今天我们把那块水田挖完了。（强调陈述事实）

语气词 $sa^{55}$ 和 $ha^{55}$ 位于句尾经常与时、体等语法范畴结合，同时传达一定的示证范畴。如，怒苏语完成体助词 $ku^{31}a^{31}$ 和 $iɔ^{35}$ 位于谓语后，同时与语气词（一般为 $ha^{55}$）构成语尾形式表示完成体和示证范畴。

$ku^{31}a^{31}$（又读 $ku^{31}ha31$）加在动词后用以讲述已过去或已经完成的事实，这一事实是讲话人自己经历的。用这一助词的句子，主语一般是第一人称；如果是疑问句，则主语是第二人称。[1]如：

（1）$ŋa^{35}a^{31}mɯ^{31}khɹe^{53}$ $buɛ^{31}ku^{31}a^{31}$. 我掰完苞谷了。

我　苞谷　掰　完（助词）

（2）问：$ȵo^{55}$ $kə^{31}la^{53}ba^{35}thɔ^{53}$ $ku^{31}ha^{31}$ $le^{55}$？ 你把鞋穿好吧？

你　鞋　穿（助词）（助）

答：$ŋa^{35}$ $kə^{31}la^{35}ba^{35}$ $thɔ^{53}$ $ku^{31}a^{31}$.

我　鞋　穿（助）

$iɔ^{35}$，陈述一件已成过去或已经完成的事实。使用这个助词的句子，其主语一般都是第三人称。例如：

$ʔȵo^{31}duɯ^{31}$ $tɕhi^{35}$ $bi^{31}buɛ^{31}$ $iɔ^{35}$ $ha^{55}$！　　　　　他们送完肥料啦！

他们　肥料　送　完（助）（助）

桑孔语和怒苏语的示证范畴虽然表明信息的来源和获取途径，但主要区别于亲知和非亲知，与人称范畴的语法意义联系密切，即第一人称的范畴义分析为亲知，非第一人称的范畴义分析为非亲知。由此可以推断，彝语支部分语言的示证范畴是人称范畴语义化和分析演变的结果，是语法的范畴手段在语言类型演变和语义分析中的体现。

同时谓语句尾的语序特点，决定了语气词与谓语相关的语法范畴的难解难分的联系，时、体、态、式等的语法范畴与语气词等共同占据了句尾的位置，构成了复杂的句尾形式，与藏缅语其他语言（景颇语）复杂的句尾形式一致。

---

① 孙宏开、刘璐（1986）认为 $ku^{31}a^{31}$（$ku^{31}ha31$）因不同句式（肯定句和疑问句）而区分不同的主语人称，且主语一般为第一人称，表示说话者自己经历的事实。

## 五　彝语支语言句尾强调型语气词语音和句法的思考

### 5.1　句尾强调型语气词与判断词"是"

上文以及阐释过句尾强调型语气词与判断词"是"存在一致或相似的情况，一致的情况有彝语、傈僳语和拉祜语；相似的有其他彝语支语言，即以鼻音声母为主要形式。判断词"是"与表强调的语气之间存在语义关系，即"是……的"。彝语支谓语（彝语支的判断词一般分析为动词，句尾）和语气词句尾的特点决定了二者语义和句法位置的融合，呈现出复杂的局面。基于语义和句法关系的分析，我们认为二者可能来源于同一语法形式的演变分析，即附着在句尾谓语某一语法范畴在不同句式中的再分析。如，在名词性谓语句中，一般分析为判断词"是"，同时具有动词谓语的功能（彝语北部方言判断词"是"具有动词功能，重叠表示疑问）；在形容词谓语句中具有"系词标记"的作用，赋予形容词谓语的特征；在动词性谓语句中则表现为句法上的"多余"，分析为语气词表示强调。它们都有强调陈述事实的语用意义，而在形容词性谓语句中则兼具"系词标记"的联结功能。

### 5.2　句尾强调型语气词与第一人称代词"我"

桑孔语的句尾强调型语气词"ŋa⁵⁵"与第一人称代词"我"一致，而且位于句尾谓语后与主语人称一致，表示人称范畴。藏缅语黏着性较强的语言人称范畴一般与第一人称代词"我"一致。[①]根据藏缅语族语言类型的演变，[②]可以认为桑孔语在彝语支语言中存古最多，人称范畴是重要表现。同时发现，彝语支语言中语气词和判断词"是"与该语言的第一人称代词"我"存在相似的语音形式，即以后鼻音声母"ŋ"为主要语音形式。再考虑到上文提到的句尾强调型语气词与判断词"是"可能来自某一种语法范畴，我们可以推测这"某一种语法范畴"是人称范畴，后鼻音声母"ŋ"及其演变形式的语气词、判断词都可能来自谓语后人称范畴的演变和再分析。

### 5.3　复杂的句尾形式

彝语支语言句尾强调型语气词既能表示强调陈述事实的语用作用，同时附带式、人称和示证等范畴，又往往与时、体、态等构成复杂的句尾形式。这一现象广泛存在于藏缅语中，藏缅语谓语句尾的句法特点决定了谓语的附加成分（黏着成分或者虚词）和句尾语气词等结合构成复杂的

---

① 孙宏开（1993）通过分析藏缅语部分语言中的人称范畴的语音、语法等形式，认为藏缅语的人称范畴来源于人称代词的变式或缩减形式。

② 孙宏开（1992）认为藏缅语类型演变不是语言优劣者所表述的，而恰恰是：黏着型→屈折型（不很典型）→分析型。

句尾形式。具体又因语言类型的不同呈现出差异：黏着性较强的羌语支等语言中句尾谓语仍附加不同的语法范畴（词缀）；分析型较强的彝语支和缅语支语言则通过谓语周围的虚词（词类）来表达；其中最具特点的是作为"中间语言"[①]的景颇语，句尾形式复杂，分析性和黏着性共存。如：刘璐（1984）

(1) ŋai$^{33}$ mu$^{31}$ sǎ$^{33}$ŋai$^{33}$          我看见了

我　 见　（语尾助）

(2) naŋ$^{33}$pha$^{33}$kǎ$^{33}$lo$^{33}$　ŋa$^{31}$n$^{31}$ni$^{51}$？       你正在做什么呢？

你　什么　做　在　（语尾助）

(3) khji$^{33}$wa$^{31}$sai$^{33}$          他回来了

他　回（语尾助）

例（1）的语尾助词 sǎ$^{33}$ŋai$^{33}$表示第一人称单数、完成体、陈述式；例（2）的语尾助词 n$^{31}$ni$^{51}$表示第二人称单数、未完成体、疑问式；例（3）的语尾助词 sai$^{33}$表示第三人称单数、完成体、陈述式。

景颇语的句尾形式在语法上是黏着性的范畴义，表示不同的语法范畴；在语音和音节结构上则脱离了词缀，成为了可分析的词类。所以景颇语的句尾形式具有黏着型和分析型语言中间语言的特点，也从侧面验证了藏缅语语言类型的演化。

## 六　结语

彝语支语言句尾的强调型语气词大都以后鼻音声母"ŋ"为主要语音形式，或者存在对应演变形式，因此它们存在同源关系。因不同语言存在单个语气词和多个语气词的句法差异：单个语气词的广泛分布和多个语气词的互补分布（动词谓语句或形容词谓语句）以及相互替换等。语气词居尾的句法位置与谓语以及体、时、态、人称等语法范畴构成复杂的句尾形式，也是藏缅语句尾形式复杂的表现。考察这些语法范畴，它们存在历时的演变特征，在藏缅语语言类型演变的过程中，语气词可能与人称范畴的演变和再分析有一定的来源关系。

**参考文献**

常竑恩：《拉祜语简志》，民族出版社 1986 年版。

---

[①] 戴庆厦（2000）认可白保罗（Paul K.Benedict）提出的"景颇语是藏缅语的中心语言（Linguistic center）。"并从语音、语法、词源等方面论述了这一特点，认为在语法的形态变化上具有从形态发达语言向分析型语言过渡的特点。

陈士林、边仕明、李秀清：《彝语简志》，民族出版社 1985 年版。

陈康、巫达：《彝语语法》，中央民族大学出版社 1998 年版。

戴庆厦：《论景颇语在藏缅语中的地位》，《云南民族学院学报》（哲社版）2000 年第 1 期。

丁椿寿：《黔滇川彝语比较研究》，贵州民族出版社 1991 年版。

盖兴之：《基诺语简志》，民族出版社 1986 年版。

和即仁、姜竹仪：《纳西语简志》，民族出版社 1985 年版。

李永燧、王尔松：《哈尼语研究》，民族出版社 1986 年版。

李永燧：《桑孔语初探》，《语言研究》1992 年第 1 期。

刘璐：《景颇族语言简志（景颇语）》，民族出版社 1984 年版。

马学良：《撒尼彝语研究》，商务印书馆 1951 年版。

孙宏开、刘璐：《怒族语言简志（怒苏语）》，民族出版社 1986 年版。

孙宏开：《我国藏缅语动词的人称范畴》，《民族语文》1993 年第 2 期。

孙宏开：《论藏缅语语法结构类型的历史演变（续）》，《民族语文》1996 年第 3 期。

徐世璇：《毕苏语》，上海远东出版社 1998 年版。

徐琳、木玉璋、盖兴之：《傈僳语简志》，民族出版社 1985 年版。

# The Study of Modal Particles Expressing Emphatic and End of the Statement in Languages of Yi Branch

Liu Peijiang

**Abstract:** The main voice of the modal particles expressing emphatic and end of the statement in languages of Yi Branch are nasal consonants, which express affirmation and emphasis on stating the facts. They have the similar voice and grammar with copula "shi(是)", and acted as the copula "shi(是)" in copula" in nominal predicate sentence, having the characteristics of verb; acted as the "marker of copula" which have the coupling function in adjective predicate sentence; the "surplus" in verb predicate sentence is the feature of modal particles. The syntactic position which in the end of the statement make the modal particles and predict and the interrelated Constitute a complex sentence tail form, which have the Research value of Re analysis.

**Key words:** Languages of Yi Branch; Modal Particles; the End of the Statement; Emphatic

（通信地址：100081　北京中央民族大学少数民族语言文学系）

# 藏语安多方言的语音距离

Abe Powell（华子轩　美）

【提要】20世纪70年代方言学家开始使用量化的方式来探究不同方言之间的关系。莱文斯坦编辑距离算法是一个受很多学者认可的量化研究方法。本文使用莱文斯坦编辑距离算法来探究藏语安多方言不同土语间的语音距离，并把结果与社会科学院的中国语言地图安多方言地图比较。研究结果与社会科学院的安多方言地图基本上一致，然而编辑距离算法所显示的结果是多维度的，这说明安多方言不同土语的关系较复杂。社会科学院的安多方言地图和莱文斯坦编辑距离算法具有补充关系。

【关键词】莱文斯坦编辑距离算法　语音距离　藏语安多方言

## 一　引言

藏语的演变不平衡，导致不同方言的出现。本文的研究目的是使用莱文斯坦编辑距离算法（后简称编辑距离算法）来测量安多方言不同土语之间的语音距离，并把结果与社会科学院的中国语言地图进行对比。此项研究的贡献是，从新的角度来看安多方言不同土语的地理分布与语音上的关系。

传统上，研究语言地理分布的学者使用同言线方法来画出语言地图。这个方法的一个缺点是很多时候同言线没有对应关系，使用这种方法，学者只能说明不同词汇的同言线是否一致，不能说明不同方言之间的相似度是多少。为了解决这个问题，法国学者 Seguy 用距离模型来代替同言线。距离模型是指将每一个研究点和其他研究点的语料进行对比，所得的结果能够反映研究点间的相似度有多少。同言线方法另外一个缺点是，同言线的一致性完全取决于学者所选择的词汇是否存在对应关系，这样太武断。美国学者 Kessler（Kessler，1996）使用编辑距离算法来解决这个问题。他用了编辑距离算法来测量爱尔兰盖尔语方言之间的语音上的距离。因为编辑距离算法用于测量差异，所以被测量的语料，不管语料中的同言线是否一致，都可以使用这个算法。Kessler 的分析显示，编辑距离算法测出的结果和使用同言线方法测出的结果是一致的。Castro 在《水语调查研究》（2014）

中使用编辑距离算法探究水语有多少土语，其结果与使用同言线方法的结果（《水语调查报告》（1956））是一致的。格罗宁根大学的学者 Gooskens 和 Heeringa 在 "Perceptive evaluation of Levenshtein dialect distance measturement using Norwegian dialect data" 文章中，阐述编辑距离算法所算出来的结果和母语者对母语不同方言的知觉很相似。Castro 和 Yang 在 "Representing tone in Levenshtein distance" 文章中，说明编辑距离算法和通解度密切相关（r = -.75, p < .001）[①]。这些研究的成果证明了编辑距离算法的科学性。

## 二　安多方言传统的划分

安多方言是藏语三大方言之一，通行于青海（不包括玉树藏族自治州）、甘肃省的天祝藏族自治县和甘南藏族自治州的北部和西部、四川阿坝藏族羌族自治州与甘孜藏族自治州等地区。对安多方言的土语，藏语学者的观点不一致，有的把安多方言分成两个土语，有的说是三个，有的说是四个。胡坦先生和格桑居冕先生都认为安多方言有两个土语群：农区土语群和牧区土语群。张济川先生同意共有两个土语群，即农区土语群和牧区土语群，但是他又把农区土语群分两个土语：南部土语和北部土语。瞿霭堂先生与中国社会科学院认为共有四个土语：农区土语、牧区土语、半农半牧土语、道孚土语。具体的情况如表 1：

表 1　　　　　　　　　　不同学者对安多方言的划分[②]

| 学者姓名 | 安多方言分布 |
| --- | --- |
| 胡坦 | 1. Rong-skad（农区语）<br>2. Vbrog-skad（牧区语） |
| 张济川 | 1. Rong-skad（农区土语群）<br>　a. 南部土语<br>　b. 北部土语<br>2. Vbrog-skad（牧区土语群） |
| 格桑居冕 | 1. Rong-skad（农业区土语群）<br>2. Vbrog-skad（牧业区土语群） |
| 瞿霭堂 | 1. Rong-skad（农区土语）<br>2. Vbrog-skad（牧区土语）<br>3. Rong-ma-vbrog-skad（半农半牧区土语）<br>4. Rtau-Skad（道孚土语） |

----

① 在这儿，"r" 代表皮尔逊系数，"p" 用于代表显著的高度。

② Zhang Jichuan. 1996. A Sketch of Tibetan Dialectology in China: Classifications of Tibetan Dialects. Cahiers de Linguistique-Asie Orientale, Vol. 25 n0.1, 1996, pp. 116-117.

社会科学院对安多方言的地理划分，如下图 1 所示。

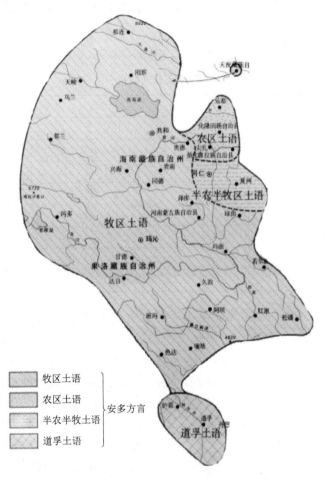

图 1　中国社会科学院的安多方言地图

### 三　方法与语料

本文用莱文斯坦的编辑距离算法来测量安多方言语音上的距离。编辑距离算法通过插入、替换、删除，把一个串字变成另外一个串字。研究者必须用最少的插入、替换和删除来进行这个过程。如英语的 hat 和 hate，用编辑距离算法来测量它们之间的语音距离。笔者要用插入来把 hat 变成 hate。为了量化这个过程的结果，每一个删除、替换和插入都有一个代价，都是"1"，所以，上面变化的代价就是"1"。为了标准化这些代表语音距离的数字，研究者会把变化的代价除以词条中字母较多的词条，算出来的数字代表两词条之间的距离。用上面的例子来说，变化的总数代价是"1"，hat 和 hate 之间，hate 字母较多，算出的结果是：1/4＝0.25，所以 0.25 代表这个两词条之间的语音距离。下面用藏语安多方言循化话的 wi ngo "膝盖" 和同仁话的 ək mo "膝盖" 为例：

**表 2　　　　　　　　　　　编辑距离算法的例子**

| 地点、方言 | 记音形式 | 动作 | 代价 |
|---|---|---|---|
| 夏河话 | wingo | | |
| | ingo | 删除 "w" | 1 |
| | əngo | 把 "i" 替换成 "ə" | 1 |
| | ək ngo | 插入 "k" | 1 |
| | ək go | 删除 "n" | 1 |
| 天峻话 | ək mo | 把 "g" 替换成 "m" | 1 |
| | | 总代价　　　　　　　　5 | |
| | | 标准化的代价 (5/5)　　1 | |

此过程算出来的被标准化的总代价是"1"。笔者用一种叫 Gabmap 的软件进行了安多方言语音距离分析。Gabmap 采用的算法方式就是辅音与辅音对比，元音与元音对比。这是因为很多语言的辅音提供的对立作用比元音提供的对立作用更重要（Gooskens，Heeringa and Beijering 2008）。Gabmap 的每一个替换、删除与插入都有同一个代价，就是"1"。这是因为 Gabmap 的创造者通过知觉实验发现，虽然从语音学的角度来看，一些声音更接近，一些声音更远，但是不管研究者用加权的方式还是用二元的方式来进行分析，结果都一样（Heeringa，2004）。Heergina 在解释这个现象的时候提出来一个假设，即母语者的耳朵非常敏感，一个很小的区别和一个很大的区别对于一个母语人来说都一样，都是有区别的。因此在设计 Gabmap 的时候，Gabmap 基本上不用加权方式。上层和下层符号，即那些标记声调、清音、鼻音化的符号，是一个例外。设计 Gabmap 软件的学者认为这些语音现象不是独立的成分而是属于它们伴随的成分。这样，如果两个词条唯一的区别就是一个上下层符号标记的区别，那么替换的代价不是 1 而是 0.5。这样计算语音的距离不适用于藏语，因为，藏语的一些方言中声调和鼻音化是可以区别词汇意义的。笔者认为所有存在辨义功能的成分，在进行删除、替换和插入的时候，应该有同一个代价。

　　笔者共分析了甘南藏族自治洲夏河县、青海省黄南藏族自治州同仁县、青海省海东地区循化撒拉族县、青海省海东地区化隆自治县、四川省阿坝藏族羌族自治州红原县、青海省海西蒙古族藏族自治州天峻县六个点的201个词条。这201个词条都来自华侃的《藏语安多词汇》，包括天文地理、人体和人物。这201个词条里没有借词，也没有非同源关系的词条。华侃的语料，美中不足之处是不包括道孚土语。因为编辑距离算法比较敏感，所以笔者也没用其他记音者的材料来代替。此问题也是这篇文章的一个不足之处。

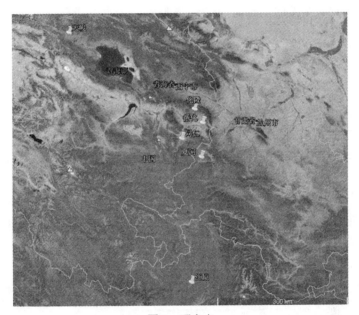

图2　研究点

## 四　结果

Gabmap 算出来的总数语音距离如表3：

**表3**　　　　　　　　　　　　安多方言总数语音距离

|  | 夏河 | 同仁 | 循化 | 化隆 | 红原 | 天峻 |
|---|---|---|---|---|---|---|
| 夏河 | 0 | 0.0928 | 0.1050 | 0.1396 | 0.1503 | 0.1100 |
| 同仁 | 0.0928 | 0 | 0.1248 | 0.1630 | 0.1496 | 0.1319 |
| 循化 | 0.1050 | 0.1248 | 0 | 0.1124 | 0.1975 | 0.1576 |
| 化隆 | 0.1396 | 0.1630 | 0.1124 | 0 | 0.2179 | 0.1776 |
| 红原 | 0.1503 | 0.1496 | 0.1975 | 0.2179 | 0 | 0.1242 |
| 天峻 | 0.1100 | 0.1319 | 0.1576 | 0.1776 | 0.1242 | 0 |

　　表 3 中的数字显示了方言与方言之间的语音距离。其中，夏河话与同仁话的语音距离最小，总数距离为 0.0928。红原话与化隆话语音距离最大，总数距离为 0.2179。本项研究采用 Gabmap 的聚类功能来探究上表所示的土语群。Gabmap 所用的聚类法包括 Ward's Method、Complete Link、Weighted Average 和 Group Average。虽然这四个方法强调了不同的侧重点，但都同用一个基本的程序，数据中最相近的两个方言会形成一个群体，然后剩下的和新形成的最相近的两个方言会形成另外一个群，等等。采用 Gabmap 四个聚类法算出来的结果都显示有四个土语。其中的两个土语与瞿霭堂和中国社会科学院提出的土语基本上是一样的，即测出来的结果显示：一、同仁话和夏河话形成一种土语，与社会科学院所说的半农半牧土语相符合；二、循化话和华隆话也形成一种土语，与社会科学院的农区土语相符合。天峻话，因为更近于夏河话，被聚类到夏河话和同仁话的群组。红原话，因为更近于天峻话，被聚类到夏河话、同仁话与天峻话的群组。红原话更近于天峻话，与社会科学院的牧区土语相符合。但是基本上聚类法不是一个稳定的方法。Gabmap 也有另外一种聚类法叫模糊聚类。这个方法会把随机噪音加入语音距离模型，即此方法会测试每一个算出来的结果的可靠性，下面的图 3 是语音距离的模糊聚类树状，结果与上面阐述的情况是一致的：

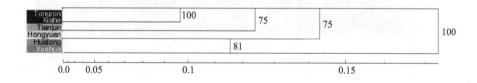

图 3　语音距离的模糊聚类树状

　　在图 3 中，每一群头上的数字表示本群的稳定性。如图 3 所示，同仁话与夏河话的方言群是最稳定的。

　　因为本聚类法使用的数据就是编辑距离算法算出来的总数据，所以本项研究也能够用多维尺度分析法来显示聚类法测出的结果。图 4 所显示的距离不是地理距离，而是语音上的距离，即图 4 是表 3 的可视表示形式，同时显示了表 3 所有的总数结果。虽然在图 4 里一些地方与其他地方更接近，比如化隆话与循化话、夏河话与同仁话、天峻话与红原话，但是图 4 没有特别岷县的群组。

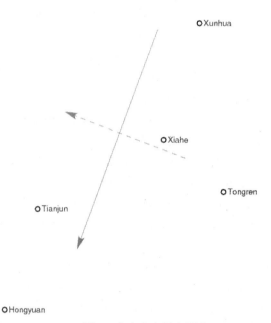

图4 安多方言语音距离

## 五 结论

　　本文的研究结果与社会科学院的藏语安多方言地图是一致的，但同时编辑距离算法结果显示的情况比社会科学院安多方言地图所显示的更复杂。社会科学院把安多方言分成四种土语，即农区土语、牧区土语、半农半牧区土语和道孚土语。而编辑距离算法所显示的化隆话和循化话的群组，与社会科学院说的农区土语相符合；编辑距离算法显示的红原话和天峻话的群组，和社会科学院说的牧区土语相符合；编辑距离算法显示的同仁话和夏河话的群组，与社会科学院说的半农半牧区土语相符合。因为此分析不包含道孚土语的数据，所以笔者未讨论道孚土语。编辑距离算法显示最复杂的现象是，与其他方言相比，天峻话和循化话更近于夏河话。这个现象很值得探究。编辑距离算法是一个量化的方法，虽然它所显示的情况没有否定社会科学院的安多方言划分，但它揭示了更多、更丰富的方言状况的信息，其研究结果与社会科学院的安多方言地图存在补充关系。

**参考文献**

Castro、Andy:《水语调查研究》贵州人民出版社 2014 年版。

戴庆厦:《藏缅语族语言研究》（三），云南民族出版社 2004 年版。

戴庆厦:《藏缅语族语言研究》（五），云南民族出版社 2010 年版。

华侃:《藏语安多方言词汇》，甘肃民族社会出版社 2002 年版。

江荻:《藏语语音史研究》，民族出版社 2002 年版。

朱晓农:《语音学》，商务印书馆 2010 年版。

Australian Academy of the Humanities and the Chinese Academy of Social Sciences. 1988. *Language Atlas of China*. Pacific Linguistics, Series C, No. 102. Hong Kong: Longman Group (Far East) Ltd..

Campbell, Lyle. 2004. *Historical Linguistics: An Introduction* (second edition). Edinburgh: Edinburgh University Press.

Cham.tshang Padma lHun.grub. 2009. *A mdo'i yul skad kyi sgra gdangs la dpyad pa* [An analysis of the pronunciation of Amdo dialects]. Xining: Qinghai Nationalities Press.

John Nerbonne and Peter Kleiweg. 2007. Toward a Dialectological Yardstick. Journal of Quantitative Linguistics, 14 (2), 148-167.

John Nerbonne, Peter Kleiweg, Wilbert Heeringa and Franz Manni (2008) Projecting Dialect Differences to Geography: Bootstrap Clustering vs. Noisy Clustering. In: Christine Preisach, Lars Schmidt-Thieme, Hans Burkhardt, Reinhold Decker (eds.) Data Analysis, Machine Learning, and Applications. Proc. of the 31st Annual Meeting of the German Classification Society Berlin: Springer. 647-654.

Gooskens, Charlotte and Wilbert Heeringa (2004). Perceptive evaluation of Levenshtein dialect distance measurements using Norwegian dialect data. Language variation and Change, 16 (3), 189-207.

Gooskins, Charlotte, Wilbert Heeringa and Karin Beijering (2008). Phonetic and Lexical Predictors of Intelligibility. International Journal of Humanities and Arts Computing. Volume 2, Issue 1-2, pp. 63-81.

Green, R. Jeffrey. 2012. Amdo Tibetan Media Intelligibility. SIL Electronic Survey Report, 2012-019.

Heeringa, Wilbert. 2004. Measuring dialect pronunciation differences using Levenshtein distance. Groningen Dissertations in Linguistics 46. PhD thesis, University of Groningen.

Heeringa, Wilbert, Peter Kleiweg, Charlotte Gooskens and John Nerbonne. 2006. Evaluation of String Distance Algorithms for Dialectology. In: J.Nerbonne&E.Hinrichs (eds.) Linguistic Distances Workshop at the joint conference of International Committee on Computational Linguistics and the Association for Computational Linguistics, Sydney, July, 2006. 51-62.

Heeringa, Wilbert, Charlotte Gooskens and Keith Johnson. 2006.Measuring Norwegian Dialect Distances using Acoustic Features. UC Berkeley Phonology Lab Annual Report (2005).

Google Inc.. 2012. Google Earth (Version 7.1.2.2041 ) [CP]. Available at http://www.google.com/intl.zh-CN/earth//index.html (Accessed 09.20.2014).

Kessler, Brett. 1995. Computational Dialectology in Irish Gaeilic. In Proc. Of the European ACL. Dublin: pp. 60-67.

Lin, You-Jing. 2002. Phonological profile of Thewo Tibetan. Paper presented at the 8th Himalayan Languages Symposium, University of Berne, September 18-22, 2002.

Prins, Marielle 2002. The Nyin pa (Niba) dialect of Co ne (Zhuoni). GBS (Gesellschaft für bedrohte Sprachen), Bulletin report 8.

Sun, Jackson T.-S. 2003b. Phonological profile of Zhongu: A new Tibetan dialect of Northern Sichuan. Language and Linguistics 4.4:769-836.

Tournadre, Nicolas. 2013. The Tibetic Languages and Their Classification. De Gruyter.

John Nerbonne, Rinke Colen, Charlotte Gooskens, Peter Kleiweg, and Therese Leinonen (2011). Gabmap—A Web Application for Dialectology.Center for Language and Cognition, University of Groningen.

Yang, Cathryn 2010. Lalo Regional Varieties: Phylogeny, Dialectometry, and Socio-Linguistics. Melbourne: La Trobe University PhD Dissertation. Online at: https://www.sil.org/resources/publications/entry/9112.

Yang, Cathryn & Andy Castro. 2008. Representing tone in Levenshtein distance. International Journal of Humanities and Computing 2 (1-2), 205-219.

Zhang Jichuan. 1996. A Sketch of Tibetan Dialectology in China: Classifications of Tibetan Dialects. Cahiers de Linguistique-Asie Orientale, Vol. 25, n0.1, 1996, pp. 115-133.

# Phonetic Distance in Amdo Tibetan

· Abe Powell

**Abstract:** In the 1970s linguists started to use quantitative methods combined with statistics to explore the relationship between different dialects. One such method recognized by many scholars is Levenshtein Distance Edit. This paper uses Levenshtein Distance Edit to explore the phonetic distance between different dialects of Amdo Tibetan. It also compares these results with the Amdo Tibetan Dialect Map produced by the Chinese Academy of Social Sciences (CASS). Although the results of this study support the distribution of Amdo Tibetan as described in CASS's map, they also reveal a much more complex situation than what the map alone reveals. Therefore, the results yielded by Levenshtein Distance Edit complement CASS's Amdo Tibetan language map.

**Key words:** Levenshtein Distance Edit; Phonetic Distance; Amdo Tibetan

（通信地址：650500　昆明　云南师范大学旅游与地理科学学院）

# 羌语的空间指示系统

## 黄成龙

【提要】本文根据羌语长篇语料分析和讨论羌语荣红话中空间指示系统的形式及其组合规则。与此同时，从空间范畴视角讨论指示词的空间基本概念表达及其指示词隐喻引申表达抽象的概念空间距离以及社会空间指示意义和话语指示功能。

【关键词】 空间范畴　指示体系　空间隐喻　藏缅语族

指示词（Deixis）[①]一词源于希腊文中的 δείκνυμι，指"显示（display）、示范（demonstration）或参照（reference）"的意思，在当代语言学中意为"指示"。在传统上区分为三大范畴，即人称（你、我、他）、地方（这里、那里）与时间（现在、以后、明天）之指示。指示词具有"指点"的特性，并借此引导听者的注意力。普勒（Bühler 1934）把"指示"分为三类，即眼前之指示、远方之指示和幻境中之指示。幻境中的指示不同于前两者，其要素是想象的，仅存于虚构之文章或梦境中。莱昂斯（Lyons，1968，1977）分为人称指示、指示代词与定冠词、指示词与话语回指、时态与指示时间参照、空间表达、体、局部性（localism）。菲尔摩（Fillmore，1975）分为人称指示、空间（地点）指示、时间指示、话语指示、社会指示。莱文森（Levinson，1977，1983，2004）沿用菲尔摩的分类。安德森与基南（Anderson and Keenan，1985）分为：人称指示、空间指示、时间指示和相对化指示。因此，这里所说的指示系统（deictic system）不等于指示代词，指示系统比

[作者简介] 黄成龙（1968—），男（羌族），四川茂县人，中国社会科学院民族学与人类学研究所研究员。主要从事语言类型学、功能语法、纪录语言学以及汉藏语系语言形态句法的研究。

[基金项目] 本文系中国社会科学院重点项目（2007—2012 年）"中国少数民族语言空间认知范畴研究"（项目编号：YZDN）之"羌语空间认知范畴"的第四部分，发表前做了一些补充和修改。

本文于 2015 年 6 月 1 日在中央民族大学中国少数民族语言文学院主办的"庆祝戴庆厦先生八十华诞暨中国少数民族语言文字学术研讨会"上宣读，在此向戴庆厦先生和会议主办方表示最诚挚的谢意。

① 有学者用 indexical expressions，参考 Bar-Hillel（1954）。

指示代词范围广，不仅包括指示代词，还包括人称代词、时间词和位移动词，像"来""去""拿""取"等（Talmy，1985，Levinson，2004）。从跨语言看，空间指示词（spatial deixis）包括表示地点的指示代词和空间位移动词，如"来""去"等。

从以往指示表达方式的研究文献来看，有的学者只关注指示代词形式和功能的研究；有的学者只关注指示表达的特征（Bühler，1934；Bar-Hillel，1954；Lyons，1968，1977；Fillmore，1975）。也有从类型学视角探讨指示代词跨语言类型特征（Weissenborn and Klein，1982；Talmy，1985；Greenberg，1985；Diessel，1999）。有的学者关注空间指示表达（Fillmore，1975；Anderson and Keenan，1985；Agha，1996）；有的学者关注长篇语料中的指示表达与回指问题（Fillmore，1975）；还有的学者关注社会指示表达（Levinson，1977，1983）。

从国内汉语和民族语的研究来看，讨论指示代词的论文很多，但大多只讨论指示代词的形式、语序以及句法特征。没有从空间范畴视角讨论指示词的基本空间概念表达及其指示词隐喻引申表达抽象的概念空间距离或者社会空间指示意义和话语指示功能。本文以罗仁地与黄成龙（LaPolla and Huang，2003：249—328）《羌语语法》附录长篇语料为基础，讨论荣红羌语空间指示系统的基本功能、引申功能和抽象概念空间。

## 一　指示代词

羌语中的空间指示词除了表地点的指示代词和位移动词外，还有方向前缀[1]。荣红羌语的指示代词只有根据远（distal）、近（proximate）距离区分的二分体系：分别是[tse]"这"和[tʰe]"那"。当焦点（所指）离说话人近时，用近指指示代词；如果焦点(所指)离说话人较远或不在说话人视线范围内，就用远指指示代词。没有亲见与非亲见或者地势高低等区别。荣红羌语的指示代词根据它们所表示的语义分为以下几类远近配对，如表 1 所示（LaPolla and Huang，2003：52）：

**表1**　　　　　　　　　　　　　　　**指示词**

| 近指 | | 远指 | | 语义 |
|---|---|---|---|---|
| 形式 | 意义 | 形式 | 意义 | |
| tse | 这个 | tʰe | 那个 | 事物（单数） |
| tsɑ-ha | 这些 | tʰɑ-ha | 那些 | 事物（复数） |

① 由于篇幅关系，本文只讨论指示代词所表达的基本空间概念、空间隐喻以及抽象空间概念。位移动词、方向前缀和位格标记将另文讨论。

续表

| 近指 | | 远指 | | 语义 |
|---|---|---|---|---|
| 形式 | 意义 | 形式 | 意义 | |
| tsɑ-hɑn | 这种 | tʰɑ-hɑn | 那种 | 事物（种类） |
| tsəi | 这样 | tʰəi | 那样 | 方式 |
| tsai | 这时 | tʰai | 那时 | 时间 |
| tsu | 这儿 | tʰu | 那儿 | 处所、方位 |
| tsɑ | 这里 | tʰɑ | 那里 | 处所、方位 |
| tse-xʂe | 这边 | tʰe-xʂe | 那边 | 处所、方位 |
| tsɑ-kua | 这里 | tʰɑ-kua | 那里 | 处所、方位 |

从表 1 来看，似乎近指指示代词[tse]和远指指示代词[tʰe]是指示代词的基本形式。表示数量的指示代词[tsa-ha]"这些"/[tʰa-ha]"那些"由指示代词[tse]/[tʰe]加上复数标志[-ha]组成。表示种类的指示代词[tsa-han]"这种"/[tʰa-han]"那种"由指示代词[tse]/[tʰe]加上表种类的类别词[-han]组成。指方式的指示代词[tsəi]"这样"/[tʰəi]"那样"；指时间的指示代词[tsai]"此时"/[tʰai]"那时"以及指方位的指示代词[tsu]"这儿"/[tʰu]"那儿"、[tsɑ]"这里"/[tʰɑ]"那里"、[tse-xʂe~tse-xʂepi]"这边"/[tʰe-xʂe~tʰe-xʂepi]"那边"、[tsɑ-kua]"这里"/[tʰɑ-kua]"那里"都是由指示代词[tse]/[tʰe]加上别的成分组合而成。

指处所或方位的指示代词[tsu]"这儿"和[tʰu]"那儿"，表示近距离，[tsu]"这儿"比[tsɑ]"这儿"离说话人更近，[tʰu]"那儿"比[tʰɑ]"那儿"离说话人也近一些，如例（1）：

（1）a. **tsu**-ŋuɲi　pie-le.　　　　ha-lə-jə-kui-stũ.
　　　这儿-话题　猪-定指:量　方向-来-重行-叙述-句尾
　　　这儿呢，那头猪又出来了。

　　b. **tsa**　səf-to-zgu　kopua-la　　pie-la-ha　　**tʰu**　zɿ-ʂə-la.
　　　这里　树-定指-量　树根-位格　猪-定指-复数　那儿　在-句尾
　　　那些猪在这里那棵树根那儿。

例句（1a）表示"蛇"派了很多动物去请"那只蛇"想娶为妻的"女孩"，在派其他动物没有结果的情况下，那只"蛇"又派了"猪"去请"那个女孩"，指示代词[tsu]"这儿"表示"猪"去"那个女孩"身边，离"女孩"很近（例句引自"蛇叔叔的故事"，LaPolla and Huang，2003：271，第38行）。例句（1b）表示"那些猪"离说话人较远，但离那棵树很近，在树的周围，因此，用指示代词[tʰu]"那儿"（例句引自"猪和树相互位置的图片"）。

## 二　空间远近关系

指示代词[tsa]"这里"和 [tʰa]"那里"比[tsu]"这儿"和[tʰu]"那儿"所指的空间要远些，这对空间指示词在口语和长篇语料中出现频率都很高。有意思的是，空间指示词[tsa]"这里"和 [tʰa]"那里"可以出现在第一、第二人称代词后面，[tsa]"这里"出现在第一人称"我"和"我们"之后，[tʰa]"那里"出现在第二人称代词"你"和"你们"之后，构成离说话人较近的位置和较远的位置(离听话人较近)，如例句（2）—（3）：

(2)　a. qa-(tɕ)　　χɑuma-le:　　ʔũ　　　tʰa　　tɕy-n-a?

　　　1 单-(属格)　号码-定指:量　2 单　　那里　　带-2 单-疑问

　　　你有我的号码吗？（直译：我的号码你那里带了吗？）

　　　b. ʔũ-(tɕ)　　χɑuma-le:　　qa　　　tsa　　tɕy-ɑ.

　　　2 单-(属格)　号码-定指:量　1 单　　这里　　带-1 单

　　　我有你的号码。（直译：你的号码我这里带了。）

(3)　a. ʔũ-(tɕ)　　dʐoʁu-le:　　　qa　　　tsa　　　ʂə.

　　　2 单-属格　钥匙-定指:量　　1 单　　这里　　在

　　　你（的）钥匙在我这儿/我有你的钥匙。

　　　b. ʔũ-(tɕ)　　dʐoʁu-le:　　　qa-ta　　　ʂə.

　　　2 单-属格　钥匙-定指:量　　1 单-位格　在

　　　你（的）钥匙在我这儿/我有你的钥匙。

例句（2）中[tsa]"这里"出现在第一人称[qa]"我"之后，[tʰa]"那里"出现在第二人称代词[ʔũ]"你"之后，表示离说话人较近的位置（说话人身上）和较远的位置(听话人身上)。例句（3a）和例句（3b）稍有差别，例句（3a）中[tsa]"这里"出现在第一人称[qa]"我"之后，表示[dʐoʁu-le:]"钥匙"在[qa tsa]"我这里"，强调静态所处的状态，例句（3b）中在第一人称[qa]"我"之后出现位格标记[-ta]，表示物体位移的目标，也就是说[ʔũ-(tɕ) dʐoʁu-le:]"你的钥匙"通过位移到[qa-ta]"我这儿"。

空间指示词[tse-xʂe~tse-xʂepi]"这边"/[tʰe-xʂe~tʰe-xʂepi]"那边"在口语中出现频率较高，除了表示近距离和远距离的意义外，还有相对框架用法[①]，如例句（4）—（5）：

① 相对引用框架是观察者为中心的（viewer-centered）参照框架，是一个三元（a ternary system）参照框架。F（物体）的位置根据观察者的观点和另一个物体所处的位置来体现，从观察者自身的视角把"前""后""左""右"方位概念映像到背景物体中。无特征的所指，如"树""板凳""桌子"等作背景时，根据说话人的视角，以说话人的角度赋予背景"前""后""左""右"空间方位。

（4）tʰe-xʂepi　　　　ni-ze-le-xʂepi　　　　ni-ze,

那-边　　　　斜上（水源）方-定指-边　斜上（水源）方

那边是斜上（水源）方。

tse-xʂepi　　　kʰi-ze　　　　ŋuə-e.

这-边　　　斜下（流水）方　　系词-句尾

这边是斜下（流水）方。

（5）tse-xʂe-tu　　ʁua-xʂe　　zə-xtsi,

这-边-语顿　左-边　　方向-挪动

tʰe-xʂe-tu　　na-xʂe　zə-xtsi-s　　　ŋuə.

那-边-语顿　右-边　方向-挪动-名物化　系词

那边呢，朝左边挪，那边呢，是朝右边挪。

　　从例句（4）和例句（5）可以看出，空间指示词[tse-xʂe~tse-xʂepi]"这边" / [tʰe-xʂe~tʰe-xʂepi]"那边"可以跟方位词[ni-ze-le-xʂepi]"斜上"、[kʰi-ze]"斜下方"与[ʁua-xʂe]"左边"、[ʁua-xʂe]"右边"等结合，具有相对框架用法。例句（4）中，如果[tʰe-xʂepi]"那边"是[ni-ze-le-xʂepi]"斜上方"，那么[tse-xʂepi]"这边"就是[kʰi-ze]"斜下方"。例句（5）中，如果[tse-xʂe]"这边"是[ʁua-xʂe]"左边"，那么[tʰe-xʂe]"那边"就是[na-xʂe]"右边"。羌语中似乎有种趋势就是[tse-xʂe]"这边"与[ʁua-xʂe]"左边"搭配较多，[tʰe-xʂe]"那边"与[na-xʂe]"右边"搭配较多。这是根据说话人视角进行空间定位的，所以是相对框架用法。这种现象的文化内涵值得深究。

　　在第一人称代词[qɑ]"我"、[tɕile]"我们"和第二人称代词[ʔũ]"你"、[ʔile]"你们"后可加定指标记[-le]再加[-xʂe]"边"，构成表达说话人与听话人方位的空间指示词[qɑ-te-xʂe]"我这边"、[tɕile-te-xʂe]"我们这边"、[ʔũ-te-xʂe]"你那边"、[ʔile-te-xʂe]"你们那边"。空间指示词[tɕile-te-xʂe]"我们这边"和[ʔile-te-xʂe]"你们那边"还可以用[tɕile-te-xʂepi]"我们这边"和[ʔile-te-xʂepi]"你们那边"，其意义二者完全相同，如例句（6）—（7）：

（6）na-xʂe-le-xʂe　dzuə-m-lez-ze　qɑ-te-xʂe　ɑ:　zə-xtsi-ŋuɑ,

右-边-定指-边　坐-名物化-定指-几量　我-定指-边　一点儿　方向-挪-连词

tʰe-xʂe　ɑ:　dɑ-ɣdza　jə-s.

那-边一点儿　方向-挪动　说-名物化

右边坐着的那几个人，朝我这边挪一下，或者往那边挪一下。

（7）suəq-tɑ,　　tɕile-te-xʂepi　mupɑ-wa,　ʔile-te-xʂepi　mupɑ　ŋuɑ?

冬天-位格　1复-定指-边　冷-很　2复-定指-边　冷　疑问

冬天我们这边很冷，你们那边冷吗？

　　羌语中远指指示词[tʰe]"那"加[-x]和位格标记[-tɑ]可构成表远距离指

示词[tʰe-x-tɑ]"那边"，如例句（8）：

（8）mi-le:　　**tʰe-x-tɑ**　　ə-l-n̪i　　　　səf-to-zgu-tɑ　　　da-l-n̪i　　　z̩.

　　人-定指:量　那边-位格　方向-看-状语　树-定指-量-位格　方向-看-状语　在

　　那个人朝那边那棵树看。

### 三　抽象空间概念

　　羌语中的空间指示词[tsu]/[ tsa]"这儿"和[tʰu]/[ tʰɑ]"那儿"前加 ɦa-
构成[ɦa-tsu]/[ɦa-tsa~ɦa-tsə]"这里"和[ɦa-tʰu]/ [ɦa-tʰa~ɦa-tʰə]"那里"，不
仅表示抽象的空间概念，而且还表示加强语气，如例句（9）：

（9）a. ɦa-tsu　　　　tse-xʂepi　zmətʂi　　jin　　　do-ɣʐu-m-le:-wu

　　　强调-这儿　　这-边　　皇帝　　黄袍袈裟　方向-丢-名物化-定指:量-施事

　　　ɦa-tʰa　　　　tʰe-xʂepi-ʁa　　　kʰuə-ŋuən̪i tʰa　da-l-zə-kui.

　　　强调-那儿　　那-边-位格狗-话题　　那里　　　　方向-看-使动-叙述

　　　这边这个丢了黄袍袈裟的皇帝让狗望着那边，看看他的袈裟在什么地方。

　　b. ɦa-tʰe-wu　　　　　　ɦa-tsɛi　　　　　　ŋuə-jantɕi ，　　ɦa-tʰu

　　　强调-那-由格　　　　强调-这样　　　　是-连词　　　　强调-那儿

　　　i-ɕi.

　　　方向-放

　　　从那之后，这么做了以后，（懒汉）把（鹦鹉）放在竹林里。

　　例句（9a）前一分句中出现两个近指指示词[ɦa-tsu]"这儿"和[tse-xʂe-pi]
"这边"强调这边这个皇帝，不是别的地方的皇帝，后一分句也出现两个远
指指示词[ɦa-tʰa]"那儿"和[tʰe-xʂepi]"那边"，指黄袍袈裟被偷后，应该不
会在这边，应该被拿到[tʰa]"那里"去了，所以让狗来找（例句引自"懒汉
的故事"，LaPolla and Huang，2003：290—291，第 235—237 行）。例句（9b）
中远指指示词[ɦa-tʰu]"那儿"从语境中得知是在指街边的竹林里（例句引
自"懒汉的故事"LaPolla and Huang，2003：293，第 280—281 行）。

　　有趣的是[ɦa-]和位格标记结合，可构成[ɦa-la~ɦa-lə]"那里"表示很远
的地方，也可以表示抽象的远的地方，在长篇语料中出现频率较高，如例
句（10）—（11）：

（10）a. tɕa-la　　　　z̩-wa?

　　　哪儿-位格　　在-疑问

　　　在哪儿？

　　b. ɦa-lə　　　　z̩.

　　　强调-位格　　在

　　　在那里。

（11）a. tə-χsɑ　　　mɑ-ɣʑə-kəi-ʂə　　　ɦɑ-lɑ　　　　tɕe-zei-kəi-stū.

方向-懂　　　　否定-会-叙述-连词　　　强调-位格　　　续行-哭-叙述-句尾

（那个女孩）听不懂（派出来的动物）的话，因此，（她）还在那里继续哭。

　　 b. ɦɑ-lə　　　　u-zu-n̥i　　　　　zi̥-kui…

强调-位格　　　方向-等-状语　　　在-叙述

（那个懒汉）在（竹林里）等着（别人来找鹦鹉）…

例句（10a）问"什么地方"，例句（10b）回答用[ɦɑ-lə]"那里"，表示离说话人较远的地方（例句引自"懒汉的故事"，LaPolla and Huang，2003：301，第124—125行）。例句（11a）中[ɦɑ-lɑ]"那里"指"那个女孩"所在的地方，离说话者较远（例句引自"蛇叔叔的故事"，LaPolla and Huang，2003：271，第37行）。例句（11b）中[ɦɑ-lə]"那里"指"街边的竹林里"（例句引自"懒汉的故事"，LaPolla and Huang，2003：297，第186—187行）。例句（11a）中的[ɦɑ-lɑ]"那里"和（11b）中的[ɦɑ-lə]"那里"除了表示远指的地点外，还有回指的语用功能，[ɦɑ-lɑ]"那里"回指"那个女孩所在的地方"，[ɦɑ-lə]"那里"回指"街边竹林"。

## 四　结语

羌语有四套空间指示代词，各分近、远指，第三人称代词与远指指示代词有关。空间指示词不仅有空间指示功能，还有回指功能、话语指示功能。空间指示词可以重复出现表示强调。近指[tsɑ]"这里"出现在第一人称"我"和"我们"之后，远指[tʰɑ]"那里"出现在第二人称代词"你"和"你们"之后，构成离说话人较近的位置和较远的位置（离听话人较近）。空间指示词[tse-xʂe~tse-xʂepi]"这边" / [tʰe-xʂe~tʰe-xʂepi]"那边"在口语中出现频率较高，除了表示近距离和远距离的意义外，有相对框架用法。

在第一人称代词[qɑ]"我"、[tɕile]"我们"和第二人称代词[ʔũ]"你"、[ʔile]"你们"后可加定指标记[-le]再加[-xʂe]"边"可构成可构成表达说话人与听话人方位的空间指示词。羌语中远指指示代词[tʰe]"那"加[-x]和位格标记[-tɑ]可构成表远距离指示代词[tʰe-x-tɑ]"那边"。羌语中的指示代词[tse]"这"和[tʰe]"那"前加 ɦɑ-构成不仅表示抽象的空间概念，而且表示加强语气。有趣的是[ɦɑ]和位格标记结合，可构成[ɦɑ-lɑ~ɦɑ-lə]"那里"表示很远的地方，也可以表示抽象的远的地方，在长篇语料中出现频率较高。这几点是羌语不同于其他语言（如汉语和英语）的特点。

荣红话里有空间指示词和位格的组合，表示近指、远指，位格有前缀，也有后缀，然后再与人称代词组合，第一人称与近指指示词组合，第二人称与远指指示词组合，这里有一些语用表达限制：说话人和近指指示词组合，听话人和远指指示词组合。

**参考文献**

黄成龙：羌语的空间范畴，《语言暨语言学》2015 年第 5 期。

Bühler, Karl. Sprachtheorie. Die Sarstellungsfunktion der Sprache. Frankfurt am Main: Ullstein. [*Theory of language: the representational function of language* [M]; translated by Donald Fraser Goodwin, in collaboration with Achim Eschbach. Amsterdam: John Benjamins，2011[1934].

Lyons, John. *Introduction to Theoretical Linguistics* [M]. Cambridge: Cambridge University Press，1968.

Lyons, John. *Semantics*, Vol. 2 [M]. Cambridge: University Press，1977.

Fillmore, Charles J. *Santa Cruz Lectures on Deixis* (1971) [M]. Mimeo: Indiana University Linguistics Club，1975.

Levinson, Stephen C. *Social Deixis in A Tamil Village* [D]. Ph.D. dissertation, University of California, Berkeley，1977.

Levinson, Stephen C. *Pragmatics*. Cambridge: Cambridge University Press，1983.

Levinson, Stephen C. 2004. Deixis [A]. L. Horn (ed.). *The Handbook of Pragmatics* [C]. Oxford: Blackwell.

Anderson, Stephen R. and Keenan, Edward L. Deixis [A]. Timothy Shopen (ed.). *Language Typology and Syntactic Description III: Grammatical Categories and the Lexicon* [C]. 259-308. Cambridge: Cambridge University Press, 1985.

Talmy, Leonard. Lexicalization patterns: Semantic structure in lexical forms [A]. Timothy Shopen (ed.). *Language typology and syntactic description, vol. III: Grammatical categories and the lexicon* [C]. Cambridge: Cambridge University Press, 1985.

Bar-Hillel, Yehoshua. Indexical expressions [J]. *Mind*, 1954. 63: 359-379.

Weissenborn, J. and Klein, W. (ed). *Here and there. Cross-linguistics studies on deixis and demonstration* [C]. Amsterdam: Benjamins, 1982.

Greenberg, Joseph H. Some iconic relationships among place, time, and discourse deixis. John Haiman (ed.). *Iconicity in Syntax* [C]. 271-287. Amsterdam: John Benjamins, 1985.

Diessel, Holger. *Demonstratives: Form, function and grammaticalization* [M]. Amsterdam: John Benjamins Publishing Company，1999.

Agha, Asif. Schema and Superposition in Spatial Deixis [J]. Anthropological linguistics. 1996, 38, 4: 643-682.

LaPolla, Randy J. with Huang Chenglong. A Grammar of Qiang, with annotated texts and glossary [M]. Berlin: Mouton de Gruyter, 2003.

# The Spatial Deictic System in Qiang

Huang Cheng-long

**Abstract:** In this paper we analyze and discuss the forms and the functions of the deictic system, and collocation of demonstratives with spatial directions and locative postposition in terms of real natural texts in the Ronghong variety of Qiang. We also analyze spatial representation, spatial metaphor, abstract spatial concept, social deixis and discourse function of spatial deixis.

**Key words:** Spatial Conception; Deictic System; Spatial Metaphor; Tibeto-Burman

（通信地址：100081　北京　中国社会科学院民族学与人类学研究所）

# 景颇语前置 a 音节的功能属性①

徐悉艰

【提要】本文对《景汉词典》中出现的 648 条含有前置 a 音节的条目分词类进行微观的分析。发现：前置 a 音节在景颇语中是使用频率很高、对语言结构的特点和演变有着重要影响的语音成分。a 主要分布在名词、动词、状词上，还有少量出现在形容词、副词、感叹词、量词、关系助词、句尾词上。其功能主要有三个：构词、构形、韵律，此外还有部分前置 a 音节与后面的音节分离不开，无构词、构形和韵律的功能，是单纯词的一个语素。在来源上，大多出自本语语源，也有少量是由于语言接触随借词进入的。论文认为：景颇语的 a 音节具有多功能性、多源性，是由多个渠道汇成的；过去把景颇语的 a 音节视为前缀的认识是不全面的，在名称上定为前置 a 音节为好。

【关键词】景颇语　前置 a 音节　功能属性

景颇语是汉藏语系藏缅语族中的一种语言。它有丰富的 a 前置音节，主要出现在双音节词的前一音节和四音节词的第一、第三音节上，其次有少数出现在三音节词和四音节词的第一音节上。以往对它的称呼有"词头、词缀、词素"等。笔者认为由于它既有构词和构形的功能，还有韵律功能，因此，统称它为 a 前置音节或 a 音节为好。

笔者将《景汉词典》②中出现的 648 条含有 a 前置音节的单纯词进行微观的分析，对其功能属性进行研究，得出以下几点认识。

前置 a 音节在词类上的分布情况是：名词（144 条）、动词（183 条）、状词（260 条）。还有少数分布在形容词（9 条）、副词（28 条）、感叹词（15 条）、量词（2 条）、关系助词（3 条）、句尾词（4 条）上。

景颇语前置 a 音节的功能主要有构词、构形和韵律三个。其中只有加

---

① 该文在"第 47 届国际汉藏语暨语言学会议"上宣读过。

② 《景汉词典》，徐悉艰、肖家成、岳相昆、戴庆厦著，云南民族出版社，1983 年 11 月。

在名词、动词、形容词和状词前的 a 音节具备这三种功能。加在其他词类上的 a 音节只具备其中一种功能。如：感叹词前的 a 音节与后一音节结合很紧，共同构成感叹词，在词中表示某种感叹语气意义，只有构词的功能。又如：加在句尾词词根前的 a 音节，表示主语是第一、第三人称单数，只具备构形功能。以下分词类具体分析。

**一 名词前置 a 音节的功能分析**

在名词前的 a 音节有构词、构形和韵律三种功能。此外，还有一些从其他语言借用的名词带有 a 前置音节。

（一）构词功能

主要是构成双音节名词和四音格名词，有以下六种。

1. a+单音节名词→双音节名词

a 音节加在单音节名词前，构成与该名词词素意义有关联的新名词。a 的声调均为 31 调。这类加 a 音节只改变词义不改变词性的名词数量不多，只有 4 条。例如：

a$^{31}$+koŋ$^{31}$，a$^{31}$koŋ$^{31}$　身材　　　a$^{31}$+lat$^{31}$，a$^{31}$lat$^{31}$　　　长子、长女

　身体　　　　　　　　　　　开头的

2. a+名词+a+名词→四音格名词

a 分别加在两个词义相近或相关的单音节名词前构成四音格名词。这类名词有 9 条。例如：

a$^{31}$li$^{31}$　a$^{31}$na$^{31}$　传染病（类称）　　　a$^{31}$khjiŋ$^{33}$ a$^{31}$tẹ n$^{31}$　　光阴、瞬间

传染病 病　　　　　　　　　　　时间（借）时间

a$^{31}$ʒon$^{31}$a$^{31}$lai$^{31}$　性格、作风（类称）　　a$^{33}$tʃi$^{33}$a$^{55}$wa$^{51}$　　长辈男子

性格　作风　　　　　　　　　　曾祖父 父亲

此外，还有少数 a 音节加在两个单音节量词或分别加在单音节名词和单音节量词前构成四音格名词。例如：

a$^{31}$to$^{31}$a$^{31}$tʃẹ n$^{33}$ 一部分　　a$^{31}$to$^{31}$a$^{31}$ʃan$^{31}$　亲骨肉

段　 片　　　　　　　 段　肉

3. a+单音节名词+双音节名词→四音格名词

a 加在单音节名词前（个别是单音节量词）与不带 a 前置音节的双音节名词构成四音格名词。有 6 条。例如：

a$^{31}$tʃu$^{55}$ʃiŋ$^{55}$na$^{55}$　　　　　隐患　　a$^{31}$thik$^{55}$lǎ $^{31}$pau$^{55}$　家谱（类称）

　刺儿 棍子　　　　　　　　　　代　历史

a$^{31}$tẹ n$^{31}$ lǎ $^{31}$toʔ$^{31}$　　　季节（类称）

　时间 季节

　　4. a+名词+a+配音音节，a+配音音节+a+名词→四音格名词

　　a 加单音节名词配上带前置 a 音节的配音音节构成四音格名词。配音音节与有实义的名词存在语音和谐关系（多为声母相同，或押韵或谐韵）。一般是第四音节元音的舌位比第二音节元音的舌位低或者相同，或押韵或谐韵。一般是第四音节元音的舌位比第二音节元音的舌位低或者相同。因而，配音音节在前在后的选择，要由该名词元音的舌位高低来决定。若是低元音，配音音节在前，若是高元音，配音音节在后。（下同）

　　配音音节在前的有 6 条。例如：

a$^{31}$ʒuŋ$^{33}$a$^{31}$ʒai$^{55}$　　　用具（类称）　　　　a$^{31}$kuŋ$^{55}$a$^{31}$lau$^{55}$　　　引诱

配音　东西　　　　　　　　　　　　　　　　　　配音　拉拢

a$^{31}$ŋo$^{33}$a$^{31}$ŋam$^{31}$　　　剩余的（类称）

配音　剩余的

　　配音音节在后的有 7 条。例如：

a$^{55}$ni$^{51}$a$^{31}$non$^{33}$　　　附近　　　　　　　a$^{55}$pjek$^{55}$a$^{31}$pa k　　　分文

近　　配音　　　　　　　　　　　　　　　　　　分　　配音

a$^{31}$khaŋ$^{55}$a$^{31}$jaŋ$^{33}$　　　名誉地位

权利　　配音

　　5. 表示第一人称或直称的亲属称谓名词前均可加 a 音节，也可不加。加 a 音节后，名词的基本词义和词性不变，只增加了一点亲密的感情色彩。（在《景汉词典》中只收入了少数习惯上加 a 音节的亲属称谓名词。）例如：

a$^{33}$moi$^{33}$˞　婆婆（直称）　　a 姑姑（直称）

a$^{31}$ni ŋ$^{33}$˞　姑嫂之间相互的称呼　　a 不相识父女之间的直称

a$^{55}$ʃoŋ$^{33}$˞　侄子（直称）　　a 侄女（直称）　　b 连襟的子女（直接）

　　有一些带 a 前置的音节的名词，是从缅语、傣语、英语、汉语中借来的。例如：

a$^{31}$mjat$^{31}$　　　利息（缅）　　　　a$^{31}$pun$^{55}$　　　　　本钱（汉）

a$^{31}$loŋ$^{55}$　　　天才（傣）　　　　a$^{31}$mjiŋ$^{51}$　　　　命令（汉）

a$^{31}$ʃu$^{55}$jaʔ$^{55}$　　政府（缅）　　　　a$^{31}$me$^{55}$ʒi$^{33}$kan$^{33}$　美国（英）

　　还有一些带 a 前置音节的名词，是文学语言名词或历史名人名字或花名。例如：

a$^{31}$ʒuk$^{31}$thuŋ$^{33}$khin$^{33}$　　拎包　　　a$^{55}$naŋ$^{51}$mǎ$^{31}$tʃaŋ$^{33}$　　姑娘

a$^{31}$waŋ$^{51}$kʒaŋ$^{33}$　　　阿旺贡　　a$^{33}$wa$^{33}$pan$^{33}$　　　芙蓉

　　（二）构形功能

　　主要加在形容词、名词兼动词或动词兼量词之前构成名词。有以下三种情况。

1. a+形容词→名词

a音节加在单音节形容词前构成名词。这种方式的构词能力较强。有 16 例，如：

| | | | |
|---|---|---|---|
| $a^{33}$+tʃɐ ŋ$^{33}$'$a^{33}$tʃɐ ŋ$^{33}$ 黑的 | 黑 | $a^{33}$+khje$^{33}$'$a^{33}$khje$^{33}$ | 红的 红 |
| $a^{55}$+mut$^{55}$'$a^{55}$mut$^{55}$ 深灰的 | 深灰 | $a^{55}$+tʂ t$^{55}$'$a^{55}$tsɨ t$^{55}$ | 绿的 绿 |
| $a^{31}$+ŋjɐ p$^{31}$'$a^{31}$ŋjɐ p$^{31}$ 软的 | 软 | $a^{31}$+ŋok$^{31}$'$a^{31}$ŋok$^{31}$ | 傻子 憨 |
| $a^{55}$+phʒo$^{31}$'$a^{55}$phʒo$^{51}$ 白的 | 白 | $a^{55}$+ŋja $^{31}$'$a^{55}$ŋja $^{51}$ | 软软的 软 |

2. a+名词→名词

a加在名词兼有动词或量词词性的单音节词前，使其只具有名词词性。有 8 条。如：

| | | | |
|---|---|---|---|
| $a^{31}$+ŋam$^{31}$'$a^{31}$ŋam$^{31}$ 剩余的 | 剩 | $a^{31}$+tʃu$^{55}$'$a^{31}$tʃu$^{55}$ | 刺儿 刺儿 |
| $a^{31}$+tʉ m$^{33}$'$a^{31}$tʉ m$^{33}$ 籽儿 | 籽 | $a^{31}$+tǫ ŋ$^{33}$'$a^{31}$tǫ ŋ$^{33}$ | 块儿、团儿 块儿 |

3. a+动词或量词→名词。有 4 条。例如：

| | | |
|---|---|---|
| $a^{31}$+khʒuŋ$^{33}$'$a^{31}$khʒuŋ$^{33}$活的 活 | $a^{31}$+tę k$^{31}$'$a^{31}$tę k$^{31}$ 小团 | 瘦小的 |

（三）韵律功能

现代景颇语的语音构造存在双音节化韵律的倾向。在单音节词前加a音节，是景颇语词汇双音节化韵律的重要手段之一。这部分a前置音节只有双音节韵律的功能，不改变单音节词的词义和词性。景颇语中的单音节名词一般都可以加a前置音节构成双音节名词。在《景汉词典》中有 36 条加a音节起双音节韵律功能的名词。如：

| | | | |
|---|---|---|---|
| kǫ ŋ$^{31}$−$a^{31}$kǫ ŋ$^{31}$ | 山梁 | sak$^{31}$−$a^{31}$sak$^{31}$ | 年龄 |
| len$^{31}$−$a^{31}$len$^{31}$ | 作风 | | |

## 三　动词前置 a 音节的功能分析

在动词前的a音节有构词、构形和韵律三种功能。

（一）构词功能

主要加在单音节动词或拟声单音节或无意义单音节前构成带a前置音节的双音节动词。有以下四种。

1. a+单音节动词→双音节动词

a音节加在单音节动词前，构成与该动词意义有关联或义项增加或减少的新动词。有 42 条。例如：

$a^{31}$+san$^{33}$ 'a$^{31}$san$^{33}$ 冲淡（别人说的话）　　$a^{31}$+len$^{33}$'a$^{31}$len$^{33}$　　　引诱
　瘟　　　　　　　　　　　　　　　　　　　引

$a^{31}$+thu$^{31}$ 'a$^{31}$thu$^{31}$ 碰、撞
舂（米）

2. a+拟声音节→双音节动词

a音节加在模仿声音的单音节前构成双音节动词。有 37 条。例如：

$a^{31}$+phjit$^{31}$'a$^{31}$phjit$^{31}$　　（风）呼呼地吹　　　$a^{31}$+to k$^{55}$'a$^{31}$to k$^{55}$　　剁

$a^{31}$+kʒak$^{55}$'a$^{31}$kʒak$^{55}$　　刷洗（瓶子）

3. a+无意义音节→双音节动词

这部分带a前置音节的双音节动词，两音节结合得很紧，a后的音节不能独立成词，看不出其意义，有 19 条。如：

$a^{31}$kjek$^{55}$　　　长不好（指农作物）　　　　$a^{31}$tsi$^{31}$　　　　责怪

$a^{31}$pjik$^{55}$　　　阻止（讲话）

4. a+动词+动词→三音节动词

a加在单音节动词前构成双音节动词，其后再加上一个单音节动词构成三音节动词。这类动词的数量很少，有 7 条。例如：

$a^{31}$+si$^{55}$+kham$^{31}$'a$^{31}$si$^{55}$kham$^{31}$　牺牲　　$a^{31}$+pok$^{55}$+ʃa$^{55}$'a$^{31}$pok$^{55}$ʃa$^{55}$　奉承
　死　接受　　　　　　　　　　　　　说服　吃

（二）构形功能

主要是改变词性和改变动词两种功能。

改变词性：主要是a音节加在形容词、名词前构成动词。有以下四种。

1. a+形容词→动词

a音节加在形容词前构成意义不同于形容词词素的双音节动词。这类词很少，只有 4 条。例如：

$a^{31}$+tu p$^{55}$'a$^{31}$tu p$^{55}$　　（闭着嘴）嚼　　$a^{31}$+pu t$^{31}$'a$^{31}$pu t$^{31}$ 胡闹
　齐　　　　　　　　　　　　　　　　啰唆

2. a+名词→动词

这类词很少，只有 3 个。例如：

$a^{31}$+ʒi$^{33}$'a$^{31}$ʒi$^{33}$　　甩
　藤条

3. a+单音节名词兼动词'双音节动词

在景颇语中有一些单音节名词全部重叠或双音节名词只重叠后一音节

构成宾动词组，这类词组中充当宾语的名词或名词的后一音节与动词同形。这类动词的独立性很差，只有加上a音节后才能独立运用，成为独立的动词。本文称这类动词为兼名词的动词。有 4 条。例如：

a$^{31}$+ph$\mathrm{z}$un$^{31}$'a$^{31}$ph$\mathrm{z}$un$^{31}$　　起（疙瘩）

　　起（疙瘩）

a$^{31}$+$\mathrm{z}$u$^{31}$'a$^{31}$$\mathrm{z}$u$^{31}$　　思考、研究

　　思考

4. a+单音节状词→双音节动词

a音节加在状词前构成与状词意义相关的双音节动词。也可以认为是动词减去a前置音节留下词根当状词。这类词在景颇语中很丰富，在《景汉词典》中收了 52 条。例如：

a$^{31}$+pat$^{55}$'a$^{31}$pat$^{55}$　　拍　　　a$^{31}$+mja$\mathrm{ʔ}^{31}$'a$^{31}$mja$\mathrm{ʔ}^{31}$　　抓

　　拍打状　　　　　　　　　　抓一下状

a$^{31}$+ku̱k$^{31}$'a$^{31}$ku̱k$^{31}$　　捆紧　　a$^{31}$+$\mathrm{z}$ut$^{31}$'a$^{31}$$\mathrm{z}$ut$^{31}$　　擦

　　紧捆状　　　　　　　　　　擦一擦状

a$^{31}$+wot$^{55}$'a$^{31}$wot$^{55}$　　穿孔

破成洞状

改变动词的自动态为使动态。a音节加在自动词前构成使动词。这类用a前置音节构成的使动词数量不多。有 12 条。例如：

a$^{31}$+k$\mathrm{z}$e̱$^{31}$'a$^{31}$k$\mathrm{z}$e̱$^{31}$　　使格格笑　　a$^{31}$+phjak$^{31}$'a$^{31}$phjak$^{31}$ 使毁

　　格格笑　　　　　　　　　　　垮台

a$^{31}$+lon$^{33}$'a$^{31}$lon$^{33}$　　使动乱

　　动乱

（三）韵律功能

a音节加在单音节动词前构成双音节韵律。这部分词的数量不如名词丰富。有 26 条。例如：

pok$^{55}$−a$^{31}$pok$^{55}$　　说服　　　　　　khaŋ$^{31}$−a$^{31}$khaŋ$^{31}$　　捆

sat$^{31}$−a$^{31}$sat$^{31}$　　行为、动作　　　t$\mathrm{ʃ}$a$^{33}$−a$^{31}$t$\mathrm{ʃ}$a$^{33}$　　抹、涂

四　状态词前置 a 音节的功能分析

景颇语有丰富的状态词，用以表示动词的各种形状。a音节可以构成大量状态词，主要有构词和构形两大功能，但起双音节化的韵律功能很小。

（一）构词功能

主要是构成双音节和四音节状词。有以下三种：

1. a+单音节状词→双音节状词

a加在单音节状词前构成比单音节状词的词义加深的双音节状词。有 12

条。例如：

a³¹ʒun⁵⁵'a³¹ʒun⁵⁵　多双成对状　　　a³¹+lam³¹'a³¹lam³¹　晃动状

　并排状　　　　　　　　　　　　　一晃状

a⁵⁵+thaŋ³¹'a⁵⁵thaŋ³¹　多次来回状

　倒着状

2. a+单音节状词+a+配音音节，a+配音音节+a+单音节状词'四个音节的状词

　a加单音节状词配上带前置a的配音音节构成与单音节状词词义有关联的四音节状词。有 23 条。例如：

a³¹+nin³¹　a³¹noʔ³¹　咄咄逼人状　　　　a³¹jai⁵⁵　a³¹ka̱i⁵⁵　凌乱状

　快而使劲 配音　　　　　　　　　　略微撒开状　配音

a³¹thoʔ³¹a³¹ʒoʔ⁵⁵　狼吞虎咽状　　　　a³¹tsu³³　a³¹tsep³¹　　刺耳的感觉

配音 整个状　　　　　　　　　　配音　粗糙状

3. a分别加在四音节状词的前两音节和后两音节前构成六个音节的状词。只有 2 条。例如：

kǎ³¹tʃoŋ³¹kǎ³¹tʃa⁵⁵−a⁵⁵kǎ³³tʃoŋ³¹ a⁵⁵kǎ³¹tʃa⁵⁵　　　吃惊状

　意外出现状

kǎ³¹tsi̱³³kǎ³¹tsa̱ŋ³³−a⁵⁵kǎ³³tsi̱³³ a⁵⁵kǎ³¹tsa̱ŋ³³　　　冷冷清清状

　凄凉状

（二）构形功能

景颇语中a音节加在动词、形容词或名词前构成状词的手段较多，有 10 多种。不同的手段构词能力强弱不同，强的能构成 60 多个词，弱的只能构成一两个词。分述如下：

1. a+动词或形容词→双音节状词

a音节加在单音节动词或形容词前构成双音节状词。这类状词数量不多，有 20 条。其中 a 加在动词或形容词前的各占 10 条。例如：

a⁵⁵+len⁵¹a⁵⁵len⁵¹　迷人状　　　　a⁵⁵+tam⁵¹a⁵⁵tam⁵¹　宽敞状

　入迷　　　　　　　　　　　宽敞

a³³+loŋ³³a³³loŋ³³　独占状　　　　a³³+tʃin³³a³³tʃin³³　腻烦状

　独吞　　　　　　　　　　　腻烦

此外，有个别是a加在两个重叠的单音节动词或形容词前构成三音节状词，只有 2 例。如：

a³³ti̱n³³ti̱n³³　急忙状　　　　a⁵⁵pa⁵⁵pa⁵⁵　赶紧状

　着急 着急　　　　　　　累 累

2. a+动词+a+动词→四音节状词

a分别加在两个单音节动词前构成四音节状词，有 25 条。例如：

a³¹pʒun³³ a³¹pʒu³¹ 流离失所状          a³¹tip³¹    a³¹ʒip³⁵ 横行霸道状

     垮   抄（家）                按、压   （用竹扫帚）扫

ɑ³¹tun⁵⁵ a³¹tʃen³³ 缠绕状          a³¹ŋjo̤ ʔ⁵⁵ a³¹ŋja ʔ⁵⁵ 乱戳状

连着   撑开                戳（软物）揉

3. a+形容词+a+形容词（个别是名词）→四音节状词

a分别加在两个单音节形容词前构成与两个形容词词义有关联的四音节状词，有12条。例如：

a³¹ŋjo̤ ʔ³¹ a³¹ŋjo̤ ʔ³¹ 稀烂状          a³¹phum³³ a³¹sau³³ 肥胖状

软弱无力   稀烂                胖、肥   油

a⁵⁵ŋui⁵¹ a³³pjo̤³³ 舒适状

满意   愉快

此外，有个别情况是a分别加在双音节形容词的每个音节前构成四音节状词。只有1例。例如：

    wuŋ³¹wuŋ³³－a³¹wuŋ³¹a³¹waŋ³³ 空荡荡状（多指衣服）

（衣服）肥大

4. a+动词+a+配音音节，a+配音音节+a+动词→四音节状词

a加在单音节动词配上带前置a音节的配音音节构成四个音节的状词。这类状词数量多，有63条。例如：

a³¹kʒop³¹    a³¹kʒap³¹ 破碎状          a³¹toŋ⁵⁵   a³¹ŋaŋ⁵⁵ 糊里糊涂状

（玻璃等）碎   配音                发呆   配音

a³¹ ʃit³¹a³¹ ʃat³¹ 横七竖八          a³¹khoʔ³¹a³¹to̤ ʔ⁵⁵ 遍地散落状

破（篾）配音                洒   配音

a³¹kʒoi³³a³¹noi³³ 再三地          a³¹kṳ³³a³¹ka̤³³ 不顺手状

吊   配音                写   配音

5. a+形容词+a+配音音节，a+配音音节+a+形容词→四音节状词

这类词共有29条。例如：

a³¹ŋjo̤ʔ³¹a³¹ŋja k³¹ 泥泞不堪状          a⁵⁵khʒo̤ʔ⁵⁵a⁵⁵khʒa⁵⁵ 干枯状

泥泞   配音                水分干   配音

a³³ʒu³³a³³ʒa³³ 和和气气状

和睦   配音

6. a+名词或状词或量词+a+配音音节，a+配音音节+a+名词或状词或量词→四音节状词

这类构词手段的能力弱。a加名词加配音音节构成的状词有 5 条；a加状词加配音音节构成意义相关的另一状词的也是 5 条；a加量词加配音音节构成的状词只有 2 条。例如：

a$^{31}$ʒu$^{31}$a$^{31}$ʒon$^{33}$　　多方牵连状　　　　　a$^{31}$mun$^{55}$ a$^{31}$mo$^{31}$　　　　细碎状

　藤蔓　配音　　　　　　　　　　　　面儿　配音

a$^{31}$tʃu p$^{55}$ a$^{31}$tʃa p$^{55}$ 紧绷绷状　　　　a$^{31}$pot$^{55}$ a$^{31}$pat$^{55}$　　　　又粗又短状

裹紧状　配音　　　　　　　　　　　粗短状　配音

a$^{31}$tʃe n$^{33}$ a$^{31}$tʃa n$^{33}$ 零碎状

　小片　　配音

7. a+动词+a+名词，a+名词+a+动词→四音节状词

这类状词数量不多，只有 8 条。动词与名词的前后次序受舌位高低制约。例如：

a$^{31}$su$^{31}$a$^{31}$li$^{31}$ 昏睡状　　　a$^{31}$thu$^{31}$　a$^{31}$koŋ$^{31}$　　被撞着的状态

　醒 传染病　　　　　　挖　　身体

8. a+动词+a+形容词，a+形容词+a+动词→四音节状词

这类状词的数量不多，只有 8 条。例如：

a$^{33}$mjin$^{33}$　a$^{33}$khje$^{33}$　红光满面状　　a$^{31}$nuʔ$^{31}$a$^{31}$tʃin$^{33}$　残酷地

　成熟　　红　　　　　　　　压碎　烦

a$^{55}$san$^{51}$a$^{31}$pa̠ n$^{33}$　　轻松状

　清澈　扩大

9. a+动词+a+状词，a+状词+a+动词→四音节状词

这类状词有 11 条。例如：

a$^{31}$noi$^{33}$　a$^{31}$pja$^{31}$　参差不齐状　　a$^{31}$non$^{31}$　a$^{31}$wam$^{31}$ 摇摇晃晃状

　吊着　下垂状　　　　　　震状　　晃

a$^{31}$khjiŋ$^{31}$a$^{31}$khaŋ$^{31}$ 缠绕状

　捆　　扯住状

10. a+状词或名词+a+形容词→四音节状词

这类词一共只有 10 条。例如：

a$^{31}$ʒan$^{33}$a$^{31}$ʒaʔ$^{55}$ 稀稀拉拉状　　a$^{31}$khjep$^{55}$a$^{31}$lep$^{31}$　零零碎碎状

　稀状　　加上　　　　　　　碎片　　薄

a$^{31}$nu̠ $^{55}$a$^{31}$nai$^{33}$ 难以动弹状

　脑浆　累乎乎

11. a+动词或形容词+a+量词或关系助词→四音节状词

这类状词只有 6 条。例如：

a$^{31}$non$^{31}$　a$^{31}$nan$^{31}$　摇摇晃晃状　　a$^{55}$suŋ$^{51}$a$^{55}$ʒuŋ$^{51}$　体无完肤状

　震　　动作延续　　　　　　深　程度加深

a$^{31}$pje$^{33}$　a$^{31}$pa̠ $^{33}$　成片倒伏状　　a$^{31}$to$^{31}$　a$^{31}$ta̠ ŋ$^{33}$　碎段状

　片　　倒伏　　　　　　　　段　　浅薄

12. a+形容词（或带 a 前置音节的单音节动词或名词）+双音节配音 ʃǎ$^{55}$la$^{55}$（个别是 ʃǎ$^{55}$lak$^{55}$）→四音节状词。只有 7 条。例如：

a$^{55}$+kja$^{51}$+ʃǎ$^{55}$la$^{55}$→a$^{55}$kja$^{51}$ʃǎ$^{55}$la$^{55}$ 　　　软绵绵状
　软弱　配音

a$^{55}$+ŋja$^{55}$+ʃǎ$^{55}$la$^{55}$→a$^{55}$ŋja$^{55}$ʃǎ$^{55}$la$^{55}$ 　　　没劲状
　软　　配音

a$^{31}$mjaʔ$^{31}$+ʃǎ$^{55}$la$^{55}$→a$^{31}$mjaʔ$^{31}$ʃǎ$^{55}$la$^{55}$ 　　乱抓状
　抓　　配音

a$^{31}$kja$^{31}$+ʃǎ$^{55}$la$^{55}$→a$^{31}$kja$^{31}$ʃǎ$^{55}$la$^{55}$ 　　　开玩笑状
　哈哈笑　配音

a$^{31}$pjak$^{31}$+ʃǎ$^{55}$la$^{55}$→a$^{31}$pjak$^{31}$ʃǎ$^{55}$la$^{55}$ 　　散架状
　散架的　配音

13. a+形容词+n$^{31}$+叠音状词→状词。有 7 条。例如：

a$^{31}$tʃaŋ$^{55}$n$^{31}$naʔ$^{31}$naʔ$^{31}$ 　　乌黑乌黑状　　a$^{55}$sit$^{55}$n$^{31}$pa$^{33}$pa$^{33}$ 　　　惨白状
　里　黑黑状　　　　　　　　　　　淡　有点淡状

a$^{55}$li$^{33}$n$^{31}$nak$^{55}$nak$^{55}$ 　　　沉甸甸的　　a$^{55}$kja$^{51}$n$^{31}$phaʔ$^{31}$phaʔ$^{31}$ 　软绵绵状
　重　重一点状　　　　　　　　　　软　薄薄状

14. a 分别加在重叠的单音节名词或量词或动词前构成状词。只有 3 条。例如：

a$^{31}$tap$^{31}$a$^{31}$tap$^{31}$ 　　　　一块一块状　　a$^{31}$lok$^{31}$a$^{31}$lok$^{31}$ 　　　一丘一丘状
　火塘　火塘　　　　　　　　　　　丘　　丘

a$^{31}$kam$^{33}$a$^{31}$kam$^{33}$ 　　　有点客气状
　客气　客气

15. 带前置 a 音节的单音节动词、形容词或副词后带词头 tʃǎ$^{55}$的双音节名词构成四音节状词。只有 3 例。如：

a$^{31}$phjak$^{31}$tʃǎ$^{55}$lak$^{55}$ 破烂不堪状　　a$^{33}$mai$^{33}$tʃǎ$^{55}$khai$^{51}$ （说得）那么容易
　拆台　　调皮的　　　　　　　　很顺利地　说的

a$^{31}$kaŋ$^{31}$tʃǎ$^{55}$laŋ$^{51}$ 脏状
　脏　　回的

（三）韵律功能

a 音节加在状词前构成双音节韵律词。有 3 条。如：

lem$^{31}$—a$^{51}$lem$^{31}$ 一张一合状　　ʃoŋ$^{31}$—a$^{51}$ʃoŋ$^{31}$ 越来越急状

ma̱t$^{55}$—a$^{51}$ma̱t$^{55}$ 雄起起状

### 五　形容词 a 前置音节的功能分析

形容词带a前置音节的词条，在《景汉词典》中收入 39 条。其功能仍具有构词、构形和韵律三种。

（一）构词功能

只有以下一种。

a+形容词→形容词：a音节加在形容词前构成与原词义相近的形容词。例如：

$a^{55}$+kǎ $^{31}$tsi ŋ$^{33}$→$a^{55}$kǎ $^{31}$tsi ŋ$^{33}$ 生（如生黄瓜）　　$a^{31}$+ŋjo k$^{31}$→$a^{31}$ŋjo k$^{31}$ 软弱无力
　　新鲜　　　　　　　　　　　　　　泥泞

（二）构形功能

a前置音节加在名词、动词前构成与原词意义相关的形容词。有 4 条。例如：

$a^{31}$+pạ ʔ$^{55}$→$a^{31}$pạ ʔ$^{55}$ 稠　　　$a^{31}$+ʃit$^{31}$→$a^{31}$ ʃit$^{31}$ 成条纹
　　干的　（固体）　　　　破（竹篾）

（三）韵律功能

a音节加在形容词前构成双音节韵律词。有 2 条。如：

pʒop$^{55}$→ $a^{31}$pʒop$^{55}$ (情绪)不稳定　　pạ i$^{31}$ → $a^{31}$pạ i$^{31}$ 不流利

### 六　副词、感叹词、句尾词等前置 a 音节功能分析

（一）副词

副词前的前置a音节只有构形功能。即a音节加在形容词（个别是动词）前构成副词这类副词带有后缀ʃa$^{31}$，在有的语境下也可不带。个别带后缀wa$^{33}$。带后缀ʃa$^{31}$的副词有 25 条，带wa$^{33}$的只有 2 条。例如：

$a^{33}$+tiŋ$^{33}$+ʃa$^{31}$→$a^{33}$tiŋ$^{33}$ʃa$^{31}$　直直地　　$a^{55}$+kǎ $^{31}$tʃoŋ$^{31}$+ʃa$^{31}$→$a^{55}$kǎ $^{31}$tʃoŋ$^{31}$ʃa$^{31}$忽然
　　直　后缀　　　　　　　　　　吓　后缀
ɑ$^{55}$+loi$^{51}$+ʃa$^{31}$→$a^{55}$loi$^{51}$ʃa$^{31}$　很容易地　$a^{55}$+loʔ$^{55}$+wa$^{33}$→$a^{55}$loʔ$^{55}$wa$^{33}$　多多地
　　容易　后缀　　　　　　　　多　后缀

此外，还有个别带前置a音节的副词是由a音节加在重叠的单音节形容词前构成的。如：

$a^{55}$+tʃaʔ$^{55}$tʃaʔ$^{55}$→$a^{55}$tʃaʔ$^{55}$tʃaʔ$^{55}$　重重地
　　硬　硬

（二）感叹词

a音节加在表示某种感叹语气的音节前共同构成感叹词，a在词中起到某种语气成分。有 14 条。例如：

a$^{31}$ka̠$^{51}$　哎呦（表示疼痛）　　　a$^{55}$lo$^{51}$　哎呀（表示惊讶）

a$^{55}$tsi$^{51}$　唑（表示冷的感觉）　　a$^{31}$ʒa$^{31}$　好（表满意）

a$^{55}$tu̠$^{51}$　那么（表示转折语气）　a$^{31}$the?$^{55}$　啊呀（表示烫着时的呼痛声）

a$^{31}$ʃe$^{31}$　呃；这个（考虑问题时的停顿）

（三）句尾词

句尾词前的前置a音节不多，只有 4 条，主要加在表示疑问、测度、惊讶的句尾词词根前表示主语是第一、第三人称单数。例如：

a$^{31}$ni$^{51}$　用在疑问句里，表示主语是第一、第三人称单数。（第一人称复数是ka?$^{31}$ni$^{51}$，第三人称复数是ma?$^{31}$ni$^{51}$）

a$^{31}$toŋ$^{33}$　用在测度句里，表示主语是第一、第三人称单数。（第一人称复数是ka?$^{31}$toŋ$^{33}$，第三人称复数是ma?$^{31}$toŋ$^{33}$）

a$^{31}$kha$^{33}$　用在惊讶句里，表示主语是第一、第三人称单数。（第一人称复数是ka?$^{31}$kha$^{33}$，第三人称复数是ma?$^{31}$kha$^{33}$）

（四）量词

加在量词前的a音节很少，只有 3 条。其中 1 条是a音节加在量词前只起转义作用构成词义不同的另一个量词。如：

a$^{31}$+thik$^{55}$→a$^{31}$thik$^{55}$　级（台级）

　代（几代人）

另有 2 例是a前置音节起双音节韵律功能。如：

po?$^{31}$—a$^{31}$po?$^{31}$　种、样　　tʃe n$^{33}$—a$^{31}$tʃe n$^{33}$　小块、半

　种　　　种　　　　　　小块　　　小块　　种

七　小结

从以上大量语料的分析中，可以得出以下几个认识。

1. 从出现频率上看，前置 a 音节是景颇语中使用频率很高的一个因素。

2. 从分布上看，在景颇语 13 种词类——名词、代词、动词、形容词、数词、量词、状词、貌词、副词、关系助词、句尾词、语气词、感叹词中，有代词、数词、貌词、语气词 4 种词类没有前置 a 音节，其他词类均有，以名词、动词、状词为最多。

3. 从功能上看，前置a音节具有构词、构形、韵律 3 种功能。构词功能，主要有以下 7 种：a加在单音节名词前构成意义有关联的双音节的名词。a 分别加在两个单音节名词前构成四音节名词，或加在单音节名词前再配上带前置a音节的配音音节构成四音名词。b加在单音节动词或拟声单音节或无意单音节前构成与单音节动词意义有关联的双音节动词。c加在两个单音节动词前构成三音节动词。d 加在单音节状词前构成双音节状词或分别加在四

音节状词的前后两个音节前构成六音节状词。e 加在形容词前构成与原词意义相近的形容词。f 加在表示某种感叹语气的音节前共同构成感叹词，a在词中起到某种语气成分。

构形功能主要有：加在形容词、动词前构成名词；加在形容词、名词兼动词、状词前构成动词；加在名词、动词前构成形容词；加在自动态动词前使其成为使动态动词；加在动词或形容词前构成双音节动词。加在形容词、动词、状词、量词前构成四音节状词；加在形容词（个别是动词）前构成副词等。

韵律功能：加在大多数单音节名词和部分单音节动词以及少数单音节状词、形容词、关系助词前。

由此可见，景颇语的前置a音节的功能多样，其性质不限于前缀，所以过去称之为词缀或词头，是不够全面的。

### 参考文献

戴庆厦、徐悉艰：《景颇语语法》，中央民族大学出版社 1992 年版。

戴庆厦、徐悉艰：《景颇语词汇学》，中央民族大学出版社 1995 年版。

徐悉艰、肖家成、岳相昆、戴庆厦：《景汉辞典》，云南民族出版社 1983 年版。

岳相昆、戴庆厦、肖家成、徐悉艰：《汉景词典》，云南民族出版社 1981 年版。

# On the Function of Pre-syllable a- in the Jingpo Language

Xu Xijian

**Abstract:** This paper analyzed 648 lexical items with pre-syllable a- in the Jingpo-Chinese dictionary. It is found that pre-syllable a- is used very frequently, and plays an important role in language structure and development. It mainly appears at nouns, verbs, and descriptive words, and marginally at adjectives, adverbs, modal particles, classifiers, auxiliaries, and sentence-final particles. Its major functions are for word-formation, configuration, and rhythm. It should be noted that some a-pre-syllables could not be parsed from their following syllables because they have no either of the above three functions. As for their origin, some of them are derived from native elements, and some are due to language contact via borrowing words. Therefore, this paper concluded that the pre-syllable a-in the Jingpo language is of multiple functions and origins, and 'prefix' could not cover it. Its proper title may be pre-syllable a-, simply.

**Key words:** The Jingpo Language; Pre-syllable a-; Function

（通信地址：100081　北京　中国社会科学院民族学与人类学研究所）

# 论缅甸语浊音的历史演变

蔡向阳

【提要】本文通过缅语古今对比、缅语与亲属语言比较，认为缅语的浊塞音、浊塞擦音、浊擦音历史上几近消亡。中古时期，由于新的语言条件的出现，大量的借词进入缅语，使缅语浊音消亡的趋势发生逆转。此后浊音在本语固有词上不断扩散，浊塞音、浊塞擦音、浊擦音在现代缅语音位系统中得以恢复。

【关键词】音位系统　历史演变　语言接触　缅甸语

现代标准缅语中，清浊对立是其音位系统中重要的区别特征之一，清浊对立主要表现在塞音、塞擦音、擦音上，有清音的就有浊音与之相配，具有严整性的特点。清浊对立的作用，主要是区别词汇意义，其次是区别语法意义，例如：清音"pu$^{55}$"意为"天竺鼠"；浊音"bu$^{55}$"则是"葫芦"之义。又如"ze$^{55}$tɕi$^{55}$"是"价格贵"的意思；而"ze$^{55}$dʑi$^{55}$"则是"大市场"的意思。清音"sɔ$^{55}$"是"早"的意思，是动词；浊音"zɔ$^{55}$"则是"急切的心情"的意思，是名词。如句子"ho$^{74}$ba$^{22}$dɛ$^{22}$"的意思是"是的"。其中的浊音"ba$^{22}$"如果发清音并由低平调转为高降调，句子成为"ho$^{74}$pa$^{53}$"时，则是"肯定是"的意思，体现了语法功能的不同。从跟语音系统各要素的关系来看，缅语的清浊对立跟声调的关系比较密切。其中清辅音为声母的调值高、浊辅音为声母的调值低,浊声调要比相应的清声调低一档。例如pa:（薄）与ba:（杠）都是高平调，但在实际发音中清声母的调值为55(pa$^{55}$)，浊声母的调值为44(ba$^{44}$)。从调值上看，缅语的每一个声调都可一分为二，分成阴阳两种调类，但由于缅语本身已有清浊对立，在划分调型时，不再强调这种调值的差别和对立，而将其简化了。

缅语的鼻音和边音分为清化不清化两类，也构成清浊对立：m/m̥，n/n̥，ɲ/ɲ̥，ŋ/ŋ̥，l/l̥。鼻音和边音分为清化不清化是古汉藏语的共同特点，其发展变化与塞音、塞擦音、擦音走的是两条完全不同的道路。缅语的鼻音和边音清浊对立的来源及发展变化方式与塞音、塞擦音、擦音很不相同，从古到今并未经历过像塞音、塞擦音、擦音那样的历史演变，因此鼻音和边音清浊对立的问题不包括在本文的讨论范围之内。

## 一 中古缅语的清浊辅音

中古缅语（以蒲甘碑铭为代表）是联系缅语古今发展的枢纽，它既是上古缅语历史演变的结果，又是现代缅语（包括缅语方言）形成的起点。上古缅语是无文字记载的时期，其语音特点只能运用历史比较法进行拟测，蒲甘碑铭作为缅语文字记载的开始，可以为古音的构拟提供较早形式，现代缅语是由中古缅语发展而来，通过与中古缅语的比较，可以清楚地看到近九百年来缅语历史演变的脉络。因此本文拟以中古缅语的声母辅音特点为桥梁，沟通上古缅语和现代缅语，对缅语清浊对立的历史变迁作一些研究，以求对缅语清浊对立的性质、特点及其变化规律有一个较全面的认识。

考察中古缅语的清浊辅音，不妨从缅文的 33 字母表说起，缅文字母表实际上是缅甸古代学者对自己语言中单辅音音位系统的最早标示，我们先用国际音标把它转写出来：

| | | | | |
|---|---|---|---|---|
| k | kh | g | gh | ŋ |
| ts | tsh | dz | dzh | ɳ̊ |
| ʈ | ʈh | ɖ | ɖh | ɳ |
| t | th | d | dh | n |
| p | ph | b | bh | m |
| j | r | l | w | |
| s | h | ɬ | ʔ | |

从上表看来，第一横行至第五横行的前四纵列似乎正好构成一个齐整的塞音、塞擦音、擦音清浊音系统，其中第一、第二纵列为清辅音，相互之间构成送气与不送气的对立；第三、第四纵列为浊辅音，相互之间也构成送气与不送气的对立。但是，就此认定中古缅语清浊构成整齐对立很成问题，原因是这些音位所代表的字母在具体的词汇中出现的条件并不相同，其中第三横行、第四纵列的全部字母只用来拼写巴利语外来词。因此，实际可以用来拼写缅语本语固有词的塞音、塞擦音、擦音只有 p、ph、b、t、th、d、ts、tsh、dz、k、kh、g、s、x 等，浊辅音 b、d、dz、g 在具体的词汇中出现的概率非常低，中古缅语本语固有词上并不存在一个完整的浊音系统，不能与清辅音构成对立。

根据我们对缅甸迄今为止发现的最早的缅甸文碑碣——"妙齐提"碑铭（镌刻于公元 1112 年）全文 483 个音节的统计，以塞音、塞擦音、擦音为声母的共 215 个，其中以清塞音、清塞擦音、清擦音为声母的音节则有

187 个，而以浊音为声母的只有 28 个，显得极不平衡。这 28 个音节中用来拼写巴利语词的有 21 个，真正用来拼写缅语本语固有词的只有 7 个（实际只有 4 个，有 1 个在该碑文中重复了 4 次）。这四个带浊辅音声母的音节分别为grii（第 181 字）bri（第 153 字）laŋgoŋ（第 439 字，443 字，448 字，453 字）buiw（第 379 字），其中 buiw 是一个村庄的名字，grii 是形容词，表伟大之义；bri 是连词，表示两个动作连续发生，由表完成义的动词转化而来；laŋgoŋ 是并列连词，连接两个名词。grii，bri，laŋgoŋ 属于常用词汇，在缅语中出现的几率较高，但是在此后刻写的各类碑铭、壁画文、陶文、金铭文中，其写法并不固定。例如从著名的蒲甘阿难陀寺东边的漆珊岗发掘出来的大量的刻于阿朗悉都王（公元 1112—1167 年）时期的还愿匾中，我们可以看到上述的三个常用词汇 grii，bri，laŋgoŋ 被写成krii，pri，laŋkoŋ，都是用清辅音声母拼写的，无一例外。从不同的写法反映出读法的不同，说明当时在一些词的实际发音中可能有清浊两读的情况，清音浊化的萌芽已经出现。上述这三个词不管是用清辅音声母拼写，还是用浊辅音声母拼写，其词汇意义和语法功能都没有任何改变。我们一般认为清浊的完全对立应以其构成成对本语固有词语义特征的区别为标志，一些本语固有词上的清浊两读在语义上并无区别，说明碑文中反映出的中古缅语中清浊对立并不是区别性特征，中古缅语本语固有词中具有音位价值的只有送气清音和不送气清音的对立。

缅甸仰光汉达瓦底书局 1961 年出版的《缅语古语辞典》一书主要是从古文、诗歌中搜集来的古词汇，同时也收进了部分难字。据本人统计，该书中以塞音、塞擦音、擦音为第一个音节声母的词共有 1004 个，其中清音声母的 801 个，浊音声母的 203 个，浊音声母的只占总数的 25%。这 203 个浊音声母的词中，共有各种来源的外来词 136 个，浊音充当前缀的 39 个，本语固有词 28 个（基本上都能找到清音字来源）。

我们发现，由于中古缅语本身缺乏浊音系统，为适应缅语的语音体系，甚至有些早期借入缅语的巴利语词还由原来的浊音变成了清音，如：

| 巴利语 | 碑文缅语借词 | 汉义 |
| --- | --- | --- |
| bhiruka | philu | 妖魔 |
| khandhā | kantha | 身体 |
| guhā | ku | 佛窟 |

缅语方言对应的是中古缅语，由中古缅语发展出了标准缅语（即缅语中央方言）与缅语各方言，中古缅语的很多语音特点在方言中都能够得到反映，例如复辅音、辅音韵尾等，也包括清浊对立的问题。缅语有 7 种方

言①，它们是茵达方言、刀尤方言、德努方言、若开方言、土瓦方言、丹老方言、约方言。其中茵达方言、刀尤方言、德努方言三种方言中只有清辅音，没有浊音；土瓦方言、丹老方言、约方言三种方言在音素描写中已有浊音出现，只有有的不送气清音有相应的浊音，送气清音则无浊化，这三种方言中的浊音仍为冗余特征，还不成其为音位；若开方言在清浊对立上与现代标准缅语相同。在清浊对立的发展上这七种方言的空间差异构成了一个从无到有逐渐发展的时间上的序列，如果把茵达方言、刀尤方言、德努方言视为第一阶段，把土瓦方言、丹老方言、约方言视为第二阶段，把若开方言视为第三阶段，那么中古缅语在清浊辅音发展上处于与土瓦方言、丹老方言、约方言相同的阶段。现代标准缅语中的一些浊声母词bu$^{55}$（葫芦）、du$^{55}$（膝）、da$^{55}$（刀）、bɛ$^{55}$（鸭）等由于其本字难求，所以被有些人视为上古缅语浊音在中古缅语中的遗存，其实这些字在中古缅语中是读其相应的送气清音，如今的土瓦方言、丹老方言、约方言中依旧读作送气清音：bu$^{55}$（葫芦）—phu$^{55}$；du$^{55}$（膝）—thu$^{55}$；da$^{55}$（刀）—tha$^{55}$；bɛ$^{55}$（鸭）—phɛ$^{55}$。

现代标准缅语本语固有词的浊音对应的往往是中古缅语的清音，清音是浊音的本字，现代标准缅语中文字与读音已发生异化，清音浊化现象在连读中十分普遍，但大量清音字的浊读并不影响语义，恰恰说明早期的缅语没有清浊对立，否则浊读就会影响到语义。上边所列字母表中的第三、第四纵列留下巨大的空当，给现代缅语的清音浊读提供了很大的空间，以至于权威的缅甸文字委员会在2000年出版的《缅文与缅语》一书中干脆把字母表中的第三、第四纵列的所有浊音字母称为只表音而无实际意义的字母，意思是可以成为语义载体的是用清辅音字母拼写的字，而用浊辅音字母拼写的字只是按后来的实际读音记音，也就是说清声母拼写的字才是最初的本字，浊音拼写的字都是后起的，这样的认识可解决许多老是被争议的问题，例如在现代缅语中有些用浊声母拼写的字在实际读音中反倒被读成了清音，这与现代缅语中清音浊化是背道而驰的，因此在写法上造成了争议，有人要维持原来的写法，有人则要按实际读音来写，例如beʔ4（邀请）读作phe$^{24}$；bɛ$^{24}$（方面）读作phe$^{24}$；bwa$^{55}$（祖母）读作phwa$^{55}$；bə-ja$^{55}$（佛塔）读作phə-ja$^{55}$，其实这是这些字在读音上回归本字，虽然长期以来它们被写成浊音字母，但其本字在中古缅语中原本就是清音，因此如果写成清音字母，既照顾了实际读音，又体现了本字，应比写成浊音字更可取。

① 本文缅语方言材料来自本人2004年在缅甸留学期间进行缅语方言田野调查时所获得的语言资料。

## 二　从上古缅语到中古缅语清浊对立的演变

上古缅语没有文字记载，要了解上古缅语的声母辅音是什么情况，我们得从亲属语言①的对比中寻找答案。

按理说缅语的塞音、塞擦音、擦音在语音系统中还分清浊两类，在与亲属语言的对应关系中应该是缅语的清辅音对应亲属语言的清辅音，缅语的浊辅音对应亲属语言的浊辅音，但缅语在具体词上保留浊声母的多为借词，中古缅语本语固有词只有送气清音和不送气清音的对立，在与亲属语言的对应关系上，保留清浊对立的亲属语言的浊声母在缅语里不与浊声母对应，而与清声母对应，亲属语言的清声母则与送气清声母相对应。中古缅语送气清音和不送气清音对立的来源是上古缅语的清浊对立。

| 上古汉语② | 藏文 | 缅文 | 汉义 |
|---|---|---|---|
| *braa | sbraŋ | pja$^3$ | 蜂 |
| *gdǔŋ | nbu | po3kɔŋ$^2$ | 虫 |
| *kǔʔ | dgu | ko$^3$ | 九 |
| 上古汉语 | 藏文 | 缅文 | 汉义 |
| *g.rǔk | drug | khrɔk$^{4.}$ | 六 |
| *kljǎʔ | btsos | khjak$^4$ | 煮 |
| *krooŋ | kluŋma | khjɔŋ$^3$ | 河 |

上古汉语和古藏语（藏文反映的是 7 世纪藏语语音）在塞音、塞擦音、擦音上，清浊存在系统的对立，它们与缅文的对应关系是上古汉语和古藏语浊声母在缅文里与不送气清声母对应，上古汉语和古藏语的清声母则与缅文的送气清声母相对应。

在藏缅语族语言中，彝语支语言保留清浊对立特点比较突出，从彝语支语言的清浊对立同缅语送气不送气对立的对应关系中可以看到这两者之间的密切关系：

| 彝语 | 傈僳语 | 哈尼语 | 纳西语 | 缅文 | 汉义 |
|---|---|---|---|---|---|
| dzi$^{33}$ | be$^{33}$ | bjɔ$^{55}$ | mbi$^{31}$ | pjam$^2$ | 飞 |
| ndu$^{33}$ | tʃu$^{55}$ | du$^{31}$ | ndu$^{33}$ | tu$^3$ | 挖 |
| dzɯ$^{33}$ | dza$^{31}$ | dza$^{31}$ | ndzi$^{33}$ | tsa$^3$ | 吃 |
| 彝语 | 傈僳语 | 哈尼语 | 纳西语 | 缅文 | 汉义 |
| pu$^{33}$ | pu$^{33}$ | xu$^{33}$phi$^{31}$ | py$^{31}$ | phru$^2$ | 豪猪 |

---

① 本文亲属语言材料采自黄布凡主编《藏缅语族语言词汇》，中央民族学院出版社 1992 年版。

② 郑张尚芳、潘悟云汉语上古音体系。

| tso⁵⁵ | tsa⁵⁵ | tsa³¹ | tʂo⁵⁵tʂo³³ | tshak⁴ | 接 |
| tɕi³³ | tʃɯ³³ | tɕhe⁵⁵ | tɕi³¹ | kjân² | 酸 |

（上表数字为上标，以下同）

我们再拿与缅语同属一个语支的阿昌语、载瓦语、浪速语、勒期语与缅语进行比较，可以看到阿昌语、载瓦语、浪速语、勒期语的不送气清声母与缅文的不送气清声母相对应，阿昌语、载瓦语、浪速语、勒期语送气清声母与缅文的送气清声母相对应：

| 阿昌语 | 载瓦语 | 浪速语 | 勒期语 | 缅文 | 汉义 |
| pzəŋ³⁵ | pjiŋ⁵⁵ | pjaŋ⁵⁵ | pjəːŋ⁵⁵ | pran¹ | 满 |
| tsi³¹ | pji²¹ | pjik⁵⁵ | pjeːi³³ | pe³³ | 给 |
| tu³¹ | khai²¹ | tau³⁵ | tuː³³ | tu³ | 挖 |

| 阿昌语 | 载瓦语 | 浪速语 | 勒期语 | 缅文 | 汉义 |
| thɔʔ⁵⁵ | thɔʔ⁵⁵ | thɔʔ⁵⁵ | thɔːʔ⁵⁵ | thak⁴ | 锋利 |
| khzau³⁵ | khjui⁵¹ | khjuk³¹ | khjou³³ | khjo² | 角 |
| tɕhi⁵⁵ | khji⁵¹ | khjik³¹ | khjei³³ | khre² | 脚 |

由上面一系列的比较可以看到，离缅甸语关系越远的语言，越代表较早的形式，与缅语关系越近的语言，越呈现出与缅语相似的状况，表明缅语的清浊对立转化为送气不送气对立的时间应该是在缅语支从古彝缅语中分离出来之后。

缅语中塞音、塞擦音、擦音声母的送气不送气交替可表使动范畴形态变化，用语音交替的形式来表示使动范畴是藏缅语中一个具有普遍性的古老特征。通过比较我们可以看到，亲属语言中凡塞音、塞擦音、擦音保留清浊对立的语言在表使动范畴时，用塞音、塞擦音、擦音的清浊交替形式；而清浊对立已转化为送气不送气对立的语言，使动范畴形态变化也相应地变为塞音、塞擦音、擦音送气不送气交替形式。这种整齐的对应状况从一个侧面反映出早期缅语曾有过清浊对立，随着清浊对立的消失，使动范畴形态变化的形式也随之发生改变。

| 藏文 | 彝语 | 载瓦语 | 缅文 | 汉义 |
| zig/bɕig | bia⁵³/phia⁵⁵ | pjoʔ²¹/phjoʔ⁵⁵ | pro²/phro² | 垮/使垮 |
| gtɕog/tɕhag | dzᵻi³³/tshᵻi³³ | tʃeʔ²¹/tʃheʔ⁵⁵ | pjak⁴/phjak⁴ | 破/使破 |
| gtɕad/tɕhad | ge³³/khe³³ | kju²¹/khju²¹ | kjo³/khjo³ | 断/使断 |
| hdrog/dkrog | gu³³/ku³³ | kjuʔ²³¹/kjuʔ²⁵⁵ | krɔk⁴/khrɔk⁴ | 怕/使怕 |

## 三　从中古缅语到现代缅语清浊对立的演变

现代缅语的清浊对立是后起的现象。中古缅语没有清浊对立，浊音系统基本靠借词维持，本语固有词中浊音几近于无。可以设想，在早于蒲甘碑文的某一个共时阶段，缅语的塞音、塞擦音、擦音系统中只有清音，而无浊音。自 1058 年缅王阿奴律陀将南传佛教引入当时缅族的核心地区上缅甸之后，佛教语言巴利语对缅语的影响就已开始，而一般认为最早的缅文碑铭妙齐提碑镌刻于 1112 年，半个多世纪的语言接触应该对缅语产生了影响，缅语本语固有词上清音浊化已开始萌芽，这从碑文中少量的清浊异体字上可以看得出来。从中古缅语向现代缅语演进的过程中，语言间的接触加速了缅语浊音化的进程。由于蒲甘时期是缅甸文化佛教化的时期，巴利语作为佛教语言，其使用十分广泛，大批巴利语的借词以其原形或转借形式进入缅语，由于借词的大量吸收，巴利语的一些语音特征也就由此影响到缅语，由于清浊的对立在巴利语中有辩义作用，进入缅语的巴利语词继续保持清浊辅音，进入缅语后的巴利语借词丰富了缅语的声母系统，造成了缅语语音系统中浊辅音比例持续增长，请看下面的例子：

| 巴利文 | 孟文 | 缅文 | 汉义 |
|---|---|---|---|
| Dhutanga | Thutang | du taŋ | 修行 |
| Adhikppāya | Athipai | a dhip paaj | 意义 |
| Anāgata | Aneko'ta | a na gat | 将来 |
| Kaññā | Konnya | ka ṇa | 姑娘 |
| Āgantuka | Ako'ntuka | a gan tu | 客人 |

随着缅语的发展，巴利语外来词已成为缅语词汇中不可缺少的一个有机组成部分，有的巴利语已变得很像缅语，这些变得很像缅语词的巴利语词外来词带来的浊音与本语固有词构成清浊对立，使缅语中出现了成对清浊对立的词，例如：

| 来源于巴利语的词 | 缅语本语固有词 |
|---|---|
| $bo^{22}$（军官） | $po^{22}$（多余） |
| $gõ^{22}$（荣誉） | $kõ^{22}$（货物） |
| $za^{24}$（戏剧） | $sa^{24}$（连接） |
| $da^{24}$（本质） | $ta^{24}$（安装） |
| $be^{55}$（灾难） | $pe^{55}$（给） |

后来的英语借词中也有一些增加了缅语中成对清浊对立词的数量，例如：

| 英语借词 | 缅语本语固有词 |
|---|---|
| $gau^{24}$（汽车发动摇把） | $kau^{24}$（稻米） |
| $go^{55}$（足球赛中攻入的球） | $ko^{55}$（九） |
| $bɔ^{55}$（球） | $pɔ^{55}$（丰富） |

由于各种渠道的外来词的大量吸收，缅语中浊音的数量持续增长，

此种影响波及到本语固有词，语音变异的条件已经具备，浊音开始向本语固有词大面积扩散。我们知道，缅语本语固有词中以塞音、塞擦音、擦音为声母的本来都是清音词，浊音扩散的结果是致使本语固有词向浊音变读，浊音成为清辅音音变的方向。清音浊化变音规则主要可描述为两条。

（一）当清塞音、清塞擦音、清擦音出现在 $C^1 \mathrm{ə} C^2$ 的环境中，$C^1$、$C^2$ 同时转化为相应的浊音，例如：

| 书面语转国际音标 | 口语实际读音 | 汉义 |
|---|---|---|
| səka⁵⁵ | zəga⁵⁵ | 语言 |
| pəsa⁷⁴ | bəza⁷⁴ | 嘴巴 |
| təkha⁵⁵ | dəga⁵⁵ | 门 |
| pəpɛ⁵⁵ | bəbɛ⁵⁵ | 铁匠 |

（二）当一个以清塞音或清塞擦音或清擦音为声母的音节出现在另一个既非短促调又非轻声调的音节之后，清塞音、清塞擦音、清擦音转化为相应的浊音，例如：

| 书面语转国际音标 | 口语实际读音 | 汉义 |
|---|---|---|
| shĩ²²swɛ²² | shĩ²²zwɛ²² | 象牙 |
| sa²²tai⁷⁴ | sa²²dai⁷⁴ | 邮局 |
| pã⁵⁵pwĩ⁵³ | pã⁵⁵bwĩ⁵³ | 花朵 |
| pəkã²²pja⁵⁵ | bəgã²²bja⁵⁵ | 盘子 |

当然，由于现代标准缅语中清音浊读现象相当普遍，上述这两条规则虽适用于大多数情况，但例外的情况也还有不少。

上面说的是清音浊化的规则，相反，在下面两种情况下清音不浊化。

（一）位于短促调及轻读的ə-、mə-之后的清塞音、清塞擦音、清擦音声母不变浊；

（二）动词、形容词词性不发生改变的情况下清声母不变浊。

从中古缅语到现代标准缅语清音浊化应该经历了两个历史发展阶段，第一步，清音浊化只适用于不送气清塞音、清塞擦音、清擦音声母，第二步，清音浊化进一步扩大到送气清塞音、清塞擦音、清擦音声母，12世纪初的蒲甘碑铭中出现的清音浊化萌芽反映的是不送气清塞音、清塞擦音、清擦音声母的浊化，此后的变化虽然在中古后期的缅语正字法中没有表现出来，但方言反映的情况说明送气清塞音、清塞擦音、清擦音声母的浊化在不送气清塞音、清塞擦音、清擦音之后。

现代缅语口语中，浊音化的趋势已非常明显，除去外来词的浊音，本语固有词上浊音已扩散到很大的范围，从自由变读到清浊对立的确立，缅语的清音与浊音之间存在着下列几种关系。

（一）在符合变读规则的前提下，清音向相应的浊音自由变读，这种变音并不影响语义，文字的写法上也不作改变，继续用清音字母，但如果按文字拼写直读就显得生硬，不符合缅甸人说话的习惯。大量的清音浊读使缅语口语浊音化的趋势非常明显，例如下面这首儿歌（按实际读音转写）："ə-pho$^{55}$dʑi$^{55}$o$^{22}$ |kha$^{55}$ko$^{55}$go$^{55}$|mə-tөe$^{22}$ba$^{22}$nɛ$^{53}$ö$^{55}$|nãu$^{22}$n̥i$^{24}$kha$^{22}$|dəzãu$^{22}$mõ$^{55}$| pwɛ$^{55}$tɕi$^{53}$ba$^{22}$õ$^{55}$"

这首总共 22 个音节的儿歌中，13 个音节是塞音、塞擦音、擦音声母字，这 13 个音节中由清变浊的有 6 个，占全部塞音、塞擦音、擦音声母字的近一半，缅语中清音浊读之普遍由此可见一斑。

（二）缅语由于变音多，文字与读音出现了相当的距离，又由于笔语体与口语体长期混用，有许多词往往被按口语语音书写，结果造成了大量的异体字现象。清浊异体字的写法虽有两种，语义却是等同的，在某种意义上说，浊声母字的存在说明在这些词上清音浊读走向固定化，例如下列这些字就是清浊异体字：

| 清声母字 | 浊声母字 | 汉义 |
|---|---|---|
| tɕĩ$^{22}$ | dʑĩ$^{22}$ | 陀螺 |
| tɕhĩ$^{55}$ | dʑĩ$^{55}$ | 姜 |
| põ$^{22}$ | bõ$^{22}$ | 鼓 |
| tɕho$^{22}$ | dʑo$^{22}$ | （动物的）角 |

（三）本语固有词浊化之后语音形式固定化，浊音已由变读性质固化为一个固定的词，与同部位的清音词语义上虽有某种联系，但已经是另外一个词，清浊已构成对立，往往是清声母动词转变为相应的浊声母名词、动名词，例如：

| 清声母词 | 汉义 | 浊声母词 | 汉义 |
|---|---|---|---|
| swɛ$^{55}$ | 迷恋 | zwɛ$^{55}$ | 毅力 |
| khwa$^{53}$ | 分叉 | gwa$^{53}$ | 枝杈 |
| e$^{24}$ja$^{22}$khĩ$^{55}$ | 铺床 | e$^{24}$ja$^{22}$gĩ$^{55}$ | 床单 |
| kə-le$^{55}$thẽ$^{55}$ | 照料小孩 | kə-le$^{55}$dẽ$^{55}$ | 保姆 |

## 四 结语

缅语清浊对立的发展演变是以缅语语音的内在规律为前提的，由于语言发展的不平衡性，我们除了能利用文献资料之外，还能通过缅语方言和其他亲属语言来观察缅语清浊对立演变的全过程。

上古缅语拥有清浊对立，从上古到中古，缅语的清浊对立消亡，转化为清辅音送气不送气的对立。从中古开始，随着缅语和其他语言尤其是巴利语的大规模接触，大量的外来词进入缅语，外来词带来的浊音，增加了浊音的数量，为本语固有词上浊音扩散提供了外部动力，清音变浊的结果是音质的弱化，体现了缅语语音趋向简化的内在需要。大面积清音浊化，有的只是变读性质，有的则具备了音位价值，随着成对清浊对立词的不断涌现，清浊对立在现代标准缅语中得以确立。

现代标准缅语语音体系中已形成了清不送气：清送气：浊音三套塞音、塞擦音、擦音的对立，既不同于上古缅语的只有清浊对立，也不同于中古缅语的只有送气不送气的对立。

### 参考文献

戴庆厦：《语言接触与浊音恢复——以缅甸语的浊音演变为例》，《民族语文》2011 年第 2 期。

黄树先：《汉缅语比较研究》，华中科技大学出版社 2003 年版。

萨耶道伦：《缅语文字学》（缅文版），仰光尼迪书局 1972 年版。

汪大年：《妙齐提碑文研究（一）——十二世纪初缅甸语音初探》，《北京大学学报》（哲学社会科学版）1986 年第 4 期。

吴埃貌：《蒲甘碑铭选》（缅文版），仰光槟南达书局 1958 年版。

吴侯盛：《缅语-巴利语辞典》（缅文版），仰光乾达瑶松书局 1999 年版。

郑张尚芳：《上古缅歌〈白狼歌〉的全文解读)，《民族语文》1993 年第 1、2 期。

# On the historical development of voiced phonemes in Burmese

Cai Xiangyang

**Abstract:** This paper makes a comparison between the ancient and modern Burmese as well as Burmese and its related languages. This comparison shows that Burmese has almost lost its voiced stops, affricates, and fricatives in the history. Due to the new language forces such as the appearance of many loan words from language contact in the phonological system of ancient Burmese, the process of devoicing was set back. Later, the diffusion of voiced elements in native Burmese initials contributes to the "recovering" of voiced phonemes in

Burmese.

**Key words:** Phonological System; Historical Development; Language Contact; Burmese

（通信地址：471003　洛阳　解放军外国语学院亚非语系）

# 载瓦语的形态标记kɔ$^{51}$

朱艳华

【提要】载瓦语的主语、谓语在人称、数方面的一致关系还保留着一些残迹，即在谓语动词或其所附带的体助词、情态助词、式助词、语气助词等虚词上添加形态标记kɔ$^{51}$，表示主语为第二、第三人称复数的有生物。kɔ$^{51}$与这些虚词结合得非常紧密，已凝固为一个词汇单位，有的还发生了弱化、合音等音变。

【关键词】形态标记　一致关系　音变

　　载瓦语属汉藏语系藏缅语族缅语支，是以分析性为主的语言，语序和虚词是其表达语法意义的主要手段，但也使用一些形态手段来表达语法意义。如：以声母的送气与不送气交替、元音的松紧交替、半元音声母与清擦音声母交替等语音屈折手段来区分使动态与自动态；人称代词通过语音屈折和加后缀的手段来表示格范畴和数范畴；以词语的重叠来表示不同的语法意义；等等。

　　此外，在句法层面，载瓦语还保留主语和谓语在人称和数方面的一致关系，这种一致关系主要是通过kɔ$^{51}$来表示。kɔ$^{51}$是一个形态标记，其主要功能是黏附于部分体助词、情态助词、式助词、语气助词等虚词之前、之后或之中，有时还直接用于谓语动词之后（一般是否定句和疑问句），表示主语的人称为第二、第三人称双数或多数，并且是有生命的人或动物。

　　kɔ$^{51}$与助词结合得非常紧密，已凝固为一个词汇单位，即使是母语人也不认为kɔ$^{51}$是一个独立的成分。而且，kɔ$^{51}$出现的位置不固定，可以前置、后置或中置于助词词根。根据出现的位置以及词根的音节特点不同，kɔ$^{51}$有弱化、合音等不同的变体形式，这些复杂的情况对kɔ$^{51}$这一形态成分的甄别造成了一定的困难。通过kɔ$^{51}$的使用与否来表达主语和谓语在人称和数方面的一致关系，反映了载瓦语作为一种分析性语言却仍保留了少量形态特征。

## 一 体助词中的 kɔ̩$^{51}$

载瓦语的体范畴通过在动词（或形容词）后添加不同的体助词来体现，包括变化体、曾行体、起始体、进行体、持续体、不间断体、完成体、未行体、即行体、将行体 10 种。其中，变化体、即行体、将行体通过体助词带 kɔ̩$^{51}$ 与否来表示主语人称和数的差异。

### （一）变化体助词中的 kɔ̩$^{51}$

变化体表示变化或新情况出现。变化体助词有两个，分别是 pə$^{51}$"了"和 pə$^{51/31}$kɔ̩$^{51}$"了"。pə$^{51}$"了"表示出现变化或新情况的主体是第一人称，或第二、第三人称的单数。pə$^{51/31}$kɔ̩$^{51}$"了"是在 pə$^{51}$ 的后面添加形态成分 kɔ̩$^{51}$ 构成的，二者组合在一起时，前面的 pə$^{51}$ 声调发生改变，由高降调 51 变为中降调 31。pə$^{51/31}$kɔ̩$^{51}$ 表示出现变化或新情况的主体是第二、第三人称的双数或多数。例如：

（1）mau$^{31}$ wɔ$^{51}$ pə$^{51}$.　　　　　　　　　　　　下雨了。

　　　雨　下（变化）

（2）ŋɔ$^{51}$ mau$^{31}$sau$^{31}$ xau$^{51/55}$ puk$^{31}$ ʒ$^{55}$ mjaŋ$^{51/31}$ xɔ$^{51}$ pə$^{51}$.　我找到那本书了。

　　　我　书　　　那　　本（宾助）见　找　（变化）

（3）ŋɔ$^{55}$mɔ$^{ʔ31}$ ju m$^{31}$ mă$^{55}$　lɔ$^{55}$ pə$^{51}$.　　　　　　　我们回家了。

　　　我们　　家（方助）去（变化）

（4）ja ŋ$^{55}$ni k$^{55}$ ŋui$^{31}$ lu̯ m$^{31}$　pə$^{51/31}$kɔ̩$^{51}$.　　　　他俩相爱了。

　　　他俩　　爱　（互动）（变化）

（5）ja ŋ$^{55}$mɔ$^{ʔ31}$ ju m$^{31}$ lɔ$^{51}$ pə$^{51/31}$kɔ̩$^{51}$.　　　　　他们回家了。

　　　他们　　家　回（变化）

### （二）即行体助词中的 kɔ̩$^{51}$

即行体表示动作行为或性状在不久的将来即将出现。即行体助词有两个 pə$^{31}$ʒa$^{51}$"即将、就要"和 pə$^{31}$kɔ̩$^{51/31}$ʒa$^{51}$"即将、就要"。pə$^{31}$ʒa$^{51}$ 表示主语是第一人称或第二、第三人称的单数。pə$^{31}$kɔ̩$^{51/31}$ʒa$^{51}$ 是在 pə$^{31}$ʒa$^{51}$ 的中间添加形态标记 kɔ̩$^{51}$，kɔ̩$^{51}$ 在语流中发生弱化音变，元音央化、松化，声调由高降调 51 读为中降调 31，实际音值为 [kə$^{31}$]。pə$^{31}$kɔ̩$^{51/31}$ʒa$^{51}$ 表示主要是第二、第三人称双数或多数。例如：

（1）ŋa$^{55}$mɔ$^{ʔ31}$ ʃaŋ$^{31}$xai$^{51}$ lɔ$^{55}$　pə$^{31}$ʒa$^{51}$.　　　我们即将去上海。

　　　我们　　上海　去　（即行）

（2）pan$^{31}$pɔ$^{55}$ nɛ$^{51}$ pə$^{31}$ʒa$^{51}$.　　　　　　　　花就要红了。

　　　花　红（即行）

（3）ja ŋ⁵⁵mɔ²³¹ mə³¹pu³¹ tʃh³¹ je⁵¹ pə³¹kɔ̠ ⁵¹/³¹ʒa⁵¹ ka⁵¹.

　　他们　　衣服　　洗　去（即行）　　（听说）

听说他们就要去洗衣服。

（4）nuŋ⁵⁵mɔ²³¹ tʃɔŋ³¹ lɔ⁵⁵ pə³¹kɔ̠ ⁵¹/³¹ʒa⁵¹，a⁵⁵nu³¹ tai³¹/⁵¹ ə⁵⁵ taŋ³¹ kjɔ³¹/⁵¹ mjit³¹

　　你们　　学校　去　（即行）　　妈妈　说　的　话　听　记

ʒa⁵¹ tut³¹ le⁵¹.　你们就要去学校了，要记住妈妈说的话。

　要　（泛）（非实然）

（三）将行体助词中的 kɔ̠⁵¹

将行体表示动作行为在未来的某个时间将要发生。将行体助词有 2 个：ʒa⁵¹"要、将要"和 kɔ̠̌ ⁵¹/³¹ʒa⁵¹"要、将要"。ʒa⁵¹表示主语是第一人称或第二、第三人称的单数，kɔ̠̌ ⁵¹/³¹ʒa⁵¹是在 ʒa⁵¹的前面添加形态标记 kɔ̠⁵¹构成，前置的 kɔ̠⁵¹要发生弱化音变，元音央化、松化，声调由高降调 51 读为中降调 31，实际音值为[kə³¹]。kɔ̠̌ ⁵¹/³¹ʒa⁵¹表示主语是第二、第三人称双数或多数。例如：

（1）ŋa⁵⁵mɔ²³¹ ʃaŋ³¹xai⁵¹ lɔ⁵⁵ ʒa⁵¹.　　　　我们要去上海了。

　　我们　　上海　　去（将行）

（2）ja ŋ³¹ naŋ⁵¹/³¹ ʒ⁵⁵ xai⁵¹ pji³¹/⁵¹ ʒa⁵¹?　　他要给你什么呢？

　　他　你（宾助）什么　给　（将行）

（3）nuŋ⁵⁵mɔ²³¹ saŋ⁵¹ni̠ k⁵⁵ pə³¹kji n⁵⁵ lɔ⁵⁵ kɔ̠̌ ⁵¹/³¹ʒa⁵¹，ŋu t⁵⁵ le⁵¹　lu²³¹?

　　你们　　明年　北京　去（将行）是（非实然）吗

你们明年去北京，是吗？

（4）xji⁵¹/⁵⁵ma⁵⁵/⁵¹ ə⁵⁵ jɔ³¹mu⁵⁵pju⁵¹ i⁵⁵lă ³¹tsan⁵¹　mă ⁵⁵　ʒu m⁵¹ sək⁵⁵ mjaŋ⁵¹/³¹

　　这里　　　的农民　　二一　年（方助）房子　新　得

luŋ⁵⁵ kɔ̠̌ ⁵¹/³¹ʒa⁵¹.　　这里的农民过两年就要住上新房子了。

　　在　（将行）

## 二　实然情态助词中的 kɔ̠⁵¹

载瓦语有实然情态与非实然情态范畴，二者各有语法化的表现形式。实然情态通过在句尾添加助词 ʒa⁵⁵或 a³¹kɔ̠⁵¹来实现。主语是第一人称或第二、第三人称单数时用 ʒa⁵⁵，主语是第二、第三人称双数或多数时则用 a³¹kɔ̠⁵¹。a³¹kɔ̠⁵¹这个词是由实然助词 ʒa⁵⁵＋形态成分 kɔ̠⁵¹构成的。在这两个音节的组合中，第一个音节 ʒa⁵⁵发生音变，丢失声母 ʒ，同时声调由高平调 55 变为中降调 31，读为 a³¹。实然助词 ʒa⁵⁵和 a³¹kɔ̠⁵¹表示事件是现实的、客观存在的。例如：

（1）ja̱ ŋ⁵¹ mə³¹pu³¹ tʃa²³¹ phju⁵¹/³¹ ʒa⁵⁵.　　　　　　他的衣服很白。

　　　他的衣服　　很　白　（实然）

（2）ja̱ ŋ³¹ mau³¹sau³¹ xjɛ⁵¹/⁵⁵ puk³¹ va²³¹ tɔ̱³¹/⁵¹　ʒa⁵⁵.　他拿着那本书。

　　　他　书　　那　本　抬　（持续）（实然）

（3）naŋ⁵¹ pha³¹tʃ̩⁵¹ tʃa²³¹ pɔ⁵¹/³¹　ʒa⁵⁵.　　　　　　你很有学问。

　　　你　知识　　很　有　（实然）

（4）ja̱ ŋ⁵⁵mɔ²³¹ lă⁵⁵pan⁵¹ŋji⁵⁵ khan³¹mɔ⁵⁵ xjɛ⁵¹/⁵⁵ma⁵⁵ jɛ⁵¹ a³¹kɔ̱⁵¹.

　　　他们　　星期天　　　每个　　那里　去　（实然）

　　　他们每个星期天去那里。

（5）ŋa⁵⁵mɔ²³¹ tsɔ̱³¹/⁵¹ ə⁵⁵ xji⁵¹/⁵⁵ sum³¹/⁵¹ tu³¹ va²³¹ nɔ²³¹ mji⁵⁵　maŋ³¹

　　　我们　喂　的　这　三　头　猪　黑　（阴性）老

　　va²³¹khup⁵⁵ mă⁵⁵ luŋ⁵⁵ tɔ̱³¹/⁵¹ a³¹kɔ̱⁵¹.

　　猪圈　（方助）在持续）（实然）

　　我们喂的这三头老黑母猪在猪圈里。

## 三　祈使式助词中的kɔ̱⁵¹

　　"式"是指语气，包括陈述、疑问、祈使、感叹等语气。载瓦语句子的语气一般是由句子末尾的语气助词来表示的，但祈使式则是在动词后强制性使用祈使式助词，有的还可以在祈使式助词后再加表示祈使语气的语气助词。孙宏开的《论藏缅语中动词的命令式》[①]一文讨论了这种现象，认为这种现象属于动词的"式"范畴，它在语法意义方面与句子的语气有某些相似之处，但语法形式完全不同，是一种通过动词的屈折或黏附形式来表示的动词的语法范畴。

　　载瓦语的祈使式助词根据主语人称、数的不同而有不同的形式。其中，用于第一人称的祈使式助词形态变化最丰富，有单数、双数、多数的区别，双数和多数里还分包括式（包括听话人）和排除式（不包括听话人），但这些不同的形式中都不出现形态成分kɔ̱⁵¹。用于第二、第三人称的祈使式助词，分别有两种形式，双数和多数的形式相同，而单数则是另一个形式。详见表1：

表1　　　　　　　　　　　　载瓦语的祈使式助词

| | 第一人称 | 第二人称 | 第三人称 |
|---|---|---|---|
| 单数 | pa⁵⁵ | a⁷⁵⁵（或a⁷³¹） | ʃaŋ⁵⁵ka⁷³¹ |

---

[①] 载《民族语文》1997 年第 6 期，第 10 页。

| | | 第一人称 | 第二人称 | 第三人称 |
|---|---|---|---|---|
| 双数 | 包括式 | kɔ²³¹ | kə²⁵⁵（或kə̢²⁵⁵） | kɔ̆⁵¹/³¹ʃaŋ⁵⁵ka²³¹ |
| | 排除式 | pa⁵⁵ | | |
| 多数 | 包括式 | ʃaŋ⁵⁵ | kə²⁵⁵（或kə̢²⁵⁵） | kɔ̆⁵¹/³¹ʃaŋ⁵⁵ka²³¹ |
| | 排除式 | pa⁵⁵ | | |

举例如下：

（1）ŋɔ⁵¹ ka̠⁵⁵ pa⁵⁵!　　　　　　我写吧!
　　　我　写　（式）

（2）i⁵⁵ni̠ k⁵⁵ ka̠⁵⁵ kɔ²³¹!　　　　咱俩写吧!
　　　咱俩　写　（式）

（3）ŋa⁵⁵ni̠ k⁵⁵ ka̠⁵⁵ pa⁵⁵!　　　　我俩写吧!
　　　我俩　　写（式）

（4）ŋa⁵⁵mɔ²³¹ ka̠⁵⁵ pa⁵⁵!　　　　　我们写吧!
　　　我们　　写　（式）

（5）i⁵⁵nu̠ ŋ⁵⁵ tʃʃɔŋ³¹tɔ²³¹/⁵¹ jɛ⁵¹ ʃaŋ⁵⁵!　咱们上学去吧!
　　　咱们　上学　　去（式）

（6）naŋ⁵¹ i³¹tʃa̠ m³¹ ʃu²⁵⁵ a²³¹!　　　你喝水吧!
　　　你　水　　喝　（式）

（7）nuŋ⁵⁵ni̠ k⁵⁵ jɛ⁵¹ kə̢²⁵⁵!　　　　你俩去吧!
　　　你俩　　去　（式）
　　　nuŋ⁵⁵ni̠ k⁵⁵ jɛ⁵¹ kɔ̆⁵¹/³¹ʒa²⁵⁵!　你俩去吧!
　　　你俩　　　去　（式）
　　　nuŋ⁵⁵mɔ²³¹ jɛ⁵¹ kɔ̆⁵¹/³¹ʒa²⁵⁵!　你们去吧!
　　　你们　　　去　（式）

（8）nuŋ⁵⁵mɔ²³¹ sup³¹ kə̢²⁵⁵!　　　　你们玩吧!
　　　你们　　玩　（式）

（9）ja̠ ŋ³¹ jɛ⁵¹ ʃaŋ⁵⁵ka²³¹!　　　　　她去吧!
　　　她　去　（式）

（10）ja̠ ŋ⁵⁵mɔ²³¹ jɛ⁵¹ kɔ̆⁵¹/³¹ʃaŋ⁵⁵ka²³¹!　她们去吧!
　　　她们　　去　（式）

（11）nuŋ⁵⁵mɔ²³¹ tat⁵⁵wup³¹ lă³¹ tsup³¹ wu⁵⁵ kɔ̆⁵¹/³¹ʒa²⁵⁵ ma³¹!
　　　你们　电视　一　下　看　（式）　啊
　　　你们看会儿电视吧!

　　表示第三人称双数和多数的祈使式助词kɔ̆ $^{51/31}$ʃaŋ$^{55}$ka$^{231}$是在单数形式ʃaŋ$^{55}$ka$^{231}$的前面添加形态成分kɔ̣$^{51}$构成的，kɔ̣$^{51}$前置于词根时要发生音变，实际音值是[kə$^{31}$]。

　　表示第二人称双数和多数的祈使式助词kə$^{255}$，表面看来似乎与形态成分kɔ̣$^{51}$没有关联，但仔细分析，可以发现其中隐含着复杂的音变过程。kə$^{255}$（或kə̣$^{255}$）实际是kɔ̣$^{51}$与第二人称单数形式的祈使式助词a$^{255}$的合音，因为所有的kə$^{255}$（或kə̣$^{255}$）母语人认为其也都可以说成kɔ̆$^{51/31}$ʒa$^{255}$。kɔ̣$^{51}$与a$^{255}$这两个语素组合在一起之后，发生复杂的音变过程，包括三个步骤。

　　1. 形态成分kɔ̣$^{51}$的元音弱化为央元音ə或ə̣，同时声调由高降调 51 变为中降调 31，实际音值是[kə$^{31}$]或[kə̣$^{31}$]。

　　2. 第二人称单数形式的祈使式助词a$^{255}$前增加一个声母ʒ。增音是载瓦语常见的一个音变现象，主要规则是，以元音a、ə开头的音节连接在其他音节后面时，a、ə前面增加一个辅音，通常是与前一音节的末尾音素完全相同或发音部位相同的辅音。如：

（1）xəŋ$^{51/31}$ ə$^{55}$ tu̱ i$^{31}$——xəŋ$^{51/31}$ ŋə$^{55}$ tu̱ i$^{31}$　　　长绳子
　　　长　的　绳子　　　长　的　绳子

（2）nut$^{31}$ ə$^{55}$ ma̱ n$^{31}$——nut$^{31}$ nə$^{55}$ ma̱ n$^{31}$　　　拔的草
　　　拔　的　草　　　　拔　的　草

　　但前一音节的末尾音素如果是元音，则可以增加半元音j、w和舌叶音ʒ。增音规律是：① 前一音节的末尾音素是舌面音 i，则a、ə前面增加半元音j；② 前一音节的末尾音素是u，则a、ə前面增加半元音w；③ 前一音节的末尾音素是舌尖音、央元音ə，则a、ə前面增加舌叶音 ʒ。如：

wui$^{51}$ a$^{231}$——wui$^{51}$ ja$^{231}$买吧
买（式）　　买（式）

ʃu$^{255}$ ə$^{55}$ tsə$^{51}$——ʃu$^{255}$ wə$^{55}$ tsə$^{51}$喝的东西
喝　的 东西　　喝　的 东西

tʃm̩$^{31/51}$ ə$^{55}$ phju$^{51}$phju$^{51}$san$^{31}$san$^{31}$——tʃm̩$^{31/51}$ ʒə$^{55}$ phju$^{51}$phju$^{51}$san$^{31}$san$^{31}$
洗　得　白白净净　　　　　　洗　得　　白白净净
洗得白白净净

　　a$^{255}$与kɔ̣$^{51}$组合时，由于a$^{255}$前面的kɔ̣$^{51}$已弱化为[kə$^{31}$]或[kə̣$^{31}$]，因此a$^{255}$前会增加一个声母ʒ，变读为ʒa$^{255}$。

　　3. kɔ̆$^{51/31}$的弱化形式[kə$^{31}$]或[kə̣$^{31}$]与a$^{255}$的增音形式ʒa$^{255}$合音。合音时，取[kə$^{31}$]或[kə̣$^{31}$]的声母和韵母，以及ʒa$^{255}$的声调。这一合音过程比较复杂，母语人几乎感觉不出来，很少能认识到kə$^{255}$（或kə̣$^{255}$）和kɔ̆$^{51/31}$ʒa$^{255}$之间的联系。

### 四　语气助词前的kɔ̠⁵¹

载瓦语有丰富的语气助词，用来表达复杂的情感。其中，表示叮咛、告诫语气的语气助词有两个：ɔ⁵⁵ "哦、啊" 和kɔ̠⁵⁵ "哦、啊"。叮咛、告诫语气通常是对第二人称而言，但在 "数" 方面这两个词有所区分，ɔ⁵⁵ "哦、啊" 用于单数，kɔ̠⁵⁵用于双数和多数。例如：

（1）naŋ⁵¹ lǎ³¹kɔ³¹ tsǎ³¹ mǒ³¹tsən⁵⁵/⁵¹ tɔ⁵¹/³¹ a⁷³¹ ɔ⁵⁵！你要好好记住哦！

　　　你　好好　地　记　　（持续）（式）哦

（2）nuŋ⁵⁵mɔ⁷³¹ khə⁵⁵ jɛ⁵¹ kɔ̠⁵⁵！你们别去啊！

　　　你们　　别　去　啊

由于ɔ⁵⁵与kɔ̠⁵⁵对主语的 "数" 范畴进行了区分，所以，有些句子即使主语不出现也不会造成歧义。如：

（3）khə⁵⁵ sup³¹ lɔ³¹ ɔ⁵⁵！（你）别玩了哦！

　　　别　玩　咯　哦

（4）khə⁵⁵ sup³¹ lɔ³¹ kɔ̠⁵⁵！（你们）别玩了哦！

　　　别　玩　咯　哦

表示双数和多数的kɔ̠⁵⁵，是在表示单数的ɔ⁵⁵前添加形态标记kɔ̠⁵¹，然后kɔ̠⁵¹ɔ⁵⁵合成一个音节。合音时，取kɔ̠⁵¹的声母和韵母，取ɔ⁵⁵的声调，最终形成了表示双数和多数的kɔ̠⁵⁵。在载瓦人的语感里，目前还能看清这一合音的过程，因为所有句尾用kɔ̠⁵⁵的句子，母语人认为都可以换成kɔ̠⁵¹ɔ⁵⁵。如：

（5）lǎ³¹ ju⁷³¹ lǎ³¹ ju⁷³¹ mai³¹ khə⁵⁵ tai³¹ kɔ̠⁵⁵（kɔ̠⁵¹ɔ⁵⁵）！

　　　一　个　一　个　地　别　说　啊

别一个一个地说啊！

### 五　疑问句、否定句中谓语动词后的kɔ̠⁵¹

形态标记kɔ̠⁵¹还可以直接黏附在否定句和疑问句的谓语动词之后，表示主语是第二、第三人称的双数和多数。这两类句子中的kɔ̠⁵¹一般读本音。例如：

（1）nuŋ⁵⁵mɔ⁷³¹ xjɛ⁵¹/⁵⁵ pum⁵¹ ma⁵⁵ khə⁵⁵ jɛ⁵¹/⁵⁵ kɔ̠⁵¹，va⁷³¹tɛ⁵⁵ ɔ⁷⁵⁵ thuŋ⁵¹xui³¹ kɔ̠³¹ʒa⁵¹.

　　　你们　那　山　（方助）别　去（二、复）野猪　和　相遇　（即行）

你们别去那座山上，会遇到野猪。

（2）ja ŋ⁵⁵mɔ⁷³¹ kha⁵⁵mai³¹　lɔ⁵¹　kɔ̠⁵¹？　　　　　他们从哪里来？

　　　他们　　哪（从由）来（三、复）

这两句话的主语如果换成单数的naŋ⁵¹ "你" 和ja ŋ³¹ "他"，则动词后都不出现形态标记kɔ̠$^{51}$。例如：

（3）naŋ$^{51}$ xjɛ$^{51/55}$ pum$^{51}$ ma$^{55}$ khə$^{55}$ jɛ$^{51/55}$, va$^{ʔ31}$tɕ$^{55}$ ə$^{ʔ55}$ thuŋ$^{51}$xui$^{31}$ ʒa$^{51}$.

　　　你　那　　山（方助）别　去　　　野猪　和　相遇　　（即行）

　　　你别去那座山上，会遇到野猪。

（4）ja ŋ$^{31}$ kha$^{55}$mai$^{31}$　lɔ$^{51}$？　　　　　　　　他们从哪里来？

　　　他　哪儿（从由）来

## 六　几点思考

1. 藏缅语中有不少语言存在主语（施事者）和谓语（动词）在人称和数量上的一致关系，如嘉戎语、景颇语等语言。这种现象，前辈学者一般称为"代词化现象"。孙宏开（1994）指出："所谓代词化现象，是指动词在句子中作谓语时，要用前缀或后缀体现主语的人称和数。而这种前后缀，与人称代词有一致关系，故又被称为动词一致关系（verb agreement）。"[①]但载瓦语的一致关系与上述代词化现象却有所不同。代词化语言往往是将人称代词的辅音（声母）、元音（韵母），或整个人称代词作为动词的词缀，来表达主语和动词的一致关系。而载瓦语表达一致关系的形态成分kɔ̠$^{51}$却与人称代词没有关系。这说明，藏缅语中的一致关系存在两种不同的类型。

2. 载瓦语中表示概数的kɔ̠$^{51}$ "左右、上下"（如：ŋɔ$^{31}$tshə$^{51}$ kɔ̠$^{51}$ "五十上下"、khjiŋ$^{55}$ ju$^{ʔ31}$ kɔ̠$^{51}$ "一千人左右"）与黏附于助词或动词之上表示主语为第二、第三人称复数的kɔ̠$^{51}$，语音形式相同，意义上也有某种关联，或许是这一形态标记产生的源头。但是，由于载瓦文创制的时间较短，缺乏历史文献，而且在亲属语言里也难以找到相关的旁证，因此，这一结论还有待作更细致、深入的考证。

3. kɔ̠$^{51}$在主语为第三人称双数的句子中出现脱落的趋势，存在单数原形与带kɔ̠$^{51}$的复数形式并用的现象，这可能是载瓦语向分析性语言进一步发展的表现。如：

（1）ja ŋ$^{55}$ṇi k$^{55}$ pjin$^{51}$tʃhaŋ$^{31}$ tu$^{51}$ lu̱ m$^{31}$ ʒa$^{55}$.（也可以说成a$^{31}$kɔ̠$^{51}$）

　　　他俩　　　朋友　　　交（互动）（实然）

　　　他们两个交朋友。

（2）ja ŋ$^{55}$ṇi k$^{55}$ tʃɔn$^{31}$ tɔ$^{ʔ55}$ jɛ$^{51}$ pə$^{31}$ʒa$^{51}$.（也可以说成pə$^{31}$kɔ̌$^{ˇ51/31}$ʒa$^{51}$）

　　　　他俩　学校　上　去　（即行）

　　　　他俩就要去上学了。

---

[①] 孙宏开：《藏缅语中的代词化问题》，《国外语言学》1994 年第 3 期，第 32 页。

（3）ja ŋ⁵⁵ni̠ k⁵⁵ ŋui³¹ lṳ m³¹  pə⁵¹.（也可以说成pə⁵¹kɔ⁵¹）

　　他俩　　　爱（互动）（变化）

　　他俩相爱了。

但在主语为第二人称双数的句子，如祈使句中，kɔ⁵¹不能脱落。这或许是因为祈使句通常是无主句，主语的人称和数量无法在主语中体现出来，为了不造成理解上的困难，通过句末祈使式助词来体现单数与双数、多数的区别。

## 参考文献

戴庆厦：《景颇语参考语法》，中国社会科学出版社 2012 年版。

李大勤：《藏缅语人称代词和名词的数——藏缅语"数"范畴研究之一》，《民族语文》2001 年第 5 期。

瞿霭堂、劲松：《中国藏缅语言中的代词化语言》，《民族语文》2014 年第 4 期。

孙宏开：《我国藏缅语动词的人称范畴》，《民族语文》1983 年第 2 期。

孙宏开：《藏缅语中的代词化问题》，《当代语言学》1994 年第 3 期。

孙宏开：《论藏缅语中动词的命令式》，《民族语文》1997 年第 6 期。

朱艳华：《遮放载瓦语参考语法》，中国社会科学出版社 2013 年版。

# The Morphological Marker kɔ⁵¹ in Zaiwa Language

## Zhu Yanhua

**Abstract:** The concord of person and number between the subject and the predicate verbs in Zaiwa still retains some remnant, that is, adding the morphological marker kɔ⁵¹ on predicate verb or its supplementary word, such as aspect auxiliary, modality auxiliary, mood auxiliary and modal particles. The morphological marker kɔ⁵¹ shows the subject is an animate noun with second-person plural or third-person plural. kɔ⁵¹ combined these function words so closely that they have solidified into one lexical unit, in addition, phonological changes such as weakening and synaeresis have accomplished on them.

**Key words:** Zaiwa Language; Morphological Marker; Concord; Phonological Change

（通信地址：100083　北京北京语言大学中国周边语言文化协同创新中心）

# 梁河阿昌语的话题结构

## 时 建

**【提要】** 梁河阿昌语为话题优先型语言，具有话题优先型语言的基本特征。在梁河阿昌语的话题结构中，话题成分主要由体词性成分、谓词性成分和小句等充任，话题标记有专用与兼用之别。受汉语影响，梁河阿昌语的话题结构出现了一些新特点，主要表现为话题标记的借用、并置与脱落。

**【关键词】** 话题结构 话题成分 话题标记

梁河阿昌语①是聚居于云南省德宏州的梁河阿昌族所使用的一种阿昌语方言，属藏缅语族缅语支，使用人口为 12639 人②[P2]。梁河阿昌语有口语，没有文字。

梁河阿昌语为话题优先型语言（Topic-Prominent Language），话题的优先性主要表现在话题成分、话题标记等的丰富性与多样性。梁河阿昌语深受汉语的影响，其话题结构因汉语影响而表现出一些新的特点。目前，国内语言学界对部分藏缅语族语言的话题结构已进行过研究，相比之下，针对梁河阿昌语话题结构的考察还相对薄弱。

本文以梁河阿昌语的话题结构为对象，对话题成分、话题标记进行考察，对汉语影响下话题结构的新特点加以描述。论文的话语材料取自云南省德宏州梁河县曩宋乡的阿昌语关璋话。

## 一 话题成分

指的是所有能够充当话题的音段成分。作为叙述的出发点与交际双方共享的已知信息，话题成分具有实义性与定指性的要求。

在梁河阿昌语中，除了虚词及个别实词（如副词、数词、量词）因意义虚空、指代不明等不能直接或以光杆形式充当话题外，其他凡具有实义

---

① 阿昌语方言有三种：梁河方言、潞西方言和户撒方言。其中，梁河方言与潞西方言相对接近，与户撒方言差别较大。

② 梁河统计局：《2010 年梁河县第六次全国人口普查主要数据公报》（Z），2011 年。

性、定指性的音段成分（体词性成分、谓词性成分以及小句等）均可充当话题。

（一）体词性成分做话题

包括光杆名词、代词、名物化结构以及体词性短语等充当话题。

1. 光杆名词充当话题

指单个普通名词、时间名词和方所名词等充任话题。如（画直线部分为话题，下同）：

mau³¹ la³³ lui³¹ la²⁵⁵ kəu³³.　　　　　　　打雷了。

雷　（话助）　碾　来　（助）

xai⁵⁵tɕhi³³ la³³ tʂhaŋ³¹mja³¹.　　　　　　现在是冬天。

现在　（话助）　冬天

khuɯ³¹thə³¹tuŋ³¹ la³³ kə³³tə³³ tə³¹?　　　厕所在哪里？

厕所　（话助）　哪里　在

tsɑi³³ pjɛ³¹ ʂu²³¹˜⁵⁵ kəu³³.　　　　　　　酒喝完了①。

酒　完　喝　（助）

2. 代词充当话题

指人称代词、指示代词和疑问代词等充当话题。

人称代词的各种语法形式（人称、数、格等）均可充任话题。如：

naŋ³³ la³³ ʑi³¹wa³¹, ʂaŋ³¹ nei³⁵?　　　　你是汉族，他呢？

你　（话助）　汉族　他　（助）

n̦i³¹tuŋ³³ la³³ khuɯ³¹tau³¹ nai³³ la²⁵⁵ po³⁵?　你们是坐车来的吧？

你们　（话助）　车子　坐　来　（助）

ʂaŋ³¹ka³⁵ la³³ ʂi³³ tɕhin³³tsɑi³³.　　　　他的是米酒。

他（领格）（话助）（话助）米酒

指示代词可以充当话题，如：

xa⁵⁵n̦ a²³¹ la³³ kha⁵⁵tshu²⁵⁵ ɛi²⁵⁵ ʂuŋ³¹paŋ³¹?　这些是哪年的树？

这些　（话助）　哪年　的　树

xa⁵⁵˜³³tha²⁵⁵ la³³ ŋu³¹.　　　　　　　　这里是我家。

这里　（话助）　我家

指代一般名词的xai⁵⁵/ xa⁵⁵"这"、xəu⁵⁵"那"充当话题，需要后附强制性共现的定指助词 tʂu³³（可变读为tʂuŋ³³）"种"、ʑaŋ³³"样"和xau³³"号"。在梁河阿昌语中，绝大部分定指助词意义虚空，主要用以指明特定的对象

---

① 话题优先型语言的被动态不发达（Li & Thompson，1976），在话题优先的语言中，被动态可以通过受事话题来表示。

或某类事物。如：

xai⁵⁵~³³ tʂu³³~⁵⁵ la³³ khiaŋ³³ ui³¹?　　　　　　　　　这是什么呀？

这 (助) (话助) 什么 (助)

疑问代词（包括基本用法和引申用法）可以充当话题，如：

khiu²⁵⁵~³¹ la³³ ti³¹tsɿ³⁵ tə³³ tɕaŋ³³ mət³¹ ɛi²⁵⁵?　　　谁会吹笛子？

谁 (话助) 笛子 (助) 会 吹 (助) （疑问代词的基本用法充当话题）

kha⁵⁵naŋ³¹ la³³ ŋo³¹tuŋ³³ la²³¹tɕo²⁵⁵puŋ³³ tə³³ la²³¹ ɛi²⁵⁵. 哪天我们去老尖山。

哪天 (话助) 我们 老尖山 (助) 去 (助)（疑问代词的引申用法充当话题）

kə³³tə³³ la³³ ŋa³³ xai⁵⁵tɕhi³³ ʑe³³ n³¹ la²³¹ lau³³. 哪里我也不想去。

哪里 (话助) 我 现在 也 不 去 想（疑问代词的引申用法充当话题）

3. 名物化结构充当话题

主要包括单个形容词的名物化、动词性成分的名物化以及小句名物化等充任话题。如：

a³¹ɳɛ³³ la³³ n³¹ xuŋ³³.　　　　　　　　　　　红的不香。

红的 (话助) 不 香 （单个形容词的名物化充当话题）

u³³ɛi²⁵⁵ la³³ n³¹ tɕa³⁵kə³⁵.　　　　　　　　　买的不好吃。

买 的 (话助) 不 好吃 （动词性成分名物化充当话题）

kən³³ʑẽ³¹ tɕa³¹ ka³³ la³³ khiaŋ³¹?　　　　　　根源吃的是什么？

根源 吃 的 (话助) 什么 （小句名物化充当话题）

4. 体词性短语充当话题

指数量结构、量指结构和定中结构等充当话题。

数量结构充当话题的①，如：

ta³¹tɕaŋ³³ la³³ tɕu⁵⁵ lu³¹ kəu³³.　　　　　　　一斤就足够了。

一 斤 (话助) 就 够 (助)

ta³¹ to³⁵ la³³ a³¹la³¹, ta³¹ to³⁵ la³³ a³¹ma³¹. 一个公的，一个母的。

一 个 (话助) 公的 一 个 (话助) 母的

量指结构（包括“指示代词+数词+量词”结构）充当话题的，如：

xai⁵⁵ ku³³ la³³ tʂau³¹kə³³. 这块（手表）好看。

这 块 (话助) 好看

xa⁵⁵ (ta³¹) tʂaŋ³⁵ la³³ nuŋ³³tɕhu⁵⁵ tə³³ la²³¹. 这一辆去弄丘。

这 （一） 辆 (话助) 弄丘 (助) 去

定中结构充当话题的，如：

---

① 数词与量词组配成数量结构后，语义的实义性与确指性增强，可以充任话题。量指结构的情况也是如此。

xəu³³muŋ⁵⁵ la³³ ŋa³³ la²³¹ wa³³ kəu³³.　　　　　　那地方我去过了。

那　地方 (话助) 我　去　(助) (助)　（名词性成分修饰中心语的结构充当话题）

tɕɛ̃³¹ ɛi²⁵⁵ ʂɯk⁵⁵ la³³ kə³³tə³³ tə³¹?　　　　　　砍的树在哪里？

砍　的　树 (话助) 哪里　在　（动词性成分修饰中心语的结构充当话题）

n̠i³¹tuŋ³³ tɕa³¹ka³⁵ tsəŋ³³ la³³ xai⁵⁵ pa³³ ɛi²⁵⁵ m³¹ pa³⁵?　你们吃的东西还有没有？

你们　吃　的　东西 (话助) 还　有　(助) 没　有（关系小句修饰中心语的结构充当话题）

## （二）谓词性成分（VP）做话题

指的是光杆动词、光杆形容词、动词短语以及形容词短语等谓词性成分充任话题。在梁河阿昌语中，谓词性成分充当话题以谓词拷贝形式[1]出现，含有焦点对比的语义特征。如：

so³¹ la³³ so³¹ na³³, pu³¹ko³¹ mã³³ kaŋ⁵¹.　　　　走是走，不过很慢。

走 (话助) 走 (助) 不过　慢　很

tʂhaŋ³¹ la³³ tʂhaŋ³¹ kaŋ⁵¹, kuã³³ɕi³³ m³¹ pa³⁵.　　今天是很冷，不过没关系。

冷　(话助) 冷　很　关系　没　有

## （三）小句做话题

指的是表条件、目的等语义关系的状语小句充当话题。如：

tʂɿ³³ʂɿ³¹ naŋ³¹ la²³¹ kun³³, ŋa³³ tɕu⁵⁵ la²³¹.　　　　只要你去，我就去。

只要　你　去 (话助) 我　就　去

ʂaŋ³¹ lia³³ tu³¹ ɛi²⁵⁵ tɕɛ²³¹ ka²³¹, laŋ³¹khaŋ³¹ ta³¹ tʂhaŋ³⁵ u⁵⁵ la²³¹ xəu³³ ɛi²⁵⁵.

他　地 挖 得 到 (话助) 锄头 一 把 买 来 (助) (助)

为了挖地，他买来了一把锄头。

## 二　话题标记

话题标记为语用性助词，用以指示、强调言谈对象（话题），同时引出评说内容（述题）。在梁河阿昌语中，话题标记与话题结合紧密，话题标记之后多伴有语音停顿，语音停顿的长短视语用偏向的具体程度而定。

按照专用与否，梁河阿昌语的话题标记可以分为专用性话题标记与兼用性话题标记。

### （一）专用话题标记

也称主要话题标记，有la³³、kun³³和ʂɿ³¹三个。梁河阿昌语专用话题标记的语法化程度高，用以指明话题成分。

#### 1. la³³

la³³是默认的话题标记，使用范围广，使用频率高，可以出现在除非主

---

① 即，VP/AP+话题标记+VP/AP，其中的 VP/AP 为同指。

谓句之外的其他任何句式里。在实际语流中，$la^{33}$ 的韵母趋于央化，读若 $lə^{33}$，独立性减弱，有一定的附缀化倾向。如（画直线部分为话题标记，下同）：

$ŋo^{31}tuŋ^{33}$ <u>$lə^{33}$</u> $la^{ʔ31}tuat^{55}$.　　　　　　　我们是老师。

我们　（话助）　老师

$ma^{35}ta^{ʔ55}ko^{31}kuɯ^{31}$ <u>$la^{33}$</u>　$kuɯ^{31}kaŋ^{31}$, $n^{31}tʂhau^{35}$.　缅桃很大，可是不甜。

缅桃　　　大（话助）　大　很　不　甜

判断句与谓词短语拷贝式话题句是话题标记 $la^{33}$ 的优选句式，优选关系的确立源自两类句式具有平行的语用特征，即对比新旧信息，强化新信息。在两类优选句式中，话题标记的添加只是对新旧信息的差异予以进一步的凸显和强化，突出话题焦点的存在。在上举用例中，前句为判断句式，"我们"属于已知信息，$lə^{33}$ 对"我们"不是"学生（工人、农民、商人）"等潜在的可能性予以强化，突出自然焦点"老师"；后句为谓词短语拷贝式话题句，$la^{33}$ 的添加使转折本身固有的对比焦点进一步凸显。

2. $kun^{33}$

$kun^{33}$ 是固有的话题标记，仅用于动词谓语句。$kun^{33}$ 的使用具有代际性差异，多见于老派话语，偶现于新派话语。如：

$naŋ^{33}tɕu^{31}na^{33}$ <u>$kun^{33}$</u>$~^{55}$ $n̥ɛ^{ʔ31}kəu^{33}$.　　　　你用着就是了。

你　用　着（话助）　是　（助）

$naŋ^{33}$ <u>$kun^{33}$</u> $kha^{55}su^{31}mji^{31}tu^{31}liɛ̃^{33}n^{31}ʂu^{ʔ55}$?　你怎么连烟也不吸？

你　（话助）　怎么　烟　也　不　吸

3. $ʂɿ^{31}$

$ʂɿ^{31}$ 是汉借的话题标记，用于判断句式。在梁河阿昌语的话题标记系统中，$ʂɿ^{31}$ 兼有一定的判断义。$ʂɿ^{31}$ 可单用，也可与专用话题标记 $la^{33}$ 并用，形成话题标记的并置。如：

$ŋo^{31}tuŋ^{33}tuŋ^{33}$ <u>$ʂɿ^{31}$</u>　$tʂuŋ^{33}ko^{31}zən^{31}$.　　　我们都是中国人。

我们　都（话助）　中国人（$ʂɿ^{31}$ 单用）

$kha^{33}nai^{33}$ <u>$la^{33}$</u> <u>$ʂɿ^{31}$</u> $tʂau^{31}nai^{31}$.　　　今天逢集。

今天　（话助）（话助）　集市（$ʂɿ^{31}$ 与 $la^{33}$ 并置）

（二）兼用话题标记

也称次要话题标记，主要包括关联词语与提顿词，前者专用于复杂句，处于句末，后者多用于简单句，处在句内。

在梁河阿昌语中，兼用话题标记的语法化程度较低，除指明话题外，还兼表一定的语气与逻辑事理关系。

1. 关联词语

有 $kun^{33}$、$ka^{33}$ 和 $ɛi^{ʔ55}xua^{35}/ɛi^{ʔ55}tʂau^{33}$ "的话"等。其中，$kun^{33}$ 表示假

设关系与顺承关系，ka³³表示顺承、转折与目的关系，εi⁵⁵xua³⁵/εi⁵⁵tʂau³³ "的话"表示假设关系。

naŋ³³ la²³¹ εi⁵⁵xua³⁵, ŋa³³ ze³³ la²³¹.　　　　　　　你去的话，我也去。

你 去 (话助+假设)　我 也 去

naŋ³³tho²³¹tha²³¹ kun³⁵, ŋa³³ tə³³ zi³¹ xa³⁵ əu²⁵⁵ la²⁵⁵. 你起床后叫我一声。

你 起 来 (话助+顺承)　我 (助) 一 下 叫 来

tuŋ³¹tɕɛ̃³³ɕa³¹εi²⁵⁵ tɕɛ³¹ʔ ka³¹, ʂaŋ³¹ kun³³mjin³¹ tə³¹ la²³¹ xəu³³ εi²⁵⁵.

钱 找 得 到 (话助+目的)　他 昆明 (助) 去 (助) (助)

为了赚钱，他去了昆明。

mau³¹ la³³ lui³¹ la²⁵⁵ ka³³, n³¹ wa³¹.　　　　　　　　打雷了，可没下雨。

雷 (话助) 碾 来 (话助+转折) 没 下

## 2. 提顿词

提顿词为功能小词（pause particle），也称句中语气助词。提顿词后附于话题成分，具有附缀性质，其作用主要在于预示话题后有重要的信息（即述题）出现。在梁河阿昌语的话题结构中，提顿词的语法化程度不等，大部分的提顿词都兼有一定的语气特征。

梁河阿昌语的提顿词可以分为带陈述语气的提顿词和带祈使语气的提顿词，典型成员主要包括po³¹"吧"、za²⁵⁵"呀"、a²⁵⁵"啊"等，均借自汉语。

带陈述语气的提顿词，如：

ʂuŋ³¹ po³¹, xəu⁵⁵tɕhi³³ wa³³ xəu⁵⁵ luŋ³³ nai³³ wa³³ kəu³³.

他家 (话助 +陈述) 以前　寨子 那 个 住 (助) (助)

他家吧，以前在那个寨子住过。

带祈使语气的提顿词，还分表"劝诫"语气的提顿词和表"埋怨"语气的提顿词。

表"劝诫"语气的提顿词，如：

naŋ³³ za³¹, zau³³ tsu³³ xəu⁵⁵ tiu²³¹ tə³³ phja²³¹ khui²³¹ εi²⁵⁵.

你 (话助+祈使)　要 人 那 一 个 (助) 哄 应该 (助)

你呀，要哄着那个人。

n̩i³¹tuŋ³³ a²⁵⁵, xã³¹ʂi³¹ la²³¹ εi²⁵⁵!

你们 (话助+祈使)　还是 去 (助)

你们啊，还是去吧！

表"埋怨"语气的提顿词，如：

naŋ³³ za²⁵⁵, tɕu⁵⁵ kai³³ tɕhẽ³³ ʂaŋ³¹ tə³³ kai³³tɕi²³¹~⁵⁵ a²⁵⁵.

你 (话助+祈使)　就 该 先 他 (助) 说 给 (助)

你呢，就该先告诉他啊。

专用话题标记la³³与兼用话题标记能够形成话题并置（画直线部分为专用话题标记，画波浪线部分为兼用话题标记，二者形成并置）。如：

naŋ³³ la²³¹ ɛi²⁵⁵xuɑ³⁵ la³³, ŋɑ³³ ʑɛ³³ la²³¹.　　　 你去的话，我也去。

你　去　（话助+假设）　（话助）　我　也　去

naŋ³³ tɕɛ²³¹ kun³³　la³³, ŋɑ³³ tə³³ tiɛ̃³³xuɑ³³ pa²⁵⁵ la²³¹ tɕi²³¹.

你　　到　（话助+连词）（话助）我　（助）　电话　　打　来　给

你到了以后，给我打电话。

兼用话题标记与兼用话题标记也可形成话题并置（画直线部分为兼用话题标记，二者形成并置）。如：

naŋ³³ tɕɛ²³¹ xəu³⁵ kɑ³³　nɛi³⁵,　tɕu⁵⁵ ɕɛ̃³³ tɕɑ³³ tɕɑ³¹ ɛi²⁵⁵.

你　　到　（助）　（连词+话题）（话助+停顿）　就　先　饭　吃　（助）

你到了呢，就先吃饭。

naŋ³³ tho²³¹thɑ²³¹ xəu³³ kun³³　ɑ²³¹,　　tɕu⁵⁵ ŋɑ³³ tə³³ əu²⁵⁵ la²⁵⁵.

你　　起　来　　（助）（连词+话助）（话助+祈使）　就　我　（助）叫　来

你起床了啊，就来叫我。

### 三　话题结构的新特点

梁河阿昌语深受汉语的影响，其话题结构呈现出一些新的特点，主要表现为话题标记的借用、并置与脱落。

（一）借用

梁河阿昌语从汉语中借入为数不少的话题标记，从前述例句中可以发现，除la³³、kun³³等有限的几个话题标记为本语所固有之外，其他大部分的话题标记均借自汉语，如ʂ³¹、ɛi²⁵⁵ xuɑ³⁵、ɛi²⁵⁵、ɑ³³、ʑa³³、　po³¹ 和 nɛi³³等（用例参看本文相关例句）。

（二）并置

分为以下三类：

1. 专用话题标记与兼用话题标记的并置

指的是专用话题标记la³³与兼用话题标记的并置。如（画直线部分为专用话题标记，画波浪线部分为兼用话题标记）：

naŋ³³ la²³¹ ɛi²⁵⁵xuɑ³⁵ la³³, ŋɑ³³ ʑɛ³³ la²³¹.　　　　 你去的话，我也去。

你　去　（话题标+假设）　（话题标）我　也　去

naŋ³³ tɕɛ²³¹ kun³³　la³³, ŋɑ³³ tə³³ tiɛ̃³³xuɑ³³ pa²⁵⁵ la²³¹ tɕi²³¹.

你　　到　（连词+话题标）（话题标）我　（对象标）电话　　打　来　给

你到了以后，给我打电话。

2. 专用话题标记的并置

指的是本语的固有标记la³³与汉借的后起标记ʂ̩³¹的并置。如：

ŋai³⁵ a³¹pha³¹a³¹n̩it³¹ la³³ ʂ̩³¹ ŋ a³¹tshaŋ³¹.　　　　我的父母是阿昌族。

我 (领格)　父亲　母亲 (话题标)(话题标)　阿昌族

kha³³nuuk⁵⁵ la³³ ʂ̩³¹ tʂau³¹nai³¹ po³⁵?　　　　明天逢集吧？

明天　　　(话题标)(话题标)　集天　　吧

ʂ̩³¹tuŋ³³ la³³ ʂ̩³¹ ŋ aŋ³¹tshaŋ³¹ ɛi²⁵⁵?　　　　他们是阿昌族？

他们 (话题标)(话题标)　阿昌族　　(疑问语气)

3. 兼用话题标记的并置

指的是充当话题标记的关联词语和提顿词的并置。如（画直线部分为关联词语话题标记，画波浪线部分为提顿词话题标记）：

naŋ³³ tɕɛ²³¹ xəu³⁵ ka³³　nei³⁵,　tɕu⁵⁵ cẽ³³ tɕa³³ tɕa³¹ ɛi²⁵⁵.

你　到 (完成体)(连词+话题标)(话题标+停顿)　就　先　饭　吃(陈述语气)

你到了呢，就先吃饭。

naŋ³³ tho²³¹tha²³¹ xəu³⁵ kun³³　a²³¹,　tɕu⁵⁵ ŋa³³ tə³³ əu²⁵⁵ la²⁵⁵.

你　起来 (完成体)(连词+话题标)(话题标+祈使)　就　我 (对象标)　叫来

你起床了啊，就来叫我。

（三）脱落

汉语的话题化主要通过语序手段来实现。受汉语的影响，梁河阿昌语的话题标记脱落严重，话题标记系统日趋简化，这是目前梁河阿昌语话题结构受汉语影响的一个最为凸显的特点，代表着梁河阿昌语话题结构发展演变的新趋势。

通常，仍使用话题标记的，属老派话语，话题标记脱落的，是新派话语。如：

a³¹mã³¹ ɛi²⁵⁵ tsu³³liaŋ⁵⁵la³³ ŋa³³ tʂau³¹ xəu³⁵.　　　　昨天的电影我看了。

昨天　的　电影 (话题标)我　看 (完成体)　(老派话语)

a³¹mã³¹ ɛi²⁵⁵ tsu³³liaŋ⁵⁵ ŋa³³ tʂau³¹ xəu³⁵.　　　　昨天的电影我看了。

昨天　的　电影　我　看 (完成体)　(新派话语)

naŋ³³ la²³¹ kun³³, ŋa³³ tɕu⁵⁵ la²³¹.　　　　你来，我就来。

你　来 (话题标)　我　就　来 (老派话语)

naŋ³³ la²³¹, ŋa³³ tɕu⁵⁵ la²³¹.　　　　你来，我就来。

你　来　我　就　来 (新派话语)

**参考文献**

陈平：《汉语中结构话题的语用解释和关系化》，《国外语言学》1996 年第 4 期。

徐烈炯、刘丹青：《话题的结构与功能》，上海教育出版社 1998 年版。

戴庆厦：《景颇语的话题》，《语言研究》2001 年第 1 期。

戴庆厦、时建：《阿昌语概况》，《汉藏语学报》，商务印书馆 2007 年版。

# The Topic Structure in Achang Language

Shi Jian

**Abstract:** Achang language is a topic-prominent language; The main ingredients of the topic are composed of noun phrases, verb phrases and clauses; There are two types of topic-markers (special ones and non-special ones) in use with different characteristics. Under the influence of Chinese language, the topic marker in Achang language shows some new features, mainly, borrowing, juxtaposition and elision.

**Key words:** Topic Structure; Topic Ingredient; Topic Marker; Language Contact

（通信地址：266071　青岛　青岛大学国际教育学院）

# 彝语北部方言和西部方言受事格标记
# 及小句语序的类型比较*

胡素华　　周廷升

【提要】彝语北部方言及物小句的基本语序根据谓语是否具有结果性和完成性而分裂为 APV（SOV）和 PAV（OSV），而西部方言却只有 APV（SOV）一种基本语序。此外，彝语属于话题凸显性语言，故以 APV（SOV）为基本语序的句子也可以根据信息结构的需要，将受事宾语移到句首，成为 PAV（OSV）语序。因此，彝语北部方言有两种不同性质的 PAV（OSV）语序，一种是语用性质的，另一种是句法性质的；其中，句法性质的 PAV（OSV）语序属于基本语序之一；但是西部方言的 PAV（OSV）语序只是语用性质的，不属于基本语序；这种差异与两个方言不同的受事格标记手段有关。北部方言没有受事格标记，而西部方言有受事格标记。

【关键词】彝语　语序　受事格标记　话题

---

* 本文在"中国少数民族语言研究暨庆祝戴庆厦先生八十华诞学术研讨会"上宣读，对参会专家学者的点评与建议，我们谨此致谢。同时，我们也再次向尊师戴庆厦先生祝愿健康长寿、永葆学术青春！对戴先生终身致力于少数民族语言研究并作出杰出的贡献表示由衷的敬意，对戴先生培养和支持少数民族学者表示真诚的感谢！

文中的缩略语如下：1S: first-person singular（第一人称单数）；2S: second-person singular（第二人称单数）；3S: third-person singular（第三人称单数）；ACHIEV: achievement（达成）；A: agent（施事）；ANAPH: anaphora（回指）；AUX: auxiliary（助动词）；CL: classifier（量词）；DAT: dative（与格）；DEF: definiteness（定指）；DIR: direction（趋向）；HAB: habitual aspect（惯常体）；IRR: Irrealis mood（非已然情态）；LOC: locative（方位格）；NEG: negative（否定）；NOM: nominative（主格）；O: object（宾语）；P: patient（受事）；PAT: patientive（受事格）；PFV: perfective（完成体）；PROS: progressive（进行体）；PROS: prospective（将行体）；REAL: realis mood（已然语气）；RESULT: resultative（结果）；S: subject（主语）；V: verb（动词）。

## 一　引言

彝语为分析型语言，语法格和屈折格不太发达，但有的方言有可选性的受事宾语格标记，有的方言有屈折性宾格代词；各个方言都没有施事主语格标记，与谓语也没有一致关系；因此，语义和语用对句子结构的组织起着重要的作用。从跨语言比较来看，语序是比形态更基本的语法手段。徐烈炯（2013）指出："不同的语言使用基本语序来体现不同的语义或语用概念，最常见的是用基本语序来表达施受关系（题元关系）或是表达信息结构，也就是说，一个名词性成分占据基本句子结构中的哪个位置，主要取决于两个因素：一是它担负什么题元角色：是施事还是受事；二是它表达哪一类信息：是新信息还是旧信息，是话题还是焦点。"

从信息结构来看，彝语是话题优先型语言，句子都可以分析为"话题—述题"结构，句首是默认的话题位置，其余部分对话题进行陈述或说明（胡素华、赵镜，2015）。世界上的语言在话题选择形式上有不同的特点：日语、韩语、汉语倾向于用施事（agent）作话题；而菲律宾的他加禄语（Tagalog）和宿务语（Cebuano）在施事和受事（patient or goal）都有指（referential）的情况下，优先选择受事作话题（Shibatani，1991）。彝语的施事和受事都可以无标记地占据句首位置充当话题（胡素华、赵镜，2015）。彝语施事作为话题，APV（SOV）基本语序不变，但受事作为话题，需要将其移位于句首来实现话题化，成为受事类话题句（徐烈炯，刘丹青，2007：214），句子的语序成为 PAV（OSV）。这类语序是语用性质的，不属于基本语序。

但是，彝语方言内部的核心论元格标记手段不一样。例如：北部方言[①]没有受事格标记，而西部方言[②]有受事格标记；但北部方言有两个使用频率很高且具有各自功能特征的专用话题标记 $li^{33}$ 和 $nuu^{33}$，此外还有其他五个兼用的话题标记（胡素华、赵镜，2015），而西部方言中一般只用量词 $ma^{55}$ 兼用作话题标记（周廷升，2015）；此外，北部方言受事类话题句有宾格复指代词和主格回指代词，而在西部方言中没有发现类似的代词。这些差异会导致两个彝语方言的语序有不同的类型。

---

① 彝语北部方言也称为"诺苏话""凉山彝语"或"诺苏彝语"，当代国外文献中称为 Nuosu 或 Nosu，主要分布在四川省凉山彝族自治州及其周边彝族聚居区、云南省宁蒗县及周边地区和昭通市以及贵州省西北部彝族聚居区，使用人口约 300 万人。除标明引用处之外，文中彝语北部方言语料均来自母语人作者之一的第一手材料。

② 彝语西部方言也称为"腊罗话"或"巍山彝语"，当代国外文献中称为 Lalo，主要分布在云南省大理州巍山、南涧、漾濞、大理、永平、弥渡等县市，使用人口约 15 万人。除标明引用处之外，本文中的彝语西部方言语料均来自母语人笔者之一的第一手材料。

受事格标记也称为宾格标记，跨语言比较中发现大多数受事格标记的主要功能是消除施事主语和受事宾语之间的歧义（陆丙甫，2001；Gerner，2008；Sinnemäki，2014），属于 Differential Object Marking（DOM）（受词异相标记），其使用常常是非强制性的。Sinnemäki（2014）把 DOM 定义为"宾语中带有显性格标记的子集"，通常受到宾语的指称或篇章特征（referential or discourse properties）的影响。为了更具有类型学意义上的跨语言可比性，Comrie（2011）把 DOM 中的 O（object）进一步界定为具有两个论元的典型及物动词小句中更近似于受事的论元（patient-like argument）。本文将对彝语北部方言和西部方言具有施事和受事两个核心论元的及物动词小句（以下简称"及物小句"）基本语序和受事格标记进行比较，以期归纳出具有类型学意义的特征。文中北部方言的语料为圣乍土语（陈士林等，2009：104），西部方言的语料属于西山土语（陈士林等，2009：117）。下文第二部分描写和分析彝语北部方言及物小句的两种基本语序类型；第三部分介绍彝语西部方言受事格标记 di$^{31}$ 的来源、功能和使用规则；第四部分分析彝语西部方言及物小句的语序及其性质；最后一部分是理论意义与启示。

## 二　彝语北部方言及物小句的两种基本语序类型

彝语北部方言没有受事论元格标记，只有第三人称单数有主格形态和宾格形态。施受事论元角色靠语序和谓语的语义来区分。

### （一）APV 和 PAV 基本语序的分裂条件

北部方言及物小句的基本语序分裂为 APV（SOV）和 PAV（OSV），其分裂的条件是谓语动词的语义和体貌特征（胡素华，2012）；具体为：在未完成体（包括进行体、将行体等）句子结构中，只能用 APV（SOV）语序，如下例（1）、（2）；在完成体或谓语具有结果性的句子结构中，只能用 PAV（OSV）语序，如下例（3）、（4）：

（1）mu$^{33}$ka$^{55}$ a$^{55}$ko$^{31}$ ku$^{33}$ ndʐɔ$^{33}$.

　　　木呷　　阿果　叫　PROG

　　　木呷在叫阿果。

（2）mu$^{33}$ka$^{55}$ a$^{55}$ko$^{31}$ ku$^{33}$ mi$^{33}$ to$^{31}$.

　　　木呷　　阿果　叫　PROS

　　　木呷准备要叫阿果。

（3）mu$^{33}$ka$^{55}$ a$^{55}$ko$^{31}$ ku$^{33}$　　ta$^{33}$　　o$^{44}$.

　　　木呷　　阿果　叫　　ACHIEV　PFV

　　　阿果已经叫了木呷。（直译：木呷被阿果叫了。）

（4）mu$^{33}$ka$^{55}$ a$^{55}$ko$^{31}$ ɣu$^{31}$mo$^{33}$ o$^{44}$.

　　　木呷　　阿果　　看见　　PFV

　　阿果看见木呷了。（直译：木呷，阿果看见了。）

　　句首位置是默认的话题位置，因此，无论是 APV（SOV）语序还是 PAV（OSV）语序，位于句首的施事（A）或受事（P）都是话题。也就是说，彝语北部方言中的施事和受事平分秋色，都可以做无标记的话题。根据谓语的语义特征，相应的语序是固定的，是句法决定语序，而不是语用决定语序。上例（1）和例（2）分别是进行体和将行体，句子的语序只能为 APV（SOV），施事 A 只能在句首；例（3）是完成体，例（4）的动词为结果性动词，这两个句子的语序只能为 PAV（OSV），受事 P 位于句首。例（3）和例（4）虽然受事论元位于句首，但不是被动句，因为句子的施事论元不能省略，而且它们没有相应的主动句。无被动结构也是话题优先型语言的一个特征（Li & Thompson，1976）。在这种动词语义和时体特征下，受事位于句首是强制性的，也就是说是句法性的。

　　（二）话题移位出小句 IP 外

　　在彝语北部方言中，话题成为一种常规的、句法化了的结构。换句话说，话题成分位于小句 IP 结构之内，是原位话题结构，占据的是一个核心论元的位置。如上例（1）和（2）的结构可以表示为：[[A.$_{TOP}$+P+V]$_{IP}$]s，例（3）和例（4）的结构可以表示为：[[P.$_{TOP}$ +A+V]$_{IP}$]s。

　　作为话题优先型的语言，北部方言可以将正常语序中位于非句首的论元移位到句首来实现带有语序标记的话题结构。如上例（1）和例（2）中 APV（SOV）语序和（3）和例（4）中 PAV（OSV）语序的结构中没有位于句首的成分，都可以通过移位至句首实现通过语序标记的话题结构，而小句 IP 内移出话题的原位上用宾格复指代词来满足小句的正常语序。如：

（5）a$^{55}$ko$^{31}$ mu$^{33}$ka$^{55}$　　ko$^{44}$/* tshŋ$^{33}$　　ku$^{33}$ ndʑo$^{33}$.

　　　阿果　　木呷　ANAPH.PAT/*NOM　叫　PROG

　　木呷在叫阿果。（直译：阿果，木呷在叫她。）

（6）a$^{55}$ko$^{31}$ mu$^{33}$ka$^{55}$　　ko$^{44}$/* tshŋ$^{33}$　　ku$^{33}$ mi$^{33}$ to$^{31}$.

　　　阿果　　木呷　ANAPH.PAT/*NOM　叫　PROS

　　木呷准备要叫阿果。（直译：阿果，木呷准备叫她。）

（7）a$^{55}$ko$^{31}$ mu$^{33}$ka$^{55}$　　tshŋ$^{33}$/* ko$^{44}$　　ku$^{33}$ ta$^{33}$ o$^{44}$.

　　　阿果　　木呷　ANAPH.NOM/*PAT　叫　ACHIEV PFV

　　阿果已经叫了木呷。（直译：阿果，木呷已经被她叫了。）

（8）a$^{55}$ko$^{31}$ mu$^{33}$ka$^{55}$　　tshŋ$^{33}$/* ko$^{44}$　　ɣu$^{31}$mo$^{33}$ o$^{44}$.

　　　阿果　　木呷　ANAPH.NOM/*PAT　　看见　PFV

阿果看见木呷了。（直译：阿果，木呷被她看见了。）

如以上例句所示，彝语北部方言及物小句的基本语序有 APV（SOV）和 PAV（OSV）两种类型；根据谓语的语义和体貌特征选择相应的语序；但是 APV（SOV）语序中的 P 和 PAV（OSV）语序中的 A，都可以根据语用需要移至句首，成为通过语序标记的话题结构，而在原来的位置上必须有宾格回指代词 $ko^{44}$ 和主格回指代词 $tsh\eta^{33}$ 来分别填充 P 和 A 成分，以明确施受语义关系。这里的话题成分已移位到小句 IP 结构之外；其中指代 P 的宾格代词 $ko^{44}$ 不能用主格代词 $tsh\eta^{33}$ 来替换，反之，指代 A 的主格代词 $tsh\eta^{33}$ 也不能用宾格代词 $ko^{44}$ 来替换。例（5）和例（6）的结构可以表示为：$[P._{TOP}[A + P._{ANAPH:PAT} + V]_{IP}]_S$，例（7）和例（8）的结构可以表示为：$[A._{TOP}[P + A._{ANAPH:NOM} + V]_{IP}]_S$。

### 三　彝语西部方言的受事格标记 $di^{31}$

彝语西部方言有受事格标记 $di^{31}$，在施受事角色有歧义的句子中，它具有消除歧义的功能。因为有受事格标记，其语序不起判断施受事者的功能。

#### （一）受事格标记 $di^{31}$ 的来源

西部方言受事格标记 $di^{31}$ 和方位格和与格标记同形。受事格、位格或与格的异种同形（isomorphism）现象，在藏缅语中并不罕见（黄成龙，2010）。在彝语西部方言中，$di^{31}$ 用作方位格标记时，表示"在……之上"，如例（9）、（10）；用作与格标记时，在双及物句中表示其前面的成分为间接宾语，如例（11）；用作受事格标记，表示其前面的论元为受事，如例（12）、（13）：

（9）$ts\eta^{55}ts\eta^{33}$ **$di^{31}$** $thi^{31}\gamma u^{31}$ $tsh\eta^{31}$ $tsu^{31}$ $na^{31}$ $t\epsilon^{55}$ $a^{31}$ $ua^{53}$.

　　桌子　LOC　纸　　一　CL　贴　着 PROG　REAL

　　桌子上贴着一张纸。

（10）$\varsigma\epsilon^{31}tsh\eta^{55}$ $d\varsigma\eta^{55}$ **$di^{31}$** $a^{31}pu^{55}$ $tsh\eta^{31}$ $khu^{55}$ $na^{31}$ $a^{31}$ $ua^{53}$.

　　　梨　　树　LOC　斑鸠　一　　CL　　歇 PROG REAL

　　梨树上歇着一只斑鸠。

（11）$\eta a^{55}$ $a^{55}tsh\eta^{31}$ **$di^{31}$** $tsha^{55}bo^{33}$ $tsh\eta^{31}$ $t\epsilon^{33}$ $ts a^{31}$ $p\epsilon^{55}a^{55}$.

　　1S　山羊　DAT　食盐　　一　CL　喂　PFV

　　我已经给山羊喂了一坨食盐。

（12）$\varsigma\epsilon^{31}mi^{31}$ $d\varsigma\eta^{55}$ $\varsigma\epsilon^{31}tsh\eta^{55}$ $d\varsigma\eta^{55}$ **$di^{31}$** $kha^{55}$ $t\epsilon^{55}$ $a^{31}$ $ua^{53}$.

　　核桃　树　梨　　树　PAT　遮　着 PROG REAL

　　核桃树遮住了梨树。

（13）$a^{55}sa^{33}$ $a^{55}mu^{13}$ **$di^{31}$** $ma^{55}$ $l a^{31}$.

　　阿撒　阿木　PAT　背 PROG

阿撒在背阿木。

Gerner（2008）在彝语中部方言永仁罗罗话[①]（Yongren Lolo）中也发现有受事格标记 thie$^{21}$，源于表示"在……顶上"（on top of）的异种同形方位格标记。例如：

彝语中部方言永仁罗罗话（Gerner 2008）：

（14）ni$^{33}$ ɔ$^{55}$gu$^{21}$ kho$^{33}$ mo$^{33}$tsi$^{33}$ **thie$^{21}$** le$^{21}$ si$^{21}$.

　　　2P　鹦鹉　那里　竹林　　**LOC** 窒息 死

　　　你的鹦鹉已经在竹林顶上窒息而死。

（15）si$^{33}$ka$^{55}$ χe$^{33}$khuu$^{33}$ **thie$^{21}$** ti$^{55}$ na$^{33}$.

　　　树　　房子　**PAT** 压 倒

　　　树压倒了房子。

**（二）受事格标记 di$^{31}$ 的基本功能和使用规则**

彝语西部方言及物小句中，两个核心论元的施受语义有可能产生歧义时，受事需要标记。是否有可能产生歧义，主要与受事和施事的生命度（animacy）有关。Sinnemäki（2014）在他统计的 223 个有受事标记的语言中，178 个（80%）的受事格标记是可选性的，45 个（20%）是强制性的。而在 178 个有受事标记的语言中，52 个（29%）的受事标记与受事的生命度有关，49 个（28%）与受事的定指性有关，22 个（12%）同时与受事的生命度和定指性都有关，还有 55 个（31%）与其他属性有关。彝语西部方言和世界上很多种语言或方言比较一致，受事格标记的使用是可选性的，主要与其生命度有关。

Comrie（1989）和 Croft（2003）认为生命度构成一个层级结构（hierarchy），其中各个成分从高到低的等级序列为：人（human）>动物（animal）>无生命物（inanimate）。

彝语西部方言受事标记 di$^{31}$ 的使用规则具体如下。

第一，受事的生命度高于或同于施事的生命度时，必须在其后加标记 di$^{31}$ 以区别施事和受事。例如：

（16）a$^{55}$sa$^{33}$ tsa$^{33}$ a$^{55}$khuu$^{31}$ a$^{55}$mu$^{13}$ **di$^{31}$** kho$^{31}$ ki$^{55}$ a$^{55}$ ua$^{53}$.

　　　阿撒　家　　狗　　阿木　**PAT** 咬　**DIR PFV REAL**

　　　阿撒家的狗咬了阿木。

（受事 a$^{55}$mu$^{13}$ "阿木"为人名，专有名词，生命度比施事 a$^{55}$kuu$^{31}$ "狗"的生命度高。）

---

① Gerner 的语料为云南省楚雄州永仁县中和乡彝语中部方言罗罗话，本文引用时保留其国际音标记音，汉语对译和翻译由笔者根据英文原文添加。

（17）lu⁵⁵tʂa³¹ ɣɯ⁵⁵ a⁵⁵khɯ³¹ za³¹ tʂhŋ⁵⁵ ma⁵⁵ di³¹ çi³³ kɛ³³ a³¹ ua⁵³.

　　　山谷　水　　狗　　小　DEF　CL PAT 拉 DIR PFV REAL

　　　河水把那只小狗冲走了。

（受事 a⁵⁵khɯ³¹za³¹ "小狗" 的生命度比施事 lu⁵⁵ tʂa³¹ɣɯ⁵⁵ "河水" 的生命度高。）

（18）a⁵⁵m̩³¹ha⁵⁵pɯ⁵⁵ a⁵⁵nɛ⁵⁵za³¹ di³¹ to³³ tɛ⁵⁵　ɛ³³　sɿ³¹.

　　　　　雨滴　　　　小孩　PAT 滴 到 AXU IRR

　　　雨滴（可能）会滴到小孩身上。

（受事 a⁵⁵nɛ⁵⁵za³¹ "小孩" 的生命度比施事 a⁵⁵m̩³¹ha⁵⁵pɯ⁵⁵ "雨滴" 的生命度高。）

（19）a⁵⁵sa³³ a⁵⁵mu¹³ di³¹ dɛ³¹　a³¹　ua⁵³.

　　　阿撒　阿木 PAT 打 PROG REAL

　　　阿撒在打阿木。

（施事 a⁵⁵sa³³ "阿撒" 和受事 a⁵⁵mu¹³ "阿木"，生命度等级相同。）

（20）a ⁵⁵khɯ³¹ a³¹ni⁵⁵ di³¹ tʂu³¹ la⁵⁵.

　　　　　狗　　猫　PAT 追 HAB

　　　狗会追猫。

（施事 a⁵⁵khɯ³¹ "狗" 和受事 a³¹ni⁵⁵ "猫" 的生命度等级相同。）

（21）a⁵⁵phy³¹ gu³¹tʂa³³ tɕhy⁵⁵di³³ di³¹　li³³ tɛ⁵⁵ la⁵⁵.

　　　瓜　藤　　　篱笆　　PAT 缠 到 HAB

　　　瓜藤会缠绕到篱笆上。

（施事 a⁵⁵phy³¹ gu³¹tʂha³¹ "瓜藤" 和受事 tɕhy⁵⁵di³³ "篱笆" 的生命度等级相同。）

　　第二，受事的生命度低于施事的生命度时，受事后不加标记 di³¹；若加上标记则具有对比焦点的语用含义（下文细述）。例如：

（22）ŋa⁵⁵ a⁵⁵ʂa⁵⁵ dʐŋ⁵⁵ Ø kha³³ dʐŋ³¹　a³¹　ha⁵³.

　　　1S　玉米　树　　砍　倒　PROG REAL

　　　我在砍玉米树。

（23）a⁵⁵tʂŋ³¹ tsha³¹bo³³ Ø dʑa³¹ la⁵⁵.

　　　山羊　　食盐　　吃 HAB

　　　山羊喜欢吃食盐。

（24）ŋa⁵⁵ a⁵⁵dʑi³¹Ø lo³¹　ŋa⁵³　sɿ³¹.

　　　1S　牲畜　牧　PROS IRR

　　　我还要去放牧。

　　第三，一些常识性的句子受事标记的使用与否不受事生命度制约，因为这些句子中施受语义关系凭经验和常识比较明确，不会产生歧义。例如：

（25）a⁵⁵dʐy⁵⁵ a³³ʑi³³ za³¹-Ø tɕhɛ³¹.

　　　老鹰　鸡　小　叼

老鹰叼小鸡。

（26）a³¹ni⁵⁵ a⁵⁵ha³³ -Ø vu⁵⁵.

　　　猫　　老鼠　　　逮

　　猫逮老鼠。

第四，在一些施受关系不会引起歧义的句子中，也用受事标记 di³¹ 来强调受力后的结果。例如：

（27）a⁵⁵mu³¹ɕi⁵⁵ sŋ³³dzŋ⁵⁵ * di³¹　ɕi⁵⁵ by³¹ ɛ⁵³.

　　　风　　　　树木　　　PAT 吹 倒 AXU

　　风会吹倒树木。

（三）受事格标记 di³¹ 的焦点标记功能

在彝语西部方言中，受事标记 di³¹ 还可以标记对比焦点。如上例（22）和（23）在中性语用环境中不加受事格标记，但如果受事成分为对比焦点，就可以用受事格标记 di³¹。如：

（28）ŋa⁵⁵ a⁵⁵ʂa⁵⁵ dŋ⁵⁵ di³¹ kha³³ tɑ³¹ ŋa⁵⁵, a⁵⁵no³³ dzŋ⁵⁵ di³¹　ma³¹ kha³³.

　　　1S 玉米 树 FOC 砍 只 是　　豆 树 FOC NEG 砍

　　我只是砍玉米，没有砍豆子。

（29）a⁵⁵tʂhŋ³¹ tsha³¹bo³³ di³¹ dza³¹ la⁵⁵,　ka⁵⁵lo³³ di³¹　ma³¹ dza³¹ la⁵⁵.

　　　山羊　　食盐　　FOC 吃 HAB 石头 FOC NEG 吃　HAB

　　山羊喜欢吃的是食盐，不是石头。

## 四　彝语西部方言及物小句的语序及其性质

彝语西部方言及物小句的基本语序是 APV（SOV），如下例（30）a、（31）a 和例（32）a，但受事也可以作为话题移到句首，句子成为 PAV（OSV）语序的受事类话题句，如例（30）b、（31）b 和例（32）b。

（30）a. ŋa⁵⁵ u³³ di³¹ dɛ³¹ ki⁵⁵ ha⁵³.

　　　　1S 3S PAT 打 DIR REAL

　　　我打了他。

　　　b. u³³ di³¹ ŋa⁵⁵ dɛ³¹ ki⁵⁵ ha⁵³.

　　　　3S PAT 1S 打 DIR REAL

　　　他啊，是我打的。

（31）a. ŋa⁵⁵ a⁵⁵khɯ³¹ tʂhŋ⁵⁵ sa⁵⁵ ly³¹ u³¹ ha⁵⁵ la¹³.

　　　　1S　狗 DEF 三 CL 卖 完 PFV

　　　我卖完了那三只狗。

　　　b. a⁵⁵khɯ³¹ tʂhŋ⁵⁵ sa⁵⁵ ly³¹ ŋa⁵⁵ u³¹ ha⁵⁵ la¹³.

　　　　狗　 DEF 三 CL 1S 卖 完 PFV

那三只狗，我卖完了。

（32）a. ŋa⁵⁵ dʐ⁵⁵ du⁵⁵ la³¹.

　　　　1S　酒　喝　PROG

　　　　我在喝酒。

　　　b. dʐ⁵⁵ ŋa⁵⁵ du⁵⁵ la³¹.

　　　　酒　1S　喝　PROG

　　　　酒，我在喝。

　　从以上例子可以看出，彝语西部方言受事类话题句的 PAV（OSV）语序是语用性质的，没有句法化，不属于基本语序。也就是说，与北部方言完全不同，西部方言 PAV（OSV）语序与谓语动词是否是完成体或是否具有结果性无关。如下例（33）a 的谓语动词具有结果性，例（34）a 是完成体，但基本语序都还是 APV（SOV），例（33）b 和例（34）b 的 PAV（OSV）语序是受事话题化而移位到句首的结果。

（33）a. a⁵⁵mu¹³ a⁵⁵sa³³ di³¹　kʉ³³　ta³¹　　la¹³.

　　　　阿木　阿撒　PAT　叫　ACHIEV　PFV

　　　　阿木已经把阿撒叫来了。

　　　b. a⁵⁵sa³³ di³¹ a⁵⁵mu¹³ kʉ³³　ta³¹　　la¹³.

　　　　阿撒　PAT　阿木　叫　ACHIEV　PFV

　　　　阿撒已经被阿木叫来了。

（34）a. a⁵⁵mu¹³ a⁵⁵sa³³ di³¹　mu⁵⁵　la¹³.

　　　　阿木　阿撒　PAT　看见　PFV

　　　　阿木看见过阿撒了。

　　　b. a⁵⁵sa³³ di³¹ a⁵⁵mu¹³ mu⁵⁵　la¹³.

　　　　阿撒　PAT　阿木　看见　PFV

　　　　阿撒已经被阿木看见过了。

## 五　理论意义与启示

　　世界上的每个语言都有标记语法关系的手段，不同语言的标记手段尽管不尽相同，但基本上都是用屈折形态、语义格标记、一致关系、语用标记、语序这些手段来表明及物句中的论元的性质。其中，格标记可能是词缀也可能是附缀或是附置词。

　　在彝语方言中，有些有受事格标记，如西部方言和中部方言；有些没有受事格标记，如北部方言。就是有受事格标记的方言中，如西部方言的标记 di³¹ 与中部方言的标记 thie²¹，它们在形态上也不同源。可以推测，彝语方言受事格标记可能是方言分化后才产生的。LaPolla（1992）也通过比较分析了一百多个藏缅语受事格标记，认为其产生的年代不长，因为在有受事标记的语言中，关系亲近的语言的受事标记在形态上没有同源性；如同为彝语支语言的傈僳语和阿卡语（国内哈尼族阿卡支系语言）的受事格标记没有共同来源；另外，在非常亲近的语言中，有些有受事标记，有些却没有；如阿卡语有受事标记，但哈尼语没有受事标记。

　　从彝语北部方言和西部方言来看，有受事格标记和没有受事格标记的语言或方言的基本语序呈现出不同的类型。同是话题凸显的语言或方言，句子核心论元有施受事格标记的语言，语序就较为灵活，根据信息结构，把需要突出的论元，置于默认的句首话题位置，其施受事角色不会改变；如彝语西部方言。话题凸显但没有施事格受事格标记的语言，其语序也跟生命度有一定的关系，在施受语义关系不会混淆时，语序可以灵活，此时受事移位到句首成为 APV（SOV）语序，属于语用性质的；但是，当施受语义会混淆时，语序便根据谓语动词语义及体貌特征分裂为 APV（SOV）和 PAV（SOV）两种基本语序，彝语北部方言就属于这种类型。藏缅语族中这样的语言或方言比较少见，国内的藏缅语族基本上都有可选性的受事标记或施事标记。因此，采用不同的手段或者说某种手段丰富的语言会形成与之相应的语法体系，具有相应的结构特征：语言库藏中有什么手段就充分使用什么手段来表达语言。

## 参考文献

戴庆厦：《景颇语参考语法》，中国社会科学出版社 2012 年版。

戴庆厦、邱月：《OV 型藏缅语连动结构的类型学特征》，《汉语学报》2008 年第 2 期。

胡素华：《彝语结构助词研究》，民族出版社 2002 年版。

胡素华：《凉山彝语的话题结构　兼论话题与语序的关系》，《民族语文》2004 年第 3 期。

胡素华：《彝语诺苏话中光杆名词和名量短语的指称性》，《语言学论丛》2012 年第 45 辑。

胡素华：《诺苏彝语里通过语序表现出的作格分裂性》，第 45 届国际汉藏语会议，南洋理工大学，2012 年。

胡素华、赵镜：《诺苏彝语话题标记的功能及其话题类型》，《民族语文》2015 年第 2 期。

胡素华：《彝语参考语法》，民族出版社，即将出版。

黄成龙：《羌语的非施事及其相关标记》，《语言学论丛》2010 年第 41 辑。

黄成龙：《羌语中的生命度等级序列》，《汉藏语学报》2013 年第 7 期。

李春风：《拉祜语宾格助词 tha$^{31}$》，《民族语文》2011 年第 6 期。

刘丹青：《汉藏语言的若干语序类型学课题》，《民族语文》2002 年第 5 期。

刘丹青：《吴语和西北方言受事前置语序的类型比较》，《方言》2015 年第 2 期。

陆丙甫：《从宾语标记的分布看语言类型学的功能分析》，《当代语言学》2001 年第 4 期。

徐烈炯、刘丹青：《话题的结构和功能（增订版）》，上海教育出版社，2007 年版。

徐烈炯：《汉语语序如何体现信息结构与题元结构》，北京语言大学学术报告，2013 年。

赵镜：《诺苏彝语的话题结构》，中央民族大学博士论文，2015 年。

周廷升：《彝语腊罗话的题标记及其结构类型》，丁石庆、周国炎主编《语言学及应用语言学研究生论坛 2014》，中央民族大学出版社 2015 版。

Comrie, Bernard. 1989. *Language Universals and Linguistic Typology: Syntax and Morphology*, 2nd edn. Oxford: Blackwell.

Comrie, Bernard. 2011. Alignment of Case Marking of Full Noun Phrases. In Matthew S. Dryer & Martin Haspelmath (eds.), *The World atlas of Language Structures Online*. Munich: Max Planck Digital Library, chapter 98. http://wals.info/chapter/98 (accessed March 26, 2015).

Croft, William. 2003. *Typology and Universals*, 2nd edn. Cambridge: Cambridge University Press.

Gerner, Matthias. 2008. "Ambiguity-Driven Differential Object Marking in Yongren Lolo." Lingua 118, No. 3: 296–331.

Greenberg, Joseph H. 1963. "Some universals of grammar with particular reference to the order of meaningful elements." *Universals of Language* 2: 73–113.

LaPolla, Randy J. 1992. "Anti-ergative marking in Tibeto-Burman." *Linguistics of the Tibeto-Burman area* 15, No. 1: 1–9.

LaPolla, Randy J., and Chenglong Huang. 2003. *A grammar of Qiang: with annotated Texts and Glossary*. Vol. 31. Walter de Gruyter.

Li Charles N. & Sandra A. 1976. Thompson. Subject and Topic: A New Typology of Language. In Li, Charles N. (eds.), *Subject and Topic*. New York: Academic Press, pp.459–489.

Matisoff, James A. 1982. *The Grammar of Lahu*. University of California Publications in Linguistics ; v. 75. Berkeley: University of California Press.

Shibatani Masayoshi. 1991. Grammaticization of topic into subject. Elizabeth Closs Traugott, Bernd Heine (eds.). *Approaches to grammaticalization: Volume II. Focus on Types of Grammatical Markers*. Amsterdam: John Benjamins Publishing Company, pp.93–133.

Sinnemäki, Kaius. 2014. "A Typological Perspective on Differential Object Marking." Linguistics: An Interdisciplinary Journal of the Language Sciences 52, no. 2: 281.

Wagner, Michael. 2009. Focus, topic, and word order: A compositional view. Craenenbroeck, Jeroen van (eds.), *Alternatives to Cartography*, ed. Berlin: Mouton de Gruyter, pp.53–86.

Whaley, Lindsay J. 1996. *Introduction to Typology: the Unity and Diversity of Language*. Sage Publications.

# Typological Comparison of Patient Marker and Basic Word Order between Yi Languages

Hu Suhua and Zhou Tingsheng

**Abstract:** As a group of Tibeto-Burman family, the Yi (or Loloish) languages take APV (SOV) as basic word order. However, Nuosu (Northern Yi) has both APV (SOV) and PAV (OSV) as basic word order; respectively, the APV (SOV) order is obligatory for a clause in which the predicate has imperfective, progressive, or negative implicature, and the PAV (OSV) order is obligatory when the predicate has perfective, resultative and/or perfective implicature. This is obviously different from other Yi languages such as Lalo (Western Yi). Since both Nuosu and Lalo are topic-prominent, for a clause with APV (SOV) order, the patient can be topicalized by moving it to the initial position, and then the word order is converted to PAV (OSV). Therefore, Nuosu has two types of PAV (OSV) basic word order; one is for pragmatic purpose (topicalization of the patient) and the other is syntactically obligatory. Yet in Lalo the PAV (OSV) word order is solely for the pragmatic purpose but not syntactically obligatory, so it cannot be considered as basic word order. Nuosu and Lalo have different strategies for marking core arguments in a clause due to their different linguistic inventory. Lalo uses patient marker (or differential object marking, DOM) according to the animacy of a patient (object) in comparison with that of the agent (subject), but Nuosu has no such marker. This paper will analyze and compare the patient marking and word order between the two Yi languages.

**Key words:** Yi Languages; Word Order; Patient Marker; Topic

（通信地址：100081　北京中央民族大学中国少数民族语言与古籍研究所）

# 豪尼哈尼语的存在句

## 张 鑫

**【提要】**豪尼哈尼语有存在句，且具有一些突出的特点。这些特点主要来自于豪尼哈尼语的八个表示"存在"概念的存在动词。本文主要探讨豪尼哈尼语存在句的结构模式、存在动词、存在句的类别、存在句的句法结构，最后从类型学视角出发考察豪尼哈尼语存在句的类型学特征。

**【关键词】**豪尼哈尼语　汉语　存在句

豪尼哈尼语（下文简称"豪尼话"）是哈尼语豪白方言的代表性次方言。豪尼话的存在句，是指由表示存在意义的动词作谓语而构成的句子，表示人或事物的存在、出现和消失，也表示某人或某物所处的位置。其基本格式是"处所词+存在主体+存现动词"和"存在主体+处所词+存现动词"。豪尼话存在句的存在动词呈现出部分"有/在"同形的情况，可以表示不同的语义和范围。具有动物和植物、有生命和无生命、固体和液体、可移动和不可移动等类别差异。

## 一　存在句的结构模式

豪尼话存在句的基本结构模式是"A 段+ C 段+B 段"和"C 段+ A 段+ B 段"。前者表示某处存在着某人/某物，后者表示某人/某物在某处。具体如下。

（一）某处存在着或有某人/某物

1. 基式是"处所词+存在主体+存现动词"。这是最常见的存在句句式。例如：

tho⁵⁵mɔ⁵³ɔ³¹tʃhuɯ³³tʃo³³mɔ³¹? 这里边有什么？

这 （方助） 什么　　有 （语助）

a⁵⁵la̱³¹mɔ⁵³xɔ³¹tʃ ̩⁵⁵ne̱ ³¹zɔ³¹tʃ v⁵⁵. 树枝上有两只鸟。

树枝 （方助） 鸟　　两只　有

tʃɔ⁵⁵lu⁵⁵mɔ⁵³ŋɔ³¹ʃɔ³¹khv ³¹mɔ⁵⁵tʃo³³. 背篓里有六条鱼。

背篓 （方助） 鱼　　六　条　有

s̩³³tshu³¹mɔ⁵³ɔ⁵⁵n̩i⁵⁵tɕhi³¹zɔ³¹tʃv⁵⁵. 灌木丛里有一只猫。

灌木丛 (方助) 野猫 一 只 有

kɤ³¹tʃɯ³¹ɤ³¹tɯ³¹mɔ⁵³xɔ³¹ɯ⁵⁵ni⁵⁵ɯ⁵⁵tʃɯ³³. 山顶上有雪。

山顶　　(方助) 雪　　　　在

ɔ³¹khɯ³¹mɔ⁵³a³¹ɕɛ ³¹tɕhi³¹zɔ³¹tʃhu³³. 腿上爬着一只蚂蟥。

腿上 (方助) 蚂蟥 一 只 爬

ɤɔ ³¹xɔ⁵⁵mɔ⁵³vɔ³¹ɤɔ³¹！phḁ³¹nɔ̩³¹tɕhi³¹thɛ³³lɛ⁵³tʃɔ³³！床下！只有一只鞋！

床　 (方助) 下 (话助) 鞋　　 一　 只 只 在

nv³¹ʐu⁵⁵mɔ⁵³v⁵⁵nv³¹tɕhi³¹zɔ³¹lɛ⁵³tʃv⁵⁵/⁵³. 牛圈里只有一头牛。

牛　　(方助) 牛　 一　 头 只 在

xu³¹zɔ³¹mɔ⁵³thu³¹ʃu⁵⁵ʃu⁵⁵ɕi³¹mɯ⁵⁵lɛ⁵³tʃɔ³³. 碗里有很多松子。

碗　　(方助) 松子　　　 很多　 有

v⁵⁵nv³¹l̩u³³pu³³mɔ⁵³nv³¹phɯ⁵⁵tɕhi³¹zɔ³¹tʃv⁵⁵. 水塘里有一头水牛。

水塘　　　(方助) 水牛　　 一　 头 在

kɯ⁵⁵fv³¹tu³¹phɛ³¹mɔ⁵³l̩u³³mɔ³³ʑi⁵⁵tui³³xɛ⁵⁵tɤ ³³ɤɛ³¹. 墙角放着一堆石头。

墙角　　　　(方助) 石头　 一 堆 放 着 (语助)

2. 变式是"处所词+存在主体"或"存在主体+存现动词"。在双方已知的情况下，存在动词或短语和处所词可以省略。例如：

xɔ⁵⁵sɔ³¹mɔ⁵³ɯ⁵⁵l̩ɯ⁵⁵tɕhi³¹mɔ⁵⁵. 草里有一条蛇。

草　 (方助) 蛇　 一　 条

tsh̩⁵⁵zɔ³¹tɕhɔ³¹（=tɕhi³¹ɤɔ³¹）mɔ³¹tʃv⁵⁵, tieŋ⁵⁵teŋ³³lɛ⁵³tɤ ³³.

人　 一个　 一 个 没 有　 电灯　 只 出

家里没有人，亮着灯。

另外一种变式是"存在主体+处所词+存现动词"。为了强调凸显存在主体，将存在主体移至处所词之前。试比较下组例句：

（1）ɔ⁵⁵ts̩⁵⁵mɔ⁵³vɔ³¹tsh̩⁵⁵zɔ³¹tɕhɔ³¹（=tɕhi³¹ɤɔ³¹）tʃɯ³³. 树下有一个人。

　　树　 (方助) 下 人　 一个　 一 个 有

（2）tsh̩⁵⁵zɔ³¹tɕhɔ³¹（=tɕhi³¹ɤɔ³¹）ɔ⁵⁵ts̩⁵⁵mɔ⁵³vɔ³¹ʃɔ ³¹tḁ ³³tɤ ³³ɤɛ³¹.

　　人 一个 一　　　　 个 树 (方助)　 下 站 (趋向) 出 (语助)

　　一个人站在树下。

例句（1）是基式，说明某处有某物。例句（2）是变式，存在主体居句首，强调存在主体"一个人"。

（二）某人/某物在某处

1. 基式是"存在主体+处所词+存现动词"。三段都在句中出现，明确表示某物存在于某处。例如：

ɔ³¹pv⁵⁵ɔ⁵⁵xu⁵⁵tʃv⁵⁵. 爷爷在家里。

爷爷　　家　　在

ɔ⁵⁵pɤ³³ɣɔ³¹ɣo̧³¹xɔ⁵⁵mɔ⁵³tʃɯ³³. 被子在床上。

被子 (话助) 床上 (方助) 在

ɕɔ³¹me³¹zi⁵⁵thɯ³³ʑɛŋ⁵⁵tsɹ̩³¹mɔ⁵³tʃɯ³³. 晓梅他们在院子里。

晓梅　　他们　　院子　 (方助) 有

nv⁵⁵ʑa⁵⁵xɔ³¹ɔ⁵⁵ʒu⁵⁵tɔ⁵⁵tsɹ̩³³mɔ⁵³tha³¹tʃɯ³³. 你的烟盒在桌子上。

你　烟盒　　　桌子　 (方助) 上　在

2. 变式为 "存在主体+处所词"。例如：

ʑi⁵⁵thɯ³³lu⁵⁵pɔ³¹mɔ⁵³ɔ⁵⁵l̩ɯ³¹tsɹ̩³¹. 他们在河里洗澡。

他们　　河　　 (方助) 洗澡　洗

ʑi⁵⁵thɯ³³ɔ⁵⁵xu³¹l̩ɔ³¹mɔ³¹tu³³ɣe³¹lu⁵⁵pɔ³¹mɔ⁵³ɔ⁵⁵l̩ɯ³¹tɕhi³¹.

他们　　衣服 裤子 没 穿 (语助) 小河　 (方助) 洗澡　洗

他们没穿衣服在河里洗澡。

## 二　存在动词

### （一）存在动词

豪尼话的存在动词是指 "有/在" 类存在动词，是单纯表示存在的动词，有不同的类别范畴，共有 8 个，即 [tʃv⁵⁵]、[tʃɯ³³]、[tʃa³³]、[tʃo³³]、[tɤ³³]、[te³³]、[tu⁵⁵] 和 [v⁵⁵]。豪尼话分别用这 8 个存在动词表示不同的存在意义和存在范围。其中，最常用的是 [tʃv⁵⁵]、[tʃɯ³³]、[tʃa³³] 和 [tʃo³³]。具体是：

1. 表示一般事物的存在、某物上有文字、图画或绣花等，用 [tʃɯ³³] "有/在"。例如：

ɔ⁵⁵pɤ³³ɣɔ³¹ɣo̧³¹xɔ⁵⁵mɔ⁵³tʃɯ³³. 被子在床上。

被子 (话助) 床上 (方助) 在

ɔ⁵⁵xu⁵⁵ɣɔ³¹thɯ³¹xɤ³¹mɔ³⁵ti³³tʃɯ³³. 屋里有一堆南瓜。

屋　 (话助) 南瓜　很多　有

kɔ³³liŋ³¹mɔ⁵³khe³³la̧³¹tɤ³¹mɔ⁵³a⁵⁵ʑɛ³³tʃɯ³³/³¹. 衣领和袖子上有花。

高领　 (方助) 和　袖子　 (方助) 花　有

ŋa⁵⁵tho³¹zi⁵⁵fɔ³³fɔ³³kɤ³¹tʃɯ³¹tɕhi³¹mɔ⁵⁵tʃɯ³³. 我家前面有一座大山。

我家　　前面　 (方助) 山　　一　座　有

tsho³¹lo³¹fɤ³³ɕi³¹ɣɔ³¹liaŋ³¹pɯ³¹tɔ³³fv⁵⁵tsʰɯ⁵⁵zɔ³¹tʃɯ³³. 措乐村寨有两百多户人家。

措乐　村　 (话助) 两　百　多 户 人　　有

2. 表示人及其他生物的存在，用 [tʃv⁵⁵] "有/在"。例如：

a³¹xa̠³³xa̠³³zɔ³¹xa̠³³ʒu⁵⁵mɔ⁵³tʃv⁵⁵. 小鸡在鸡窝里。

小鸡　　　　鸡窝　(方助)　在

xɔ³¹tʃi⁵⁵tʃi⁵⁵zɔ³¹ɣɔ³³ʒu⁵⁵mɔ⁵³tʃv⁵⁵. 雏鸟在鸟窝里。

鸟　(叠)　小　(话助)　窝　(方助)　在

ɔ⁵⁵xu⁵⁵ɣɔ³¹tsɿ̃⁵⁵zɔ³¹mɔ³⁵ti³³tʃv⁵⁵. 屋里有很多人。

屋　(话助)　人　　很多　有

mɛ⁵⁵tshɔ³¹mɔ⁵³a³¹tʃɿ̃³¹tɕhi³¹kɯ⁵⁵tʃv⁵⁵. 地里有一群羊。

地　　(方助)　羊　　一　群　有

3. 表示无生命的存在，用［tʃa³³］"有"。例如：

u³¹u³¹mɔ⁵³u³¹tu⁵⁵tʃa³³（tʃɯ³³）. 天上有云。

天　(方助)　云　有

kɣ³¹tʃɯ³¹mɔ⁵³ɔ⁵⁵tsɿ̃⁵⁵ma³¹tɕ³³,　tɕhi³¹kɛ³³xɯ⁵⁵ma³¹tʃa³³.

山　　(方助)　树　没 有　什么都　没　有

山上没有树没有草，光秃秃的。

ŋɔ³³thɯ⁵⁵fɣ³³ɕi³¹ɣɔ³³tiɛŋ⁵⁵tʃa³³（tʃɯ³³）. 我们村寨有电。

我们　　村寨　(话助)　电　有

4. 表示液体或气体的存在，用［tɣ³³］"有"。例如：

ɯ⁵⁵pu³¹mɔ⁵³ɯ⁵⁵tʃhɣ³¹tɣ³³. 桶里有水。

桶　(方助)　水　　有

ɯ⁵⁵thɔ⁵⁵mɔ⁵³ɯ⁵⁵tʃhɣ³¹tɣ³³. 水缸里有水。

水缸　(方助)　水　　有

phiŋ³¹phiŋ³³mɔ⁵³tʃi⁵⁵pɔ³¹tɣ³³. 瓶子里边有酒。

瓶子　(方助)　酒　有

5. 表示植物的生长或存在，用［tɕ³³］"有"。例如：

tʃhe⁵⁵ɕi³¹mɔ⁵³ʃu⁵⁵mɔ³³mɯ⁵⁵lɛ⁵³tɕ³³. 稻谷中间有许多稗子。

稻谷　(方助)　稗子　许多　有

kɔ⁵⁵mɔ³³pɔ⁵⁵tsɛ⁵⁵fɔ³³ɔ⁵⁵tsɿ̃⁵⁵tʃheŋ⁵⁵ʃɯ¹pa⁵⁵ʃɯ³¹ʹ³³ɣɛ³¹tɕhi³¹mɔ⁵⁵tɕ³³.

路　　旁边　(方助)　树　直直的　　　(语助)　一　棵　有

路边有一棵直直的树。

ɔ⁵⁵xu⁵⁵nɔ³¹nɯ⁵⁵fɔ³³ɕi³¹u³¹ɔ⁵⁵tsɿ̃⁵⁵tɕhi³¹tsɿ̃⁵⁵tɕ³³. 房子后面有一棵桃树。

房子　后面　(方助)　桃子树　一　棵　有

thu³¹tɯ⁵⁵pɔ⁵⁵tsɛ⁵⁵fɔ³³ɯ⁵⁵mu³¹mɯ⁵⁵lɛ⁵³tɕ³³. 池塘周围长着许多垂杨柳树。

池塘　周围　(方助)　垂杨柳　很多　有

6. 表示群体（或整体）中存在的个体或一部分，有"掺杂"的意思；表示有容积的物品中装有某物或某器具里有某物；表示某物体中含有某种成分，都用 [tʃo³³] "有"。例如：

sa ³¹pu³¹mɔ⁵³ɔ⁵⁵fv³¹tʃo³³. 甑子里边有饭。

甑子 (方助) 饭 　有

ɣo ³¹xɔ⁵⁵mɔ⁵³pʰa ³¹nɔ ³³tɕʰi³¹mɔ⁵⁵tʃo³³. 床底下有一双鞋。

床 　(方助) 鞋 　一 　双 有

ɔ³¹ɕi³¹mɔ⁵³ɯ⁵⁵tʃhɣ ³¹kʰɛ³³tʃm̩⁵⁵tɣ ³¹tʃo³³. 水果里含有水和糖。

水果 (方助) 水 　　和 糖 　有

7. 表示有道路、足迹或其他痕迹，用 [tu⁵⁵] "有"。例如：

nv⁵⁵ɔ⁵⁵xu³¹mɔ⁵³tɔ⁵⁵kʰu⁵⁵tɕʰi³¹mɔ⁵⁵tu⁵⁵. 你衣服上有一个洞。

你 衣服 (方助) 洞 　一 个 有

ɣ ³¹tsʰn̩ ³¹tɛ³³mɔ³³mɔ⁵³tɔ⁵⁵kʰu⁵⁵na ³¹na ³¹mɛ⁵⁵tu⁵⁵/⁵³. 秧田里有深深的坑。

秧田 　　　(方助) 洞 深 深 (状助) 有

ɔ⁵⁵tsn̩⁵⁵tsn̩⁵⁵tshu³¹u⁵⁵tʃhe³³mɔ⁵³kɔ⁵⁵mɔ³³tɕʰi³¹kʰu³³tu⁵⁵. 森林中间有小径。

森林 　　　中间 (方助) 路 　一 条 有

8. 表示蜜蜂、蚂蚁等昆虫群体的存在，用 [v⁵⁵] 或 [tʃɯ³³] "有"。例如：

kɯ⁵⁵fv³¹mɔ⁵³po³¹tʃm̩⁵⁵tɕʰi³¹kɯ⁵⁵v⁵⁵（tʃɯ³³）. 墙上有一窝蜂。

墙上 (方助) 蜜蜂 　一 窝 有

ɔ⁵⁵tsn̩⁵⁵tu³¹tʃm̩⁵⁵mɔ⁵³ɔ⁵⁵fv³³fv³¹ni⁵⁵tɕʰi³¹kɯ⁵⁵tʃɯ³³（v⁵⁵）. 树根处有一窝蚂蚁。

树根 　　　(方助) 蚂蚁 　　　一 窝 有

（二）兼表存在义的动词

兼表存在义的动词是指不用"有/在"类的动词表示存在。在豪尼话里，表示人或事物的运动变化、人对物体安放处置的动作等动词也表示客观存在的意义，构成一系列的存在句。这类动词包括：不及物动词如"睡、躺、卧、坐、飘、跪"等，及物不及物两用动词如"放、挂、摆、堆、排、贴、插、装"等，及物动词如"写、画、绣、刻、印、雕"等。非存在性存在动词的语法特点有：

1. 动词后能加持续标记 [ta ³³] "着"，强调存在主体的存在方式及动作行为的持续状态。例如：

ɔ⁵⁵fv³¹tsɔ³¹mɛ³¹kɯ⁵⁵fɣ ³¹mɔ⁵³tʰɣ ³¹xua⁵⁵ʑi⁵⁵fv³¹kua⁵⁵ta ³³tɣ ³³ɣɛ³¹.

客厅 　　墙 　(方助) 图画 　一 幅 挂 　上 (趋向)(语助)

客厅的墙上挂着一幅画。

po³³li³¹mɔ⁵³su³¹ɣɔ³¹tʃaŋ⁵⁵ta ³³tɛ⁵³（＝tɣ ³³ɣɛ³¹）. 玻璃上贴着纸。

玻璃 (方助) 纸 　张贴着 起 　　起 (语助)

xɣ³¹paŋ³¹mɔ⁵³ta⁵⁵tsŋ⁵⁵zi³¹phe³¹tshŋ³³ta³³tɣ³³ɣe³¹. 黑板上写着一行大字。

黑板 (方助) 大字 一 排 写 着 起(语助)

2. 有的存在动词后带的持续体标记〔ta³³〕可加可不加，不影响句义。例如：

u³¹u³¹ɣɔ³¹u³¹tu⁵⁵pu⁵⁵ʹ⁵³. 蓝天上飘着白云。

天空 (话助) 白云 飘

te³³mɔ³³mɔ⁵³ʃɔ⁵⁵tuɯ³³te³³. 田里长着苞谷。

田 (方助) 玉米 长着

zi⁵⁵fɔ³³fɔ³³thu³¹ʃu⁵⁵ʃu⁵⁵tsŋ⁵⁵tu³¹phe³¹mɔ⁵³ɔ³¹khuɯ³¹tɕhi³¹mɔ⁵⁵zŋ³¹.

对面 (方助) 松树 角落 (方助) 狗 一 条 走

对面松树下走着一条狗。

3. 动词后能加句尾助词〔ɣe³¹〕"了"，陈述或强调存在主体的存在状态或存在动词的结果、程度等。例如：

kɔ⁵⁵mɔ³³pɔ⁵⁵tsɛ⁵⁵fɔ³³ɣɔ³¹phe³³u³¹tʃuɯ³³tɣ³³ɣe³¹. 路边有了卖菜的。

路 旁边 (方助) 蔬菜 卖 有 出 (语助)

zi⁵⁵lɔ³¹ma³³tɕɛ³³mɔ⁵³tɕi⁵⁵tsɛ³³ma³³uɯ⁵⁵tɣ³³ɣe³¹. 他眼里充满了泪水。

他 眼睛 (方助) 全部 眼泪 出 (语助)

kɔ⁵⁵mɔ³³mɔ⁵³xɔ⁵⁵sɔ³¹ti³¹ta³³tʃhuɯ³¹ɣe³¹，kɔ⁵⁵mɔ³³mɔ⁵³mu³¹lɔ⁵⁵tɕhe³¹ɣe³¹.

路 (方助) 草 地上 生长 (语助) 路 (方助) 盖 (趋向)(助动)(语助)

路上长满野草，把路盖住了。

4. 有的动词后可加〔pu³³〕"满"，补充说明"尽是、都是"的意思。例如：

kɣ³¹tʃuɯ³¹ɣɔ³³xɣ³¹ʃɣ³¹ʹ³³ma³³zɛ³³mɔ⁵³ti³³zɛ³³pu³³ɣe³¹. 山上开满杜鹃花。

山 杜鹃花 (方助)(状助) 开 满 (语助)

za³³ku⁵⁵pɔ³¹ḷu³³mɔ⁵³za³³tɕhi³¹tʃɔ³³ʹ³¹pu³³tu³³ɣe³¹.

水烟筒 (方助) 烟屎 有 满 (助动)(语助)

水烟筒里渍满了烟油子。

（三）存在动词与兼表存在义的动词的关系

由存在动词或兼表存在义的动词构成的存在句，意义有相似之处，但表达语法意义略有侧重，句式的变式条件也不相同。由存在动词构成的"有"类存在句，除了隐含语法成分，存在主体与处所词的位置关系不能改变。由存在动词"在"类构成的存在句和非存在动词构成的存在句，其基式有变式，即存在主体与处所词的位置可以变换，位于句首的成分，是存在句强调的焦点，与无标记的话题是一致的。以下两组例句为例：

（1）ɔ⁵⁵tsɿ⁵⁵mɔ⁵³tshɿ⁵⁵zɔ³¹tɕhɔ³¹（＝tɕhi³¹ɣɔ³¹）tʃv⁵⁵/⁵³. 树下有一个人。

树下 (方助) 人一个一个有

（2）（a）ɔ⁵⁵tsɿ⁵⁵tu³¹phe³¹mɔ⁵³tshɿ⁵⁵zɔ³¹tɕhɔ³¹（＝tɕhi³¹ɣɔ³¹）ʃo̠³¹ta̠³³tɣ³³ɣɛ³¹.

树　下面 (方助) 人　一个一个站着 (状助)(语助)

树下站着一个人。

（b）tshɿ⁵⁵zɔ³¹tɕhɔ³¹（＝tɕhi³¹ɣɔ³¹）ɔ⁵⁵tsɿ⁵⁵tu³¹phe³¹mɔ⁵³ʃo̠³¹.

人　一个一个树　　下面 (方助) 站

一个人站在树下。

（四）存在动词的语法特点

1. 豪尼话的存在动词在句子中主要作谓语，不能重叠，能受副词、时体词修饰。例如：

za̠³¹ko³³mɔ⁵³ɔ⁵⁵fv³¹tʃo³³ɕi³¹, nv⁵⁵sa̠³¹tshe³³ɣe³³nɛ³³tsɔ³¹.

洋锅 (方助) 饭　有 还　你 蒸 热 (语助)(连) 吃

锅里还有饭，你热了吃。

ɔ⁵⁵xu⁵⁵ɣɔ³¹za̠³¹zɿ³³zɔ³¹tɕhɔ³¹（＝tɕhi³¹ɣɔ³¹）le⁵³tʃv⁵⁵/⁵³.

家 (话助) 男孩子　一个　一个　只 在

家里只有一个男孩子在（其他人外出）。

me⁵⁵tshɔ³¹mɔ⁵³kɔ³³fv³¹ɯ⁵⁵kɔ⁵⁵xɯ⁵⁵ti³³xɔ⁵⁵mɔ⁵⁵mɔ⁵⁵tʃɯ³³.

地　 (方助) 以前 沟　也 (状助) 几　条 有

地上有过几条大沟。

2. 存在动词有否定形式，表示否定的存在。其语法形式是在存在动词前加否定副词［mɔ³¹］"不\没"、［ma³¹］"没"。例如：

ʑi⁵⁵tho³¹tshɿ⁵⁵zɔ³¹mɔ³¹tʃɯ³³. 他家没人。

他家　人　没 有

ʑi⁵⁵tho³¹tshɿ⁵⁵zɔ³¹tɕhɔ³¹（＝tɕhi³¹ɣɔ³¹）xɯ⁵⁵mɔ³¹tʃv⁵⁵. 他一家人都不在。

他家　人　 一个　 一个 也 不 在

tɛ³³mɔ³³ɯ⁵⁵pɣ³¹mɔ⁵³ɯ⁵⁵tʃɣ³¹mɔ³¹tɣ³³ɣɛ³³nɛ³³, ŋɔ⁵⁵ɯ⁵⁵tʃhɣ³¹pe³¹ʑi⁵⁵ɣɛ³¹.

水田　　 (方助) 水　没 出 (语助)(连) 我 水　 放 去 (语助)

水田没有水了，我去放水。

ŋɔ⁵⁵pɣ³¹tʃhɯ⁵⁵mɔ⁵³u³¹ʃhe⁵⁵ma³¹tʃo³³/³¹. 我的坛子里没有酸菜。

我 坛子　 (方助) 酸菜 没 有

三　存在句的类别

（一）根据存在句的语义特点分类

1. "有/在"字句。［tʃv⁵⁵］、［tʃɯ³³］、［tʃo³³］、［tʃa³³］都是存在动词，

但［tʃɯ³³］"有"除了表示"存在"外，还能表示某物的所属。［tʃv⁵⁵］"在/有"只表示"存在"，属于存在动词。"有""在"类存在动词主要构成叙述类存在句。例如：

kɣ³¹tʃɯ³¹ɔ⁵⁵tsŋ⁵⁵tɕhi³¹mɔ⁵⁵tʃɯ³³. 山上有一棵树。

山　　树　　一　棵　有

ɯ⁵⁵tʃhɣ³¹mɔ⁵³ŋɔ³¹ʃɔ³¹mɔ³⁵ti³¹tʃɯ³³.水里有很多鱼。

水　（方助）鱼　很多　有

thɯ³³thɯ³³mi̱³¹ta̱³¹lo³¹po³¹pɔ³¹mɔ⁵³pɔ³³ɕe³¹ɕe̱³¹tʃɯ³³.

那个　　姑娘（主助）脸　（方助）酒窝　　有

那个小姑娘的脸上有酒窝。

za̱³¹ko³¹mɔ⁵³ɔ⁵⁵fv³¹tʃo³³ɕi³¹, nv⁵⁵sa̱³¹tshe³³ɣe³¹ne³³tsɔ³¹.

洋锅　（房助）饭　有　还　你　蒸　热（语助）（连）吃

锅里还有饭，你热了吃。

zi⁵⁵fɔ³³fɔ³³thu³¹ʃu⁵⁵ʃu⁵⁵tsŋ⁵⁵tu³¹phe³¹mɔ⁵³ɔ³¹khɯ³¹tɕhi³¹mɔ⁵⁵tʃɯ³³ .

对面　（方助）松树　　　角落　（方助）狗　一　条　有

对面松树下有一条狗。

zi⁵⁵tho³¹tsŋ⁵⁵zɔ³¹tɕhɔ³¹（=tɕhi³¹ɣɔ³¹）xɯ⁵⁵mɔ³¹tʃv⁵⁵. 他一家人都不在。

他家　人　　一个　一个　也　不　在

**2. 判断式存在句。** 有的判断句也可以构成判断式存在句，表示存在。例如：

zɔ³¹mu³¹lɔ³¹po³¹pɔ³¹mɔ⁵³pɔ³¹pe⁵⁵pa³³tʃɯ̱³¹ŋɯ⁵⁵ɣe³¹.

老人　（主助）脸（方助）皱纹（结助）皱　是　（语助）

老人的脸上有深深的皱纹。

kɣ³¹tʃɯ³¹mɔ⁵³vɔ³¹te³³mɔ³³zi³¹pheŋ⁵⁵tʃɯ³³. 山下面是一片稻田

山　（方助）下　田　一片　有

**3. 摆、放等类存在句。** 由"摆""放""贴""挂"和"站"等及物动词做存在动词。例如：

pe̱³³ʃa̱³¹tu³¹the⁵⁵mɔ⁵³xe⁵⁵tɣ̱³³ɣe³¹. 把包放在椅子上。

包　椅子（方助）放上（语助）

v⁵⁵nv³¹nv³¹ʒu⁵⁵mɔ⁵³kuɛŋ⁵⁵u³³ɣe³¹. 把牛关进牛圈。

牛　（叠）圈（方助）关　进（语助）

zi⁵⁵lɔ³¹me³¹tɯ³¹mɔ⁵³me³¹tʃhe³¹tsŋ̱³¹. 他的下巴上长着胡子。

他　下巴（方助）胡子　长

nv⁵⁵za⁵⁵xɔ³¹ɔ⁵⁵ʒu⁵⁵tɔ⁵⁵tsŋ̱³³mɔ⁵³tha³¹tʃɯ³³. 你的烟盒在桌子上。

你　烟盒　　桌子（方助）上　在

4. "躺" [khɔ⁵⁵]、"坐" [tʃv⁵⁵]、"漂" [pv̩³¹] 等类存在句。这几个不及物动词做存在动词的。例如：

u³³xɛ³¹mɔ⁵³tɕhi³¹pa̩³¹. 门上粘着油漆。

门　(方助)　漆　粘

ɯ⁵⁵tʃhɤ³¹mɔ⁵³tha³¹tɕhi³¹khuɛ³¹tɕhi³¹khuɛ³¹mɛ⁵⁵tshɔ³¹pv̩³¹.

水　(方助)　上　一　块　一　块　土　漂浮

水面上漂浮着一块一块的泥土。

ɣo̩³¹xɔ⁵⁵mɔ⁵³tsh̩⁵⁵zɔ³¹tɕhɔ³¹（=tɕhi³¹ɣo³¹）khɔ⁵⁵kuɛ³³（=kɔ³³ɣɛ³¹）.

床　(方助)　人　一个　一个　睡觉

床上躺着一个人。

kuaŋ³¹tʃhaŋ³¹mɔ⁵³tsh̩⁵⁵zɔ³¹ʑi⁵⁵pɯ³¹to³³kɔ³³tʃv⁵⁵. 广场上坐着一百多人。

广场　(方助)　人　一　百　多个　坐

**（二）根据存在动词的状态特点分类**

根据存在动词的动态和静态之别，把存在句分为动态存在句和静态存在句。二者的划分是相对的。

1. 动态存在句：存在动词具有动态意义，表示动作行为的变化过程，或所处的某种动作状态。例如：

u³¹u³¹xɔ³¹tʃ̩⁵⁵pu⁵⁵. 天上飞着小鸟。

天　小鸟　飞

lu⁵⁵pɔ³¹mɔ⁵³ɔ³¹pɛ⁵⁵tɕhi³¹mɔ⁵⁵ka⁵⁵tʃo³³. 河里游着一只鸭子。

河　(方助)　鸭子　一　只　游　有

tɔ³¹kɯ³³mɔ⁵³fv³³tʃha³¹nɛ̩³¹zɔ³¹tsh̩³³. 屋顶上跑着两只老鼠。

屋　(方助)　老鼠　两　只　跑

xɤ³¹paŋ³¹mɔ⁵³ta⁵⁵tsɿ⁵⁵ʑi³¹phɛ³¹tsh̩³³ta³³tɤ³³ɣɛ³¹. 黑板上写着一行大字。

黑板　(方助)　大字　一　排　写　着　出 (语助)

2. 静态存在句：存在动词表示所处的静止状态。例如：

pɔ³¹pɔ³¹mɔ⁵³ma³³khɔ⁵⁵to³¹. 脸上戴着眼镜。

脸　(方助)　眼镜　戴

ɔ⁵⁵pɤ³³ɣɔ³¹ɣo³¹xɔ⁵⁵mɔ⁵³tʃɯ³³. 被子在床上。

被子 (话助)　床上　(方助)　在

kɤ³¹tʃɯ³¹ɔ⁵⁵tsɿ⁵⁵tsɿ⁵⁵tshu³¹tʃɯ³³. 山上有树林。

山　　树林　　有

v³¹tsh̩³¹tɛ³³mɔ³³mɔ⁵³phɛ³¹phɛ³¹ʑi⁵⁵kɔ³³tʃha³¹u⁵⁵tɤ³³ɣɛ³¹.

秧田　(方助)　牌子　一个　插　进 (趋向)(语助)

秧田里插着一块牌子。

（三）根据存在动词的时体特点分类

依据存在动词在存在句中的时体状况及是否表现存在主体的存在方式，豪尼话的存在句分为普通体存在句、进行体存在句、完成体存在句和持续体存在句几类。具体如下：

1. 普通体存在句：存在动词没有任何动作行为的时体特点，不表示任何动作状态，只表示存在主体的客观存在。如"有/在"等动词（或省略）所构成的存在句：

kɔ⁵⁵mɔ³³mɔ⁵³ɯ⁵⁵ɕe̥³³tʃɯ³³. 路上有青苔。

路　　(方助) 青苔　有

phiŋ³¹phiŋ³³mɔ⁵³tʃɿ⁵⁵pɔ³¹ɣ³³. 瓶子里边有酒。

瓶子　　(方助) 酒　有

kɯ⁵⁵fv³¹mɔ⁵³pɔ³¹tʃm̥⁵⁵ʑi⁵⁵wo³³v⁵⁵. 墙上有一窝蜜蜂。

墙上　(方助) 蜜蜂　一 窝 有

ŋa⁵⁵tho³¹ʑi⁵⁵fɔ³³fɔ³³, ʑi⁵⁵tho³¹zɔ³³fɔ³³fɔ³³. 我家在那边，他家在这边。

我家　　这边 (方助) 他家　那边　(方助)

2. 进行体存在句：存在动词表示存在主体的存在状态是动态的，是正在进行的动作行为，并且这种动作行为具有持续性的动态特点。如由"跑""飘""游""飞"等动词所构成的存在句：

u³¹u³¹ɣɔ³¹xɔ³¹tʃɿ⁵⁵tʃɿ⁵⁵zɔ³¹pu⁵⁵. 天上飞着小鸟。

天　(话助) 小鸟　　　 飞

ɯ⁵⁵tʃhɣ³¹mɔ⁵³ŋɔ³¹ʃɔ³¹mɔ³⁵ti³³tsm̥³¹. 水里游着很多鱼。

水　　(方助) 鱼　很多 游

kɛ⁵⁵tsn̩³¹mɔ⁵³tʃhɣ³³tsn̩³¹ʑi⁵⁵tʃaŋ³³tsm̥³¹. 大街上跑着一辆车。

大街　(方助) 车子　一 张 跑

3. 持续体存在句：表示持续存在状态是曾经瞬时产生的。这种状态是存在主体的存在方式。句中的存在动词具有瞬时的动作行为和持续的状态特点。如由"开""站""沾""挎""夹""贴""戴""拴""挂""放"等动词所构成的存在句：

pɔ³¹pɔ³¹mɔ⁵³mḁ³³khɔ⁵⁵tɔ³¹. 脸上戴着眼镜。

脸　(方助) 眼镜　戴

ʑi⁵⁵lɔ³¹lḁ³¹v³³tu³¹xu³¹mɔ⁵³su³¹ɣɔ³¹ʑi⁵⁵peŋ³¹tɕa³¹the³¹tɣ³³ɣɛ³¹.

他　腋下　　　(方助) 书　一 本 夹 (补) 出 (语助)

他腋下夹着一本书。

ɕi³¹xɣ³¹ɔ⁵⁵tsn̩⁵⁵mɔ⁵³ɕi³¹xɣ³¹mɔ³⁵ti³³ɕi³¹. 黄瓜架上结了许多黄瓜。

黄瓜 树　(方助) 黄瓜　多 (状助) 结

u³³xɛ³¹lɔ³¹thɯ ³³fɔ³³ɔ³¹khɯ³¹tɕhi³¹mɔ⁵⁵pha³³thu³¹ti³³. 门前拴着一只狗。

门　　前面　（方助）狗　　一　只　拴着　　（状助）

4. 完成体存在句：表示存在主体的存在结果由曾经的动作行为产生的。这种结果是一种持续的存在状态，不表示其存在方式，其存在方式处于无定状态。常与句尾助词 [ɣɛ³¹] "了" 等连用。如 "掉" "下" "栽" "倒" 等动词所构成的存在句。例如：

kɔ⁵⁵mɔ³³pɔ⁵⁵tsɛ⁵⁵fɔ³³ɣo³¹phɛ ³³u³¹tʃɯ³³tɣ ³³ɣɛ³¹. 路边有了卖菜的。

路　　旁边　（方助）蔬菜　卖　有　出　了

thɯ³³a⁵⁵mɣ ³¹ɔ⁵⁵tsŋ⁵⁵la ³¹mɔ⁵³phɔ⁵⁵tʃhɯ³³kɔ³³tɣ ³³ɣɛ³¹. 那只猴子倒挂在树枝上。

那只 猴子　树枝　　　（方助）挂　（补）　倒　（趋向）（语助）

kɔ⁵⁵mɔ³³mɔ⁵³ɔ⁵⁵tsŋ⁵⁵tɕhi³¹mɔ⁵⁵kɔ³³fɣ ³³kuɛ³¹ （=kɔ³³ɣɛ³¹）. 路上倒了一棵树。

路　　（方助）树　　一　　棵　倒　（助助）掉了　　掉　了

有的存在句，存在动词后既能加持续体标记 [ta ³³]，又能加句尾助词 [ɣɛ³¹]。二者都加的与只加其中之一的句子比较，句义略有不同。都加的强调动作行为的持续状态和存在主体的存在方式，[ɣɛ³¹] 是一般的句尾助词。如果不加持续体词 [ta ³³]，[ɣɛ³¹] 则是陈述语气词，强调该句陈述存在主体的存在状态或存在动词的结果、程度。试比较下组例句：

to⁵⁵fɣ³¹mɔ⁵³fɣ⁵⁵tɣ ³¹tɣ ³¹tɛ³³ （=ta ³³ɣɛ³¹）. 豆腐上有霉。

豆腐　（方助）霉菌　有　　　上　（语助）

a⁵⁵tʃha ³³mɔ⁵³a⁵⁵zɛ ³³zɣ ³³ni⁵⁵zɛ ³³ta ³³tɣ ³³ɣɛ³¹. 藤上开着红花。

藤　　（方助）红花　　开　着　（趋向）（语助）

## 四　存在句的句法结构

豪尼话中作存在主体和处所词的各种语法成分，其特点如下。

（一）处所词作的句子成分

从结构上说，处所词在 "某处存在某人或某物" 中居句子前段做主语；在 "某人或某物在某处" 中居句子后段做宾语。从句法角度看，处所词的句法成分以表示处所的名词性短语为主。这类名词性短语包括方位短语、代词以及偏正短语等。具体如下：

1. 方位短语作处所词的。由 "普通名词+方位词" 构成，是处所词最主要、最常见的格式。做处所词的名词，主要有方所、身体部位、植物类、容器类和天文地理类等普通名词。例如：

lu⁵⁵pɔ³¹mɔ⁵³xɔ⁵⁵sɔ³¹pu⁵⁵. 河里漂着水草。

河　　（方助）草　漂

mɛ⁵⁵tshɔ³¹mɔ⁵³xɔ³¹ɯ⁵⁵ni⁵⁵ɯ⁵⁵tʃɯ³³. 地面上有雪。

地　（方助）雪　　　　　　有

ɔ⁵⁵fv³¹mɔ⁵³fv³³tʃha³¹tʃha³¹tɕhi³¹tʃo³³. 饭里有耗子屎。

饭　（方助）老鼠　（叠）屎　有

nv⁵⁵ɣ³¹tɯ³¹mɔ⁵³mɔ⁵⁵pa̱³¹tɕhi³¹mɔ⁵⁵pa̱³¹. 你的头上有个疤。

你头　（方助）疤　　一　个　有

2. 方位词在存在句中能单独使用，表示存在主体所在的位置。这些方位词有"前面""后面""侧面""附近"等，其位置是不定的，但具有明确方向性的。例如：

lɔ³¹thɯ³³fɔ³³ŋa³³tho³¹. 前面是我家。

前面　（方助）我的家

ʒɔ³¹tɯ³³mɔ⁵³ɕɔ̱³¹ɕɔ⁵⁵zi⁵⁵suɔ³¹tʃɯ³³. 那儿（旁边）有一所学校。

那儿　（方助）学校　一　所　有

ŋa⁵⁵tho³¹zi⁵⁵fɔ³³fɔ³³，zi⁵⁵tho³¹zɔ³³fɔ³³fɔ³³. 我家在那边，他家在这边。

我家　这边（方助）他家　那边　（方助）

3. 指示代词也可以做存在句的处所词，表示存在主体所在的位置。这些指示代词主要包括"这里""那里"等，其范围虽然无定，但具有明确的方向性。例如：

zɔ⁵⁵fv³³tʃha³¹tɕhi³¹mɔ⁵⁵tsh̩³¹tɣ³³la³¹. 这里跑出来一只老鼠。

这里 老鼠　一　只　跑　出　（趋向）

ʒɔ³¹zi⁵⁵fɔ³³fɔ³³ɔ⁵⁵tsɿ³¹tsɿ⁵⁵tshu³¹mɔ⁵³lu⁵⁵pɔ³¹tɕhi³¹mɔ⁵⁵tʃɯ³³.

那 对面　（方助）树林　　　　（方助）河　一　条　有

那对面树林里有一条河。

ʒɔ³¹tɯ³³mɔ⁵³ɕɔ̱³¹ɕɔ⁵⁵zi⁵⁵suɔ³¹tʃɯ³³. 那儿（旁边）有一所学校。

那儿　（方助）学校　一 所　有

4. 由"人称代词/指示代词+普通名词"或"普通名词+指量短语"构成的偏正短语，在存在句中可以表示存在处所。普通名词主要是处所名词和身体部位名词。人称代词和指示代词都位于普通名词之前，指量短语位于普通名词之后。例如：

ʒɔ³¹zi⁵⁵fɔ³³fɔ³³ɔ⁵⁵tsɿ³¹tsɿ⁵⁵tshu³¹mɔ⁵³lu⁵⁵pɔ³¹tɕhi³¹mɔ⁵⁵tʃɯ³³.

那 对面　（方助）树林　　　　（方助）河　一 条　有

那对面树林里有一条河。

ʒɔ³¹tɯ³³mɔ⁵³ɕɔ̱³¹ɕɔ⁵⁵zi⁵⁵suɔ³¹tʃɯ³³. 那儿（旁边）有一所学校。

那儿　（方助）学校　一 所　有

ʑi⁵⁵tʃoŋ³¹ŋo³¹ʃɔ³¹mɔ⁵³ɔ⁵⁵ti⁵⁵mɯ⁵⁵lɛ⁵³tʃo³³. 这种鱼身上有许多肉。

这种　　　鱼　(方助)　肉　许多　　有

**（二）存在主体作的句子成分**

从结构上说，存在主体在"某处存在着某人或某物"中居句子中段，作宾语；在"某人或某物在某处"中居句子前段，做主语。从句法角度看，存在主体的句法成分主要由名词、代词、联合短语和偏正短语等作。

1. 一些物质名词能够构成存在句的存在主体，这些物质名词既可以是有生命的，也可以是无生命的。例如：

ʑi⁵⁵tho³¹xɔ³³mɯ⁵⁵lɛ³³ɔ⁵⁵ti⁵⁵ʑɔ⁵⁵tsɔ³¹. 他的家里经常有肉吃。

他　家　经常　　　肉　要　吃

ʑi⁵⁵lɔ³¹a³¹la̠ ³¹mɔ⁵³a³¹pa ³³pa ³³/³¹l̩ i⁵⁵pa ³³. 他的手上粘着面粉。

他　手　(方助)　面粉　　　粘

u³¹ɕi³³nɯ³³mɔ³³mɔ⁵³a⁵⁵pe̠ ³³lɛ³¹ɕan³¹tɣ ³³ɣe³¹. 心里惦记着孩子。

心　　　(方助)　孩子　(宾助)　想　(趋向) (语助)

ʑi⁵⁵lɔ³¹ɣ ³¹tɯ³¹mɔ⁵³tshe⁵⁵khɯ⁵⁵khɯ⁵⁵fv⁵⁵tʃo³³/³¹. 他的头上长着白发。

他　头　(方助)　白发　　　　　有

su³¹ɣɔ³¹mɔ⁵³tsŋ⁵⁵xɯ⁵⁵tʃɯ³¹a⁵⁵ʑɤ ³³xua⁵⁵ta̠ ³³tɣ ³³ɣe³¹. 书上有文字也有图片。

书　　(方助)　字　也　有　图片　　上出　(语助)

2. 物质名词构成的联合短语构成存在主体。例如：

a⁵⁵xua³¹tho³¹ɔ⁵⁵xu⁵⁵ɣɔ³¹tʃho³⁵mɔ³¹tʃv⁵⁵. 阿华一家人都不在。

阿华　家　房子　　都　不　在

tɔ⁵⁵tsŋ³³mɔ⁵³vɔ³¹ɔ³¹khɯ³¹khɯ³¹zɔ³¹tɕhi³¹zɔ³¹tʃɯ³³. 饭桌下面有一只小狗。

桌子　(方助)　下　狗　　(叠)　小　一　只　有

3. 人称代词在"某人或某物在某处"中才能构成存在主体，位于句首作主语。例如：

ɔ³¹pv⁵⁵ɔ⁵⁵xu⁵⁵tʃv⁵⁵. 爷爷在家里。

爷爷　家　在

nv⁵⁵zɔ³¹mɯ⁵⁵mɔ⁵³xɔ³³tʃu³³/³¹？ 你现在在哪里？

你　现在　(方助)　哪　在

nv⁵⁵ɣ ³¹tɯ³¹mɔ⁵³mɔ⁵⁵pa ³¹tɕhi³¹mɔ⁵⁵pa ³¹. 你的头上有个疤。

你　头　(方助)　疤　　一　个　有

nv⁵⁵ʑa⁵⁵xɔ³¹ɔ⁵³ʒu⁵⁵tɔ⁵⁵tsŋ ³³mɔ⁵³tha³¹tʃɯ³³. 你的烟盒在桌子上。

你　烟盒　　　桌子　(方助)　上　在

4. 疑问代词在"某处有某人或某物"中构成存在主体，构成存在句的疑问式，做宾语；在"某人或某物在某处"中，构成存在主体，做主语。

例如：

fv³³tv³¹mɔ⁵³ɔ³¹tʃhɯ³³tʃo³³？　灶里有什么？

灶台 (方助) 什么　有

nv⁵⁵zɔ³¹mɯ⁵⁵mɔ⁵³xɔ³³tʃu³³ᐟ³¹？　你现在在哪里？

你　现在 (方助) 哪 在

5. 存在主体的主要形式是由偏正短语构成的。普通名词的前后加上限制性的词语构成偏正短语，主体由无定的客观事物，变为具体的事物。例如：

ʑi⁵⁵fɔ³³fɔ³³ɔ⁵⁵tsʅ⁵⁵tsʅ⁵⁵tshu³¹mɔ⁵³ɯ⁵⁵kɔ⁵⁵tɕhi³¹mɔ⁵⁵fɯ³³.

对面 (方助) 森林 (方助) 沟　一　条　有

对面森林里有一条沟。

kv³¹tʃɯ³¹mɔ⁵³vɔ³¹tɛ³³mɔ³³ʑi³¹phɛŋ⁵⁵tʃɯ³³. 山下面是一片稻田。

山 (方助) 下 田　一　片　有

ɔ⁵⁵xu⁵⁵nɔ³¹nɯ⁵⁵fɔ³³ɕi³¹u³¹ɔ⁵⁵tsʅ⁵⁵tɕhi³¹tsʅ⁵⁵tẹ³³. 房子后面有一棵桃树。

房子　后面 (方助) 桃子 树　一　棵　有

由疑问代词构成的偏正短语做存在句的存在主体，居句子中段。例如：

tu³¹phɛ³¹mɔ⁵³ɔ³¹tʃhɯ³³mu³¹n̩i³¹tʃɛŋ³¹mɯ⁵⁵mɔ³¹？

角落 (方助) 什么　东西　弄　叫 (语助)

角落里什么东西在弄得响？

## 五　存在句的类型学特征

豪尼话属 SOV 型语言，分析性较强。从构式语法角度看，其存在句与其他亲属语言一样，主要由处所词、存在动词和存在主体三部分构成。在一定条件下，个别语法成分能省略或隐含。从语序类型看，有两种不同的语序类型，处所词和存在主体都位于存在动词的一侧："处所词+存在主体+存在动词"和"存在主体+处所词+存在动词"，分别表示"某处存在着某人或某物"和"某人或某物在某处"。

据余成林（2011）考察，"藏缅语的大多数语言'有'类存在动词有多个，一般的都在 3—4 个，最多的哈尼语达到 10 个。"[①]与其他亲属语言相比，豪尼话的存在动词不仅有类别范畴，而且"有/在"类存在动词形式较为丰富，有 8 个。豪尼话存在句的否定形式具有分析性特点，即在肯定式的存在动词前，添加否定副词表示否定意义。

此外，豪尼话存在句中还有一种表示出现或消失的句子，分为出现句

---

① 余成林：《汉藏语系语言的存在句研究》，中央民族大学博士学位论文，2011 年 3 月。

（表示某处、某时出现某人或某物）和消失句（表示某处、某时消失某人或某物）两类。例如：

la̱³¹pha³³mɔ⁵³khɯ³¹fv⁵⁵tɣ̱³³lɔ⁵⁵ʹ⁵³. 手心里出汗了。

手心 （方助）汗　　出　来

u³¹u³¹ɣɔ³¹pɛ³¹kɯ⁵⁵a³³pa̱³³la̱³³pɛ³³tɣ̱³³lo⁵³（＝lɔ⁵⁵ɣɔ³¹）.

天 （话助）星星　密密麻麻　　出 来了　来（语助）

（天上）出来了密密麻麻的星星。

li⁵⁵li⁵⁵ʑi⁵⁵ma³³fɔ³³ʑi⁵⁵lɔ³¹zɔ³¹lɯ⁵⁵tɛ⁵⁵ʑi³¹ʐɛ⁵³（＝ʑi⁵⁵ɣɛ³¹）.

阿姨 下面 （方助）她 孩子 寻找　　去（语助）

阿姨到下边那儿找她孩子去了。

ʐɔ⁵⁵fv³³tʃha̱³¹tɕhi³¹mɔ⁵⁵tsẖ³¹tɣ̱³³la³¹. 这里跑出来一只老鼠。

这里 老鼠　一 只 跑 出（趋向）

me⁵⁵tshɔ³¹mɔ⁵³xɔ³¹ɯ⁵⁵ni⁵⁵ɯ⁵⁵tui³³ta̱³³lɔ⁵⁵ɣɛ³¹. 地面上开始积雪了。

地 （方助）雪　　堆 上 来（语助）

tɛ³³mɔ³³ɯ⁵⁵pɣ³¹mɔ⁵³ɯ⁵⁵tʃɣ̱³¹mɔ³¹tɣ̱³³ɣɛ³³ne³³, ŋɔ⁵⁵ɯ⁵⁵tʃhɣ̱³¹pɛ³¹ʑi⁵⁵ɣɛ³¹.

水田 　　（方助）水　没 出（语助）（连）我 水　　放去（语助）

水田没有水了，我去放水。

在一些研究藏缅语的语法书里，把这类句子独立出来与存在句并列。本文只在存在句后说明有这种现象，并没有将其独立成类。

**参考文献**

戴庆厦、徐悉艰：《景颇语语法》，中央民族学院出版社 1992 年版。

黄成龙：《羌语的存在动词》，《民族语文》2000 年第 4 期。

李宇明：《存现结构中的主宾互易现象研究》，《语言研究》1987 年第 2 期。

余成林：《藏缅语"有/在"类存在动词研究》，《民族语文》2011 年第 3 期。

朱艳华：《载瓦语存在动词的类型学研究》，《民族语文》2012 年第 6 期。

# The Existential Sentence of Haoni Hani Language

Zhang Xin

**Abstract**: Haoni-Hani language has its existential sentence, and has some outstanding features. These characteristics are mainly from eight concepts of existence verbs of Haoni-Hani language. This paper focus on structure mode, Haoni-Hani language existential verbs, classification of existential sentences, syntactic structure of existential sentences, and finally research typological characteristics of Haoni-Hani language from the typological perspective.

**Key words**: Haoni-Hani Language; Chinese Language; Existential Sentence

（通信地址：010070　呼和浩特　内蒙古大学文学与新闻传播学院）

# 碧约哈尼语的述补结构

## 经　典

【提要】述补结构语义丰富、语用功能和能产性较强，是碧约话句法结构中的一种重要形式。为了更好地认识碧约话的特征，本文拟在归纳、总结语料的基础上，对述补结构的结构特征和语义类型进行简要分析，并尝试对其类型学特征进行探索。

【关键词】碧约哈尼语　述补结构

## 一　述补结构的构成

述补结构在碧约话中使用频率较高，构成成分丰富。做述语的既可以是动词也可以是形容词；做补语的包括动词、形容词、助词、貌词和部分副词。述语以动词为主；做补语主要是动词、形容词；助词能做补语的个数有限，但使用频率较高；个别副词可以做补语。所有补语都位于述语之后。

1. 动词做补语。碧约话中做补语的动词都是自动词，没有使动词。除个别词外，绝大部分都没有虚化。例如：

mi$^{31/33}$suŋ$^{33}$ 说服　　　　　　　　tshu$^{31/33}$jiŋ$^{31}$ 跑赢

说　顺　　　　　　　　　　　跑　赢

tɕi$^{33}$jaŋ$^{33}$ 推开　　　　　　　　　tuɯ$^{31/33}$sɿ$^{31}$ 打死

推　开　　　　　　　　　　　打　死

例句：

a$^{55}$mɿ$^{33}$ɲi$^{33}$taŋ$^{55}$pɔ$^{31}$li$^{55}$pɪŋ$^{55}$phɔ$^{31}$la$^{31}$ji$^{55}$pa$^{53}$.　　　　水趸（长大）变成了蜻蜓。

水趸 从　蜻蜓　　变成　来（体）

ji$^{31}$khɔ$^{31}$tʂɿ$^{31}$thɯ$^{55}$ɲi$^{55}$pe$^{31}$phi$^{35}$pa$^{53}$.　　　　他坐坏了凳子。

他　　凳子　坐　坏（貌）（体）

ŋa$^{55}$tɯ$^{31}$tshɔ$^{31}$ji$^{31}$tɕhi$^{33}$phi$^{35}$pa$^{53}$.　　　　我割断了绳子。

我 绳子　割断　（貌）（体）

ji³¹khɔ³¹tsŋ⁵⁵tsɔ³¹tshv⁵⁵e³³.　　　　　　　　　　　他很能吃。

他　很　吃　能

2. 助词做补语，可以做补语的主要是部分体助词。例如：

（1）ki⁵⁵ "完" 做补语表示动作或状态的完成。例如：

tɿ³¹ki⁵⁵ 看完　　　　　　　　　tsɔ³¹ᐟ³³ki⁵⁵ 吃完

看完　　　　　　　　　　　　吃　完

tu⁵⁵ki⁵⁵ 喝完　　　　　　　　　tv³⁵ki⁵⁵ 读完

喝完　　　　　　　　　　　　读　完

（2）thɔ³¹ "着" 做补语表示某一动作达到目的或某一状态正在持续。例如：

ne̠ ³¹ᐟ³³thɔ³¹ 抓着　　　　　　　mi³¹ᐟ³³mo̠ ³³thɔ³¹ 说好

抓　着　　　　　　　　　　　说　好　着

tsha³¹ᐟ³³thɔ³¹ 欠着　　　　　　　ti³³thɔ³¹ 穿着

欠　着　　　　　　　　　　　穿　着

3. 貌词做补语。例如：

（1）jɔ³³做补语表示动作结果的获得。例如：

tɛ⁵³jɔ³³ 找到　　　　　　　　　ne̠ ³¹ᐟ³³jɔ³³ 抓得

找　到　　　　　　　　　　　抓　得

ɕɔ³⁵jɔ³³ 学到　　　　　　　　　v⁵⁵jɔ³³ 买到

学　到　　　　　　　　　　　买　到

（2）thi³¹做补语表示动作控制在某一状态不变。例如：

ne̠ ³¹thi³¹ 抓住　　　　　　　　　xi⁵⁵thi³¹ 拿住

抓　住　　　　　　　　　　　拿　住

pe̠ ³³thi³¹ 抱住　　　　　　　　　tɿ³³thi³¹ 撑住

抱　住　　　　　　　　　　　撑　住

（3）tsɔ³⁵做补语表示动作发出者在有意识的情况下，与某一物体发生接触。例如：

thɿ⁵⁵tsɔ³⁵ 踢到　　　　　　　　　tɯ³¹ᐟ³³tsɔ³⁵ 打着（东西）

踢　到　　　　　　　　　　　打　着

phɣŋ³³tsɔ³⁵ 碰到　　　　　　　　tɕhe³³tsɔ³⁵ 刺到

碰　到　　　　　　　　　　　刺　到

（4）thɿ⁵⁵做补语表示在动作发出者在无意识的情况下，与某一物体或人发生接触。

tshuaŋ³¹ᐟ³³thɿ⁵⁵ 撞到　　　　　　tɯ³¹ᐟ³³thɿ⁵⁵ 打着

撞　　到　　　　　　　　　　打　着

tɔ³³thɿ⁵⁵ 砍着

砍　着

（5）to³³ 做补语表示移动的状态，常用于否定式。例如：

thɔ³¹thɿ⁵⁵to³³ 别碰着　　　　　　　thɔ³¹xi⁵⁵to³³ 别拿走

别　碰　动　　　　　　　　　　别　拿　动

tshɿ⁵⁵to³³ 拉动　　　　　　　　　jɔ³¹/³³to³³ 划动（船桨）

拉　动　　　　　　　　　　　　划　动

（6）thv⁵⁵常与tɕhi³¹la³¹连用，表示动作的开始。例如：

thiɛŋ³¹thv⁵⁵tɕhi³¹la³¹ 填起来　　　　tiŋ³³thv⁵⁵tɕhi³¹la³¹ 垫起来

填　起　　来　　　　　　　　　垫　起　　来

v⁵⁵thv⁵⁵tɕhi³¹la³¹　　　　　　　　收拾（整齐）

收拾　起　来

（7）tɕhɿ⁵⁵做补语表示动作的结果含有将某物收藏起来的意义。

v⁵⁵tɕhɿ⁵⁵ 收（藏起来）　　　　　　tv³¹/³³tɕhɿ⁵⁵　挖埋（藏起来）

收 藏　　　　　　　　　　　　挖　藏

thv³³tɕhɿ⁵⁵ 堵（藏起来）　　　　　tshv³³tɕhɿ⁵⁵（玉米）脱粒（收藏）

堵 藏　　　　　　　　　　　　脱粒 藏

（8）phu³¹做补语表示无意中发现、获得某物。例如：

tɛ⁵³phu³¹ 找到　　　　　　　　　thɯ⁵⁵phu³¹ 碰到

找　到　　　　　　　　　　　碰　到

tv³¹/³³phu³¹挖着

挖　着

貌词做补语的例句：

lv³³mɔ³³a³³thɿ⁵⁵thɿ⁵⁵phi³⁵pa⁵³.　　　　踢到石头上了。

石头（方）踢到（貌）（体）

ja³³tshɿ³³tshɿ³³jɔ³¹tsu⁵⁵ja³³phi⁵⁵ji³³mɔ³³n̩³³thv³³thɿ⁵⁵phi³⁵　　pa⁵³.

鸡　　　　　小（受）公鸡　大　（施）啄（貌）（貌）　（体）

小小公鸡被大公鸡啄了。

4. 形容词做补语，动词与补语的搭配有以下几种情况：

（1）单音节形容词做单音节或双音节动词的补语时，形容词直接放在动词后。例如：

li³³khv³³ 晒枯　　　　　　　　　khɔ³¹/³³lv³¹ 砍够

晒 枯　　　　　　　　　　　　砍　够

tshɔ⁵⁵tshv⁵⁵ 烧开　　　　　　　　tsu³³pv³³ 挤满

烧开　　　　　　　　　　　　挤满

（2）带前缀的双音节形容词做动词补语，动词是单音节时，重叠双音节形容词的后一音节，动词加在重叠音节之间。例如：

ko³¹li⁵⁵tɻ⁵⁵li⁵⁵ 压碎　　　　　　　　a³¹na̱³³li³³na̱³³ 晒黑了

碎　　压（叠）　　　　　　　　　黑　晒　（叠）

ɔ³¹tsɯ³³phi³³tsɯ³³ （露水）打湿了　　ɔ³¹nɯ⁵⁵v³³nɯ⁵⁵ 染红

湿打（叠）　　　　　　　　　　　红染（叠）

这一形式还可以简化为"动词+形容词单音节词根"的形式。例如：

ko³¹li⁵⁵tɻ⁵⁵li⁵⁵ 压碎　　　　　　＝　　　　tɻ⁵⁵li⁵⁵ 压碎

碎　　压（叠）　　　　　　　　　　压 碎

a³¹na̱³³li³³na̱³³ 晒黑了　　　　　＝　　　li³³na̱³³ 晒黑

黑　晒（叠）　　　　　　　　　　晒黑

碧约话的双音节动词较少，与形容词搭配形成述补结构时，通常只取双音节动词的词根。例如"（衣服）洗皱"，不能直接将 jɛ³³tʂn³¹ "洗"置于形容词 a³¹tsu³¹tsu³¹ "皱"重叠音节之间，而只能取词根 jɛ³³ "搓"置于重叠音节中，形成 a³¹tsu³¹jɛ³³tsu³¹ "洗皱"，其省略式也是 jɛ³³tsu³¹。类似的还有 ɲi⁵⁵tsa³³ "坐"，收到形容词性补语修饰时取词根 ɲi⁵⁵，形成 ɲi⁵⁵（坐）pe³¹（烂）"坐烂"、ɲi⁵⁵（坐）pa³³（扁）"坐扁"等。

（3）形容词充当补语时，在补语和动词之间可以加补语助词 kɯ³³。例如：

tshy̱³³kɯ³³mo̱³³ 写得好　　　　　ji³¹tsa³³kɯ³³phi³⁵ 睡得晚

写　得　好　　　　　　　　　　睡　　得　晚

mi⁵⁵kɯ³³mo̱³³ 做得好　　　　　tsɔ³¹kɯ³³py̱³³ 吃得饱

做得好　　　　　　　　　　　　吃得饱

（4）形容词做补语的例句：

kho̱³¹ly̱³¹la³¹ pa⁵³.　　　　（我）砍够（柴）了。

砍够（人）（体）

v⁵⁵tshy̱³¹tshɔ⁵⁵tshv⁵⁵phi³⁵pa⁵³.　　（水）烧开了。

水烧开（貌）（体）

jɔ³¹ɲi⁵⁵tsɔ³¹/³³py̱³³phi³⁵ pa⁵³.　　孩子吃饱了。

孩子　吃　饱　（貌）（体）

v⁵⁵tshy̱³¹ɲi³³thaŋ³¹na⁵⁵phi³⁵ pa⁵³.　（他）被水烫伤了。

水　（工）烫　疼　（貌）（体）

5. 副词做补语。做补语的副词常见的只有 khɻ³³、ʂɻ⁵⁵。

mo̱³³khɻ³³pa⁵³　　好极了　　　　mɔ³¹mo̱³³ʂɻ⁵⁵phi³⁵pa⁵³ 坏透了

好极（体）　　　　　　　　　　坏极（貌）（体）

6. 动词、形容词、副词短语做补语。例如：

tshɯ³¹kɯ³³ a³¹sa³¹xa⁵⁵mɔ³¹kɯ⁵⁵tv̩³³tshv̩⁵⁵.　　　　　跑得喘不上气来。

跑　得　气　都　不　喘　出　能

khv̩³¹sɿ³¹na⁵⁵kɯ³³to³¹ma³¹pe̩³³tv̩³³tshv̩⁵⁵.　　　　　嗓子疼得说不出话来。

嗓　子　疼　得　话　不　说　出　能

ka³¹ʂɿ⁵⁵kɯ³³ma³³pi⁵⁵ka³¹ʂɿ⁵⁵tv̩³³phi³⁵pa⁵³.　　　　　笑得眼泪直流。

笑　得　眼泪　笑　出（貌）（体）

需要说明的是，如果做述语的词是低降调，无论补语是什么调值，述语一律变低降调为中平调。例如：

tsɔ³¹ᐟ³³pv̩³³ 吃饱　　　　　　　　　　tsha³¹ᐟ³³mi³³ 煮熟

吃　饱　　　　　　　　　　　　　　煮　熟

tsha³¹ᐟ³³thɔ³¹ 欠着　　　　　　　　　　ne̩³¹ᐟ³³tɯ⁵⁵ 捏紧

欠　着　　　　　　　　　　　　　　捏　紧

## 二　述补结构的语义类型

从语义上来看，碧约话述补结构的补语可以表示以下几种语义类型。

1. 结果补语，这一类型比较常见。例如：

tsɔ³¹ᐟ³³pv̩³³ 吃饱　　　　　　　　　　ko³¹mɔ³³ 铺好

吃　饱　　　　　　　　　　　　　　铺　好

na⁵⁵tɹ³¹tshu³³ 听错　　　　　　　　　jo³¹ᐟ³³tshu³³ 走错（路）

听错　　　　　　　　　　　　　　　走错

tɹ³¹ᐟ³³tshu³³ 看错　　　　　　　　　ti³³phv̩³³ 穿反（衣服）

看错　　　　　　　　　　　　　　　穿反

2. 程度补语。例如：

mɔ³³khɹ³³pa⁵³ 好极了　　　　　　　　pv̩³¹n̩i⁵⁵ʂɿ³¹phi³⁵pa⁵³ 臭死了

好　极　了　　　　　　　　　　　　臭　死　了

khɹ⁵⁵ʂɿ³¹phi³⁵pa⁵³ 气坏了　　　　　　laŋ³¹ʂɿ⁵⁵ʂɿ³¹phi³⁵pa⁵³ 懒得很

气　死　了　　　　　　　　　　　　懒　极　死　了

⁵⁵pja³³ŋa⁵⁵ʂɿ³¹la³¹, ŋa⁵⁵li³¹kɯ³³tsɿ⁵⁵mɔ³³e³³.

那边我知道　我去得　很　好（语）

那边我熟悉，还是我去好一点。

3. 趋向补语。趋向动词以及短语经常语动词连用，补充说明动作行为的趋向。例如：

tv̩³³li³³ 出去　　　　　　　　　　　kɔ³³lv̩³³ 下来

出　去　　　　　　　　　　　　　　下　来

pʋ³¹li³³ 臭掉　　　　　　　　　　　tạ³³li³³ 上去

臭　去　　　　　　　　　　　　　　上　去

kẹ³³tạ³³ 摆上（碗筷）　　　　　　　sɿ⁵⁵li³³′³¹ 死掉

摆　上　　　　　　　　　　　　　　死　去

需要说明的是，当趋向动词做非趋向动词的补语时，"来"和"去"均需要由中平调或高平调变为低降调。例如：

A　thɔŋ³¹la⁵⁵ 来抬　　　　　　　　B　thɔŋ³¹′³³la³³′³¹ 抬来

　　抬　来　　　　　　　　　　　　　　抬　来

A 是连动结构，所以 thɔŋ³¹ 和 la⁵⁵ 都不需要变调。B 中"来"是做"抬"的补语，因此需要变中平为低降调；thɔŋ³¹ 做述语，变低降调为中平调。类似的例子例如：

xi⁵⁵la⁵⁵′³¹ 拿来　　　　　　　　　tshu³¹′³³ji³³′³¹ 跑去

拿　来　　　　　　　　　　　　　　跑　去

当趋向动词短语做补语时，短语的两个音节都要发生变调。做述语的动词如果是低降调一般变为中平调，原来是中平调的一般变成中升调或者不变。例如：

pẹ³¹′³³khɔ³³′³⁵ji³³′³¹ 讲下去　　　jo³¹′³³khɔ³³′³⁵ji³³′³¹ 走下去

讲　下　去　　　　　　　　　　　　走　下　去

jo³¹′³³khɿ³³′³⁵la⁵⁵′³¹ 走进来　　　ka³¹′³³tʋ³³′³⁵ji³³′³¹ 赶出去

走　进　来　　　　　　　　　　　　赶　出　去

tshu³¹′³³tʋ³³li³³′³¹ 跑出去　　　　tị³³tạ³³′³⁵ji³³′³¹ 推上去

跑　出　去　　　　　　　　　　　　推　上　去

4. 可能补语。述语与助词 tshʋ⁵⁵ "得"或 kɔ³¹ "能"连用，表示动作或结果是否能实现。例如：

ji³¹khɔ³¹ji³¹tsạ³³thɯ³¹n̩i³³thɯ³¹mɿ⁵⁵tsạ³³tshʋ⁵⁵.

他　睡觉　一　天　一　夜　睡　得

他太能睡了，一次可以睡一天一夜。

ɕọ³¹xọ³¹tsɿ³³tsɔ³¹tshʋ⁵⁵e³³, thɯ³¹kɔ³¹maŋ³¹tʋ³¹khɔ³¹sɿ³¹tsɔ³¹tshʋ⁵⁵e³³.

小伙子　吃得　　一　个　馒头　六　个　吃　得　（语）

小伙子很能吃，一个人吃六个馒头。

5. 状态补语。表示由于动作、性状而呈现出来的状态。例如：

ji³¹khɔ³¹tsɔ³¹′³³kɯ³³tsɿ⁵⁵ti³¹pʋ³³e³³. 吃得特别饱。

我　吃得　很　饱（语）

ɔ³¹xo⁵⁵thɯ³¹phʋ³³xo⁵⁵kɯ³³, ɔ³¹xo⁵⁵xo⁵⁵khia⁵³xɯ³¹, xo⁵⁵tʂɿ⁵⁵kɯ³³tsha³³.

语　一　阵　下　得　雨　下　特别大　雨　停　得　快

那阵雨来得猛，去得快。

6. 补语表示动作行为的情态。例如：

tɿ³¹tɿ³¹：动词义为"看看"，作为补语时表示动作行为是随意的。例如：

pe̠³³tɿ³¹tɿ³¹ 随便说说　　　　　　　　jo³¹tɿ³¹tɿ³¹ 随便走走

说　看　看　　　　　　　　　　　　走　看　看

kɿ³⁵：动词义为"急"，作为补语表示动作行为的激烈。例如：

thɯ³³kɯ³³kɿ³⁵phi⁵³ 追得急　　　　　　jo³¹kɯ³³kɿ³⁵phi⁵³ 走得急

追　急　了　　　　　　　　　　　　走　急　了

tsha̠³³：动词义为"相互"，作为补语表示动作是相互的。例如：

mɔ³³tsha̠³³ 交好　　　　　　　　　　tɯ³¹tsha̠³³ 打仗

好　互　　　　　　　　　　　　　　打　互

7. 补语表示动作行为的过程。有的在开始阶段，有的在进行中，有的已经过去了。如：

tɿ³¹kɔ³³ 开始看　　tɿ³¹thɔ³¹ 看着　　tɿ³¹ku³³ 看过　　tɿ³¹ki⁵⁵ 看完

看开始　　　　　　看着　　　　　　看过　　　　　　看完

tsɔ³¹kɔ³³ 开始吃　　tsɔ³¹thɔ³¹ 吃着　　tsɔ³¹ku³³ 吃过　　tsɔ³¹ki⁵⁵ 吃完

吃开始　　　　　　吃着　　　　　　吃过　　　　　　吃完

## 三　碧约话述补结构的类型学特征

除了对不同语义类型和词类构成的分类外，根据是否带结构助词kɯ³³，还可以根据动词和补语结合的紧密程度把碧约话的述补结构分为紧密型和松散型两种。结合紧密不能插入其他成分的属于紧密型，可以插入成分的属于松散型。与哈尼语其他支系相似，碧约话的述补结构中这两种方式都普遍存在，并且发展程度相当。这也是哈尼语区别于其他语言的一个特点。例如：

mi⁵⁵mɔ̠³³ 做好　　　　　　　　　　mi⁵⁵kɯ³³mɔ̠³³ 做得好

做　好　　　　　　　　　　　　　　做　得　好

tsɔ³¹ᐟ³³pv̠³³ 吃饱　　　　　　　　　tsɔ³¹ᐟ³³kɯ³³pv̠³³ 吃得饱

吃　饱　　　　　　　　　　　　　　吃　得　饱

述补结构的紧密性可以通过是否能插入否定成分来证明。例如：

mi⁵⁵mɔ̠³³ 做好　　　　　　　　　　mɔ³¹mi⁵⁵mɔ̠³³ 没做好

做　好　　　　　　　　　　　　　　不　做　好

tsɔ³¹ᐟ³³pv̠³³ 吃饱　　　　　　　　　mɔ³¹tsɔ³¹ᐟ³³pv̠³³ 没吃饱

吃　饱　　　　　　　　　　　　　　不　吃　饱

松散型则相反，既可以在其中插入否定成分，还可以插入程度副词。

例如：

mi⁵⁵kɯ³³mɔ³¹mʐ³³ 做得不好　　　　mi⁵⁵kɯ³³tsʅ⁵⁵ti³¹mʐ³³ 做得很好

做　得　不　好　　　　　　　做　得　很　好

tsɔ³¹/³³kɯ³³mɔ³¹pɣ³³ 吃得不饱　　　　tsɔ³¹/³³kɯ³³tsʅ⁵⁵ti³¹pɣ³³ 吃得很饱

吃　得　不　饱　　　　　　　吃　得　很　饱

紧密型和松散型同时存在与哈尼语碧约话较强的分析性有关。藏缅语述补结构分布与其具体语法的构造有着内在的联系。总的规律是：分析性越强的语言，其述补结构也越发达[①]。碧约话述补结构的黏着式和分析性的在句法和语义上形成了互补关系：表达状态的补语必须使用分析型的结构，其余的使用黏着型；动词、形容词短语等做补语时，必须使用分析型结构。哈尼语作为补语欠发达的藏缅语族的一种语言，通过分析型结构的使用，增强了其述补结构的表现力，丰富了语言的表达。

## 四　述补语结构的语法化

如上文所述，碧约话的述补结构有很大一部分是紧密型，补语和动词结合紧密。在动词做补语的情况下，重心必然在前一个动词上，后一个动词的动词义被削弱，很容易产生语法化。从词类上看，体貌助词本身就由动词虚化而来，动词义大部分已经消失，也不能独立使用，只能附在某一动词后并具有固定性，因此语法化程度最深，例如：

ji³¹khɔ³¹thɔ³¹lɔ³³thɯ³¹mo⁵⁵nɛ³¹jɔ³³phi³⁵pa⁵³. 他抓住了一只兔子。

他　　兔子　一只　　抓　到　了

其次是趋向动词，尤其是"来"和"去"，广泛出现在动词后，表示动词的趋向和状态而没有实际的动作义，在做补语时音调常常发生变化。

A　ji³¹khɔ³¹ŋi³³ji⁵⁵pa⁵³. 他哭了。

他　　哭 （体）

B　a³¹ji³³ji³³la³³kɔ³³ji⁵⁵pa⁵³. 花就要开了。

花　开　来　将 （体）

A 句中ji³³是ji⁵⁵"去"的语法化，表示"哭"的行为已经发生并将持续下去。B 句中la³³是la⁵⁵"来"的语法化，表示"开"的动作即将发生。

一般动词做补语虚化的程度较低，但在碧约话中出现了一个动词 tsɔ³¹"吃"，常常放在另一个动词后，构成述补关系。有的还保留"吃"的词义，大多是与生计、生产方式有关的动词结合；但也有语法化的程度较深的，

① 戴庆厦、邱月：《藏缅语与汉语连动结构比较研究》，《世界汉语教学》2008 年第 2 期。注：戴文将二者称为"黏着型"和"分析型"。

"吃"的含义已经不明显,做补语用来强调动作行为的完成或获得(详见第三章第三小节"动词的语法化")。

## 五 碧约话述补结构与汉语比较

碧约话的述补结构与汉语相比,有同也有异。

相同之处在于:1. 结构类似:都是以动词或形容词为中心词,补语都可以由动词、体貌助词、形容词或短语充当;补语都在动词之后;补语既可以直接与动词连接,也可以通过助词与动词连接。2. 两者的语义有很多重合之处:碧约话和汉语的述补结构都可以表达结果、程度、趋向、状态等。

相异之处在于:1. 碧约话的补语不能够由数量短语、方位短语充当。说明动作的数量、处所的用使用状语。例如:

表数量:

xe³⁵sɔ³¹kɔ³¹thuɯ³¹peŋ³¹ɕɿ⁵⁵khɣ̩³¹tshɣ̩³³phi³¹. 这本书写了三年。

这 书 一 本 三 年 写(貌)

ɔ³¹xo⁵⁵ɕɿ⁵⁵ni⁵⁵xo⁵⁵phi³³xa⁵⁵mɔ³¹tʂɿ̩⁵⁵li³³. 雨下了三天没停。

雨 三天 下 了 还 没 停

表处所:

ji³¹khɔ³¹a³¹jo³¹mɔ³³a³³tshu³¹/³³li³³xɿ³³ma̩³³tsu³³tɕhi³¹la³¹.

他 (话)山 (方)跑 去(连)躲 起来

他跑到山里躲起来。

sɿ̩³³tsɿ̩⁵⁵a³¹mu³³lia³³jo³¹/³³ji³³xɿ³³ɔ³¹xo⁵⁵xo⁵⁵ɕi³³ɕi³³. 走到树下躲雨。

树 下 走 去(连)雨 躲

2. 汉语表结果补语和可能补语在结构上没有区分的标记,例如"写得好",既可以表示结果,也可以表示可能。碧约话的结果补语和可能补语分别使用了分析式和黏着式,不会发生歧义,表示可能的助词置于黏着结构之后。例如:

结果补语:

ji³¹khɔ³¹mi⁵⁵kɯ³³mɔ̩³³e³³. 他做得好。

他 做 得 好(语)

可能补语:

ji³¹khɔ³¹mi⁵⁵mɔ̩³³tshɣ̩⁵⁵e³³. 他做好。

他 做 好 能 (语)

3. 相比较汉语,碧约话做补语的短语结构相对简单,较长的短语或小句做补语时常变换作分句。例如:

ka̠³¹ʂ̩⁵⁵kɯ³³ma̠³³pi⁵⁵ka̠³¹ʂ̩⁵⁵tʏ³³phi³⁵pa⁵³. 笑得眼泪直流。

笑　得　眼泪　笑出　（貌）（体）

"眼泪直流"作为一个较长的结构，虽然置于助词kɯ³³后做补语可以被碧约人理解，但更常用的表达方式是将其做如下变换：

ka̠³¹ʂ̩⁵⁵xɪ³³ma̠³³pi⁵⁵ka̠³¹ʂ̩⁵⁵tʏ³³phi³⁵pa⁵³. 笑得眼泪直流。

笑（连）　眼泪　笑出（貌）（体）

"笑"与"眼泪直流"改由因果连词xɪ³³连接，"眼泪直流"成为结果分句。从这一点可以看出，虽然哈尼语碧约话相较藏缅语的其他语言，述补结构更发达，但与汉语相比还有较大差距。碧约话的很多形容词、动词都不能用作补语也证明了这一点，例如"平"在汉语中可以做"铺""垫""抹"等动词的补语，在碧约话中却不能使用；又如"赢"在汉语中常用在"打""跑"等动词后，但在碧约话中也不能用作补语。

综上所述，哈尼语碧约话的述补结构存在紧密型和松散型两种类型，使用范围较广，出现频率高，表达语义也很丰富，是藏缅语族语言中述补结构较发达的一类。同时，碧约话述补结构还在不断地丰富、发展、完善的过程中。虚化是其重要的手段；此外，随着汉语借词的不断进入，一些原本不能做补语的词被汉语借词替换，也发展出了新的补语结构，例如："赢"的固有词xɯu³¹不能做补语，今天的碧约话中已经出现了tshu³¹/³³（跑）jiŋ³¹（赢，汉语借词）"跑赢"这样的结构，弥补了述补结构表达上的不足。

### 参考文献

戴庆厦、邱月：《藏缅语与汉语连动结构比较研究》，《世界汉语教学》2008年第2期

陆俭明：《述补结构的复杂性》，《语言教学与研究》1990年第1期。

马希文：《与动结式动词有关的某些句式》，《中国语文》1987年第6期。

沈家煊：《现代汉语"动补结构"的类型学考察》，《汉语言文字学》2003年第12期。

# Predicate-complement StructureBiyo-Hani Language

Jing Dian

**Abstract:** Predicate-complementstructure is one of the important structure in Biyo-Hani Language. It is a productive structure which is also rich in semantics and pragmatics function.For a better understanding of the feature of Biyo-Hani Language, this thesisbriefly analyses the character of predicate-complement structure and its semantic types on a corpus-based data then discusses some typological features of thepredicate-complement structure.

**Key Words:** Biyo-Hani Language; Predicate-complement Structure

（通信地址：510665　广州　广东技术师范学院民族学院）

# 论哈尼族支系与支系语言*

李泽然

【摘要】支系是一个民族内部的不同分支。一般而言，不同支系都有自己不同的语言或方言。过去，我们在研究语言中，把支系语言都归在方言里，视为方言的一部分，而没有把支系语言作为一种专门的语言单位或现象来研究。其实，支系语言和方言之间还是有区别的，支系语言就是一个支系的语言，它以"支系"为重，而方言则是"一方之言"，以地域为重。支系语言虽与方言有交叉，但并不完全相等。因此支系语言的研究，是语言学的新问题。本文主要探讨哈尼族支系的形成过程、不同支系的语言和特点以及不同支系语言之间存在的关系等。

【关键词】语言 哈尼族 支系 支系语言 方言

支系是一个民族内部的不同分支。属于同一支系的人有共同的来源、共同的称呼和共同的语言、文化特征。在我国 56 个民族中，有的民族内部分支系，如苗族、瑶族、鄂温克族和哈尼族等。一般而言，不同支系都有自己不同的语言或方言。过去，我们在研究语言中，把支系语言都归在方言里，视为方言的一部分，而没有把支系语言作为一种专门的语言单位或现象来研究。其实，支系语言和方言之间还是有区别的，① 支系语言就是一个支系的语言，它以"支系"为重，如在汉藏语系藏缅语族中，景颇族内部分五大支系，即景颇、载瓦、勒期、浪峨、波拉等，相应地把景颇族的语言也分为五个支系的语言即景颇语、载瓦语、勒期语、浪峨语、波拉语

---

[作者简介] 李泽然（1963— ），男，哈尼族，云南绿春人，博士，中央民族大学中国少数民族语言与古籍研究所副教授，硕士研究生导师，研究方向为语言学、汉藏语系语言比较、藏缅语族语言和哈尼语。

① 钟庭雄在 1990 年撰写的中央民族学院攻读硕士学位研究生论文《语言的支系变异》中也指出支系语言和方言之间还是有区别的。

② 笔者曾当面请教过中国社会科学院民族研究所鄂温克语言学家朝克教授，他认为鄂温克族分为三个支系，其语言也分为三个支系的语言。

等。在阿尔泰语系满—通古斯语族中，鄂温克族内部分索伦、通古斯和雅库特三个支系，鄂温克族的语言也相应地分为三个支系的语言，[②] 即索伦或索伦鄂温克语，也叫辉河方言简称辉方言；通古斯语或通古斯鄂温克语，也叫莫日格勒河方言简称莫方言或陈方言；雅库特语或雅库特鄂温克语，也叫敖鲁古雅方言简称敖方言。[1](p.3) 而方言则是"一方之言"，以地域为重，如把中国的蒙古语有的分为 4 个方言：中部方言、东部方言、西部方言、北部方言。[2](p.283) 又如彝语分为北部方言、东部方言、南部方言、西部方言、东南方言、中部方言等。[3](p.5) 支系语言虽与方言有交叉，但并不完全相等。因此支系语言的研究，是语言学的新问题。

哈尼族是跨境民族，在国外主要分布在越南、老挝、泰国和缅甸等东南亚国家。哈尼族在国外一般称"阿卡（Alka）"。在我国主要分布在云南省红河哈尼族彝族自治州、玉溪地区、思茅地区和西双版纳傣族自治州，国内总人口 144 万人（2000 年）。中国的哈尼族内分七大支系，每个支系都有自己的语言。本文以国内的哈尼族为对象，探讨哈尼族支系的形成过程、不同支系的语言和特点以及不同支系语言之间存在的关系等。

## 一　哈尼族形成不同的支系

### （一）不同支系的形成及分布

历史上，哈尼族与彝、纳西、傈僳、拉祜等族同源于古氐羌人。据汉文史籍记载，古氐羌人曾游牧于青、甘、藏高原。公元前 3 世纪（战国时期），秦王朝进行大规模征服邻近部落的战争。于是，居住在青藏高原的古氐羌游牧族群中出现了分化，流散各地，其中一部分部落群体逐渐往南迁移。这时，史籍中开始出现了"和夷"的名称，这是哈尼族最早见于记载的先民。当时，"和夷"居住在今大渡河以南或大渡河与金沙江相交汇的地区。后来"和夷"分两路往南迁徙：一条自川西南迁经昆明滇池一带，再往南迁至滇东南的六诏山地区；另一条自滇西北迁经大理洱海一带，然后又分别南下到了今天所居住生活的地方。[4](p.1-19)

"和夷"（哈尼族）迁徙到云南以后，由于哈尼族的社会经济文化长期处于落后状态，表现在生产力低下、教育落后、没有本民族文字、交通不便等诸方面，不同地区的哈尼族缺少经常的联系，各自处于封闭自守的状态。时间一久，就形成了许多不同的支系，主要有哈尼、雅尼、豪尼、碧约、卡多、白宏和哦怒七大支系。可以说，哈尼族不同支系的形成是经过了不断迁徙和长期分化的结果，各个支系散居在云南南部各地。具体分布情况是：

哈尼支系是自称"哈尼"的哈尼族，主要分布在云南红河哈尼族彝族自治州的红河、元阳、绿春、金平等县。雅尼支系是自称"雅尼"的哈尼族，主要分布在西双版纳傣族自治州以及澜沧拉祜族自治县。豪尼支系是自称"豪尼"的哈尼族，主要分布在思茅地区的墨江和普洱县、玉溪地区的元江县等。白宏支系是自称"白宏"的哈尼族，主要分布在思茅地区的墨江县、红河哈尼族彝族自治州的红河、绿春等县。碧约支系是自称"碧约"的哈尼族，主要分布在思茅地区的墨江、普洱、思茅、镇远等县市、红河哈尼族彝族自治州的红河县、玉溪地区的新平县等。卡多支系是自称"卡多"的哈尼族，主要分布在思茅地区的墨江、江城、镇远、景东、普洱等县、玉溪地区的新平县等。哦怒支系是自称"哦怒"的哈尼族，主要分布在思茅地区的墨江、普洱等县、红河哈尼族彝族自治州的红河县等。

（二）各支系的不同特征

哈尼族各个支系之间在许多方面都是相同的，不同的支系不仅在分布上存在密不可分的关系，而且在民族的其他特征上，如政治经济制度、生产方式、婚丧喜庆、风俗习惯、宗教信仰、生活习俗、心理素质等各方面，都保持基本相同的特征。不同支系的差别，主要表现在语言和服饰上。哈尼族的服饰丰富多彩，特别是妇女的服饰有数十种不同的款式，各个支系都有自己的、不同于别的支系的服饰。同样，各个支系也都有不同于别的支系的语言，而且支系的界限同使用语言的界限完全一致。这就是说，使用不同的语言和穿着不同的服饰，是哈尼族不同支系之间最明显和最主要的两个特征。

## 二 不同支系的语言

（一）不同支系的语言

哈尼语的方言差异与支系的划分存在密切的关系。一般说来，同一支系说的话内部差别不大，不同支系说的话有一定的差别。所以哈尼语的方言划分和部分土语划分，是以支系为单位的，其名称也以支系名称命名。哈尼语分三大方言，即哈雅方言、碧卡方言、豪白方言，其中，哈雅方言是哈尼、雅尼两个支系说的话；碧卡方言是碧约、卡多、哦怒三个支系说的话；豪白方言是豪尼、白宏两个支系说的话。[5](p.2) 在碧卡方言内，又分三个土语，碧约支系说的是碧约土语，卡多支系说的是卡多土语，哦怒支系说的是哦怒土语。在豪白方言内，又分两个土语，豪尼支系说的是豪尼土语，白宏支系说的是白宏土语。哈尼语方言的差别，以词汇为最明显，语音次之，语法差异较小，所以划分哈尼语方言以词汇、语音的异同为主要标准，同时参考语法的差异。在三个方言中，哈雅方言下又分两个次方言，然后分土语，而碧卡方言和豪白方言，下面直接分几个土语，这说明二者下属的"话"存在不同的层次。下面列出哈尼语方言划分表。

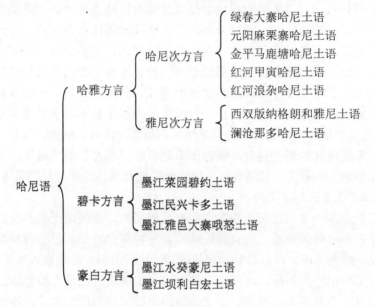

（二）不同支系语言的特点及相互关系

1. 哈雅方言　哈雅方言是哈尼语中最大的一个方言，使用人口约 77 万人，占哈尼族人口总数的 62%。主要分布在红河哈尼族彝族自治州、西双版纳傣族自治州、思茅地区澜沧拉祜族自治县、玉溪地区的元江哈尼族彝族傣族自治县等地。哈雅方言在语音上的主要特点是：声母比较丰富，数量多；塞音、塞擦音、擦音声母均分清浊两套，有的土语边音也分清浊；松紧元音对立严整，每个松元音都有与之相配的紧元音；语音上受汉语影响较小，其程度不及另两个方言；只有少数土语随着汉语借词新增了一个升调和几个复合元音韵母。

哈雅方言次方言：哈雅方言又分两个次方言——哈尼次方言和雅尼次方言。说哈尼次方言的，主要是自称"哈尼"的哈尼族，使用人口多，约占哈尼族总人口的一半。主要分布在红河哈尼族彝族自治州及玉溪地区的元江哈尼族彝族傣族自治县。说雅尼次方言的，主要是自称"雅尼"的哈尼族。主要分布在西双版纳傣族自治州和澜沧拉祜族自治县。使用人口约16 万人。雅尼次方言的语音系统与哈尼次方言大同小异。共同点是：塞音、塞擦音、擦音分清浊两套；有双唇腭化音；松紧元音对立严整；有三个声调。差异较显著的是：雅尼次方言有两个带鼻音尾的韵母 aŋ、uŋ。

2. 碧卡方言　碧卡方言使用人口约 27 万，是哈尼语中使用人口次于哈雅方言的一个方言。说这个方言的主要是自称"碧约""卡多""哦怒"等支系的哈尼族，主要分布在思茅地区的墨江哈尼族自治县、镇沅彝族哈尼族拉祜族自治县、江城哈尼族彝族自治县、普洱哈尼族彝族自治县等地。

碧卡方言在语音上的主要特点有：没有浊的塞音、塞擦音声母；松紧元音对应不严整，个别紧元音已转化为松元音；随着汉语借词的大量借入，增加了许多复合元音韵母和带鼻音尾韵母。

碧卡方言又分三个土语：碧约土语、卡多土语和哦怒土语。在语音上，三个土语之间有一些差别。如：卡多话有 pj、phj、mj 三个腭化声母，碧约话有 pj、phj，缺 mj，哦怒话没有腭化声母。这种差别，反映了哈尼语腭化声母发展不平衡的状态，即卡多话还完整地保留着，而碧约话残缺不全，哦怒话已全部消失。

3. 豪白方言　豪白方言在哈尼语中使用人口，是哈尼族使用人口最少的一个方言，约 15 万人。说这个方言的主要是自称"豪尼"、"白宏"的哈尼族。元江县被称为"多塔"的，也属豪尼支系，说同一种话。主要分布在墨江哈尼族自治县、元江哈尼族彝族傣族自治县和普洱哈尼族彝族自治县等地。豪白方言在语音上的主要特点有：没有浊的塞音、塞擦音；紧元音消失较多，松紧对立只保存在部分元音上；随着汉语借词的大量借入，增加了许多复合元音韵母和鼻音尾韵母。

豪白方言又分两个土语：豪尼土语和白宏土语。二者的主要差异如：在语音上，白宏话本语词里有鼻化元音和-m 尾韵母，豪尼话没有；白宏话的 m 能自成音节，豪尼话不能。白宏话的这一特点与哈雅方言保留鼻韵尾的土语（如格朗和话）接近，鼻化元音和-m 尾韵母，大多与带鼻音尾音节对应。

哈尼语的三个方言中，在词汇上，哈雅方言与另两个方言有较大差异，异源词高达 60%。以哈雅方言的绿春大寨话与碧卡方言的墨江菜园乡碧约话相比为例。在 1925 个词里，同源词有 771 个，占 40%（其中包括 130 个汉语借词）。不同源的 1154 个，占 60%。其中本语原有语词异源的有 531 个，占 27.6%；一方借汉语词而另一方不借而不同的有 214 个，占 11%；多音节词部分同源、部分异源的有 409 个占 21.4%。

哈雅方言与豪白方言的同源词略多些，语音对应规律也严整些。拿哈雅方言的绿春大寨话与豪白方言的墨江水癸豪尼话进行比较，其结果是：在 1961 个词里，同源词有 1388 个，占 70.8%；不同源的词有 573 个，占 29.2%，其中本语词全异的有 164 个，占 13.5%，一方是借词另一方使用本语词而不同的有 164 个，占 8.3%，半同源的 142 个，占 7.4%。

### 三　哈尼族支系语言的使用特点

哈尼族有比较强的支系意识。具体表现在：一方面，每个人对自己所属支系非常明确，而且对其他所熟悉的人属何支系也十分清楚。对外，跟其他民族时，他们使用"哈尼"这一统一的名称；对内，跟其他支系时，则喜欢用支系的名称，称自己为某某人，支系意识很明确。另一方面，各个支系的人都要使用自己支系的语言，对支系语言的意识也是很强的。

哈尼族支系语言的使用具有三个重要特点：一是稳固性；二是兼用性；三是转用性。"所谓稳固性，是指不同支系的人在日常生活中都各自稳定地、持久地使用本支系的语言，并认为本支系的语言就是自己的民族语言。各支系的语言，经过全支系人们的长期使用，得到充分发展，不仅形成自己独特的语言特点，而且各自积累了丰富的诗歌、故事、谚语、格言等语言文学材料。所谓兼用性，是指除了使用本支系语言外，还能兼用别的支系的语言。"在整个哈尼族地区，除去一些大片的、单一支系的聚居区只使用本支系的语言外，在其他多支系的杂居区和小片的单一支系的聚居区，许多人除了使用本支系语言外，还能兼用另外一个支系或两三个支系的语言。其兼用程度一般都较好，均能达到能说、能听、能流畅地进行思想交流的水平。如在墨江县，生活着碧约、卡多、哦怒、豪尼和白宏支系的哈尼族，长期在墨江生活和工作的哈尼族，他们除了懂自己支系的语言外，往往兼通其他支系的语言。笔者认识的一位该县干部，属卡多支系，曾先后在乡政府、县民委等部门供职，长期与当地各支系的哈尼族人交往中，除自己支系的卡多话外，他还熟练地掌握了其他碧约、哦怒、豪尼和白宏支系的语言。据他介绍，在墨江县像他这样兼通其他支系语言的人是很多的。"总的看来，杂居地区的支系，其兼用程度比聚居区高，一般都能熟练地、准确地兼用另一支系的语言，并且在使用时与母语不发生混淆。"所谓转用性，是指转用其他支系的语言。其转用的条件往往同人口迁移、家庭成员变化等因素有关。如绿春县有一些来自红河县的干部，属白宏支系，是 20 世纪五六十年代来的，说的是白宏支系的语言。但他们的子女都说哈尼支系的语言，这是因为绿春县城及附近居住的大多都是自称"哈尼"的哈尼族，受到这大环境的影响，他们的子女大多只会说哈尼支系的语言，但有的也能听懂白宏支系的语言。

### 四　哈尼族支系语言的发展趋势

哈尼族的支系语言虽然相互间有差异，但由于使用不同支系语言的人毕竟是同一个民族，因此各支系的语言在发展过程中不可能不互相影响、互相制约。哈尼族支系语言在使用上的发展趋势主要表现在以下三个方面。

其一，支系语言间平行发展。哈尼族的支系和支系语言都是历史形成的，是客观存在的，每个支系都有自己不同于其他支系的特征，每个支系的语言都有自己的特点，也都有自己的发展规律。所以，在相当长的时期里，不同的支系将继续存在，不同支系的语言间虽然会相互影响、相互渗透，但相互间仍然会以平行的方式发展。

其二，语言兼用现象日益增多。随着哈尼族地区的对外改革开放，整个民族科学文化水平的不断提高，加上道路交通越来越发达，哈尼族地区各地的人们相互交流不断加强，能够兼用另外支系语言的人越来越多。特别是近几十年来，语言兼用现象有了很大的发展。这在干部、知识分子中出现的例子比较多。如在绿春工作的哈尼族干部和知识分子，除了使用自己支系语言外，大多能够熟练地兼用在该县境内其他支系的语言，各个支系之间语言兼用的现象越来越普遍。

其三，语言转用现象也会不断增多。语言兼用发展到一定程度，就会出现语言转用。哈尼族有些地区，已经出现一些语言转用现象。语言转用是哈尼族支系语言发展的必然趋势。虽然在长期的历史发展过程中，由于社会经济不发达，科学文化落后，加上交通闭塞等，各地哈尼族相互间的交往极少，这在客观上造成了不断分化的结果，形成了各种不同的支系，但是在现代社会的条件下，一个民族总是要朝着不断缩小差别、扩大共性的方向发展。"在支系语言存在的条件下，语言转用是克服语言障碍的一条最有效、最彻底的途径。当然，要实现这个转变，必须经历较长的时间，这中间还会不同程度地遇到各种阻力。因为，传统的支系意识总希望保留自己的支系语言，这就自然会出现一些抵制语言转用的因素。但是，语言转用的力量是阻挡不住的，它所形成的趋势总是要向前发展的。"

尽管从目前来看，哈尼族地区支系语言转用的现象还不太普遍，但从发展趋势上看，支系语言的转用，将是哈尼族语言发展的必经途径。各地语言转用的人数逐渐增多就是一个很好的证明。

## 参考文献

D. O. 朝克：《鄂温克语研究》，民族出版社 1995 年版。

《中国大百科全书》总编辑委员会《民族》编辑委员会、《中国大百科全书》出版社编辑部：《中国大百科全书（民族卷）》，中国大百科全书出版社 1986 年版。

陈士林、边士林、李秀清：《彝语简志》，北京：民族出版社 1985 年版。

《哈尼族简史》编写组：《哈尼语简史》，云南人民出版社 1985 年版。

李永燧、王尔松：《哈尼语简志》，民族出版社 1986 年版。

戴庆厦，段贶乐：《哈尼语概论》，云南民族出版社 1995 年版。

戴庆厦：《论景颇族的支系语言——兼论语言和社会的关系》，《藏缅语族语言研究》，云南民族出版社 1990 年版。

# Ethnic Subgroups and Their Languages of Hani

## Li Zeran

**Abstract:** Subgroups are different branches of the same ethnic group. Generally, every has its own language or dialect. The languages of subgroups used to be regarded as a dialect of the same language, or as a part of the dialect, but not as languages to research. In fact, the languages of the subgroups are different from dialects though they often overlapped. Therefore, languages of subgroups become a new issue for scholars. The paper explores the process of the development of the subgroups of Hani, the characteristics of the languages of the subgroups and the relationship between the languages of the subgroups.

**Key words:** Linguistics;Hani People;Subgroup;The Language of Subgroup; Dialect

（通信地址：100081　北京　中央民族大学中国少数民族语言与古籍研究所）

# 拉祜语话题标记的多功能性[*]

## 李春风

**【提要】** 本文分析拉祜语为什么有两个话题标记——话题主标记 $le^{33}$ 和话题准标记 $qo^{33}$，并分析二者各自的语义场，以及相互间的同一性、互补性和兼用能力不平衡的特点。还认为多功能助词的语义场中存在一个"原核"语义，其他语义围绕它形成语义等级。两个话题标记的语义场相互渗透、扩展。指出拉祜语话题标记多功能性的产生，与其超分析性及语义语法功能扩张的特点有关，还与"原型—偏离"义的作用有关。

**【关键词】** 拉祜语  话题主标记  话题准标记  多功能缘由  语义功能扩张

拉祜语有话题句、话题标记。话题结构由"话题＋述题"组成。话题的作用主要是突出、强调主题。话题标记对话题、述题起到间隔、提顿的作用。本文将拉祜语的话题标记区分为话题主标记和话题准标记两类，对其不同的特点、成因进行了分析。

## 一 拉祜语话题标记有主次之分

拉祜语的话题有两个标记：$le^{33}$、$qo^{33}$。二者语法功能各有分工。$le^{33}$ 使用广泛，是"话题主标记"；$qo^{33}$ 只用在表示时间、地点的语域式话题结构中，是次要的话题标记，为"话题准标记"。从结合关系上看，$le^{33}$ 或 $qo^{33}$ 紧跟在话题后面，具有"不可移动性"的特点。例如：

$s_1^{35}ve^{53} le^{33}$  $n_i^{33}ve^{33}$, $s_1^{53}pha^{31} le^{33} no^{33} ve^{33}$. 花是红的，叶子是绿的。

花  （话） 红的  叶子 （话） 绿的

$ka^{35}te^{33}tha^{53}qo^{33}qha^{33}de^{31}te^{33}$. 做事时要认认真真地做。

事 做 时（话）认真  做

---

* 本文是在《拉祜语话题标记》（《民族语文》2015 年第 5 期）基础上的进一步研究成果。

（一）话题主标记

所谓"话题主标记"，是指使用广泛、能与多数句法成分结合的话题标记，拉祜语用 $l\varepsilon^{33}$ 表示，其句法分布及句法成分结合能力如下。

1. 句法分布。$l\varepsilon^{33}$ 居于话题之后。例如：

ŋa³¹ ɲi³³pa¹¹ lɛ³³ a³³ɲi³³qhɔ³¹ pɔ³³ ta¹¹ ve³³. 我弟弟是去年生的。

我　弟弟　（话）去年　　　生　着　的

2. 句法成分结合能力。从话题与句子成分的结合能力看，$l\varepsilon^{33}$ 用在主语、状语、复句和常式句中的部分宾语如受事宾语等做话题的句子中。分别举例如下：

phu³³ lɛ³³　jɔ⁵³ ju³¹ qe³³ ve³³. 钱是他拿走的。

钱（话）他　拿　去（语）

xa³⁵te³³ lɛ³³ li³¹dɔ³³ te⁵³dɔ³³te⁵³dɔ³³te³³ ju³¹ ta⁵³e³³.

赶快（话）书　　一本一本地拿　上去

（你）赶快把书一本一本地放上去！

$l\varepsilon^{33}$ 还可用在主语和谓语相同的拷贝式话题中。例如：

a³⁵qha⁵³ lɛ³³ a³⁵qha⁵³, ve³¹　lɛ³³　ve³¹. 蒿子是蒿子，稗子是稗子。

蒿子　（话）蒿子　　稗子（话）稗子

（二）话题准标记

马提索夫教授[①]认为，清迈拉祜语中，qo 主要充当条件句里非结尾从句的标记，与动词 qô?（说）　组合表示前面成分是个话题。笔者之所以认为拉祜语的 $qo^{33}$ 是话题准标记，是因为 $qo^{33}$ 有多重句法功能，只是在某种条件下能兼作话题标记，与 $l\varepsilon^{33}$ 有相同的作用，但其使用范围和频率都低于 $l\varepsilon^{33}$。从语义上看，它具有时点副词"就"的语义特征；从语用上看，它具有话题标记的特征；从语法上看，它具有句法承接功能。

徐烈炯、刘丹青（2007：58，113）认为：话题为述题提供时间处所方面的语域，主语之前或无主句句首的时间处所词一般都是时地语域式话题；主语后谓语动词前的时间地点词，在有停顿、提顿词等标记的情况下，是这种类型的次话题。此类成分，是较典型的语域式话题。拉祜语的 $qo^{33}$ 多用于这类话题结构中，为话题句的形式标记。所以可以把它看成话题准标记。例如：

jɔ⁵³li³¹xe⁵³tha⁵³qo³³qha³³dɛ³¹xe⁵³ve³³. 她学习知识时很用心。

她　学习　时　（助）好好　读（助）

$qo^{33}$ 的话题标记功能来源于副词"就"，因为 $qo^{33}$ 在句中具有较强的时

---

① James A.Matisoff. The Grammer of Lahu, University of California Press, 1982.

点副词或逻辑承接关系的语义特征，相当于汉语的"就"。例如：

nɔ³¹ ɣɔ⁵³tɕa³⁵ tshɿ⁵³, ŋa³¹ qo³³ ɔ¹¹te³³. 你洗菜，我就做饭。

你　菜　洗　我　就　饭做

上一例句中的 qo³³，具有较强的副词"就"的语义特征，连接两个分句和后一分句主谓成分，可以看作话题标记。

qo³³也能用于部分复句的前一分句之后，形成话题结构。例如：

a³³su³³ɔ³¹lɛ³³mɤ⁵³yɯ³¹qo³³, a³³su³³yɯ³¹vɛ³³tɕi³⁵dʑa⁵³a³¹.

谁　　最后　　笑（话）谁　笑　得更多（助）

谁最后笑，谁才笑得最开心。

qo³³还用于条件复句、因果复句、选择复句中。这些功能将在下文详述。

## 二　拉祜语话题主标记与话题准标记的区别与联系

话题主标记 lɛ³³，已无实在的语义；而话题次标记 qo³³，话题标记功能相对较弱，还有时点副词语法化的语义残留，能够表示上下文间明显的逻辑关系。lɛ³³与其他语法成分的结合能力比 qo³³的大，qo³³多用于时间状语话题化、条件小句类的句子中。在共时句法层面中，二者具有同现/竞争性、可替换性、互补性的关系，句法功能的兼用存在不平衡的特点。

（一）lɛ³³与 qo³³可用于同一话题句中

在使用范围和使用频率上，lɛ³³比 qo³³高得多；在语法化程度上，lɛ³³的语法化程度高，已无实在的语义，而 qo³³还有时点副词语法化的语义残留。qo³³与 lɛ³³共用于同一话题句时（多为连谓式的话题句），拉祜人习惯使用 lɛ³³为话题标记兼连谓标记，qo³³让位为时点副词，强调时间或动作的连贯性。例如：

ŋa³¹ te⁵³khɯ³³xɛ¹¹qo³³ lɛ³³ qe³³. 我歇一会儿就去。

我　一会儿歇　就（话）去

ja³¹e³³ lɛ³³　ɳi³³xa³³ɳi³³ qo³³ ɕi¹¹ ve³³. （你）下去看看就知道了。

下去（话）看　看　　就　知道了

（二）lɛ³³、qo³³用于双话题结构时，语法功能有分工

拉祜语话题句一般只有一个话题。但为了表示一些变式句子，拉祜语可以使用双话题结构，居前的称"主话题"，居后的称"次话题"。此时，可以只用一个标记，lɛ³³或者 qo³³。lɛ³³在句中比较自由，既可居于"主话题"之后，也可居"次话题"之后，还可以省略。其中，以居于次话题之后为常用。而 qo³³的使用范围则比较窄，一般只用于时地语域式话题（即时间地点状语做话题）后。例如：

dʑŋ³¹ le³³ ŋa³¹ tɕi³⁵ɛ³¹ ka³¹ma⁵³dɔ³¹muu³¹.

酒（话）我 一点儿 都 没 喝 过

酒我从来不喝。(le³³居"主话题"之后）

dʑŋ³¹ŋa³¹le³³ tɕi³⁵ɛ³¹ ka³¹ma⁵³dɔ³¹muu³¹.

酒 我（话）一点儿 都 没 喝 过

酒我从来不喝。(le³³居"次话题"之后，常用）

dʑŋ³¹ ŋa³¹ tɕi³⁵ɛ³¹ ka³¹ma⁵³dɔ³¹muu³¹. 酒我从来不喝。(话题标记省略）

酒 我 一点儿 都 没 喝 过

jɔ⁵³li³¹xe⁵³tha⁵³qo³³qha³³dɛ³¹xe⁵³ve⁵³. 她学习知识时很用心。

她 学习 时 （助）好好 读（助）

(qo³³做话题标记时，用于表示时间的语域式话题结构之后）

**（三）le³³的使用范围、语法功能比 qo³³大**

1. 话题标记 le³³能对多种成分进行话题化，主要有名词（普通名词、专有名词、时间名词等）、方位词、代词（人称代词、指示代词、疑问代词等）、副词、定中短语、数量短语、主谓短语、名物化结构、谓词或述宾短语以及关系小句等。例如：

a³⁵po³¹ le³³ u³⁵ka³¹ te³³ta¹¹ ve³³. 衣服就在那里。（名词）

衣服（话）那里 放着 （语）

qho³³xɔ³⁵ le³³ ti³³mi³³ te⁵³ pe⁵³. 山下面是一片稻田。（方位词）

山下 （话）田 一 片

tɕi³⁵xa³³le³¹dʑa³³ ve³³ le³³ ja⁵³je⁵³. 最高兴的是孩子。（名物化结构）

最高兴 的（话） 孩子

jɔ⁵³ ɣu⁵³sŋ¹¹tha⁵³ le³³ n̩i³³ma³³ da³¹ ve³³ te⁵³ɣa⁵³ tshɔ³³.

他 原本 （话）心 好 的 一个 人

他原本是个好心人。（副词）

ŋa³¹ ve³³ ɔ³¹qhɔ³¹ le³³ nɔ³¹ ve³³ n̩i⁵³fɤ¹¹ qho⁵³ ka³¹ ma⁵³.

我 的 年纪（话）你 的 两倍 上 还 多

我的年纪是你的两倍还多。（定中短语）

te⁵³ma³¹ le³³ mu⁵³je¹¹ la³¹, ɔ³¹nu³³ve³³te⁵³ma³¹ le³³ lɔ¹¹li³¹ ka³¹ ma⁵³tsɔ³¹.

一个 （话）雨 下 另 的一个 （话） 车 子 也 没 有

一方面下雨，另一方面又没有车子。（数量短语）

ɣa⁵³phu³³qa¹¹ku³¹ xa³³ la⁵³ le³³ ŋa³¹ nɔ⁵³ la³³ ve³³.

公鸡 叫 起 来（话）我 醒 了（语）

公鸡打鸣我就醒来了。（主谓短语）

2. qo³³的话题标记功能有限，多与状语尤其是时间状语结合。例如：

ka³⁵te³³tha⁵³qo³³qha³³dɛ³¹te³³.

事 做 时（话）认真 做

做事时要认认真真地做。（时间状语）

qo³³有时也能用于其他句子成分或部分小句之后，形成话题结构。但不普遍。例如：

tɕhi³³qhe³³qo³³da̱³¹ve³³jo³¹. 这样就行。

这 样 （助）好 的 是

ɔ³¹tshɔ⁵³pɛ³³qo³³da̱³¹, tɕa⁵³pa¹¹ma⁵³ma⁵³qo³³ da̱³¹a³¹.

朋友 多（助）好 敌人 不 多（助）好（助）。

朋友多好，敌人少好。（主谓短语）

（四）由于lɛ³³与qo³³都具有句法多功能性特征，有的用法重叠，[①]二者可以互换

如在双话题结构中，次话题为状语时，lɛ³³与qo³³都可位于次话题之后，可以相互替换。例如：

ŋa³¹ɕa³⁵ɣɔ³¹tha⁵³lɛ³³/qo³³ma⁵³tɕhe⁵³ɕa³³. 我呼吸时感到不舒服。

我 呼吸 时 （助） 不 舒服

此外，作选择关联标记时，二者也可以替换。例如：

ma⁵³xɛ̱⁵³lɛ³³nɔ³¹qe³³ **ma⁵³xɛ̱⁵³lɛ³³** ŋa³¹qe³³.

要么 你 去 要么 我 去

要么你去要么我去。

ma⁵³xɛ̱⁵³qo³³nɔ³¹qɔ̱³¹e³³, **ma⁵³xɛ̱⁵³qo³³**nɔ³¹da̱³¹da̱³¹te³³.

要么 你 回去 要么 你 好好 做

要么你就回去，要么你就好好干。

jɔ⁵³xɯ³³tha³¹tɕa⁵³ **ve³³khe³⁵**, **ma⁵³xɛ̱⁵³qo³³** ŋa³¹ɔ³¹to³³tha³¹ve³³ ɕa¹¹gɯ³¹la³³.

它们 （宾）吃 与其 不如 我 身子 上 的 肉 咬 呢

与其吃它们，不如咬掉我身上的肉。

tɕa³¹dʑɔ̱³¹ve³³ka³⁵jɔ⁵³tha³¹te³³tsɿ³³ **ve³³khe³⁵**, **ma⁵³xɛ̱⁵³lɛ³³** ŋa³¹qha⁵³ŋa³¹te³³.

谷子 收 的 事 他（宾）做让 与其 不如 我 自己 做

收谷子的事与其让他干，不如我自己干。

再如：qo³³与lɛ³³一样，兼具话题标记和连谓标记双重功能。表示前一动作行为结束后，后一动作行为紧随；或二者之间具有隐性的因果关系。例如：

---

① 见下文三

phuɯ⁵³ a³³khɛ³³ ga⁵³qɛ⁵³ lɛ³³ phɔ⁵³ ɕe³¹. 狗挣脱绳子跑了。

狗　　绳子　挣脱 （关）跑 了

nɔ³¹ qha³³ mɔ³¹ ta⁵³ ɣɔ⁵³ tɕa⁵³， ɣɔ⁵³tɕa⁵³ qo³³ ɣɔ⁵³pe³¹ na³¹la³³ ve³³.

你　看见 不　要　捡　吃　捡吃 （关）肚子　痛　会（语）

你不要乱吃，乱吃会痛肚子的。

### 三　拉祜语话题标记的多功能性

拉祜语的 lɛ³³、qo³³ 具有多功能性，即除了做话题标记外，还可以当别的话语标记使用。

（一）lɛ³³ 的多功能

1. 判断标记。用在主语后既表话题又表判断。这类句子也还可以在句尾加上含有判断语气的助词 jo³¹。例如：

jo⁵³ lɛ³³　li³¹xe⁵³ja⁵³， ŋa³¹ lɛ³³　ɕa¹¹la³¹. 他是学生，我是老师。

他（话）学生　　　我（话） 老师

2. 连谓标记。lɛ³³ 用于连动结构中，标识非终极动作的完成，凸显该谓词结构的有界性，并将该动作表达的事件与下一动作表达的事件连接起来。lɛ³³ 相当于汉语的 "就"，表示各动作之间存在并列关系或者偏正关系。例如：

jo⁵³ qo⁵³ pɤ³¹ lɛ³³ qɔ³¹e³³ ɕe³¹o³¹.　　　　　他说完就回去了。

他　说　完 （关）回去　了

3. 补语标记。述语和补语中间加关系助词 lɛ³³，表示述语动作的可能性或程度。例如：

xa³³lɛ³¹lɛ³³xɔ³³ɣɯ³³　　　　　　　高兴得大叫

高兴　得 大叫

4. lɛ³³ 与别的虚词连用，共做语法标记。

（1）与虚化了的 te³³ "做" 连用，构成工具格标记 te³³lɛ³³。例如：

jo⁵³　la³¹mɛ¹¹ te³³lɛ³³bu³¹.　　　　　他用左手写字。（工具格助词）

他　左手　（工）写

（2）与方位助词 ta³¹ "从" 连用，构成源点标记 ta³¹lɛ³³，从时间、范围处所、对象目的等方面对中心语加以限制。例如：

nɔ³¹ je³¹ ta³¹lɛ³³mɯ⁵³ la¹¹ qha³¹qhe³³ tɕɛ³³ vɤ⁵³ lɛ³³？

你家 （源）勐腊　怎　么　只　远　呢

从你家到勐腊有多远？（源点助词）

（3）lɛ³³ 还可以与 ve³³ 结合，词汇化为 ve³³lɛ³³，含有 "倒是" 的意思。它用在由动词或形容词作谓语的拷贝式话题结构中。例如：

tɕa⁵³ ve³³lɛ³³tɕa⁵³o³¹, ja̠³¹qha⁵³ma⁵³tɕa⁵³ bu̠⁵³.

吃 （话）吃 了 但 没 吃 饱

吃倒是吃了，但没吃饱。

（4）与不同的虚词构成关联标记（连接并列、选择、因果等关系）。例如：

jɔ⁵³ a³³khɔ³³tɕhɛ⁵³ma⁵³xɛ⁵³lɛ³³li³¹xe⁵³kɯ³¹tɕhɛ⁵³.

他 家里 在 或者 学校 在

他在家里或者在学校。（选择）

jɔ⁵³qa¹¹ ve³³ ma⁵³xɛ⁵³, qhe⁵³te³³lɛ³³qa¹¹ ve³³ te³³ ve³³.

他 傻 的 不是 而是 傻 的 装 （语）

他不是傻，而是装傻。（并列对举）

jɔ⁵³ qha³¹tha⁵³ma³¹la³¹, qhe³³te³³lɛ³³ŋa³¹jɔ⁵³ tha̠³¹ ma⁵³ɕi¹¹.

他 常 不 来 所以 我 他 （宾）不 认识

他不常来，所以我不认识他。（说明因果）

5. lɛ³³也当关系助词使用，能连接两个及两个以上的并列成分。被连接的各个成分没有主次之分，位置可以互换。例如：

ɔ¹¹te⁵³khɛ⁵³ lɛ³³ ɣɔ⁵³tɕa³⁵te⁵³khɛ⁵³ 一碗饭和一碗菜

饭 一 碗 （关）菜 一 碗

a³⁵na⁵³ɣi⁵³phu⁵³ɕi¹¹ ɔ¹¹tha³¹ da̠³¹ lɛ³³ ɔ³¹qhɔ³³ kɯ⁵³.

狗屎冈铃果 上 好 （关）里面 烂

狗屎冈铃果外面好而里面烂。

6. lɛ³³在古歌中还能用于句尾，而且还常常与句尾语气词连用。lɛ³³的这一用法，在现代拉祜语中已很少出现。例如：

ɣɯ³¹ja⁵³ te⁵³ to³³ ti³⁵ ɔ³³lɛ³³！厄雅只是一个人啊！

厄雅 一 身子仅 （语）

此外，句尾疑问语气词 le³³可变读为 lɛ³³。二者在不同土语中，使用频率不同。在邦朵拉祜语中，le³³更常用。但二者在句中可以互换，句义不变。例如：

jɔ⁵³ phɛ³³ta¹¹ ve³³ qha³¹（ve³³）te⁵³ bɔ⁵³ lɛ³³/lɛ³³？他捆的是哪捆？

他 捆 的 哪一捆 （语）

（二）qo³³的多功能

qo³³具有较强的语法成分承接功能，语义上相当于汉语的"就"。qo³³的其他语法功能有连谓标记、话题标记、关联标记等。

1. 连谓标记。表示前一动作行为结束后，后一动作行为紧随。例如：

a$^{35}$po$^{31}$ dɛ$^{33}$da̠$^{31}$ qo$^{33}$ tsɿ$^{33}$qho$^{33}$ qe$^{33}$. 穿好衣服就上街去。

衣服　穿好　（关）街　上　去

2. 多与其他虚词连用，用于关系复句的分句中，形成假设、条件、选择、因果、转折等关系。例如：

mu$^{53}$te$^{53}$qhe$^{33}$thi$^{53}$la$^{33}$ qo$^{33}$ŋa$^{31}$qe$^{33}$ve$^{33}$jo$^{31}$. 天一亮，我就走。（连贯复句）

天　一　下　亮　起来　就　我　走　（体）

no$^{31}$ la$^{31}$ xa$^{33}$ la$^{53}$qo$^{33}$, jo$^{53}$ qe$^{33}$ ɕe$^{31}$. 只要你一来，他就走。（条件复句）

你　来（助）只要　他　去　了

no$^{31}$ la$^{31}$po$^{31}$qo$^{33}$, ŋa$^{31}$xɯ$^{33}$qo$^{33}$ma$^{53}$qe$^{33}$o$^{33}$.

你　来　既然　我们　就　不　去　了

既然你来，我们就不去啦。（推断因果复句）

ŋa$^{31}$ ma$^{53}$xe̠$^{53}$qo$^{33}$ ka$^{35}$te$^{33}$,　ma$^{53}$xe̠$^{53}$qo$^{33}$ li$^{31}$ dʑo$^{31}$.

我　或者　工作　或者　书　读

我或者工作，或者读书。（选择复句）

li$^{31}$ ma$^{53}$xe$^{53}$ qo$^{33}$, ŋa$^{31}$ qo$^{33}$ a$^{33}$kho$^{33}$ mɯ$^{31}$tɕa$^{53}$va$^{53}$tɕa$^{53}$ve$^{33}$ jo$^{31}$.

书　不　读　的话　我　就　家里　做农活　了（语）

不读书的话，我就在家里做农活了。（假设复句）

no$^{31}$ mɯ$^{31}$va$^{53}$ve$^{33}$ ya$^{33}$te$^{33}$qe$^{33}$ tso$^{53}$, ma$^{53}$xe$^{53}$qo$^{33}$o$^{11}$ma$^{53}$ya$^{33}$tɕa$^{53}$.

你　生产　的　参加　应该　否则　饭　没　得　吃

你应该参加生产，否则没有饭吃。（转折复句）

（三）lɛ$^{33}$与 qo$^{33}$多功能特点的对比分析

lɛ$^{33}$、qo$^{33}$具有功能同一性、互补性、兼用能力差异等特点。

1. 同一性。如上文及下表 1 所示，lɛ$^{33}$与 qo$^{33}$在句中，除了话题标记功能外，还都可承担连谓标记、关联标记等句法功能。

2. 互补性。二者为因果复句关联标记时，分别标识说明因果复句和推断因果复句。从 lɛ$^{33}$与 qo$^{33}$的同现/竞争性、可替换性特点上，可以看到当二者处于功能重叠时，必然出现竞争关系。竞争的结果就出现分工，形成功能互补，最终走向功能分立。lɛ$^{33}$与 qo$^{33}$的互补性主要出现在因果复句中。例如：

jo$^{53}$ dʑɿ$^{31}$do$^{31}$ma$^{53}$dʑa$^{53}$ve$^{33}$ pa$^{33}$to$^{33}$qhe$^{33}$te$^{33}$lɛ$^{33}$u$^{35}$qo$^{11}$mɯ$^{31}$.

他　酒　喝　多　太　因为　所以　头　疼

他因喝酒太多而头晕。（说明因果关系）

jo$^{53}$ do$^{31}$ ma$^{53}$ ɕe$^{31}$ po$^{31}$qo$^{33}$, te$^{53}$qhe$^{33}$ xɛ$^{11}$ xa$^{33}$.

他　喝　多　了　既然　一下　休息

既然他喝多了，就休息一下。（推断因果复句）

3. 兼用能力的差异。二者语法功能，既有相同之处，又有不同之处。即使相同的功能，兼用能力也有强有弱。根据上文，二者多功能语义模式见表1：

**表1**

| | 副词 | 关联标记 | 话题标记 | 连谓标记 | 工具格标记 | 状语标记 | 补语标记 | 判断标记 | 连词 | 语气词 |
|---|---|---|---|---|---|---|---|---|---|---|
| $le^{33}$ | − | + | + | + | + | + | + | + | + | + |
| $qo^{33}$ | + | + | + | + | − | − | − | − | | |

表1可见，$le^{33}$的兼用能力超过$qo^{33}$。十种语法功能，$le^{33}$的兼用数量有九种，$qo^{33}$有四种。即前者兼用功能远远超过后者。但二者在作关联标记时，$qo^{33}$连接关系复句的能力却超过$le^{33}$。其关联功能语义模式见表2：

**表2**

| 复句类型 | 因果 | 选择 | 并列 | 连贯 | 假设 | 条件 | 转折 |
|---|---|---|---|---|---|---|---|
| $le^{33}$ | +（说明） | + | + | − | − | − | − |
| $qo^{33}$ | +（推断） | + | − | + | + | + | + |

从表1、表2中看到，有的功能是直接关联的，有的则不是。其形成原因可能是受经济性原则制约。$le^{33}$的语法化程度及其功能演变速度与$qo^{33}$不同。根据语言经济性原则，后者就不需要沿着前者的发展路径演变，而走向与$le^{33}$形成互补关系的关联标记功能。如$qo^{33}$能单独作关联标记，表示条件、假设等关系复句。$le^{33}$则不能单独用于关系复句中。例如：

$jo^{53}$ $tso^{31}o^{31}$ $qo^{33}$, $\eta a^{31}$ $tha^{31}$ $qo^{31}qho^{31}$ $p\varepsilon^{31}a^{31}$ $lo^{31}$！
他 有 了 既然 我（宾） 还 给（语）吧
既然他有了，就退还给我吧！

### 四 拉祜语话题标记多功能性的产生缘由

拉祜语为什么一个话题主标记$le^{33}$不够，还需要一个话题准标记$qo^{33}$？为什么都有多功能性？这些问题，要从多角度进行分析。

#### （一）从语义语法功能扩张角度看

如二（三）所示，二者在行使话题标记功能时，并不是完全重合，而是各有分工。$le^{33}$用于大部分话题结构中，$qo^{33}$多用于时地语域式话题或具有话题语义特征的复句小句中。究其原因，是受其语义语法功能扩张原理驱动。

首先，这与拉祜语的超分析性特点有关。分析性语言的语法特征之一是助词发达，拉祜语是超分析性语言，助词发达，并且在句型中具有重要的语法作用，产生了大量多义词，形成了各自的语义场，表现出语法语义多功能性的特点。在这个语义场中，从认知上看，会有一个"原核"语义，其他语义以该"原核"语义为中心，或远或近，进而形成了语义等级。这些都是拉祜语助词句法多功能性的主要原因。

其次，从二者来源看，语法标记的语法化来源制约其语义句法功能。刘丹青（2005）探讨过汉语话题标记的四种语法化来源：疑问标记、时间语标记、系词"是"、副词。从上文二者多功能性看，我们认为拉祜语话题主标记 $le^{33}$ 来源于判断标记"是"，语法上承担系词的描写陈述功能，$le^{33}$ 在语法化过程中，意义越来越虚化，但与其前面的语法成分黏附性越来越强，话题标记 $le^{33}$ 标记话题结构，介于话题和述题之间，形态上附着于话题结构。判断句与话题句之间有着天然的联系，$le^{33}$ 能描写陈述多数名词性或谓词性成分，也能标记多数话题成分。

话题准标记 $qo^{33}$ 则可能来源于副词"就"。如上文所述，$qo^{33}$ 能够语法化为话题准标记，与时间状语或条件小句等结合而形成话题结构，具有较强的时点副词或逻辑承接关系的语义特征，在句中相当于汉语的"就"。

最后，话题标记的多功能性是靠助词的语义语法功能扩张实现的。由上文可见，$le^{33}$ 与 $qo^{33}$ 有句法功能的重叠，其相同的句法功能有关联标记、连谓标记和话题标记，而关联标记中又各有分工。从语法功能扩张角度看，$le^{33}$ 与 $qo^{33}$ 在扩展过程中，相互作用，相互渗透，形成了各自句法功能的强和弱。其中二者的连谓标记功能势均力敌，可无条件互换，不影响句义，处于功能重叠的中心；前者的话题标记功能较后者强；后者的关联标记功能较前者强。据此，我们推断，连谓标记是二者语义功能重叠的核心。话题标记功能是 $qo^{33}$ 向 $le^{33}$ 功能扩展的结果。即 $le^{33}$ 的话题功能处于其"原核"位置，$qo^{33}$ 的语义功能越是扩大，越是接近 $le^{33}$ 的"原核"，二者在"原核"处发生临界交叉，从而产生了话题标记语义功能的部分交叉、部分互补的状态。而关联标记则是 $le^{33}$ 向 $qo^{33}$ 扩展的结果。即 $qo^{33}$ 的句法连接功能和复句标记功能较强大，处于"原核"位置，$le^{33}$ 向 $qo^{33}$ 扩展过程中，与其部分复句的小句标记发生临界交叉，从而也产生了二者复句小句的连接功能的交叉互补状态。其具体扩张途径如下图[①]：

----

① 本文只就话题标记的来源及其相关交叉功能进行探讨。其余功能暂不深入研究，只在语义图中列举，而不进行顺序排列。

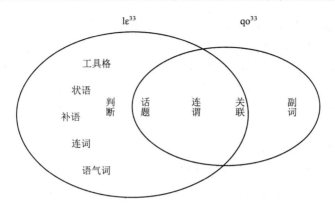

从语义语法功能扩张来看，之所以是 $qo^{33}$ 能够行使话题标记功能，而不是别的助词，是 $qo^{33}$ 与 $le^{33}$ 的语义、句法多功能重叠交叉引起的。$le^{33}$ 的语义场较 $qo^{33}$ 的宽泛，前者向后者的扩张程度也更深，而后者的扩张范围也达到了前者的"原核"状态。

（二）从认知视角的"原型—偏离"义看

上文提到的语义"原核"，从认知角度看，即"原型"。拉祜语有话题—语义范畴，话题标记存在多功能性，是由它的原型义出现偏离引起的。任何一种语法现象都有原型语义或功能，原型义是其表达的语义语用内容的核心。形式和内容一旦在特定语言中结合为一种固定的语法现象，便可能产生对原型义的偏离，而且语法程度越高，用途越广泛，偏离现象越常见，语义语用内容越多样。[1]拉祜语话题标记 $le^{33}$、$qo^{33}$，还有其他标记功能，各功能之间存在着一定的意义联系，从这些意义中我们可以归纳出一个原型义，那就是强调、凸显的意义。该原型义用于不同句子中，就会出现不同的变体。拉祜语的判断句、连谓结构和让步、因果、并列对举、假设条件等关系复句，都带有一定的话题义，话题功能是其他功能的原型义。认识拉祜语的话题标记，如果能够从"原型—偏离"义的视角去认识，就能更清楚地认识多功能性的产生缘由。

如 $le^{33}$ 不管加在什么成分或结构之后，都是为了强调、凸显其前边的成分或结构，使其为听者所感知和理解。$le^{33}$ 的话题、连谓和判断标记三个功能，关系非常紧密。前二者都具有语气提顿、连接语法成分的作用。话题属于语用层面，显性话题标记 $le^{33}$ 处于"句中"的位置，有时可以省略，具有常用性特点。例如：

$jo^{53}qo^{53}ve^{33}\ le^{33}\quad la^{53}xo^{11}kho^{53}.$        他说的话是拉祜语。

他 说 的（话）拉祜语

---

① 徐烈炯、刘丹青：《话题的结构与功能》，上海教育出版社 2007 年版，第 247 页。

mu⁵³phɯ³¹ jɔ⁵³ la³¹ ve³³.　　　　　　　　傍晚他来了。

傍晚　他　来　了

连谓标记 lɛ³³可以看成具有提顿词作用的话题标记，只出现在一个非全句末尾的语言单位之后，具有连接作用，是句法中重要的连接标记，不能去掉。lɛ³³的连谓功能是其话题——偏离义表现之一。例如：

jɔ⁵³ a³³ɕɛ³³tha⁵³la³¹lɛ³³ qɔ̱³¹ qe³³o³¹.　　　　他刚刚来又走了。

他　刚刚　来（关）又　走　了

lɛ³³在判断句中同时具有连接和判断作用：形式上连接主语和宾语语义关系；语用上具有判断和肯定的意义，其产生的主要动因是强调。话题标记本身就有强调作用，lɛ³³判断功能的原型义是以语用功能为基础的话题——说明结构，为判断标记时则可以不用或者用其他语气词表判断意义。例如：

jɔ⁵³vi³⁵pa¹¹ lɛ³³ ma³¹ja⁵³.　　　　　　　他哥哥是军人。

他哥哥　（话）军人

拉祜语属于后置型语言，根据联系项居中原则，复句的关联标记应居中。lɛ³³为连谓标记时，只能分布于句中，且连接的都是并列的、存在顺序延展关系的语法成分，其句法分布和语法功能都为 lɛ³³成为连接词或关联标记提供可能。lɛ³³的连接功能在高频率使用过程中，逐渐演变出关联标记功能，从而以最简单的形式表达丰富的意义。受语义限制，lɛ³³只能与其他虚词连用成为关联标记，连接因果、选择、并列关系的复句，这些复句，本质上还是并列关系，是以话题结构为原型的，是话题——偏离义的主要表现。

话题——偏离义的发展过程不是单维的，一个词汇一旦发展成一个语法标记，往往会向多个相关的语法范畴的方向发展。[①]如 lɛ³³还可以与 ve³³结合，词汇化为 ve³³lɛ³³，含有"倒是"的意思。它用在由动词或形容词作谓语的拷贝式话题句子中。这是拉祜语话题结构发达的表现之一。例如：

tɕa⁵³ ve³³lɛ³³tɕa⁵³o³¹, ja³¹qha⁵³ma⁵³tɕa⁵³ bu⁵³.　　吃倒是吃了，但没吃饱。

吃（话）吃 了 但　没 吃 饱

## 五　小结

1. 拉祜语是一个话题标记较丰富的语言。话题标记有主次之分：话题主标记 lɛ³³和话题准标记 qo³³。

2. 两个话题标记各有自己的语义场。相互间具有同一性、互补性和兼用能力不平衡的特点。在多功能助词的语义场中存在一个"原核"语义，其他语义围绕它形成语义等级。两个话题标记的语义场相互渗透、扩展。

---

① 石毓智：《语法化的动因与机制》，北京大学出版社 2006 年版。

3. 拉祜语话题标记多功能性的产生，与其超分析性及语义语法功能扩张的特点有关，还与"原型—偏离"义的作用有关。

4. 话题标记的分析，要从多角度进行。多角度包括的内容是多方面的，不仅要分析其语法特点，而且要从语法与语义的关系上进行分析。认识拉祜语的话题标记，如果能够从语义扩张、"原型—偏离"义的认知视角等多角度去认识，就能更清楚地认识多功能性产生的缘由。在拉祜民族的认知特点里，话题标记的其他功能都与话题有关，话题的功能表示强调、突出，是其他功能的原型义。

**参考文献**

戴庆厦：《景颇语的话题》，《语言研究》2001 年第 1 期。

李春风：《拉祜语话题标记》，《民族语文》2015 年第 5 期。

余成林：《藏缅语的话题标记》，《中央民族大学学报》2011 年第 1 期。

张军：《藏缅语话题结构的特征与类型》，《民族语文》2012 年第 6 期。

石毓智：《语法化的动因与机制》，北京大学出版社 2006 年版。

徐烈炯、刘丹青：《话题的结构与功能》，上海教育出版社 2007 年版。

张军：《汉藏语系语言判断句研究》，中央民族大学出版社 2005 年版。

James A. matisoff. The Grammer of Lahu, University of California Press, 1982.

# The Multifunctionality of Lahu Language Topic Mark

Li Chunfeng

**Abstract:** The paper explores the reasons why Lahu language has two topic marks: the main topic mark, $l\varepsilon^{33}$ and the quasi-topic mark, $qo^{33}$, and analyzes their semantic fields, and the features of identity, complementarity and unbalanced multifunctions. We get the conclusion that the semantic fields of multifunctional words has one core meaning with other meanings originating from it, forming different semantic grades; the semantic fields of these two semantic marks influence each other, and continue developing; Lahu language topic mark multifunctionality is closely related to its super-analyticity, the features of semantic and grammatical development, and prototype-deviation semantic functions.

**Key words:** Lahu Languae; the Main Topic Mark; the Quasi-topic Mark; Multifunctionality Reason; Semantic Function Development

（通信地址：102206　北京　北京华文学院专修部）

# 金平白苦聪话的体范畴

## 常俊之

【提要】该文对白苦聪话的体范畴进行描写。我们认为，白苦聪话动词的"体"包括即行体、将行体、进行体、完成体、持续体、曾行体、重复体和经常体。常见的体标记有 lu³¹、su³¹、mɯ³³da³¹、bo³¹、da³¹、su³³、ko⁵⁵、kho³¹、pho³¹等。白苦聪话的体助词来源主要有两个方向，一个是本族语动词，另一个是汉语关系词。

【关键词】金平　苦聪话　体范畴

苦聪人主要聚居在镇沅、金平、绿春、新平和墨江等县，人口有 3 万余人。新中国成立后相当长一个时期，苦聪人为未被识别民族，直到 1987 年才被识别为拉祜族，成为拉祜族的一个支系。金平苦聪内部又可分为三个小支系，分别自称为锅挫（ko³¹tshɔ³³）、拉祜西和拉祜普，他称分别为黑苦聪、黄苦聪和白苦聪。白苦聪在国内只生活在金平县者米乡的良竹寨，人数有 700 余人，对其语言的描写目前国内外尚未见公开报道。因此，本文对白苦聪的体范畴进行描写。

## 一　体范畴

苦聪话动词的"体"包括将行体、进行体、完成体、持续体、曾行体、重复体。

### 1.1　将行体

动词后面加体助词 lu³¹、su³¹表示动作行为"将要"或"即将"发生。su³¹表示即将发生的动作、行为是说话人非可控的，lu³¹表示即将发生的动作、行为是说话人可控的。如：

zo³¹dʑu³¹lu³¹tɕɛ⁴²　　　　　　　　　　听说他要走。

他　走 体助 示证

zo³¹go³¹tɕɛ³³tha³¹kho⁴²tsa⁴²lu³¹tɕɛ⁴²　　他要偷吃木薯。

他　木薯 受事 偷 吃 体助 示证

mo⁴²ʑɛ³¹ʑɛ³¹su³¹ o³³                                    要下雨了。

雨　　　下 <sub>体助 体助</sub>

## 1.2　进行体

表示在过去或现在或未来的时间框架内某一动作行为的连续进行，在动词后面加进行体助词 mɯ³³da³¹。如：

lɛ³³va_³¹ve³³ʑɛ³¹xo³³a³¹mi³¹tu³¹mɯ³³da³¹ɕi³¹

野猪 的 房　火 烧 <sub>体助</sub>　还

野猪的房子还在被火烧着

## 1.3　完成体

表示动作、行为的完成，在动词后面加 bo³¹＝（bɯ⁵⁵o³³）。如：

ŋa³¹phɤ³³kɤ³³sɤ⁵⁵tiɛ³¹ma³¹vɤ³¹bo³¹＝（bɯ⁵⁵o³³）

我 衣服 新 一 件 买

我买了一件新衣服

xo³¹ɣɤ³³ve³³ɣa⁵³i³³ɣɤ³³ɛ³³kho⁴²do⁵³tsa⁴²bo³¹＝（bɯ⁵⁵o³³）

我们　 的 鸡 别人　偷打 吃

我们的鸡被别人偷吃了

在口语中，bɯ⁵⁵o³³已合音，读 bo³¹。

单独的 o³³表示状态的变化，这种变化与时间无关。如：

mo⁴²na⁵³na⁵³su³¹o³³                                    天快黑了

天　　　黑 <sub>体助 体助</sub>

o²⁴tsa⁴²lu³¹o³³                                         要吃饭了

饭 吃 <sub>体助 体助</sub>

ɕa³³ma³³a³³tɕi⁵⁵a³³tɕi⁵⁵diɛ³¹ɯ³¹ta⁵³ su³¹o³³            玉米慢慢地长高了

玉米　一点　一点　地长大 <sub>体助 体助</sub>

## 1.4　持续体

表示某种状态、行为持续存在，在动词后面加持续体助词 da³¹或者 su³³。如：

su³³tshu³¹o³¹xɤ³³ɣa³³tha³¹xo³³tɕi⁵⁵fa⁵⁵da³¹            藏在别人家的祭祀品上面

别 人 祭祀　　　　躲藏 <sub>体助</sub>

fɤ⁵⁵tiɛ⁴²khi³³na³¹su³³pa³¹ʑa³¹bo³¹                    在半夜里肚子一直很疼

肚 一直疼 <sub>体助</sub> 半 夜

ɣa⁵³pho³³la³¹phi³¹tha²⁴ta⁵³go³¹da³¹                   把公鸡扛在肩上

鸡 公 肩　上 扛

da³¹或者 su³³的区别在于 da³¹表示状态的持续，su³³表示行为的持续。如：

çi⁵³sɤ⁵³tɕɛ³¹çi⁵³xo³³ɛ³³ŋo⁵⁵da³¹　　　　　　　　他老盯着树看

他　树　那　　看 体助

tiɛ⁴²ʑa⁵⁵ʑo³¹tha²⁴tɕa³³ŋo⁵⁵su³³ma³¹mo³¹　　　一晚上找她，没有见着

一　晚　她 受事 找　看 体助 不　见

### 1.5　曾行体

在动词后面加助词 ko⁵⁵，表示某个动作行为曾经发生过。如：

du⁵⁵da³³tɕhɛ²⁴ŋa³¹na³¹ko⁵⁵ɛ³³　　　　　　　这个故事我听过

故　事　这　我　听 体助

ŋa³¹çi⁵³lo³³ma³¹mo³¹ko⁵⁵　　　　　　　　　我没见过他

我　他 受事 没　见 体助

### 1.6　重复体

动词后面加体助词 kho³¹ 表示动作、行为重复发生。另外还可以在动词前加"tiɛ⁴²phu⁵⁵""再次"或者"tiɛ⁴²"。例如：

tha_³¹dɤ³³xo³³i⁵⁵ka⁵³ɛ³³tɤ³¹kho³¹phi³¹　　　水潭里又有了水

水　潭　里　水　有 体助

pa³¹go³³tsɛ²⁴tiɛ³¹ma³¹la³¹lɛ³³　　　　　　　又来了一只蟾蜍

蟾蜍　再　一　只　来

a³¹ma⁵⁵tiɛ⁴²phu⁵⁵tɕi⁵⁵fa⁵⁵　　　　　　　　女婿又一次去躲藏

女婿　一　次　躲藏

## 二　体助词来源

白苦聪话的体助词来源于动词的语法化，其中又可分为本族语动词语法化和汉语关系词语法化。

### 2.1　来源于本族语动词的语法化

（1）mɯ³³是存在动词，da³¹具有放置义。如：

a³¹pu⁵⁵xo³³vɤ³¹tiɛ³¹ma³¹mɯ³³ɛ³³　　　　　　草丛里有一条蛇

草里　蛇　一　个　在　有

no³¹nɛ⁵⁵nɛ⁵⁵mɯ³³e³¹　　　　　　　　　　　你弟弟在吗

你弟弟　　在

a⁵⁵pɛ³¹kho⁵³xo³³ɛ³³ɣa⁵³ɛ³³ga³¹tu⁵³da³¹　　　鸭圈里赶进鸡

鸭子圈　　鸡　赶　进

（2）bo³¹是 bɯ⁵⁵o³³的合音，bɯ⁵⁵表示能够。如：

nɯ³¹ʑa³³mɯ³¹bɯ⁵⁵mo³¹tshɤ³³tha³¹go³¹bɯ⁵⁵ɛ³³

牛田　耕　能　马　车　拉　　能拉

牛能耕田，马能拉车

ŋa³¹çi⁵³xi³³ lo³³ma³¹çi³¹ bɯ⁵⁵　　　　　　　　　我不知道他们

我 他们 宾助 不 知道 能

çi⁵³na³¹lɛ³³to³¹liɛ⁴²ma³¹ku⁵³liɛ⁵³bɯ⁵⁵o³³　　　　　他疼得话也说不出来了

他 疼 话 也 不 说 出 能 体助

（3）kho³¹ 作动词时是表示"回"。如：

a⁵⁵nu³¹ ku⁵³ lɛ³³ o³¹liɛ⁴²tsa³¹kho³¹la³¹ku⁵³ka³¹　　　妈妈说快点回来吃饭

妈妈 说 饭 吃 回 来 说

tsho³³tha³⁵ʑɛ³¹bo³¹çi³¹ kho³¹vɤ³³lɛ³³　　　　　　　把人领回家

人 受事 房 领 回

kho³¹从"回"义还语法化为反身代词，表示动作的施事者和承受者是一人。如：

no³¹no³¹ tha³⁵ ta³¹do⁵³kho³¹　　　　　　　　　　你不能打自己

你 你 受事 别 打 反身

2.2　来源于汉语关系词的语法化

（1）将行体助词 lu³¹来源于"莅"。"莅"《韵会》临也。《易·明夷》君子以莅众。《书·周官》不学墙面，莅事惟烦。"（《康熙字典》）"莅"中古是来母脂韵去声合口三等，拟音为

*lʷi。"谁" a⁵⁵su³³ 中古是禅母脂韵平合口三等，拟音为 dʑʷi。可见，在白苦聪中有*ʷi＞u 的演化过程。

lu³¹ 的意义虽然虚化，但仍含有"进去"的意义。如：

çi⁵³xi³³ liɛ⁵³lu³¹ liɛ⁵³to⁵³ a³³thu³¹ tiɛ³³a³³ʑo³¹?　　　他们进进出出在做什么？

他们 进 去 出来 什么 做

mi²⁴tɕu³¹ liɛ⁵³lu³¹lɛ³³la²⁴tsɤ³¹tha³¹go⁵³ɛ³³.　　　　老虎进去捡辣椒。

老虎 进去 辣椒 捡

（2）将行体助词 su³¹来源于汉语的"速"。

速：《说文》"疾也。"心母屋韵入声合口一等，中古拟音为 *suk。*suk＞su³¹

漉：《说文》"浚也。一曰渗也。"来母屋韵入声合口一等，中古拟音为 *luk 。在白苦聪中水渗入为 lu³¹，应与漉是关系词。*luk＞lu³¹。

2.3　曾行体 ko⁵⁵来源于汉语"过"

"过"见母戈韵平声合口一等，拟音为 *kʷɑ。*kʷɑ＞ko⁵⁵。白苦聪话还有"锁" so³¹和"驮" tho³¹和汉语应该也是关系词。

"锁"心母戈韵上声合口一等*sʷɑ＞so³¹

"驮"定母歌韵去声开口一等*dɑ＞tho³¹

藏缅语各语言的体助词存在很大差异，很多不具有发生学关系，即使

是同属一种语言的不同分支，也会存在差异。如：李春风调查的邦朵拉祜语。

| 表1 | | 邦朵拉祜语体助词 | | |
|---|---|---|---|
| 即行体 | te$^{33}$、tu$^{31}$、vɯ$^{31}$ | 曾行体 | mu$^{31}$ "过"、dʑo$^{33}$ "过"、ko$^{35}$（借词） |
| 将行体 | tu$^{31}$xɛ$^{35}$、te$^{31}$ve$^{33}$、a$^{33}$tɕ$^{31}$ | 完成体 | o$^{31}$ |
| 进行体 | tɕhe$^{53}$ | 持续体 | ta$^{11}$ |

除了独立语法化为体助词的外，来源于汉语关系词的体助词属于语言创新，还是汉语同源词？体助词的产生条件及演化过程都还值得研究。

**参考文献**

常俊之：《元江苦聪话参考语法》，中国社会科学出版社 2011 年版。

江荻：《汉藏语言演化的历史音变模型》，社会科学文献出版社 2007 年版。

李春风：《邦朵拉祜语参考语法》，中国社会科学出版社 2014 年版。

刘丹青：《语法调查研究手册》，上海教育出版社 2008 年版。

王洪君：《历史语言学方法论与汉语方音音韵史个案研究》，商务印书馆 2014 年版。

# The Aspect Category of Lahu Phu in Jinping

Chang Junzhi

**Abstract**: We made a description of the aspect category of Lahu Phu language in Jinping in this paper. There are eight aspects in the language, such as imminent aspect, inceptive aspect, progressive aspect, durative aspect, perfect aspect, experiential aspect, habitual aspect and iterative aspect. Grammaticalization of verbs and relative words from the Chinese language are the main source of aspect auxiliary word.

**Key words**: Jinping; Lahu Phu; Aspect Category

（通信地址：252000　聊城大学文学院）

# 大具纳西语反响型名量词研究*

## 和智利

【提要】大具纳西语中有丰富的反响型名量词。其广泛产生于单音节名词中，具有较强的能产性，但其语法化程度较低、语义功能单一，句法功能具有局限性。本文分析了大具纳西语反响型名量词的特征，并对其产生、发展和演变进行了探讨。

【关键词】大具纳西语　反响型名量词　词汇化

反响型名量词是个体量词中最早产生的一种，是指与被限定的名词形式相同（或部分相同）的量词。它是个体量词中最早产生的一类。反响型名量词在量词研究中的重要地位引起了学者的注意，相关研究成果主要有：李宇明（2000）在《拷贝型量词及其在汉藏语系量词发展中的地位》[①]一文中，对拷贝型量词在汉藏语系语言中的分布、拷贝方式及其产生和发展过程进行了研究。戴庆厦、蒋颖（2005）的《论藏缅语的反响型名量词》[②]对反响型名量词在藏缅语中的分布、分类、性质特点、形成和发展进行了探讨。蒋颖（2006）的《汉藏语系名量词研究》[③]以整个汉藏语系为范围，对名量词进行系统、深入研究，揭示了反响型名量词的独特地位，认为反响型名量词的形成既有语法化又有词汇化的演变过程。经典（2013）的《碧约哈尼语反响型名量词的特点及其演变》[④]分析了碧约哈尼语反响型名量词的特征，并对其形成、发展和演变的历史层次进行了探讨。综观现有研究成果，还未有学者专门就纳西语反响型名量词进行专题研究。

大具纳西语属纳西语西部方言丽江坝土语。本文通过对大具纳西语常

---

\* 本文系云南省哲学社会科学创新团队项目"云南省少数民族语言研究"（项目编号 2014CX01）成果之一。

① 李宇明：《拷贝型量词及其在汉藏语系量词发展中的地位》，《中国语文》2000 年第 1 期。

② 戴庆厦、蒋颖：《论藏缅语的反响型名量词》，《中央民族大学学报（哲社版）》，2005 年第 2 期。

③ 蒋颖：《汉藏语系名量词研究》，中央民族大学，2006.年。

④ 经典：《碧约哈尼语反响型名量词的特点及其演变》，民族语文，2013 年第 6 期。

用的 2077 个名词进行逐一考察，发现其中共有 174 个名词可以产生反响型名量词，以此为语料，本文对大具纳西语反响型名量词进行描写分析，并探讨了其产生、发展和演变的过程。

## 一　大具纳西语反响型名量词的特征

通过对大具纳西语 174 个反响型名量词的逐一考察，并与其他语言进行比较，发现主要有以下六个特征。

### 1.1　反响型名量词音节结构以单音节为主

从音节结构来看，大具纳西语反响型名量词的音节结构主要以单音节为主，有少数为双音节。174 个反响型名量词中，有 147 个单音节反响型名量词，占 85%，双音节反响型名量词只有 27 个，占 15%。单音节反响型名量词，例如：

kha$^{33}$ȵi$^{33}$kha$^{33}$ 两条沟　　khv$^{33}$ȵi$^{33}$khv$^{33}$ 两扇门　　tshɔ$^{33}$ȵi$^{33}$tshɔ$^{33}$ 两幢楼

沟　二　条　　　　　门　二　扇　　　　　　楼　二　幢

双音节反响型名量词有：

ntɕy$^{31}$pɔ$^{55}$lɔ$^{33}$ȵi$^{33}$pɔ$^{55}$lɔ$^{33}$ 两个山坡　　　ntɕi$^{33}$ka$^{33}$ntɯ$^{33}$ntɕi$^{33}$ka$^{33}$ 一个院子

山坡　　　二个　　　　　　　院子　　一　个

### 1.2　反响型名量词中整体反响和部分反响两类数量相当，部分反响主要反响名词词根

从反响形式来看，反响型名量词有整体反响和部分反响两类，其中整体反响和部分反响各有 87 个。整体反响以反响单音节名词为主，例如：

khɔ$^{31}$ȵi$^{33}$khɔ$^{31}$两个园子　　fe$^{31}$ȵi$^{33}$fe$^{31}$ 两座坟　　　thɑ$^{31}$ȵi$^{33}$thɑ$^{31}$两个坛子

园子 二 个　　　　　坟 二 座　　　　　坛子 二 个

部分反响主要反响的是双音节名词和三音节名词的词根。当反响型名量词反响的是双音节名词时，有的反响第一个音节，有的反响第二个音节，其中以反响第二个音节为主，有 64 个，反响第一个音节的只有 8 个。

反响第一个音节的如：

khɔ$^{33}$lɔ$^{33}$ȵi$^{33}$khɔ$^{33}$ 两个窟窿　　　mi$^{31}$tsʅ$^{55}$ȵi$^{33}$mi$^{31}$ 两个名字

窟窿　　二 个　　　　　　　名字　　二 个

反响第二个音节的如：

tsɔ$^{31}$khɔ$^{33}$ȵi$^{33}$khɔ$^{33}$ 两眼井　　　ntɕi$^{31}$ntɚ$^{33}$ȵi$^{33}$ntɚ$^{33}$ 两个水塘

水井 二 眼　　　　　　　水塘　　二 个

当反响型名量词反响的是三音节名词时，都是后反响即反响后一个音节或两个音节。反响后一个音节的，例如：

ntɕi³¹tse³¹mpɑ⁵⁵n̩i³³mpɑ⁵⁵ 两个洗脸盆　　the³³ɣɯ³³ntɕy³³n̩i³³ntɕy³¹ 两个字

洗脸盆　　二　个　　　　　　　　　　字　　二　个

反响后两个音节的，例如：

sɿ³³kɑ⁵⁵lɑ³³n̩i³³kɑ⁵⁵lɑ³³ 两根木条　　zə³³tɕə³¹thy³³n̩i³³tɕə³¹thy³³ 两个烟头

木条　二　根　　　　　　　　烟头　　二　个

部分反响，不论是反响名词中的哪一个音节，都是由语义中心和构词方式决定的，即通常反响名词的词根。例如：

khɔ³³lɔ³³n̩i³³khɔ³³ 两个窟窿　　　ntɕi³¹khɔ³³n̩i³³khɔ³³ 两个泉眼

窟窿　二　个　　　　　　　　泉眼　　二　眼

上例 khɔ³³lɔ³³ "窟窿" 的语义中心为 khɔ³³ "洞"，因此前一音节 khɔ³³ "洞"。ntɕi³¹khɔ³³ "泉眼" 是由表 ntɕi³¹ "水" 的语素和 khɔ³³ "洞" 的语素构成的，因此反响后一音节 khɔ³³ "洞"。

### 1.3　反响型名量词以专用反响型名量词为主

从类型上看，可将反响型名量词分为典型性反响型名量词和非典型性反响型名量词两类。典型性反响型名量词又称为专用反响型名量词，即反响型名量词只能 "一对一" 用来限定来源名词。例如：

mu³³ntɯ³³mu³³ 一片天　xɯ⁵⁵n̩i³³xɯ⁵⁵ 两个湖　　zɔ³¹n̩i³³zɔ³¹ 两个瓮

天　一　片　　　　湖　二　个　　　　　　瓮　二　个

非典型性反响型名量词可以 "一对多"，不仅可以限定来源名词，还能限定其他词根相同的名词。例如：

khɔ³³n̩i³³khɔ³³ 两个洞　aˀ³¹khɔ³³n̩i³³khɔ³³ 两个山洞　lə³¹khɔ³³n̩i³³khɔ³³两个温泉

洞　二　个　　　　山洞　　二　个　　　　温泉　　二　个

py³¹n̩i³³py³¹两个圈　　ɣɯ³³py³¹n̩i³³py³¹两个牛圈　aˀ³¹py³¹n̩i³³py³¹两个鸡圈

圈二　个　　　　牛圈　　二　个　　　　鸡圈　二　个

其中专用反响型名量词有 90 个，占反响型名量词的 52%。

### 1.4　同一个名词有不同形式的反响型名量词进行限定

当反响型名量词用来限定单音节名词时，通常只有一种形式即整体反响单音节名词。当反响型名量词用来限定双音节名词时，同一个名词存在不同形式的反响型名量词，既有整体反响双音节名词的双音节反响型名量词，又有只反响其中一个音节的单音节反响型名量词。例如：

| 汉语义 | 整体反 | 部分反响 |
|---|---|---|
| 一个窟窿 | khɔ³³lɔ³³ntɯ³³khɔ³³lɔ³³ | khɔ³³lɔ³³ntɯ³³khɔ³³ |
| | 窟窿　一　个 | 窟窿　一　个 |
| 一张脸 | phɑ³³me³³ntɯ³³phɑ³³me³³ | phɑ³³me³³ntɯ³³phɑ³³ |
| | 脸　一　张 | 脸　一　张 |

一条尾巴　　　　　　ma³³tɑ⁵⁵ntɯ³³ma³³tɑ⁵⁵　　　　　ma³³tɑ⁵⁵ntɯ³³ma³³

　　　　　　　　　　尾巴　一　　条　　　　尾巴　一　　条

同一个名词被不同的反响型名量词限定时，其意义相同。在语用上存在略微差异：前者有强调整体的含义，而后者强调的是数量上的意义"一"。例如：

khɔ³³lɔ³³ntɯ³³khɔ³³lɔ³³tɑ³³ma⁵⁵nɯ³³tʂʅ³¹sɚ⁵⁵. 整个窟窿都塞满了垃圾。

窟窿　　一　　个　　　　垃圾　（助）塞满

khɔ³³lɔ³³ntɯ³³khɔ³³tɑ³³ma⁵⁵nɯ³³tʂʅ³¹sɚ⁵⁵. 一个窟窿里塞满了垃圾。

窟窿　　一　　个　　　垃圾　（助）塞满

## 1.5　反响型名量词具有较强的能产性

大具纳西语反响型名量词具有较强的能产性，其主要表现在：借自汉语的名词，在与数量短语构成名数量结构时，也能够像本语词一样产生反响型名量词与之搭配。根据来源于汉语的名词借入的方式，反响型名量词产生的方式也不同。

音译加注借词，反响型名量词直接拷贝"注"的成分，例如：

tɑ⁵⁵me³¹khv³³n̩i³³khv³³ 两扇大门　　　　tɕy³¹xuɑ³³mpɑ³¹sv³³mpɑ³¹ 三朵菊花

大门　门　二　扇　　　　菊花　　花　三　朵

全音译，反响型名量词通过整体拷贝或拷贝词根进行反响。例如：

ɕue³¹ɕiɑ⁵⁵n̩i³³ɕiɑ⁵⁵ 两所学校　　　　kuə³¹tɕɑ³³ntɯ³³kuə³¹tɕɑ³³ 一个国家

学校　二　所　　　　　国家　一　个

thv³¹xuɑ⁵⁵n̩i³³thv³¹ 两幅画

图画　二　幅

上述例子中的名词都是汉语借词，当其借入纳西语中时，也需要相应的量词对其进行称量，这时本语词中量词对名词音节形式进行拷贝充当量词这一语法成分的语法模式充分发挥了作用。

## 1.6　反响型名量词的语法功能具有局限性

由反响型名量词限定名词构成的"名+数+量"名数量短语，在句子中只能充当主语、宾语和状语。当反响型名量词充当量词的名数量短语在句子中充当主语和宾语时，在具体语境中，可以脱离来源名词独立使用。

"名+数+反响型名量词"作主语，例如：

问：tsɚ³¹phiu⁵⁵ze³³phiu⁵⁵zɯ³³kɯ³³lɔ³¹tʂu³¹ze³³? 有几片叶子掉在路上？

　　树叶　多少片路　上　掉　（助）

答：(phiu⁵⁵) n̩i³³phiu⁵⁵zɯ³³ku³³lɔ³¹tʂu³¹. 两片叶子掉在路上。

　　（叶子）二　片　路　上　掉

问：ntsə³¹ze³³ntsə³¹ly³³ta⁵⁵ʑe³³？有几棵树结果子了？

　　树　多少 棵 果 结（助）

答：(ntsə³¹) n̩i³³ntsə³¹ly³³ta⁵⁵. 两棵树结果子了。

　　（树）　 二 棵 果 结

"名+数+反响型名量词"作宾语，例如：

问：u³³khɯ³¹ze³³khɯ³¹tɕy³³？你有几根线？

　　　你 线 多少 根 有

答：ŋə³³（khɯ³¹）ntɯ³³khɯ³¹ta⁵⁵tɕy³³. 我只有一根线。

　　我 （线） 一 根 只 有

问：na³¹khua³¹ze³³khua³¹tɕy³³？你家有几个灶？

　　　你家 灶 多少 灶 有

答：ŋa³¹（khua³¹）n̩i³³khua³¹tɕy³³. 我家有两个灶。

　　我家 （灶） 二 个 有

"名+数+反响型名量词"做状语，例如：

thɯ³³a³³n̩i³³ntɯ³³n̩i³³lɔ³³pe³³ne³¹. 他昨天一整天都在干活。

他 昨天 一　 天 活 干 着

tha³¹mi⁵⁵xo³¹khɔ³³ntɯ³³xo³¹khɔ³³pe³³ŋv³¹ne³¹. 他女儿一个晚上都在哭。

他 女儿 夜晚　 一 个 （助）哭 着

## 二　反响型名量词的产生和发展

反响型名量词的产生与语音、语法有密切的关系。本文以大具纳西语的语言事实为依据，对反响型名量词产生形成的原因和发展过程进行初步探索。

### 2.1　纳西语"名+数+量"的语法模式是反响型名量词产生的前提

度量衡量词和集体量词是量词中最早产生的。纳西语中度量衡量词、集体量词与数词组成数量短语限定名词称量时的语序为：名词+数词+度量衡量词，例如：

tʂhua³³ntɯ³³py³³ 一升米　　　　　　thɔ³³pv⁵⁵ntɯ³³tsa⁵⁵ 一丈布

米 一 升　　　　　　　　　　布　 一 丈

名词+数词+集体量词，例如：

ɕi³³ntɯ³³xua⁵⁵ 一群人　　　　　　za³³n̩i³³ntsv³³ 两双鞋

人 一 群　　　　　　　　　　鞋 两 双

上述"名＋数＋量"的固定语法模式成为其他类型量词产生的前提条件。于是同所限定名词音节相同的具备量词这一语法功能的反响型名量词产生了。

## 2.2　纳西语双音节化的韵律特征是反响型名量词产生的动因

纳西语的语音构造有双音节化的倾向，主要表现在词汇中双音节词占多数，此外许多词类出现了双音节化的特征。双音节化及其双音节韵律特征能够影响词类的发展。由于纳西语 1—10 的基数词的音节形式都为单音节，例如：

ntɯ$^{33}$ 一　　　　ɲi$^{33}$ 二　　　　sv$^{31}$ 三　　　　lu$^{33}$ 四　　　　uɑ$^{33}$ 五

tʂhuɑ$^{55}$ 六　　　ʂə$^{33}$ 七　　　　xɔ$^{55}$ 八　　　　ŋku$^{33}$ 九　　　tshe$^{31}$ 十

当量词配合数词出现组成数量短语时，受双音节化和双音节韵律的影响，促使量词在音节形式上多数为单音节，而构成 1＋1＝2 的音节韵律。例如：

ntɯ$^{33}$kv$^{55}$ 一个　　　ɲi$^{33}$tə$^{55}$ 两棵　　　lu$^{33}$zʅ$^{31}$ 四次

一　个　　　　　　二　棵　　　　　　四　次

因而，往往单音节名词的反响型名量词，在韵律的影响下都以整体反响的方式去限定单音节名词，例如：

khɯ$^{31}$ɲi$^{33}$khɯ$^{31}$ 两根线　　　nty$^{31}$ɲi$^{33}$nty$^{31}$ 两根棍子

线　二　根　　　　　　棍子　二　根

相应的，双音节名词的反响型名量词则以反响词根的方式来限定双音节名词，例如：

xe$^{33}$ntɕi$^{31}$ɲi$^{33}$ntɕi$^{31}$ 两所寺庙　　　ʂu$^{31}$pɯ$^{55}$ɲi$^{33}$pɯ$^{55}$ 两颗钉子

寺庙　二　所　　　　　　铁钉　二　颗

## 2.3　语言经济原则促使反响型名量词反响类型产生变化

语言经济原则往往使人们在语言使用中更倾向于选取最省力、最便捷的方式。构造新词的难度大于借用现有的词充当所需的语法成分。因而，当"名+数+量"这一语法模式中需要量词限定名词时，反响型名量词就产生了。反响型名量词中最先产生的是专用反响型即典型性反响型名量词，现在大具纳西语中还有部分只能用于限定某一名词的"一对一"式反响型名量词，例如：

tshɔ$^{33}$ɲi$^{33}$tshɔ$^{33}$ 两幢楼　　　ntsɑ$^{31}$ɲi$^{33}$ntsɑ$^{31}$ 两座城

楼　二　幢　　　　　　城　二　座

上两例中的 tshɔ$^{33}$"楼"和 ntsɑ$^{31}$"城"都只能用来限定来源名词，其在原有实际词义的基础上增加了概念意义。

当能够充当量词这一语法成分的反响型名量词出现后，伴随语言的发展，人们需要用更简洁的语言成分来称量名词，于是"一对一"式反响型名量词逐渐向"一对多"式发展，例如：

nty³¹n̠i³³nty³¹ 两根棍子　　　　　mu⁵⁵nty³¹n̠i³³nty³¹ 两根木棍

棍子 二 根　　　　　　　　　　木棍　　　 二　根

khɯ³¹n̠i³³khɯ³¹ 两根线　　　　　kv³³fv³³khɯ³¹n̠i³³khɯ³¹两根发丝

线　 二　根　　　　　　　　　　发丝　　　　 二　根

上两例中的 nty³¹ "棍子" 和 khɯ³¹ "线" 由只能限定来源名词发展成为可以限定相同词根的名词。

语言经济原则的驱使，部分 "一对多" 的反响型名量词演变成可以限定具有某种性状或同一类别的事物。例如：

A: ly³³n̠i³³ly³³ 两个果子　　xɑ³³ly³³n̠i³³ly³³ 两粒粮食　khuɑ⁵⁵n̠i³³ly³³ 两个碗

　 果子二 个　　　　　　　饭粒　 二　粒　　　　　碗　　 二　个

B: le⁵⁵n̠i³³le⁵⁵ 两饼茶　　　pɑ³¹le⁵⁵n̠i³³le⁵⁵ 两个馒头　pɑ³³thɑ³³n̠i³³le⁵⁵ 两块月饼

　 茶 二 饼　　　　　　　馒头 二　个　　　　　月饼　 二　块

A 例中的 ly³³ "果子" 由能限定与其词根相同的词发展为可以限定圆形物体。B 例中的 le⁵⁵ "茶" 最初只能充当与其同词根的名词，后来发展成能够限定块状物体。

**2.4　伴随性状量词、通用量词的产生，反响型名量词有逐渐衰弱的趋势**

性状量词、通用量词的产生和广泛的应用，促使在进行称量某些名词时，既能和反响型名量词搭配，也能和通用量词搭配使用。例如：

A: tʂuɑ³³n̠i³³tʂuɑ³³ 两张床　　　　tʂuɑ³³n̠i³³tʂu³¹ 两张床

　 床　 二　张　　　　　　　　　床　 二　张

B: zɔ³¹n̠i³³zɔ³¹ 两个瓮　　　　　　zɔ³¹n̠i³³ly³³ 两个瓮

　 瓮 二 个　　　　　　　　　　瓮　 二　个

A 例中的 tʂuɑ³³ "床" 有其自己专用的反响型名量词 tʂuɑ³³ "张"，也能和用来称量桌椅等的通用量词 tʂu³¹ "张、把" 搭配使用。B 例中的 zɔ³¹ "瓮" 可以通过对其整体反响，用 zɔ³¹ "个" 来称量，同时也能够用通用量词 ly³³ "个、支" 来称量。

从语言经济原则、发展过程等角度综合而言，部分反响型名量词有被性状量词、通用量词取代的衰弱趋势。

**三　结语**

综合以上的分析，大具纳西语的反响型名量词可以归纳出以下几个特征。

一、反响型名量词是量词准发达型语言特有的语法形式。从数量上看，大具纳西语反响型名量词较发达。其经历了萌芽、广泛应用和逐渐衰弱的发展过程。

二、反响型名量词有整体反响和部分反响两种形式，并且同一个名词有不同的反响形式，既能够整体反响，又能够部分反响。这是亲属语言中少有的特征。

三、反响型名量词的产生和发展与固定的语法模式、双音节化的韵律特征、语言经济原则等息息相关。

### 参考文献

李宇明：《拷贝型量词及其在汉藏语系量词发展中的地位》，《中国语文》2000 年第 1 期。

戴庆厦、蒋颖：《论藏缅语的反响型名量词》，《中央民族大学学报》（哲学社会科学版）2005 第 2 期.

蒋颖：《汉藏语系名量词研究》，中央民族大学 2006 年版。

蒋颖：《汉藏语名量词起源的类型学分析》，中央民族大学学报（哲社版），2007 年第 2 期。

徐悉艰：《彝缅语量词的产生和发展》，语言研究 1994 年第 1 期。

蒋颖：《普米语个体量词及其类型学分析》，民族语文 2008 年第 5 期。
杨焕典：《纳西语中的数量词》，民族语文 1983 年第 4 期。

经典：《碧约哈尼语反响型名量词的特点及其演变》，民族语文 2013 年第 6 期。

［美］孙堂茂：《纳西汉英词典》，云南民族出版社 2012 年版。

# Copy Noun-classifiers of DaJu Naxi Language

He Zhili

**Abstract:** The nominal classifiers of the Ngwi branch of the Tibeto Burman Language family have a unique feature whereby the classifier "copies" the noun. Cross linguistically, copying nominal classifiers of different languages share similar traits, however, there are also traits of nominal classifiers specific to individual languages. This paper will analyze the features, form, distribution, and development of "copying" nominal classifiers in the Naxi dialect of Daju County. As the need for clearer distinctions grow, Daju Naxi's "copying" nominal classifiers are shifting to losing their copying distinction. Already Daju

Naxi's nominal classifiers don't always repeat the full noun.

**Key words:** Da Ju Naxi Language; Coun-Classifiers; Lexicalization

（通信地址：650500　云南省昆明市呈贡区云南师范大学旅游与地理科学学院）

# 怒苏语的亲属称谓词

## 罗自群

**【提要】** 亲属称谓词属于核心词。这里选取关系最密切的祖父辈、父辈和我辈三代人的 10 组亲属称谓词，通过比较每一组亲属称谓词在藏缅语族一些语言中的分合情况，考察怒苏语亲属称谓词的特点，说明怒苏语与藏缅语族其他语言的亲疏关系。

**【关键词】** 怒苏语　亲属称谓词　语言关系

怒苏语是指现今居住在云南省怒江傈僳族自治州的怒族怒苏支系所使用的一种语言，属于汉藏语系藏缅语族。过去，由于对怒苏语的研究不够深入，怒苏语在藏缅语族语言中的地位并不是很明朗，学界对其归属也有不同的说法：有归入"待定语支语言"类的[①]；有归入怒语组的，与彝语组、缅语组并列；现在通常把它看作彝语支语言[②]。

一般认为，怒族与古代居住在我国西部古老的游牧部落——氐羌族群关系密切[③]。怒族没有文字，但从世代相传的民间故事可知，怒苏支系有 64 代家谱，有女始祖、兄妹婚姻、大洪水、女婚男嫁、男子生孩子等传说，有直到解放前还沿用的父子联名制，有从澜沧江到怒江的迁徙史……与藏缅语族民族有诸多相通之处。

人是社会的人，也是一群相互之间有血缘关系或婚姻关系的人中的一员，在相对稳定又开放的家族集体里，按照一定的原则，形成了一套有序的亲属称谓词。不同的语言，拥有不同的亲属称谓词。国内外有关亲属称谓词的研究成果很多，不一一赘述。

亲属称谓词属于核心词，虽然经过千百年来的语言接触，怒苏语也与

---

① 马学良主编：《汉藏语概论》，民族出版社 2003 年版。将"怒语"归入"待定语支语言"。

② 丁邦新、孙宏开：《汉藏语同源词研究（一）——汉藏语研究的历史回顾》，广西民族出版社 2000 年版。

③ 李志恩：《怒族族源与迁徙》，载怒江州政协文史资料委员会编《怒族》，云南民族出版社 2007 年版。

其他藏缅语族语言一样，或多或少地受到汉语或其他语言的影响，发生了很多变化，但是，我们这里尝试从亲属称谓词这个角度，将怒苏语（知子罗话）与彝语支语言及藏缅语其他语言进行比较，分析其异同，从而发现怒族怒苏支系、怒苏语与藏缅不同民族关系的亲疏。

亲属关系最主要的是血亲、姻亲两种，根据与"我"是否有直接关系，又分直系和旁系两类，影响亲属称谓的还有父系母系、辈分、性别、年龄（长幼）等因素。亲属称谓词很多，鉴于民间有"三代同堂"的说法，这里，我们从汉语中选取关系最密切的祖父辈、父辈和我辈三代人的 10 组比较重要的、常用的亲属称谓词作为考察的对象：

1. 祖父辈：

祖父——祖母

外祖父——外祖母

2. 父辈：

父亲——母亲

舅父——舅母

姨父——姨母

伯父——伯母

叔父——叔母

姑父——姑母

3. 我辈：

哥哥——姐姐

弟弟——妹妹

上述亲属称谓词在现代汉语中是一义一词，中国境内的少数民族语言发展到今天，有的也是一义一词了，为了追溯历史，本文把重点放在考察两个或两个以上称谓合用一个词的现象上。

## 一　怒苏语祖父辈亲属称谓词比较

就祖父辈亲属称谓词的合用情况来看，藏缅语族语言可以分为三种类型。

A. 不仅"祖父""外祖父"同词，"祖母""外祖母"同词，而且指称的范围更大。如景颇语支的景颇语[①]的 tʃi³³ 表示"祖父""外祖父"以及他们的亲兄弟、同姓兄弟、连襟兄弟，还有对岳丈家的男子不分辈分和年龄的

---

① 引自徐悉艰、肖家成、岳相昆、戴庆厦《景汉词典》，云南民族出版社 2003 年版；岳相昆、戴庆厦、肖家成、徐悉艰《汉景词典》，云南民族出版社 1981 年版。

称呼，也是对不相识的老头子的尊称，直称。而 kǎ³¹khai³¹ 表示"祖母""外祖母"以及她们的姐妹，以及祖父、外祖父的亲兄弟、同姓兄弟的妻子，还可以做泛称或第三人称。

B."祖父""外祖父"同词，"祖母""外祖母"同词。如怒苏语和彝语、基诺语、傈僳语、拉祜语、哈尼语、纳西语等彝语支语言属于这一类型："祖父""外祖父"同词，"祖母""外祖母"同词——不分父系母系，只分男女：①

| | "祖父""外祖父" | "祖母""外祖母" |
|---|---|---|
| 怒苏语（知子罗） | iɑ³⁵pɔ³⁵ 面称，（ɑ³⁵）pɔ³⁵背称 | iɑ³⁵iɑ³¹面称，（ɑ³⁵）iɑ³¹背称 |
| 傈僳语② | ɑ⁴⁴pa⁴⁴ | ɑ⁵⁵ʒɛ³¹ |
| 哈尼语（大寨）③ | a³¹bo⁵⁵ | a³¹phi³¹ |
| 基诺语④ | a⁴⁴phu⁴⁴ | a⁴⁴phi⁴⁴ |
| 拉祜语（拉祜纳）⑤ | a³¹pɤ³¹ | a³¹pi³³ |
| 彝语（喜德） | a⁴⁴phu³³ | a³³ma⁵⁵ |
| 纳西语（西部方言）⑥ | ɔ⁵⁵lo³³, ɔ³¹phv³³ | ɔ⁵⁵na³³, ɔ³¹dzɯ³¹ |

藏语支的白马语（平武白马）⑦也是属于这一类型的：ɑ¹³ȵe³⁵ "祖父/外祖父"同词、ɑ¹³i⁵¹ "祖母/外祖母"同词。

C."祖父""外祖父"和"祖母""外祖母"有一组同词、一组不同词。如玛曲藏语⑧ɑ ba lo lon "祖父/外祖父"同词，"祖母""外祖母"不同了。

## 二　怒苏语父辈亲属称谓词比较

就父辈亲属称谓词的合用情况来看，藏缅语族语言可以分为两种类型。

A."父亲""母亲"与其他同辈的亲属称谓词合用。如：景颇语的 wa⁵¹ 不仅指"父亲/舅父/伯父/叔父/姑父/姨父"，还包括与父亲的同姓兄弟或连襟兄弟，也是对年长男子的尊称，nu⁵¹ 不仅指"母亲"，还能指伯母、叔母、姨母以及与父亲或父亲的连襟兄弟同姓同辈男子的妻子，也是对年长妇女

---

① 表中除了怒苏语是自己田野调查所得，其他几个语言的情况都是引自有关资料。

② 徐琳、木玉璋、盖兴之编著，木玉璋修订：《傈僳语简志》，民族出版社 2009 年版。

③ 李永燧、王尔松编著，李永燧、王尔松修订：《哈尼语简志》，民族出版社 2009 年版。

④ 盖兴之编著：《基诺语简志》，民族出版社 2009 年版。

⑤ 常竑恩、和即仁、张蓉兰、赵吉生、马世册、夏淑仪编著，刘劲荣、张蓉兰修订：《拉祜语简志》，民族出版社 2009 年版。

⑥ 和即仁、姜竹仪编著，和即仁、姜竹仪修订：《纳西语简志》，民族出版社 2009 年版。

⑦ 孙宏开、齐卡佳、刘光坤：《白马语研究》，民族出版社 2007 年版。

⑧ 周毛草：《玛曲藏语研究》，民族出版社 2003 年版。

的尊称。浪速语[1]是景颇族浪速支系使用的一种语言，属于缅语支，它的 $a^{31}pho^{55}$ "父亲/叔叔/姨父" 同词，$a^{31}mji^{55}$ "母亲/婶母/姨母" 同词。

另外，类似的现象还有属于景颇语支的阿侬语[2]的 $a^{31}ben^{31}$ "舅父/岳父" 同词、$a^{31}luŋ^{31}$ "姑母/舅母/婆婆/岳母" 同词，属于彝语支的土家语[3] $kho^{55}a^{21}pa^{55}$ "舅父/姨父/岳父" 同词、$kho^{55}a^{21}ȵie^{55}$ "舅母/姑母/岳母" 同词，属于藏语支的玛曲藏语的 $a\ ne$ "姑妈/姨妈/婆婆/岳母" 同词。

B. "父亲" "母亲" 分别单说，其他父辈亲属称谓词有合用现象。

(1) "父亲" "母亲"

"父亲" 一词，在彝语支语言中，有的不分面称和背称，如基诺语 $a^{44}pu^{33}$、傈僳语 $a^{31}ba^{31}$、哈尼语 $a^{31}da^{33}$、纳西语 $ə^{31}ba^{33}/ə^{33}su^{31}$、拉祜语 $ɔ^{31}pa^{33}$ 等。有的分面称和背称，如怒苏语 $ia^{31}ba^{31}$（面称）/$a^{35}ba^{31}$（背称），彝语 $a^{44}ta^{33}$（面称），$a^{21}bo^{33}$（背称）等。

"母亲" 一词，怒苏语有 $ia^{24}m̩^{31}$（面称及背称）/$a^{35}m̩^{31}$（爱称及背称）/$o^{55}m̩^{31}$（爱称及面称）/$a^{35}m̩^{31}$（背称）/$m̩^{31}$（背称）等说法，其他语言据资料显示，一般都只有一个说法，如：彝语 $a^{44}mo^{33}$、基诺语 $a^{44}mo^{33}$、傈僳语 $a^{44}ma^{44}$、哈尼语 $a^{31}ma^{33}$、纳西语 $ə^{31}mo^{33}$、拉祜语 $ɔ^{31}e^{33}$ 等。

我们认为，在长期的历史发展中，"父亲" "母亲" 各自独立为一个词，一些语言陆续出现面称、背称、爱称的不同说法，随着调查的深入，还会有新的发现。

和 "父亲" "母亲" 不同，与父辈同辈的男性长辈 "舅父" "姨父" "伯父" "叔父" "姑父" 等、与父辈同辈的女性长辈 "舅母" "姨母" "伯母" "叔母" "姑母" 等亲属称谓词的分分合合就不完全一致了。

(2) "舅父" "姨父" "伯父" "叔父" "姑父" 与 "舅母" "姨母" "伯母" "叔母" "姑母"

以 "舅父" 是否独立为一词为标准，可以分为 "合" 与 "分" 两类："分" 的、独立为一词的有怒苏语 $ia^{31}phɯ^{55}$、基诺语 $a^{44}ki^{33}$、傈僳语 $a^{44}vu^{33}$、哈尼语 $a^{31}ɣø^{33}$、纳西语 $ə^{31}tɕy^{55}/ə^{31}gy^{33}$、拉祜语 $a^{33}pha^{53}/a^{33}tsiu^{35}$ 等，有的有固有词和汉语借词两种说法。"合" 的有彝语 $o^{33}ȵi^{33}$（背称）"舅父/姑父"，还有属于羌语支的拉坞戎语（业隆）[4]的 $wu^{55}$ "舅父/姨父/姑父" 同词、扎巴语[5]的 $a^{55}wu^{55}$ "舅父/伯父/姨父/叔父" 同词。

---

① 孙宏开主编，戴庆厦著：《浪速语研究》，民族出版社 2005 年版。

② 孙宏开主编，孙宏开、刘光坤著：《阿侬语研究》，民族出版社 2005 年版。

③ 陈康：《土家语研究》，中央民族大学出版社 2006 年版。

④ 黄布凡：《拉坞戎语研究》，民族出版社 2007 年版。

⑤ 龚群虎：《扎巴语》，民族出版社 2007 年版。

怒苏语的 $ia^{31}gua^{55}$ "伯父/叔父/姑父/姨父" 4 个同词，彝语的 $pha^{55}vu^{33}$（背称）"伯父/叔父/姨父" 同词，傈僳语的 $a^{44}\gamma o^{33}$ "叔父/姑父/姨父" 同词，土家语的 $jie^{55}a^{21}pa^{55}$ "伯父/叔父" 同词，基诺语分得更细致了一些，$a^{44}\gamma u^{44}$ "父之兄/父姐之夫/母姐之夫" 同词，$a^{44}t\int hi^{42}$ "父之弟/父妹之夫/母妹之夫" 同词。

属于藏语支的玛曲藏语的 $a\ kh\partial$ "伯父/叔父" 同词，门巴语（麻玛土语）[①] 的 $ph^{55}ren^{55}$ "伯父/姨父" 同词。属于景颇语支的义都语[②] 的 $na^{33}ba^{55}pui^{55}ja^{55}$ "伯父/姑父" 同词，格曼语[③] 的 $po\eta^{35}$ "伯父/姑父/姨父" 同词，苏龙语[④] 的 $a^{31}vor^{53}$ "伯父/叔父" 同词。

与母亲同辈的女性长辈 "舅母" "姨母" "伯母" "叔母" "姑母" 等亲属称谓词在怒苏语等语言中的分合也不一致。

和 "舅父" 一样，怒苏语的 $ia^{31}phi^{35}$ "舅母" 也是单独一词，不与其他亲属称谓相混。怒苏语的 $ia^{35}m^{31}mo^{55}o^{31}$ "叔母/姨母/伯母" 3 个同词。

彝语支其他几个语言上述几个女性长辈称谓词的分合不太一致，合的情况有：彝语 $mo^{21}ni^{33}$（背称）"舅母/叔母/姨母/伯母"，基诺语 $a^{44}m\gamma^{33}$ "舅母/叔母"，傈僳语 $a^{31}ni^{33}$ "舅母/姑母"、$o^{55}\gamma o^{42}ma^{33}$ "伯母/姨母"。土家语 $jie^{55}a^{21}nie^{55}$ "伯母/叔母/姨母"。

哈尼语有 $ma^{55}ma^{33}$ "伯母/母之姐"，$a^{31}mu^{33}$ "舅母/叔母/母之妹"，这里，"姨母" 细分为 "母之姐" "母之妹" 两个不同的词了。"姑母" 也细分为 $ma^{55}ma^{33}$ "父之姐"，$a^{55}na^{33}$ "父之妹" 两个词了。

基诺语的 "姨母" "伯母" 也分长幼：$a^{44}kho^{44}$ 母之妹、$a^{44}\gamma u^{44}$ 伯母/父之姐/母之姐、$a^{44}kho^{44}$ 父之妹。

其他语支的语言，门巴语（麻玛土语）的 $?a^{55}ne^{53}$ "婶母/舅母" 同词。义都语的 $na^{55}ni^{55}pui^{55}ja^{55}$ "姨母/伯母/姑母" 同词，格曼语的 $naun^{35}ku^{31}na\eta^{35}$ "伯母/姑母" 同词。拉坞戎语（业隆）的 $mo^{55}te^{33}$ "伯母/婶母/舅母/姨母/姑母" 同词，扎巴语的 $a^{55}sa^{55}$ "舅母/姨母" 同词。

以上，就父辈称谓词来看，这类词除了继续沿用祖父辈男女性别上的区分之外，还有进一步细化的趋势，具体表现在父系母系的分化、背称面称的分化、年龄长幼的分化等几个方面。而怒苏语与几种彝语支语言一样，"舅父" 一词独用（怒苏语还有 "舅母" 一词也独用），与其他男性父辈亲属称谓词相区别——由此体现着远古时期的 "舅父权"。而景颇语的 $wa^{51}$

① 陆绍尊：《门巴语方言研究》，民族出版社 2002 年版。

② 孙宏开主编，江荻著：《义都语研究》，民族出版社 2005 年版。

③ 孙宏开主编，李大勤著：《格曼语研究》，民族出版社 2002 年版。

④ 孙宏开主编，李大勤著：《苏龙语研究》，民族出版社 2004 年版。

同时可以指称"父亲"及"舅父"等父辈的用法，不仅显得更为古老，而且为"舅父"一词比较早地单用提供了佐证。

### 三　怒苏语我辈亲属称谓词比较

就我辈亲属称谓词的合用情况来看，藏缅语族语言可以分为三种类型。

A. "哥哥/姐姐"同词，"弟弟/妹妹"同词。怒苏语的"哥哥/姐姐"同为 $\alpha^{35}d\varepsilon^{31}/i\alpha^{35}d\varepsilon^{31}$，"弟弟/妹妹"同为 $\alpha^{35}pru^{35}/i\alpha^{31}pru^{35}$。在彝语支语言中，用这种表达方式的还有基诺语的 $a^{44}\int o^{44}$ "哥哥/姐姐"，$n\gamma^{42}z\sigma^{44}$ "弟弟/妹妹"，属于羌语支的拉坞戎语（业隆）的 $da^{55}$ "哥哥/姐姐"、$ze^{55}$ "弟弟/妹妹"。

属于景颇语支的苏龙语的 $a^{31}kar^{55}$ "哥哥（弟称）/姐姐（妹称）"、$a^{31}nua^{55}$ "弟弟（兄称）/妹妹（兄称）"、$a^{31}ju^{53}$ "哥哥（妹称）/弟弟（姐称）"、$a^{31}\gamma\partial r^{55}$ "姐姐（弟称）/妹妹（姐称）"也是同词。

B. "哥哥/姐姐"和"弟弟/妹妹"二者有一个同词，有一个不同词——这里又分两种情况：

（1）"哥哥/姐姐"同词，"弟弟/妹妹"不同词。如傈僳语"哥哥""姐姐"有合用一个词 $\alpha^{44}d\varepsilon^{42}$ 的用法，还有分开的 $\alpha^{55}\mathfrak{z}i^{42}$ "哥哥"、$\alpha^{55}ts\eta^{33}$ "姐姐"，而 $n i^{44}za^{31}$ "弟弟"、$n i^{44}ma^{33}$ "妹妹"已经分词了。还有属于羌语支的扎巴语的 $a^{55}t\varepsilon^{55}$ "哥哥/姐姐"。

（2）"哥哥/姐姐"不同词，弟弟/妹妹"同词。如哈尼语的 $a^{55}go^{33}$ "哥哥"、$a^{55}ba^{33}$ "姐姐"分词了，$a^{31}n i^{55}$ "弟弟/妹妹"同词。还有桑孔语的 $a\eta^{33}\mathfrak{z}i^{55}$ "弟弟/妹妹"，属于景颇语支的景颇语的 $phu^{51}$ "哥哥"[①]、$na^{33}$ "姐姐"[②]分词了，$n a\ u^{33}$ "弟弟/妹妹"[③]同词，属于缅语支的浪速语的 $a^{31}n a\ u\eta^{35}$ "弟弟/妹妹"同词，属于藏语支的藏语（拉萨话）[④] $o\mathfrak{P}^{12}ma\mathfrak{P}^{12}$ "弟弟/妹妹"同词。

C. "哥哥""姐姐"、"弟弟""妹妹"根据男女、长幼的不同而称谓不同。如彝语的"哥哥" $\eta^{55}vu^{33}$（弟背称）/$m a^{21}ts\eta^{55}$（妹背称）、"姐姐" $\eta^{55}mo^{21}$（妹背称）/$n i^{21}mo^{21}$（弟背称）、"弟弟" $i^{44}\mathfrak{z}i^{33}$（兄背称）/$m a^{21}ts\eta^{55}$（姐背称）、"妹妹" $n e^{33}ma^{55}$（姐背称）/$n i^{21}mo^{21}$（兄背称）。

---

① 哥哥有三种说法：hap，gahap，ahap。$phu^{51}$ 包括堂哥、姨表哥、连襟哥哥以及同姓同辈年龄较大的男子。直称。

② $na^{33}$ 包括堂姐、姨表姐、连襟家姐姐以及同姓同辈的年长女子。直称。妯娌（年长者）。小老婆对大老婆的称呼。直称。

③ $n a\ u^{33}$ 包括堂弟妹、姨表弟妹、连襟弟妹以及同姓同辈年龄较小者。妯娌（年龄较小的）。大老婆对小老婆的称呼。直称。

④ 中国少数民族语言简志丛书，金鹏主编：《藏语简志》，民族出版社 1983 年版。

### 四　怒苏语亲属称谓词的特点

亲属称谓词反映了一种语言社团对亲属关系认识的发展阶段，是亲属关系在语言上的一种折射，按照语言由含混到精确的一般发展规律，我们把亲属称谓一义一词的用法看作比较后起的形式，而把民族语言中将不同的现代汉语亲属称谓词合用的现象看作比较早期的形式，所以，把怒苏语的亲属称谓词放在藏缅语族语言的背景下，通过考察藏缅语族语言祖父辈、父辈、我辈三代 10 组常见的亲属称谓词的合用情况，可以推测怒苏语亲属称谓词的特点。

仅仅从语音形式来看，藏缅语族本文提到的一些语言中与 10 组亲属称谓词有关的说法不一定都是同源词，有的可能是藏缅语族语言分化之后才分别产生的，但是，相对一义一词的分说情况，"合"的应该是比较古老的、早期的形式，"分"的应该是后起的。通过亲属称谓词的"合"的情况，我们可以推测他们的先民可能拥有共同的认知和社会生活，比如大多藏缅语族先民在亲属关系上已经可以区分辈分，长辈（祖父辈父辈）还严格区分性别（男女），有的现在已经可以区分长幼、有面称背称之别，而我辈则分长幼不分性别（男女）。

在如今还保留有亲属称谓词合用现象的语言中，上文祖父辈、父辈、我辈三代的 A、B、C 三种类型，代表着早、中、晚三个不同的发展阶段，而怒苏语的亲属称谓大致处于一种居中靠前的位置，有比怒苏语更加古老的形式，比如：祖父辈、父辈两代的称谓词，怒苏语没有景颇语的古老，我辈的称谓词，"哥哥/姐姐""弟弟/妹妹"合用，怒苏语又比很多语言显得古老一些。怒苏语父辈不严格区分长幼（现在也用加数字的方式表示大小）、我辈不分性别，应该是一种早期形式的遗留。

当然，可能还有更古老的、上文没有提到的用法，比如分布在我国四川省甘孜藏族自治州道孚县和雅江县交界处鲜水河下游高山峡谷中的一支藏民——扎巴人，他们使用的扎巴语的 $a^{55}mi^{31}$ "祖父/外祖父/公公/岳父"同词、$a^{55}pə^{31}$ "祖母/外祖母/婆婆/岳母"同词，不同辈分的亲属称谓共用一个词。苗语（西部方言川黔滇次方言）[①]也有类似情况。另外，桑孔语[②]的 $a^{31}mɯ^{33}$ "伯父/姨父/舅母/姨母" 同词，这种在父辈中不分男女的情况也比较少见，应该是早期的形式，就像"哥哥/姐姐""弟弟/妹妹"同词一样。

藏缅民族历史悠久，社会发展相对缓慢，语言内部差异大，到 1949 年

---

① 鲜松奎：《新苗汉词典（西部方言）》，四川民族出版社 2000 年版。

② 李永燧：《桑孔语研究》，中央民族大学出版社 2002 年版。

时，有的尚处于原始社会末期（有的还保留很多母系氏族公社的遗俗）向阶级社会过渡，有的是半奴隶制，有的是半封建社会，有的处于封建社会……在千百年的历史进程中，亲属称谓词或多或少不同程度地发生了诸多变化，亲属称谓也日益细化，诸如彝语支的纳西语、拉祜语、卡卓语①、缅语支的波拉语②、羌语支的普米语③等许多语言的亲属称谓词已经一义一词，与汉语的一致了。亲属称谓词与一个民族的婚姻、习俗密切相关，但又不完全一致，因为社会进步了，新的婚姻制度（如"一夫一妻"制）早已取代了旧的群婚制等，但是，语言中的亲属称谓词有的并没有及时调整，显得有些滞后。通过那些仍然还在"合用"的亲属称谓词，我们可以认识这些民族认知上的差异（如对亲属的分类），进而推测不同民族之间的关系，可以帮助我们进一步认识怒族怒苏支系与其他藏缅民族的亲疏关系。

## 小结

众所周知，许多民族在其漫长的历史发展过程中，由于各方面因素的影响，很难在最初的发生地及其有限的范围内繁衍至今，内部关系错综复杂的古老的氐羌族群经历了千百年来的长途迁徙与分分合合，各个民族、各个支系的社会制度、婚姻制度、风俗习惯等也发生了很大的变化，尽管汉语史文献记载不多，亲属称谓词作为核心词也会随着语言的其他成分一起受到外在的或内在的因素的影响发生一些变化，但是，我们还是能从现代仍然使用的称谓词中去发现一些滞后的说法，从而去追寻不同民族之间的关系。

多年来，有关藏缅语族语言的内部分类有不同的说法，如果能从亲属称谓等核心词的特点及分化上去考虑，也许会有新的发现。

## 参考文献

《中国少数民族语言简志》编委会、《中国少数民族语言简志丛书》修订本编委会：《中国少数民族语言简志丛书修订本·卷贰》，民族出版社 2009 年版。

盖兴之编著：《基诺语简志》。

徐琳、木玉璋、盖兴之编著，木玉璋修订：《傈僳语简志》。

李永燧、王尔松编著，李永燧、王尔松修订：《哈尼语简志》。

和即仁、姜竹仪编著，和即仁：姜竹仪修订：《纳西语简志》。

常竑恩、和即仁、张蓉兰、赵吉生、马世册、夏淑仪编著，刘劲荣、

---

① 孙宏开主编、木仕华著：《卡卓语研究》，民族出版社 2003 年版。

② 戴庆厦、蒋颖、孔志恩：《波拉语研究》，民族出版社 2007 年版。

③ 陆绍尊：《普米语简志》，民族出版社 1983 年版。

张蓉兰修订：《拉祜语简志》。

陈康：《土家语研究》，中央民族大学出版社 2006 年版。

戴庆厦、蒋颖、孔志恩：《波拉语研究》，民族出版社 2007 年版。

丁邦新、孙宏开：《汉藏语同源词研究（一）——汉藏语研究的历史回顾》，广西民族出版社 2000 年版。

傅懋勣：《傅懋勣先生民族语文论集》，中国社会科学出版社 1995 年版。

龚群虎：《扎巴语》，民族出版社 2007 年版。

胡士云：《汉语亲属称谓研究》，商务印书馆 2007 年版。

黄布凡：《拉坞戎语研究》，民族出版社 2007 年版。

金鹏主编：《藏语简志》，民族出版社 1983 年版。

李永燧：《桑孔语研究》，中央民族大学出版社 2002 年版。

李志恩：《怒族族源与迁徙》，载怒江州政协文史资料委员会编《怒族》，云南民族出版社 2007 年版。

陆绍尊：《门巴语方言研究》，民族出版社 2002 年版。

陆绍尊：《普米语简志》，民族出版社 1983 年版。

马学良主编：《汉藏语概论》，民族出版社 2003 年版。

孙宏开、齐卡佳、刘光坤：《白马语研究》，民族出版社 2007 年版。

孙宏开主编、戴庆厦著：《浪速语研究》，民族出版社 2005 年版。

孙宏开主编、江荻著：《义都语研究》，民族出版社 2005 年版。

孙宏开主编、李大勤著：《格曼语研究》，民族出版社 2002 年版。

孙宏开主编、李大勤著：《苏龙语研究》，民族出版社 2004 年版。

孙宏开主编、木仕华著：《卡卓语研究》，民族出版社 2003 年版。

孙宏开主编，孙宏开、刘光坤著：《阿侬语研究》，民族出版社 2005 年版。

鲜松奎：《新苗汉词典（西部方言)》，四川民族出版社 2000 年版。

徐悉艰、肖家成、岳相昆、戴庆厦：《景汉词典》，云南民族出版社 2003 年版。岳相昆、戴庆厦、肖家成、徐悉艰：《汉景词典》，云南民族出版社 1981 年版。

周毛草：《玛曲藏语研究》，民族出版社 2003 年版。

# The Kinship Terms of Nusu Language

Luo Ziqun

**Abstract:** The kinship terms belong to the core words. The article select the ten groups of words which have the most close three generations of grandfather, father and me, and through comparing the divide-compound of kinship terms in some Tibeto-Burman languages, inspect the kinship terms' characters of Nusu language, explain the kinship between Nusu and the other of Tibeto-Burman languages.

**Key words:** Nusu Language; the Kinship Terms; Relationship between Languages

（通信地址：100081　中央民族大学中国少数民族语言与古籍研究所）

# 昆格话概况[*]

蒋光友　时　建

**【提要】**以田野调查采集到的词汇、句子以及长篇故事语料为基础，对布朗语方言昆格话的语音、词汇及语法作概要性介绍。

**【关键词】**昆格话　语音　词汇　语法

在云南省西双版纳傣族自治州景洪市勐养镇分布着约 2515 名（2014 年数据）南亚语系孟高棉语族佤德昂语支的后裔，在历次民族识别中相继划归布朗族。昆格人是其中的一支，分布在勐养镇昆格山的热带雨林山区，主要聚居在曼蚌汤、纳回帕、曼巴约、曼巴老、纳版一、纳版二 6 个自然村的昆格村委会，实地最新人口统计约 1600 人。勐养镇曼纳庄村委会的曼戈龙自然村也有昆格人分布，人口约 170 人。

昆格人原称"空格人"，2005 年后统一称为"昆格人"。雍正《云南通志》里有"空格寨"的记载。新中国成立后，1950 年 12 月在当时的普洱专区所在地普洱城（今宁洱县城）召开了"普洱专区第一届兄弟民族代表大会"，会议代表里有"空格族"。"昆格""空格"（khuɔn³³kɤt⁵⁵）是傣族对该族群称呼的汉语音译，所以昆格话也被翻译为"宽话"（赵岩社，2000）。昆格人自称 xuʔ⁵⁵，汉译"户"或"轷"，所以昆格话又叫"户语"（李道勇，1984）"轷话"（颜其香、周植志，2012）。在世界语言国际编码中昆格话的名称为 Hu language，编码为[huo]，被列为世界濒危语言之一。[①]瑞典的Svantesson 通过昆格话和相关语言的词汇比较，探讨了昆格话的声调发生机制，指出昆格话的元音长短合并导致了声调的产生（Svantesson，1991）。颜其香、周植志比较了轷话与相关语言的 356 个词汇，认为昆格话归属布朗语乌方言的一种土语（颜其香、周植志，2012）。李锦芳对户语作了简要介绍（李锦芳，2004）。本文结合田野调查采集到的语料，对昆格话的语音、

---

\* 基金项目：教育部人文社会科学研究西部和边疆地区项目"昆格语参考语法"（12XJA740015）。

① 此信息由黄行教授提供。

词汇及语法作概要性介绍。

## 一　语音[①]

### 1. 声母

昆格话的声母共计 66 个（不含借进汉语声母），其中单辅音声母 24 个，复辅音声母 42 个。昆格话没有声母清浊对立现象，没有零声母开头的韵母音节。单辅音声母包括：p、ph、m、m̥、f、v、θ、t、th、n、n̥、l、ʃ、tʃ、n̠、j、k、kh、ŋ、ŋ̊、x、ɣ、h、ʔ。复辅音声母包括：pl、phl、pɣ、phɣ、kl、khl、kv、kɣ、thɣ、θɣ、ʃɣ、tʃɣ、xɣ、hl、np、nph、npl、nphl、npɣ、nphɣ、nm、nm8、nt、nth、nn、nn̥、nl、nk、nkh、nkl、nŋ、nŋ̊、nx、nɣ、nθ、nθɣ、nʃ、nʃɣ、ntʃ、ntʃɣ、nn̠、ʔm。[②]

### 2. 韵母

昆格话的韵母共有 161 个（不含借进汉语韵母）。其中，单元音韵母 10 个，双元音韵母 21 个，三元音韵母 4 个，带辅音韵尾韵母 126 个。昆格话没有元音松紧对立现象，元音长短对立以区别意义的现象已基本消失。很多元音虽还保留习惯长音，但由于不区别意义，所以记为短元音。

单元音韵母包括：i、e、a、ɑ、ə、u、ɔ、o、ɯ、ɣ；双元音韵母包括：ie、ia、iu、iɔ、ea、eu、ai、au、ɑi、əi、əa、ui、ua、uo、ɔu、oi、oa、ɔi、ʌi、ɣi、ɣa；三元音韵母包括：iea、iau、uai、uɔi。

带辅音尾韵的韵母数量很多，按韵母起始音位可分为 11 组。

第一组以i开头：ip、it、ik、im、in、iŋ、il、iʔ、iep、iet、iek、iem、ien、iel、ieʔ、iɛn、iap、iat、iak、iam、iaŋ、iaʔ、iuk、iuŋ、iok、ion、iɔŋ、iʌl、iait，共计 29 个。

第二组以e开头：ep、et、ek、em、en、eŋ、el、eʔ、ein、eiŋ，共计 10 个。

第三组以ɛ开头：ɛm、ɛn，共计 2 个。

第四组以a开头：ap、at、ak、am、an、aŋ、al、aʔ、ait、aik、ain、aiŋ，共计 12 个。

第五组以ɑ开头：ɑp、ɑt、ɑk、ɑm、ɑn、ɑŋ、ɑl，共计 7 个。

第六组以ə开头：ət、ək、əm、ən、əl、əiŋ、əʌk，共计 7 个。

第七组以u开头括：up、ut、uk、um、un、uŋ、ul、uʔ、uit、uiŋ、uiʔ、uat、uan、ual、uok、uot、uoʔ、uɔt、uɔm、uɔn、uɔŋ、uɔʔ、uɔiŋ，共计

---

① 本节主要内容以"昆格话音系"为题发表在《重庆理工大学学报》（社会科学版）2015 年第 8 期。

② 复辅音声母所带鼻冠音统一标注为n；ʔm在所记语料中仅出现一次；ɣ的出现频率非常高。

23 个。

第八组以 ɔ 开头：ɔp、ɔt、ɔk、ɔm、ɔn、ɔŋ、ɔl、ɔʔ、ɔit、ɔik、ɔiŋ、ɔiʔ，共计 12 个。

第九组以 o 开头：op、ot、ok、om、on、ol、oʔ、oit，共计 8 个。

第十组以 ʌ 开头：ʌp、ʌt、ʌk、ʌm、ʌŋ、ʌʔ、ʌit，共计 7 个。

第十一组以 ɤ 开头：ɤp、ɤt、ɤk、ɤn、ɤŋ、ɤl、ɤʔ、ɤat、ɤiŋ，共计 9 个。

3. 声调

昆格话有 5 个声调，即 31 调、35 调、33 调、55 调、51 调。有声母、韵母相同，但声调不同，词语意义不同的现象，如：

ko³¹ 煮/ko⁵¹ 啄　　ʔiŋ⁵¹ 屎/ʔiŋ³⁵ 比　　khle³¹（电筒）照/khle⁵¹ 掉落

thut⁵⁵ 乳房/thut³¹ 牛角号　　jam⁵¹ 死/jam³¹ 哭　　nmai⁵¹ 橄榄树/nmai³¹ 记号

lɑŋ³¹ 流/lɑŋ⁵¹ 黑　　nŋai⁵¹ 醒/nŋai³¹ 远　　nku²⁵⁵ 皮肤/nku³³ 深

khap⁵⁵ 饱/khap³¹ 下巴　　nŋaŋ⁵¹ 听见/nŋaŋ³¹ 甜　　lot³¹ 争吵/lot³³ 车

kaŋ³¹ 房子/kaŋ³³ 忙　　nnam³¹ 血/nnam⁵¹ 漂亮　　mɔi³¹ 黄牛/mɔi³³ 累

lam³¹ 晒/lam⁵¹ 挑　　phiet³¹ 挤/phiet⁵⁵ 关（灯）　　pɤak³¹ 断（奶）/pɤak⁵⁵ 熏

phut³¹ 吹/phut³⁵ 喷　　puŋ⁵¹ 天/puŋ³¹ 碰见　　thu³¹ 筷子/thu⁵⁵ 碰撞

pie⁵¹ 溢出/pie³¹ 胜/pie³³ 竹排/pie³⁵ 檩子

kan⁵¹ 屁股/kan⁵⁵ 事情/kan³⁵ 花色的/kan³¹ 输

也有声母、韵母、声调调完全相同，但词语意义不同的现象，如：

kan³¹ 害羞/kan³¹ 输　　tʃat³¹ 很/tʃat³¹ 穿（针）　　thu³¹ 筷子/thu³¹ 春

θɤuŋ³¹ 黄/θɤuŋ³¹ 喉　　ka³¹ 稻秧/ka³¹ 生意　　jam⁵¹ 死/jam⁵¹ 时季

jet⁵⁵ 应答/jet⁵⁵ 熄灭　　tak³¹ 伤疤/tak³¹（山）秃　　tai³¹ 猜/tai³¹ 腰部

θut⁵⁵ 蚊帐/θut⁵⁵ 擦　　khiel⁵¹ 闩/khiel⁵¹ 嫉妒　　ɤaŋ³¹ 花/ɤaŋ³¹ 离婚

khat⁵⁵ 响/khat⁵⁵ 病　　tʃap⁵⁵ 像/tʃap⁵⁵ 传染/tʃap⁵⁵ 生（锈）

少数词语通过声调屈折表达不同语法意义，如：

ʔa³¹mɔʔ³¹ 谁/ʔa³¹mɔʔ³¹ʔ⁵⁵ 无论谁　　θa³¹mɔʔ³¹ 什么/θa³¹mɔʔ³¹ʔ⁵⁵ 无论什么

təl³¹mɔʔ³¹ 哪里/təl³¹mɔʔ³¹ʔ⁵⁵ 无论哪里　　jam³¹mɔʔ³¹ 何时/jam³¹mɔʔ³¹ʔ⁵⁵ 无论何时

pəl³¹mɔʔ³¹ 多少/pəl³¹mɔʔ³¹ʔ⁵⁵ 无论多少　　mai⁵¹niem³¹ 近亲/mai³¹niem³¹ 远亲

## 二　构词法

### 1. 派生式

（1）前加鼻冠音

tok³¹ 春→ntok³¹ 臼杵　　　　tʃak⁵⁵ 盛（饭）→ntʃak⁵⁵ 勺子

ʃɤok³¹ 铲→nʃɤok³¹ 铲子　　　θut⁵⁵ 擦→nθut⁵⁵ 橡皮擦

（2）前加次要音节

次要音节可以弱读，且不带声调，如：

ʔa³¹mo³¹→ʔə-mo³¹ 一　　　　　　　　pa³¹tat⁵⁵→pə-tat⁵⁵ 裂缝

pha³¹nʌm⁵¹→phə-nʌm⁵¹ 蚂蚁谷堆　　　ma³¹kit⁵⁵→mə-kit⁵⁵ 十

na³¹phak³⁵→nə-phak³⁵ 额头　　　　　　tha³¹mie?⁵⁵→thə-mie?⁵⁵ 新

θa³¹lɔp³¹→θə-lɔp³¹ 衣服　　　　　　　ʃa³¹le?⁵⁵→ʃə-le?⁵⁵ 雨

tʃa³¹ŋal³¹→tʃə-ŋal³¹ 绿　　　　　　　la³¹ʃok³¹→lə-ʃok³¹ 耳朵

ka³¹the?⁵⁵→kə-the?⁵⁵ 地　　　　　　kha³¹pi?⁵⁵→khə-pi?⁵⁵ 穿山甲

（3）前加tɤŋ³¹

tɤŋ³¹来自tɤŋ³¹ɣuɔŋ³¹ "道路"，加在词根前表地貌、方位、朝向、约数等意义，如：

tɤŋ³¹+khuŋ⁵¹→tɤŋ³¹khuŋ⁵¹ 坝子　　　tɤŋ³¹+naŋ⁵¹→tɤŋ³¹naŋ⁵¹ 山区
　　　　　　　　　水田　　　　　　　　　　　　　　　山

tɤŋ³¹+ʃa³¹ŋai³¹→tɤŋ³¹ŋai³¹ 前　　　　tɤŋ³¹+kan⁵¹→tɤŋ³¹kan⁵¹ 后
　　　　　　　眼睛　　　　　　　　　　　　　　屁股

tɤŋ³¹+phaŋ⁵¹→tɤŋ³¹phaŋ⁵¹ 多数　　　tɤŋ³¹+kot³¹→tɤŋ³¹kot³¹ 少数
　　　　　　　多　　　　　　　　　　　　　　少

（4）前加təl³¹

təl³¹来自təl³¹ɣuɔŋ³¹ "中间"，加在词根前表处所，如：

təl³¹+θa³¹mɔ?³¹→təl³¹mɔ?³¹ 哪里
　　　　什么

təl³¹+ka³¹naŋ³¹+la³¹ʔɔŋ³¹ʔom³¹→təl³¹ka³¹naŋ³¹la³¹ʔɔŋ³¹ʔom³¹ 码头
　　　　停　　　　船

təl³¹还用于意义抽象的词语，如：

təl³¹+ɣɤ?⁵⁵→təl³¹ɣɤ?⁵⁵ 是处/道理　　　təl³¹+nʌm⁵¹→təl³¹nʌm⁵¹ 用处
　　　　是　　　　　　　　　　　　　　　　用

2. 复合式

（1）联合式

ma³¹+khuŋ⁵¹→ma³¹khuŋ⁵¹ 田地　　　ʔɔ⁵¹+ʃa³¹ŋai³¹→ʔɔ⁵¹ŋai³¹ 面庞
旱地　田　　　　　　　　　　　　　脸　眼睛

ʔup⁵⁵+ʔom³¹→ʔup⁵⁵ʔom³¹ 粮食　　　θa³¹mɤ⁵¹+khliet³¹→θa³¹mɤ⁵¹khliet³¹ 平滑
饭　水　　　　　　　　　　　　　　平　滑

（2）修饰式

ŋai³¹nŋiʔ⁵⁵ 太阳（"日子的眼睛"）　　n̥mul⁵¹⁻³¹ka³¹kat³¹ 工钱①

　眼睛　日子　　　　　　　　　　　钱　　力气

ʔom³¹hiŋ⁵¹ 智慧　　　　　　　　　kɔk³¹θa³¹vek⁵⁵ 监狱

　水　　聪明　　　　　　　　　　圈　黑暗

ʔom³¹num⁵¹ 尿　　　　　　　　　kheiŋ⁵⁵⁻³¹ʃam⁵¹ 假牙

　水　　撒尿　　　　　　　　　　牙齿　安装

（3）主谓式

ŋai³¹nŋiʔ⁵⁵li⁵¹ 日出　　　　　　ʔom³¹put⁵⁵ 沸水

　太阳　　出　　　　　　　　　　水　沸腾

（4）谓主式

θɣuk⁵⁵⁻³¹mal⁵¹ 滑坡　　　　　　khɣʔ⁵⁵ka³¹theʔ⁵⁵ 地震

　垮塌　山　　　　　　　　　　　动　　地

（5）谓宾式

θep³¹khiep⁵⁵ 鞋垫　　　　　　　tua³¹ʔiŋ⁵¹ 屎壳郎

　垫　鞋　　　　　　　　　　　　拱　屎

（6）主谓宾式

ʔa³¹ɣok³¹kak⁵⁵nkhia³¹ 月食　　　nmə̄iŋ⁵¹phəiŋ⁵¹⁻³¹poʔ⁵⁵te³¹ 流星

　癞蛤蟆　咬　月亮　　　　　　　星星　　射击　相互

（7）补充式

nait³¹nŋim⁵¹ 剁生（把鲜肉剁碎，拌以调料，用作蘸水）

　剁　生

（8）四音格式

jam⁵¹⁻³¹phɣim⁵¹jam⁵¹⁻³¹phɣak⁵⁵ 古代　　tʃum³¹n̥aʔ⁵⁵tʃum³¹ne⁵¹ 四周

tʃeiŋ⁵⁵tʃɑk³¹tʃeiŋ⁵⁵tʃe⁵¹ 沓沓晃晃　　θa³¹kiep⁵⁵θa³¹kɣam³¹ 垃圾

khuk³¹ma³¹khuk³¹khuŋ⁵¹ 庄稼　　　　khuɔŋ⁵⁵man⁵⁵khuɔŋ⁵⁵ɣɔi³¹ 零食

khuɔn³¹ʃu²⁵⁵khuɔn³¹ʃeʔ⁵⁵ 子孙后代　　ʔiʔ⁵⁵⁻³¹lu⁵¹ʔiʔ⁵⁵⁻³¹θɣe⁵¹ 懂事讲理的人

phʌt⁵⁵lu⁵¹phʌt⁵⁵jɑt⁵⁵ 破破烂烂　　lai³⁵ɣɣ³¹lai³⁵ʔi³¹ （说话）兜圈子

θa³¹plak³¹ɣɣ³¹θa³¹plak³¹ʔi³¹ 辗转反侧　　nat³¹jam⁵¹n̥at³¹lɑk⁵⁵ 笑死笑倒（指很好笑）

kʌm³¹ɣɣ³¹kʌm³¹ʔi³¹ 往返　　　　khɣʔ⁵⁵ɣɣ³¹khɣʔ⁵⁵ʔi³¹ 动来动去

lup⁵⁵lup⁵⁵li⁵¹li⁵¹ 进进出出　　　n̥il⁵¹n̥il⁵¹tɔit³¹tɔit³¹ 揉揉捏捏

phum⁵⁵phum⁵⁵phie⁵⁵phie⁵⁵ 坑坑洼洼　　θa³¹θa³¹li⁵¹li⁵¹ 上上下下

khɔp³⁵khau⁵⁵thuan³¹tʃuan³⁵ 周围团转　　pap⁵⁵⁻³¹leŋ³¹kheiŋ³¹nkuʔ³³ 吹嘘

---

① 上标 55-31 表示由 55 调变读为 31 调，其他同解。

tʃuŋ⁵⁵ɣuŋ⁵⁵tʃaŋ⁵⁵ɣaŋ⁵⁵ 清晨蒙蒙亮　　　nʌk⁵⁵nam³⁵kham³³khɣn⁵¹ 午夜

ʔɣk⁵⁵lʌk⁵⁵ʔak⁵⁵lʌk⁵⁵ 凹凸不平　　　phiŋ³¹liŋ⁵¹phaŋ³¹laŋ³¹ 杂乱

（9）押韵式

taŋ³¹vaŋ⁵¹ （人）旋转　　　tom³¹ɣom³¹ 捧　　　pak³¹ʔak³¹ 跨

thɔl³¹nɔl³¹ 踮（脚）　　　phə³⁵lə³⁵ （颜色）淡　　　thəl³¹məl³¹ 裸

lak⁵⁵pak⁵⁵ 竹铃铛　　　ɣɔk³¹ʔɔk³¹ 扫把　　　nɔk³⁵tʃɔk³⁵ 瓦雀

phəl³¹θəl⁵¹ 大青树　　　ʔɣŋ³⁵lɣŋ³⁵ 坑洼　　　ʔok³¹nok³¹ 恶心

## 三　语法

### 1. 词类

昆格话主要有名词、代词、数词、量词、动词、形容词、副词、介词、助词、连词等词类，这里主要介绍其中的人称代词、基数词、名量词、动词重叠、介词、致使助词与相互助词。

### （1）人称代词

| 人称 | 单数 | 双数 | | 多数 | |
|---|---|---|---|---|---|
| 第一人称 | ʔɔʔ⁵⁵ | 包括式 | ʔai⁵¹ | 包括式 | ʔeʔ⁵⁵ |
| | | 排除式 | jau⁵¹ | 排除式 | ʔieʔ⁵⁵ |
| 第二人称 | meʔ⁵⁵ | phau⁵¹ | | phieʔ⁵⁵ | |
| 第三人称 | ʔɣn⁵¹ | kau⁵¹ | | keʔ⁵⁵ | |

### （2）基数词

基数词可以计数到千级数量单位，超过千级的数量单位使用汉语借词来表达，如：

ʔa³¹mo³¹ 一　　　ka³¹ʔa³¹ 二　　　ka³¹ʔɔi³¹ 三

ʔa³¹phon³¹ 四　　　pa³¹θan³⁵ 五　　　nthɔl³¹ 六

nthil⁵¹ 七　　　ma³¹pha³¹thaʔ⁵⁵ 八　　　ma³¹ŋom³¹ 九

ma³¹kit⁵⁵ 十　　　ma³¹kit⁵⁵ʔa³¹mo³¹ 十一　　　ma³¹kit⁵⁵ka³¹ʔa³¹ 十二

ma³¹kit⁵⁵nthil⁵¹ 十七　　　ma³¹kit⁵⁵ma³¹pha³¹thaʔ⁵⁵ 十八　　ma³¹kit⁵⁵ma³¹ŋom³¹ 十九

ka³¹ʔa³¹kit⁵⁵ 二十　　　ka³¹ʔa³¹kit⁵⁵ʔa³¹mo³¹ 二十一　　ka³¹ʔɔi³¹kit⁵⁵ 三十

ʔa³¹phon³¹kit⁵⁵ 四十　　　pa³¹θan³⁵kit⁵⁵ 五十　　　nthɔl³¹kit⁵⁵ 六十

nthil⁵¹kit⁵⁵ 七十　　　ma³¹pha³¹thaʔ⁵⁵kit⁵⁵ 八十　　　ma³¹ŋom³¹kit⁵⁵ 九十

ma³¹pa³¹ʃiʔ⁵⁵ 一百　　　ma³¹nʃɣŋ⁵¹ 一千

可见，"一十""一百""一千"中的"一"不能用ʔa³¹mo³¹，要换成ma³¹。

（3）名量词

昆格话的量词比较丰富，但有的地方还不能使用量词，这说明量词是后起词类。不能使用用量词的例子如：

ma$^{31}$ mau$^{31}$ 一支烟　　　　ma$^{31}$ lən$^{51}$ 一条河　　　　ma$^{31}$ nthuʔ$^{55}$ 一个洞
　烟　　　　　　　　　河　　　　　　　　　　洞

ma$^{31}$ ɣim$^{51}$ 一个寨子　　　ma$^{31}$ hɔŋ$^{31}$ 一间屋　　　　ma$^{31}$ ʔiʔ$^{55}$ 一个人
　寨子　　　　　　　屋子　　　　　　　　　人

ma$^{31}$ ʔiʔ$^{55}$ "一个人"不用量词，但是"一个老人"却需要量词ʔiʔ$^{55}$（ʔiʔ$^{55}$本义"人"，作量词表"个"，可视为反响量词）：

ʔiʔ$^{55}$θa$^{31}$than$^{51}$ ma$^{31}$ ʔiʔ$^{55}$ 一个老人

老人　　　　一　　人

数量结构修饰名词时有两种语序，既可前置修饰名词也可后置修饰名词，后置修饰居多。其他量词例子如下：

用于动物的量词 to$^{31}$来自于to$^{31}$ɣaŋ$^{31}$ "身体"，如：

pa$^{31}$θiŋ$^{51}$ ma$^{31}$ to$^{31}$ 一条蛇　　　　ma$^{31}$ to$^{31}$ ʔa$^{31}$plau$^{51}$ 一条鱼
蛇　　　　　　　　　　　　　鱼

量词 lak$^{55}$ 表示"边"/"面"，多用来指有对称性结构的东西，如：

ma$^{31}$ lak$^{55}$ ntheiŋ$^{31}$ 一面墙　　　la$^{31}$ʃok$^{31}$ ma$^{31}$ lak$^{55}$ 一只耳朵
墙　　　　　　　　　　　　　耳朵

量词ʃak$^{55}$ 来自于同形名词ʃak$^{55}$ "籽"/"核"，多用来指圆形物或者球状物，也可指一个整体性物件，使用频率很高，如：

ʃa$^{31}$ŋai$^{31}$ ma$^{31}$ ʃak$^{55}$/lak$^{55}$ 一只眼睛　　ʃup$^{55}$mok$^{35}$ ma$^{31}$ ʃak$^{55}$ 一顶帽子
眼睛　　　　　　　　　　　　帽子

量词phən$^{31}$用来表薄片状的东西，如：

ma$^{31}$ phən$^{31}$ kɑn$^{51}$ 一条裤子　　　ma$^{31}$ phən$^{31}$ θa$^{31}$lɔp$^{31}$ 一件衣服
　　　　裤子　　　　　　　　　　　衣服

量词then$^{35}$用来表带有把的东西，如：

vait$^{31}$ ma$^{31}$ then$^{35}$ 一把刀　　　　nn̥at$^{31}$ ma$^{31}$ then$^{35}$ 一把梳子
刀　　　　　　　　　　　　　梳子

量词ku$^{33}$用来表示"双"/"副"，如：

khup$^{55-31}$thiʔ$^{55}$ ma$^{31}$ ku$^{33}$ 一副手套　　ma$^{31}$ ku$^{33}$ khiep$^{55}$ 一双鞋子
手套　　　　　　　　　　　　鞋子

量词θin$^{31}$用来表示细长的东西，如：

ma$^{31}$ θin$^{31}$ pa$^{31}$ʃiʔ$^{55}$ 一根藤　　　pa$^{31}$ʃiʔ$^{55}$ ma$^{31}$ θin$^{31}$ 一条绳子
　　　　藤　　　　　　　　　　绳子

量词khon³¹用来表示较粗的颗粒物，如：

ʔiŋ⁵¹ʔa³¹θek³¹ ma³¹ khon³¹ 一粒老鼠屎　　　ma³¹ khon³¹ ʃa³¹mo ʔ⁵⁵ 一块石头
老鼠屎　　　　　　　　　　　　　　石头

量词mu³⁵用来指成群结队的人或者动物，如：

ʔiʔ⁵⁵ ma³¹ mu³⁵ 一群人　　　　　　　ma³¹ mu³⁵ lek³¹ 一群猪
人　　　　　　　　　　　　　　　　猪

量词lɔŋ³¹来自名词nlɔŋ³¹ "窝" / "巢"，如：

khuɔn³¹ʔiea³¹ ma³¹ lɔŋ³¹ 一窝小鸡　　　nlɔŋ³¹ʔa³¹ʃim⁵¹ ma³¹ lɔŋ³¹一个鸟巢
小鸡　　　　　　　　　　　　　　鸟窝

量词mɔn³¹来自同形名词，本义为 "话"，如：

pap⁵⁵ ma³¹ mɔn³¹ 一句话　　　　　　ʔom³¹ ma³¹ mɔn³¹ 一口水
话　　　　　　　　　　　　　　　水

（4）动词重叠

昆格话动词有重叠现象，如：

thi³³ʃɣiŋ⁵¹ khɣʔ⁵⁵ khɣʔ⁵⁵ tʃɔm⁵¹⁻³¹ θa³¹maʔ⁵⁵. 红旗随风飘扬。

红旗　　动　动　介　风

ka³¹ʔa³¹ ʔiʔ⁵⁵ ȵap³¹ thiʔ⁵⁵ jɑk³¹ jɑk³¹⁻⁵⁵ poʔ⁵⁵te³¹. 两人握手。

两　　人　握　手　摇　摇　助

θa³¹lɔp⁵¹ θɣŋ³¹thu⁵¹ θɣŋ³¹thu⁵¹ phiu⁵¹ phʌt³⁵ ʔɔai³¹⁻³⁵. 衣服洗着洗着就褪色了。

衣服　洗　洗　色　褪　助

ʔa³¹plau⁵¹ pa³¹khɣiŋ³¹ pa³¹khɣiŋ³¹ ta³¹ ʔom³¹. 鱼在水里游摆。

鱼　游　游　介　水

（5）介词

昆格话有丰富的介词，举例如下：

kʌm³¹： "和" / "同"

meʔ⁵⁵ ʔam⁵¹, mak³³ lai³⁵ kʌm³¹ ʔiʔ⁵⁵. 保密，莫告诉别人！

你　保密　莫　说　　人

va⁵¹： "为"（来自同形动词va⁵¹ "给"）

ʔɔʔ⁵⁵ va⁵¹⁻³¹ ʔɣn⁵¹ ȵun⁵¹ tɔit³¹. 我给他按摩。

我　　他　按　捏

thuʔ⁵⁵： "在……里"（来自名词nthuʔ⁵⁵ "洞"）

ʔɣn⁵¹ ȵȵat³¹ ʔɔt³¹, thuʔ⁵⁵ pa³¹θem³¹ ʔɣn⁵¹⁻³¹ la³¹lui⁵¹ ʔɔt³¹. 他笑在脸上，愁在心里。

他　笑　在　　内心　他　生气　在

taŋ³³： "代替"

khai³¹ phleʔ⁵⁵ <u>taŋ</u>³³ ʔom³¹. 吃水果解渴。

吃　　果子　　　　水

taŋ³¹："从"

<u>taŋ</u>³¹ khuŋ⁵¹ka³¹jaŋ³¹ ʔi³¹ ɣuɔt³⁵ puŋ³⁵than³³. 从勐养回到曼蚌汤。

勐养　　　　回　到　　曼蚌汤

tʃɔm⁵¹："沿"/"随"

<u>tʃɔm</u>⁵¹⁻³¹ tɤŋ³¹ɣuɔŋ³¹ ʔe⁵¹ ɣuɔt³⁵ kuŋ⁵¹ka³¹jaŋ³¹. 沿这条路到勐养。

　　　　　　　　　路　　　这　到　勐养

ɣum⁵¹："在……下"

kiem⁵⁵ θaʔ⁵⁵θa³¹ʔe⁵¹ <u>ɣum</u>⁵¹ ka³¹lek⁵⁵. 把东西夹在腋下。

夹　　东西　　　　　腋窝

ʔot³¹："除…外"（来自同形动词ʔot³¹"在"）

ʔiʔ⁵⁵ tɤŋ³¹nu⁵¹ ɣuɔt³⁵ ʔai³¹, <u>ʔot</u>³¹ ʔa³¹hla³¹ ma³¹ ʔiʔ⁵⁵ pa³¹ ɣuɔt³⁵.

人　全部　　到　助　　岩腊　一　个　不　到

除岩腊一人未到外，所有人都到了。

mai³¹："比"

phleʔ⁵⁵ ʃak⁵⁵⁻³¹ ʔe⁵¹ nǐaŋ³¹ <u>mai</u>³¹ ʃak⁵⁵⁻³¹ haʔ⁵⁵. 这个果子比那个甜。

果　个　这甜　　　个　那

kha³¹："给"，可与介词ta³¹互换

ʔɤn⁵¹ va⁵¹ phleʔ⁵⁵ <u>kha</u>³¹ (=ta³¹) ʔɔʔ⁵⁵ ma³¹ ʃak⁵⁵. 他给我一个果子。

他　给　果子　　　　　　　我　一　个

ta³¹：ta³¹的意义丰富，使用频率极高。可引出动作或者过程的处所，如：

lek³¹ ʔot³¹ <u>ta</u>³¹ kɔk³¹. 猪在圈里。

猪　在　　圈

可引出动作或者过程的对象、目标、原因，如：

ʔɤn⁵¹ ʃɤŋ³¹lein³¹ ʃa³¹ŋai³¹ te³¹ <u>ta</u>³¹ ʔɔʔ⁵⁵. 他对我瞪眼。

他　瞪　　眼睛　助　　我

ʔɔʔ⁵⁵ lɔm³¹ ʔɤn⁵¹ tʃop³¹ <u>ta</u>³¹ ʔɔʔ⁵⁵. 我见他朝我跑来。

我　见　他　跑　　我

ʔɔʔ⁵⁵ lat³¹ <u>ta</u>³¹ pa³¹θiŋ⁵¹. 我怕蛇。

我　怕　蛇

可引出动作的方式，如：

taŋ³¹ khuŋ⁵¹ka³¹jaŋ³¹ ʔi³¹ <u>ta</u>³¹ tʃein³¹ ɣuɔt³⁵ puŋ³⁵than³³ nʌm⁵¹ θoŋ³³ ta⁵⁵ na³¹li³⁵.

介　勐养　　　　回　脚　到　曼蚌汤　用　二　点　时间

从勐养步行回到曼蚌汤要两个小时的时间。

（6）致使助词与相互助词

助词van$^{51}$表"致使"，指由于外力作用致使某种结果出现，如：

ʔɔʔ$^{55}$ tʃein$^{31}$ ntʌt$^{55}$ ʃa$^{31}$moʔ$^{55}$ van$^{51}$ khɣʔ$^{55}$. 我用脚蹬动石头。

我　脚　蹬　石头　　动

ʔɔʔ$^{55}$ khu$^{51-31}$ pa$^{31}$ʃiʔ$^{55}$ van$^{51}$ phʌt$^{55}$ ʔɔai$^{31}$. 我把绳子拉断了。

我　拉　绳子　　断　助

ʔɔʔ$^{55}$ pʌk$^{33-31}$ ʔom$^{31}$ tɔʔ$^{55}$ van$^{51}$ nok$^{31}$ ʔɔai$^{31}$. 我把水加满了。

我　取　水　加　满　助

phap$^{31}$ nɲɔm$^{31}$ kha$^{31}$ʔiuŋ$^{51}$ van$^{51-55}$ ʔiet$^{31}$. 抱着娃娃哄他睡。

抱　娃娃　摇　　　睡

vaʔ$^{55}$ ma$^{31}$ɣaŋ$^{51}$ van$^{51}$ ɣɣ$^{31}$ vai$^{51}$! 赶马快走！

赶　马　　走　快

van$^{51}$的使用并不是必需的。如果某一结果已经表明是由含有致使意义的动词导致的，van$^{51}$可以不用，如：

ʔom$^{31}$ lok$^{31}$ ŋal$^{51}$ jet$^{55}$ ʔɔai$^{31-33}$. 火浇灭了。

水　浇　火　灭　助

vait$^{31}$ pat$^{31}$ lʌp$^{55}$ ʔɔai$^{31}$. 刀磨快了。

刀　磨　快　助

相互助词poʔ$^{55}$te$^{31}$一般位于不及物动词之后，或者位于及物动词之后但不占据宾语位置，补充说明动作发生在两者或以上之间，如：

plik$^{55}$ piɔŋ$^{31}$ tok$^{31}$ klau$^{55-31}$ poʔ$^{55}$te$^{31}$. 把辣椒、花椒舂好拌在一起。

辣椒　花椒　舂　拌

keʔ$^{55}$ pha$^{31}$θek$^{31}$ poʔ$^{55}$te$^{31}$ (te$^{31}$) ʔot$^{31}$. 他们在说悄悄话。

他们　耳语　　　助　在

2. 基本语序

昆格话的句法成分主要有主语、谓语、宾语、定语、状语和补语。句法成分的基本语序如下：

（1）主语‖谓语

（2）主语‖谓语‖宾语

（3）名词性中心成分‖定语（常用）/定语‖名词性中心成分（少用）

（4）状语‖谓词性成分/句子

（5）谓词性成分‖补语

3. 几种单句

（1）不及物句

下面这些谓语中的动词是不及物动词，需后接介词词组才能表达完整的意义：

ʔɔʔ⁵⁵ lat³¹ ta³¹ pa³¹θiŋ⁵¹. 我怕蛇。　　ʔɔʔ⁵⁵ la³¹lui⁵¹ ta³¹ ʔɤn⁵¹. 我恨他。

我　怕　介　蛇　　　　　　我　恨　　介　他

ʔɔʔ⁵⁵ jɔŋ³¹miŋ³¹ ta³¹ ʔɤn⁵¹. 我可怜他。　ʔɤn⁵¹ ʔut⁵⁵ ta³¹ ʔɔʔ⁵⁵. 他骂我。

我　怜悯　介　他　　　　　　他　骂　介　我

ʔɤn⁵¹ ple⁵¹ kʌm³¹ ʔɔʔ⁵⁵. 他陪我。　　keʔ⁵⁵ khɔi⁵¹ ta³¹ ʔai⁵¹. 他们挑拨咱俩。

他　陪伴　介　我　　　　　　他们　挑拨　介　我俩

ʔɔʔ⁵⁵ tut⁵⁵ʃa³¹lɑn⁵¹ ta³¹ ʔɤn⁵¹. 他吓住我了。　ʔɔʔ⁵⁵ kan³¹ ta³¹ ʔɤn⁵¹ ʔɔai³¹. 我输给了他。

我　惊吓　　介　他　　　　　　我　输　介　他　助

khat⁵⁵ tʃa³¹ ʔe⁵¹ tʃaŋ³³ tʃap⁵⁵ ta³¹ ʔiʔ⁵⁵. 这种病会传染。

病　种　这　会　传染　介　人

pa³⁵lau⁵¹ mua³¹ ta³¹ ma³¹ɣɛn³¹. 曼巴老和基诺族接界。

曼巴老　接界　介　基诺族

jau⁵¹ lot³¹ poʔ⁵⁵te³¹, ʔɤn⁵¹ ka³¹tʃoʔ⁵⁵ ta³¹ ʔɔʔ⁵⁵. 我俩吵了架，他不理我了。

我俩　吵架　助　　他　冷落　介　我

ʔɤn⁵¹ nn̩am⁵¹, ʔɔʔ⁵⁵ pa³¹ nn̩am⁵¹, ʔɔʔ⁵⁵ khiel⁵¹ ta³¹ ʔɤn⁵¹.

她　美丽　我　不　美丽　我　嫉妒　介　她

她漂亮，我丑陋，我嫉妒她。

ka³¹ʔa³¹ ʔiʔ⁵⁵ ka³¹tam³¹ ta³¹ poʔ⁵⁵te³¹. 两人在路上相遇，不知谁让谁。

二　人　紧挨　介　相互

（2）"准宾语"句

昆格话有一种句法结构，其谓语多为形容词或者不及物动词，后接一个占据宾语位置的名词，但这个名词不是真正意义的宾语，其功能是对谓语起补充或者附加说明作用，可以视为一种"准宾语"，如：

ʔɔʔ⁵⁵ ʔat⁵⁵ tʃein³¹ ʔɔai³¹. 我脚生疮了。　ʔɔʔ⁵⁵ ʃum⁵¹ɣain³¹ ʔup⁵⁵ ʔɔai³¹. 我饿了。

我　生疮　脚　助　　　　　我　饿　饭　助

ʔɔʔ⁵⁵ ʃum⁵¹ɣain³¹ nn̩eʔ⁵⁵. 我想吃肉。　ʔɔʔ⁵⁵ mut⁵⁵⁻³¹ plik⁵⁵. 我呛辣子。

我　饿　肉　　　　　　　　我　呛　辣椒

thuʔ⁵⁵ phɣiʔ⁵⁵ plik⁵⁵. 菜辣。　　　thuʔ⁵⁵ lo⁵¹⁻³¹ plu²⁵⁵. 菜咸。

菜　辣　辣椒　　　　　　　菜　咸　盐巴

ʔɔʔ⁵⁵⁻³¹ θa³¹ʔɔiŋ³¹ lul⁵¹, ʃʌm³¹ thein⁵¹⁻³¹ ʔom³¹. 我渴，想喝水。

我　干　脖子　想　喝　水

ʔɤn⁵¹ mau⁵¹⁻³¹ lot³³, ʔɔk³¹nok³¹ ʃʌm³¹ θel³¹. 他晕车，恶心想吐。

他　晕　车　恶心　　要　吐

kɑn⁵¹ ʔɔʔ⁵⁵⁻³¹ pa³¹tat⁵⁵ pa³¹tai³¹klua³¹. 我的裤缝裂缝了。

裤子　我　　裂缝　　线

（3）存在句

存在句的句法结构是：处所名词+存在动词+存在者。昆格话的存在句分为有生存在和无生存在，有生存在表示什么地方存在着有生命的人或动物，存在动词是 ʔot³¹ "在"，如：

pɣiʔ⁵⁵⁻³¹ ʔan⁵¹ ʔot³¹ ʃaŋ³¹ ma³¹ mu³⁵. 大森林里有一群大象。

森林　　大　在　象　一　群

nthuʔ⁵⁵ ʔe⁵¹ ʔot³¹ pa³¹θiŋ³¹. 这个洞里有蛇。

洞　　这　在　蛇

无生存在表示什么地方存在着无生命的物，分为两种情况：一种是外力致使无生存在，存在动词用 ʔot³¹ "在"；另一种是自然无生存在，存在动词用 khoi³¹ "有"，二者不可混用，如：

tɣŋ³¹pan³¹kon³¹ ʔot³¹ pap³³ ma³¹ phən³¹. 桌上有一本书。（书是人放的）

桌面　　　　在　书　一　本

npiea³¹lən⁵¹ ʔot³¹ ʔa³¹phon³¹ pie³³. 河边有四个竹排。（竹排是人放的。）

河边　　　在　四　　竹排

pɣiʔ⁵⁵⁻³¹ ʔan⁵¹ khoi³¹ θa³¹ʔia³¹nal⁵¹. 大森林里有草药。（草药是自然生长的。）

森林　　大　有　　草药

nthuʔ⁵⁵ ʔe⁵¹ khoi³¹ ʔom³¹. 这个洞里有水。（水是自然存在的。）

洞　　这　有　　水

（4）"给予"句

汉语中典型的"给予"类双宾语句在昆格话里全部为单宾语句，"给予对象"须用介词 kha³¹ 或 ta³¹ 引出，如：

keʔ⁵⁵ θɔn⁵¹ mɔn³¹xuʔ⁵⁵ va⁵¹ kha³¹/ta³¹ ʔɔʔ⁵⁵. 他们教我昆格话。

他们　教　昆格话　给　介　　我

这句话也可以说成：

keʔ⁵⁵ θɔn⁵¹ va⁵¹ kha³¹/ta³¹ ʔɔʔ⁵⁵ mɔn³¹xuʔ⁵⁵.

他们　教　给　介　　我　昆格话

但不能说成：

\*keʔ⁵⁵ θɔn⁵¹ va⁵¹ ʔɔʔ⁵⁵ mɔn³¹xuʔ⁵⁵. / \*keʔ⁵⁵ θɔn⁵¹ ʔɔʔ⁵⁵ mɔn³¹xuʔ⁵⁵.

他们　教　给　我　昆格话　　他们　教　我　昆格话

又如：

ʔɣn⁵¹ va⁵¹ phleʔ⁵⁵ ma³¹ ʃak⁵⁵ kha³¹/ta³¹ ʔɔʔ⁵⁵. 他给我一个果子。

他　给　果子　一　个　介　　我

或：ʔɤn⁵¹ va⁵¹ kha³¹/ta³¹ ʔɔʔ⁵⁵ phleʔ⁵⁵ ma³¹ ʃak⁵⁵.

　　他　给介　　我　果子　　一　个

ʔɔʔ⁵⁵ viet³¹ va⁵¹ kha³¹/ta³¹ ʔɤn⁵¹ ha³¹ɣɔi³¹. 我还他五百块。

我　还　给介　　　他　五百

或：ʔɔʔ⁵⁵ viet³¹ va⁵¹ ha³¹ɣɔi³¹ kha³¹/ta³¹ ʔɤn⁵¹.

　　我　还　给　五百　介　　他

表示"借"、"欠"的情况一样，不能用双宾语句，借欠对象须用介词ta³¹引出，此时不能再用介词kha³¹，如：

ʔɔʔ⁵⁵ ʔot³¹ ɣam⁵¹ ta³¹ meʔ⁵⁵ θip⁵⁵ jɛn³¹. 我欠你十元。

我　在　借　介　你　十　元

或：ʔɔʔ⁵⁵ ʔot³¹ ɣam⁵¹ θip⁵⁵ jɛn³¹ ta³¹ meʔ⁵⁵.

我　在　借　十　元　介　你

但不能说成：

*ʔɔʔ⁵⁵ ʔot³¹ ɣam⁵¹ meʔ⁵⁵ θip⁵⁵ jɛn³¹.

我　在　借　你　十　元

### 4. 一种虚拟条件复句

在我国的民族语文研究中还没有提及虚拟条件句的问题，但昆格话里确定无疑地存在这一现象。所谓虚拟条件句，指的是一种对过去已经发生的事件作出相反的假设，其语言的实现方式是用与真实条件句不同的连词来实现的。如：

po³¹ pa³¹ lat⁵⁵ ʃa³¹leʔ⁵⁵, tʃɤʔ⁵⁵ ɣɤʔ⁵⁵⁻³¹ θoʔ⁵⁵. 如果不下雨，就是刮暴风。

如果 不 来 雨　　就 是　　暴风

po³¹ pa³¹vaŋ⁵¹ lat⁵⁵ ʃa³¹leʔ⁵⁵, ʔɔʔ⁵⁵ pa³¹ ɣɤ³¹. 如果明天下雨，我就不去。

如果 明天　来雨　　我　不 去

phan⁵¹ ʃɤŋ³¹khoʔ⁵⁵ meʔ⁵⁵ ɣuɔt³⁵, meʔ⁵⁵ kɔ³¹ lɔm³¹ ʔɤn⁵¹ ʔɔai³¹.

如果 昨天　　你 到　　你 也 见 他 助

如果昨天你到了，你就见到他了。

phan⁵¹ ʃɤŋ³¹khoʔ⁵⁵ nʌm³¹ ɣaŋ⁵¹, nʌʔ⁵⁵ ʔɔʔ³¹ kɔ³¹ θa³¹ʔɔiŋ³¹ ʔɔai³¹.

如果 昨天　　　要 出太阳 茶叶 我 也 干　助

如果昨天有太阳，我的茶叶就干了。

可见，昆格话表假设条件的连词有两个：一个是 po³¹，另一个是 phan⁵¹。需要注意的是：phan⁵¹只用来对已经出现的事态进行相反的假设，因此是一种虚拟假设，而po³¹用于其他场合，其引出的假设条件是可能实现的。

## 四 余论

昆格话目前保存良好,尚未出现濒危或者衰退迹象(蒋光友、时建,2013)。如果只是从核心词汇、语法特征进行比较,昆格话与同语族的布朗语、佤语、德昂语、克木语十分接近。但从有声调这一现象来看,把昆格话归属布朗语是中肯可行的。实地调查发现,昆格话与克蔑语(陈国庆,2005)十分接近,且相互有较大的通解度,可以认为昆格话与克蔑语实为同一方言或土语。另外,昆格话与澜沧江以东的其他几个布朗语方言点也存在很大的近似关系,尤其与墨江县景星乡太和村委会挖墨自然村的布朗语关联度更大①。

## 参考文献

赵岩社:《中国孟高棉语研究的现状与展望》,《云南民族学院学报》2000年第 3 期。

李道勇:《中国的孟—高棉语族概略》,《云南民族学院学报》1984 年第3 期。

颜其香、周植志:《中国孟高棉语族语言与南亚语系》,社会科学文献出版社 2012 年版。

李锦芳:《户语概况》,《民族语文》2004 年第 5 期。

蒋光友、时建:《昆格人语言使用现状调查》,《西华师范大学学报》2013年第 1 期。

陈国庆:《克蔑语研究》,民族出版社 2005 年版。

Svantesson, Jan-Olof. 1991. Hu—a Language with Unorthodox Tonogenesis. In *Austroasiatic Languages, Essays in honour of H. L. Shorto*, edited by Jeremy H.C.S. Davidson. 67-80. School of Oriental and African Studies, University of London.

# A General Survey of Kunge

Jiang Guangyou    Shijian

**Abstract:** Based upon field work corpora, this paper presents a general

---

① 笔者曾短暂调查过云南省大理白族自治州南涧县公郎镇落底河村委会狗街自然村、普洱市墨江哈尼族自治县景星乡太和村委会挖墨自然村、普洱市景谷傣族彝族自治县勐班乡芒磨村委会以及西双版纳傣族自治州景洪市大渡岗乡大荒坝村委会昆罕新寨的布朗语。

survey of Kunge, a language spoken by the Kunge ethnic group, inhabiting Kunge Mountain at Mengyang, Jinghong, Xishuangbanna, Yunnan Province, including its phonology, word-formation and grammar.

**Key words:** Kunge; Phonology; Word-formation; Grammar

（通信地址：蒋光友　400054　重庆　重庆理工大学语言学院；时建 266071　青岛　青岛大学汉语言学院）

# 检槽白语的差比句

## 杨伟芬

【提要】检槽白语差比句的结构模式："比较主体+比较标记+比较基准+比较结果"。这四个参项是必不可少的四个要素。差比句中的比较标记词来源主要有两个：一是由本语方位词虚化而来；二是来源于汉语借词。

【关键词】检槽白语　差比句　结构模式　比较标记

差比句是指两个或两个以上的比较对象在程度、数量或形状等方面存在差别的句子，是比较句中比较复杂的一类。从构成上来看，差比句包括比较本体、比较主体、比较基准、比较标记、比较点、比较结果、比较专项、比较差值这八个比较参项。但在差比句中，这八个比较参项不是必须都出现的，比较主体、比较基准、比较标记、比较结果是最基本的构成要素。从比较标记来看，有些差比句有明显的比较标记词，而有些没有明显的比较标记。由于差比句的语序以及基本构成要素等之间的复杂关系，差比句一直是语法研究的重点。

检槽白语是云龙县白语方言中的一种，它属于白语三大方言区的大理方言区。它和大理方言有很多相同点，但是也有自己的特点。本文以笔者母语检槽白语为研究对象，从差比句的结构类型、比较标记这两个方面，对检槽白语差比句进行细致描写、分析。

## 一　检槽白语差比句的比较标记

比较标记是差比句特有的标志，是划分差比句的重要特征。从比较标记中，我们可以更加清楚的划分一个句子是否是差比句。检槽白语的比较标记主要有以下几类。

（一）明显的比较标记$pi^{31}$ "比"

白语差比句中最明显的比较标记是$pi^{31}$ "比"，它是汉语借词。如：

（1）$mɔ^{31} tse^{44} pi^{31} nɔ^{31} tɕhie^{55}tɔ^{31}$. 她比你还听话。

　　她　还　比　你　　听话

（2）mɔ³¹ pi³¹ nɔ³¹ fe³⁵. 她比你好。

　　　她　　比　你　好

（3）mɔ³¹tse⁴⁴ pi³¹ nɔ³¹ xɛ⁵⁵ fe³⁵. 她比你长得还好看。

　　　她　还　比　你　长得　好看

（4）ŋɔ³¹ pi³¹ nɔ³¹ ka³⁵. 我比你高。

　　　我　比　你　高

从上面的例子中，我们可以看到每个句子中都有比较标记pi³¹"比"。有些句子中还有tse⁴⁴这个词，它的意思是"还"。在差比句子，这个词与比较标记pi³¹"比"常常一同出现，表示差比程度加深。这几个差比句中主要的基本成分是："比较主体+比较标记+比较基准+比较结果"。可见，白语语序主要是 SOV 型，在差比句中它的语序不变。

（二）方位名词tɔ³³"上面"和ɣɛ³³"下面"隐藏"比"的意思

赵燕珍《赵庄白语参考语法》中提到比较句，她认为在赵庄白语中有两个比较助词来源于方向名词tɔ³³"上面"和ɛ³³"下面"，它们的方位义没有完全丢失，不是纯粹的比较标记，可以看作半虚化的比较助词。在检槽白语中同样也存在这一现象，只是两个地方的方位词读音有差异。如：

（5）mɔ³¹ tɔ³¹ ŋɯ⁵⁵ tɔ³³ sa⁵⁵ sua⁴⁴. 她比我大三岁。

　　　她　大　我的　上面　三　岁

（6）mɔ³¹ to³⁵ ŋe³¹ tʂɔ⁴⁴ ŋɯ⁵⁵ tɔ³³ sa⁵⁵pu³¹. 她比我多走三步。

　　　她　多　走　着　我的　上面 三步

（7）mɔ³¹ se³¹ ŋɯ⁵⁵ ɣɛ³³ a³¹ sua⁴⁴. 她比我小一岁。

　　　她　小　我的　下面　一　岁

（8）mɔ³¹ ɕu³³ ŋɯ⁵⁵ ɣɛ³³ sa⁵⁵ tɕi³⁵. 她比我少三斤。

　　　她　少　我的　下面　三　斤

通过上面的例子，我们知道检槽白语差比句中可以不用汉语的比较标记pi³¹"比"，而用tɔ³³"上面"和ɣɛ³³"下面"，这两个方位词使句子构成比较意义。这个类型的比较标记词在赵庄白语中被称为半虚化的比较比较词。

综合而言，在检槽白语差比句中，比较年龄大小以及体重大小等有关数量比较的时候，我们除了可以借用汉语pi³¹"比"构成比较句之外，我们也可以加方位名词tɔ³³"上面"和，ɣɛ³³"下面"构成比较意义。比如说例（5）、例（6）、例（7）、例（8）这四个句子也可以用比较标记pi³¹"比"构成比较句，它们的意思和例（9）、例（10）、例（11）、例（12）这四个句子分别表示的意思是相同的。例如：

（9）mɔ³¹ pi³¹ ŋɔ³¹ tɔ³¹ sa⁵⁵ sua⁴⁴. 她比我大三岁。

　　　她　比　我　大　三　岁

（10）mɔ³¹ pi³¹ ŋɔ³¹ to³⁵ ŋe³¹ tu̱³³ sa⁵⁵ pu³¹. 她比我多走三步。

她 比 我 多 走 了 三 步

（11）mɔ³¹ pi³¹ ŋɔ³¹ se³¹ a³¹ sua⁴⁴. 她比我小一岁。

她 比 我 小 一 岁

（12）mɔ³¹ pi³¹ ŋɔ³¹ ɕu³³ sa⁵⁵ tɕi³⁵. 她比我少三斤。

她 比 我 少 三 斤

（三）汉语比较标记zuɛ³⁵...zuɛ³⁵..."越……越……"

在有关联的事物比较中，用zuɛ³⁵...zuɛ³⁵..."越……越……" 这是从汉语中借来的，所表示的意义与汉语意义较为一致。例如：

（13）mɔ³¹ zuɛ³⁵ ko³⁵ zuɛ³⁵ xɯ⁴⁴. 他越长越黑。

他 越 长 越 黑

（14）mɔ³¹ zuɛ³⁵ ue⁴² zuɛ³⁵ tɕi³⁵. 他越写越多。

他 越 写 越 多

（15）mɔ³¹ zuɛ³⁵ ta⁴² zuɛ³⁵ tɕi³⁵. 他越抬越多。

他 越 抬 越 多

## 二 检槽白语差比句的结构类型

### （一）肯定式差比句

检槽白语肯定式差比句主要有以下几种形式。

1. "比较主体+比较标记pi³¹+比较基准+比较结果"

这是最常用的一种差比句的格式，句子的语序和同一类型的汉语句子语序一致。比较基准和比较主体作比较，最后得出比较结果。例如：

（16）ŋɔ³¹ pi³¹ mɔ³¹ ka³⁵. 我比她高。

我 比 她 高

（17）mɔ³¹ pi³¹ nɯ⁵⁵ the⁴⁴ tɔ³¹. 他比你弟弟大。

他 比 你的 弟弟 大

（18）tsi⁵⁵ tsha⁵⁵ pi³¹ se⁴⁴ tshɯ³¹ na³¹. 做饭比洗菜难。

做 饭 比 洗 菜 难

2. "比较主体+比较标记pi³¹+比较基准+比较结果+比较差值"

这种结构的差比句是上一项提到的差比句格式后加比较差值，这个差值没有具体的要求，它既可以是一个具体数量也可以是模糊的数量。例如：

（19）ŋɔ³¹ pi³¹ mɔ³¹ ka³⁵ a³¹ thɔ³¹. 我比她高一拃。

我 比 她 高 一 拃

（20）mɔ³¹ pi³¹ nɯ⁵⁵ the⁴⁴ tɔ³¹ a³¹ sua⁴⁴. 他比你弟弟大一岁。

他 比 你的 弟弟 大 一 岁

（21）tsi⁵⁵ tsha⁵⁵pi³¹se⁴⁴ tshɯ³¹ na³¹ a³¹ tv³¹.

做　饭　比洗　菜　难　一　些

做饭比洗菜难一些。

3. "比较主体和比较基准相同的差比句"

在比较主体和比较基准相同，且它们后面都+量词的比较结构中，它们的比较如下。

（22）ȵi⁴⁴siɛ⁴⁴ a³¹ siɛ⁴⁴ pi³¹ a³¹ siɛ⁴⁴ ko⁴² fe³⁵ la⁴².

日子　一　天　比　一　天　过　好　了

日子一天比一天好过。

（23）ma⁵⁵ ka³⁵ ȵi³¹ a³¹ ȵi³¹ pi³¹ a³¹ȵi³¹ xɛ⁵⁵ fe³⁵.

他们　几个人　一　个　比　一个　长得　好看

他们几个一个比一个长得好看。

（24）ʑi³⁵ nɯ⁵⁵ ka³⁵ khɔ⁵⁵ a³¹ khɔ⁵⁵ pi³¹ a³¹ khɔ⁵⁵ a⁴⁴ fe³⁵.

衣服 这　几　件　一　件　比　一件　看　好

这几件衣服一件比一件好看。

在上面例子中，比较主体和比较基准相同，且他们都加了量词，虽然每个句子中有相同的量词。但是都不可以省略。如例（22）中前后两个量词都是 a³¹ siɛ⁴⁴"一天，但这两个不可以省去一个。例（23）中的 两个 a³¹ ȵi³¹"一个，和例（24）中的两个a³¹ khɔ⁵⁵"一件，同样也不能省去一个。

（二）否定式差比句

检槽白语的否定差比句的结构形式是在比较结果后加否定副词mu³³ "不、没有"。例如：

（25）mɔ³¹ pi³¹ ŋɔ³¹ ka³⁵ mu³³. 她没有我高。

她　比　我　高　没有

（26）mɔ³¹ pi³¹ ŋɔ³¹ tɔ³¹ mu³³. 她没有我大。

她　比　我　大　没有

（27）nɔ³¹ pi³¹ ŋɔ³¹ ȵɯ³⁵ tɔ³¹ mu³³. 你比我大不了多少。

你　比　我　很　大　没有

从上面的例子中，我们可以看到检槽白语的差比句的结构形式是：比较主体+比较标记pi³¹+比较基准+比较结果+否定词。检槽白语的否定式差比句如果表达上需要的话，也可以将句子转化为肯定形式。例如：

（28）mɔ³¹ pi³¹ ŋɔ³¹ ka³⁵ mu³³.= mɔ³¹ pi³¹ ŋɔ³¹ pi³³.

她　比　我　高　没有　她　比　我　矮

她没有我高。/她比我矮。

（29）mɔ³¹ pi³¹ ŋɔ³¹ tɔ³¹ mu³³.= mɔ³¹ pi³¹ ŋɔ³¹ se³¹.
　　　她　比　我　大　没有　　她　比　我　小
　　　她没有我大。/她比我小。

（30）nɔ³¹ pi³¹ ŋɔ³¹ nɯ³⁵ tɔ³¹ mu³³.= ŋɔ³¹ pi³¹　nɔ³¹ se³¹ pu³⁵ta⁵⁵.
　　　你　比　我　很　大　没有　我　比　你　小　不大
　　　你比我大不了多少。/我比你小不大。

从上面的例子中，我们可以看到检槽白语的否定式差比句都可以转换成肯定式差比句。检槽白语否定式差比句中有"比较结果（具体说都是形容词）+否定副词mu³³"不、没有"，所以当我们需要转换成肯定式的差比句时，我们需要找出比较结果中的形容词的否定词即可。比如例（28）中的ka³⁵ mu³³"不高"和pi³³"矮"的意思一样，而ka³⁵"高"和pi³³"矮"，tɔ³¹"大"和 se³¹"小"是两对反义词。

## 三　结语

根据上述对检槽白语的差比句的描写，我们可以得出以下几点结论。

第一，检槽白语的比较标记有：pi³³；tɔ³³；ŋɛ³³；zuɛ³⁵...zuɛ³⁵...，其中pi³³"比"和zuɛ³⁵...zuɛ³⁵..."越……越……"是汉语借词。而tɔ³³"上面"和ɣɛ³³"下面"，是白语方位词虚化而来的。

第二，检槽白语的差比句必须的构成要素是：比较主体、比较标记、比较基准和比较结果，而比较本体、比较点、比较专项和比较差值是可以选择的构成要素。

第三，差比句的否定式是在比较结果后面加否定副词。

**参考文献**

邓凤民：《汉藏语系差比句研究》，中央民族大学博士论文，2010 年。

胡素华：《凉山彝语的差比句》，《民族语文》2005 年第 5 期，第 39—44 页。

胡坦：《论藏语比较句》，《民族语文》1985 年第 5 期，第 1—11 页。

李启群、鲁美艳：《土家语的差比句》，《民族语文》2013 年第 1 期，第 58—66 页。

李春风：《拉祜语的差比句》，《兴义民族师范学院学报》2011 年第 6 期，第 22—26 页。

余金枝：《矮寨苗语的差比句》，《中央民族大学学报》2012 年第 2 期，第 130—136 页。

朱艳华：《载瓦语的差比句》，《中央民族大学学报》2011 年第 2 期，第 134—140 页.

# The Comparactive Sentence of Jiancao Bai Language

## Yang Weifeng

**Abstract**: The type pattern of the comparative structure in Jiancao bai language is "Subject of comparison+comparative Maker+Standard of comparison+Result". These four factors are indispensable. The comparative marker of comparative sentence has two sources, one is from the native language, the other is borrowed from Chinese.

**Key words:** Jiancao Bai Language; Comparactive Sentence; Structural Pattern; Comparactive Marker

（通信地址：650500　昆明　云南师范大学文学院）

# 搓梭话助词初探

季红丽　瞿海萍

【提要】搓梭话是搓梭人使用的语言。虚词和语序是搓梭话主要的语法手段，助词是搓梭话重要的语法表现手段之一，分为结构助词、话题助词、施受助词、方位助词、体助词和语气助词六类。从使用功能看，搓梭话助词主要用来构成句法成分关系和建构句子时态及语气。搓梭话助词在具体使用中存在一词多用和音变现象，具有汉藏语助词的共性，也有其个性。

【关键词】搓梭话　助词　共性及个性

## 一　搓梭人及其语言

搓梭话是新发现的一种跨境少数民族语言，属于汉藏语系藏缅语族彝语支（白碧波、许鲜明，2015）。其人口主要分布在中老边境，中国境内的搓梭人主要居住在云南省西双版纳傣族自治州勐腊县勐伴镇勐伴村委会曼岗村，约149人，老挝境内的搓梭人主要居住在丰沙里省乌德县板南立寨，约400人。中国境内的搓梭人自称"搓梭"，他称"排角人"。"搓梭"在其母语里的意思是"富庶土地上生活着的快乐人群"。

搓梭话是搓梭人使用的语言。虚词和语序是搓梭话主要的语法表达手段，其助词作为虚词中的重要词类，在语法意义表达及语言本体研究中具有重要意义。

## 二　搓梭话助词

搓梭话助词数量丰富、功能各异，在语言结构和语言表达中发挥着不可或缺的作用。根据语法意义和作用的不同，曼岗搓梭话的助词可分为结构助词、话题助词、施受助词、方位助词、体助词和语气助词六类。

（一）结构助词 $ɔ^{33}$

结构助词在句子中主要用来帮助句法成分组成各种关系。搓梭话里常见的结构助词有 $ɔ^{33}$ 和 $li^{33}$，具体用法如下：

1. 结构助词 ə³³

ə³³是搓梭话使用频率最高的结构助词。绝大部分实义动词后面都习惯附带助词 ə³³，如：

nɔm³¹ ə³³ 踩 　　　　　　　　ta³³i⁵⁵ ə³³ 骑

ta³³ta³³li³³ ə³³ 爬 　　　　　　nə⁵⁵ ə³³ 靠

to³³ ʑi⁵⁵ ə³³ 出去 　　　　　　phjɛ³³ ə³³ 割

tu⁵³ ə³³ 挖 　　　　　　　　　ɕie⁵³ ə³³ 撒（种）

tɕho³¹pi⁵⁵ ə³³ 爱 　　　　　　xy⁵⁵ ə³³ 浇水

当实义动词在句子中充当谓语动词时，其附属助词如果在句中，就充当结构助词，如果在句末，就充当陈述句语气助词。如：

ə³¹u³¹zə³¹ku³³tu⁵³ə³³ə³¹zəu⁵⁵ku³¹nan³³ɕie⁵³ə³³a³¹nɔ³³nɔ³³mo⁵⁵i⁵⁵tɕhɔ⁵³ xy⁵⁵ ə³³.

　首先　地　挖 结助　然后　种子　撒 结助　　最后　水　浇 语助

先挖地，然后撒种，最后浇水。

a³³ɳɔm³¹a³¹tɕhɔ³¹pi³³ə⁵⁵i³¹a³³ɳɔm³¹a³¹zu⁵⁵lə³³. 因为爱他，所以就嫁给他。

　他　受助　爱 结助 因此　他 受助 嫁 语助

a³³ɳɔm³¹to³³ʑi⁵⁵ə³³. 他出去了。

　他　出 去 语助

结构助词 ə³³ 的另一个常见的用法是放在名词与名词、代词与名词之后，表示领属关系，相当于汉语的"的"。如：

a³¹ɳɔm³¹ə³³ u³¹tsho³¹ 他的帽子

　他　 结助　帽子

nə⁵⁵na³³kho³³sə³¹a³³tɕhai³³ə³³. 那个碗是姐姐的。

　那个　 碗　 姐姐 结助

a³¹pu³³ə³³ si³³tu³¹lə³¹nɔ³³ta³¹ə³³. 爸爸的话才听。

　爸爸 结助　话 才　听 语助

a³¹ŋji³³ə³³ a³³ɳa³¹mjə³¹ə³³. 今天的活计多。

　今天 结助 活 计 多 语助

ə³³在句中有时受到前后音节的同化和影响，形式有所变化，ŋə³³是常见的一个变体。如：

a³¹ɳɔm³¹ə³³ti³³kɔ⁵³ŋə³³ŋə³³tɕə³³mjə³¹ə³³. 他的田比我的多。

　他 结助　田　 我 结助 更 多 语助

a³¹ɳɔm³¹ə³³za³¹ku³¹ŋə³¹ŋə³³tɕə³³ku³³ə³³. 他的小孩比我的大。

　他 结助 小孩 我 结助 比　大 语助

a³¹ɳɔm³¹va³¹lo³¹ə³¹ə³³ŋə³¹ŋə³³tɕə³³mjə³¹ə³³. 他养的猪比我的多。

　他　猪　养 结助 我 结助 更　多 助

kə³³tɕhə³³lɛ³³nɛ⁵⁵ɔŋ³¹mo³¹əŋ³³ŋɔ⁵⁵nɛ³³tso⁵⁵a³¹tsə³¹ə³³.

如果 你 饭 够 结助 我 你的 家方助 吃 语助

如果你家的饭够的话，我就在你家吃。

2. 结构助词 li³¹放在句中，常和时间副词 khə³³mɔn³³ 连用，没有具体意义，相当于汉语中的"地"，如果不使用，整个句子表达不通顺。如：

ŋə³³khə³³mə⁵⁵khə³³mɔn³³li³¹a⁵⁵khu³³ko³¹zi⁵⁵zə³³. 我媳妇经常去卖菜。

我 媳妇 经常 结助 菜 卖 去 语助

ŋɔ⁵⁵khə³³mɔn³³li³¹pi³¹tɕha³¹lə³³ə³³. 我经常来劢伴。

我 经常 结助 劢伴 来 语助

（二）话题助词

搓梭话里的话题助词不多，常见的是助词 ə³³，位置紧跟在句子主语后面，如：

i⁵⁵zə³¹ku³³ə³³ŋə³¹a³³zɑɯ⁵³ə³³. 这个孩子嘛，是我哥哥的。

这 孩子 话助 我 哥哥 语助

i⁵⁵si³¹mə³³ku³³pha³¹ə³³a⁵⁵tɕa³³li³¹tsə³¹mə³¹ŋɯ⁵⁵qhəu³³a⁵⁵tɕin³¹li³¹tshə³¹qhəu³³.

这 种 菜 话助 熟的 也 吃 而且˘会 生的 也 吃 会

这种菜嘛，不仅可以生吃，而且可以熟吃。

a³¹nɔm³¹ə³³tshu³¹zə³¹khə³³mjɔŋ⁵⁵mə³¹nə³³a³¹pu³³lə³³khu⁵⁵ə³³.

他 话助 人 一 看见 就 爸爸 结助 喊 语助

他嘛，一见到人就喊爸爸。

ŋə³¹ə³³mə³¹ə³³khe³¹li³¹khe³¹kə³³a⁵⁵nɛ³³ta⁵³mɯŋ³¹ə³³.

我 的 妈 话助 干 不仅 能干 而且 看 好 语助

我妈妈嘛，不仅能干，而且漂亮。

（三）施受助词

施受助词是施事助词和受事助词的统称。名词、代词作为施事者或受事者，需要特别强调时，或者当施事者和受事者容易混淆时，施事者后面使用施事助词标记 ə³³，表明动作的发出者，受事者后面使用受事助词标记 a³³，表明动作的承受者。如：

a³³mə³³ə³³ŋə³¹ŋa³³sə³¹pi³¹tshə³¹la³³. 妈妈给我吃香蕉。

妈妈 施助 我 香蕉 给 吃 语助

ŋɔ⁵⁵a³³mə³³a³³ŋa³³sə³¹pi³¹tshə³¹lə³³. 我给妈妈吃香蕉。

我 妈妈 受助 香蕉 给 吃 语助

a³³zɑɯ⁵³ə³³ŋa³³tɕa³³kə³¹pi³¹tsə³¹³³. 哥哥给我喂药。

哥哥 施助 我 药 给 吃 语助

ŋɔ³³a³³ʐɯ⁵³a³³tɕa³³kə³¹pi³¹tsə³¹ə³³. 我给哥哥喂药。

我 哥哥 受助 药 给 吃 语助

a⁵⁵xɔm³¹ə³³ŋə³¹a³³tɕhai³³a³³la³¹tshɛ³³thə³¹ly³¹pi³¹lə³³.

姐夫 施助 我 姐姐 受助 手镯 一 个 给 语助

姐夫给我姐姐一个手镯。

a³³tɕhai³³ə³³ŋə²⁴a⁵⁵xɔn³¹a³³la³¹tshɛ³³ thə³¹ly³¹pi³¹lə³³.

姐姐 施助 我 姐夫 受助 手镯 一 个 给 语助

姐姐给我姐夫一个手镯。

ŋɔ⁵⁵nɛ⁵⁵a³¹tsha³¹. 我教你。

我 你 受助 教

受前后音节的影响，施事标志助词 ə³³ 可以有其他变体，如 ɔm⁵⁵、e³³、iŋ³³等变体。受事助词标记 a³³有 ŋa³¹、a³¹u⁵⁵等变体。如：

nɛ⁵⁵ɔm⁵⁵ŋa³¹tsha³¹. 你教我。

你 施助 我 教

ŋɔ⁵⁵ɔm⁵⁵nɛ⁵⁵a³¹tsha³¹. 我教你。

我 施助 你 受助 教

pu³¹na³³e³³lə³¹a³³thu³³ɕi⁵³lə³³. 牛把老虎撞死了。

牛 施助 老虎 受助 撞 死 语助。

a³¹ȵɔm³¹ŋa³¹mo⁵⁵khɯ³¹iŋ³³khje³¹lɔ³³. 他被狗咬了。

他 受助 狗 施助 咬 语助

lə³¹a³¹pu³¹na³³iŋ³³thu⁵³lɔ³¹. 老虎被牛撞了。

老虎 受助 牛 施助 撞 语助

o³³tɕha⁵³a³¹u⁵⁵ma⁵⁵min⁵⁵iŋ³³khje³¹sɛ⁵³lɔ³¹. 老鼠被猫咬死了。

老鼠 受助 猫 施助 咬 死 语助

（四）方位助词

表示地点的名词后面往往和方位助词 a³³连用。如：

ŋə³¹zə³¹ku³¹a³³ȵɔŋ³³təɯ³¹tso⁵⁵a³³tɕo⁵⁵ə³³. 我的孩子独自一人在家。

我 小孩 独自地 家 方助 在 语助

ŋɔ³³ɣu³³khə³¹mɔŋ³³ʐɔŋ³¹tso⁵⁵a³³ko³³li³³ə³³? 咱们什么时候回家？

咱们 什么时候 家 方助 回 上 去 语助

kə³³tɕhə³³lɛ³³nɛ⁵⁵ɔŋ³¹mo³¹əŋ³³ŋɔ⁵⁵nɛ³³tso⁵⁵a³¹ tsə³¹ə³³.

如果 你饭 够 结助 我 你的 家 方助 吃 语助

如果你家的饭够的话，我就在你家吃。

ŋɔ⁵⁵khun³³min³¹a³³li⁵⁵ə³³. 我去昆明。

我 昆明 方助去 方助

ti³³kɔ⁵³a³³ŋə³¹tə⁵⁵tɕu⁵⁵ə³³. 水田里有鱼。

　田　方助　鱼　在　语助

i⁵⁵tɕhio⁵³a³³ ɔ³³tshy⁵⁵tɕu⁵⁵ə³³. 山上有猴子。

　山　方助　猴子　有　语助

zə³³ku⁵⁵a³³khə³³pa³¹li³¹ŋa³³sə³¹tu³¹a³³lɔ³³. 地里到处都栽着香蕉。

　地　方助　到处　结助　香蕉　栽　语助

（五）体助词

1. 完成体助词 lɔ³¹，通常置于句尾。

ŋɔ⁵⁵ɔŋ³¹tsə³¹kɔ³³lɔ³¹. 我吃过饭了。

　我　饭　吃　已经　体助

ŋɔ⁵⁵tɕhi³¹pu³¹to⁵⁵kɔ³³lɔ³¹. 我喝过酒了。

　我　酒　喝　已经　体助

ŋɔ⁵⁵zə³³ku³³a³¹i⁵⁵tɕhɔ⁵³xə³¹a³³lɔ³¹. 我浇过地了。

　我　地　受助　水　浇　受助　体助

ŋɔ⁵⁵i⁵⁵tɕhɔ⁵³tsai³¹lɔ³¹. 我洗过澡了。

　我　水　洗　体助

ŋɔ⁵⁵ ʑi³³ lɔ³¹. 我去了。

　我　去　体助

2. 持续保留体见 y⁵⁵ ə³³或 y⁵⁵，表示动作行为处于一直持续和保留状态中。y⁵⁵ə³³表示动作发出者的手里需要拿着东西才能完成，如：

ŋɔ⁵⁵ɔŋ³¹tsə³¹y⁵⁵ə³³. 我吃着饭。

　我　饭　吃　体助

ŋɔ⁵⁵ɔŋ³¹mə³¹tsə³¹y⁵⁵. 我没有在吃着饭。

　我　饭　不　吃　体助

ŋɔ⁵⁵tɕhi⁵⁵phu⁵³to⁵⁵y⁵⁵ə³³. 我喝着酒。

　我　酒　喝　体助

ŋɔ⁵⁵i⁵⁵tɕhɔ⁵³xə³¹y⁵⁵ə³³. 我浇着水。

　我　水　浇　体助

ə³³表示动作发出者的手里不需要拿着东西就能完成，如：

ŋɔ⁵⁵i⁵⁵tɕhɔ⁵³tsai³¹y³³. 我洗着澡。

　我　水　洗　体助

ŋɔ⁵⁵i³¹thi³¹ə³³. 我正在睡觉。

　我　睡觉　体助

通常情况下，往往 y⁵⁵ə³³被 ə³³取代，这样更自然、顺畅。如：

ŋɔ⁵⁵ɔŋ³¹tsə³¹ə³³. 我吃着饭。

我 饭 吃 体助

ŋɔ⁵⁵tɕhi⁵⁵phu⁵³to⁵⁵ə³³. 我喝着酒。

我 酒 喝 体助

ŋɔ⁵⁵i⁵⁵tɕhɔ⁵³xə³¹ə³³. 我浇着水。

我 水 浇 体助

ŋɔ⁵⁵i⁵⁵tɕhɔ⁵³tsai³¹ə³³. 我洗着澡。

我 水 洗 体助

ŋɔ⁵⁵i³¹thi³¹ə³³. 我正在睡觉。

我 睡觉 体助

ŋɔ⁵⁵ŋa³³sə³¹tɕau³³ə³³. 我正在摘香蕉。

我 香蕉 摘 体助

a³¹nɔm³¹zə³¹kho³¹pha³¹u⁵⁵ə³³. 他们正在卖菜。

他们 菜 卖 体助

nə³³ɣu³³a⁵⁵tɕhə³¹əŋ⁵⁵ə³³？ 你们在干什么？

你们 什么 干 体助？

ŋə³³ɣu³³a³¹pjo³¹ky³³ə³³. 我们在写着字。

我们 字 写 体助

3. 将行体助词见 ʐo³³... zə³¹，表示行为动作将要进行。

i³¹tha³¹ʐo³³u⁵⁵lɯ³³zə³¹. 要下雨了。

雨 要 下 下来 体助

li⁵⁵le⁵⁵ʐo³³pjo³³lɯ³³zə³¹. 要刮风了。

风 要 刮 下来 体助

ŋɔ⁵⁵ɔŋ³¹ʐo³³tsə³¹ə³³zə³¹. 我要吃饭了。

我 饭 要 吃 结助 体助

ŋɔ⁵⁵tɕhi⁵⁵phu⁵³ʐo³³to⁵⁵zə³¹. 我要喝酒了。

我 酒 要 喝 体助

ŋɔ⁵⁵ʐo³³i³¹thi⁵³zə³¹. 我要睡觉了。

我 要 睡觉 体助

ŋɔ⁵⁵i⁵⁵tɕhɔ⁵³ʐo³³tsai³¹zə³¹. 我要洗澡了。

我 水 要 洗 体助

**（六）语气助词**

曼岗搓梭话的语气助词丰富，见单音节和双音节词，也见不同的变体。语气助词一般用于句末，表示不同的语气；也可用于句中，表示停顿。语气助词的特点是附着性强，只能附着在句子或词组后面，表达一定的语法意义。语气助词与语调结合紧密，共同表达句子的语气。

1. 肯定陈述语气：使用频率最高的是语气助词 ə³³，一般放在肯定句句末，表示陈述。如：

tsə³¹naŋ³³ŋa³³sə³¹muɯŋ³¹ə³³. 今年的香蕉好。

今年　香蕉　好　语助

nɛ³³ko³¹ʑo³¹ʑi⁵⁵ə³³. 你要回去。

你　回　要　去　语助

ŋɔ⁵⁵lɔi⁵³qhəu⁵³ə³³. 我会游泳。

我　游泳　会　语助

ŋɔ⁵⁵khə³³mɔn³³li³¹pi³¹tɕha³¹lə³³ə³³. 我经常来勐伴。

我　经常　结助　勐伴　来　语助

tshə³¹naŋ³³i³³ɯ⁵⁵i³¹naŋ³³nɛ³³tɕə³³mjə³¹ə³³. 今年的雨水比去年的更多。

今年　雨水　去年　比　更　多　语助

陈述语气词除常用的 ə³³外，有时候也可以 a³³、la³³、lə³³、lɔ³¹、zə³¹、kha³³等变体，位置和功能等同于 ə³³，如：

a³¹ȵɔm³¹ŋə³¹tə⁵⁵ŋə³¹nɛ³³khjo³¹py⁵⁵tɕa³³mjə³¹a³³. 他的鱼比我的多六倍。

他　鱼　我　比　六　倍　更　多　语助

ŋɔ³³khə³³mə⁵⁵khə³³mɔn³³li³¹a⁵⁵khu³³ku³¹zi³³ə³³. 我媳妇经常去卖菜。

我　媳妇　经常　结助　菜　卖　去　语助

a³³mə³³ə³³ŋa³¹ŋa³³sə³¹pi³¹tshə³¹la³³. 妈妈给我吃香蕉。

妈妈　施助　我　香蕉　给　吃　语助

tɕho³¹pi³³ə³³e⁵⁵i³¹ u⁵⁵ ə³³ lɔ³¹. 因为喜欢，所以买了。

爱　结助　因此买　语助　体助

a³³ȵɔm³¹a³¹tɕho³¹pi³³ə³³e⁵⁵i³¹a³³ȵɔm³¹a³¹ʑu⁵⁵lə³³. 因为爱他，所以就嫁给他。

他　受助　爱　结助　因此　他　受助　嫁　语助

ŋɔ⁵⁵tso⁵⁵a³¹nə³¹to⁵⁵lɯ³³zə³¹. 我从家里出来哩。

我　家　里面　出　来　语助

a³³mə³³ e³³　ŋə³³ a³¹ ɔŋ³¹ tɕha³¹ ʑi³³ kha³³. 妈妈叫我们去煮饭。

我妈　语助　我们　受助　饭　煮　去　语助

2. 一般疑问句语气：lɛ³¹放在陈述句后面，表示问句。如：

tsə³¹naŋ³³ŋa³³sə³¹muɯŋ³¹ə³³lɛ³¹? 今年的香蕉好吗？

今年　香蕉　好　结助　语助

i⁵⁵ i⁵⁵tɕhɔ⁵³lɛ³¹? 这是水吗？

这　水　语助

ne³³ko³¹ʑi³³lɛ³¹? 你要回去吗?

你　回　去　语助

ne³³ lɔi⁵³ qhəu⁵³lɛ³¹? 你会游泳吗?

你　游泳　会　语助

3. 表示请求、商谈、劝解等使役语气：lɔ³³、la³¹、lɔ³¹、la³¹、çi⁵³等，置于句尾。如：

a³³n̠ɔm³¹a³¹kho³¹sə³¹pi³³tɕo³³ʑi³³la³¹! 让他洗碗吧!

他　受助　碗　给　洗　去　语助

ne⁵⁵ʑi³³la³¹. 你去吧。

你　去　语助

ŋə³³ɣu³³ʑi⁵⁵la³¹. 咱们去吧.

咱们　去　语助

a⁵⁵tshai³³a⁵⁵ɔŋ³¹pi³³tɕha⁵³ʑi³³la³¹! 让姐姐做饭吧!

姐姐　受助　饭　给　煮　去　语助

ŋa³¹thə³¹la³¹lə³³ko³¹pi³³i³³thi³¹lɔ³³la³¹! 让我再睡一会儿吧!

我　一　下　结助　再　给　睡觉　语助　语助

ŋa³¹ma³³lɔm⁵³tuɪ³¹ə³³tsha³¹lɔ³³la³¹! 教我打球吧!

我　球　打　　教　语助

a³³ʐɔn³³zəu³³a⁵⁵ma⁵⁵lɔm⁵³pi³¹n̠ə³¹ʑi³³la³¹! 让他们去打球吧!

他们　　受助　球　给　玩　去　语助

ŋa³³sə³¹a³³tɕi⁵⁵le³³tu³¹ə³³mjə³¹ʑi³³la³¹! 多栽点香蕉吧!

香蕉一点　结助　栽　结助　多　去　语助

ku⁵⁵ə³³ ʑi³³la³¹! 唱吧!

唱　结助　去　语助

ny³³ʑi³³la³¹! 跳吧!

跳　去　语助

ŋa³¹ən³³xa³¹ʑi³³la³¹! 送我去吧!

我　送　去　语助

ŋa³¹kho³³sə³¹tɕo³³ʑi³¹lɔ³³la³¹. 帮我洗洗碗吧。

我　碗　洗　去　语助

ŋa⁵⁵a⁵⁵zə³³i⁵⁵tɕhɔ⁵³xy³³a³³ʑi⁵⁵la³¹. 帮我去浇浇花吧。

我　花　水　浇　去　语助

zə³¹min³¹ma⁵³thə³¹n̠y⁵⁵çi⁵³. 姑娘，莫哭啦。

姑娘　别　哭　语助

zə³¹kha³³ma⁵³thə³¹ɯ⁵⁵ɕi⁵³. 小伙子，莫笑啦。

小伙子 别　　笑 语助

4. 表示命令、叮嘱等语气：lɔ³¹用于句尾。如：

su³³tu³¹no³³ta³¹lɔ³¹ ！要听话哦！

　话 听 语助

ɔŋ³¹mi³³tɕə³³tsə³¹lɔ³¹！好好吃饭哦！

饭　好好 吃 语助

phju⁵⁵mi³³tɕə³³ko³³ky³¹lɔ³¹！钱装好哦！

钱　好好 装 语助

phju⁵⁵ko³³lɔn³³thə³¹ɕi⁵⁵lɔ³¹！不要乱花钱哦！

钱　　乱 消费 语助

5. thje³¹本意是"还，再"，晚辈和长辈讲话时，或者客气、委婉劝解时，往往需要在句末加上语气助词 thje³¹，表示委婉语气。没有 thje³¹表示生硬的命令语气，如：

thə³¹tho⁵⁵ko³¹khu³¹thje³¹. 请再说一遍。

一　次 再 说 语助

ɔŋ³¹thə³¹khɔ³¹ko³¹tsə³¹thje³¹. 请再吃一碗饭。

饭 一　碗 再 吃 语助

tɕhi³³phu³¹thə³¹pe³³ko³¹tu⁵⁵thje³¹. 请再喝一杯酒。

酒 一 杯 再 喝 语助

## 三　结语

搓梭话的助词，和大部分汉藏语一样，是搓梭话重要的语法手段之一。搓梭话的助词具有表示所属关系、话题强调、各种语气和时态等语法功能。这和汉藏语的许多语言特征吻合。此外，搓梭话的助词在结构形式、使用功能、音变现象等方面都和藏缅语支具有很多共同点。从类别来看，搓梭话的助词包括结构助词、话题助词、施受助词、方位助词、体助词和语气助词六类。各助词的用法基本固定，也有不少助词存在一词多用的现象。如，助词 ə³³既放在句末做陈述语气助词和施事助词，还可以放在句中做结构助词或者话题助词，如：

nə⁵⁵na³³kho³³sə³¹a³³tɕhai³³ə³³. 那个碗是姐姐的。

那个　碗 姐姐 结助

a³³mə³³ə³³ŋa³¹ŋa³³sə³¹pi³¹tshə³¹la³³. 妈妈给我吃香蕉。

妈妈 施助 我 香蕉 给 吃 语助

ku⁵⁵ ə³³ ʑi³³la³¹! 唱吧！

唱 结助 去 语助

a³¹n̥ɔm³¹ə³³tshu³¹zə³¹khə³³mjɔŋ⁵⁵mə³¹nə³³a³¹pu³³lə³³khu⁵⁵ə³³.

他 话助 结助 一 看见 就 爸爸 结助 喊 语助

他嘛，一见到人就喊爸爸。

从使用功能来看，搓梭话的助词主要用来帮助构成句法成分组成各种关系，不同的时态主要靠句末助词来区分，如：

ŋɔ⁵⁵ɔŋ³¹tsə³¹y⁵⁵ə³³. 我吃着饭。

我 饭 吃 体助

ŋɔ⁵⁵ɔŋ³¹tsə³¹lɔ³¹. 我吃过饭了。

我 饭 吃 体助

ŋɔ⁵⁵ɔŋ³¹zo³³tsə³¹ ə³³ zə³¹. 我要吃饭了。

我 饭 要 吃 结助 体助

从使用特点来看，搓梭话的结构助词和话题助词位于名词、代词或者名词性词组之后，语气助词位于句末。如：

a³¹n̥ɔm³¹ə³³ti³³kɔ⁵³ŋə³³ŋɔ³³ tɕə³³mjə³¹ə³³. 他的田比我的多。

他 结助 田 我 结助 更 多 语助

a³¹n̥ɔm³¹ə³³tshu³¹zə³¹khə³³mjɔŋ⁵⁵mə³¹nə³³a³¹pu³³lə³³khu⁵⁵ə³³.

他 话助 人 一 看见 就 爸爸 结助 喊 语助

他嘛，一见到人就喊爸爸。

从音变现象来看，搓梭话的助词受前后音节的影响，往往产生变体。如，结构助词 ə³³往往变异为 ŋə³³，施事标志助词 ə³³有 ɔm⁵⁵、e³³、iŋ³³等变体，受事助词标记 a³³有 ŋa³¹、a³¹u⁵⁵等变体：

a³¹n̥ɔm³¹ə³³ti³³kɔ⁵³ŋə³³ŋə³³tɕə³³mjə³¹ə³³. 他的田比我的多。

他 结助 田 我 结助 更 多 语助

nɛ⁵⁵ɔm⁵⁵ŋa³¹tsha³¹. 你教我。

你 施助 我 教

ŋɔ⁵⁵ɔm⁵⁵nɛ⁵⁵a³¹tsha³¹. 我教你。

我 施助 你 受助 教

### 参考文献

戴庆厦：《缅彝语的结构助词》，《语言研究》1989 年第 2 期，第 118—126 页。

刘叔新：《关于助词的性质和类别问题》，《语法学探微》，南开大学出版社 1996 年版，第 53—82 页。

马学良主编：《汉藏语概论》，民族出版社 2003 年第二次出版。

瞿霭堂、劲松：《汉藏语言研究的理论和方法》，中国藏学出版社 2000 年版。

徐鲜明、白碧波等：《山苏彝语研究》，民族出版社 2015 年版。

# A Preliminary Investigation of Cuosuo Particles

## Ji Hongli

**Abstract:** Cuosuo language is the language used by Cuosuo people. Function words and word order are the main grammatical means in Cuosuo language, its particles, as one of a most important grammatical devices, are divided into six categories: construction particles, topic particles, agentive and recipient particles, locative particles and sentence final particles. In terms of its function, Cuosuo particles are mainly applied to realize the relationship among its components and to realize its sentence tense and mood, some Cuosuo particles have multiple functions. Cuosuo particles share some commonness of Sino-Tibetan languages and also remain its unique features.

**Key words:** Cuosuo Language; Particles; Common and Unique Features

（通信地址：653100　玉溪　云南省玉溪师范学院外国语学院）

# 侗台语"稻秧"的地理分布

曾晓渝

## 一　引言

亚洲栽培稻起源地在中国广西南部、云南南部、泰国北部、越南北部、老挝北部、缅甸掸邦大片区域（游汝杰，1980：16；远藤光晓，2001：237）。

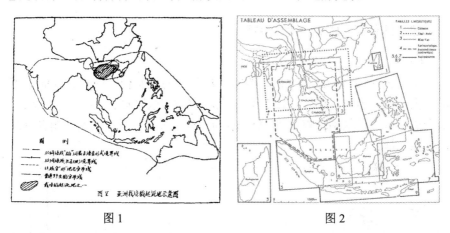

图1　　　　　　　　　　　　　　　　　　图2

根据"栽培稻起源地也应该就是壮侗语族原始居民的家园"（游汝杰，1980）这一观点，本文尝试通过侗傣语言"稻秧"一词的地理分布，观察分析侗台民族语言的历史痕迹。

## 二　侗台语言"稻秧"的语音分布

侗台语言的"稻秧"是同源词，音节结构均为 C（C）V；韵母是单元音 a，声调是第 3 调，只有极少数例外；侗台语言"稻秧"一词的语音差异主要反映在声母方面，不过对应规律明显，其语言地图分布如下。

除了仡佬、布央、标语、黎语四种语言读音的特殊情况以外，侗台语言"稻秧"的读音差异基本呈现自然音变的连续统。

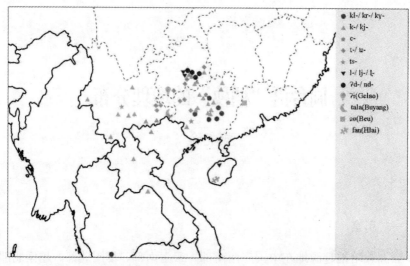

图 3　侗台语言"稻秧"的语言地图分布

## 三　侗台语"秧苗"读音解释

### （一）关于复辅音声母 kl-/kr-/kɣ-

李方桂（1977：221，275）构拟"稻秧"的原始台语读音为*kla³，梁敏、张均如（1996：164，542）构拟其原始侗台语为*klja。由此可以认为，如今仍保留古代复辅音声母 kl-/kr-/kɣ-的区域（图 4）很可能就是侗台民族的发源之地。

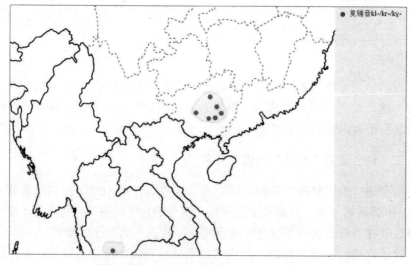

图 4　保留古代复辅音声母 kl-/kr-/kɣ-的区域

关于侗台民族的来源中外学界至今分歧较大，有南来说、北来说、土著说等（张、梁，1996：16；罗，2013：2）。中国学者多持土著说，而土著说又分为三种（图3）：第一种源自百越民族的西瓯（生活在广西中部、北部和贵州省南部）；第二种源自骆越（生活在广东西部、广西南部、云南东部和越南北部地区）；第三种由西瓯、骆越两支越人共同发展而来。

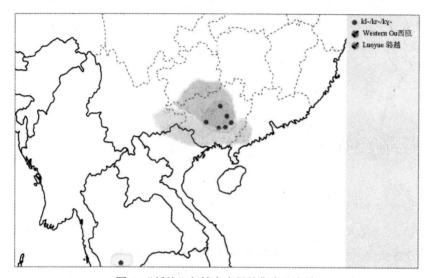

图5 "稻秧"复辅音声母的集中分布地

根据图5，"稻秧"复辅音声母的集中分布地看，似乎应支持土著说中"源自百越西瓯支"的观点。

值得注意的是，远离广西中部的泰语也读kl-。对于泰民族的起源，各国学者亦持种种不同观点，根据范宏贵（2007：190—195）书中所列：（1）起源于中国的云南、广西、贵州等省；（2）迁徙自中国四川北部和陕西；（3）源于阿尔泰山；（4）源自唐代南诏、宋代的大理政权；（5）源自中国长江流域；（6）来自马来半岛；（7）土著民族说；（8）源自中南半岛和云南南部。根据泰语"稻秧"的复辅音声母与广西中部的壮语遥相对应，能否推测泰族最早主要起源于广西呢？

明代的《百夷译语》（乙种本，15世纪初；丙种本，16世纪末）记录了云南傣族语言。根据日本学者泉井久之助（1949：201—202）、西田龙雄（1960：14—17）的研究，早在15世纪初，云南傣语辅音系统里已经没有复辅音kl-了，相关历史音变规律列表如下（西田龙雄，1960：14—17）（见表1）：

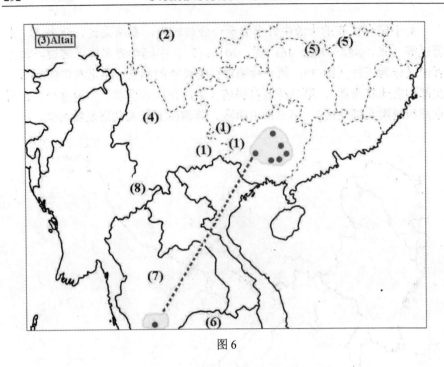

图 6

**表 1**　　　　　　　　　　云南傣语辅音系统相关历史音变规律

| 早期共同台语 | 15 世纪百夷（傣）语 | 现代傣语方言 |
| --- | --- | --- |
| *kl- | k- | k- |
| *khr- | k' | x- 或 k' |

　　由于语言的历史发展不平衡，600 年前傣语已经从复辅音*kl-变成单辅音 k-了，而至今泰语、壮语仍保留着 kl-。范宏贵（2007：198—201）论证：侗台语言中，数词 1-10 读音壮、泰语完全相同，壮语、泰语同为十进位；不少古泰语词可以在南部壮语里找到。这些证据都可以支持泰族最早源自广西的推测。

　　（二）侗台语 "秧苗" 一词的主流音变序列

　　以 "稻秧" 的原始读音*kla$^3$（李，1977：221，275）为出发点，从现代侗台语的共时差异可以看到 "稻秧" 的主流音变序列：kla$^3$ > kra$^3$/ kɣa$^3$>kja$^3$/ ka$^3$>ca$^3$>ɬa$^3$/ tɕa$^3$>tsa$^3$。

　　如图 7 所示，现代侗台语 "稻秧" 绝大多数已变为单辅音声母，其中 k-声母最多，分布最广；就整个语族看，侗水语支比台语支演变快些，复辅音声母保留于壮语中。

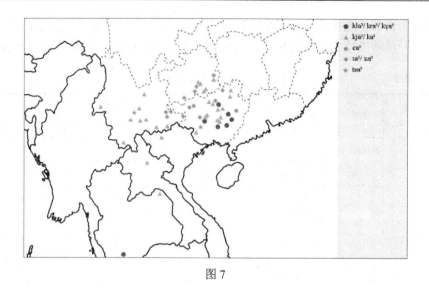

图 7

侗台语"稻秧"的主流音变序列"kla³>kra³/kɣa³>kja³/ka³>ca³>ta³/tɕa³>tsa³"可以认为是内部的自然音变,因为汉藏语言里普遍存在这样的历史音变序列。

（三）水语"稻秧"的特殊读音

与主流音变不同,水语"稻秧"一词存在ʔdja³、ⁿdja³、lja³的特殊读音（见图8）。

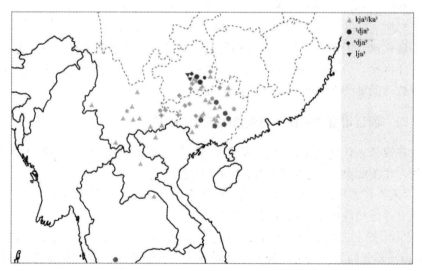

图 8　水语"稻秧"一词的特殊读音

李方桂（1951：245）曾指出,水语内部"秧、硬、盐"等词的声母 k-:ʔd-:d-

对应的特殊情况也许就是原来复辅音声母*kl-的痕迹。曾晓渝（2013）对水语的一些特殊读音也有过论述，与其他侗台语言相比较，对应情况如表 2：

表 2　　　　　　　　　　水语的一些特殊读音与其他侗台语言

| 原始侗台语 | 例词 | 水语声母 | | | 其他侗台语言的声母 | | | |
|---|---|---|---|---|---|---|---|---|
| | | 三洞土语 | 阳安土语 | 潘洞土语 | 泰语 | 邕南壮语 | 版纳傣语 | 榕江侗语 |
| *kl- | 稻秧 | ʔd-; k- | l- | ⁿd- | kl- | kl- | k- | k- |
| | 鱼鳞 | ʔd-; k- | l- | ⁿd- | kl- | kl- | k- | k- |
| | 盐 | ʔd-; k- | (p-) | ⁿd- | kl- | kl- | k- | k- |
| | 亮 | ʔd-; k- | l- | ⁿd- | r- | hl- | l- | k- |
| | 远 | ʔd-; q- | l- | ⁿd- | kl- | kl- | k- | k- |
| *ʔd- | 得；能 | ʔd- | l- | ⁿd- | d- | n- | d- | l- |
| | 好 | ʔd- | l- | ⁿd- | d- | n- | d- | l- |
| | 树林 | ʔd- | l- | ⁿd- | — | d- | d- | l- |
| | 簸箕 | ʔd- | l- | ⁿd- | d- | n- | d- | l- |
| | 熄灭 | ʔd- | l- | ⁿd- | d- | n- | d- | ŋ- |

由此可见，原始侗台语的*kl-在水语里有两种演变途径：

$$*kl- \longrightarrow k- \text{（同其他侗台语言）}$$
$$*ʔd- \longrightarrow ʔd- \longrightarrow ⁿd- \longrightarrow l-$$

现代水语的声母系统是侗台语里最复杂的，其浊塞音声母有 ʔb-、ʔd-、ᵐb-、ⁿd-四个，一般认为它们都是存古形式。不过，应该注意到，现代水语里少数词的 ʔd-声母是源自*kl-而不是*ʔd-。

### 四　侗台语言"稻秧"与汉语"稼"的对应

在汉语古代文献里，"稼"常常通"禾"。例如，《诗经·甫田》："曾孙之稼，如茨如梁。"汉代郑玄笺："稼，禾也。"

"禾"在古代常特指水稻之苗，唐代李坤《悯农》："锄禾日当午，汗滴禾下土。谁知盘中餐，粒粒皆辛苦。"

"稼"的上古汉语拟音*kragh（李方桂，1976：2），*kra （潘悟云，1987），*kraas（郑张尚芳，2003：365）。排除各家拟音中 d 声调及阴声韵的标记，"稼"的上古音主要特点是*kra。由于"稼"的上古汉语音义与原始侗台语的"稻秧"十分接近，所以，学者们将泰语的"稻秧"与古汉语的"稼"

存在对应关系。举例如表 3：

**表 3** 泰语的"稻秧"与古汉语的"稼"对应关系

| 泰　　语 | 汉　　语 | 备　　注 |
|---|---|---|
| "稻秧" klaa<\*kl-C1 | "稼" tɕia< \*kragh | 李方桂（1976：2） |
| "稻秧" kla<\*kl- | "稼" \*krag | 邢公畹（1999：321） |
| "秧" kla | "稼" \*kra | 潘悟云（1987：23） |

综上，汉语"禾（稻秧）"与"稼"自古关系密切，而侗台语"稻秧"的语音与汉语"稼"十分接近，因此，也许它们之间存在亲缘关系。

## 五　结语

1. 根据原始侗台语"稻秧" \*kla，"稻秧"复辅音声母 kl-/kr-集中分布的广西中部地区很可能是侗台族群土著的发源地，泰族最早可能亦源自该区域。

2. 根据侗台语"稻秧"一次的共时差异，可以看到的主流音变序列：$kla^3 > kra^3/ kɣa^3 > kja^3/ ka^3 > ca^3 > ta^3/ tɕa^3 > tsa^3$。

3. 侗台语"稻秧"的原始声母\*kl-在水语部分土语里特殊变异为$^2$d-。

4. 侗台语"稻秧"与汉语"稼"音义对应，也许二者有亲缘关系。

### 参考文献

曹志耘：《汉语方言地图集》（词汇卷），商务印书馆 2008 年版。

邓晓华：《从语言推论壮侗语族与南岛语系的史前文化关系》，《语言研究》1992 年第 1 期。

范宏贵：《同根生的民族——壮泰各民族渊源与文化》，民族出版社2007 年版。

黄树先：《说"稻"》，《语言研究》1994 年增刊，第 1—4 页。

Languages and Cultures of the Kam-Tai Group: A word List, Sponsored by Mahidol University of Thailand, Print by Sahadhammika Co, Ltd., 1996.

Li、Fang-Kuei、李方桂：《三种水家话的初步比较》（薄文泽译，丁邦新校），载《李方桂全集·侗台语论文集》，清华大学出版社 2011 版，第 241—247 页。

——1976《汉语和台语》（王均译），《民族语文研究情报资料集》（4），中国社科院民族研究所语言室编印，1984 年第 1—9 页。

——*A Handbook of Comparative Tai*. Hawaii: The University Press of

Hawaii, 1977.

　　——《上古音研究》，商务印书馆 1982 年版。

　　梁敏、张均如：《侗台语族概论》，中国社会科学出版社 1996 年版。

　　罗美珍：《东南亚相关民族的历史渊源和语言文字关系研究》，中国社会科学出版社 2013 年版。

　　潘悟云：《从稻米的名称看稻米的发源地》，载石锋、彭刚主编《大江东去——王世元教授八十岁贺寿文集》，香港城市大学出版社 2013 年版。

　　泉井久之助：《東洋文庫本華夷訳語百夷館雑字並に来文の解読，その釈字・釈語・釈文と言語比較的の研究》，《比較言語学研究》，1949：191-304，大阪：創元社。

　　西田龙雄：《十六世紀におけるパイ・イ語－漢語・漢語－パイ・イ語単語集の研究》，《東洋学報》，43/3，1960：1—48。

　　小坂隆一、周国炎、李锦芳：《仡央语言词汇集》，贵州民族出版社 1998 年版。

　　邢公畹：《三江侗语》，南开大学出版社 1985 年版。

　　邢公畹：《红河上游傣雅语》，语文出版社 1989 年版。

　　邢公畹：《汉台语比较手册》，商务印书馆 1999 年版。

　　游汝杰：《从语言地理学和历史语言学试论亚洲栽培稻的起源和传布》，《中央民族学院学报》1980 年第 3 期。

　　远藤光晓：《東南アジアにおける稲》，《中國の方言と地域文化》（3），京都；载远藤光晓著《汉语方言论稿》，日本东京：好文出版，2001，1995 年，第 235—245 页。

　　曾晓渝：《水语浊塞音声母的内部差异及演变》，《民族语文》2013 年第 2 期。

　　张均如、梁敏等：《壮语方言研究》，四川民族出版社 1999 年。

　　郑张尚芳：《上古音系》，上海教育出版社 2003 年版。

　　Zhongguo Shehui Kexueyuan、中国社会科学院语言所等：《中国语言地图集》（第 2 版·汉语方言卷），商务印书馆 2012 年版。

　　中央民族学院编：《壮侗语族语言词汇集》，中央民族学院出版社 1985 年版。

　　周耀文、罗美珍：《傣语方言研究》，民族出版社 2001 年版。

　　周振鹤、游汝杰：《方言与中国文化》，上海人民出版社 1986 年版。

　　　　　　　　（通信地址：300071　天津　南开大学文学院）

# 贵州普定仡佬语语音系统及其变异

阳柳艳　李锦芳　曾宝芬

　　贵州省安顺市普定县曾经是仡佬语稿（黔中）方言重要的分布地区，20 世纪 80 年代以来这一带的仡佬族逐步放弃母语，转用当地汉语，目前仅有个别村寨少数老年人还掌握母语，但语言能力已经不强，也基本上不了解口传文化，故事传说、歌谣已经不熟悉。白岩镇双坑村委会新寨自然村有 75 户仡佬族居民，共 310 人，有王、付、杨、封、穆 5 姓氏。新寨仡佬语属于仡佬语稿方言，自称 qau$^{13}$，目前只有 5 人（均 65 岁以上）能熟练使用母语，但平时已基本不使用，40—60 岁年龄段的中、老年人中，仅有十几人能听懂一些简单的词语，儿童、少年、青年已全部转用汉语。本文语料来自我们 2014 年 8 月的调查（参与调查的还有王吉增、吴深策），主要发音合作人为王国权先生（1949 年出生，中专文化）。

　　仡佬语是极度濒危的语言，其历史悠久，方言土语众多，差异大，每个语言点的调查记录、语料收集整理都显得很珍贵，对语言文化保存具有不可替代性价值。稿方言内部各土语的特点及相互关系目前尚不明了，希望本文的语料及归纳分析有助于稿方言内部的比较，进而更全面地揭示仡佬语的面貌和特性。

## 一　语音系统及例词

### （一）声母及例字

记录到声母 36 个（包括零声母）。

| p | pai$^{33}$ | 火 | paŋ$^{55}$ | 梦 | pei$^{55}$ | 年 |
|---|---|---|---|---|---|---|
| ph | phau$^{33}$ | 飞 | phu$^{33}$ | 返 | phei$^{55}$ | 块（一块布） |
| mp | mpei$^{42}$ | 霜 | mpai$^{13}$ | 要 | mpau$^{13}$ | 稻谷 |
| m | muŋ$^{24}$ | 云 | mi$^{31}$ | 果子 | mo$^{31}$ | 闻（嗅） |
| f | fu$^{55}$ | 闹 | fə$^{33}$ | 匆忙 | fuŋ$^{33}$ | 封 |
| v | vaŋ$^{42}$ | 打 | vau$^{31}$ | 官 | vu$^{33}$ | 他 |
| w | wa$^{35}$ | 凹 | wai$^{33}$ | 歪 | wo$^{42}$ | 犁 |

| t | ta³¹ | 骨头 | tau⁴² | 做 | tuŋ³⁵ | 坟墓 |
|---|---|---|---|---|---|---|
| th | tha³⁵ | 地方 | thei⁵⁵ | 撮 | thu³³ | 时候 |
| nt | nti³³ | 小 | ntei⁴² | 河 | ntiau¹³ | 马 |
| n | naŋ⁴² | 六 | nai⁴² | 名字 | naŋ³³ | 咸 |
| ȵ | qa³⁵ȵaŋ³⁵ | 鼻涕 | pu³¹ȵe³³ | 红稗 | mi³¹ȵo³⁵ŋu⁴² | 毛栗 |
| l | la³⁵ | 背篓 | la¹³ | 老鼠 | la³³ | 东西 |
| ʔl | ʔlai⁵⁵ | 猴子 | ʔla³¹ | 深 | ʔlai⁴² | 圈（一圈绳子） |
| ts | tsa³⁵ | 生（生小孩） | tsau⁴² | 山 | tse³³ | 饱 |
| tsh | tshai¹³ | 教 | tshu⁵⁵ | 胃 | tshɿ⁵⁵ | 变 |
| s | sai³⁵ | 肠子 | sau⁵⁵ | 肠子 | se³³ | 一 |
| z | za³³ | 竹子 | ze³¹ | 病 | zu³³ | 白 |
| tɕ | tɕau³⁵ | 老 | tɕe³³ | 捏 | tɕo⁵⁵ | 媒人 |
| tɕh | tɕhi³⁵ | 盛（盛饭） | tɕhi⁵⁵ | 粪便 | tɕho⁵⁵ | 斟 |
| ɕ | ɕa³³ | 洒 | ɕau⁴² | 赶 | ɕi⁴² | 月 |
| ʑ | ʑa⁴² | 错 | ʑi³¹ | 线 | ʑe¹³ | 行（一行玉米） |
| j | ja³¹ | 问 | jau¹³ | 切 | jəu¹³ | 下 |
| k | kaŋ⁵⁵ | 烟 | ka⁵⁵ | 吃 | kei³⁵ | 叫 |
| kh | khəu³³ | 柜子 | khui³³ | 孵 | khe⁵⁵ | 块（一块石头） |
| x | xui⁵⁵ | 空 | xui³⁵ | 送 | xun³³ | 昏（头昏） |
| ŋ | ŋaŋ⁵⁵ | 淹 | ŋai⁴² | 挨 | ŋəŋ⁴² | 敢 |
| ŋk | ŋkau³³ | 成熟 | ŋkaŋ³⁵ | 香 | ŋkau³⁵ | 花 |
| q | qaŋ⁵⁵ | 浓 | qau¹³ | 剩 | qəŋ³³ | 个（一个人） |
| qh | qhau⁵⁵ | 蒜 | qhei⁵⁵ | 喉咙 | qhəŋ⁵⁵ | 重 |
| χ | χa³³ | 吹 | χa⁵⁵ | 开（花） | χei³⁵ | 干涸 |
| ʔ | ʔei⁵⁵ | 秧 | ʔəŋ³⁵ | 裙子 | la⁴²ʔaŋ³⁵ | 袜子 |
| pj | pjau³³ | 剖 | pjuŋ³⁵ | 焦 | pja³³ | 垂 |
| phj | phjuŋ³⁵ | 撞、垮 | | | | |
| vj | vjau⁴² | 八 | vje⁴² | 高 | vja⁴² | 放 |
| | øi³³ | 我 | a³³ | 好 | o³⁵ | 收到 |

（二）韵母及例字

记录到韵母 34 个。

| a | sa³³ | 茅草 | ja¹³ | 祖母 | kha³³ | 到 |
|---|---|---|---|---|---|---|
| ɑ | tɑ⁵⁵ | 三 | lɑ³¹ | 地（旱地） | ntɑ⁵⁵ | 抓 |
| o | lo³¹ | 两 | ko³³ | 腿 | mo⁴² | 你 |
| e | ze¹³ | 磨 | nte¹³ | 添 | pe³¹ | 扛 |

| | | | | | | | |
|---|---|---|---|---|---|---|---|
| ɚ | mpɚ³³ | 轧 | fɚ³³ | 钱 | kɚ⁵⁵ | 捧 | |
| i(ɿ) | ti³³ | 晒 | nti¹³ | 黄 | mi³¹ | 礼物 | |
| tsɿ³¹ | 宽 | sɿ⁴² | 一 | sɿ³³ | 补丁 | | |
| u | fu⁵⁵ | 响 | ku³³ | 脱 | lu¹³ | 亮 | |
| ia | ntia³¹ | 虫 | ntia³¹ | 踩 | mpia³¹ | 把（一把筷子） | |
| ua | kua⁵⁵ | 草 | | | | | |
| ai | sai⁵⁵ | 瘦 | ntai⁴² | 牛 | kai⁵⁵ | 炒 | |
| au | tsau⁴² | 山 | qhau⁵⁵ | 事情 | jau⁴² | 藤（蔓） | |
| uai | kuai⁵⁵ | 流 | kuai³⁵ | 年轻 | | | |
| iau | ntiau¹³ | 马 | ntiau³⁵ | 松（土很松） | mpiau³¹mpiau³¹ | 慢慢 | |
| an | tan³³ | 单 | than³¹ | 弹 | çan³³ | 先 | |
| ian | phian⁵⁵ | 偏 | ntian³¹ | 黏 | tian³³tau⁴² | 颠倒 | |
| uan | luan³³ | 乱 | | | | | |
| aŋ | vaŋ⁴² | 打 | maŋ³⁵ | 扔 | naŋ³³ | 辣 | |
| iaŋ | ntiaŋ¹³ | 摇 | ntiaŋ⁴² | 潮湿 | mpiaŋ⁴² | 泡（一泡尿） | |
| uaŋ | kuaŋ³⁵ | 腰 | kuaŋ³³ | 矮 | kuaŋ⁵⁵ | 醉 | |
| yan | tɕyan³³ | 劝 | | | | | |
| ie | pie³³ | 包 | mpie³¹ | 毛 | ntie¹³ | 片（一片稻田） | |
| ue | kue³³ | 闭 | khue³³ | 蹲 | kue³³ | 指甲 | |
| ei | pei⁵⁵ | 年 | χei⁵⁵ | 气 | lei⁵⁵ | 胆 | |
| əu | səu⁵⁵ | 布 | ləu³⁵ | 吓 | khəu³¹ | 完（做完了） | |
| ən | qən³³ | 断 | lən⁴² | 滚 | tsən⁴² | 早 | |
| əŋ | ŋkəŋ⁴² | 有 | ləŋ¹³ | 偷 | kəŋ⁵⁵ | 路 | |
| ye | tɕhye³³ | 缺 | ye⁴² | 高粱 | | | |
| ui | χui⁴² | 卖 | kui³³ | 懒 | xui⁵⁵ | 空 | |
| in | jin⁵⁵ | 阴 | çin³³ | 立刻 | çin⁵⁵ | 熏 | |
| iŋ | tɕhiŋ³⁵ | 结（网） | jiŋ⁴² | 力气 | tɕiŋ³⁵ | 铁 | |
| iu | ntiu⁴² | 盐 | jiu³¹ | 收缩 | jiu³⁵ | 又 | |
| io | ntio⁴² | 饭甑 | ntio¹³ | 刺 | ntio⁵⁵ | 夹 | |
| un | xun³³ | 晕 | khun⁴² | 都 | tsun³⁵ | 准许 | |
| uŋ | zuŋ³¹ | 碎 | kuŋ³⁵ | 背 | luŋ⁴² | 蔬菜 | |

（三）声调及例字

声调有 6 个。

| 高平调 55 | to⁵⁵ | 灰（色） | tu⁵⁵ | 逗 | vu⁵⁵ | 石头 |
|---|---|---|---|---|---|---|
| 高降调 42 | to⁴² | 月 | tu⁴² | 露（出来） | ʔlei⁴² | 找 |

| 中平调 33 | to³³ | 落 | tu³³ | 煤 | vu³³ | 他 |
| 中升调 35 | to³⁵ | 热 | tu³⁵ | 瞎子 | vu³⁵ | 水 |
| 低升调 13 | to¹³ | 踩 | tu¹³ | （一）里 | vu¹³ | 去 |
| 低降调 31 | to³¹ | 四季豆 | tu³¹ | 出 | ʔlei³¹ | 解（开） |

## 二　语音系统的特点

### （一）声母特点

1. 所得语料记录到 36 个声母，其中包括零声母，有清塞音 p、ph、t、th、k、kh、q、qh 8 个；清塞擦音 ts、tsh、tɕ、tɕh 4 个，鼻音 m、n、ŋ、ɳ 4 个，边音 1 个和前喉塞边音 ʔl，清擦音 f、s、ɕ、x、χ 5 个，浊擦音 v、z、ʑ 3 个，鼻冠音 mp、nt、ŋk 3 个，半元音声母 w、j 2 个，腭化音 pj、phj、vj 3 个，喉音 ʔ 1 个；

2. 有腭化音声母 pj、phj、vj 3 个。声母 pj 记录到 pjuŋ³⁵ "焦"，mi³¹pjaŋ⁵⁵ "桃子"，pja³³ "垂；伸；血"，pjau³³ "破、剖、劈" 等例词。声母 phj 仅记录到 phjuŋ³⁵ "垮、撞" 一例。声母 vj 记录到 ma¹³vja⁴²tu¹³ "扁担"，vja⁴² "放"，qa⁵⁵vja³¹ "酸、膻"，vje⁴² "高"，vjau⁴² "八" 等例词；部分词声母为 vj 的，有一老人有时念 vl，有时念 vj，多数老人念 vj，中年人一般念 v，例如 "八" 读成 vlau⁴²/vjau⁴²/vau⁴²；声母 pj 有一老人有时念 pl，有时念 pj，多数老人念 pj，中年人念带介音的 p；声母 phj 仅记录到 phjuŋ³⁵ "垮、撞" 一例，发音合作人有时念成 phluŋ³⁵。因复辅音声母 pl、phl、vl 与腭化音声母 pj、phj、vj 没有区分音位的作用，且发音时不稳定，因此没有把复辅音声母归入声母系统中。该语言点复辅音声母发展已走进尾声。

3. 有鼻冠音声母 mp、nt、ŋk 3 个。声母为 mp、nt 的部分词中，年纪较大的人一般念 mp、nt，中年人多念成发音部位、发音方法相同或相似的 m、p、n、t。

4. 有清浊擦音声母 f、s、ɕ 和 v、z、ʑ 的对立。

5. 一般而言，以元音为首的零声母音节发音时常常带有喉塞音 ʔ，多数情况下只在声母系统中说明而不将其归入声母系统，但在新寨仡佬语中，有明显的带喉塞音 ʔ 声母的音节，并与零声母音节形成音位对立，如 ʔei⁵⁵ "秧" —ei⁵⁵ "爬"、ʔəŋ³⁵ "裙子" —əŋ⁵⁵ "妹妹" 等。

6. 鼻音 n 与边音 l 常常混读不分，如 ka²⁴lɑ⁴²—ka²⁴nɑ⁴² "地"，这可能受当地汉语方言 n 与 l 不分影响所致。

7. 有小舌音 q、qh、χ 3 个，小舌音 q、qh 与舌根音 k、kh 常常混读不分。

8. 一些声母受低降调或低升调制约，带有浊音色彩，如 pe³¹（鸭子）、

ntia³¹（虫）、ntio¹³（刺）、mpi¹³（茶）等实际音值分别为 be³¹、ndia³¹、ndio¹³、mbi¹³。

（二）韵母特点

1. 记录到韵母 34 个，其中单元音韵母 a、ɑ、o、e、i、u、ɚ 7 个，二合元音韵母 ai、au、ua、ia、əu、ue、ei、ie、ui、iu、io、ye 12 个，三合元音韵母 uai、iau 2 个，带鼻韵尾韵母 uan、uaŋ、ian、iaŋ、an、aŋ、ən、əŋ、un、uŋ、in、iŋ 、yan 13 个。

2. 有介音 i、u、y 3 个。

3. 有儿化音（卷舌音）韵母 ɚ，仅与唇音 p、ph、m、mp、f，舌根音 k，小舌音 χ 相拼读，且例词有限，如 lu³⁵pɚ³⁵“胸脯”、pɚ³³“打”、phɚ⁴²“拍”、mɚ⁴²“鬼、妖怪”、ja¹³mɚ⁴²“曾祖母”、mpɚ³³“压、榨、轧；扑”、fɚ³³“匆忙；分；钱”、kɚ⁵⁵“捧”、χɚ³⁵“袋子”等。

4. ɿ 为 i 的音位变体，与舌尖擦音 s、z 和塞擦音 ts、tsh 相拼读时为 ɿ。

5. 韵母 i 与唇音 p、mp、m 相拼时，韵母出现擦化现象。

6. 韵母 au、ie、ei、əu 有时出现弱化现象，实际读音为[aᵘ]、[iᵉ]、[eⁱ]、[əᵘ]。

7. 韵母 io 的实际读音为舌位更低的[iɔ]。

8. 韵母 ua 例词有限，仅记录到 kua⁵⁵“草”一例。ue 只与舌根音 k、kh 相拼读，且例词比较有限，如 kue³³“指甲”、kue³³“闭；拤”、kue⁵⁵“瓣儿”、khue³³“蜷缩”、khue⁵⁵“铧口”等。

9. 韵母 an、ian、uan、un 等只出现在汉语借词中，有的数量有限， 如 uan 仅见于“乱”一例；ian 仅见于 tian³³“颠（倒）”、ntian³¹“黏”、phian⁵⁵“偏”三例；un 仅见于 xun³³“昏”、tsun³⁵“准”两例。

10. ye 仅记录到 ye⁴²“高粱”、tɕhye³³“缺”两例，yan 仅记录到 tɕyan³³“劝”一例。

11. 在实际交流中，韵母 a、o、ɑ 有时混读不分，如“我们”一词，有的念成 ta³¹ta⁵⁵，有的念 to³¹to⁵⁵，有的念 tɑ³¹tɑ⁵⁵。

12. 前鼻音后鼻音常常混读不分，如 nən⁵⁵—nəŋ⁵⁵“个”等。

（三）声调特点

1. 6 个声调，包括高平调 55、高降调 42、中平调 33、中升调 35、低升调 13、低降调 31。

2. 低降调 31 有时念成调值更低的 21。

3. 有连读变调现象，有“顺同化”如 luŋ⁴² nti¹³ ŋkau³⁵→luŋ⁴² nti¹³ ŋkau¹³“黄花菜”、e³⁵saŋ⁵⁵mpu⁵⁵→e³⁵saŋ³⁵ mpu⁵⁵“这条狗”等；有“逆同化”如 kui³³ so⁵⁵ɕi³³→kui⁵⁵ so⁵⁵ɕi³³“日晕”、pai³³ kaŋ⁵⁵ tɑ³³→pai⁵⁵ kaŋ⁵⁵ tɑ³³“煤烟

子"等；还有其他变调现象，如 $\underline{tsei^{55}sa^{33}}$ $pai^{33}$→$\underline{tsei^{55}sa^{33}}$ $pai^{55}$ "火药"等。变调规律有待于进一步分析。

4. 低降调和低升调常常制约声母，使之带有浊音色彩，与鼻冠音 nt、mp 和塞擦音 ts 等声母相配时尤为明显，如 $ntia^{31}$（虫）、$ntiau^{13}$（马）、$mpaŋ^{13}$（攒）、$ma^{13}tsu^{13}$（筷子）实际音值分别为 $ndia^{31}$、$ndiau^{13}$、$mbaŋ^{13}$、$ma^{13}dzu^{13}$。

此外，新寨仡佬语合音现象比较明显，在以"得"$paŋ^{55}$ 为补语标记的句子中，常常出现 $tiau^{13}$ 作为补语，形式为"动词+$paŋ^{55}$ $tiau^{13}$"表示"得起、得动"等意义，$tiau^{13}$ 实际为 $ti^{31}$ $au^{13}$ 的合音，$ti^{31}$ 表示"起、动、得"，$au^{13}$ 为否定副词"不"。例如：

| | |
|---|---|
| $ʔe^{55}$ $paŋ^{55}$ $ti^{31}$ $au^{13}$　　读成 | $ʔe^{55}$ $paŋ^{55}$ $tiau^{13}$　　抱不动 |
| 抱　得　动　不 | 抱　得　不动（不得） |
| $se^{42}$ $paŋ^{55}$ $ti^{31}$ $au^{13}$　　读成 | $se^{42}$ $paŋ^{55}$ $tiau^{13}$　　提不起 |
| 提　得　起、不 | 提　得　不起（不得） |

### 三　语音系统的发展变异

20 世纪 80 年代末，张济民先生曾对新寨仡佬语进行了调查记录与描写研究，时隔 20 多年后，我们于 2014 年再次对新寨仡佬语进行调查记录，发现新寨仡佬语在语音系统及语言使用等方面发生了比较明显的变化，具体表现如下。

（一）语音方面

张济民先生在《普定仡佬语调查》（1990）一文中比较详细地介绍了新寨仡佬语的语音系统，[①]我们记录到的语音系统与张先生记录到的有些差异，这些差异能体现同一个语言点在不同时期的演变及发展状况，有利于我们分析仡佬语语音演变的路径以及发展的方向。

1. 声母方面的差异

张济民先生记录到了比较丰富的复辅音声母 pl、phl、ml、kl、vr、xr，我们记录时复辅音声母已经发生演变，仅存在少数复辅音声母，且极不稳定，多读为腭化音，有的读为单辅音声母，仅有个别老人偶尔读为复辅音，其中 xr 声母我们记录时表现为小舌清擦音 χ。例如：

---

① 《普定仡佬语调查》一文载于由贵州省民族研究所、贵州省民族研究学会编的《贵州民族调查（之八）》，贵州省民族印刷厂，1990 年编印，后全文收录于贵州省民族事务委员会、贵州省民族研究所编的《贵州"六山六水"民族调查资料选编·语言卷》，贵州民族出版社 2008 年版。

|  | 张济民（1990） | 阳柳艳等（2014） |
|---|---|---|
| 桃子 | plaŋ⁵⁵ | -pjaŋ⁵⁵ |
| 湿 | pla¹³ | pja¹³/pia¹³ |
| 血 | pla³³ | pja³³ |
| 板 | plau⁵⁵ | pjau³³ |
| 瓢 | phlau⁵³ | phiau⁴² |
| 霜 | mlei⁵³ | mpei⁴² |
| 泡（尿） | mlaŋ⁵³ | mpiaŋ⁴² |
| 孙子 | klo⁵⁵ | -ko⁵⁵ |
| 岩头 | klau³³ | -kau³³ |
| 放 | vra⁵³ | vja⁴² |
| 汗 | xro⁵⁵ | χei⁵⁵ |
| 红 | xro⁵⁵ | χɑ⁵⁵ |
| 干 | xrei¹³ | χei³⁵ |

从不同时期对新寨仡佬语的记录来看，新寨仡佬语原来有比较丰富的复辅音声母，复辅音逐渐向单辅音方向演变，其演变途径有：pl＞pj、p；phl＞ph；ml＞m＞mp（稿方言多数语言点的鼻音声母发生塞化）；kl＞k；vr＞vj；xr＞χ 等。

张先生还记录到了比较丰富的鼻冠音声母 mp、nt、ɴq、n̠tɕ，我们仅记录到了 mp、nt 两个。例如：

|  | 张济民（1990） | 阳柳艳等（2014） |
|---|---|---|
| 大 | ɴqau¹³ | tso⁵⁵ |
| 杉树 | ɴqə¹³ | ŋau¹³ |
| 盐 | n̠tɕɯ⁵³ | ntiu⁴² |
| 刺 | n̠tɕo¹³ | ntio¹³ |
| 叶子 | n̠tɕi⁵⁵ | nti⁵⁵ |
| 踏 | n̠tɕa³¹ | ntia³¹ |

我们记录到了半元音声母 j、w，张先生记录的声母系统中没有。

2. 韵母方面的差异

张济民先生记录到了 18 个韵母，我们记录到了 34 个韵母，在数量上比张先生的韵母系统多了近一半，我们记录到了 ɑ、ia、iau、an、ian、uan、 iaŋ、uaŋ、yan、ue、əu、ye、in、iŋ、iu、io。这部分韵母多数系随着汉语借词的借入而增加的韵母，且大部分带有介音。

张济民先生记录到了后高展唇元音 ɯ 以及其与其他韵母组成的复合元音韵母 aɯ，我们没有记录到 ɯ、aɯ，我们记录时这部分例词的韵母没有明显的展唇色彩，原来记为 aɯ 的，我们记录时表现为 au，原来记录为 ɯ 的，我们记录时多表现为 əu，少数为 uŋ。例如：

|  | 张济民（1990） | 阳柳艳等（2014） |
|---|---|---|
| 饭 | mpaɯ$^{13}$ | mpau$^{13}$ |
| 笑 | saɯ$^{55}$ | sau$^{55}$ |
| 弯曲 | qaɯ$^{13}$ | qhau$^{13}$ |
| 熟 | ŋkau$^{33}$ | ŋkau$^{33}$ |
| 碓 | tsɯ$^{53}$ | -tsau$^{42}$ |
| 猫 | tshɯ$^{55}$ | tshəu$^{55}$ |
| 茄子 | kɯ$^{35}$tsɯ$^{33}$ | kəu$^{35}$tsəu$^{33}$ |
| 锯子 | -kɯ$^{55}$ | -kəu$^{55}$ |
| 杀 | vɯ$^{53}$ | vuŋ$^{42}$ |

3. 声调方面的差异

张济民先生的声调系统中有 5 个声调，我们记录到了 6 个声调，比张先生的多了中升调 35，具体声调比较如下：

|  | 张济民（1990） | 阳柳艳等（2014） |
|---|---|---|
| 高平调 | 55 | 55 |
| 高降调 | 53 |  |
| 次高降调 |  | 42 |
| 中平调 | 33 | 33 |
| 低升调 | 13 | 13 |
| 中升调 |  | 35 |
| 低降调 | 31 | 31 |

我们记录的声调与张济民先生记录的基本对应，我们记录的高平调 55 对应张先生的高平调 55，次高降调 42 对应高降调 53，中平调 33 对应中平调 33，低降调 31 对应低降调 31，中升调 35、低升调 13 对应低升调 13。

我们初步判断张先生可能是遗漏了一个调没有归纳。

（二）语言使用方面

20 世纪 80 年代末，张济民先生调查时（仡佬族 49 户，供 222 人）还有不少人能流利地使用仡佬语进行交流，具体语言使用如下：①

| 性别、年龄 | 语种 | 仡佬语 | | | 汉语 | 其他语 |
|---|---|---|---|---|---|---|
| | | 全会说 | 半会说 | 只会听 | | |
| 16 岁以上 | 男 | 18% | 21% | 19% | 100% | 苗语 1 人 |
| | 女 | 18% | 17% | 8% | 100% | 布依语 2 人 |
| 16 岁以下 | 男 | — | 个别 | 个别 | 100% | — |
| | 女 | — | 个别 | 个别 | 100% | — |

从上表中可以看出，20 世纪 80 年代末新寨 16 岁以下的青少年已基本不使用仡佬语，全部转用汉语，16 岁以上的全会说或半会说仡佬语的人数均达到30%以上，也就是说 80 年代末有一半以上的人还能使用仡佬语进行交流。

2014 年，我们调查记录时（共 75 户，310 人）仅有 5 位老人（4 男 1 女）还比较熟练地掌握母语，但在平时的交际过中已基本使用汉语，相互间偶尔使用母语；40—60 岁年龄段的中、老年人中仅有十几人能听懂一些简单的词语，已经完全不能使用母语进行交流。总体而言，普定新寨除极少数老年人能掌握母语外，多数老年人，全部中年、青年、少年、儿童已全部转用汉语，估计新寨仡佬语再过一二十年就要基本退出历史舞台了。

普定仡佬语的兴衰是仡佬族语言文化发展的一个缩影。仡佬族先祖曾经雄踞西南，秦汉时建立了声震四方的夜郎国，后来其他族群不断涌入贵州高原，夜郎及其后裔不断式微。分化越久的语言差别越大，仡佬语内部方言多、差别大，这其实映射了仡佬族悠久的历史。仡佬族支系间不能通话，只能用汉语交流，这是仡佬语使用人口越来越少的一个重要原因。居住分散、迁徙频繁，需要学习其他民族的语言，这又是仡佬族丧失母语的一个原因。新中国成立以来，民族交往频繁，社会经济发展迅速，近年来又受到工业化、信息化社会的冲击，仡佬族语言进入加快消失的通道。20世纪末，黔桂滇以及越南北部有 1 万多人还使用仡佬语，现在应已不足 1 万。虽然学术界已经记录了不少仡佬语资料，但部分语言点尚未进行全面

---

① 引自贵州省民族事务委员会、贵州省民族研究所编《贵州"六山六水"民族调查资料选编·语言卷》，贵州民族出版社 2008 年版，第 224 页。

深入调查，大部分语言点仍未能进行声像记录，还有不少珍贵的仡佬族口传文化没能得到记录。如何在各地仡佬语消失前尽快全面深入地利用现代数字技术手段调查记录仡佬语及相关口传文化，这是摆在我们面前的一项重要工作。

**参考文献**

贵州省民族事务委员会、贵州省民族研究所编:《贵州"六山六水"民族调查资料选编·语言卷》，贵州民族出版社 2008 年版。

贺嘉善:《仡佬语简志》，民族出版社 1983 年版。

李锦芳等:《西南地区濒危语言调查研究》，中央民族大学出版社 2006 年版。

李锦芳主编:《仡佬语布央语语法标注话语材料集》，中央民族大学出版社 2011 年版。

张济民:《仡佬语研究》，贵州民族出版社 1993 年版。

（通信地址：阳柳艳　100081　中央民族大学少数民族语言文学系；李锦芳　100081　中央民族大学少数民族语言文学系；曾宝芬　410205　湖南涉外经济学院）

# 广南壮语的话题句*

## 李 洁

【提要】广南壮语是有话题结构的语言。广南壮语无主语、宾语标记，有话题标记 $lo^{33}e^{21}$。广南壮语是话题优先的语言。广南壮语以句中语气词 $lo^{33}e^{21}$ 为话题标记，构成"话题—述评"结构。名词、名物化词组、代词、复指词组，或数量词组、定中词组、动词词组、动宾词组等都能做话题。广南壮语有多个标记话题，这些话题标记号在词类上属句中语气词。

【关键词】广南壮语 话题句

壮侗语族语言与汉语同属于汉藏语系，二者同为 SOV 型语序语言。汉语是话题优先型语言，汉语话题句的研究较为充分。日语和韩语有专门的话题标记和主语标记，标记词置于话题和主语之后。日语中，用 ga 标记主语，用 wa 标记话题。韩语中用 ga 标记主语，用 in 标记话题。在《话题的结构与功能》中，徐烈炯、刘丹青（2007：257）认为，"话题优先主要存在于汉语和藏缅语言中，广义的话题优先语言还可以包括日语、朝鲜语、布农语等主语话题并重型语言"，并指出"亚太地区的其他语言如壮侗语言、阿尔泰语言等是否有话题优先的现象，现在还缺乏了解"。事实上，对藏缅语族语言话题句的研究也仅是涉及藏缅语族部分语言；在壮侗语族语言、苗瑶语族语言是否有话题句、是否有话题标记等问题上也还没有形成较为统一的认识。壮族主要分布在广西、云南文山和广东连山等地。《壮语简志》（韦庆稳、覃国生，1980：55）中指出，壮语有句末语气词一类，未提及壮语是否有句中语气词。我们以云南文山州广南县者兔乡上者报壮语方言为研究对象，对其话题句及相关特征作分析。通过对文山壮语话题句的描写与分析，旨在拓宽和加深我们对汉藏语系壮侗语族语言语法的认识和了解。

* 本文是 2011 国家社科基金项目"汉藏语系语言话题结构的类型学研究"（批准号：11CYY002）的中期成果之一。云南民族大学民族文化学院的韦名应老师、何明忠同学对本文的写作和语料收集提供了诸多帮助，在此深表感谢！

## 一　壮语有话题句

话题句是壮语的一种特殊句式。话题句主要在语气比较舒缓的口语中使用。壮语话题句以"话题+（lo³³e²¹）+述题"为其基本结构形式。壮语的主语无标记，但话题有标记，壮语也是话题优先型语言。壮语用句中语气词 lo³³e²¹ 来分隔话题与述题。

有的话题句没采用词汇标记，话题和述题之间间隔有时长明显的停顿。例如：

ʔdɯ²¹³ paːk²¹, taŋ³³paːk²¹ tsaɯ⁴² fan³³khaːu²¹³. 嘴里（呢）一口都是白牙。

里　嘴　满口　是　白牙齿

ʔdi²¹noːŋ⁵⁵ hai²², ku³³ ru⁵⁵n̥in³³ e²². 妹妹哭（呢）我听见了。

妹妹　哭　我　听见　了

有的话题句则有专门的词汇标记，在用话题成分后的句中语气词 lo³³e²¹ 来标示话题的同时，伴随有时长明显的停顿。标记话题的手段是在话题成分之后加话题助词 lo³³e²¹ 以指示前面的成分是话题，通过加话题助词 lo³³e²¹ 可以使句首成分话题化。话题是话语的起点，预示着后面述题的出现，句中语气词 lo³³e²¹ 的使用在语义上强调和凸显了话题成分。句中语气词 lo³³e²¹ 前面的部分往往并不是句子所要传递的重要信息，而仅仅是说话人所选择的说话的一个起点而已。方梅（1994）认为，"句中语气词的使用实际上是说话人划分句子重要信息跟次要信息心理过程的外部表现，语气词前的内容是说话人认为不那么重要的内容，语气词之后的才是说话人刻意突出的重要信息，是需要听话人特别留意的。"①这一观点能够对话题句产生的动因做出很好的解释。句子要传递的重要信息放在述题部分。例如：

ha²² an²¹³ (lo³³e²¹) laːi²¹³ kva²¹.

五个　呢　多　太

五个（呢）太多了。

句中语气词 lo³³e²¹ 具有暂时性特征，也就是说 lo³³e²¹ 并不是话题句中的必用词。话题句有时用话题标记词 lo³³e²¹，有时不用话题标记词 lo³³e²¹。无论是用标记词还是不用标记词，话题和述题之间往往都伴随有停顿。只不过，用话题标记词时，话题成分更加清晰凸显，语气更加舒缓从容。例如：

ŋo⁵⁵lɔk⁵⁵ (lo³³e²¹) ʔdaːt²¹ thau²¹.

夏天　呢　热　很

夏天（呢）很热。

---

① 见方梅《北京话句中语气词的功能研究》，《中国语文》1994 年第 2 期，第 131 页。

ʔdi³³ (lo³³e²¹) ŋaːi²¹ le³³sɯ²¹³

他 呢 爱 看书

他（呢）爱好学习。

khau²²phjak⁵⁵ (lo³³e²¹) tʂɔ⁴² ti²²nu²¹³ lak⁵⁵ tʂin²¹³ naːu²¹.

粮食 呢 被老鼠 偷 吃 完

粮食（呢）被老鼠偷吃光了。

## 二 壮语中对话题和主语的区分

（一）壮语中，话题和主语是两个不同的概念范畴，分属不同的层面

壮语主语、宾语均无标记。例如：

kai²¹phju²¹³ ŋaːi²¹ loːŋ²¹rən³³ phju²¹³.

我们 爱 家乡 我们

我们热爱我们的家乡。

tʂau²²rən³³ jaːi⁵⁵ haɯ²² kon³³ru³³ lan²²jaː²¹³u³³.

主人 传 给 一人 一根烟

主人（呢）传给每人一只烟。

主语是语法层面的概念，而话题则是语用层面的概念。但话题一述题结构又有具体的句法结构表现。壮语的主语没有语法标记，但话题有词汇标记，lo³³e²¹在话题后标记话题。壮语和汉语都是话题优先型的语言。lo³³e²¹前面的成分一定是话题，但不一定是主语，这是我们把 lo³³e²¹确定为话题标记的主要原因。主语不一定做话题，只有当主语和话题重合时，这个话题化的主语后才会用 lo³³e²¹。句首主语后加了话题助词 lo³³e²¹的，也就使该主语具有了主语与话题的双重意义。

ku³³ (lo³³e²¹) tʂaɯ⁴² laːu⁵⁵sɯ³³.

我 呢 是 老师

我（呢）是教师。

khau²²phjak⁵⁵ (lo³³e²¹) tʂɔ⁴² ti²²nu²¹³ lak⁵⁵ tʂin²¹³ naːu²¹.

粮食 呢 被老鼠 偷 吃 完

粮食（呢）被老鼠偷吃光了。

laːu⁵⁵po⁴² (lo³³e²¹) ha⁵⁵ khaːu²¹ khaːi²¹ thau²¹.

老爸 呢 说话 快 很

爸爸（呢）说话很快。

话题与主语分属两个不同的系统。话题是特定语境下的话语语用或篇章层面的概念，是应表意需要而产生的语用方式。而主语则是句法结构层面的概念范畴。也就是说，主语可以做话题，但话题不一定是主语；只有

主语居于话题位置并被凸显为话题时二者才交叉重合，也就是说此时的主语具备主语和话题双重身份。

有时，句首成分是主语，但不是话题，主语后并不特意停顿。例如：

tʂau²²rən³³ ja:i⁵⁵ haɯ²² kon³³ru³³ lan²²ja²¹³u³³.

主人　　传　给　　一人　·　一根烟

主人（呢）传给每人一只烟。

maɯ³³ jo:ŋ⁴² pai²¹³ kha:i²¹ la⁴² ʔdi³³ o:k²¹ma³³.

你　　跳　去　快　　拉　他　出来

你快跳下去（呢）把他拉出来。

有时，句首成分是话题，但显然不是主语。例如：

ʔdi²¹no:ŋ⁵⁵ hai²², ku³³ ru⁵⁵n̩in³³ e²².

妹妹　　　哭　我　听见　了

妹妹哭（呢），我听见了。

有时，句首成分既是主语又是话题。例如：

ŋo⁵⁵lɔk⁵⁵ (lo³³e²¹) ʔda:t²¹ thau²¹.

夏天　　　呢　　热　　很

夏天（呢）很热。

ʔdi³³ (lo³³e²¹) ŋa:i²¹ le³³sɯ²¹³.

他　　呢　爱　看书

他（呢）爱好学习。

（二）话题与主语的功能不同

主语不具备话题的多种语用功能。话题是叙述的起点，述题是对话题进行具体评述，述题往往是要强调的新信息、重要信息。话题是在特定语境下应表意需要而产生的，在壮语语句法中有其特殊的作用。壮语话题具有提示、强调、承接、对比等话语语用功能。

具有提示功能的话题，例如：

ti⁴²ʔda:i²¹³ (lo³³e²¹) pan³³tɕa²¹ je⁴²na:n⁴², tha:i²¹kvo⁴² ko²² mi³³ phu²²tai³³.

其他地方　呢　比如　　越南，泰国　　也　有　壮族

其他地方（呢）如越南、泰国也有壮族。

kon³³nai²¹ (lo³³e²¹) tʂaɯ⁴² maɯ³³, kon³³nai²¹ ko²² tʂaɯ⁴² maɯ³³,

（这个）　呢　　是　你　这个　也　是　你

kon³³ nai²¹ (lo³³e²¹) tʂaɯ⁴² ku³³.

这个　呢　　是　我

这个（呢）是你的，那个也是你的，那个（指更远）（呢）是我的。

具有强调功能的话题，例如：

kon³³ nai²¹ (lo³³e²¹) ku³³ ru⁵⁵na²².

人 这 呢 我 认识

这个人（呢）我认识。

pat⁵⁵ pə⁴²tɕin³³ ku³³ tɕəŋ⁵⁵ ko²¹.

鸭 北京 我 养 过

北京鸭（呢）我养过。

taŋ²¹ tʂaɯ⁴² au²¹³ hok⁵⁵ kaŋ²¹³?

凳子是 拿 做 什么

凳子（呢）是用来干什么的？

具有承接功能的话题，例如：

maɯ³³ joːŋ⁴² pai²¹³, khaːi²¹ la⁴² ʔdi³³ oːk²¹ma³³.

你 跳 去 快 拉 他 出来

你快跳下去（呢）把他拉出来。

具有对比功能的话题，例如：

an²¹³nai²¹ (lo³³e²¹) ʔdeŋ²¹³, an²¹³kaŋ²¹³ (lo³³e²¹) ʔdam²¹³.

这个 呢 红 ， 那个 呢 黑

这个（呢）红，那个（呢）黑。

sə⁴² sɯ²¹³ nai²¹ (lo³³e²¹) tʂaɯ⁴² kai²¹kau²¹, sə⁴² sɯ²¹³ nai²¹ (lo³³e²¹) tʂaɯ⁴² kai²¹maɯ²¹.

些 书 那 呢 是 旧的，些 书 这 呢 是 新的

那些书（呢）是旧的，这些（书）（呢）是新的。

kai²¹suŋ²¹³ (lo³³e²¹) mi³³ sip⁵⁵mi⁵⁵, kai²¹tam²¹ (lo³³e²¹) tʂu⁵⁵ mi³³ suŋ²¹³ mi⁵⁵ laːi²¹³.

高的 呢 有 十米 ，矮的 呢 才 有 两 米 多

高的（呢）有十米，矮的（呢）才有两米多。

khi²¹ma⁵⁵ (lo³³e²¹) khaːi²¹, tai²¹lo⁴² (lo³³e²¹) pɯn²¹.

骑马 呢 快 走路 呢 慢

骑马（呢）快，走路（呢）慢。

ku³³ (lo³³e²¹) tʂin²¹³khau²², maɯ³³ (lo³³e²¹) ʔdɯt⁵⁵lau²².

我 呢 吃饭 ，你 呢 喝酒

我（呢）吃饭，你（呢）喝酒。

（三）话题与主语的语义内容不同

从语义内容上看，主语语义范围小，话题语义范围大。主语通常是行为动作的施事或是性质、状态的主体。而话题表达的语义内容则较为广泛，充当话题的题元成分句法化程度较高，可以是施事、受事，也可以是对象、时间、处所等。

施事做话题，例如：

ʔdi³³ (lo³³e²¹) ŋaːi²¹ le³³sɯ²¹³

他　　呢　爱　看书

他（呢）爱好学习。

　　壮语的语序具有一定的灵活性，受事也可提至句首做话题。话题部分是句子的次要信息，述题部分是句子的重要信息，例如：

kon³³ nai²¹ (lo³³e²¹) ku³³ ru⁵⁵na²².

　人　这　呢　我　认识

这个人（呢）我认识。

ʔbaɯ²¹³mai⁵⁵ ti⁴²ʔdin²¹³ (lo³³e²¹) tʂo⁴² lam³³ pau²¹ pai²¹³ e²².

树叶　　　地上　　呢　被　风　吹　走　了

地上的树叶（呢）被风吹走了。

时间名词做话题，例如：

pi²¹³kva²¹ (lo³³e²¹) tʂaɯ⁴² pi²¹³ ti²²sə²¹³.

去年　　　呢　是　年　老虎

去年（呢）是虎年。

处所名词做话题，例如：

nə²¹³ tʂoːŋ³³ (lo³³e²¹) ɲaŋ⁵⁵ kvai⁵⁵ nə³³ u³³.

上面　桌子　　呢　放　块　肉　（一）

桌上（呢）放着一块肉。

　　从话题与句子成分的关系上看，除了主语之外，宾语、状语等句法成分也可做话题。

主语做话题，例如：

po⁴² (lo³³e²¹) pi²¹³ 1950 nai²¹ mi³³.

爸　呢　年　1950　助词　有

爸爸（呢）生于 1950 年。

mo³³i⁵⁵ (lo³³e²¹) haːk²¹ ru⁵⁵ tʂin²¹³ɲa²², ʔbo²¹ haɯ²² maɯ³³ khun²¹³.

牛　小　呢　自己　会　吃草　，　不　用　你　　喂

小牛（呢）自己会吃草，不用你喂。

宾语做话题，例如：

haːu⁴²nə²¹³(lo³³e²¹) ku³³ kɯn²² mɯ³³. (ku³³ mɯ³³ haːu⁴²nə²¹³)

楼上　呢　　我　上　去　。（我　去　楼上。）

楼上呢我上去。（我上楼。）

khau²²phjak⁵⁵ (lo³³e²¹) tʂo⁴² ti²²nu²¹³ lak⁵⁵ tʂin²¹³ naːu²¹.

粮食　　呢　被　老鼠　偷　吃　完

粮食（呢）被老鼠呢偷吃光了。

地点状语做话题，例如：

paːi⁴²na²² loːŋ²¹ phju²¹³ (lo³³e²¹) mi³³ ka²¹³ lo⁴² tɯ⁵⁵ u³³.

前面　　村　我们　呢　有　条　路大　（一）

我们村子前面（呢）有一条大路。

时间状语做话题，例如：

van³³nai²¹ ŋaːi³³ka⁴² (lo³³e²¹) taːm³³ tɯk⁵⁵ laːn⁴²tɕhau⁴² naːu²¹.

今天　　下午　　呢　几乎　打　篮球　　完

今天下午（呢）大多数都在打篮球。

情状状语做话题，例如：

na⁴²fa⁴² tin²¹³ khaːi²¹ muŋ³³ tʂhaːk²¹ ，hok⁵⁵ na²²kaŋ⁵⁵.

娜发　脚　快　手　勤　　做　活计

娜发手勤脚快地（呢）干着活。

**（四）多种语法单位可做话题**

从充当话题成分的语法单位来看，壮语话题也呈现出多样性特征。名词、名物化词组、代词、复指词组，或数量词组、定中词组、动词词组、动宾词组等都能做话题。副词、虚词不能充当话题。分别举例如下：

1. 名词做话题：

人称名词做话题，例如：

tɕa³³tho⁴² muŋ³³ tɕhak⁵⁵ tin²¹³ khaːi²¹. 扎妥（呢）手勤脚快。

扎妥　手　勤　脚　快

动物名词做话题，例如：

mɔ³³i⁵⁵ (lo³³e²¹) haːk²¹ ru⁵⁵ tʂin²¹³ṇa²², ʔbo²¹ hau²² mau³³ khun²¹³.

牛小　呢　自己　会　吃草　，　不用　你　喂

小牛（呢）自己会吃草，不用你喂。

2. 名物化词组做话题，例如：

kon³³tɯ⁵⁵ (lo³³e²¹) sip⁵⁵pi²¹³, kon³³i⁵⁵ (lo³³e²¹) naŋ³³ ʔbo²¹ nai²² ha²²pi²¹³.

大的　　　呢　十岁, 小的　　呢　还　不　得　五岁。

大的（呢）十岁，小的（呢）还不到五岁。

kai²¹ ʔdeŋ²¹³ (lo³³e²¹) tʂau⁴² ʔdoːk²¹, kai²¹ lok⁵⁵ (lo³³e²¹) tʂau⁴² ʔbau²¹³.

的　红　　呢　是　花，的　绿　　呢　是　叶

红的（呢）是花，绿的（呢）是叶。

3. 代词做话题，例如：

ku³³ (lo³³e²¹) tʂin²¹³ suŋ²¹³vaːn²¹, ʔdi³³ (lo³³e²¹) tʂin²¹³ saːm²¹³ vaːn²¹.

我　呢　吃　两碗　,他　呢　吃　三　碗

我（呢）吃两碗，他（呢）吃三碗。

ʔdi³³ (lo³³e²¹) ʔbo²¹ ʔbu²¹³ naːm⁴²,ʔbo²¹ ʔbu²¹³ kaːn⁵⁵.

他 呢 不 怕 脏 ，不 怕 累

他（呢）不怕脏，不怕累。

4. 复指词组做话题，例如：

tʂhaːŋ⁵⁵tʂaːŋ⁵⁵ tɕa³³fa⁴² (lo³³e²¹) tʂaɯ⁴² kon³³ taːŋ⁵⁵jen⁴² ʔdai²¹³ u³³.

厂长 扎发 呢 是 人 党员 好 （一）

扎发厂长（呢）是一位好党员。

ʔdi²¹noːŋ⁵⁵ tɕa³³mu⁴² na⁴²va⁴² (lo³³e²¹) tʂaɯ⁴² thɔn⁴²jen⁴².

妹妹 扎木 娜娃 呢 是 团员

扎木的妹妹娜娃（呢）是团员。

5. 数量词组做话题，例如：

hɯ²¹³u³³ (lo³³e²¹) mi³³ tɕhɛt⁵⁵ van³³.

一周 呢 有 七 天

一周（呢）有七天。

an²¹³ u³³ (lo³³e²¹) i⁵⁵kva²¹, saːm²¹³ an²¹³ (lo³³e²¹) laːi²¹³ kva²¹.

个 一 呢 多少 ，三 个 呢 多 太

一个（呢）太少了，三个（呢）又太多了。

6. 定中词组做话题，例如：

kai²¹ja²¹³ jin⁴²naːn⁴² tʂoi²¹ mi³³min⁴².

药材 云南 最 有名

云南的药材（呢）最有名气。

7. 动词词组做话题，例如：

le³³ mɯ³³ na²² tsaɯ⁴² ho⁴² tʂai⁴².

看去 前面是 对 真

向前看（呢）是对的。

8. 动宾词组做话题，例如：

je⁴² tɕaːŋ⁵⁵ ku²¹sɯ²¹ (lo³³e²¹) tʂaɯ⁴² ɛːŋ²¹³lɛk⁵⁵ tʂoi²¹ŋaːi²¹.

爷 讲 故事 呢 是 孩子 最 爱

爷爷讲故事（呢）是孩子们最喜欢的。

tɕɔːŋ⁵⁵ lo²¹ (lo³³e²¹) tʂaɯ⁴² ka²¹³lo⁴² hok⁵⁵ pan³³sa²¹ u³³.

养 兔子 呢 是 条路 做 富贵 一

养兔（呢）是一条致富的道路。

**（五）话题有主话题、次话题之分**

话题具有多层次性，有主、次话题之分。可以不使用话题词汇标记，只是用停顿来分隔话题与述题。例如：

ʔdi³³ puɯn³³sɯɯ²¹³nai²¹ hauɯ²² i²²vaːŋ⁴², puɯn³³sɯɯ²¹³kaŋ²¹³ hauɯ²² i²²tɕhɛːŋ⁴².

他　　这本书　　　给　　小王　，那本书　　　　给　　小强

他这本书给了小王，那本书给了小强。

ʔdi³³ puɯn³³sɯɯ²¹³u³³ hauɯ²² i²²vaːŋ⁴², kai²¹ʔdaːi²¹³ auɯ²¹³ leu⁵⁵ ho³³ri²¹³ le³³.

他　　一本书　　　给　　小王　其他　　　拿　留　自己　看

他一本书给了小王，其他的留着自己看。

### 三　壮语话题的语域类型

和汉语一样，壮语也是话题优先的语言。按照语域原则，可以把壮语话题分为语域式话题、分句式话题（即复句中的话题）、拷贝式话题等。

#### （一）语域式话题

语域式话题表示的是述题部分所关涉的范围或框架，即话语谈论的主要内容。这是话题最基本的话语功能。而此类话题跟述题的关系相对其他几类话题来说较松散。主要包括以下几类。

1. 时地语域式话题

时地语域式话题的话题成分是表示时间处所方面的语法单位，为述题提供时间处所方面的语域。话题与述题部分中的一个代词或者空位形成共指关系，话题和述题间的语义关系比较紧密。这在话题优先型语言中很普遍。例如：

pi²¹³ 1978 nai²¹, ku³³ ju²¹ pi²¹nai²¹ tʂə²ŋ⁵⁵ e²².

年　1978 那，我 在　那年　生　了

1978 年，我在那一年出生了。

van³³nai²¹ ŋaːi³³ka⁴² (lo³³e²¹) taːm³³ tuuk⁵⁵ laːn⁴²tɕhau⁴² naːu²¹.

今天　　下午　　呢　几乎　打　　篮球　　　完

今天下午（呢）大多数都在打篮球。

faːŋ²¹tɕa²¹ ja²¹ kai²¹phju²¹³ jaːu²¹ taːu⁴²pai²¹³ van⁴²saːn³³.

放假　　后 我们　　　要　回　　文山

放假后（呢）我们要回文山。

paːi⁴²na²² loːŋ²¹ phju²¹³ (lo³³e²¹) mi³³ ka²¹³ lo⁴² tuɯ⁵⁵ u³³.

前面　　村 我们　呢　有　条　路 大（一）

我们村子前面（呢）有一条大路。

一些表示存在、出现、消失的句子，以时间地点为话题，通常没有主语，其实是典型的话题句。例如：

nə²¹³ tʂoːŋ³³ (lo³³e²¹) naŋ⁵⁵ kvai⁵⁵ nə³³ u³³.

上面 桌子　　呢　放　块　肉（一）

桌上（呢）放着一块肉。

ʔdə²¹³ tʂoːŋ³³ jaŋ⁵⁵ pəːŋ³³ ʔdoːk²¹ɛ²¹ u³³.

上面　桌子　放　盆　花　一

桌子上放着一盆花。

paːk²¹ tu²¹³loːŋ²¹³ iŋ²¹³ tam²¹³ ti²²kon³³ le³³ faŋ³³.

口　　大门　　站　满　人　看　热闹

大门口站满了看热闹的人。

pi²¹³kva²¹, oːk²¹ kon³³ kaːu³³khaːu⁵⁵ tʂoːŋ²¹jen⁴² u³³.

去年　，出　人　高考　状元　一

去年，出过一个高考状元。

ʔdaɯ²¹³ təːk⁴²mai⁵⁵, jɔːŋ⁴² ma³³ to²¹³ sə²¹³ tɯ⁵⁵ u³³.

里　树丛　，跳　来　只　老虎大一

树丛里，跳出来一只大老虎。

## 2. 领格语域式话题

领格语域式话题不是谓语动词的直接论元成分，只是和谓语动词的某个直接论元在意义上存在领属关系，和谓语动词是一种间接的语义联系，多是整体和部分的关系。例如：

laːu⁵⁵vaːŋ⁴², maŋ²¹³luːk⁴² ʔdi³³ khaːu⁵⁵ ʔdai²² ta²¹ɕɔ⁴². 老王，他儿子考上了大学。

老王　，儿子　他　考　得　大学

an²¹³ rən³³ nai²¹, paːk²¹tu²¹³ paːk²¹taːŋ²¹ ʔdai²¹³ thau²¹. 这个房子啊，门窗很好。

个　房子这，门　　窗　　好　很

laːu⁵⁵vaːŋ⁴², maŋ²¹³luːk⁴² ʔdi³³khaːu⁵⁵ʔdai²² ta²¹ɕɔ⁴²,

老王　　儿子　　考上了　　大学

ʔdi²¹luːk⁴²ʔdi³³khaːu⁵⁵ʔdai²² jen⁴²tʂeu³³san³³.

老王 女儿 考上了　　　研究生

老王，儿子考上了大学，女儿考上了研究生。

je³³ ku³³, ku³³ than²¹³ ka²² tʂaːu²¹phɛːn²¹.

爷我。我　见　只　照片

我爷爷，我只见过照片。

ta²¹ɕɛːŋ²¹, ʔdaŋ²¹³ ri³³ thau²¹. 大象，鼻子很长。

大象　　鼻子长　很

an²¹³ rən³³ khau²¹ nai²¹, paːk²¹tu²¹³ paːk²¹taːŋ²¹ vaːi⁴² naːu²¹ e²².

个　房子老　这，门　　窗　　坏　完　了

这间老房子，门窗都坏了。

sə⁴² pha:i⁴²tʂɯ⁵⁵ ten²¹sɯ²¹ nai²¹, pa:u⁵⁵ɕeu³³tɕi³³ ?di³³ ?də²².

种　牌子　　　电视　这，保修期　　它　长

这种牌子的电视机，保修期挺长。

ɕeu⁵⁵tʂa:ŋ, po⁴² mi³³ tɕen³³ thau²¹. 小张，爸爸很有钱。

小张　　爸爸 有 钱　很

tʂa:u²¹ɕɔ⁴²lau⁴² maɯ²¹, ku³³ than²¹³ka²² thu⁴²tʂɯ⁵⁵.

教学楼　　　　新，我　只见　　图纸

新教学楼，我只见过图纸。

va:ŋ⁴²po³³, ?bo²¹ mi³³ kaɯ³³ ka:n³³ tʂha:k²¹ sak⁵⁵i²¹³.

王波　　没有 谁　敢　　动　　一点

王波，没人敢动一根毫毛。

有些话题，在意义上是宾语的领格。例如：

tʂa:u²¹ɕɔ⁴²lau⁴² maɯ²¹, ku³³ than²¹³ka²² thu⁴²tʂɯ⁵⁵ ?di³³.

教学楼　　　　新　我　只见　　图纸　　它

新教学楼，我只见过它的图纸。

va:ŋ⁴²po³³, ?bo²¹ mi³³ kaɯ³³ ka:n³³ tʂha:k²¹ ?di³³ sak⁵⁵i²¹³.

王波　　没有 谁　敢　　动　　他　一点

王波，没人敢动他一根毫毛。

### 3. 上位语域式话题

上位语域式话题跟述题中谓语动词的某一个论元成分有全集和子集的关系，也就是上下位关系或种属关系。壮语中只能由上位词充当话题，不能倒过来让下位词充当话题。例如：

toi⁴²to²¹³, ti²²sə²¹³ ɕuŋ³³ ɲeu³³. 动物，老虎最凶猛。

动物　老虎　凶　最

ma:k²¹, ku³³ ŋa:i²¹ tʂin²¹³ ma:k²¹ka:m²¹³ ɲeu³³. 水果，我最喜欢吃橘子。

水果　我　爱　吃　橘子　　　最

### 4. 背景语域式话题

背景语域式话题是述题内容所关涉的背景知识或谈话当时的语境，话题跟述题之间的语义关系比较松散，句法上没有明确的语义联系。例如：

hok⁵⁵ tʂa²¹raɯ³³ tʂə:ŋ⁵⁵ ti²²mu²¹³ la²²ma²¹, rau³³ ho²² hok⁵⁵ an²¹³ phai⁴²ɕin²¹pa:n³³ u³³.

做　怎么　　养　猪　　嘛　我们 应该 做 个　培训班　　　一

养猪知识嘛，我们应该办一个培训班。

an²¹³ sai⁴² nai²¹, maɯ³³ hok⁵⁵ rauɯ³³ ko²² ?bo²¹ pan³³ lau⁴²sau²¹.

个　事情 这 你　　做　怎么 也　不　能　粗心

这个任务，你无论如何不能马虎。

（二）分句式话题（复句的话题结构）

壮语在多种类型的复句中也常常使用话题结构。

1. 在并列、递进关系复句中，分句主语常为话题。话题除了被强调外，它还具有对比、比较或提示、强调之义。

表示"对比"义的并列复句中分句主语做话题的，例如：

an²¹³ u³³ (lo³³e²¹) i⁵⁵kva²¹, sa:m²¹³ an²¹³ (lo³³e²¹) la:i²¹³ kva²¹.

个　一　呢　　多少，三　个　　呢　　多太

一个（呢）太少了，三个（呢）又太多了。

ko²¹³ suŋ²¹³ (lo³³e²¹) tṣaɯ⁴² mai⁵⁵tṣo:ŋ³³, ko²¹³ tam²¹ (lo³³e²¹) tṣaɯ⁴² mai⁵⁵ tuŋ³³kva³³.

棵　高　呢　　是　松树　，棵　矮　呢　　是　树　冬瓜

高的（呢）是松树，矮的（呢）是冬瓜树。

ku³³ ŋa:i²¹ kai²¹ʔdeŋ²¹³, ʔdi³³ na:i²¹ kai²¹kha:u²¹³.

我　爱　红的　　，他　爱　白的

我爱红的，他爱白的。

tɕa³³na⁴² tṣaɯ⁴² kon³³ muŋ⁵⁵laŋ⁵⁵, ku³³ tṣaɯ⁴² kon³³ lin⁴²tṣha:ŋ³³.

扎那　　是　人　勐朗　我是　人　临沧

扎那是勐朗人，我是临沧人。

递进复句中分句主语做话题的，例如：

tɕa³³lo⁴² ʔbo²¹tṣaɯ⁴² ru⁵⁵ka²² hok⁵⁵kaŋ⁵⁵, naŋ³³ ru⁵⁵ tɕəŋ⁵⁵to²¹.

扎咯　不　是　　会只　务农，还　会　养蜂

扎咯不但务农，而且还养蜂。

tɕa³³fa⁴² ʔbo²¹ tṣaɯ⁴² ru⁵⁵ka²² tɕa:u²¹³sɯ²¹³, naŋ³³ru⁵⁵ la:i³³sɯ²¹³.

扎法　　不　是　会只　教书　　还会　　写书

扎法不仅会教书，而且还会著书。（常竑恩，1986:48）

2. 话题还可以是承接、选择、假设关系复句中的小分句。

因果复句中分句是话题的，例如：

tṣhu²¹³laŋ²¹³ phju²¹³ ta²² pi²²no:ŋ⁵⁵ phu²²tai³³ tṣam⁴² tṣha²¹³ tɕen³³,

由于　　　我们　好兄弟　　壮族　　一起　赚　钱

pan⁴² nai²¹ pi²²no:ŋ⁵⁵ phu²²tai³³ ŋa:i²¹ kai²¹phju²¹³.

这样　呢　兄弟　壮族　　爱　我们。

由于我们和壮族群众一道大搞生财之道，所以壮族群众热爱我们。

承接复句中分句是话题的，例如：

ku³³ lam⁴²tho²¹³tha:ŋ²¹³, kai²¹su²¹³ pɛk⁵⁵ o²².

我　道头尾　　　　你们　听　哦

我解释你们听着。

na²¹to⁵⁵ laːi³³ɕin²¹ ʔdai²¹³ ja²¹, tʂo²¹ ʔdap⁵⁵taŋ²¹³ ja²².

那朵　写信　好　以后，就　关灯　　了

那朵写完了信，就把灯关了。

na²¹thi⁵⁵ tɯk⁵⁵ kaːu²¹³ tɕhau⁴²u³³, ja²¹ tau²¹ sai⁴² phju²¹³ fu⁴²ɕi⁴² haːn²¹ji⁵⁵.

那体　　打　会　篮球　　然后　又　帮　我们　复习　汉语

那体打了一阵球，又帮我们复习汉语。

选择复句中分句是话题的，例如：

maɯ³³ tʂaɯ⁴² tʂaɯ⁵⁵ toːk⁴²sɯ²¹³, ra²¹ tʂaɯ⁴² tʂaɯ⁵⁵ hok⁵⁵ san³³ji²¹.

你　　是　想　　读书　　或是　想　做　生意

你是想读书，或者是想做生意？

假设复句中分句是话题的，例如：

tɕi⁵⁵tʂaɯ⁴² tʂaɯ⁴² van⁴²maŋ⁴², tʂo²¹ ʔbo²¹ hau²² haːⁿ⁵⁵khaːu²¹.

如果　　　是　文盲　　就　不　给　说话

如果是文盲，是没有发言权。

（三）拷贝式话题结构

拷贝式话题结构壮语中的常用句法结构，指话题和述题某个部分或者完全同形，同形成分间在语义上构成一致，形成拷贝关系。

有的情况下，话题后面不用句中语气词来标记话题，例如：

pai²¹³ tʂo²¹ pai²¹³, ʔbu²¹³ kaŋ²¹³ mu⁵⁵.

去　就　去，怕　什么　呢

去就去，怕什么。

ɛːŋ²¹³lɛk⁵⁵ tʂo²¹tʂaɯ⁴² ɛːŋ²¹³lɛk⁵⁵, lak⁵⁵ ɲaŋ⁵⁵ tʂaɯ²¹³.

孩子　　就是　　孩子，别　放在　心

孩子就是孩子，别跟他计较。

拷贝式话题句中，有时用 le²² 来分隔话题与述题，例如：

tʂeŋ²¹³ le²² tʂeŋ²¹³, ka²² naŋ³³ tʂaɯ⁴² rən³³kon³³ʔdeu²¹³.

吵　么　吵，但　还　是　一家人

吵是吵，但还是一家人。

tɯ⁵⁵ le²² tɯ⁵⁵, ka²² tɕin²¹³ ʔbo²¹ vaːn²¹³.

大　么　大，但　吃　不　好

大倒是大，但不好吃。

maːn⁴² ʔdeŋ²¹³ le²² ʔdeŋ²¹³ ka²² ʔbo²¹ phat⁵⁵.

辣椒　红　倒　红　　但是　不　辣

这些辣椒红倒是红就是不辣。

tʂin²¹³ le²² tʂin²¹³ eu⁵⁵ ja²², ka²² naŋ³³ ʔbo²¹ im²¹.

吃　　是　　吃　点儿　了，　但　还　　不　饱

吃倒是吃了一点，但没吃饱。

ma:k⁴² rem³³ nai²¹ jaɯ³³ le²² jaɯ³³, ka²² ku³³ ʔbo²¹ ŋa:i²¹.

把　　刀　　这　　好看　么　好看，但　我　不　爱

这把刀好看倒是好看，但我不喜欢。

拷贝式话题句中，有时用 e²¹ 来分隔话题与述题，例如：

tʂaɯ⁵⁵ tʂin²¹³ e²¹ tʂin²¹³, ʔbo²¹ tʂaɯ⁵⁵ tʂin²¹³ e²¹ lak⁵⁵ tʂin²¹³.

想　　吃　　就　吃　　不　想　　吃　　就　别　吃

想吃就吃，不想吃就别吃。

有的拷贝式话题句中，用 lo³³ 来分隔话题与述题，例如：

nam⁵⁵ lo³³ nam³³ ʔbo²¹mi³³, ten²¹ lo³³ ten²¹ ʔbo²¹mi³³,

水　　么　水　　没有　　电　么　电　没有

kva²¹ van³³hɯn³³ kva²¹ ra:i⁵⁵ tʂai⁴² lo²¹.

过　　日子　　过　　艰难　真　的

水么水没有，电么电没有，生活太艰难。

否定判断句中，所拷贝的名词性成分不是主语而是话题，例如：

ʔdi³³ kon³³ ʔbo²¹ lum²² kon³³, phi²¹³ ʔbo²¹ lum²² phi²¹³.

他　人　　不　像　人　，鬼　　不　　像　鬼

他人不像人，鬼不像鬼。

## 四　壮语句中语气词的多样性

以往文献中，很少见对壮语句中语气词的论述。而实际上，壮语里有句中语气词，并且不止一个。广南壮语有多个标记话题，这些话题标记号在词类上属句中语气词。

（一）lo³³e²¹ 是壮语里最常用的话题标记。

ʔdi³³ (lo³³e²¹) ʔbo²¹ ʔbu²¹³ na:m⁴², ʔbo²¹ ʔbu²¹³ ka:n⁵⁵.

他　呢　不　怕　脏　，不　怕　累

他（呢）不怕脏，不怕累。

su²¹mai⁵⁵ (lo³³e²¹) tʂaɯ⁴² kai²¹ rən³³ʔdi³³.

那些树　　呢　　是　的　他家

那些树（呢）是他家的。

ʔdaɯ²¹³ kha²¹³mən³³ rau³³, vai²¹san³³ theu⁴²tɕen²¹ ʔbo²¹ʔdai²¹³.

里　农村　　我们　卫生　　条件　　不好

kai²¹ phju²¹³ ʔbaːŋ²² tʂɯ³³ suŋ²¹³ sam²¹³ ʔdən²¹³ naŋ³³ ʔbo²¹ aːp²¹ ʔbaːp²¹ta⁴²u³³,

我们　　有的　　时候　两　三　月　　还　　不　洗　次　澡

ʔdaːŋ²¹³nuŋ⁴² (lo³³e²¹) suŋ²¹³ʔdən²¹³ lɯ⁴² ʔbaːt²¹u³³.

衣服　　　　（呢）　两月　　　　换　　一次

我们农村啊，卫生条件差。我们有时候两三个月也不洗一回澡，衣服嘛两个月
一换。

（二）lo³³ma²¹是话题标记。

rau³³ (lo³³ma²¹) khaːu²¹tai³³ ta²² khaːu²¹haːk²¹ taŋ³³ jaːu²¹ ru⁵⁵ ha⁵⁵.

我们　呢　　壮话　　和　汉话　　都　要　会　说

我们（呢）壮话和汉话都要会说。

（三）ma³³是话题标记，用于表明说话人的能愿或态度。

ku³³ le³³ ma³³, maɯ³³ mi³³ tʂaːi⁴²tʂi²¹ thau²¹.

我　看　（吧）　你　有　才气　　特

我觉得吧，你特有才气诶。

ha⁵⁵ tʂai⁴² ma³³, maɯ³³ ʔbo²¹ mi³³ ku³³ tʂo²¹ hok⁵⁵ kaŋ²¹³ ʔbo²¹ pan³³.

说　真　（吧）　你　没　有　我　就　做　什么　不　成

说到底啊，你没有我就是办不成事。

tai²¹ tʂɯ³³i⁵⁵ ma³³, ku³³ tʂo²¹ tɕaɯ⁵⁵ hok⁵⁵ laːu⁵⁵sɯ³³ thau²¹.

从　小时候（吧），我　就　想　　做　老师　很

从小吧，我就一直很想当老师。

ku³³ nɯ⁴² ma³³, tai²¹ kaːu²¹³nai²¹ mɯ³³ rau³³ kaɯ³³ ko²² lak⁵⁵ juŋ²¹ an²¹³ ten²¹hua²¹

我　想　（吧）从　现在　　开始　我们　谁　也　别　用　个　电话

ʔdaɯ²¹³ loːŋ²¹ nai²¹. 我建议啊，从现在起咱们谁也不要用村里这个电话了。

里　村　这

（四）e²¹是话题标记。

ku³³ e²¹, tʂo²¹ tʂaɯ⁴² kaːu²²lo⁴²ka²² tʂaɯ⁵⁵ ru⁵⁵ʔde²¹,

我　（吧）就　是　什么也　想　　知道　　，

ʔbo²¹koːn⁵⁵ ʔdaɯ²¹³ sə²¹hoi²¹ mi³³ kaŋ²¹³ sai⁴² ku³³ ko²² pai²¹³ jɯ²².

不管　　里　　社会　有　什么　事　我　也　去　看

我吧，就是好奇心强，不管社会上刮什么风我都跟着凑热闹。

lup⁵⁵ tan⁴², ko²² jaːu²¹ ru⁵⁵ lup⁵⁵, lup⁴⁴ ʔbo²¹ tʂo⁴² ti⁴² e²¹ tau²¹ ru⁵⁵ haɯ²² sai⁴² vaːi⁴².

奉承　别人，也　要　会奉承，奉承　不　到　点（吧）倒　会　给　事　坏

拍马屁啊，也得会拍，拍得不是地方倒坏了事。

（五）a⁴²是话题标记。

laːu⁵⁵vaːŋ⁴² a⁴², tʂauɯ⁴² kon³³ ʔdai²¹³ tɯ⁵⁵ tsai⁴²! 老王啊，真是个大好人！

老王　（啊），是　人　好　大　真

laːu⁵⁵vaːŋ⁴² a⁴², ʔdaːu²²naːi²¹ fa⁴² tʂaːi⁴² tɯ⁵⁵ ja²². 老王啊，最近发大财了。

老王　（啊），最近　发　财　大　了

（六）la²²ma²¹是话题标记，用于转换新话题。

rɯ⁴²ji⁵⁵ ku³³ ʔbo²¹ ru⁵⁵ pɛk⁵⁵, jin³³ji⁵⁵ la²²ma²¹, ru⁵⁵ ha⁵⁵ suŋ²¹³kam³³.

日语　我　不　会　听，英语　（嘛）会　说　两句

日语我不懂，英语嘛，会说两句。

ʔdi³³ hon⁵⁵ hok⁵⁵ tʂauɯ⁴² hok⁵⁵ ho²²nau²². phu²²tʂaːi³³ la²²ma²¹!

他　这样　做　是　做　对的　男人　（嘛）

他这样做是对的。男人嘛！

（七）lo²²用在举例时各并列项之后，体现了话语的舒缓和轻松感。各并列项之间构成的举例意义则是由并列格式本身决定的。lo²²只是一个纯粹的、凸显语气轻松的语气词而已，并不是标记话题。例如：

hok⁵⁵lən⁵⁵ lo²², hok⁵⁵loːŋ⁴² lo²²,ʔdi³³ jən⁴²jən⁴² ru⁵⁵.

唱歌　（啦）跳舞　（啦）他　样样　行

唱歌啦，跳舞啦，他都行。

taŋ³³le²¹³ ha⁵⁵ lo²², kho²¹³ lo²², raŋ⁴²tʂu⁵⁵ daŋ³³huɯn³³.

大家　说（呀）笑　（呀）热闹　　整夜

大家说呀，笑呀，整整热闹了一夜。

vin⁴²naːn⁴² maːk²¹ kaŋ²¹³ ko²² mi³³, ɕen³³tɕeu³³ lo²²,

云南　　水果　什么　也　有　香蕉　（呀）

maːk²¹kam²¹³ lo²², ɕi³³kva³³ lo²², po³³lɔ⁴² lo²², lo⁴²lo⁴² mi³³.

橘子　　（呀）西瓜（呀）菠萝（呀）　样样　有

云南什么水果都有，香蕉呀，橘子呀，西瓜呀，菠萝呀，都有。

**参考文献**

韦庆稳、覃国生：《壮语简志》，民族出版社 1980 年版。

戴庆厦：《景颇语的话题》，《语言研究》2001 年第 1 期。

方梅：《北京话句中语气词的功能研究》，《中国语文》1994 年第 2 期。

胡素华：《凉山彝语的话题结构》，《民族语文》2004 年第 3 期。

黄成龙：《羌语的话题标记》，《语言科学》2008 年第 6 期。

金有景：《拉祜语的主语、宾语、状语助词》，《民族语文》1990 年第 5 期。

李泽然：《论哈尼语的话题》，《中央民族大学学报》2007 年第 5 期。

刘丹青、徐烈炯：《普通话与上海话中的拷贝式话题结构》，《语言教学与研究》1998 年第 1 期。

徐烈炯、刘丹青：《话题的结构与功能》，上海教育出版社 1998 年版。

余成林：《藏缅语的话题标记——兼与汉语比较》，《中央民族大学学报》（哲学社会科学版）2011 年第 1 期。

余德芬：《傈僳语的话题标记》，载《彝藏缅语言研究》，云南民族出版社 2009 年版。

赵燕珍、李云兵：《论白语的话题结构与基本语序类型》，《民族语文》2005 年第 6 期。

# The Topic Structure of Guangnan Zhuang Language

Li Jie

**Abstract:** There is a topic structure of Guangnan Zhuang language. There are no subject, object markers in Guangnan Zhuang language. But Guangnan Zhuang language is a topic of a preferred language and it has a topic marker $lo^{33}e^{21}$. The noun, noun phrases, pronouns, anaphora phrases, or number of phrases, verb phrases etc, can make the topic. Guangnan Zhuang language has many topic markers, and they are the lexical categories.

**Key words:** Lahu Language; Topic Sentence

（通信地址：650500　昆明　云南师范大学文学院）

# 论蒙古语标准语的几个重要关系*

宝玉柱

【提要】目前，在蒙古语标准语的管理和认识方面存在某些偏向，其中包括标准语的性质和主体、标准语和标准音、标准语和书面语、标准语和方言、标准语和语言应用、标准语实践和学术研究等各个方面，需要重新研究和认识。

【关键词】蒙古语 标准语 方言 重新认识

为纠正国内蒙古语标准语管理和认识方面的某些偏向，特撰写此文，以供学界交流和讨论。标准语研究属于社会语言学研究，因而本文研究视角同语言本体研究和历史语言学中的方言研究有所不同。

## 一 标准语的确定和施行是政府行为

强调标准语的官方性质，是因为标准语的研究不同于一般学术研究。"标准语"是针对"非标准语"说的，其前提是有多个方言变体，需要选择一个方言作为通用语言的基础，这个"标准"由国家和民族的最高权力机构制定并实施，因而属于政府行为，历史上的汉语官话即是一种。标准语的"标准"，是一种功能定位，而不是价值评价，它指的是语言某一方言变体所持有的通用性，而不是某一方言的优劣，汉语历史上的"通语"接近这个意思。标准语是民族共同语及其文学语言形成的基础和内核，是民族共同体成员内部的思维、情感和行动纽带，也是民族文化艺术得以形成的首选媒介。标准语由国家认定、实施并规范，因而在民族和国家生活中有崇高的地位，是国家和民族对内对外联络的正式语言，很多国家将标准语叫作国语，有的国家有若干国语，国语地位由法律规定。从标准语的权威性、通用性、民族性、艺术性和法定性产生标准语的威望和美感。

---

* 本文系第一作者主持的国家社科基金重点项目"蒙古语族语言语料库研制"（批准号：14AYY019）的阶段性成果。

1. 政府出于行政目的指定标准语

无论哪一个民族哪一个国家，只要管理一个广阔的区域、多方言的群体，就需要选择一个大家都能听得懂、看得明白的语言文字。其目的是：（1）建立国家和民族的行政语言文字体系，保障政令畅通；（2）建立社会公共媒介语言，保障社会新闻信息传播畅通；（3）建立民族共同体的文学语言，保障文学艺术在内容和表现力上通俗易懂、健康向上、有美学感染力。（4）建立统一规范的语文教育系统和教学语言系统，保障后代能够受到规范、整洁、表现力强的母语教育。（5）政府为本族以外的人或外国人提供本族正式的语言教育途径。标准语建设是构筑一个民族政治经济、文学艺术、精神思维表达体系的最根本的文化建设。只有统一的语言，才能有统一的社会生活，语言转换意味着社会生活的转换，统一语言的崩溃，意味着民族标志性文化社会的分裂和崩溃。

2. 政府依法划分或确认方言和标准语

划分方言和确认标准语是政府行政权力的一部分。大约包括以下几个方面。

政府根据国家主权、语言现状和现有法律划分或确认方言、标准语基础方言、标准音点和法定文字。在一个国家的领土范围内，能够使用哪种语言文字，需要由政府用法律和政令的形式确认和确定。蒙古语言文字是中国政府承认的正式语言文字，主要在国内蒙古族聚居区内通行，在内蒙古自治区和其他蒙古族自治区域，蒙古语言文字是自治民族的首要语言文字。国内蒙古语方言的划分、标准语和标准音的确定等工作，需要由国家行政部门组织进行，或通过国家授权主要自治区政府进行组织协调。划分国内蒙古语方言、确定蒙古语标准语和标准音，是中国的内政，不涉及、不干涉其他国家蒙古语言文字的使用权和管理权。

政府通过直接或间接授权的方法管理标准语工作。语言文字管理是国家语言规划的重要内容。语言地位由政府用法律法令的形式确定；方言的划分和标准语、标准音的选择结果，需要报请国家相关部门确认；文字的创造和改革受政府管理和导向；语言文字的重要规范和标准，由政府指导和颁布施行，所发布的规范和标准，对外代表国家标准；民族自治区域政府在国家法律法规范围内，通过制定自治区域法律法令，或通过其他行政手段，使用和管理管辖内的语言文字；对跨省区的语言文字，采取区域协商和协作的方式统筹协调。

政府依法调解标准语层级及相互关系。在多民族国家内部，可能存在多种语言文字，其相互关系受国家调节。在中国，汉语是法定的通用语言，国家通过立法，在三个层面上确定了汉语和少数民族语言的关系：① 在语言地位上，汉语和少数民族语言是平等的，没有优劣之分，反对语言歧视；② 汉语是国家通用语言，提倡少数民族在学好本民族语言文字的基础上，学习和使用汉语言文字，提倡各民族相互学习语言文字；③ 在民族自治地方，自治民族的语言文字是法律上的首选文字，在政府文件、印章和市面文字中处于上位。

政府依法规范和推广标准语。规范和推广标准语须受法律约束和政府指导、调节和监督。标准语的推广主要在政府行政权力范围内进行，主要涉及文学语言、大众媒介、学校教育、名词术语和多种规范的制定。

标准语的实施和推广，还受政府权力等级制约。普通话的普及，必倾全国之力施行，因而力度无与伦比。少数民族语、标准语的实施和推广权力，从自治区（省）、自治区职能部门、地区、自治县依次降低，由于不同级别的权力机构所能调动和整合的资源有限，标准语的实施和推广力度也呈递次减弱。普通话的普及呈强势，少数民族语标准语的推广呈弱势的地区，将出现语言转换的加速趋势。

标准语的推广不能强制，除法律法规明文规定外，多采取宣传、教育、协商的形式，其中大众传播媒介和学校教育是两个最重要的手段。

## 二 标准语和标准音的关系

标准音不是神圣的光环，而是标准语最基本的传递介质，易解实用是其本质。语言的结构要素包括语音、词汇和语法，语音是语言的物质外壳，人的感官接受并解读的主要对象是语音，因此确定标准音点时，需要选择一个语音共性大且容易被其他各方言群体理解的土语点，标准音点取值范围不能过宽，不能同时取两个点。标准语的词汇和语法模板来自基础方言，这种方言一般处于各方言的中心地带，因而同其他各方言的共性大，使用人口较多，经济文化相对发达，且有较长的文字使用史。就中国蒙古族而言，内蒙古方言符合这些条件，因而被选为国内蒙古语标准语的基础方言区，基础方言内部还有很多土语和次土语，所以选择正蓝旗土语作为标准音点。

## 三 标准语和书面语的关系

标准语研究不能忽略书面语，书面语是标准语的远距离传播形式、异代传承形式和文化积累形式。就语言史而言，有文字使用史且有较成熟的书面语文献积累的地区，一般都是一个民族的中心地带，但不是绝对的。因为一方面文字的传播是可以跨民族、跨国界的，其传播一般是从边缘地带向中心地带发展和普及；另一方面民族和国家的政治经济中心会随时代变化而出现偏移。之所以强调标准语区须有较长的文字使用史，是因为统一文字的使用会滞迟方言土语的分裂，因而方言土语内部的差异会小一些；文字使用和国家政治和宗教关系密切，因而文献记录发达地区一般处于一个民族的中心地区或宗教文化、教育设施集中地区；文字使用是一种历史传承，标准语区的语音、词汇、语法越接近书面语，标准语的推广代价就越小，标准语和古文献之间的差距就会缩小，因而容易形成民族共同语。民族共同语的核心是文学语言，文学语言的基础是相对统一的活态语言和历史上形成并发展起来的成熟的书面语。标准语的指定是为了行政和沟通，标准语的继承和推广主要靠媒体和教育，而媒体和教育的主要媒介又是文字，因此书面语及其文学语言是标准语最重要的组成部分，标准语音系的确定必须兼顾书面语的发音情况。

### 四　标准语和方言的关系

尽管标准语是民族语言的高级形式，但标准语来自方言，并以方言为基础，因而永远处于第二位，不能本末颠倒。

1. 标准语以一定的方言作为基础

标准语以一定的方言作为基础，一般不存在脱离活态方言的标准语。有方言基础，语音、词汇、语法容易取范例和模板，基础方言拥有一定的人口规模，便于标准语的使用和普及。

中国现代蒙古语的基础方言是内蒙古方言，其历史基础就是成吉思汗的大中军。大体而言，从蒙古国到中国长城一线的广阔地带，历史上属于成吉思汗、成吉思汗诸弟、成吉思汗本家继承的大中军及其后代，其核心包括喀尔喀（盾牌军）、科尔沁（弓手军）、察哈尔（质子军）、克什克腾（近卫军）、苏尼特等护卫亲军；鄂尔多斯、土默特、喀喇沁、乌珠穆沁、蒙古真等宫廷守卫、祭祀及其他属民、牧户、匠人；巴林等成吉思汗宗人亲贵部落。巴彦淖尔的乌拉特部有可能是元代诸色匠人的后代，先居住东北，后迁往现驻地。其中，成吉思汗父亲本家及弟弟哈萨尔属民是东北蒙古族科尔沁部的祖先；成吉思汗本家外的其他三个儿子被分封到新疆及中亚，其属民大部分都已融入中亚各民族中。元代定都大都（北京），陪都是上都（即现在的正蓝旗），一年中，蒙古皇帝的大部分时间都在上都度过，由此形成喀尔喀、察哈尔（克什克腾属于察哈尔）、鄂尔多斯南北方向的文化中心带。在历史动荡和混乱中，有的部落消失了，有的部落合并了，但是历史上蒙古各部的进退不是杂乱无章的，而是按照他们各自的元代封地，时进时退，时长时缩。蒙古人虽然丢掉了大元帝国，但蒙古国家内部的行政管理体系一直延续到清初，他们采用军政合一的行政编制，对各自的封地情有独钟，流连忘返。上都曾经是蒙古国家的文献中心，喀尔喀、察哈尔、鄂尔多斯、喀喇沁、巴林都有丰厚的蒙古文献珍藏传统，名人高僧辈出，民间收藏不菲。

2. 标准语是规范的语言

（1）文字及其标音符号的规范

统一文字。在不同的时代，蒙古族出于不同的目的，使用过不同的文字，如：八思巴、托忒、苏永布（借鉴梵文）、瓦金达拉（借鉴托忒文）、阿里嘎里（借鉴藏文梵文）、满文[①]等。其他民族记录蒙古语的文字有汉文（《至元译语》《蒙古秘史》《华夷译语》）、阿拉伯文（《穆卡迪玛特字典》（Muqaddimat adab）、《伊斯坦布尔蒙古语词汇》）等。最后在漫长的使用过程中回鹘蒙古文胜出，成为蒙古族的正式文字。蒙古国宣布独立后，根据斯拉夫字母创造了西里尔蒙古文。使用统一的文字是一个民族共同体文学语言形成的基础。

建立正写法。蒙古语最早的正字法有可能是元代的贡嘎扎拉森写的，后来搠思吉斡节儿著《蒙文启蒙》，其内容体现在丹赞大格巴的语法书《蒙古文法诠释苍天如意珠》中。近现代最早的正字字典是蒙古国沙格札编写的《蒙古文正字字典》，[②]1999 年，内蒙古新闻出版局和内蒙古语委编辑出版《蒙古文正字法词典》。[③]

选择标准音。统一文字和多方言区共同使用一种文字，就需要确定文字读音或正音。确定文字读音或正音，就需要选择一个基础方言，如果这个基础方言有多个土语，就需要选择其中的一个土语作为标准音点。关于中国境内蒙古语的基础方言问题，几经讨论，最后确定以内蒙古方言为基础方言，确定以正蓝旗为标准音点。有人将蒙古语标准音点叫作察哈尔音，这是一种不严格的说法。察哈尔土语内部有很多次土语（除原察哈尔八旗外，还有苏尼特、阿巴嘎、乌珠穆沁等），语音差别明显，所以现代蒙古语标准音点只能是严格意义上的正蓝旗土语。语音规范首先涉及元音，包括单元音（e、i、o、u、ö、ü 等的）音质，单元音的延长（ür～üür 拂晓），复元音长元音化及其程度，复元音数目及前后响性质,音节组合长元音，短元音、长元音的前元音化及音位化程度等；其次是辅音，包括异化辅音的读法、辅音腭化类型及性质，j、č、š 的读法，借词元辅音的读法，等等。元音不同程度的前化，是国内蒙古语的一个趋势，正蓝旗土语元音与其他

---

① 春花：《蒙古语》，北京故宫博物院，http://www.dpm.org.cn/shtml/117/@/8549.html。

② ［蒙］沙格札：《蒙古文正字字典》，内蒙古人民出版社 1951 年版。

③ 内蒙古新闻出版局和内蒙古语委《蒙古文正字法词典》编委会：《蒙古文正字法词典》，内蒙古人民出版社 1999 年版。

方言土语相比，前元音化程度略滞后，但趋势相同；正蓝旗辅音异化有整齐的规律且符合语音学规则，但不符合国内蒙古语多数方言和书面语的发音习惯，因而这种发音需要规范，但不限制该土语的人保留这一发音习惯。通过这一系列规范，逐步归纳出一个以正蓝旗土语音系为基础的、尽可能照顾书面语口语读音的标准音音系。所以，现代蒙古语标准音，实际上是一种用音系学、声学、美学原则整理加工美化过的读音，其基础是正蓝旗土语音系，但不完全是。标准音的规范目标包括平均语速、停顿、重音，白话、朗诵和特殊表演台词的节奏韵律，清晰度（咬字），等等。标准音对大众传播媒介和学校教育有极大影响。首先学校书面语教育得到规范，尽管教员的读音有方言影响，但它最大限度地向标准音靠拢，允许这种靠拢是逐步的，经过训练的，而不是一蹴而就的；其次是广播、电视、戏剧、电影等的语言得到规范，这些语言都是加工美化的语言，因受众不同，发音风格彼此不一样。最后是语音规范和文字规范间接影响信息处理和代码规范。这些规范都由政府和政府授权发布，正音正字规范结果应以审音表（汉字）或词典形式向社会公布。如《普通话异读词审音表》是由国家语言文字工作委员会、国家教育委员会、广播电视部于 1985 年 12 月 27 日发布的。①

针对蒙古语的正音正字问题，布林特古斯曾经编辑出版了一部《蒙语正音正字词典》（蒙文版），②但作为政府行为，仍然以 1999 年内蒙古新闻出版局和内蒙古语委编辑出版的《蒙古文正字法词典》为标准。③

对非拼音文字，或对古老的拼音文字，还需要设计一个注音符号。汉文是形声字，为注音方便和用于其他用途，政府为其设计了一套拼音方案。④汉语拼音方案的基础音系是北京音，因而特别适合普及普通话、学校语文教育、词典注音和汉文信息处理。但它无法代替通用于所有汉语方言区的汉字，它不能用来转写汉语方言，所以汉语拼音方案是注音符号，不是正式文字，或者顶多叫作辅助文字。

蒙古文是拼音文字，但是其使用历史悠久，文字和实际读音有些脱节，需要用注音符号标注其读音。蒙古文注音采取拉丁字母，其用途是：① 为

---

① 国家语言文字工作委员会、国家教育委员会、广播电视部：《普通话异读词审音表》，1985 年 12 月 27 日，http://wenku.baidu.com/view/443de23f10661ed9ad51f318.html?from=search。

② 布林特古斯：《蒙语正音正字词典》（蒙文版），内蒙古教育出版社 1977 年版。

③ 内蒙古新闻出版局和内蒙古语委《蒙古文正字法词典》编委会：《蒙古文正字法词典》，内蒙古人民出版社 1999 年版。

④ 中华人民共和国第一届全国人民代表大会：《关于汉语拼音方案的决议》，1958 年 2 月 11 日，http://baike.baidu.com/view/3012968.htm。

蒙古文注音，因而同传统蒙古文字母是字对字转写，对同形异音字母，采取规范的正蓝旗音区别标注（如 d～t，o～u，ö、ü，si～š 等）；② 用于词典词条读音标注；③ 在东北和新疆等方言差异较大的地区，在学校语文教育中用于对蒙古文同形字母的标音；④ 将竖写式蒙古文转换为横写式，以解决多文中混排、公式和信息处理中的文字转换和手机通信、微博微信、商业宣传中的特殊要求；⑤ 多用于古代或近代蒙古文文献转写；⑥ 有利于标注汉语借词读音。现用（内大《蒙汉词典》）蒙古文拉丁字母注音的缺点是使用了附加符号，不利于用通用键盘直接输入，因而出现了内蒙古大学蒙古文数据库拉丁文转写等其他诸多标注方案。对此，将来还可以进一步协商和改进。与汉语拼音方案不同，蒙古文拉丁字母注音不适用于标注标准音，因为它表示字母读音，无法表示标准音口语元音前化、复元音长元音化、音节合并、元辅音脱落等现象，所以它是注音符号、辅助文字，而不是转写符号。要准确记录标准语读音和方言，应该提倡使用国际音标。

长期以来，国内蒙古语文学界习惯使用宽式国际音标，其缺点是：① 清塞音和塞擦音用浊音符号，而用清音符号替代送气音符号，除非熟悉其规定，非本族的其他人很难正确理解其音质，用于词典标音，就会大大降低其使用价值和普及价值，违背了使用国际音标的初衷。确精扎布曾经质问：难道国际音标还加一个国际音标才能表示其读音吗？说的就是宽式标音的弊端。② 由此衍生出另一个缺点，不适用于准确描写蒙古语方言土语的细微差别。③ 不适用于在蒙古语族语言之间，以及阿尔泰语系诸语言之间进行比较，因为维吾尔语辅音分清浊，拿来同蒙古语宽式音标比较，就容易引起混乱和误解。其他依次类推。因此，字音标注符号和语音转写符号应各有侧重，对其各自的性质、任务和使用方法，还需要进一步深化认识。

、创造新文字及文字改革。这个问题直接涉及国家主权及标准语问题。在历史上，卡尔梅克和卫拉特同属一个方言，贝加尔湖的布里亚特和中国的布里亚特同属一个方言，但前者隶属俄罗斯联邦，因而有各自的标准语，并创造了新文字。蒙古国宣布独立后，废弃传统蒙古文，创造和使用了以斯拉夫字母为基础的新蒙文，标准音是乌兰巴托音。在革命年代，我们过多地强调了文字技术层面上的先进性，而忽略了文字（在历时和共时两个层面上的）超方言通行能力问题。由于使用不同的标准音和不同的拼音文字，历史上统一的蒙古语文社会分裂了，但这种分裂的真正原因是国家主权。一个民族及其语言共同体隶属不同的国家，就必须隶属并服从于那个国家的法律、社会发展需求和文化教育体系，从而需要制定各自的标准语、标准音和使用文字，其他人，即使是境外同一民族的独立国家，也无权干涉。

新中国成立后，内蒙古曾经掀起学习使用新蒙文的高潮，其潜在指向是用新蒙文逐渐替代传统蒙古文，但不久这个运动偃旗息鼓，传统蒙古文的使用地位却得以保持。因为当时中国政府提出"汉语拼音方案可以作为各少数民族创造和改革文字的共同基础"，并且要求"在字母的读音和用法上尽量跟汉语拼音方案取得一致"。有些少数民族前后创造了若干拼音文字，但很少能够通过中央政府的批准，因为政府担心"几十个民族大家各搞一套字母，这不仅对于各族人民之间的互相学习和交流经验是个障碍，而且印刷、打字、电报的设备势必各搞一套，对于各民族今后在文化教育方面的发展极其不利"。①维吾尔族曾经创造并使用以拉丁字母为基础的拼音文字，但后来还是恢复使用老文字，因为文字是文化传统和文化历史的一部分，文字的转换涉及最广泛的社会民众的知识储备、读写能力、荣誉和情感，不是想换就能换掉的。从此我们至少可以得到以下启示：一是文字创造和改革是国家主权、国家政治权利的一部分。二是违背社会民众利益和情感的文字改革，即使符合国家导向，也未必能够成功。三是文字改革必须选择恰当时机。文字改革的一个有利时机是民族历史的转折关头，如蒙古国、卡尔梅克、布里亚特等的文字改革是以社会革命为背景的。汉字改革，新中国成立前和成立后成绩截然不同。文字改革的另一个时机或条件是外来语言的竞争和压力小，语言接触和语言兼用程度低，没有来自其他文字体系的竞争和威胁。新疆的蒙古族为统一国内蒙古文，付出了巨大的情感代价和无私贡献。然而中国社会科学院有关专家的调查显示，对于卫拉特方言使用者而言，传统蒙古文读写分离，学习和使用非常难，这是部分卫拉特蒙古族将子女送汉族学校的一个重要原因，因为直接学习和使用汉文，同学习传统蒙古文相比，代价更低、更有使用价值。很多少数民族新文字推广不开的一个重要原因，也在于此，即新文字的学习代价大，且功能上竞争不过汉文。四是文字改革需要考虑成本问题。蒙古国曾经考虑恢复传统蒙古文。其潜在后果是：① 从总统到百姓都变成文盲，需要重新学习另一种新文字；② 从幼儿园到大学的所有教材、教参和辅助读物都需要改写，并从头培训教员或聘请外籍教员；③ 国家大众媒介的所有文字都要改革，出版印刷设备需要更新或引进；④ 图书馆、档案馆等的目录要重新编写；等等，代价非常巨大。当一个国家致力于国计民生，致力于经济建设时，尤其要考虑文字改革的这种代价是否值得，是否契合时机。创造文字和改革文字属于国家和民族的重大政治决策，因而必须首先通盘考虑国家、民族、社会、民众的根本利益，不能仅从文字的先进性和一时的热情出发。

---

① 周恩来：《周恩来选集》（下卷），人民出版社 1984 年版，第 288 页。

（2）词汇规范

标准语词汇规范的内容是：以基础方言词汇为主，兼收常见的方言词语、常见的古词语、熟语和常见的专门术语、借词等。

词汇的第一源泉是民众的语言，过去由于词汇调查方法和词典编撰方法落后，从活的语言抽取词汇的工作做得不够好。文学语言是语言生产力和词汇生产力的重要标志，文学语言一方面来自民众语言，一方面仰仗作家个人的创造和创新，另一方面还需要编辑出版部门的加工、提炼和规范。文学语言中适当使用方言词，可以加强文学的本土韵味和表现力，但必须加以规范和限制。语言是一个民族文化的传承和积累，因此语言词汇中适当保留那些历史沉淀下来的古词语、固定表达、谚语、熟语和历史语汇是必要的。

专门术语是语言词汇规范的一个重要方面。由于社会生产力发展迅速，大量的各种专业各种类型的名词术语像潮水般地涌来，给术语规范带来了极大的压力。由于蒙古族传统的生产结构不够完整，科学发展又相对滞后，因此蒙古语的很多现代名词术语是从其他语言翻译过来的。术语处理过程中的争论焦点在于：① 在术语来源上，译自外语还是译自汉语？② 在翻译方法上，音译还是意译？③ 在术语的处理上，偏重学术，还是照顾实用？经过多年实践，虽然有一些经验和倾向性做法，但还未来得及从理论和实践结合的角度进行系统的梳理。

科学技术术语，最好先借自汉语，参照源语意思，汉语没有的，再借自英语或源语言，因为无论在历史上，还是在今后，来自汉语的术语远多于外语。有人主张化学术语全部借自外语，从纯学术角度看，这样做也许有道理。但是国内蒙古族民众的外语水平不如蒙古国国民，外语借词又采取音译转写的原则，因而对于国内蒙古族使用者而言，音译的外语借词，一是难读，二是不解词根意思，理解起来困难。如从汉语意译，情况可能会好一些。在翻译方法上尽可能意译，这样有利于术语的民族化。名词术语对社会语言实践具有重大的指导意义，因此必须重实践，术语的翻译和公布要快，如果对某一术语讨论几年再公布，老百姓有可能直接借用汉语。在名词术语的积累和规范上，内蒙古语委、中央民族翻译局和民族出版社做了不少工作，民族出版社的松布尔巴图提出"术语的公布要快"、中央民族翻译局的萨仁主张"术语在词长上应尽可能简短"， 这些都是真知灼见，应及时加以总结和提高。

为缩短新名词术语的审定和发布周期，建议北京和内蒙古语文机构应有所分工。北京蒙古语文使用单位重点负责政治、经济、哲学、法律等涉及上层建筑的名词术语的审定和规范。为此可以成立一个相关术语审定委

员会，由中央民族翻译局、民族出版社、中央人民广播电台从事蒙古语文
实际工作的最高负责人组成，对有关术语，先在单位内取得一致意见，然
后在审定委员会会议上审核定稿。审定术语工作会议一年至少召开两次，
其中一次，可安排在中央"两会"结束后的一个月内进行，另一个可由术
语审定委员会视情况确定。术语审定委员会应开设网站或微信，一是用来
发布拟用术语方案，争取社会民众的意见，蒙古族社会人才济济，可以整
合并调动他们的智慧和才力；二是用来术语审定委员会内部或内蒙古同行
之间交换意见。名词术语的发布时间、发布主体和发布方式，应由内蒙古
和北京蒙古语文部门协商确定，并形成有法律约束力的正式文件，由内蒙
古自治区政府颁布施行。名词术语审定委员会应同国家有关部门建立纵向
联系并汇报工作，审定术语所用经费可以采用单独立项或作为专项经费向
国家有关部门申请调拨。

　　"未登录词"这一概念首先应用于自然语言数据处理。其中包括人名、
地名、机构团体名等一般词典不收录的词。蒙古语人名、地名用汉文转
写，必然涉及汉字选用问题，汉字是形声文字，音同字不同，意思也不
一样，身份证、护照、银行账号、档案、地图等都用汉字，因而出现蒙
古人名、地名汉字规范问题。这个问题涉及面广，需要从社会实践入手
逐步认识并加以解决。日本人曾经也遇到类似问题，但他们用罗马字母
拼写人名地名，解决了这个问题。人名、地名还有一个连写与分写的问
题。蒙古文外国地名人名一般采取姓、名分写，使用音译转写原则；汉
语人名采取按字分写原则；汉语地名一般采取按词合写原则，如有特例，
需要研究并找出规范方法。

　　词汇的规范和积累，体现在词典编撰工作中。《汉蒙词典》第三版收汉
字 12000 多条、汉语词语 16 万多条，①是一部优秀的汉蒙翻译词典。内蒙
古大学蒙古语文研究所编辑出版的《蒙汉词典》（增订本）收词近 5 万条，
②基本上能够反映新中国成立后到"文化大革命"后一个历史时期国内蒙古
语文词汇规范情况。除此之外，还出版了各种分类词典、术语词典、地名
人名词典、解释词典、新蒙古语词典、成语词典等，在蒙古语词汇的积累、
保存、使用和规范上取得了显著的成绩。

　　（3）语法规范

　　国内蒙古语最早的最具影响力的语法规范见于舍·罗布桑旺丹的《蒙

---

① 内蒙古自治区社会科学院蒙古语言文字研究所编：《汉蒙词典》，民族出版社 2005 年版。

② 内蒙古大学蒙古语文研究所：《蒙汉词典》（增订本），内蒙古大学出版社 1999 年版。

古语语法》，①和清格尔泰的《现代蒙古语语法》。②这两本书后几经修改、再版，奠定了新中国成立后内蒙古地区中小学蒙古语语法教学的基础。在那个时代，众多中小学教员和翻译工作者，结合自己的语文实践，撰写并发表不少论文和文章，这些作品学术水平可能不高，可能有这样或那样的问题，却大大促进了蒙古语语法知识的普及和中小学蒙古语文教学的健康、有序的展开。

　　1964 年内蒙大学蒙古语文研究所编写的《现代蒙古语》出版，这是 20 世纪五六十年代国内蒙古语研究的集大成者，是国内蒙古语语法的重要规范性文献。③其特点是：① 有明确的语言学理论指导；② 是以系统、细致的语言实地调查为基础的；③ 以编写者个人研究为基础，同时吸纳了当时国内外的重要研究成果；④ 是高等学校蒙古语专业现代蒙古语教材，因而体系完备、体例庞大。但是该教材在内蒙古师范教育系统、翻译编辑等实践性突出的行业影响力较小，甚至部分人对此教材有抵触情绪。对此笔者深感不解，进行了长时间的调查研究和分析，发现该教材有如下缺陷：① 具体语法和语言学概论的界限不很清楚，有些部分理论概念重复较多；② 科学语法和规定语法的界限不很清楚，着重学术研究，忽略了学校语法的示范性和规范性；③ 由于体例庞大，难以消化，对蒙古语文实践的指导性和实用性较低，其学习者适合于从事高等院校语文教学和研究工作，在中小学语文教育、翻译等实践领域优势不很突出。笔者询问中学教员他们对这部语法的看法，他们说："太难，把人给看糊涂了，而罗布桑旺丹的语法简单明了。"由此我们恍然明白，原来这些教员混淆了高等院校语法教材和中小学语法，因而对于他们来说，所有科学语法都是繁难的、讨厌的，他们需要的是语文实践所遵循的最简单的规则和几条实例。他们拜罗布桑旺丹为蒙古语语法的鼻祖，违背他的语法者，被视为叛逆，受到攻击和排挤。师范教育系统、翻译专科院校等培养的大部分是中小学教员、翻译、编辑等侧重语文实践的工作者，所以其教员的看法和情绪很接近中小学教员。1977 年出版哈斯额尔敦、那仁巴图编写的《蒙古语基础》，④ 1982 年出版那顺巴雅尔等编写的《现代蒙古语》，⑤后几经改编，成为全国高等院校《现代蒙古语》教材。上述几种教材基本上能够代表国内蒙古语语法教育和语法规范的重要成就，前者重研究，后者重教学，各有千秋。从早期的语法

①［蒙］舍·罗布桑旺丹：《蒙古语语法》，乌兰巴托，1949 年。

②清格尔泰：《现代蒙古语语法》，内蒙古日报出版社 1949 年版。

③内蒙大学蒙古语文研究所：《现代蒙古语》，内蒙古人民出版社 1964 年版，2005 年再版。

④哈斯额尔敦、那仁巴图：《蒙古语基础》，吉林人民出版社 1977 年 12 月版。

⑤那顺巴雅尔等：《现代蒙古语》，内蒙古教育出版社 1982 年 7 月版。

研究实践我们认识到：① 纯学术研究的科学语法和学校语法应当适当分工，没有科学语法及其研究实践，语言科学就难以进步，没有学校语法，语文教育就不能健康有效地开展；② 大学、中学、小学语法各有侧重，彼此不能简单重复，小学语文重范例，中学针对语言偏误导入实用语法，大学本科引进科学语法概念和方法，但语法教育仍然应该重语文实践。硕士以上阶段应该系统学习现代语言学的主要理论和方法，侧重语言和语言信息的科学处理和研究。现在的问题是，很多语言研究单位和教学单位不顾自身特点，不顾社会需求，一哄而起，不是热衷信息处理，就是追赶各种时髦理论，学校语文教学、教学方法和语法教育等社会应用研究受到冷落。内蒙古民族大学的王顶柱教授曾经提出大学蒙古语授课专业应展开横向合作，这一建议具有重要的实践意义和针对性。据此，综合性大学的蒙古语研究应继续跟踪学科前沿，培育和引进新的理论和方法；师范教育系统的蒙古语研究应面向社会应用和各级学校语文教学；社会科学院系统的蒙古语研究应兼顾科学研究和社会应用研究两个方面，但不同单位、不同的研究队伍应有不同的侧重，所有研究都必须面向社会，面向实际问题。

3. 标准语的养分来自方言

标准语是民族共同语的高级形式，但它的基础是方言，它不仅表现民族的共同生活，而且必须表现各方言群体丰富多彩的个性特点，不然它就无法成为民族共同语的基础。

首先，标准语的所有要素都来自基础方言，音系来自某个土语点，词汇、语法模板来自基础方言。

其次，标准语的活力来自方言，因为只有方言才是活态的自然语言，方言有活力并得到发展，标准语也能够保持活力并得到发展，方言消失，标准语就会消亡，文字也会变成死文字。

再次，标准语的丰富有赖于方言的滋养。语言的创造者和使用者是人民大众，他们在创造物质文明的同时，还在创造精神文明。语言是在文明的创造过程中丰富和发展起来的，因此任何语言的表现力都来自它的使用主体，来自主体所创造的物质世界和精神世界。没有方言就没有标准语，没有方言差异，就没有必要指定一个标准语，二者是对立统一体。民众使用的方言土语进入标准语的一个重要通道是文学语言。

最后，标准语的指定和施行是政府行为，因而国家政权一旦崩溃，标准语及其一系列标准、规定、规范也随之崩溃，但标准语基础以方言的形式留存，书面语以文献形式和语文教育形式留存，从而有可能成为下一个政权指定标准语的基础。国家和民族分裂，标准语及其书面语也有可能分裂，但方言能够保持其相对的稳定性，只不过其地位、角色有可能发生变化。

### 五　标准语和语言应用的关系

正因为标准语是高等级的语言，其使用范围受到限制，不能指望让百姓都讲标准语，不能因强调标准语而企图消灭方言。

标准语的功能在于其通用性，因而几乎涉及社会语言应用的方方面面。

1. 标准语是行政语言

作为行政语言，各级政府颁发的文献和施政语言都用标准语，其中包括公文和一般应用文，涉及面很广。喀喇沁旗档案中保存了大量的同朝廷和各盟旗之间的互文，以及民间诉讼、地契、借贷等文献。公文和一般应用文有特定的格式，一般由政府部门规范或随约定俗成，其格式在不同时代有不同的特点。

政府颁布的一切法律文献及诉讼程序都用标准语。使用多种语言文字的国家，在法律的制定和施行过程中针对特定民族成员提供特定的语言文字服务。犯人的政治、经济权利可能被剥夺，但使用语言文字的权利不可剥夺，法制上的语言文字平等，是人权的一部分，是法律公平的重要内容。政府一切行政和面向公民的一切宣政告知，都应该贯彻这一法制精神。

政府印章、标牌和市面语言都用标准语。印章标牌是权力和权利的象征，印章标牌使用何种语言文字，印章标牌语言文字的书写顺序等，代表施政民族的权力和尊严，须由政府明文规定。市面语言文字是公共服务的一部分，在多民族地区，都应该提供多语言文字的市面告示服务，它体现主体民族的权力地位和受众的平等地位。市面语言不仅在文字使用、书写位置上有明确规定，而且在文字的视觉效果上，也应该体现平等的原则。

中国蒙古族地区的政府行政语言实行双语制，在法律上蒙古语言文字具有主体地位，但在社会应用上汉语言文字占主导地位，蒙古族居民转用汉语的地区，政府施政均用汉语言文字。政府属于公共场所，因而政府使用汉语言文字的比率远高于其他社会领域。①

2. 标准语是媒体语言

广播、电视语言有两种形式：一种是标准语的书面语形式，编辑和视觉表现有特定要求；另一种是标准语的郑重口语形式，对声音、语速、咬字、节奏和播音员的形象有特殊的行业要求。播音员上岗前必须经过专门训练和测试。

对外播出的广播电视节目，则使用受众国家的标准语，但跨界民族的优秀广播电视节目对境外民族影响很大。电视连续剧《三国演义》的傣语

---

① 宝玉柱：《蒙古语喀喇沁土语社会语言学研究》，中国社会科学出版社 2015 年版，第 307 页。

版在泰国播出时,不仅老百姓爱看,一到播出时间,连政府官员都停止公务接待等一切应酬,去专心看《三国演义》。内蒙古的蒙古语电视连续剧,在外蒙古地区也有良好影响。广播电视语言是经过美化的有威望的语言,如果广播电视部门多办一些播音员或播音爱好者训练班,编写和出版系列教材,必将能够有力地推动标准语的普及。

报刊、出版、广告、说明的书面语使用标准语形式。由于电子出版和网络技术的发展,报刊、出版、广告、说明等的视觉文字形式也在迅速发展。蒙古文纸质和电子出版物的很多规范还有待认真研究。

邮政服务、通信、地图及地理标记等,原则上应该使用标准语及其文字。新中国成立后,对少数民族语地名采取音译原则,但正式出版的蒙古文地图很少。根据现有记录,康熙年间曾经出版了一部内蒙古各盟旗地图,最近有人在做这方面的尝试。街道、交通干线上的地理标记已注意到使用当地民族文字和汉字,但民族文字地理标记中遗漏、文字错讹不少,需要补充和规范。可能是出于行业垄断,邮政服务、通信服务很少使用少数民族文字,以致有人对此提起法律诉讼。通信地址用外文写的可以送达,用蒙古文写的就不送达,属于明显违法。

蒙古文编码及交换码是标准语规范的重要内容。其研究近年虽然取得了不少成绩,但编码不规范一直是一个问题,通行的编码有方正、蒙科立、赛音、蒙古文化、哈斯、内大智能、微软等,相互兼容性较差。蒙科立开发的蒙古文编码转换工具,[①]是一个有益的探索。但编码兼容和转换问题依然存在。国内最早对蒙古文编码进行系统研究的是确精扎布,[②]2000年国际标准化组织 ISO/IEC/ JTC 1/SC2 投票通过蒙古文编码国际标准。ISO 规定蒙古文编码国际标准应由中国、蒙古国共同制定,其中收入蒙古文、托忒文、锡伯文、满文、阿里咖喱文最基本的信息,包括字母、特有的标点符号和蒙古族独有的数字,以及必要的控制符,共 154 个码位。2001 年蒙古国把蒙古文编码指定为国家标准。[③]编码标准及转换问题的解决必将促进蒙古文互联网技术、电信技术和数据库技术的发展。

3. 标准语是教育语言

蒙古语标准语是蒙古语母语教育的首选语言,这是因为人对世界的认识是从母语开始的,蒙古语是蒙古族生来习得、与命相伴的语言。学校教育从文字教育开始,而文字教育必须克服各地的方言差异,语文教材必须

---

① 《蒙科立蒙古文编码转换工具》,国际/国家标准编码蒙古文全媒体字体开发技术——蒙文软件大全,http://www.delehi.com/cn/545.html。

② 确精扎布:《蒙古文编码》,内蒙古大学出版社 2000 年版。

③ 吴金星:《蒙古文编码国际标准》,吴金星的博客,http://blog.sina.com.cn/altanodo。

有通用性。掌握语言文字的各种规范，包括语音、词汇、语法，需要系统地学习，学校语文教育是实现这一目标的理想场所。

实现以上目标的一个重要步骤，是在蒙古族语言文字授课学校中坚持用蒙古语母语进行教学，其中包括语文教学和专业教育。最理想的民族教育，是在学校教育中用本民族语言文字进行各类专业教育，没有本民族语言文字的专业教育，或专业教育中转用其他语言文字的教育，是一种（历史上形成的）不完整的民族教育，或者叫作（面向未来的）转型过渡的民族教育。用本民族语言文字进行的专业教育是民族生产力和社会分工发达的标志，也是将民族教育同民族的生产生活联系起来的关键措施。语文能力是人的认知、思维、表达和交际能力的基础，需要经过多年的学习、积累和实践，掌握母语文能力，并在此基础上的人的社会化和专业化，是民族语言得以保护、使用和发展的根本条件。

4. 标准语是文学语言的基础

蒙古语文学艺术研究成果的出版需要使用标准语。民族的文学语言是民族共同语的基础，是一种规范化、艺术化、精细加工的语言，标准语的规范贯穿文本创作、编辑、修改、校对、印刷和出版整个过程中，每个环节都有每个环节的规范内容，很多规范标准是明文规定的。用蒙古文编写的各类教材、科技书籍、儿童读物和其他类出版物的语言文字，尽管体例和受众不同，但语言文字的标准化加工要求大体相似。

电影、电视剧、话剧、戏剧语言主要使用标准语的口语形式，出于表达需要，可以使用方言土语，但仍然需要选择和规范。某些地方戏剧、民间说唱艺术、特定演出和个性化的艺术创作等，可以使用方言土语，在艺术创作领域，标准语和方言不能截然分开。近年，科尔沁籍作家群对蒙古语书面文学的发展做出了突出贡献，他们的创作语言是标准的文学语言，但在生活中，他们使用科尔沁方言；电视台播音员播出新闻时使用标准语，但她（他）们在家庭和社会生活中很难用这种腔调一本正经地同人说话，在英国，用这种腔调说话的人被讽刺为"傻瓜"。看来即使是一个人，标准语和方言各有各的使用场域，都是可以兼用的，更何况普通百姓。

蒙古语各类术语规范和词典编写是文学语言形成并发展的重要条件，也是标准语规范的重要手段。标准语的规范内容，包括文字、语音、词汇、语法、修辞等，都用字词典的形式予以公布出版，供社会遵从和使用。

## 六　标准语实践和学术研究的关系

研究标准语有明确的应用目的，因而不能陷入纯学究式研究的巢穴。标准语的指定和施行是政府行为，是一种政治决策，既然是决策，涉及人和人的利益，就需要谨慎、科学，需要有良好的学科研究基础，要求法理和学理有机结合。

国家语言规划对标准语的指定、施行和规范都有一套法律法规和指导性政策，蒙古语标准语学术研究和实践应遵从国家的有关规定。可以灵活引进和学习他国的学术研究和经验，但不能生搬硬套，不能干涉他国语言文字的使用和主权。

为保障政府决策的科学性，对标准语涉及的一切语言现象和社会问题都需要进行系统细致的调查研究。但这种研究不能陷入无节制的长时间的争论，必须保障政府对相关问题及时做出决策，这一点与一般学术研究有所不同，以前往往被忽略。如政府决策有误，可以在适当时机进行纠正，在决策—再决策过程中应坚持实践第一的原则。

政府决策是一种社会管理和社会服务，因而标准语的研究必须面向社会、面向民众、面向实践，不能将私利和集团利益凌驾于国家、社会和民众利益之上，不能坐而论道，不顾实际，不能试图将个人见解强加给学界和政府，不能以门派之见挑起学派纷争，从而影响和干扰政府决策和标准语的应用推广。

# On the Several Key Issues of the Mongolian Standard Language

Bao Yuzhu

**Abstract:** At present, there are some bias against Mongolian language understanding and it's management, including the nature of the standard language and it's subject, the relation of the standard language and standard dialect, the relation of the standard language and written language, the relation of the standard language and it's variety of dialects, the relation of the standard language and language use, the relation of the language practice and language research and so on,　which are need to be reconsidered and discussed.

**Key words:** Mongolian Language; Standard Language; Dialects

（通信地址：100081　北京《中央民族大学学报》编辑部）

# 孟高棉语次要音节结构及其语音演变

陈国庆

【提要】孟高棉语言中大都具有"次要音节 + 主要音节"的语音结构形式，文章对孟高棉语次要音节概念的产生缘由、与次要音节相关联的术语、次要音节的语音结构特点及类型等方面进行考察；运用历史比较语言学方法，揭示孟高棉语次要音节具有简化、脱落、与主要音节合并、与主要音节衍变为两个音节的联绵词等由繁到简的语音演变模式；从语音历史演变层面讨论孟高棉语言之间的亲属关系，并提供了材料与研究思路。

【关键词】孟高棉语　次要音节　语音演变

## 一　引言

在东亚语言的历史比较研究中，音节一直处于核心的地位，音节在东亚语言研究中具有无可替代的重要位置。包拟古（1980）指出："由于音节能够最好地说明音系结构，所以选择音节作为基本单位是恰当的。长期以来，音节一直被看作描写汉语的基础。它在藏缅语中也是同等的重要，这不仅因为它是音系的单位，同时也因为它是主要的形态单位。"[①]中国民族语言的音节类型与汉语相比，显得尤为复杂。由此，民族语言学专家提出了不同的音节类型的问题。

## 二　次要音节概念

在东亚许多语言中，除了典型的音节以外，还有一种"次要音节"的音节类型，音节类型可分为次要音节与主要音节两种类型，在南亚语系孟高棉语言中尤为典型。

最早提出次要音节这一术语的是国外学者 H. L. Shorto（1960）："要描写崩龙语的单词，必须区分两种音节类型，我们分别称其为**主要音节**（major syllable）和**次要音节**（minor syllable）。我们可以理解主要音节式含有一个

---

① 包拟古：《原始汉语与汉藏语》（1980），潘悟云、冯蒸译，中华书局 1995 年版。

元音的音节，而次要音节除了一个两辅音之间添加的元音外，不包含其它元音，这个添加的元音记音符号采用 ə 表示。"①

H. L. Shorto 认为，一个次要音节包括：（1）一个辅音声母，（2）或有一个辅音韵尾。一个增加的元音，用记音符号 ə 来表示。一般出现在起首辅音之后。除了一小部分借词例外，所有的崩龙语单词毫无例外地都包括一个主要音节，其前可以带有一个或两个次要音节。若用（Ma）表示主要音节，用（Mi）表示次要音节，则可能有如下的音节结构②：

| 单音节（Ma） | 例如： | taʔ "编织" |
| 双音节（MiMa） | 例如： | kərtaʔ "舌头" |
| 三音节（MiMiMa） | 例如： | rəkərtaʔ "梭子" |

### 三　与次要音节相关联的术语

对于次要音节的概念、形式和分类问题，国内外学者在不同的时期，或在研究不同的语言过程中，则有着不同的概念与认知。

3.1　一个半音节词

James A.Matisoff（1973）："原始南亚语曾拥有可以叫做'一个半音节'的结构，语素的长度曾是'一个音节加上半个音节'的长度。也就是说，元音前面的辅音之间还常常加上一个'声母之前的'辅音。如在现代柬埔寨语词 psaa '市场'、tkiam '下巴'、ckaɛ '狗'、knaok '孔雀'。但这些辅音不同于汉藏语的前缀，汉藏语的前缀通常不稳定，容易消失掉，而这些声母前辅音目前在孟高棉语中保存完好。"③

James A.Matisoff 把由次要音节和主要音节组成的词叫作一个半音节的词（sesquisyllabic word）。Matisoff 把这"一个半音节"中的"**半音节**"叫作**前置辅音**（pre-initial consonant），这是由于"半音节"专指出现在词根前，且其韵母失去音位价值的弱化音节，它的音系功能实际上等同于一个辅音，这主要是从音系角度考虑，表明次要音节的韵母没有任何功能负载，故称它们为**前置辅音**。④

3.2　词头、一般音节（主要音节）、附加音节（次要音节）

国内民族语专家，一般把次要音节或叫作**词头**，或叫作**弱化音节**，或

---

① H. L. Shorto, Word and Syllable Pattern in Palaung H.L.SHorto Bulletin of the School of Oriental and African Studies, University of London, Vol.23, No.3 (1960), p.545.

② Ibid., p.553.

③ James A. Matisoff, Tonogenesis in Southeast Asia.Consonant types and tone,Larry M.Hyman (ed.), Southern California Occasional Papers in Linguistics N.1, pp.71-95, July 1973.

④ Ibid.

前加音。罗季光（1957）在对佤语的音节结构分析中指出，在岩帅话词的结构中，具有诸如 si、tɕi、dzi、ri、la、pa、ta、ka、ʔa 等**词头**，这些词头一般位于主要音节之前。词头 si 的元音，经常是含糊的，不太固定的高元音，其他如：tɕi、dzi、ri、la、pa、ta、ka、ʔa 等的元音，始终只在轻读的场合出现，根本难断定它原来应该是什么音[①]。罗文中对次要音节的定位是一个词头，主要是从构词平面进行解释的。

王敬骝、陈相木（1981）指出佤语的音节可分为两类，一类是**一般音节**，或可称为主要音节；另一类是**附加音节**，或可称为**次要音节**。其中，在佤语中，一般音节具有较简单的一定的形式，便于用声、韵（和调）的办法来说明它们的结构。**附加音节**（次要音节）并不发达，表现为弱化音节[②]。

### 3.3　前置音、前加成分、前缀

黄同元、王敬骝（1994）文中认为，佤语的**前置音**系统比较简单；一般音节跟汉语以及我国南方其他少数民族语言一样，具有较简单的一定的型式……前置音，国外同行或称为次要音节，国内同行或称为**前加成分、前缀**，在佤语中则称为前置音或前置的次要音节。[③]

在王敬骝、陈相木、黄同元等人的相关著作中，提出前置音与前缀或前加成分，是两个既有关联又有区别的概念。前置音是从语音结构的平面进行描述，而前缀或前加成分则是从语法结构的平面进行描述。

### 3.4　弱化音节

在国内的藏缅语中，也有类似或相当于次要音节的语音结构类型，并广泛存在于藏缅语中。国内的藏缅语专家一般把这类语音结构或叫作"**词头**"（孙宏开，1980）[④]，或叫作"**前加成分**"（孙宏开，1982）[⑤]，或叫作"**弱化音节**"（藏缅语语音和词汇编写组，1991）[⑥]。

弱化音节是藏缅语族部分语言中比较重要的一个语音现象，它与语音演变、词的结构都有一定的关系。藏缅语中的弱化音节分两类，一类是前弱化音节，另一类是后弱化音节。前弱化音节是指多音节的单纯词或复合词，从听觉上感到比别的音节弱、短，声调类似于汉语的轻声，这就是弱化音节。由于它出现在整个词的前部，故称为前弱化音节。

① 罗季光：《岩帅卡佤语音位系统》，1957 年油印稿。

② 王敬骝、陈相木：《佤语岩帅话的音位系统》，《民族学报》1981 年第 1 期。

③ 黄同元、王敬骝：《佤语概述》，载《佤语研究》，云南民族出版社 1994 年版。

④ 孙宏开：《门巴、珞巴、僜人的语言》，中国社会科学出版社 1980 年版。

⑤ 孙宏开：《独龙语简志》，民族出版社 1982 年版。

⑥ 《藏缅语语音和词汇》编写组：《藏缅语语音和词汇》，中国社会科学出版社 1991 年版。

藏缅语中有相当多的语言有这类前弱化音节，如在景颇语支的景颇语、独龙语、怒语等；缅语支的缅语、阿昌语、载瓦语等；羌语支的多数语言都有比较丰富的弱化音节。

藏缅语弱化音节具有如下特点：

（1）其发音特征主要表现在元音和声调上，元音音色不如非弱化音节清晰，声调一般读轻声，整个音节读得轻而短，但可以有高低的区别。

（2）弱化音节可以出现于任何单辅音中，但不出现于复辅音中。

（3）由实词变化来的弱化音节，在声韵母上都要发生一定的变化。其中韵母变化有一定的规律性，一般来说，出现在弱化音节中的单元音，要比该语言中的单元音范围窄得多，往往是辅音后面的一个自然元音，例如，以舌面音为声母的弱化音节中多半用 i，其他部位用 ə（ɯ）或 a。有时带韵尾的实词变为弱化音节时，韵尾要发生脱落现象。[①]

## 四　孟高棉语次要音节特点与类型

### 4.1　次要音节语音特点

王敬骝、陈相木（1984）对德昂语的次要音节特点做了如下的分析论述："主要音节大多单独有意思，可以独立运用；有的则要加上次要音节，才有意思，并成为一个可以独立运用的语言单位。次要音节一般不能独立存在、独立运用，只有纯粹的构词作用。有的也具有一定的词汇意义和语法意义。单独说一个次要音节时，人们一般不会知道是什么意思，它必须和主要音节在一起，才有意思，并成为一个可以独立运用的语言单位"[②]。

在语音方面，孟高棉语主要音节一般可以重读，声、韵分明，而次要音节通常轻读。次要音节的声母辅音如果是与主要音节声母同部位的鼻音，其元音失去，鼻音自成音节。在其他的辅音情况下，则带一个弱化元音，音色伴随辅音声母而有不同，很难断定它原来是什么元音，通常也把这类次要音节称为弱化音节。

在讲究字数整齐的民歌、韵语中，次要音节有时算一个字，有时不算一个字。以德昂语为例次要音节算为一个字：

| siam | | rai raˇɯ, |
| 邋惹氏（刘姓） | 呆 | 邋惹呆， |
| kaɯ | m̩ˊpoˇʔ。 | |
| 敲 | 锅盖 | 敲锅盖。 |

① 《藏缅语语音和词汇》编写组：《藏缅语语音和词汇》，中国社会科学出版社 1991 年版。

② 王敬骝、陈相木：《崩龙语硝厂沟话的音位系统》，《民族调查研究》1984 年第 4 期。

ja˘ɯ　　　ma ro˘ʔ,

看见　　癞蛤蟆　　　　　　　　　看见蟾蜍，

k´tr̆p　krŭ̆p。

趴　　　拜　　　　　　　　　　　趴着拜。

共四句，每句三字，第二句的次要音节 m̥´和第四句的次要音节 k´都是算为一个字的。

又如以下的两句 k´ʔa˘ɯ "格厄调"：

ma˘i　mu˘h　he˘　n´ro˘ŋ　gaɯ　ha˘uʔ,

你　　是　　树榕　　砍　　折而未断　　　　妹是榕树人已砍，

ma˘i　mu˘h　he˘　dzu˘ŋ baŋ　bla˘uʔ　ʔun.

你　　是　树　菩提　　轻砍　　留下刀痕　　　妹是菩提人想伐。

字数整齐，每句七个字，对仗工整，"榕树"对"菩提树"，名词对名词；"砍"对"轻砍"，动词对动词；"折而未断"对"留下刀痕"，形容词对形容词。上句 n´ro˘ŋ 一词中的次要音节 n´也是算为一个字的。

次要音节不算为一个字：

ʔu　　ble˘　　m´ga

一　　果子　　麻利加　　　　　　　　　　咱数一，麻利加

ʔa　　ble˘　　k´moi

二　　果子　　鼻涕果　　　　　　　　　　咱数二，鼻涕果

ʔoi　　ble˘　　gluan

三　　果子　　南瓜　　　　　　　　　　　咱数三，老南瓜

m´phuan　ble˘　　m´ma˘n

四　　　果子　　李子　　　　　　　　　　咱数四，得李子

共四句，每句三个字。在这里，第一句的次要音节 m´，第二句的次要音节 k´，第四句的次要音节 m̥´和 m´，都是不算为一个字的。

4.2　次要音节类型

从语音结构分析，孟高棉语次要音节是一个非重读、弱化的音节，它通常居于主要音节（词根）之前。一般有两类：一类是自成音节的鼻音，它们通常出现于主要音节（词根）的声母为其同部位的辅音之前。另一类是辅音声母后带有弱化元音，此弱化元音始终是以轻读、弱化的形式出现，其读音含糊不清，且不太稳定，其可以读成 ə，也可以读成 a、i、u 等。

次要音节在音节中的标写，对于前一种能自成音节的鼻音，文中采取与后面的词根连写，但中间用"´"符号隔开；第二种带有弱化元音的次要音节，采取省去弱化元音，只标出辅音声母或弱化元音后面的辅音韵尾，然后与词根连写，中间用"´"符号隔开。（文中，柬埔寨语的次要音节，则

参照其实际读音进行标写。）

### 4.2.1　柬埔寨语次要音节类型

柬埔寨语的次要音节十分丰富，从语音结构上看，主要有两种：一种是音首辅音后带一个弱化元音 ə 或 ɔ 的次要音节；在柬埔寨语中，此类型次要音节一般是由可出现在音首的单辅音或是带 r 的复辅音后带弱化元音 ə 或 ɔ 组成，如下所列：

| pə | pə di | 丈夫 | phə | phə daup | 拥抱 |
|----|-------|------|------|----------|------|
| prə | prə ʔɔp | 盒子 | bə | bə bɔk | 云 |
| bhə | bhə ŋia | 爱人 | brə | brə hɔn | 傲慢 |
| tə | tə baŋ | 纺织 | thə | thə nam | 草药 |
| trə | trə kɔŋ | 支撑 | də | də de | 空、空的 |
| dr | drə gau | 通俗 | rə | rə biaŋ | 走廊 |
| lə | lə lai | 涨 | kə | kə dam | 蟹 |
| khə | khə saui | 虚弱 | gə | gə gruk | 发霉的 |
| ghə | ghə niap | 钳子 | grə | grə hia | 家、屋子 |
| mə | mə kut | 王冠 | nə | nə nial | 倒伏、躺下 |
| ɲə | ɲə ɲɤt | 犹豫、支吾 | cə | cə cɔk | 豺 |
| crə | crə muh | 鼻子 | chə | chə ŋaŋ | 香 |
| sə | sə rup | 概括、总共 | ʔə | ʔə bat | 出现、发生 |

另一种是音首辅音除了后带一个弱化元音之外，在弱化元音后面还带有一个鼻音辅音。弱化元音一般是 ɔ、ɯə、u，其中 ɔ 音位出现比较多；而出现在弱化元音后面的鼻音辅音，一般是 m、n、ŋ、ɲ 等其中一个，如下所列：

| pɔm | pɔm ruŋ | 计划、打算 | pɔn | pɔn dup | 房间 |
|-----|---------|-----------|------|---------|------|
| pɔɲ | pɔɲ cɔp | 漂亮 | pɔŋ | pɔŋ kɔ | 开始 |
| bɔm | bɔm nɯŋ | 窝棚 | bɔn | bɔn lĭc | 沉、浸 |
| bɔŋ | bɔŋ rɔɛt | 分隔 | tɔm | tɔm lai | 价格 |
| tɔn | tɔn drɔm | 跺脚 | tɔŋ | tɔŋ kiap | 剪子 |
| dɔm | dɔm nup | 水坝 | rɔm | rɔm ŋɔəp | 杀 |
| lɔm | lɔm hɔ | 开、打开 | sɔm | sɔm pɛt | 细、小 |
| sɔn | sɔn chŭŋ | 平坦 | sɔɲ | sɔɲ cai | 征服、胜 |
| sɔŋ | sɔŋ kat | 地区 | kɔm | kɔm phɛŋ | 城、围墙 |
| kɔn | kɔn sai | 后、后面 | kɔɲ | kɔɲ chɔl | 跳 |
| gɔm | gɔm bi | 圣经 | cɔm | cɔm nai | 浪费 |
| cɔn | cɔn lɔh | 空间 | cɔŋ | cɔŋ cac | 闪光 |

| cɔŋ | cɔŋ ka | 下巴 | ˀom | ˀom bu | 家庭 |
| ˀɔn | ˀɔn dat | 舌头 | ˀɔŋ | ˀɔŋ ceh | 如此 |
| ˀɔŋ | ˀɔŋ kam | 糖 | | | |

### 4.2.2 克木语次要音节类型

从语音结构上看，克木语的次要音节分为两种，一种是自成音节的鼻音，主要有 m̥、n̥、ȵ̥、ŋ̊ 等。如下所列：

| m̥ | m̥´put | 云 | m̥´braŋ | 马 |
| n̥ | n̥´tăˀ | 尾 | n̥´tar | 晒 |
| ȵ̥ | ȵ̥´dʑal | 轻 | | |
| ŋ̊ | ŋ̊´kur | 风 | ŋ̊´kar | 黄鼠狼 |

另一种是辅音声母后带有弱化元音的，主要有：pə、pəl、pər、pən、pəŋ、tə、təl、tər、təm、təŋ、tɕə、tɕəl、tɕəm、tɕən、tɕəŋ、kə、kəl、kər、kəm、kən、lə、ləm、rə、rəl、rəm、rəŋ、sə、səl、sər、səm、sən、səŋ、hə 等。如下所列：

| pə | p´tɤˀ | 火烟 | p´nɤr | 翅膀 |
| pəl | pl´dɔh | 炸裂 | pl´dăk | 腿 |
| pər | pr´lŏŋ | 门 | pr´gai | 使还 |
| pən | pn´dʑɛp | 风骚 | | |
| pəŋ | pŋ´gup | 扑，伏 | | |
| tə | t´ŋar | 骨髓 | t´gok | 一种鸟 |
| təl | tl´gok | 蒂，把儿 | tl´tĕk | 断 |
| tər | tr´laih | 街，集市 | tr´lɤi | 泥鳅 |
| təm | tm´pɤr | 斑鸠 | tm´kah | 岔 |
| təŋ | tŋ´ner | 平坡 | tŋ´gaˀ | 树枝 |
| tɕə | tɕ´lɔŋ | 船 | tɕ´pum | 放屁 |
| tɕəl | tɕl´gai | 感冒 | tɕl´hel troŋ | 小舌 |
| tɕəm | tɕm´brɔˀ | 男人 | tɕm´dɔn | 小拃 |
| tɕən | tɕn´leh | 玩耍 | tɕn´draih | 雷 |
| tɕəŋ | tɕŋ´khrɔˀ | 蛋壳 | tɕŋ´leh k´dah | 眉心 |
| kə | k´maˀ | 雨 | k´tam | 螃蟹 |
| kəl | kl´meˀ | 糖 | kl´ˀĕk | 腋 |
| kər | kr´nɔn | 双胞 | kr´suiŋ | 蕨 |
| kəm | km´m̥ak | 痰 | km´pɔn | 头 |
| kən | kn´sah | 炭 | kn´dreˀ | 杵 |
| lə | l´vaŋ | 天上 | l´ŋaˀ | 苏子 |

| ləm | lm´daŋ | 茄子 | | |
| rə | r´na | 田 | r´maŋ | 富 |
| rəl | rl´ral | 闪电 | rl´ˀil | 燕子 |
| rəm | rm´m̥al | 三瓣果 | | |
| rəŋ | rŋ´dɔŋ | 梯子 | rŋ´gai | 弹回 |
| sə | s´kăm | 针 | s´pa | 背篓 |
| səl | sl´ŋɛk | 镯子 | | |
| sər | sr´ˀeŋ | 想念 | sr´maˀ | 病 |
| səm | sm´ˀmai | 舒服 | | |
| sən | sn´ʥɛh | 碗 | sn´drut | 跌倒 |
| səŋ | sŋ´vaˀ | 蜘蛛 | sŋ´kloi | 项圈 |
| hə | h´ˀuˀ | 臭 | h´ˀɤ̃m | 暖 |

### 4.2.3　德昂语次要音节类型

从语音结构上看，德昂语的次要音节分为两种，一种是自成音节的鼻音，主要有：m̥、n̥、n̠̥、ŋ̊ 等，它们通常只出现于词根声母为其同部位的辅音之前，如下所列：

| m̥´ | m̥´pa | 桥栏杆 | m̥´phiă ˀ | 签子 |
| | m̥´ba | 马鹿虱 | m̥´ma | 一窝 |
| n̥´ | n̥´teŋ | 路 | n̥´thăi | 犁具 |
| | n̥´ɗiŋ | 扣子 | n̥´nǒˀ | 是满 |
| n̠̥´ | n̠̥´ʨǒˀ | 织布之综 | n̠̥´ʨhiăp | 门闩 |
| | n̠̥´ʥa | 驮架 | n̠̥´ɕap | 是打哈欠 |
| ŋ̊´ | ŋ̊´kom | 板栗 | ŋ̊´khim | 薄荷 |
| | ŋ̊´gia | 香椿 | ŋ̊´ŋăuh | 价钱 |

另一种是声母后带弱化元音的；主要有：mə、nə、ʨə、kə、ˀə、sə、hə 等，如下所列：

| mə | m´piŋ | 漫平 | m´măh | 随便敲敲 |
| | m´ɗi | 念珠 | m´na | 簸箕 |
| nə | n´pai | 豆子 | n´m̥iau | 红橺树 |
| | n´veŋ | 长臂猿 | n´tŭ | 梁上短柱 |
| ʨə | ʨ´puan | 僧人 | ʨ´bǒ | 英雄 |
| | ʨ´řǒ | 小和尚 | ʨ´ʨiau | 丑 |
| | ʨ´jăn | 发抖 | ʨ´gɛ | 伙头 |
| kə | k´piˀ | 粘贴 | k´ba | 掌 |
| | k´faŋ | 灰 | k´tˈɪ̄ŋ | 肚脐 |

|  | kʻn̥a | 中间 | kʻl̥ɔi | 翻滚 |
|--|--|--|--|--|
|  | kʻn̻a | 官 | kʻjǒŋ | 抬起 |
| sə | sʻpa | 高粱 | sʻma | 种子 |
|  | sʻtŏ | 上衣 | sʻda | 尾巴 |
|  | sʻla | 裤子 | sʻtɕom | 一撮 |
|  | sʻŋa | 水清 | sʻglŭh | 流产 |
| hə | hˀa | 老二 | hˀoi | 老三 |
| ʔə | ʔˊvɔ̌ŋ | 黑狗 | ʔl̥ɔ̌k | 明智者 |
|  | ʔˊsăh | 阉过的公猪 | ʔˊphrŭh | 膀胱 |

### 4.2.4　布朗语次要音节类型

从语音结构上看，布朗语的次要音节分为两种，一种是自成音节的鼻音，主要有 m̩、n̩、n̻、ŋ̍ 等。如下所列：

| m̩ | m̩ˊpɤ⁴⁴ | 唱歌 | m̩ˊphak³⁵ | 刀鞘 |
|--|--|--|--|--|
|  | m̩ˊmat⁴⁴ | 一束 | m̩ˊm̩ot¹³ | 使干净 |
|  | m̩ˊfap³⁵ | 馋 | m̩ˊvan⁴⁴¹ | 地块 |
|  | m̩ˊploik³⁵ | 挣脱 | m̩ˊphlat³⁵ | 分散 |
| n̩ | n̩ˊtɔŋ³⁵ | 头 | n̩ˊthap³⁵ | 以掌打 |
|  | n̩ˊni³⁵ | 一种树 | n̩ˊn̩om³⁵ | 搞好 |
|  | n̩ˊlɛk³⁵ | 腋 | n̩ˊsat³⁵ | 梳子 |
|  | n̩ˊlut³⁵ | 滑脱 |  |  |
| n̻ | n̻ˊtɕiŋ⁴⁴¹ | 线 | n̻ˊtɕhak⁴⁴ | 铲一下 |
|  | n̻ˊnaŋ⁴⁴¹ | 拎、提 | n̻ˊn̻ol³⁵ | 跪 |
|  | n̻ˊçɤp³⁵ | 打谷扇 | n̻ˊjɤm⁴⁴¹ | 杀、使死 |
| ŋ̍ | ŋ̍ˊkiŋ³⁵ | 打盹 | ŋ̍ˊkhut³⁵ | 豪猪 |
|  | ŋ̍ˊŋɤm³³ | 低头、俯身 | ŋ̍ˊŋ̊am³⁵ | 脏 |
|  | ŋ̍ˊχal̩³⁵ | 晒台 | ŋ̍ˊhal³⁵ | 竹篾 |
|  | ŋ̍ˊkhχaŋ⁴⁴¹ | 使争夺 | ŋ̍ˊkhvan³⁵ | 使撒 |

另一种是声母后带弱化元音的次要音节，一般有：pə、tə、tɕə、kə、phə、sə、lə 等，其中以 kə 最为常见。如下所列：

| pə | pˊsɔŋ³⁵ | 老 | tə | tˊkuŋ⁴⁴¹ | 高粱 |
|--|--|--|--|--|--|
| tɕə | tɕˊpui³⁵ | 影子 | kə | kˊjat³⁵ | 鸡冠 |
| phə | phˊjat⁴⁴ | 病 | sə | sˊtuŋ³⁵ | 南冬寨 |
| lə | lˀal³⁵ | 二 |  |  |  |

### 4.2.5　佤语次要音节类型

从语音结构看，佤语的次要音节分两种类型。第一种是声母后带有一个简单的弱化元音，主要有 si、tɕi、dʑi、ri、la、pa、ta、ka、ʔa 等音节。其中以 si 为最常见，其他的均不多见，只有极少的几个字。如下所列：

| si | si ŋai ʔ | 太阳 | si be ʔ | 衣服 |
| | si daiŋ | 非常 | si dai ʔ | 八 |
| | si mau ʔ | 石头 | si khɔi | 蓑衣 |
| | si jɛ ʔ | 老天爷 | si ʐa | 饥饿 |
| | si mɛ | 种子 | si vɛ ʔ | 门 |
| tɕi | tɕi kua | 天花 | tɕi mau ʔ | 梦 |
| dʑi | dʑi lu | 漏斗 | dʑi rah | 蛙 |
| ri | ri pɔn | 四 | ri hɔ | 光秃秃 |
| la | la lhek | 钢铁 | la puk | 一种鼠 |
| pa | pa ʔau | 布朗族 | pa ti ʔ | 什么 |
| ta | ta tɤ | 蚕豆 | | |
| ka | ka man | 骨髓炎 | ka kau | 裸体 |
| ʔa | ʔa kɛ ʔ | 啊哟 | | |

第二种是在弱化元音之后还有带有 -ŋ、-k 等韵尾，在佤语中这种类型的次要音节极少，该弱化元音通常标做 a，如下所列：

-ŋ　　tɕaŋ klat　滑倒　　　-k　　　lak liaŋ 开玩笑

如前所列，从现代孟高棉语的语言实际现状中，可以看出柬埔寨语、克木语、德昂语、莽语等语言的次要音节比较丰富，其语音结构比较复杂；而布朗语、佤语的次要音节则已经相对贫乏，语音形式已经比较简化。在次要音节语音结构形式的保存层面，这些孟高棉语言之间存在一定的差异，这说明它们从原始孟高棉语分化之后，在现实的语料中依然分别保存原始孟高棉语不同历史时期的语音形式，这是孟高棉语言所特有的语言特征。

## 五　孟高棉语次要音节的语音演变模式

对于次要音节语音演变规律的研究，王敬骝、陈相木（1982）《西双版纳老傣文五十六字母考释》一文认为，在西双版纳老傣文字中所反映的一些语音现象，许多在壮侗语中无法解释的语音现象，可在现代孟高棉语中得到验证与合理的解释。该文通过对孟高棉语与壮侗语近一千个词的比较，发现它们之间有着严整的语音对应规律，指出孟高棉语次要音节具有：简化、脱落、与主要音节合并、与主要音节衍变为联绵词等语音演变情况。[1]

---

① 王敬骝、陈相木：《西双版纳老傣文五十六字母考释》，《民族学报》1982 年第 2 期。

如前所述，在现代孟高棉语的语言实际现状中，我们可以看出柬埔寨语、克木语、德昂语等语言的次要音节比较丰富，其语音结构比较复杂；而佤语、布朗语、克蔑语的次要音节则相对比较少，语音结构已经简化。在此基础上，我们通过对这些语言语音形式的差异进行比较，从语言材料层面验证了孟高棉语次要音节结构具有简化、脱落、与主要音节合并、与主要音节衍变为联绵词等语音演变模式。

5.1 次要音节简化

| 柬埔寨语 转写 | 柬埔寨语 现读音 | 佤语 读音 | 词义 |
|---|---|---|---|
| kn´dup | kɔndo:p | si do | 蚱蜢 |
| k´pit | kbɤt | si puɯt | 抹、抚摸 |
| kr´pau | krəbau | si pau² | 麻、缆皮 |
| kh´mɔtɕ | khmaoc | si muik | 坟墓 |
| tɕh´ŋaj | cɔmŋa:y | si ŋai | 远 |
| tɕh´ʔɯŋ | ch²ɤŋ | si ²aŋ | 骨头 |
| dzm´lɔh | cùmlùəh | si lɔh | 吵闹 |
| dzh´mɔh | chmùəh | si mɔt | 提起、念叨 |
| t´mah | tmah | si mah | 吵架 |
| th´ŋai | thŋay | si ŋai² | 太阳、日 |
| th´bal | thpɔəl | si ba² | 颊 |
| th´mo | thmɔ: | si mau² | 石头 |
| d´var | tvì:ə | si vɛ² | 门 |
| ²bŋ´gɔl | bɔŋkò:l | si gu | 桩、柱 |
| pr´dah | prətɛəh | si dɑɯh | 碰见 |
| pr´mat | prəmait | si vuat | 脾、胰 |
| ph´ʔum | ph²o:m | si ²um | 腐烂 |
| b´bok | pəpɔ:k | si mɔk | 云、雾 |
| rm´bat | rùmpɔət | si vɛt | 鞭子、鞭打 |
| sŋ´ʔon | sɔŋ²on | si ²u | 暖和 |
| sm´ŋatɕ | sɔmŋa:c | si ŋauŋ | 清、清澈 |

| 德昂语 | 佤语 | 词义 |
|---|---|---|
| ṇ´da | si dai² | 八 |
| n´²o | si ²o | 橡子 |
| tɕ´jǎn | si jauŋ | 发抖 |
| k´mǎh | si mah | 相打 |

| k´ˀaŋ | si ˀa̠ŋ | 骨 |
|---|---|---|
| 克木语 | 克蔑语 | 词义 |
| l´mɔk | a mɔk⁵³ | 炮 |
| l´ŋaˀ | a ŋaˀ²⁵³ | 苏子 |
| r´vai | a vai³¹ | 老虎 |

### 5.2　次要音节脱落

| 柬埔寨语 | 柬埔寨语 | 佤 语 | 词义 |
|---|---|---|---|
| 转写 | 现读音 | 读音 | |
| kn´taŋ | kɔntaŋ | taŋ | 箩 |
| kn´lɔŋ | kɔnlaoŋ | lɔŋ | 寨围 |
| km´detɕ | kɔmtɛc | tɯik | 揉、研 |
| km´rai | kɔmray | rau | 利润 |
| km´put | kɔmbot | pit | 断、秃 |
| k´tam | kda:m | ta̠m | 蟹 |
| kr´vat | krəvat | vɛn | 缚、系 |
| k´ˀom | k´ɔ:m | ˀɔ̠m | 瓮 |
| kh´mut | khmu:t | mɔ̠t | 蛀虫 |
| kh´mɔtɕ | khmaoc | moik | 精灵、神 |
| tɕm´ruŋ | cɔmro:ŋ | rɔŋ | 柱 |
| tɕm´naj | cɔmna:y | nai | 浪费 |
| tɕr´muh | crəmoh | mɯh | 鼻子 |
| tɕ´vɛ | cvae | vai̠ | 划船 |
| tɕ´nam | chnam | num | 年 |
| ˀdmˀnam | dɔmnam | nu̠m | 植株 |
| tm´lai | tɔmlay | lai | 价格、生意 |
| t´pal | tbal | pɔ̠ | 臼 |
| th´ŋur | thŋo: | ŋia | 呻吟 |
| th´nal | than:l | na | 秧田、田 |
| th´mɤr | thmaə | mɤ | 时候 |
| d´dar | təti:ə | dia | 平坡 |
| ˀbŋ´kon | bɔŋko:ŋ | ko̠ŋ | 虾 |
| ˀbm´be | bɔmpè: | pɛ | 哄 |
| ph´ɲiaw | phɲiəv | ɲ̠o | 客人 |
| ph´duh | phtùh | tauh | 爆炸 |
| bn´ɳa | phɲì | ɳa | 魁首 |

| bnˈlah | pùənlɛəh | lɛh | 剥皮 |
| bˈbɛ | pəpɛ: | peʔ | 山羊 |
| bmˈnuɯŋ | pùmnuɯŋ | nuɯŋ | 凭、依 |
| rnˈdoh | rùəntɛəh | tuih | 雷击 |
| rˈlɛm | rəlɛm | lɔm | 尖、锋利 |
| lˈŋo | lŋɔ: | ŋɛʔ | 苏子 |
| srˈŋut | srəŋɔ:t | ŋut | 忧郁、沉默 |
| srˈmɔtɕ | srəmaoc | muɯik | 蚂蚁 |
| ʔnˈlɔŋ | ʔɔnlùəŋ | luŋ | 平掌、洼地 |
| 德昂语 | 佤语 | | 词义 |
| ņˈthăi | thai | | 犁具 |
| ŋ̍ˈkriʔ | krit | | 磨子 |
| nˈŋa | ŋɛʔ | | 芝麻 |
| kˈthɛŋ | thiaŋ | | 互相辩论 |
| 克木语 | 克蔑语 | | 词义 |
| snˈtĕh | teʔ35 | | 碗 |
| pˈsuɯm | sɤm35 | | 种植 |
| sˈnat | nat13 | | 枪 |
| sˈtɕaŋ | tɕaŋ11 | | 大象 |
| hˈʔeʔ | seʔ53 | | 柴火 |
| tɕˈʔaŋ | aŋ31 | | 骨头 |
| pˈteʔ | theʔ53 | | 土 |
| kˈdŏŋ | tham35 | | 蛋 |
| sˈluŋ | nɔŋ35 | | 池塘 |
| kˈtɔt | dut35 | | 抽（水） |

## 5.3 次要音节合并

### 5.3.1 类似汉语反切的合并

次要音节为一个简单的辅音，合并时类似汉语的反切，次要音节的辅音声母与主要音节的韵母相切成为一个音节。例如：

| 柬埔寨语 转写 | 柬埔寨语 现读音 | 佤语 读音 | 词义 |
| t́ pan | tba:ɲ | taiŋ | 纺织、编织 |
| t́ pok | tbɔ:k | tɔk | 敲、打 |
| sˈban | spɔən | san | 铜 |
| 德昂语 | 佤语 | | 词义 |

| m̩´pran | man | 缅族 |
| r´ʔaŋ | raŋ | 岩石 |
| kʰɔi | kɔi | 小米 |

次要音节为复辅音的，与其后的主要音节韵母相切。或以复辅音为声母，或以复辅音中的第一个辅音作声母，例如：

| 柬埔寨语 | 柬埔寨语 | 佤语 | 词义 |
| 转写 | 现读音 | 读音 | |
| gr´ɲi tɕ | krəɲèc | krɯik | 压榨 |
| tɕr´paitɕ | crəbac | tɕaik | 掐 |
| tr´kul | trəko:l | tun | 家族 |
| dr´nom | trənùm | dum | 姜木、砧 |
| pr´vik | prəvɤk | pet | 凫、鸥 |

次要音节为辅音之后还有鼻音韵尾的，与其后的主要音节韵母相切。或以音首辅音作声母，或以音尾鼻音作声母。

以音首辅音为声母，例如：

| 柬埔寨语 | 柬埔寨语 | 佤语 | 词义 |
| 转写 | 现读音 | 读音 | |
| km´latɕ | kəmlaːc | kaik | 胆怯、害羞 |
| dm´luh | dumluh | doh | 通 |
| sm´ʔleh | səmleh | sᶢeh | 割断喉管、阉 |

以鼻音韵尾为声母，例如：

| 柬埔寨语 | 柬埔寨语 | 佤语 | 词义 |
| 转写 | 现读音 | 读音 | |
| kn´del | kɔntèːl | ne̱ | 席子 |
| km´bul | kɔmpùːl | mɔ | 顶、山顶 |
| dʑŋ´goŋ | cùəŋkùəŋ | ŋoŋ | 膝盖 |
| ʔdn´loŋ | dɔnlɔːŋ | noŋ | 亲家 |

### 5.3.2　一般的合并类型

比较容易看出，例如：

| 柬埔寨语 | 柬埔寨语 | 佤语 | 词义 |
| 转写 | 现读音 | 读音 | |
| km´hak | kəmhaːk | ghak | 唾沫、痰 |
| k´ŋo | knɔː | gɔʔ | 鹬、啄木鸟 |

| 克木语 | 克蔑语 | 词义 |
| m̩´brăŋ | paŋ⁵⁵ | 马 |

| m̩ˊboˀ | mɔi³¹ | 黄牛 |
|---|---|---|
| m̩ˊmeˀ | meᶻ⁵³ | 新 |
| rŋˋkɔŋ | nɔŋ³¹ | 山 |
| tm̩ˊmɔŋ | a ɕim¹³ | 指甲 |
| tm̩ˊblɤt | pɤt³³ | 咽 |
| km̩ˊm̩̆ŭt | hut³¹ | 闻 |
| pr̩ˊgai | sai³¹ | 还（东西） |
| tɕn̩ˊtlɤŋ | kɤŋ⁵⁵ | 角 |
| m̩ˊpiar | a pha³⁵ | 簸箕 |
| n̩ˊtak | thak³³ | 舌头 |
| n̩ˊtăˀ | thaᶻ⁵³ | 尾巴 |
| n̩ˊduˀ | thuᶻ⁵³ | 洞 |
| ŋ̍ˊkam | kham³¹ | 糠 |
| rŋˋkoˀ | a khoᶻ⁵³ | 米头 |
| km̩ˋpoŋ | khiŋ⁵⁵ | 头 |

### 5.3.3　次要音节演变为 h 后再合并

| 柬埔寨语 转写 | 柬埔寨语 现读音 | 佤语 读音 | 词义 |
|---|---|---|---|
| kn̩ˊdɯŋ | kɔndɤŋ | hiŋ̠ | 铃 |
| km̩ˊsot | kɔmsɔt | hot̠ | 穷 |
| k̩ˊŋan | kŋaːn | han̠ | 鹅 |
| tɕ̩ˊput | cbɔːt | phuɯ̠t | 抹、抚摩 |
| kr̩ˊȵam | krəȵam | ȵhim̠ | 爪、甲 |
| tɕm̩ˊbuk | cɔmpùːk | phuk̠ | 一部、一本 |
| tɕr̩ˀlom | crəlɔm | lhɔŋ̠ | 弄错 |
| tɕhˊkar | chkaː | gha̠ | 芟除、干活 |
| ʥhˊŋuj | chŋùy | ȵhuɯ̠i̠ | 香味 |
| ˀdŋ̍ˋhɔj | dɔŋhaoy | ŋhau̠ˀ | 通知 |
| tm̩ˊruj | tɔmroy | rhɔi̠ | 痕迹 |
| ˀbm̩ˊbroŋ | bɔmprɔːŋ | bhɔ̠ŋ | 清香 |
| s̩ˊŋap | sŋaːp | ȵhap̠ | 打呵欠 |
| s̩ˊpɛk | sbaek | hak̠ | 皮、革 |
| sr̩ˊmɤl | srəmɤːl | mhai̠ˀ | 鸡虱 |
| srup | sroːp | rhuɯ̠p | 吸、喝 |
| slak | slaːk | lhak̠ | 标、桩 |

| sluuk | sly̆k | lha² | 叶 |
| s´va | sva: | vha² | 猴子 |

### 5.3.4 减音合并

| 德昂语 | 佤语 | 词义 |
| m̩´prɔ̆ŋ | bruŋ | 马 |
| n̩´ta² | da | 焙、晒 |
| n̠´tɕɔ̆ŋ | dʑuŋ | 一套（衣服） |
| ŋ´khruŭŋ | ghruuŋ | 筛子 |
| ŋ´him | ŋhim | 指甲 |

### 5.4 次要音节与主要音节衍变为两个音节的联绵词

| 柬埔寨语<br>转写 | 柬埔寨语<br>现读音 | 佤语<br>读音 | 词义 |
| d´da | tətì:ə | tak ta | 鹧鸪 |
| d´duj | tì:tùy | kat rui | 猫头鹰 |
| n´nial | nənìəl | nak na | 躺 |
| b´bok | pəpɔ:k | sɔm mɔk | 云、雾 |
| kh´suɯp | khsɤp | sup siap | 耳语 |

| 克木语 | 克蔑语 | 词义 |
| k´tai | kă̆t⁵³tai¹³ | 兔子 |
| k´tɕɛ | kha²⁵³tɕɛ³⁵ | 锁 |
| kl´me² | kɔ³⁵mɛ²⁵³ | 甘蔗 |
| kl´²ak | nok⁵³ak³³ | 乌鸦 |
| kl´²ĕk | ku³¹kɛk⁵³ | 腋下 |
| kl´me² | mɛ²⁵³tɔn³¹ | 糖 |

### 小结

在东亚语言的历史比较研究中，音节一直处于核心的地位，音节在东亚语言研究中具有无可替代的重要位置；因此，对民族语言音节类型的研究，是东亚语言历史比较中重要的研究内容，同时，在研究思路上也是一种创新与尝试。

在孟高棉语中大都具有"次要音节+主要音节"的语音结构形式，在孟高棉语实际现状中，由于语言历史演变的条件不同，各语言在音节结构形式上存在一定程度的差异，如：柬埔寨语、克木语、德昂语等次要音节比较丰富，语音形式保留得比较完整；而佤语、布朗语、克蔑语的次要音节则已经相对贫乏，形式上已经比较简化。基于此，考察孟高棉诸语言实际语料中所存在的差异，找出相关的关系词进行比较研究，可以找出孟高棉语次要音节的语音演变规律，从语音历史演变层面进一步论证柬埔寨语、克木语、德昂语、佤语、布朗语、克蔑语等语言之间的亲属关系。

## 参考文献

陈国庆:《柬埔寨语佤语前置音演变初探》,《民族语文》1999 年第 4 期。

陈国庆:《克木语研究》, 民族出版社 2002 年版。

陈国庆:《克蔑语研究》, 民族出版社 2005 年版。

陈国庆:《孟高棉语人称代词的形态特征》,《民族语文》2005 年第 6 期。

陈相木、王敬骝、赖永良:《德昂语简志》, 民族出版社 1986 年版。

李道勇、聂锡珍、邱锷锋:《布朗语简志》, 民族出版社 1986 年版。

罗季光:《岩帅卡佤语音位系统》, 1957 年油印稿。

马学良:《汉藏语概论》, 北京: 民族出版社, 2003 年。

潘悟云:《汉藏语中的次要音节》,《中国语言学的新拓展》, 香港城市大学, 1999 年。

孙宏开:《门巴、珞巴、僜人的语言》, 中国社会科学出版社, 1980 年。

孙宏开:《独龙语简志》, 北京: 民族出版社, 1982 年。

王敬骝、陈相木:《佤语岩帅话的音位系统》,《民族学报》1981 年第 1 期。

王敬骝:《佤语研究》, 昆明: 云南民族出版社, 1994 年。

王敬骝、陈相木:《西双版纳老傣文五十六字母考释》,《民族学报》1982 年第 2 期。

王敬骝、陈相木:《崩龙语硝厂沟话的音位系统》,《民族调查研究》1984 年第 4 期。

颜其香、周植志:《佤语简志》, 北京: 民族出版社, 1984 年。

《藏缅语语音和词汇》编写组:《藏缅语语音和词汇》, 中国社会科学出版社, 1991 年。

包拟古:《原始汉语与汉藏语》, 潘悟云、冯蒸译, 中华书局, 1995 年。

H. L. Shorto (1960), Word and Syllable Pattern in Palaung H.L.SHorto Bulletin of the School of Oriental and African Studies, University of London, Vol.23, No.3 (1960), pp.544-557.

Philip N.Jenner (1978), Mon-khmer Studies VII.USA: Hawaii University Press, 1978, pp.183-200. The syllabic and morphological structructrue of Cambodian words, by Karnchana Nacaskul.

James A.Matisoff (1973), Tonogenesis in Southeast Asia.Consonant types and tone, Larry M.Hyman (ed.), Southern California Occasional Papers in Linguistics N.1, pp.71-95, July 1973.

# Mon-Khmer languages Minor syllable and Phonetic evolution

## Chen Guoqing

**Abstract**: The phonemic pattern of a reduced minor syllable plus a full syllable is very common among Many Mon-Khmer languages. The paper will mainly focus on this phonemic pattern, introducing a group of related jargons, investigating the features and typological characteristics of this pattern. Adopting a method created by historical-comparative linguists, the paper will explain how the minor syllables are simplified and reduced, how they are combined with the major syllables to consist a two-syllable noun or a verb. Furthermore, the paper will offer a useful view on the kinship between different Mon-Khmer languages and provide solid evidences on this topic.

**Key words:** Mon-Khmer Languages; Minor Syllable; Phonetic Evolution

（通信地址：100081　中央民族大学中国少数民族语言文学学院；中国社会科学院民族学与人类学研究所）

# 新常态下我国少数民族语言生态研究*

冯广艺

**【提要】** 探讨新常态下我国少数民族语言生态问题是创建中华民族和谐共存的语言生态环境的重要任务。新常态下研究我国少数民族语言生态对于提升语言学科的研究活力，正确处理好语言研究中的各种关系等都具有很高的学术价值。社会生态环境给少数民族语言生态研究创造了条件，以往的少数民族语言研究给少数民族语言生态研究提供了借鉴，语言和谐共存给少数民族语言生态研究提出了挑战。研究少数民族语言生态，要深入少数民族地区，做好田野调查工作，了解少数民族语言生态的基本特征及其发展演变趋势，关注少数民族语言使用现状，准确把握少数民族语言的生态位，制定相应的语言生态对策，弄清少数民族母语使用者的语言态度，尊重他们的语言权利，聚集一批敢于攻坚的学术队伍。

**【关键词】** 新常态　少数民族　语言生态

当下，我国经济社会发展进入了新常态。新常态给我国的经济社会注入了活力，也给我国少数民族语言生态研究带来了勃勃生机。新常态下，思考如何研究我国少数民族语言生态，探讨少数民族语言生态现状及其发展演变，构建良好的少数民族语言生态系统，创建中华民族和谐共存的语言生态环境，是语言工作者神圣的使命。本文从新常态下我国少数民族语言生态研究的意义、机遇和路径等方面论述我国少数民族语言生态研究的相关问题。

## 一　新常态下我国少数民族语言生态研究的意义

我国境内的语言约有 129 种，分属汉藏语系、阿尔泰语系、南岛语系、南亚语系和印欧语系。新中国成立后，国家推行正确的语言文字政策，尤其是施行了《中华人民共和国语言文字法》和《民族区域自治法》，我国少

---

* 基金项目：教育部人文社会科学重点研究基地重大项目"黎语生态研究"（14JJD740012）。

数民族语言生态呈现出较好的语言生态环境。现阶段，由于社会主义生态文明建设和国家构建社会主义核心价值观体系的需要，研究少数民族语言生态必然具有重要的现实意义。首先，研究少数民族语言生态具有提升语言学科研究活力的学术价值。过去我们对少数民族语言研究注重对语言内部系统进行深入细致的描写和分析并取得了巨大成功，相应地对社会生态环境、对语言生态环境的影响、对民族语言生态系统等研究不多。《中国少数民族语言简志丛书》的基本写法是先简单地介绍某一少数民族的基本情况（如人口分布、地域分布、地理文化等），然后主要描写某一少数民族语言内部的语音、词汇、语法系统，前者虽然涉及语言所依存的社会环境，但语焉不详，所占篇幅很少，后者是主体，描写也非常具体、全面。研究少数民族语言生态问题，就是用语言生态学的理论和方法探讨少数民族语言生态系统，探讨少数民族语言生态与社会生态环境的关系，研究语言接触所引起的语言生态的各种变化。语言生态学（也称"生态语言学"）是一门新兴的实用性强、富有活力的学科，它对研究少数民族语言生态问题具有很强的解释力，无疑提升了语言学科的整体研究活力。其次，研究少数民族语言生态，处理好四个关系即共时描写与历时比较的关系，单一语言研究与不同语言比较研究的关系，语言本体研究与非本体研究的关系，借鉴与创新的关系，对我们正确地认识少数民族语言生态研究的理论并付诸实践，具有很强的指导意义。[1]（1）共时描写与历时比较的关系。社会生态环境是一个变量，语言生态也是一个变量，它们之间是"共变"关系，研究少数民族语言生态仅用共时描写是不够的，必须将共时描写和历时比较结合起来。如有的少数民族语言在历史上曾是语言活力很强的语言（如满语），在语言生态系统中，具有很显要的生态位，而到了当今，却演变成为即将消亡的濒危语言了。这类语言的语言生态问题，如果没有把共时和历时结合起来进行研究，就不可能找出它们从盛到衰、从强到弱甚至濒危消亡的真正原因。（2）单一语言研究与不同语言比较研究的关系。研究少数民族语言生态，应该认识到，我国的语言生态系统是一个复杂庞大的系统，把一种民族语言放在这个系统中进行语言生态研究，自然会考虑到这种民族语言与其他语言的关系了。例如，在我国语言生态系统中，谈到语言接触问题，我们至少会遇到少数民族语言同汉语的接触、少数民族语言之间的接触、少数民族语言内部各方言的接触等现象，在频繁的语言接触中，语言生态的变化是复杂多样的，有的语言在接触中语言活力变强了，有的语言变弱了，语言替换、语言转用、语言兼用、双语、多语等现象都

---

[1] 戴庆厦：《正确处理民族语言研究中的四个关系》，《河北师范大学学报》2006 年第 2 期。

会不同程度地发生，一句话，语言生态发生了改变，这些仅从单一语言上孤立地研究是远远不够的，必须将不同语言放在语言生态系统的框架内进行比较研究才能说明问题。（3）语言的本体研究与非本体研究的关系。语言本体研究是指对语言体系内部语音、词汇、语法等问题的研究，在我国语言学研究领域里一直是研究的重点，语言的非本体研究是指与语言相关的问题研究，包括语言与社会、语言与民族、语言与生活、语言与应用、语言与生态等方面的研究，戴庆厦先生在这方面给我们做出了榜样。如除了在少数民族语言本体方面研究成果丰硕之外，他对社会语言学的研究、对濒危语言的研究、对语言和民族关系的研究、对双语问题的研究、对民族语言文字政策的研究、对语言教育的研究等，都取得了显著的成果。（4）借鉴与创新的关系。语言研究贵在创新，研究少数民族语言生态是一个新课题，我们一方面要借鉴国内外先进的语言学理论，学习老一辈学者的治学精神和治学方法，另一方面在新常态下应有新作为和新担当，要开辟一条研究少数民族语言生态的新路子。

## 二　新常态下我国少数民族语言生态研究的机遇

### 2.1　社会生态环境给少数民族语言生态研究创造了条件

现阶段，和谐社会的进一步推进、生态文明建设的逐步深化和社会主义核心价值观的深入人心，给我们研究我国少数民族语言生态，构建良好的语言生态环境创造了最佳氛围。和谐社会的基础之一是语言和谐，良好的语言生态环境是生态文明建设的题中应有之义，而和谐、文明则是社会主义核心价值观的重要内容。在开放的社会环境下，由于经济建设和社会发展的需要，汉语与民族语言之间、民族语言与民族语言之间、民族语言与外语之间的接触越来越频繁，语言生态环境也会发生急剧的变化。著名语言学家戴庆厦先生指出："中国的语言，处在各民族语言相互接触、相互影响的生态环境中，其发展既有语言的分化，又有语言的融合，两者交融一起难以分清。"①戴先生所说的各民族语言相互接触、相互影响的生态环境正是现阶段少数民族语言生态环境的显著特征，也是我们研究少数民族语言的新视野。语言接触会带来语言的一系列变化，会对语言的功能和结构等产生重要影响。以黎语为例。黎语是黎族人民的母语，主要分布在我国的海南省。海南省黎语的生态环境在改革开放前后有着显著的不同。改革开放前，由于四面环海的独特地理环境，黎族人民与外界接触较少，黎族社会基本处于比较封闭的状态，黎语与岛外的其他语言（包括汉语普通

---

① 戴庆厦：《中国少数民族语言文字研究》，导言，民族出版社 2012 年版，第 5 页。

话等）的接触相对较少，因而黎语的生态环境是一种受外界影响较少、独自运用、独自发展的面貌，黎族人民运用自己的母语进行族内交际，兼用其他民族语言的人并不多。正如欧阳觉亚、郑贻青两位先生根据20世纪50年代的黎语调查编著而成的《黎语简志》一书所指出的那样："除琼中东部靠近万宁和琼海两个县的部分地区和白沙县西北部靠近儋县的部分地区有少数黎人使用汉语外，其余各地的黎族居民都用黎语作为主要的交际工具。"①改革开放以来，尤其是海南建省和海南国际旅游岛创建以来，海南黎族人民的经济社会生活发生了巨大的变化，黎语的生态环境也随之发生改变，他们与外界的联系增多了，黎语与其他语言的接触更加密切了，黎族人民使用黎语的情况也发生了改变。2007年出版的《中国的语言》在《黎语》部分（郑贻青执笔）中说："琼中东部靠近万宁县和琼海县的部分地区和白沙县西北部靠近儋县的部分地区，以及陵水县东部和南部一些地区的部分黎族群众已转用汉语方言海南话。居住在保亭、三亚、琼中、陵水等县的黎族一般都兼通汉语海南话。方言间人们可以用黎语交际，也可以用海南话交际。……21世纪以后，随着海南的进一步开放，外来人口不断增加，黎族操普通话的人越来越多，黎族地区正朝着双语制的趋势发展。"②郑先生所说到的黎族地区发生的语言接触、语言转用、语言兼用和双语现象等正是黎族社会生态环境的变化给黎语生态带来的变化。这给我们研究黎语语言生态带来了良机。从理论上讲，语言接触使少数民族语言使用者在语言态度、语言选择等方面发生了改变，而随之出现了语言替换（语言转用）、语言兼用、语码混用等现象，而从民族语言整体上看，语言濒危、语言衰变等也不可避免。美国语言生态学家萨利科科·萨夫温说："生态环境是语言演化和形成中不可忽视的重要因素。""一门语言的演化通过个体使用者以及他们的话语和习语得以推动，同时在各种个体语共存的情况下，由生态作用于变异。"③从黎语社会生态环境及其变化的角度研究黎语生态及其发展是切实可行的。

2.2　以往少数民族语言研究给少数民族语言生态研究提供了借鉴

以20世纪50年代我国少数民族语言大调查为代表的我国少数民族语言研究，其基本模式大致可以概括为以田野调查为基础，以单一的少数民族语言为研究对象，以民族语言本体为核心，描写其语音、词汇和语法体系。这方面的代表性成果是《中国少数民族语言简志丛书》等。现在看来，

---

① 欧阳觉亚、郑贻青：《黎语简志》，民族出版社1980年版，第1页。

② 孙宏开、胡益增、黄行：《中国的语言》，商务印书馆2007年版，第1338页。

③ ［美］萨利科科·萨夫温：《语言演化生态学》，商务印书馆2012年版，前言第11页，正文第171页。

当时取得巨大成功的经验有几点：一是国家和政府相关部门高度重视少数民族语言研究，把少数民族语言研究当作国家大事来抓，当时在国家经济尚不宽裕的情况下，组织大批人力物力，分成 7 个调查队，深入民族地区，开展少数民族语言大调查。二是一大批专家学者以调查研究少数民族语言为己任，具有吃苦耐劳、勤恳奉献、严谨治学、勇于创新的可贵精神。如著名语言学家戴庆厦先生当年还是个年轻人，随第 3 调查队深入哈尼族、景颇族聚居区，与少数民族同胞同吃同住同劳动多年，这种多年如一日的融入式调查研究，使戴先生成为景颇语、哈尼语研究的权威专家，也使我国对这些少数民族语言的研究得到世界同行专家的认可。三是讲究科学方法，强调协作精神。当时为了做好大调查工作，组织了全国性的语言调查培训，特别注重国际音标记音训练，要求语言调查者应掌握描写语言学的理论，掌握田野调查的方法，搞好民族关系，搞好调查者与被调查者的关系，搞好调查队成员之间的关系，充分体现协作精神。四是精益求精，旨在推出精品。20 世纪 50 年代的语言大调查是一项重大工程，《中国少数民族语言简志丛书》是这项工程"打磨"出的学术精品。我们看到这套丛书从 20 世纪 50 年代语言大调查开始到"文革"结束后陆续出版，其中每一部著作都是调查团队、编著者少则几年、多则几十年辛勤耕耘、精心打造的佳作，至今还是研究语言学的学者案头必备的参考书。它告诉我们，学术研究，尤其是少数民族语言研究是一项长期的艰苦的工作，需要沉下心来，坚持不懈，绝不能心浮气躁，观望不前。我国少数民族语言生态研究，除了继承这种语言本体研究的优良传统之外，还要重点研究：第一，少数民族语言的外在生态和内在生态。萨利科科·萨夫温认为研究语言演化生态学，"不光要关注一种语言所涉及的社会经济环境和人种环境（其外在生态［external ecology］）……还要关注语言系统在变化前及（或）变化中各个语言单位和规则相互共存现象背后的本质（其内在生态［internal ecology］）。……外在生态和内在生态在决定一种语言的演化轨迹方面都具有重要作用。"[①]第二，少数民族语言使用主体。人是决定语言生态环境的主要因素，少数民族语言使用主体即少数民族母语使用者，他们的语言态度、语言选择、语言能力等是决定一种少数民族语言能否生存、能否保持语言活力，发挥交际功能的关键。在《语言生态学引论》中，我们强调人在构建良好的语言生态环境中的作用，指出："人是语言的运用者、操作者，人类社会中不同的民族都有自己不同的语言，语言是民族的标志，也是民族的凝聚物。一个民族的语言如果在语言生态系统中失去了它应有的位置，

---

① ［美］萨利科科·萨夫温：《语言演化生态学》，商务印书馆 2012 年版，第 216 页。

它可能会消亡，可能会出现濒危等情况。这是语言生态系统中的一种常见现象，固然有其深刻的政治、社会、文化等原因，但起关键作用的是人。例如一个国家对自己的全民共同语的规范、对官方语言的选择、对记录语言的符号系统的选定等，都是人为的因素在起作用。"①

2.3　语言和谐共存给少数民族语言生态研究提出了挑战

我国语言政策的目的是语言的统一性和多样性相结合，是我国各民族之间的语言和谐共存。国家在推广普通话的同时，允许地方方言的存在和发展；国家把汉语普通话作为全民共同语的同时，也鼓励少数民族使用和发展本民族的语言和文字。这种语言政策为我国的语言和谐共存提供了优越的条件，也是我国建构良好的语言生态环境的肥田沃土。

少数民族语言之间的和谐关系是现阶段我们研究少数民族语言生态的一个重点。语言与语言之间，不论是强势语言还是弱势语言，不论是使用人数多的语言还是使用人数少的语言，不论是兴盛的语言还是衰变甚至濒危的语言，都应该是平等的，语言平等原则是我处理民族语言关系最重要的原则。在研究少数民族语言生态时，我们应该运用这条原则指导具体的语言现象的分析和评价，绝不允许歧视弱势语言，歧视使用人数少的语言，歧视衰变语言和濒危语言。

少数民族语言之间的和谐共存关系是现阶段我们研究少数民族语言生态的一个难点。我们应该看到，我国有一些少数民族语言已经濒危，还有的语言处于衰变之中。"赫哲语、满语、普标语、义都语、苏龙语、仙岛语等，使用人数已不足百人。如今使用人口在千人以下的（上述六种以外）有 15 种。这些都是'濒危语言'。""在我们民族平等语言平等的社会主义国家，语言的消失不会是由于人为的压制；但是一种语言的消失，终归是一种社会文化形态的消失，抢救濒危语言也是当前我们能做和应该做的一项紧迫任务。"②

## 三　新常态下我国少数民族语言生态研究的路径。

既关注语言本体的研究，也重视语言生态环境的研究。研究语言本体，注重揭示语言结构体系内部的语音、词汇、语法特征和规律，是我国少数民族语言研究的优良传统，也是我国少数民族语言研究的成就所在。从语言的发展上看，语言是随着社会的发展而发展的，社会生态环境的变化，必然会给语言带来变化。因此，弄清社会生态环境及其对语言的影响是非

---

① 冯广艺：《语言生态学引论》，人民出版社 2013 年版，第 139 页。

② 孙宏开、胡增益、黄行：《中国的语言》，王均序，商务印书馆 2007 年版，第 2—3 页。

常必要的。21 世纪以来，不少学者做过这方面的尝试。如周国炎先生的《仡佬族母语生态研究》一书研究已处于濒危状态的仡佬语的生态环境，提出保护仡佬语，维护民族语言文化多样性的主张。熊英的《土家语生态研究》一书同样以濒危语言为研究对象，力图从土家语的语言生态方面探讨该民族语言的保护和发展等问题。濒危语言、衰变语言是世界语言发展演变中的一种易发现象，这些现象的产生虽然跟语言的内部结构有联系，然而更多地与语言的生态环境以及这种生态环境带来的语言功能的变化、语言活力的增减和语言使用者的语言态度及使用人数等有密切关系。

研究少数民族语言生态，要深入民族地区，做好田野调查工作。

20 世纪 50 年代的语言大调查的经验告诉我们，做好田野调查工作是少数民族语言研究成功与否的关键。可以说，没有扎实的少数民族语言田野调查，就没有《中国少数民族语言简志丛书》，就没有学术精品。关在书斋里闭门造车，不做基本的田野调查工作，是无法取得少数民族语言生态研究成果的。戴庆厦先生指出："只有通过田野调查，才能真正体会语言是什么。语言在实际生活中发生变化，不到群众中接触语言，就不可能真正理解语言的存在和变化。一个有作为的语言学家，对语言要有感性和理性两方面的认识，如果缺少感性认识，理性认识就没有根基；如果只有感性认识而没有理性认识，认识的层次就得不到升华。田野调查是语言学家获得感性认识和理性认识取之不尽的源泉"。戴先生是这样说的，也是这样做的。几十年来，他深入少数民族地区，进行田野调查不少于 50 次，成果丰硕，即使现在他 80 岁高龄，还常常奔波在田野调查的第一线，我们应该学习戴先生这种"活到老，学到老，工作到老"的精神。

研究少数民族语言生态，要了解民族语言生态的基本特征。不同的少数民族语言有着不同的语言生态特征，即使是同一种少数民族语言，内部也可能会有若干种方言，方言与方言之间也会有不同的语言生态特征。如黎语具有鲜明的语言生态特征，黎语内部的五个方言的生态特征也有差异。由于黎语主要分布在海南省，从宏观上看，海南岛四面环海，具有独特的地理环境，新中国成立前黎语受岛外语言的影响较小，这一方面有利于黎语的传承、保护；另一方面也使黎语相对封闭，与岛外语言的接触相对少一些，由此引起的语言生态变化也相对小一些。从微观上看，黎语内部的五个方言（哈、杞、美孚、本地、加茂）中，使用人数多少不等，与外界接触程度不同，语言内部系统也有差异（加茂方言与其他四种方言差异较大），各方言的语言活力、语言功能等也有强弱之分。了解了这些情况，我们研究黎语生态就可以根据其生态特征有的放矢，真正弄清黎语及其方言的语言生态面目，以免漫无边际，盲目行事。①

　　研究少数民族语言生态，要重点关注现阶段少数民族语言使用现状及其发展演变趋势。近年来，很多语言学家在研究语言本体的同时，把视野投向语言生态研究，他们特别重视对少数民族语言使用现状和发展演变等的研究并取得了丰硕的研究成果。戴庆厦先生和他带领的研究团队以少数民族语言的"点"为研究对象，在对"点"进行"融入式的田野调查"的基础上，采取"解剖麻雀"的方法，揭示现阶段少数民族语言使用中出现的新情况、新特点、新规律，可以看作研究少数民族语言生态的佳作。如《中国濒危语言个案研究》（民族出版社 2004 年版）、《中国少数民族语言文字应用研究》（云南民族出版社 2000 年版）、《基诺族语言使用现状及其发展演变》（商务印书馆 2007 年版）、《阿昌族语言使用现状及其演变》（商务印书馆 2008 年版）、《云南蒙古族喀卓人语言使用现状及其演变》（商务印书馆 2008 年版）、《构建多语和谐的语言生活》（民族出版社 2009 年版）《云南山乡彝族语言使用现状及其演变》（商务印书馆 2009 年版）、《西摩洛语语言使用现状及其演变》（商务印书馆 2009 年版）、《泰国清莱拉祜族及其语言使用现状》（民族出版社 2010 年版）、《片马茶山人及其语言》（商务印书馆 2010 年版）、《中国少数民族语言使用现状及其演变研究》（商务印书馆 2010 年版）等。

　　研究少数民族语言生态，要准确把握少数民族语言的"生态位"，制定相应的语言生态对策。在语言生态系统中，不同的语言具有不同的生态位。我国是一个多民族多语言的国家，汉语既是汉族使用的语言，也是宪法明文规定的全民共同语，在语言生态系统中处于高端位置。少数民族语言，不论使用人口多少，都是语言生态系统中的成员，都是构建多样性与统一性相结合的和谐的语言生态系统的支撑柱。现阶段我国少数民族语言中，有几种情形值得关注：一是处于濒危状态的少数民族语言的生态位即将丧失，二是处于接触性衰变中的少数民族语言的的活力正在减弱，三是不少少数民族语言在语言竞争都有不同程度的的语言替换，四是少数民族地区的双语、多语现象更加复杂多样等，这些都是影响少数民族语言生态位的重要因素，亟须制定相应的语言生态对策。

　　研究少数民族语言生态，要真正弄清少数民族母语使用者的语言态度，尊重他们的语言权利。不同语言（或方言）的语言使用者的语言态度既包括对自己的语言（母语）的态度，也包括对其他语言的态度，在语言接触

---

　　① 冯爱琴：《用语言生态学的方法研究黎语的保护与传承——访中南民族大学教授冯广艺》，《中国社会科学报》2013 年 7 月 19 日 A06 版。

中，不同语言使用者的语言态度决定语言的发展走向，也直接影响着语言生态的演变。我们在调查研究海南黎语的过程中，对黎语不同方言区的黎语使用者做过一些问卷调查，发现不同方言区的黎族同胞对待自己的母语的态度有所不同，因而黎语在和汉语或海南话发生语言接触的过程中，有的地区发生了语言替换或语言转用，有的地区黎语语言保持较好，而有的地区则呈现出黎语、汉语双语兼用的情况，这是黎族同胞选择语言的权利，我们不能剥夺他们的语言权利，我们要做的工作是弄清形成这种状况的原因和语言生态变化的规律。

研究少数民族语言生态，要聚集一批敢于攻坚的学术队伍。20 世纪 50年代的少数民族语言大调查的经验告诉我们，只有汇集一大批既有献身少数民族语言研究精神，又有过硬的少数民族语言研究本领的学者，才能取得辉煌的成果。应该认识到，我国少数民族语言生态研究是一项长时期的艰巨的任务，需要投入大量的人力物力，需要组织多个学术团队，像 20 世纪 50 年代的前辈学者那样，分赴少数民族地区，对我国境内的所有少数民族语言进行一次彻底的穷尽性的语言生态大调查，真正弄清我们少数民族语言生态的实际情况，研究我国少数民族语言生态发展演变中的一系列问题，为构建我国和谐共存的语言生态环境而努力奋斗。

**参考文献**

戴庆厦：《正确处理民族语言研究中的四个关系》，《河北师范大学学报》2006 年版。

戴庆厦：《中国少数民族语言文字研究》，民族出版社 2012 年版。

戴庆厦：《戴庆厦文集》第三卷，中央民族大学出版社 2012 年版。

冯爱琴：《用语言生态学的方法研究黎语的保护与传承——访中南民族大学教授冯广艺》，《中国社会科学报》2013 年 7 月 19 日。

冯广艺：《语言生态学引论》，人民出版社 2013 年版。

欧阳觉亚、郑贻青：《黎语简志》，民族出版社 1980 年版。

孙宏开、胡益增、黄行：《中国的语言》，商务印书馆 2007 年版。

孙宏开、胡增益、黄行：《中国的语言》，王均序，商务印书馆 2007 年版。

［美］萨利科科·萨夫温：《语言演化生态学》，商务印书馆 2012 年版。

# A Research on Language Ecology of Our Country's Minority Nationalities in New Normal State

Feng Guangyi

**Abstract:** To Sthdy language ecology of our country's minority nationalities is a important task of building harmonious and co-existent language ecology.This paper discusses three issues: 1. The academic values of studying language ecology of our country's minority nationalities; 2. The opportunities of studying language ecology of our country's minority nationalities; 3. The ways of studying language ecology of our country's minority nationalities.

**Key words:** New Normal State; Minority Nationalities; Language Ecology

（通信地址：430074　中南民族大学文学与新闻传播学院）

本文原载《湖南师范大学社会科学学报》2015 年第 5 期

# 我国与周边国家跨境民族的文字系统差异

黄 行

【提要】我国与周边国家分布着许多相同的民族和语言，绝大多数跨境民族语言使用不同的文字体系，或者即使文字体系相同但字母设计存在一定程度的差别。本文全面描述和对比跨境民族语言所使用的不同文字系统，认为跨境文字的差异不仅会影响跨境语言的书面交际行为，也可能因为使用不同的文字而引起文化传承、标准语认同以及反映不同国家语言政策规划的差异。因此跨境民族文字是跨境语言和跨境民族研究非常值得关注的问题。

【关键词】跨境民族　文字制度　语言政策　语言认同

## 一　跨境民族的语言与文字

我国 130 多种民族语言中大约有 50 种也分布于境外国家相邻民族地区，一般称作跨境语言。跨境分布的同一民族语言会因为所处国家社会语言环境的不同而存在一定的差别，主要表现为（1）语言身份的差别——是独立的语言还仅是地域方言；（2）语言地位的差别——有些我国的少数民族语言在境外可能为国家级或省区级官方语言；（3）国家官方语言环境的差别——我国和境外国家的主体官方语言不同；（4）普遍使用不同的文字系统等（黄行、许峰，2014）。尽管如此，这些跨境语言仍然保持相当高的同一性，境内外同一民族可以使用共同的母语互相交际，并且因此而保持相当高的语言和族群认同感。

跨境民族的文字系统要比跨境语言存在更大的差异。据我们了解的情况，绝大多数与我国跨境分布的相同民族语言使用不同的文字系统，这不仅会影响跨境语言的书面交际行为，甚至可能因为使用不同的文字系统而引起文化传承、标准语认同以及反映不同国家语言政策规划的差异，因此跨境民族文字是跨境语言和跨境民族研究非常值得关注的问题。

1. 北方跨境民族文字

我国突厥语族的语言由于伊斯兰教的影响，历史上多已采用或改用阿拉伯字母形式的文字。其中维吾尔语、哈萨克语、柯尔克孜语仍使用阿拉伯字母文字；乌孜兹别克语、塔塔尔语由于使用人口少且散居于城市，已经基本转用维吾尔语文；仅分布于中国的撒拉语、西部裕固语历史上没有文字，一般使用汉字；新疆伊犁州的图佤语也没有文字，书面交际使用哈萨克文、蒙古文和汉字（中国社会科学院民族所、国家民委文宣司，1994）。

而属俄罗斯独立体国家的哈萨克斯坦、吉尔吉斯斯坦、乌兹别克斯坦等共和国，和属俄罗斯联邦的鞑靼斯坦共和国与我国相同的民族和语言在1920—1930年的苏联时期，先改用以拉丁字母为基础的文字，1940年又全面使用与俄文相一致的西里尔（Cyrillic）字母形式的文字。

我国蒙古语一直使用13世纪初创制的回鹘式蒙古文，布里亚特蒙古语（Buriat，在中国为蒙古语的方言）也使用回鹘式蒙古文，卫拉特蒙古语（Kalmyk-Oirat，在中国为蒙古语的方言）使用1648年卫拉特高僧札亚·班智达在蒙古文基础上改制的托忒蒙古文。蒙古国1945年转用了以俄文字母为基础的拼音文字，俗称"新蒙文"或"西里尔字母蒙古文"。中国回鹘式蒙古文拼写的是中世纪蒙古语语音系统，现代不同方言土语读音与字母读音不一致；而蒙古国西里尔式蒙古文拼写的是现行喀尔喀蒙古语（Halh Mongolian），文语相对一致，因此境内外两种蒙古文的字母体系不是整齐对应的。

苏联也曾为布里亚特蒙古语、卫拉特蒙古语，以及无文字的图佤语、哈卡斯语（Khakas，在我国属柯尔克孜语方言）、埃文基语（Evenki，即我国鄂温克语）、那乃语（Nanai，即我国赫哲语）等少数民族语言创制了西里尔字母文字。而我国鄂温克族没有本民族文字主要使用蒙古文和汉文，如上所述我国讲图佤语的蒙古族主要使用当地的哈萨克文，黑龙江省的哈卡斯柯尔克孜族和赫哲族都已转用汉语文。我国塔吉克族使用的萨里库尔话（Sarikoli）和塔吉克斯坦的塔吉克语不同，无本民族传统文字，官方场合基本使用维吾尔语文或汉语文。

1990年苏联解体以后，各独联体国家不同程度地去俄语化，那些创制或改革为西里尔母的民族文字出现既不使用俄文字母，也不恢复传统文字而有转向新的拉丁字母化的趋势。

朝鲜语文字曾历经使用汉字、借用汉字的音和义标记朝鲜语的吏读、1444年创制"训民正音"（又称谚文、朝鲜文、韩文）等阶段。1945年二战以后，朝鲜重订了字母表，并且决定不再夹用汉字，韩国朝鲜文现在仍夹用汉字，中国朝鲜文也不使用汉字。

2. 南方跨境民族文字

汉语文曾为越南历史上国家正式的官方语言文字。13世纪汉字式的字喃（Chữ Nôm，照汉语定—中语序意为"喃字"）产生以后，汉字在越南的统治地位才慢慢降低。1945 年越南独立后，将基于传教士创拉丁字母的越南文确定为国家正式书写文字。中国的京族多数已改用当地的汉语粤方言，使用汉字。京族在民间开展过喃字的学习和培训。

我国和东南亚许多国家有共同的民族和语言。以共有民族和语言最多的缅甸为例，分布在缅甸的拉祜语、阿卡哈尼语、Akeu 哈尼语、拉祜熙拉祜语、傈僳语、怒苏语、阿侬语、景颇语、阿昌语、勒期语、浪速语、独龙语、川黔滇苗语、巴绕克佤语、阿佤佤语、布朗语都有拉丁字母形式的文字，境外拉丁字母形式少数民族文字主要为西方传教士 19 世纪末所创制。而我国只有拉祜语、景颇语、佤语在原传教士创文字基础上进行了改革或改进，1950 年新创了不同于境外文字的景颇族载瓦文、哈尼文、傈僳文（现已恢复传教士创老傈僳文）、川黔滇苗文等。

此外，中国大陆与台湾、香港、澳门的汉语分别使用简化汉字和繁体汉字，普通话（境外称国语、华语）的拼音方案有《汉语拼音方案》《台湾通用拼音》《国语罗马字》等多种方案，闽、粤、客家等汉语方言在大陆和台港澳也有不同的拉丁化拼音方案。新加坡、马来西亚华人地区使用简化汉字和《汉语拼音方案》。分布在中亚吉尔吉斯斯坦、哈萨克斯坦等国家东干人使用的东干语属汉语西北地区的中原官话和兰银官话，苏联 1954 年曾为其创制俄文字母的东干语（兰银官话）拼音文字，至今仍在使用。

综上，我国与周边国家跨境民族使用的不同文字可概括如表 1 所示。

**表 1　　　　　　　我国与周边国家跨境民族使用文字**

| 跨境语言 | 国内文字 | 国（境）外文字 |
|---|---|---|
| 哈萨克语 | 阿拉伯字母哈萨克文 | 西里尔字母哈萨克文 |
| 柯尔克孜语 | 阿拉伯字母柯尔克孜文 | 西里尔字母吉尔吉斯文 |
| 哈卡斯柯尔克孜语 | 无，转用汉语文 | 西里尔字母哈卡斯文 |
| 乌孜别克语 | 无，转用维吾尔语文 | 西里尔字母乌兹别克文 |
| 塔塔尔语 | 无，转用维吾尔语文 | 西里尔字母鞑靼文 |
| 图佤语 | 无，使用哈萨克文 | 西里尔字母图佤文 |
| 蒙古语 | 回鹘式蒙古文 | 西里尔字母蒙古文 |
| 卫拉特蒙古语 | 托忒蒙古文 | 西里尔字母卫拉特蒙古文 |
| 布里亚特蒙古语 | 回鹘式蒙古文 | 西里尔字母布里亚特蒙古文 |
| 鄂温克语 | 无，使用蒙古文或汉文 | 西里尔字母埃文基文 |
| 赫哲语 | 无，使用汉文 | 西里尔字母那乃文 |

续表

| 跨境语言 | 国内文字 | 国（境）外文字 |
|---|---|---|
| 萨里库尔塔吉克语 | 无，维吾尔语文或汉文 | 西里尔字母塔吉克文 |
| 朝鲜语 | 朝鲜文（不夹用汉字） | 朝鲜文（夹用/不夹用汉字） |
| 越南语（京语） | 无，转用汉文 | 拉丁字母越南文 |
| 拉祜语 | 拉丁字母新拉祜文 | 拉丁字母老拉祜文 |
| 哈尼语 | 拉丁字母哈尼文 | 拉丁字母阿卡文 |
| 傈僳语 | 拉丁字母新傈僳文、老傈僳文 | 拉丁字母变体老傈僳文 |
| 景颇语 | 拉丁字母新景颇文 | 拉丁字母老景颇文 |
| 独龙语 | 拉丁字母独龙语拼音方案 | 拉丁字母日旺文 |
| 西双版纳傣语 | 西双版纳老、新傣文 | 西双版纳老傣文 |
| 德宏傣语 | 德宏新傣文 | 德宏老傣文 |
| 川黔滇苗语 | 拉丁字母川黔滇苗文 | 拉丁字母苗文 |
| 瑶语 | 拉丁字母瑶文拼音方案 | 拉丁字母瑶文拼音方案 |
| 巴绕克佤语 | 拉丁字母新佤文 | 拉丁字母老佤文 |
| 布朗语 | 西双版纳老傣文、德宏傣文 | 傣文、拉丁字母布朗文 |
| 汉语 | 规范汉字、《汉语拼音方案》 | 繁体汉字、简化汉字、《汉语拼音方案》《国语通用拼音》《国语罗马字》、俄文字母东干文等 |

## 二 跨境民族文字的字母体系

1. 传统民族文字与西里尔字母文字

（1）哈萨克语

哈萨克族原来使用以古代厥鄂尔浑字母为基础的文字，后来受伊斯兰教影响改为使用阿拉伯字母文字。哈萨克斯坦的哈萨克族人口 800 多万人，前苏联境内的哈萨克族于 1920 年和 1940 年以后分别采用以拉丁字母和以西里尔字母为基础的文字。中国境内哈萨克族约 130 万人，1960 年曾使用以拉丁字母为基础的新哈萨克文，但没有普及，1980 年恢复使用阿拉伯字母的文字。

（2）柯尔克孜语

柯尔克孜语曾使用波斯—阿拉伯字母书写。苏联 1927 年改用拉丁字母，从 1940 年起改用西里尔字母书写。1991 年吉尔吉斯斯坦从苏联独立之后，吉尔吉斯人口约 245 万人，有政治人物提议重新用拉丁字母书写，但至今的官方文字仍为用西里尔字母文字。中国的柯尔克孜族使用阿拉伯字母文字，使用人口约 16 万人。（海淑英，2013）

（3）哈卡斯语

哈卡斯语是哈卡斯人的语言，是俄罗斯南西伯利亚哈卡斯共和国的官方语言，使用人口约 6 万人。1924—1939 年哈卡斯语曾经采用西里尔字母—拉丁字母—西里尔字母的反复转用。苏联拉丁字母哈卡斯文包含了一些非标准拉丁字母形式。哈卡斯语在我国被视为柯尔克孜语方言，分布在黑龙江富裕县柯尔克孜族地区，人口仅 1000 多人，目前已基本转用汉语和蒙古语。（吴占柱，2011）

（4）乌孜别克语

苏联 1928 年开始使用拉丁字母书写乌兹别克语，1940 年包括乌兹别克语在内的各族语言都改用西里尔字母。苏联解体之后，乌兹别克斯坦有 1650 万乌兹别克人，很多地方的教育改回使用拉丁字母。2001 年乌兹别克斯坦的货币、路牌和 2004 年以后的政府网站也已改用拉丁字母，并删除了 1928 年文字中的非拉丁字母。中国的乌孜别克族仅有 1 万多人，多已转用维吾尔语，但是有些仍会母语的人能使用乌兹别克斯坦拉丁字母书写乌孜别克语。1928 年拉丁字母乌兹别克文也包含一些非拉丁字母形式，到 21 世纪拉丁字母乌兹别克文基本采用标准拉丁字母。（李琰，2014）

（5）塔塔尔语

苏联 1927—1938 年改历史上的阿拉伯字母为西里尔字母化的鞑靼（Tatar，塔塔尔）文，2001 年鞑靼斯坦共和国政府决定改用土耳其式拉丁字母，鞑靼语拉丁字母如土耳其文仍包含一些带附加符号的拉丁字母。但是根据俄罗斯法律，规定包括鞑靼语在内的所有俄罗斯语言必须用西里尔字母书写，因此西里尔字母鞑靼文仍是法定文字。中国的塔塔尔族仅约 5000 人，多已转用维吾尔语文。

值得注意的是近年在乌—俄之间发生的克里米亚事件，当地真正的原住民族鞑靼人问题又受到关注，2014 年 3 月乌克兰克里米亚自治共和国议会关于该共和国地位的全民公决用俄语、乌克兰语和克里米亚鞑靼语印制选票，表明克里米亚鞑靼语的官方语言地位。（张志强，2014）

克里米亚鞑靼语与鞑靼斯坦鞑靼语有一定差别，它们分别属于突厥语族的乌古斯语组和钦察语组。克里米亚鞑靼语文字早期使用阿拉伯字母，1928 年改拉丁字母，1939 年又改西里尔字母，1990 年再改拉丁化的土耳其文字母。（赵蓉晖，2014）

（6）图佤语

20 世纪 30 年代图佤僧人 Lopsan-Chimit 设计了采用了以拉丁字母为基础的图佤语书写系统，增加了部分特殊字母表示图佤语中特殊的发音。这套拉丁字母文字后来被西里尔字母（也即现在使用的字母）所替代。

中国的图佤人属蒙古族的一个支系，只有 2000 多人，其母语图佤语已经出现濒危趋势，中国图佤人全部兼通当地的哈萨克语，也有部分人会说蒙古语和汉语，因此学校教育采用哈萨克文、蒙古文和汉文。（宋正纯，1988；程适良，1992）

（7）蒙古语

历史上蒙古语曾采用过用汉字标音、回鹘文字母、改良察合台文字、传统回鹘式蒙古文字、元代创立的八思巴字等多种文字，还使用过索永布文字、拉丁蒙古文。外蒙古 1940 年独立后采用西里尔蒙文，加入了 Ө ө 和 Y γ 两个符号来表示蒙古语特有的元音。（图门其其格，1995）

布里亚特语在中国属蒙古语巴尔虎—布里亚特方言。布里亚特语历史上使用过在回鹘式蒙古文基础上改进的瓦根达腊蒙古文，苏联时期 1931 年创制过以拉丁字母为基础的文字，之后 1939 年改为西里尔字母的文字。（何俊芳，2000）

卫拉特—卡尔梅克语在中国属蒙古语卫拉特方言。俄罗斯卡尔梅克共和国所采用的书写系统 1930—1938 年使用拉丁化字母，后来也改为西里尔字母文字。

（8）鄂温克语

中国的鄂温克语没有自己的文字，一般在牧区使用蒙古语文，农区和林区通用汉文。而在苏联，1930 年至 1931 年鄂温克语（埃文基语）开始使用拉丁字母书写，1936 年至 1937 年改以西里尔字母书写。（朝克，2000）

（9）塔吉克语

塔吉克人 1928 年在苏联被迫放弃阿拉伯—波斯字母而改用改进的拉丁字母，后又改用西里尔字母。居住于阿富汗的塔吉克人却坚持使用阿拉伯—波斯字母。

中国新疆塔吉克族使用的语言学术界也称其为"塔吉克语"，但并不等同于塔吉克斯坦所使用的塔吉克语，国际上将其认定为东南伊朗语言帕米尔语族的萨里库尔语（Sarikoli）和瓦罕语（Wakhi、Vakhan）（M. Paul Lewis et al., 2009, 2013）。中国的塔吉克语由于广泛受到维吾尔语、汉语等语言的影响，与塔吉克斯坦所使用的标准塔吉克语距离较大，但与帕尔米高原上其他临近国家的塔吉克语方言变体以及伊朗语比较接近（西仁·库尔班、庄淑萍，2008）。

萨里库尔语没有正式的书写文字，有文化的人士多使用标准的平原塔吉克语（即标准波斯语）书写，彼此使用波斯语进行交流。中国社会科学院民族所高尔锵编写的《塔吉克汉词典》（1996）采用了拉丁字母的《塔吉克语拼音方案》和国际音标来记录萨里库尔话，该《塔吉克语拼音方案》多数字母遵从《汉语拼音方案》。苏联科学院塔蒂亚娜·尼古拉耶芙娜·帕卡琳娜采用拉丁字母，兼用少数西里尔字母、希腊字母以及国际音标符号记录中国塔吉克族的瓦罕语。

（10）东干语

东干语（Dungan）是西北地区汉语中原官话和兰银官话在境外吉尔吉斯斯坦、哈萨克斯坦的特殊变体，又可细分为甘肃方言和陕西方言变体。苏联 1954 年为其创制斯拉夫字母的拼音文字（书面语以甘肃兰银官话为基础）取代之前的拉丁字母拼音，并用这套拼音文字创作编写过东干语文学、报纸及课本（海峰，2003）。东干文的应用在一定程度上说明汉语也可以用拼音文字书写。

2. 拉丁字母民族文字

（1）越南语（京语）

历史上越南先后共出现过汉文、字喃、国语字（越南罗马字）三种文书系统。汉文（Hán Văn）是越南历史上官方文书系统。"字喃"大概是从 10 世纪开始发展，早期的字喃主要作为汉字读写的辅助工具。

欧洲传教士创制了越南语拼音罗马字。第一本越南罗马字的词典《越南、葡萄牙、拉丁语三语对照词典》于 1651 年由法籍传教士亚历山大·罗德（Alexandre de Rhodes）编写出版，该罗马字拼字系统历经过不同时期的稍微修改，带有明显的法文字母痕迹。经过 20 世纪前半期的越南民族主义者的推动，越南罗马字的地位在 1945 年越南独立后，进一步取得了国家唯一正式书写文字"国语字"的地位。（蒋为文，2005b）

中国京族使用的京语是越南语变体，与越南的越南语北方话差异不大，可以互相通话。京族多会汉语粤方言钦州系的"白话"，另因日常生活与当地汉族密切相关，近现代的新生词语多取自粤语或普通话，在词汇方面与标准越南语产生分歧（韦树关，2006）。中国境内的京语文字与越南境内的标准越南语"国语"文字一致，先前还使用过字喃，有些京族家户还保存字喃书籍，并在民间开展字喃和"国语字"的识字培训（韦家朝、韦盛年，2003）。

（2）拉祜语

1909 年外国传教士创造拉丁字母形式的老拉祜文，用于缅甸拉祜族地区。1957 年中国对其进行了改进，确定拉祜纳方言为基础方言，以云南澜沧县勐朗坝话语音为标准音。新老（或境内外）拉祜文的字母差异主要表现为新（境内）拉祜文受汉语拼音影响而做的字母改进（张蓉兰，1992）。

（3）傈僳语

1912—1914 年缅甸克伦族传教士巴托（（Rev. Ba Thaw）创造傈僳文，后来经富能仁（J. O. Fraser）于 1915 年改进，通常称之为老傈僳文，采用正体和倒体的大写拉丁字母，并附以声调标记符号。这种文字现在我国云南怒江州除用于宗教活动外，也用于政府的报刊和学校的教材。中国政府1957 年制定了以怒江方言为基础方言，以云南碧江县双美戛瓦基以北子冷阿达以南的语音为标准音的新拉丁字母文字，但目前流行度不高（木玉璋，1992）。另外云南东部禄劝县傈僳族说傈颇方言，20 世纪初用柏格理苗文（Pollard script）来书写，现仍在傈颇傈僳族基督教徒中使用。

（4）景颇语

19 世纪初由美国传教士汉森（Hansen）创造的景颇文，通行于中国和缅甸的景颇族地区，1940 年作过一次改进，通常称为老景颇文，用于缅甸克钦邦（Kachin State）。1957 年我国以中国景颇语恩昆土语为标准音，对老景颇文进行改进，称新景颇文。境内外景颇文差别很小，仅个别字母略有差异（徐悉艰，1992）。

（5）独龙语

独龙语有一种外国传教士为缅甸境内独龙族支系的日汪人（Rawang）设计拉丁字母形式的拼音文字（简称日汪文），1983 年 12 月云南省民语委通过一种与日汪文拼法接近的《独龙语拼音方案》，以独龙江方言为标准。（普学旺、梁红，2000）

（6）佤语

1912 年英国传教士永文森（M. Vincent Young）到澜沧、沧源传教，创制了一套拉丁字母佤文，群众称为"撒拉文"（佤语"撒拉 sa laʔ"是"牧师"的意思）。现在中国使用的佤文是 1957 年制定、1958 年修订的，其以巴饶克方言为基础方言，以云南省沧源县岩帅语音为标准音。新老佤文差别较大。老佤文不能表示浊送气音和元音的松紧，新佤文用前加双字母表示浊音和浊送气音，用无标记元音字母为紧音，用上加横线表示松元音。（周植志，1992）

（7）汉语拼音

1928 年 9 月 26 日由国民政府大学院公布《国语罗马字》，与当时已流行的《注音符号》并存，其后于 1940 年易名为译音符号。台湾"教育部"1986 年正式公布。

《台湾通用拼音》包含了"华语通用拼音""台语通用拼音""客语通用

拼音""台湾原住民语通用拼音"四种拼音方案，一般情况下"通用拼音"特指"华语通用拼音"（王理嘉，2002）。1998 年 1 月发表时称为《国语通用拼音》，2002—2008 年民进党执政期间改称《华语通用拼音》，因此"国语""华语"名称之别可反映台湾不同政党的政治倾向性。2008 年台湾"行政院"通过"教育部"提案，从 2009 年起将《通用拼音》全面改用大陆《汉语拼音方案》。

中国大陆全国人民代表大会 1958 年 2 月 11 日正式通过《汉语拼音方案》，用来拼写汉字和推广普通话，以及做中文罗马化（拉丁化）的国际标准。

两岸几种汉语拼音方案在所记写的现代汉语音系的归纳和为对应汉语音节结构，汉语拼音的构成分为声母、韵母和声调三个部分是一致的；不同之处在于字母形式，即《汉语拼音方案》《台湾通用拼音》和《国语罗马字》采用拉丁字母，《注音字母》是依据汉字或其笔画的形体和读音设计字母的；此外，三种拉丁化汉语拼音的塞擦音声母/tɕ, tɕh, ts, tsh, tʂ, tʂh/、韵母/y/和声调调号等的字母形式略有不同。

3. 非通用字母民族文字

（1）傣语

德宏傣语（傣那语）和掸语原本用同一种文字书写，这种文字 12—13 世纪借用自缅文，字体为圆体。后来傣那语主要用毛笔书写，产生了略带方体的傣那文字母形式。傣那文过去并不标出声调，并且不能区别一些元音。1954 年对这种傣文做了改进，1988 年又改革了标声调的方法，使用声调字母，而不再使用变音符号。（周耀文，1992）

西双版纳的老傣文（傣仂文）是一种元音附标文字，一般认为创制于 13 世纪，也源自缅文。创制之初仅用于宗教活动，被称为"经书文字"。这种文字结构复杂，难于认读。1955 年改进为西双版纳新傣文，目前新老傣文并用。傣仂文所记录的是阴阳调分化之前的古傣仂语，所以傣仂文的声母数量是现代傣仂语（不分声母清浊）的 2 倍，而傣仂文的声调数量是现代傣仂语（区分阴调阳调）的一半。（罗美珍，1992）

云南瑞丽、澜沧、耿马等县部分地区的傣绷人仍然用圆体书写傣那语的傣绷土语，称为傣绷文。

泰国的泰语与傣族的语言十分接近，文字也属同一字母体系。泰文（อักษรไทย，àksǒn thai）是泰国用于书写泰语和一些其他少数民族语言的字母，有 44 个辅音字母、21 个元音字母、4 个声调符号和一些标点符号。泰语字母书写水平从左至右，不分大写和小写。傣文、泰文虽然据说都来自古代印度的巴利文，但是实际使用的傣文、泰文差异很大。例如下表傣语（西双版纳）和泰语同源词的辅音及文字举例：

| 辅音 | 同源词 | 傣语 | 泰语 | 傣文 | 泰文 |
|---|---|---|---|---|---|
| p | 森林 | pa:$^{35}$ | pa:$^{21}$ | ✪⚔ ⚑▲ | ป่า |
| b | 井 | bɔ:$^{35}$ | bɔ:$^{21}$ | ⚙✖▲ | บ่อ |
| t | 沿、按 | ta:m$^{55}$ | ta:m$^{33}$ | ✳ ✎⚑ | ตาม |
| d | 星星 | da:u$^{55}$ | da:u$^{33}$ | 🕐 ✎⚑ | ดาว |
| k | 解脱 | kɛ:$^{13}$ | kɛ:$^{51}$ | ⊠◉▼ | แก้ |
| ŋ | 好看 | ŋa:m$^{51}$ | ŋa:m$^{33}$ | ➓ ✎⚑ | งาม |

（2）朝鲜语

朝鲜文是 15 世纪朝鲜世宗国王颁布的《训民正音》中的谚文（한글，或汉字"韓契"）。朝鲜和韩国学者一般认为，谚文整套文字系统除了组字按"初声—中声—终声"字母排列规则受了汉语"声母—韵腹—韵尾"的影响，以及长期以来从中国吸收汉语词汇读音而与汉语读音类似以外，几乎不受任何文字的影响。而其他国家很多学者认为，朝鲜文字母是受中国元代国书八思巴字影响创制出来的，如中国学者照那斯图、宣德五（2001）的论证。

朝鲜 1945 年的出版物开始不夹用汉字，到 1949 年彻底使用朝鲜文印刷，朝汉混用文字的时代在朝鲜正式结束。韩国民间与学术界反对和支持纯朝鲜字的势力相当，所以韩国政府时而恢复汉字的使用或并书，时而又政令要求使用纯朝鲜文，一直摇摆在这两个政策之间。

韩国的汉字政策主要体现在教科书用字上，称作教育汉字。1950 年南韩文教部公布了 1000 个教育汉字，7 年后教育汉字扩充到 1300 字，1972年文教部公布了 1800 个基础常用汉字，1991 年 4 月 1 日大法院又公布了 2731 个"人名用字"。

中国朝鲜族自治地方政府也推行纯朝文书写不用汉字的政策，但是社会各界对这一政策的意见并不统一。1958 年，在延边语文研究会准备委员会的一项关于是否恢复汉字的调查中，主张恢复的意见成了优势意见，1961年他们还向上级政府请求恢复汉字。1980 年中国实行改革开放，朝鲜族社会再度出现要求恢复汉字的呼声，但是此时反对的势力也很强，双方就恢复汉字与否进行了激烈的争论，报纸杂志等媒体还对读者进行恢复汉字与否看法的调查，有的报纸杂志甚至直接恢复汉字的使用。

### 三 跨境民族文字的社会语言学问题

综上所述，我国与周边国家跨境分布的绝大多数相同语言的民族使用不同的文字体系，或者即使文字体系相同但字母设计存在一定程度的差别。用文字记载的书面语是现代社会语言交际的主要方式，加上书面语的使用日益依赖基于计算机编码字符的电脑和网络等媒介，文字系统不同则更加剧了境内外相同民族语言书面语交际的困难。

除此以外，跨境民族的文字差异还可能引起一些社会语言学的问题。

1. 有没有记录母语的文字会影响民族语言的保持状况

前苏联建国后实行语言平等的民族语言政策，1930 年前后曾为 52 个没有文字的民族创造了文字，各加盟共和国的少数民族基本上可以在中小学使用本民族语言教学。民族文字出版工作也发展较快，如 1913 年只用了 19 种俄国少数民族文字出版书刊，1928—1934 年已发展到用 86 种文字出版，同期印刷数量也增长了 1.5 倍。1930—1932 年，拉丁化新文字的创制进入高潮，126 个民族中有 40 多个是十月革命以后首次有了本民族文字。(E. A. 孔德拉什金娜，1993；周庆生，2002)

受前苏联少数民族语言政策的影响，我国在 1950 年也曾开展过大规模的为少数民族创制和改革文字的运动，但是没有苏联进行的彻底，许多少数民族的文字问题并没有解决。已经创制或改革的少数民族文字虽然有一定的发展，但是并没有取得预期的试验推行效果，以致目前新创或未创文字的少数民族（占我国少数民族的绝大多数）一般只能使用汉语文或当地其他通用民族语文进行书面交际。因此文字和书面语的缺失是一些没有文字民族语言，无法在现代社会正常发展甚至趋向濒危的重要原因。

2. 文字改制会影响传统文化的继承发展

文字制度的改革反映了政府制定实施语言政策的价值取向和变化。20 世纪 20 年代苏联对一些信仰伊斯兰教民族使用的传统阿拉伯文字做了拉丁化改革，这一举措当时得到列宁的极大支持，盛赞其为"东方的伟大革命"，当然这种"伟大革命"主要是指宗教和意识形态的变革，而非指文字体制的改革。1929 年，苏联中央执行委员会和人民委员部还通过决议，规定所有突厥语族语言必须采用拉丁化的新字母。但是到 1940 年为推行俄语，苏联政府将诸少数民族文字从拉丁字母改变为斯拉夫字母。苏联（及蒙古国）这种传统文字—拉丁文字—斯拉夫文字的交替改制，隔断了传统文字及其所记载文献的历史传承。

而中国没有对传统文字彻底换制。我国的传统民族文字包括蒙古文、藏文、维吾尔文、哈萨克文和朝鲜文，其中只有维吾尔文、哈萨克文尝试过废除传统文字的拉丁化改革。1959 年新疆自治区政府的批准，通过以拉丁字母为基础的《维吾尔、哈萨克新文字方案（草案）》，并决定在部分地区试行。《维吾尔新文字方案》在 26 个拉丁字母以外增加了 6 个非拉丁字母和一个附加符号，《哈萨克新文字方案》增加了 4 个非拉丁字母和 2 个附加符号。从 1965 年起，这两个文字方案在新疆维吾尔自治区全面推行。改革开放以后的 1982 年，自治区政府和人大又决定全面恢复阿拉伯字母的传统维吾尔文、哈萨克文，停止使用新文字。但是为了便于维吾尔文计算机处理与运用，2000 年后新疆大学和维吾尔计算机信息协会设计了一套维吾尔文拉丁化转写方案，并由新疆维吾尔自治区政府推广实施，这套拉丁维文还被国际上广泛接受。（新疆语委，2008；周殿生、吐尔根·依不拉音，2002；Waris Abdukerim Janbaz，2006）

3. 国家文字制度的统一规范有利于国家语言文字的推广

苏联早期开展的少数民族文字拉丁化创制与改革和鼓励民族语文教学的情况，在 1930 年后期发生了变化。这个时期苏联的联邦制发生体制变革，政治权力和经济权力逐渐趋向中央集中，这就要求国家语言文字的统一。1938 年 3 月苏联人民委员会和联共中央联合发布了《关于民族共和国和民族州必须学习俄语》的决议，意在加强国家意志和俄语的推广普及。加之 1938 年前后苏联国内的"肃反"运动，许多民族干部被扣上"民族主义"的罪名遭到整肃，各共和国被迫做出民族学校必须学习俄语的回应。1920 年后期改为拉丁文字的诸穆斯林民族，从 1940 年通过行政命令开始将总共 70 种左右拉丁文字母文字全部改为俄文字母，一些小民族的文字也终止使用，改学俄语和其他民族语。民族语言的发展受到人为的限制，也为民族关系蒙上一层阴影（沈晋，1991；周庆生，2002）。但是客观地看，俄罗斯诸少数民族通官方语言俄语的程度明显高于我国相应少数民族通汉语的程度，或许与其较早全面改用与俄语字母一致的民族文字有关。

我国于 1958 年颁布了《汉语拼音方案》，其后国务院批准的《关于少数民族文字方案中设计字母的几项原则》规定"少数民族语言和汉语相同或者相近的音，尽可能用汉语拼音方案里相应的字母表示"，即反映了《汉语拼音方案》对少数民族文字创制和改革的指导作用，以及国家语言文字规划的统一性和规范性（黄行，2012）。2001 年我国发布的《国家通用语言文字法》将汉语普通话从"汉民族共同语言"提升为"国家通用语言"，意味着国家的推普工作即从汉语方言地区进一步扩展到少数民族地区，并且这一规划一直在不断强化。

4. 所谓"汉字文化圈"国家的弃用汉字，反映其去中国化的倾向

所谓"汉字文化圈"的中国大陆、台湾、香港、澳门以及新加坡等以

汉族为主的地区，越南（京族），朝鲜半岛（朝鲜族），日本列岛（大和族），琉球群岛（琉球族）等国家和地区，历史上都使用过汉字和古代汉语书面语，但后来大多有进行某种程度的脱汉运动，改用本国的语言文字（蒋为文，2005a）。

1945 年越南独立并成立越南民主共和国后，即宣布采用越南语和越南罗马字为官方语言文字的政策。自此越南语和越南罗马字取代法语、汉字而成为越南唯一的口语和书面语标准。越南弃用汉字改拉丁化国语字的背景是，越南民族主义领导者因为有强烈的越南民族国家意识，加上在反封建、反知识垄断的潮流鼓动下，而破釜沉舟地对汉字进行改革，并最后用罗马字将其取代（蒋为文，2005b）。

朝鲜也是从 1945 年起开始出版物不再夹用汉字，到 1949 年彻底使用朝鲜文印刷。韩国民间与学术界对夹用汉字还是使用纯朝鲜文意见分歧很大，历届政府也是一直摇摆于恢复汉字或汉韩文并书和政令要求使用纯朝鲜文的政策之间。这种状况新近的动态是，2014 年 4 月 8 日韩国国会运营委员会通过"关于国会旗与国会徽章等的规则"修正案，提出对国会议员的金徽章和国会旗上的字样从汉字"國"改为韩文。历史上韩国国会议员的徽章字样从首期起即使用汉字"國"，只有第 5 期和第 8 期国会改为用韩文标记的"國"，特别是自第 9 期国会至今的 41 年时间里则一直沿用汉字"國"。有韩国舆论担心，若韩国国会意在专用韩文，对韩国使用汉字的文化可能产生威胁，需引起警惕（韩国《朝鲜日报》网站，2014）。

**参考文献**

朝克：《关于俄罗斯的涅基达尔语、埃文语与埃文基语》，《满语研究》2000 年第 2 期。

陈雪玲：《苏联少数民族的语言状况及其俄罗斯化的因素》，《苏联问题参考资料》1985 年第 2 期。

程适良：《阿尔泰图瓦人语言概况》，《语言与翻译》1992 年第 3 期。

高尔锵：《塔吉克汉词典》，四川民族出版社 1996 年版。

海峰：《中亚东干语研究》，新疆大学出版社 2003 年版。

海淑英：《吉尔吉斯斯坦的语言政策及其双语教育》，《民族教育研究》2013 年第 1 期。

《韩国会议员徽章去汉字换韩文或威胁韩国汉字文化》《朝鲜日报》网站，2014 年 4 月 9 日。

何俊芳：《布里亚特语的形成、使用和发展问题》，《西伯利亚研究》2000 年第 4 期。

何俊芳：《中亚五国的语言状况》，《世界民族》2001 年第 1 期。

黄行、许峰：《我国与周边国家跨境语言的语言规划研究》，《语言文字应用》2014 年第 2 期。

黄行：《汉语拼音与少数民族文字拼音化》，《语言教学与研究》2012 年第 5 期。

蒋为文：《汉字文化圈的脱汉运动》，《语言、认同与去殖民》，"国立"成功大学，2005a。

蒋为文：《越南"去殖民化"与"去中国化"的语言政策》，《语言、认同与去殖民》，"国立"成功大学，2005b。

李琰：《乌兹别克斯坦语言地位规划研究》，《新疆社会科学》2014 年第 3 期。

普学旺、梁红：《奇异独特的信息符号——云南民族语言文字》，云南教育出版社 2000 年版。

沈晋：《苏联民族语言问题的历史与现时》，《苏联东欧问题》1991 年第 6 期。

宋正纯：《新疆图佤人的多语家庭》，《民族语文》1988 年第 3 期。

孙宏开：《少数民族文字的创制、改进和改革》，载金星华、陈家才、戴庆厦主编《中国民族语文工作》，民族出版社 2005 年版。

图门其其格：《蒙古国的语言文字及文字改革》，《语言与翻译》1995 年第 2 期。

王理嘉：《汉语拼音运动的回顾兼及通用拼音问题》，《中国语文》2002 年第 2 期。

韦家朝、韦盛年：《京族语言使用与教育情况调查报告》，《中央民族大学学报》2003 年第 3 期。

韦树关：《中国京语的变异》，《广西民族大学学报》（哲学社会科学版）2006 年第 2 期。

吴占柱：《黑龙江省柯尔克孜族历史文化特征研究》，《黑龙江民族丛刊》2011 年第 2 期。

西仁·库尔班、庄淑萍：《中国塔吉克语色勒库尔方言概述》，《语言与翻译》2008 年第 1 期。

新疆语言文字工作委员会：《维吾尔文拉丁化方案》，2008 年。

张宏莉、刘敬敬：《俄罗斯诸共和国语言问题探析》，《西伯利亚研究》2010 年第 6 期。

张志强：《克里米亚议会通过加入俄罗斯的决议》，《新华每日电讯》2014 年 3 月 7 日。

赵蓉晖：《克里米亚鞑靼语》，译自 http://anaurt.com/crh/krymsko-tatarskiy-yazyk，2014 年。

照那斯图、宣德：《五训民正音和八思巴字的关系探究》，《民族语文》2001 年第 3 期。

中国社会科学院民族所、国家民委文宣司：《中国少数民族文字》，中国藏学出版社 1992 年版。

中国社会科学院民族所、国家民委文宣司：《中国少数民族语言使用情况》，中国藏学出版社 1994 年版。

周殿生、吐尔根·依不拉音：《互联网上的维吾尔文拉丁字符问题》，《民族语文》2002 年第 2 期。

周庆生：《中苏建国初期少数民族文字创制比较》，《民族语文》2002 年第 6 期。

E. A. 孔德拉什金娜著、杨艳丽译：《前苏联的语言状况》，《民族译丛》1993 年第 2 期。

M. Paul Lewis et al., *Ethnologue: Languages of the World*, SIL International, Dallas, 2009, 2013.

Waris Abdukerim Janbaz, *An Introduction to Latin-Script Uyghur*, 2006 Middle East and Central Asia Politics, Economics and Society Conference, University of Utah, USA.

（通信地址：100081　中国社会科学院民族学与人类学研究所）

# 跨境景颇族的语言认同

## ——对中缅青年学生语言态度的调查

张　军

【提要】调查显示，景颇族学生既能保持母语忠诚，也能理性地包容本民族内部的语言差异，对国家通用语言能积极接纳学习。境内外景颇族的语言认同具有相似性。这种"多样统一"的语言认同态度对于实现民族地区经济社会发展与语言文化保持具有积极意义。

【关键词】景颇族　跨境民族　语言认同

### 一　景颇族及其语言

景颇族是中国的一个少数民族，总人口为 147828 人（2010 年第六次人口普查数据），主要聚居于云南省德宏傣族景颇族自治州境内的陇川、盈江、潞西、瑞丽、梁河等县市，部分散居于耿马、腾冲、泸水、孟连、昌宁、勐海、等县区。其中德宏州境内的景颇族人口有 134373 人，占景颇族总人口的 90.9%。景颇族与德昂、傈僳、阿昌、汉等民族交错杂居。国内的景颇族根据使用语言的不同分为景颇（大山）、载瓦（小山）、浪速（浪峨）、勒期（茶山）、波拉 5 个支系。景颇族是一个跨境民族，境外主要居住于缅甸、印度的部分地区。缅甸的景颇族主要居住在克钦邦（Kachin State），也称为克钦族，人口有 100 多万，但实际上克钦族又可分为景颇（Jinghpaw）、载瓦（Zaiwa）、马尤（Maru，即 Lhaovo 浪速）、勒期（Lachid）以及日旺（Rawang）、傈僳（Lisu）等支系。印度阿萨姆邦和印度控制的藏南地区（印度称"阿鲁纳恰尔邦"）亦有景颇族（印度称 Singpho）数千人。他们与中国的景颇族在语言文化上有密切的关系。

景颇族有本民族的语言和文字，而且不止一种。具体来说，各个支系都有自己特定的语言，支系的界限同使用语言的界限基本一致。各支系语言在系属归类上存在亲疏差异。景颇支系使用的景颇语属汉藏语系藏缅语族景颇语支，载瓦支系的载瓦语、勒期支系的勒期语、浪速支系的浪速语和波拉支系的波拉语言属于汉藏语系藏缅语族缅语支，前者与后四者距离较远、差异较大。载瓦语同勒期语较接近，浪速语同波拉语较接近。从整个语支的情况看，载瓦语、勒期语同阿昌语较接近，浪速语、波拉语同缅语较接近。[①] 日常生活中，各支系除坚持使用本支系的语言外，相当一部分人还能兼用其他支系的语言。景颇族文字有景颇文和载瓦文两种，两种文字都是以拉丁字母为基础的拼音文字。中华人民共和国成立后，我国语言工作者在原来外国传教士创制的景颇文基础上，进行了一些声韵母符号和拼法规则的改革。载瓦文创制于是创制于 1957 年的新文字。景颇文和载瓦文在景颇族地区均作为法定文字广泛使用。

为了了解跨境景颇族的语言（文字）使用情况特别是认同态度，我们以景颇族青年学生为对象进行抽样问卷调查。样本范围为云南省德宏高等师范专科学校初等教育专业景颇语方向的在校学生。该专业为初中起点的 5 年制大专学制，调查时该专业方向有在校学生（2011 级、2012 级和 2013 级）共 120 名，均为景颇族，熟练掌握自己的民族（支系）语言。我们随机抽取 80 名进行问卷调查。另外，该校中文系还有缅甸选派的留学生 180 名，我们从中抽取 20 名作为对照样本，以比较中缅两国的景颇族青年在语言认同上的异同。中国学生样本的年龄为 15—20 岁，缅甸学生样本年龄龄为 17—23 岁，基本属于相同年龄段。样本的总体性别比是 38（男）:62（女）。在问卷分析中未发现性别因素与语言认同之间的明显相关性，下文的统计分析中不将年龄和性别作为变量。

表 1　　　　　　　　　　　样本分布基本情况

| 支系 | 样本数（分性别） | | 2011 级 | 2012 级 | 2013 级 |
|---|---|---|---|---|---|
| 景颇<br>（大山） | 男 | 15 | 7 | 3 | 5 |
| | 女 | 19 | 10 | 8 | 2 |
| 载瓦<br>（小山） | 男 | 13 | 5 | 4 | 4 |
| | 女 | 27 | 10 | 8 | 9 |
| 勒期<br>（茶山） | 男 | 2 | 1 | | 1 |
| | 女 | 0 | | | |
| 浪速<br>（浪峨） | 男 | 2 | 1 | | 1 |
| | 女 | 2 | | | 2 |
| 境外景颇族<br>（克钦族） | 男 | 6 | 2 | 2 | 2 |
| | 女 | 14 | 3 | 6 | 5 |

① 戴庆厦：《论景颇族的支系语言——兼论语言和社会的关系》，《民族研究》1987 年第 3 期，第 65—77 页。

### 二　景颇族的母语认同

"母语"的概念比较复杂，传统上存在几种不同的理解，如"母亲的语言"（mother tongue）、本族语（native language）、第一语言（the first language）、主要语言（primary language）等。这些概念不光涉及实际的语言能力获得情况，还与人们的语言认同的情感态度有关。戴庆厦和何俊芳曾提出对"母语"概念应当区分两个不同的标准，一个是语言标准，另一个是心理标准。从语言的角度说，母语就是一个人从小习得的第一语言。不管这个第一语言是否是其本民族语言。如果一个人从小同时习得两种语言，那么这两种语言都是他的母语。心理标准则是从个性的观点出发，每个人从感情上确认哪种（或哪些）语言是其母语，它反映的不仅是一个人真实的语言知识水平和语言行为，而且在某种程度上也反映了一个人的民族自我意识状态。[①] 这个区分对于调查景颇族的语言认同状况是切合实际的。所谓语言标准，主要看不同支系的景颇族从小获得哪一种或哪几种第一语言；而心理标准要看他们自己选择和认定哪一种（些）语言为自己的母语。对于景颇族来说，母语就是他们从小在家庭、村寨或社区获得的第一语言，通常就是他们所属支系的语言。有些家庭中由于父母亲来自不同支系或不同民族，使用着不同的语言，村寨或社区也可能使用别的语言，这种环境中的小孩从小就习得了不止一种"第一"语言，成为双母语人。但因为他们的支系或民族归属不同，对母语的认同选择也不尽相同，可能只把其中的一种语言视为母语。这种母语往往是其父亲支系的语言。所以从认同态度来说，母语与事实上的"第一语言"又有可能存在一些差异：有些人会把自己最初获得的两种语言作为"母语"，另一些人仅将其中本支系（习惯上景颇族以父亲所属支系确定为自己的支系）的语言作为母语。

本次抽取的 80 个境内景颇族学生样本中，有景颇支系 34 人，载瓦支系 40 人，浪速支系 4 人，勒期支系 2 人，所占比例分别为 42.5%、50%、5% 和 2.5%。他们都将自己的支系语言（第一语言）作为母语。其中还有 3 位双母语人（1 位是景颇—载瓦双母语，2 位是景颇—浪速双母语），他们的母语（第一语言）都是在家庭中获得的，双母语人的父母来自不同支系、使用不同支系语言。受调查者表示，他们在家庭中一般都讲自己的母语，双母语者通常对父亲讲父亲支系的语言，对母亲则讲母亲支系的语言。

与母语（第一语言）相对的是第二语言或外语。景颇族学生居住成长

---

① 戴庆厦、何俊芳：《论母语》，《民族研究》1997 年第 2 期，第 59—64 页。

的村寨或社区大多为双语或多语环境，他们在较早时期就成为双语或多语人。除了常见的两种或多种不同支系语言并存兼用的情况，有的受调查者还可能会使用当地汉语、傣语、傈僳语、德昂语等。调查显示，只有一个样本学生生活在纯粹的载瓦语单语环境，该样本学生仅掌握自己的母语载瓦语（汉语是后来在学校学习的）。我们调查了多语环境中的第二语言情况，除了 2 例载瓦语、1 例景颇语、1 例勒期语外，其余 75 个样本学生都以当地汉语（方言）为第二语言，也有不少学生还掌握其他语言。

对于母语的情感态度，所有接受调查者都对自己的母语具有强烈的认同感。他们一般在家中都坚持使用自己的母语，并希望把母语保持、传承下去。有时候母语感情会对民族语的选择和认同上产生一定的影响，有些人倾向于将自己的母语作为景颇族的代表语言。

### 三　景颇族的民族语言认同

对于景颇族的"一族多语"、支系语言各异的情况，受调查者一般都有体会和认知，大多能列出 3 种以上支系语言名称，有少数能准确说出 5 种语言名称。他们的语言能力也比较全面，有 45 位会说两种以上本民族语言[其中景颇支系 14 人（占本支系样本总量的 41.2%），载瓦支系 26 人（占65%），浪速支系 3 人（占 75%），勒期支系 2 人（占 100%）]。他们都能认识到景颇族各支系语言之间差别较大（特别是景颇语与其他支系语言之间差别更大，完全不能通解）。对于这种现象的评价性认知，有 43.8%的受调查者持正面评价，选择"这种现象非常好，说明景颇族语言文化多姿多彩"，但也有 55%的人认为这种分歧"有时候不利于内部交流，统一成一种语言比较好"。

有研究认为，景颇族支系语言的使用的一个重要特点，是不同支系的人在日常生活中都各自稳定地、持久地使用本支系的语言，并认为本支系的语言就是自己的民族语言。[1]这就涉及景颇族对民族语言的认同问题，对此我们进行了问卷调查。在面对"以一种语言作为景颇族的代表"这个选择时，受调查者显然在一定程度上存在取舍上的选择"困难"，有 13.8%的人还是选择以景颇语和载瓦语为代表，原因是这两种支系语言的使用人口最多，而且还有各自的书写文字，社会上使用范围最广。他们认为景颇族不可能在短时期内实现语言统一，所以选择两种支系语言为民族语的代表。其余样本中，景颇支系有 30 人（占 88.2%）认为应该以景颇语为景颇族的代表语言，他们的理由主要是境内外说景颇语的景颇族最多，而且景颇语的书写文字历史较长，影响较大。载瓦支系有 19 人（占该支系样本总量的47.5%）同意这种观点，但也有 40%的人认为应该以载瓦语为景颇族的代表，原因在于中国境内的景颇族中载瓦支系人口最多（约为景颇支系的 2 倍）。有意思的是，有个别受访者（女，16 岁，芒市人）虽然自己是载瓦支系，但觉得载瓦语与阿昌族的阿昌语接近，不如以景颇语为景颇族的代表语言。这里，语言的特异性成为民族语言认同的一个因素。不少受访者对景颇族的语言统一抱有期待，认为统一的语言便于民族内部交流。

由于景颇族支系语言的歧异性，语言特征一般不被作为"识别"一个人是否为本民族同胞的标识。只有不到 1/4 的人以"听他（她）会不会讲景颇族语言"来认定其是不是景颇族。相反，大多数人通过对方的自我介绍或服饰打扮来确定其民族身份。但另一方面，有超过 90% 的受访者在与民族同胞聊天时希望对方用本民族的语言，只有不到 10% 的人理解或认可同胞用本地汉话或普通话与自己说话。我们的理解，这更可能显示出一种对本民族语言的情感态度和认同取向，实际上除非掌握对方的支系语言，否则景颇族在同一支系内部才能完全用本民族语言交流，不同支系之间在许多时候还是需要通过第三种语言（比如当地汉话）进行沟通［数据显示会讲 2 种以上支系语言的人占到 56.3%（45 人）］。

### 四　景颇族对国家通用语言的认同

像别的少数民族一样，景颇族在社会生活中也使用汉语。这里需要区别汉语的两种变体：一种是被当地少数民族称为"汉话"的汉语方言（属于西南官话），另一种是在办公领域或正式场合使用的普通话。二者所具有的语言地位和声望不同，使用的领域也有别。① 作为国家通用语言文字的普通话和规范汉字也是景颇族地区学校的教学语言（文字）。景颇族学生对于国家通用语言文字的认同度比较显著。对于学校的授课语言，78.8% 的人主张使用普通话，仅有 8.8% 人支持用本民族的语言，几乎没有人赞成在学校教学中使用汉语方言（当地汉话）。针对问卷"如果要选择学习一种对你来说最重要的语言，你选择是（　　　）"，结果 45% 的人选择了普通话，35%的人选择"自己民族的语言"，另有 20% 的人选择学习英语。谈到学习普通话的各种原因时，认同"普通话是国家通用语言，是祖国的象征，人们有义务学习"观点的占到 88.5%；从实用的角度认为"普通话使用广泛，学好了方便与别人交流"和"为了更好就业和工作"分别占到 86.8% 和 53.8%，没有人觉得"普通话会影响学习本民族语言"。

在问到"推广国家通用语言文字与科学保护各民族语言文字"的关系

---

① 社会语言学认为，普通话属于现代汉语的高变体，具有较高的声望；方言属于低变体。作为国家通用语言的普通话，更具有不同于一般变体的社会地位和功能范围。

时，几乎所有的人认为二者不矛盾不冲突，他们对于学校开展双语教学（普通话和本民族语言）也是百分之百的支持，认为这样既可以促进本民族发展也有利于民族文化的传承保护。这些材料表明，景颇族学生对于普通话的认同度很高，在他们的语言观念中国家通用语言与本民族语言没有冲突，在情感上处于和谐状态。

## 五　对比与启示

我们作为对照样本随机抽取了 20 位来自缅甸克钦邦的景颇族留学生，他们都已在德宏师范高等专科学校中文系学习了一年到两年汉语，能够用汉语进行基本的交流。这为比较境内外景颇族语言认同的异同提供了方便。

在母语方面，缅甸的景颇族（属景颇支系）都以景颇语为母语/第一语言，他们的母语都是在家庭获得、主要在家中使用的。他们对母语的认同态度坚定而强烈。但由于样本的原因，未能调查到以其他支系语言为母语的对象。缅甸留学生的第二语言都是缅语，这是他们学校习得的语言。有的学生还会讲英语和汉语。与中国景颇族相比，他们的母语情况似乎比较简单，掌握两种以上景颇族支系语言的人比较少（他们都了解缅甸景颇族有多种不同的语言），也未报告有双母语人。中国景颇族母语的复杂和分歧对母语权利的保护和母语教育的推行形成一定的困难。

境外景颇族学生都认为应该以景颇语为他们民族的代表语言，大多赞成用景颇语来实现语言统一。这与中国景颇族的情况有所区别。可能的原因是，缅甸景颇族地区（克钦邦）景颇支系人口最多，景颇语在学校、办公领域以及宗教生活中使用最为广泛，所以对其认同度也最高。对于中国和缅甸景颇语的异同，有近 5 成的受调查者认为二者是同一个民族的相同的语言，但 90% 的人认为他们缅甸的景颇语“更好听”，在书写文字方面对于中国景颇族将 aw 改为 o（例如 Jinghpaw 写作 Jingpo）不认同，认为中国景颇族语文工作做得不够好。

在通用语言方面，缅甸景颇族对缅语的认同度较高，认为缅语是国家的“标准语”，应该好好学习和使用。这与缅甸独立后将缅语确立为官方语言并大力推行的语言政策有关。① 他们自认为自己的缅语说得好，现实的原因可能是“在学校里老师主要用缅语授课”，但其中还有主观的情感成分，他们对“标准语言”（通用语言）抱有企慕心理。他们同样认为普通

---

① 李佳：《缅甸的语言政策和语言教育》，《东南亚南亚研究》2009 年第 2 期，第 75—80 页。

话是中国的"标准语言"，所以中国的景颇族应该学习普通话。可见，在国家通用语言认同方面，缅甸景颇族要高于中国境内的景颇族。中国的景颇族学生虽然对于国家通用语言的认同度存在高低差异，但他们的国家（民族）意识还是比较强。在选择"一家人"形容的对象时，91.3%的人选择了"中华民族"或"中国各民族"，只有不到 9%的人选择了"境内外景颇族是一家人"。这说明中国的民族教育在产生影响，尽管语言教育的作用不十分明显。

景颇族和谐的语言生活与他们"多样统一"的语言认同密切相关。他们既能保持母语忠诚，也能理性地包容本民族内部的语言差异，对国家通用语言能积极接纳学习。作为一个跨境民族，境内外景颇族还能保持良好的交流和认同。景颇族的语言认同模式，对于在全球化市场化潮流中如何解决少数民族经济社会发展与语言文化保持之间的"矛盾"具有一定的启发意义。

### 参考文献

戴庆厦主编：《云南德宏州景颇族语言使用现状及其演变》，商务印书馆 2011 年版。

赵廷光：《云南跨境民族研究》，云南民族出版社 1998 年版。

Edwards, John, *Language and Identity: An Introduction*, Cambridge University Press, 2009.

# Language Identity of the Cross-Border Jingpo Ethnic Groups

## —Survey on Language Attitude of Students from China and Myanmar

Zhang Jun

**Abstract:** According to this survey, Jingpo ethnic college students can maintain their native language loyally and accept the differences of their ethnic languages, at the same time they can actively learn national common language. The language attitude of "unity in diversity" has a positive significance to the development of economic and social and maintenance the maintenance of language and culture for minority areas.

**Key words:** Jingpo Ethnic Groups; The Cross-border Ethnic Groups; Language Identity

（通信地址：100081　北京　中国社会科学院民族学与人类学研究所）

# 跨境语言的田野调查方法

蒋　颖

**【提要】** 跨境语言研究必须强调田野调查，它是获取跨境语言信息必有的方法。入户调查是跨境语言田野调查的主要内容，主要包括实地记录语言材料、访谈家庭成员、进行基本词基本语法点测试、收集实物材料等四项工作。语料记录法、数据统计法、问卷调查法、访谈调查法、基本词汇语法点测试法、现场观察法、比较法、多学科综合法八种方法是入户调查常用的。跨境语言调查要做好语言翻译，重视跨境国家的风土人情，遵守当地的政策法律，处理好与调查国合作者的关系。

**【关键词】** 跨境语言　田野调查　入户调查　调查方法

跨境语言调查与国内的语言国情调查既有共同点，又有不同点。所以，做好跨境调查，要重视在国外的田野调查，运用适合国外国情的方法和策略。本文主要根据近年来我国跨境语言调查的实际经验，谈谈跨境语言田野调查的重要性及其具体方法。

## 一　跨境语言研究必须强调田野调查

所谓跨境语言，是"同一民族语言分布在不同国家的语言变体"。[①] 我国有蒙古、藏、维吾尔、苗、彝、壮、布依、朝鲜、瑶、哈尼、哈萨克、傣、傈僳、佤、拉祜、景颇、柯尔克孜、布朗、塔吉克、怒、乌孜别克、俄罗斯、鄂温克、德昂、京、塔塔尔、独龙、赫哲、门巴、珞巴等30多个跨境民族，使用着约50种跨境语言，对跨境语言的研究，既关系到国家的语言政策、语言安全、语言和谐、民族团结等语言应用问题，又与语言与方言的分化、演变，以及语言接触与语言演变的关系等理论问题的研究有关。因此，亟须语言学者进行广泛而深入的跨境语言调查研究。

研究跨境语言的方法是多种多样的，可以从语言田野调查的角度出发，

---

① 戴庆厦主编：《泰国万伟乡阿卡族及其语言使用现状》，中国社会科学出版社2009年版。

进行语言本体的共时描写或语言使用情况研究，也可以从历史的角度出发，进行历史比较语言学研究。相对而言，语言田野调查方法是跨境语言研究的一个重要方法，是获取跨境语言信息必有的方法。原因是：跨境语言研究是一个新兴学科，研究历史很短，研究者也少，国内外有关跨境语言的研究成果很少。过去，由于种种原因，我们对本国语言了解得多一点，对外国语言了解较少，对跨境语言没有做过广泛深入的调查研究，对跨境语言在国内外的分布、本体特征、使用情况等各方面的调查了解少之又少。改革开放以来，虽然开展了跨境语言研究，但调查成果也不多，远远不能满足国家及语言学科对跨境语言研究的需求。例如，中越跨境语言达 20 余种，但越南一侧语言的基本情况主要是西方学者在做调查，中国学者的研究主要针对中越边境位于中国一侧的跨境语言，"未能深入越南一侧调查仍是一憾事。"[1] 因此，当务之急是组织语言学者去做田野调查，积累材料，在此基础上逐渐勾勒出跨境语言的语言面貌和语用情况。

而且，语言研究的基本方法也需要从实际出发。从语言与理论的关系来说，没有具体的语言事实，就难以对跨境语言的共性和个性做出提炼。而要想获取语言事实，就必须从微观入手，尽可能详尽地描写、分析具体而微的语言本体现象与语言使用现象，不断从中总结其宏观的共性和微观的差异，从而揭示跨境语言的共性与个性。这些语言事实都需要做一线田野调查，做"身入其境"的微观研究才能得到。不同国家的跨境语言，虽然源自同一母语，但在分隔的疆域中长期受到各自国家的社会人文因素（包括政治、经济、文化、民族关系、宗教等）的不同影响，逐渐形成了程度不同的差异。只有在田野调查中才能把这些差异一点点地揭示、描写出来，并最终构成客观具体的跨境语言全貌。

## 二 入户调查是跨境语言田野调查的主要内容

田野调查中最基本、最重要的方法是入户调查。入户调查指语言调查团队成员亲自前往村寨、家庭、学校、工作场地等不同的语言使用场所进行实地调查。跨境语言研究只有通过入户调查才能得到第一手的、真实可靠的语言材料，才能对跨境语言的使用情况获得直接的主观认识，并在此基础上以问卷调查、语言能力测试、访谈问询等方式获得客观数据，以检验此前形成的主观认识。入户调查有其系统性，要做细致而全面的规划，其中既有具体方法问题，也有指导原则问题。

---

[1] 李锦芳：《论中越跨境语言》，《百色学院学报》2013 年第 4 期。

（一）入户调查要做的工作

入户调查要做的工作很多，其中有四项是必不可少的。

1. 实地记录语言材料

跨境语言调查不仅需要进行语言使用情况的调查，还需要进行语言本体的调查。语料记录包括记录跨境语言的基本词汇（约 3000 个词）、基本语法特点，同时记录一定数量的长篇口语语料，包括诗歌、故事、对话、谜语、谚语等不同体裁的语料。

2. 访谈家庭成员

入户调查中，最真实生动的语言事实都来自对调查对象的观察和访谈。调查者需要通过对调查对象的普遍访谈了解跨境语言使用情况的基本特点。如果被时间或其他条件所限，难以展开全面的访谈，可以选择一些具有代表性的人物进行访谈，通过他们了解调查点的基本情况，包括语言生活、文化习俗、经济活动等方面情况。

3. 进行基本词、基本语法点测试

以基本词、基本语法点为参照，测试调查对象的语言水平及语言能力，是入户调查中必须取得的一份数据材料。基本词是根据被调查民族的历史、文化与日常生活实际情况归纳整理出来的最常用的词，在调查中，可以随调查的需要而做必要的调整。例如，"缅甸跨境民族及语言研究"课题组 2014 年 2 月在缅甸进行跨境克钦语调查过程中，发现缅甸克钦人在宗教、民俗、新词术语等方面有许多不同于中国景颇族的特点，据此在基本词测试中做了适当调整。

根据多次调查的经验，基本词数量定在 400 个词左右比较合适，数量过多会因时间过长而难以完成，数量过少则难以准确反映被调查者的实际语言能力。基本词主要包括自然现象、身体部位与身体器官、人物称谓、地名、动物植物名称、衣着、饮食、工具、用品等名词，常用的数量词、动词和形容词，以及代词、方位词。为了便于统计，基本词测试结果可分为 A、B、C、D 四档：A 档为熟练掌握，能脱口而出；B 档为基本掌握，略加思索后能说出；C 档为较不熟练，经提示后方能说出；D 档为完全不会，经提示后仍然表示不懂或没听说过。

基本语法点通常以单句、简短对话的方式进行测试，测试内容包括词形变化、基本句型、特殊句式的掌握情况，通过测试来了解跨境语言的语法特点与国内相比有哪些共性，又产生了哪些变化，这些变化主要体现在哪些语法点上等。因为语法的变化比词汇缓慢，通常不会出现完全不懂的情况，因此测试结果可粗分为"熟练"和"一般"两级即可。

如果被调查的语言有文字，则还需设计相应的文字测试。例如：笔者在泰国做跨境语言调查时看到，清莱的拉祜族基督教徒使用拉祜文圣经，凡信教的通过做礼拜、唱赞美诗一两个月后就能读得出拉祜文所表示的意思。但是，这种文字只用于宗教场合，并没有用到日常交际中去，因此，调查者测试拉祜文能力时只看其阅读、朗诵宗教文献的能力，粗分为"会"和"不会"两级即可，凡能流畅较快地读出拉祜文圣经的，定为"会"，读不下去或完全不懂的，则定为"不会"。①

基本词、基本语法点测试可用于母语水平测试，根据需要也可做适当调整后用于兼用语水平测试，以备对比统计母语能力的强弱与兼用语能力强弱之间的关系。

4. 收集实物材料

到国外调查收集实物材料非常必要，具有文献价值。在整个调查过程中，都不能忽视。

实物材料主要指对发音人、访谈人的语音材料进行录音、录像，对跨境语言文字成品（如民族语言音像制品、民族文字资料、文物等）进行拍照、翻录。例如一些泰国优勉人（瑶族）家中还保留着繁体汉字版的家先单，在入户调查遇到时，"泰国优勉（瑶）族及其语言"调查组就翻拍收集了部分材料。所收集到的实物材料，要及时加以注解说明，不要等到回国后再补。

（二）入户调查的常用方法

1. 语料记录法

如上所述，语料记录法是进行语言本体调查最重要的方法之一，这里不再赘述。

2. 数据统计法

数据统计法指全面采集、统计一线田野调查数据，包括穷尽式的调查数据及抽样调查数据、问卷调查数据等各种数据。每到一个调查地点，调查组都应该尽可能多地收集该调查点的全部语言数据，包括该点的人口数量、人口构成、语言分布与语言能力以及语言使用者的相关社会情况等。这样的数据在国内调查语言国情时是比较容易获得的，因为我国各地包括各个村寨都有详尽的户口信息，官方通常能提供权威可靠的数据。但在国外调查跨境语言时，这样的数据信息往往是没有现成材料可用的，只能依靠调查组成员亲自入户调查，逐户登记采集，最后进行汇总统计。问卷调查、基本词测试等也离不开数据统计。例如，笔者参加泰国跨境阿卡语的调查时，进了阿卡人的村寨和学校，却发现村长和校长虽然能做对村寨和学校的情况一些介绍，但他们手上都没有精确的数据，比如村寨共有多少

---

① 戴庆厦主编：《泰国清莱拉祜族及其语言使用现状》，中国社会科学出版社 2010 年版。

人，其中哪个民族有多少人，哪些人已定居多年，哪些人是新移民，学校共有多少男生，多少女生；学生的民族成分等信息，都需要调查组入户一个个登记记录。

3. 问卷调查法

问卷调查可以量化语言使用状况的特点，将语言调查中调查者主观感知的语言变量转化为具体可靠、来源清晰的数据指标。调查问卷需要记录被调查者的年龄、性别、受教育程度、职业、第一语言及其他语言能力等多方面的信息，以便区分不同调查对象在不同场合、面对不同交际对象时的语言特点。问卷内容通常包括语言环境、语言观念、语言态度、兼语情况等方面的调查。问卷形式可以多样化，既包括给出选项的客观题，也包括需要自主写出答案的主观题，语句类型要避免诱导式语句，尽量采用直接提问的方式。在调查过程中，原定的调查问卷要根据实际情况随时进行修改和调整，以满足充分反映语言事实的需要。例如，"老挝琅南塔省克木族及其语言"课题组在调查克木人的语言生活时，原来只设计了调查聚居点和杂居点，但后来发现族际婚姻家庭里克木语的使用有其不同于一般的特色。所以在调查的中期，及时增加了族际婚姻家庭语言使用状况的新内容，这使调查更加全面、切合实际。[①]

调查问卷必须用当地的国家通用文字翻译出来，使被调查者一见就能明白，方便使用。

4. 访谈调查法

语言调查的访谈不是一般性的交谈，必须有一定的针对性，要对语言使用情况的调查有所帮助。因此，事先设计好访谈重点以及几个必问的访谈问题是必不可少的。访谈前还要先把自己的访谈意图与被访谈者交代清楚，以便获得被访谈者的积极配合。访谈时一定不能打官腔，要以平等的、寻求答案的口吻与人交谈，访谈的过程要轻松、自然、愉快，但也不可过于随意，不着边际。访谈中可以根据访谈者的回答调整访谈重点，临时增减访谈问题。此外，访谈还要避免"明知故问"或有导向性的提问，设计提问时尊重对方的语言情感，尽量使对方"知无不言，言无不尽"。更重要的是，在访谈中，要尽可能地考虑该国的风俗人情，事先知道哪些问题能问，哪些问题不能问或要委婉地问，特别是对涉及宗教问题、两国关系问题、安全机密问题、家庭婚姻问题等敏感问题，在访谈时都要慎重对待。

5. 基本词汇、语法点测试法

进行基本词汇、语法点测试，可以有效地在较短时间内了解被测试者

---

① 戴庆厦主编：《老挝琅南塔省克木族及其语言》，中国社会科学出版社 2012 年版。

的语言能力，掌握不同年龄段、不同教育程度的被调查者的语言使用情况。为了便于被测试者理解词义、句义，每个词条、句子都用汉语、英语、该跨境国通用语等多种语言对译，使被试能借助其中某一语言理解该词句的原意。

6. 现场观察法

进入一个跨境语言所在的国家以后，就要开始了解该国的风土人情、民族习惯以及语言生活的特点。通过现场观察，能够获得真实的、具体的感性认识，能够为以后的理性提升提供可靠的基础。所以，当调查人员跨出国门后，就要开始展开观察，包括国外联络人的特点，沿途市场贸易的情况，交通、宣传的情况，居民的衣着神情、精神风貌等都值得注意。路过村寨时，不妨下车看看当地的建筑、民居以及生活水平、语言交流等方面的情况。遇到寺庙，则应该趁机会去看看寺庙的建筑、装饰风格以及群众对寺庙的情感态度。走访学习，注意观察教师与学生在课堂、课间、课外有无语言转换，对不同语言是否表现出了不同的情感。还要观察跨境国家少数民族学生对国家通用语的态度，了解他们学习国家通用语的情况，包括难易度、熟练度等。

7. 比较法

整个跨境语言调查的过程中，都要有强烈的比较意识，从比较中获得跨境语言异同的理性认识。要着重进行语言本体的比较，包括语音系统的比较、构词法的比较、句法特点的比较等。此外，还要对语言本体以外的社会现象进行比较。例如，遇到居民，要有意识地在衣着外观、生活习惯、生活水平等方面进行国内外的比较。比较法贯穿于整个田野调查之中。

8. 多学科综合法

要真正认识跨境语言的面貌和演变规律，除了使用语言学方法外，还要有历史学、人类学、国别学、民族学、宗教学、社会学、教育学等多个学科研究方法的配合，以利于对问题的观察和判断。例如，"哈萨克斯坦维吾尔族及其语言"课题中对跨境维吾尔语的调查，就涉及了上述多个领域的研究，使用了民族学、宗教学等学科的理论方法对哈萨克斯坦内部的语言关系进行了梳理。[①]

（三）入户调查的基本原则

1. 与当地群众建立感情

由于国别不同，被调查国的群众对来自他国的陌生调查者不了解，必然在感情上会有隔阂，所以，调查者必须通过各种办法让当地群众了解来

---

① 力提甫等：《哈萨克斯坦维吾尔族及其语言》，中国社会科学出版社（待出）。

意，逐渐建立感情。有了感情之后，被调查者才会把知心话说出来，热情提供语料，这就有可能获得真正可信的语言材料。例如，笔者曾经多次参加泰国北部山区的跨境语言田野调查，发现当地跨境民族与泰国主体民族泰族相处融洽，所到之处，家家户户门前屋后都悬挂着泰国国旗，墙壁上都张贴着国王、王后等泰国王室成员的照片。我们也入乡随俗，进入庭院时先脱鞋，轻声慢语缓步行，绝不议论皇室成员，充分理解他们对祖国的思念之情和对所在国的感恩之情，与当地群众在互敬互信的基础上建立了真挚的感情，最终取得了大量生动、真实的访谈材料。

2. 遵守当地的法律、政策、风俗，注意安全

到了跨境语言所在国，调查者必须遵守当地的法律政策，尊重当地的习惯风俗，避免不必要的误会，与当地群众和谐相处。处在异国他乡，要更加注意人身安全，同时要做好必要的预防工作。例如，有的国家交通规则与中国不同（如泰国汽车靠左手边行驶），就需要格外小心，以免发生意外。

3. 及时整理、核对调查材料，在当地定稿

每天在一线田野调查所取得的材料，都要及时地进行整理与核对，因为一旦田野调查结束，离开调查点回国之后，再发现需要核对的问题时，很难再回到原地去继续修正材料。因此，在离开调查点之前就要整理好全部材料，及时发现问题及时解决，在调查点当地就基本定稿、完稿，回国后只做进一步的编辑校对，基本不做内容上的修改。还要注意的一点是，被调查人以及与课题组合作的当地人士他们的电话号码、电子邮件等联系方式必须记录下来，以备将来与他们联系，补充、修正材料。过去的经验是，在调查时往往不重视这些小事，结果回国后无法与需要的人取得联系，导致个别材料无法核实，只能删去不用。

4. 课题组成员在调查中必须相互沟通交流，统一认识

跨境语言田野调查工作量大，通常需要团队合作才能完成。一个课题组的团队成员之间必须保持沟通，多加交流，互相了解对方所做的工作，出现了什么问题，取得了什么进展等，最终统一认识，形成全书一致的观点和结论。每天（或数天）田野调查结束之后都进行一次例会，是跨境语言调查课题组进行交流的一个好办法。近年来的调查经验证明，课题组成员很需要这种交流会，也很欢迎这种工作方式。

5. 支付好报酬

在国外调查，如何支付报酬是一件不可忽视的事，做不好会影响调查进展和群众关系。国外调查与国内很不相同，国内关于发音合作等劳务报酬有严格的财务规定，调研时只需按规定执行即可。国外情况则复杂得多：

一是支付标准各地不一，甚至有的人出于传统礼仪，不肯接受报酬；二是支付数额要根据当地的生活水平而定，给高了会给该国其他研究者以后的调查带来不便；给低了群众可能会有情绪，工作热情不高。所以，最好是跟合作调查的当地学者一起商量决定支付的数额。

### 三　跨境语言田野调查前要做哪些准备

（一）出国前收集已有的相关材料，初步拟定调查大纲，设计各类调查表格

提前收集资料是进行跨境语言调查的第一步。进行田野调查之前要尽可能全地收集该跨境语言国内外已有的全部资料（包括前人记录的语音、词汇、语法规则的描写、语言使用情况的介绍等），如果有国外的资料，还需要提前翻译出来备用。

调查大纲通常包括三部分内容：一是与跨境语言有关的社会历史背景；二是跨境语言的使用现状；三是跨境语言的本体特点。调查表通常包括个人语言（跨境语言及兼用语）使用情况调查表、代际语言使用情况调查表、不同场合语言使用情况调查表、语言观念调查问卷、访谈问卷、词汇语法能力测试表等。

（二）组织队伍

组织队伍时对田野调查者要有基本的素质要求，包括思想素质和业务素质两个方面的要求。因为跨境语言是到国外调查，所以对调查者的素质要有更高的要求。思想素质这里主要是指调查者要懂得国外的规章法律，要尊重被调查国的宗教信仰和历史文化习惯，所以在出国前要经过培训，使调查者对被调查国的制度、信仰、习惯、民风、民俗等有一定的了解。比如，该国有什么宗教信仰及相应的风俗习惯，包括对宗教人士的礼仪，活动场所有无限制，与本地人交流要注意什么问题等。还要了解该国有哪些日常生活礼仪，如见到长者是行握手礼还是鞠躬，进餐时能否饮酒，在入座、敬酒等餐饮文化上有什么规矩，入户调查时通常向调查对象赠送什么礼物，主人回赠礼物时应当怎么接受等。

业务素养主要指调查者应该具备专业的语言学知识、必要的语音学技能等跨境语言调查所必需的专业技术基础，若同时具有一定的跨境民族语、跨境民族兼用语使用能力则更佳。此外，还要有一定的人类学、历史学、社会学、国别学等方面的基础知识。

跨国调查的组织形式通常是不同国家的专家集合而成的团队，团队里既有中国学者又有被调查国学者，既有跨境民族母语人又有非母语人。所以调查组成员必须具备善于与他国组员取长补短、团结协作、沟通配合的

素质，使不同类型的调查者施展自己的长处，取得可靠的一手调查材料。比如，"泰国万伟乡阿卡族及其语言使用现状"课题组就有中国哈尼族学者（即泰国阿卡族）参加，这位哈尼学者由于语言基本相通，到了阿卡村寨后，很快就与当地群众打成一片。一次他与阿卡族乡长一起背家谱，两国家谱在近现代是不同的，但上溯十余代之后，就完全重合了，这说明他们的祖先有共同的来源。两人背到重合处时，激动不已，热烈拥抱，同宗同族的感情顿时接近了。

　　此外，由于跨境调查存在语言沟通问题，翻译的选择和培训也很重要。例如，国家语委重大科研项目"中国跨境语言现状调查研究"主持人戴庆厦教授组建子课题"泰国优勉（瑶）族及其语言"调查团队时，充分考虑在泰国进行跨境优勉语田野调查的需要，组建了中泰两国五校（中央民族大学、北京语言大学、云南民族大学、广西民族大学、泰国清莱皇家大学）的调查团队共同攻关。课题组成员中，既有通晓多种语言的语言学专家，又有熟悉泰国勉语的本民族学者；既有泰国优勉族的专家，又有中国瑶族的专家。同时，团队还聘请了多名泰国清莱皇家大学中文系的大学生、教师担任口语翻译，为田野调查的顺利进行提供了有力的人员保障。①由于团队组建合理，团队成员善于合作，仅用了一个多月时间的田野调查，就圆满完成了预定调研计划中的各项任务。

　　（三）与当地联系

　　进行田野调查之前，必须与目的国具体调查地联系，办理好必要的手续。办理手续有两种途径，一种是自己与目的国联系，向当地解释调查方案及调查目的，申请进行实地田野调查，这种办法在有的国家（如老挝）行不通，外国调查团队较难获得批准；另一种是通过跨国合作单位事先办好调查许可证。如"泰国万伟乡阿卡族及其语言使用状况"课题组进入泰国之前，已由合作单位泰国皇家清莱大学在该国教育部办好了调查许可证，这样，调查组成员就可顺利地按计划在泰国进行调查。到达目的地以后，要主动与当地政府或警察局联系，介绍课题的任务以及活动安排，以取得他们的支持。到达村寨后，要与村寨的长老及公众领袖取得联系，获得了他们的支持则会事半功倍，而且也有了安全保障。比如，"泰国清莱拉祜族及其语言使用现状"课题组在泰国村寨进行田野调查时，村长帮课题组找来了熟悉历史文化的长老开座谈会，并找来合适的发音人和测试对象供课题组选择，还带领课题组去村寨各处拍照、访谈，大大增加了课题组对调查客体的了解和认识。

---

① 戴庆厦：《泰国优勉（瑶）族及其语言》，中国社会科学出版社 2013 年版。

（四）确定调查点之前实地踩点

进入异国做语言田野调查，不能想当然地认为可以"去了再说"，必须有具体、合理、可行的调查计划，要做到这一点，在条件允许的情况下，最好先实地踩点后再决定具体的调查点与调查方案。踩点内容包括了解该跨境民族在调查点的聚居、杂居情况，确定哪些点最具代表性；了解该跨境民族是否还有部分人兼用汉语、汉字，对跨境语言的使用有何影响；选定的被调查村寨有无条件安排调查组的食宿交通；调查对象对课题项目是否乐于接受；等等。例如，"泰国优勉（瑶）族及其语言"课题组经事先踩点，最终选定调查点为清盛县帕莱龙村等优勉人聚居村，这些调查点由于多数都有汉字村名，很好地解决了调查点地名译名难以统一的难题。

（五）对可能存在的各种困难做好充分的准备

在国外做调查，由于国情不同、语言不通、交通不便、风俗各异、气候差异等多种原因，经常会出现事先没有预料到的计划外情况。例如，"泰国万伟乡阿卡族及其语言使用状况"课题组在调查阿卡语时，曾按国内经验每天工作 8 小时左右，结果有当地发音合作人表示抗议，要求缩短工作时间。后来课题组根据发音人的具体情况对工作时长和工作内容及时作了调整，最终顺利完成了调查工作。又如，发音合作人在工作期间生病了该怎么处理，也是出国之前就应该考虑到的问题。

**参考文献**

戴庆厦主编：《泰国万伟乡阿卡族及其语言使用现状》，中国社会科学出版社 2009 年版。

戴庆厦主编：《泰国清莱拉祜族及其语言使用现状》，中国社会科学出版社 2010 年版。

戴庆厦主编：《老挝琅南塔省克木族及其语言》，中国社会科学出版社 2012 年版。

戴庆厦主编：《泰国优勉（瑶）族及其语言》，中国社会科学出版社 2013 年版。

力提甫等：《哈萨克斯坦维吾尔族及其语言》，中国社会科学出版社（待出）。

李锦芳：《论中越跨境语言》，《百色学院学报》2013 年第 4 期。

（通讯地址：100081　北京　中央民族大学中国少数民族语言文学学院）

# 论中越边城都龙镇多民族的语言和谐[*]

杨 露

【摘要】本文根据第一手的田野调查材料，对处在中越边境都龙镇的少数民族语言使用情况进行分析和归纳，指出：都龙镇各少数民族除了能够稳定使用自己的母语外，还普遍兼用汉语以及区域优势语言壮语和苗语；此外，部分汉族也能兼用壮语或苗语等少数民族语言。形成了多语并用、和谐互补的语言生活，并预测少数民族母语和通用语汉语将在该区域长期并存使用，和谐发展。

【关键词】中越边境 都龙镇 多语生活 语言和谐

## 一 引言

语言和谐是民族和谐、社会和谐的重要组成部分，是语言关系中最佳的一种类型。边境地区的语言生活因涉及两国关系，其重要性不言而喻。了解边境地区多民族的语言使用现状，不仅有利于民族团结、社会进步，更对巩固我国的国防安全至关重要。本文以地处中越边界的都龙镇为例，使用作者实地调查的第一手材料，分析一个多民族共居的边境小镇语言生活的状态及其未来的发展趋势。

都龙镇位于云南省文山壮族苗族自治州马关县的东南部，是其下辖的边陲重镇之一。南端与越南的河江省紧密相邻，边境线长达 74.3 公里，是马关县边境线最长的边防镇。全镇总面积 211.89 平方公里，辖 1 个社区 7 个村民委员会，153 个村民小组。境内居住着汉、苗、壮、瑶、傣、彝等 11 个民族，9137 户 33965 人，少数民族人口约占总人口的 70.8%。其中苗族人口最多，占全镇总人口的 41%，其次是壮族，占 16.8%。人口最少的是瑶族，聚居在箐脚寨，只有 39 户 138 人，占总人口的 0.43%。各民族呈"大杂居、小聚居"的分布格局。

---

* 本文为国家语委"十二五"规划 2014 年项目"民族语文活态保护与双语和谐乡村建设研究"（项目号：WT12S-67）及云南省哲学社会科学创新团队项目"云南省少数民族语言研究"（项目编号：2014CX01）的成果之一。

本文重点考察苗族、壮族和瑶族的语言使用情况，少量数据涉及其他少数民族，共选取了 9 个特点相异的自然寨，分别是：上波龙苗族聚居寨、南松壮族聚居寨、箐脚瑶族聚居寨、田坝心壮傣杂居寨、董腊鱼苗壮杂居寨、水洞厂中寨苗汉杂居寨、中越边境的南北壮寨和韭菜坪苗寨。

### 二　都龙镇各民族都稳定使用自己的母语

通过入户调查、访谈、母语 400 常用词测试、母语态度及双语和谐问卷表、语言生活参与观察等途径获取的实证材料，以点带面，获得对都龙镇苗族、壮族、瑶族语言使用现状的认知。初步的结论是：都龙镇各少数民族基本能够稳定使用自己的母语。主要表现为以下几个特征：熟练掌握母语的人口比例较高；母语传承没有出现明显的代际断裂；母语词汇量掌握程度大致相同；母语是族内交际的重要工具；母语广泛应用于媒体和宗教领域等。分述如下。

1. 各民族基本保留自己的母语

9 个调查点共随机抽取了 1604 人，其中苗族、壮族、瑶族母语使用现状数据见表 1：

表 1　　　　　　　　都龙镇苗族、壮族、瑶族母语使用情况

| 民族 | 调查点及民族分布 | 人数 | 熟练 | | 略懂 | | 不会 | |
|---|---|---|---|---|---|---|---|---|
| | | | 人数 | 百分比（%） | 人数 | 百分比（%） | 人数 | 百分比（%） |
| 苗族 | 上波龙（聚居） | 136 | 136 | 100 | 0 | 0 | 0 | 0 |
| | 韭菜坪（聚居） | 275 | 275 | 100 | 0 | 0 | 0 | 0 |
| | 董腊鱼（杂居） | 76 | 76 | 100 | 0 | 0 | 0 | 0 |
| | 水洞厂中寨（杂居） | 156 | 156 | 100 | 0 | 0 | 0 | 0 |
| | 合计 | 643 | 643 | 100 | 0 | 0 | 0 | 0 |
| 壮族 | 南松（聚居） | 325 | 321 | 98.77 | 2 | 0.62 | 2 | 0.62 |
| | 南北（聚居） | 91 | 91 | 100 | 0 | 0 | 0 | 0 |
| | 田坝心（杂居） | 258 | 258 | 100 | 0 | 0 | 0 | 0 |
| | 董腊鱼（杂居） | 119 | 119 | 100 | 0 | 0 | 0 | 0 |
| | 合计 | 793 | 789 | 99.60 | 1 | 0.1 | 2 | 0.3 |
| 瑶族 | 箐脚（聚居） | 85 | 84 | 98.82 | 0 | 0 | 1 | 1.18 |
| | 合计 | 85 | 84 | 98.82 | 0 | 0 | 1 | 1.18 |

从表 1 可以得出以下信息：（1）苗、壮、瑶三个民族母语保留状况基本一致，即熟练掌握自己母语的人数比例均高达 98%以上。其中，苗语的使用状况最好，即 4 个苗语点，全民都能够熟练使用母语。据此可认为，母语是各民族普遍掌握的语言工具。（2）苗、壮、瑶三个民族在聚居寨和杂居寨，熟练掌握母语的人数比例均达到 98%以上。这说明各民族的母语水平并未受民族分布情况的影响，杂居寨的母语活力不一定低于聚居寨的母语活力。

2. 母语传承没有出现明显的代际断裂

通过综合统计分析，各苗族寨不同年龄段熟练掌握母语的人口比例均为100%，没有略懂和不会的人，代际传承相当稳定。壮族各寨，除南松 6—19 岁青少年段出现略微的代际差异外，其余三个点各年龄段均为 100%熟练掌握母语。箐脚瑶族寨也是在 6—19 岁年龄段出现略微下滑，剩余三个年龄段都能熟练使用母语交际。表 2 是壮族 6—19 岁年龄段和瑶族不同年龄段母语的使用情况。

**表 2**　　　　　　　　　**6—19 岁壮族壮语使用情况**

| 调查点 | 人数 | 熟练 | | 略懂 | | 不会 | |
|---|---|---|---|---|---|---|---|
| | | 人数 | 百分比（%） | 人数 | 百分比（%） | 人数 | 百分比（%） |
| 南松 | 78 | 75 | 96.1 | 1 | 1.3 | 2 | 2.7 |
| 南北 | 24 | 24 | 100 | 0 | 0 | 0 | 0 |
| 田坝心 | 54 | 54 | 100 | 0 | 0 | 0 | 0 |
| 董腊鱼 | 20 | 20 | 100 | 0 | 0 | 0 | 0 |
| 合计 | 172 | 169 | 98.2 | 1 | 0.6 | 2 | 1.2 |

表 2 中，有 3 个点"熟练"级比例为 100%，只有南松稍低一些，为 96.1%。78 人中，有 1 人略懂，2 人不会。经询问得知，壮语"略懂"的是田亚刚（15 岁，男，壮族），常年随父母定居在都龙镇，只是小时候在南松生活，会说一些日常用语。6 岁起在镇中心小学读书。在母语尚处于初级阶段时，就离开了母语习得场所，故其壮语能力较差。壮语"不会"的是李梦婷（7岁，女，壮族）和李春富（6 岁，男，壮族），二人从小跟父母在外地生活。以上种种都纯属个别现象，并不能改变壮族青少年熟练掌握母语具有普遍性这一性质。

**表 3** 不同年龄段瑶族瑶语使用情况表

| 年龄段（岁） | 人数 | 熟练 | | 略懂 | | 不会 | |
|---|---|---|---|---|---|---|---|
| | | 人数 | 百分比（%） | 人数 | 百分比（%） | 人数 | 百分比（%） |
| 6—19 | 12 | 11 | 91.7 | 0 | 0 | 1 | 8.3 |
| 20—39 | 28 | 28 | 100 | 0 | 0 | 0 | 0 |
| 40—59 | 29 | 29 | 100 | 0 | 0 | 0 | 0 |
| 60 及以上 | 16 | 16 | 100 | 0 | 0 | 0 | 0 |
| 合计 | 85 | 84 | 98.8 | 0 | 0 | 1 | 1.2 |

从表 3 可清晰地看到，箐脚瑶族瑶语代际传承良好。只在 6—19 岁年龄段出现了下滑，仅 1 人不会瑶语。究其原因，是李金娜（6 岁，女，瑶族）一直与母亲在镇上生活，缺乏习得母语的环境和交际需求。但这不会影响该地母语基本传承的结论。

由以上可得，都龙镇各民族母语不存在明显的代际断裂。

3. 母语词汇量掌握程度大致相同

各村寨我们随机选取了 2—10 名不等的母语人进行四百词测试。具体统计数据见表 4：

**表 4** 都龙镇苗族、壮族、瑶族母语四百词测试统计

| 民族 | 调查点 | 人数 | 优秀 | | 良好 | | 一般 | | 差 | |
|---|---|---|---|---|---|---|---|---|---|---|
| | | | 人数 | 百分比（%） | 人数 | 百分比（%） | 人数 | 百分比（%） | 人数 | 百分比（%） |
| 苗族 | 上波龙 | 10 | 9 | 90 | 1 | 10 | 0 | 0 | 0 | 0 |
| | 韭菜坪 | 8 | 6 | 75 | 2 | 25 | 0 | 0 | 0 | 0 |
| | 董腊鱼 | 6 | 5 | 83.3 | 1 | 16.7 | 0 | 0 | 0 | 0 |
| | 水洞厂中寨 | 8 | 7 | 87.5 | 1 | 12.5 | 0 | 0 | 0 | 0 |
| | 合计 | 32 | 27 | 84.4 | 5 | 15.6 | 0 | 0 | 0 | 0 |
| 壮族 | 南松 | 8 | 7 | 87.5 | 1 | 12.5 | 0 | 0 | 0 | 0 |
| | 南北 | 8 | 6 | 75 | 2 | 25 | 0 | 0 | 0 | 0 |
| | 田坝心 | 8 | 7 | 87.5 | 1 | 12.5 | 0 | 0 | 0 | 0 |
| | 董腊鱼 | 2 | 2 | 100 | 0 | 0 | 0 | 0 | 0 | 0 |
| | 合计 | 26 | 22 | 84.6 | 4 | 15.4 | 0 | 0 | 0 | 0 |
| 瑶族 | 箐脚 | 8 | 7 | 87.5 | 1 | 12.5 | 0 | 0 | 0 | 0 |

从整体上看，苗、壮、瑶三个民族母语词汇量达到"优秀"级的人口

比例均在 84%以上，没有"一般"和"差"这两个等级。可见，各民族母语词汇量的掌握大致处于均衡状态。而内部存在的细微差别与人口的分布情况没有直接关系，主要与被访者的实际年龄密切相关。在韭菜坪苗族聚居寨和南北壮族聚居寨分别有 8 位被访者，其中母语词汇量掌握程度达到"优秀"级别的均有 6 人。还有 2 人处于"良好"级。从访谈中获悉，这四个人均属于 6—19 岁年龄段，受生活阅历的制约，母语词汇量相对较少。但不难想象，随着他们受教育程度的提高，生活经历的丰富，其掌握的母语词汇会越来越多。

4. 母语是族内交际的重要工具

都龙镇的苗族、壮族、瑶族村寨，除董腊鱼情况有些特殊外，其余各点，不论是聚居、杂居还是横跨中越两国的边境寨，母语都是族内唯一的交际用语。

董腊鱼是苗壮杂居寨。该寨苗、壮彼此会讲对方的语言。测试结果显示，苗族和壮族除了都能熟练掌握自己的母语外，苗族掌握的壮语词汇和壮族会讲的苗语词汇，在数量上均能够达到良好。苗族和壮族较强的民语兼用能力，使苗语和壮语的语言地位在该寨难分伯仲，共同承担寨内的交际功能。

调查中，还发现了一个值得关注的现象：壮族是董腊鱼的主体民族，人口占该寨总人口的 2/3，苗族只占 1/3。但多位壮族纷纷表示："我们都会苗语，见了苗族就讲苗语。"这种主体民族积极主动学习区域弱势民族语言的行为，体现了壮族开放包容的语言态度和民族平等的观念，反映出该地和谐的语言生活和融洽的民族关系。

5. 母语广泛应用于媒体和宗教上

文山州和马关县电视台都有苗语和壮语节目，闭路信号覆盖的村寨均可以收听和收看到民族语节目。9 个调查点中，当问及"是否会选择收看母语节目"时，大多数人都会选择收听和收看。接收不到信号的地区，村民也经常会买母语影视光碟来娱乐生活。每周六被称为都龙镇的"赶街日"。镇政府门前的锌锡路热闹非凡，街道两旁，商家林立，游走期间，常常能够见到售卖苗语或壮语影视歌光碟的小商贩，不时有人问津购买。这一方面反映出民族语的影视译制工作比较成熟，拓展了民族语的社会功能和传播范围，另一方面说明存在一定的消费群体。

母语还被广泛用于宗教场所，尤其在祭祀中更为盛行，几乎是唯一的仪式用语。在南松、董腊鱼、箐脚等寨，我们访谈到了寨子里的祭祀先生。比如南松的唐本钱（69 岁，男，壮族）从事祭祀活动已有 20 多年，会唱多种壮语经文。兴起时，老爷爷还给我们唱了一小段。经文的主要内容大多是关于人物的生平事迹、父母含辛茹苦养孩子等。箐脚的邓忠友（71 岁，男，瑶族）也是寨内从事过祭祀活动的先生之一，他也会用瑶语唱诵经典。

广播电视和宗教活动的应用对母语的稳定使用具有一定的积极作用。

### 三　都龙镇各民族和谐的双语关系

双语现象是随着民族接触而产生的语言现象，通常指个人或语言（方言）集团除了能够使用自己的母语外，还能够兼用一种或多种语言进行日常交际。本文所指的双语包括两种及两种以上的语言。调查发现，都龙镇各民族在长期的世居交往中，不同语言之间的关系非常和谐。以下从 9 个调查点少数民族的双语类型、双语和谐的表现及成因来进行分析。

1. 双语类型

所调查的 9 个村寨中，具有语言能力的村民共计 1604 人，其中壮族 793 人，苗族 643 人，瑶族 85 人，傣族 83 人。双语类型主要有两种："母语-汉语"型和"母语—汉语—其他少数民族语"型。分述如下。

（1）"母语—汉语"型

在 1604 位受访者中，熟练掌握母语的有 1549 人，其中仅有 10 人不会讲汉语，"母语—汉语"型人口约占总人数的 96%。都龙镇各少数民族兼用汉语具有普遍性，属于普遍兼用汉语型。

表 5　　　　　　　都龙镇各少数民族"母语—汉语"双语型情况

| 民族 | 总人数 | 掌握母语的人数 | 兼用汉语的人数 | 双语人占总人口的比例（%） |
|------|--------|----------------|----------------|---------------------------|
| 壮族 | 793 | 787 | 777 | 98 |
| 苗族 | 643 | 617 | 617 | 96 |
| 瑶族 | 85 | 84 | 84 | 99 |
| 傣族 | 83 | 61 | 61 | 73 |
| 合计 | 1604 | 1549 | 1539 | 96 |

从表 5 可以看出，都龙镇壮族、苗族、瑶族几乎全民兼用汉语，"母语—汉语"双语人占总人口的比例均在 96% 以上。傣族兼用汉语的人口比例则相对较低，这主要与田坝心的傣族熟练掌握母语的人口比例偏低有关。田坝心是一个以壮族为主的杂居寨，壮族人口约占全村总人口的 60%，而傣族只有 83 人，仅占总人口的 20%。傣族中已有母语衰退的迹象。但就整体而言，都龙镇少数民族双语类型以"民—汉"型为主。

在调查过程中，我们还了解到 6—40 岁的人习得汉语的途径主要是常年的外出务工和学校教育。40 岁以上能够熟练兼用汉语的则相对较少。

（2）"母语—汉语—其他少数民族语"型

都龙镇有的少数民族除普遍兼用汉语外，还能不同程度地兼用其他少数民族语言。这种类型主要出现在杂居寨。具体数据见表6：

表6　　　　　　　　都龙镇各少数民族兼用其他少数民族语情况

| 民族 | 总人口 | 兼用的少数民族语言 | 兼用人数 | 兼语类型 |
|---|---|---|---|---|
| 壮族 | 793 | 苗语 | 167 | 壮语—汉语—苗语 |
| 苗族 | 643 | 壮语 | 80 | 苗语—汉语—壮语 |
| 瑶族 | 85 | 壮语 | 2 | 瑶—汉语—壮 |
| | | 苗语 | 15 | 瑶—汉语—苗 |
| | | 苗语、壮语 | 15 | 瑶语—汉语—苗语—壮语 |
| 傣族 | 83 | 壮语 | 61 | 傣语—汉语—壮语 |

从表6可推算出，都龙镇各少数民族兼用苗语的有197人，兼用壮语的有158人，苗语和壮语是各少数民族主要兼用的少数民族语言。更值得一提的是，调查中我们欣喜地发现部分汉族也能兼用少数民族语言。在调查的84位汉族中，有50人兼用苗语，为"母语—苗语"型；有26人兼用壮语，为"母语—壮语"型；有5人兼用瑶语，为"母语—瑶语"型。

2. 双语和谐的表现

都龙镇各民族的语言关系是和谐的，民族关系也是和谐的。不同民族之间相互尊重，团结友爱，互帮互助。调查组成员无不为这样和谐的景象而高兴，为民族同胞之间的友谊所感动。其双语和谐主要体现在以下几方面。

（1）少数民族普遍兼用汉语，承认汉语的通用语地位

都龙镇分布有壮、苗、傣、瑶、汉、彝等11个民族，多民族杂居伴随着多语交织使用的语言现状。各民族兼用语言的一个共同点是除稳定使用自己的母语外，基本都能兼用汉语，汉语的普及程度可见一斑。少数民族普遍认为掌握国家通用语是一种先进的表现，汉语与本族语的使用并不排斥，功能互补，各有分工。母语主要在家庭和族内使用，汉语则主要在族际间使用。被调查的1604位少数民族中，兼用汉语的人数有1539人，占总人口的96%。汉语的通用语地位早已在人们心中生根萌芽。

（2）少数民族之间相互兼用彼此的母语，不同语言的地位平等

都龙镇各少数民族兼用语言的方式具有双向性，即相互兼用型，其兼用是自然和谐的。各民族对待不同民族的语言达成一个共识：各民族不论大小，一律平等。在我们走访的几个杂居寨中，如：田坝心（壮傣杂居寨）的傣族和汉族兼用壮语的比例达100%；董腊鱼（壮苗杂居）的壮族和苗族

基本能够互相兼用对方的语言。不同民族互相兼用语言，形成了双语、多语并用共处，和谐互补的生动景象，很好地融入了人们的生活。

（3）母语与兼用语功能互补，适应不同的交际需求

都龙镇各民族依据谈话对象来选择交际用语，通常母语在族内使用，兼用语在族际使用。很多受访者都表示："见什么人说什么话，与本族人说母语，与外族人和陌生人就讲兼用语。"

（4）对汉文化的高度认同及崇拜

大多数少数民族之所以能够用汉语进行交流，一是因为汉语的地位和功能，二是因为各少数民族对汉文化的接纳和认同。这反映在人们生活的方方面面。在语言态度方面，少数民族认为汉语是最重要的语言，在公共场合遇到别的民族都愿意选择汉语进行交流。上波龙组长陶发林说："汉语记载了世界上先进的科技和文化，掌握汉语是一种先进的表现，学会汉语才能适应时代发展的需要。"在节日方面，少数民族除保留本民族的传统节日，还过清明节、端午节、中秋节、春节等中华民族的节日，甚至把春节视为一年中最重要的日子。在红白喜事方面，少数民族的丧葬习俗保留得还算完整，但婚俗则逐渐简化，与汉民族趋同。如今，越来越多的年轻人喜欢仿照汉族办婚礼，从发请柬、写礼簿到服饰、酒席等环节，已看不出民族差异。这些都是都龙镇少数民族崇尚汉族文化的见证。

3. 双语和谐的成因

都龙镇少数民族多语兼用现象的形成，是内外因相互作用的结果。从内部因素来看，首先和谐的民族关系是语言关系和谐的前提和保障。都龙镇各少数民族世代共居在一起，相互习得语言，族际通婚，形成了互帮互助、团结友爱的良好风尚；其次开放包容的语言态度是都龙镇各少数民族双语和谐的心理基础。都龙镇的 11 个民族，在长期的交往和融合过程中，逐渐形成开放包容的民族心理和热情淳朴的民族情怀，这是不同民族能够和谐相处的内在因素和重要前提。从外部因素来看，对外交往的需求促进了都龙镇各民族的双语和谐。近年来，该地外出务工的少数民族年轻人越来越多。汉语作为国家通用语，学好汉语是"走出去"的第一步；此外，国家的语言政策是多民族双语和谐最重要的政治保障。新中国成立后，我国颁布了一系列有利于语言平等和语言自由使用的方针政策，这些是处于弱势的少数民族语言生存和发展的坚强后盾。

四 趋势预测

综合调查分析以及都龙镇的现实情况，笔者认为，在现代化进程中，该区域语言使用的演变走向主要表现为以下几方面。

1. 继续稳定使用自己的母语

在都龙镇，无论是人口占明显优势的壮族、苗族，还是人口较少的瑶族，母语掌握的等级都达到了 98%以上，母语活力极高，各语言的功能价值显而易见。同时，大杂居小聚居的地理空间格局，为少数民族母语提供了生存空间，创造了天然的屏障，有助于母语继续保持高活力，服务于各族人民。

2. 少数民族母语和通用语汉语将长期并存使用，和谐发展

在未来较长一个时期，都龙镇各少数民族的母语和通用语将并存使用，共同发展。通过对这些村民双语类型及特点的分析，我们看到 1604 名少数民族调查对象中，96%都是民—汉双语人。汉语对少数民族母语不构成强大的冲击，更谈不上威胁。民族语将继续保持其族内强势交际语的地位；国家通用语将更广泛地用于不同民族的交流，用于少数民族接受新知识，走上发家致富的道路。这种双语关系在未来几十年将会继续和谐共生。

3. 开放包容的心态，在现代化进程中，将会继续保持下去

调查发现，都龙镇各民族既对母语有深厚的感情，又能以开放包容的心态接纳汉语和其他与之关系密切的民族语。他们深深地体悟到，拥有这种心态，有利于自己在社会中的生存发展。而他们也能够根据不同的交际对象、交际环境，自如地转换使用不同的语言，形成一种宽松有序、多语和谐互补的语言生活。课题组连续走访了两个都龙镇赶街天（每周日为赶街天），看到的是一派民族和谐和、语言和谐的景象。各族同胞在集市上讨价还价、自由交际。汉语连通了不同民族的商品买卖者，民族语则亲切地聚合了同一族群。甚至还看到越南的苗族、壮族经商者也能说几句简单的汉语。

4. "两全其美"是现代化进程中解决少数民族双语问题的最佳模式

所谓"两全其美"，是指对待少数民族的双语既要保护他们的母语的使用和发展，又要帮助他们更好地学习、使用通用语，使母语和通用语在现代化进程中分工互补、和谐发展。都龙镇各少数民族语言，不但受到国家的保护，还为本民族和社会各民族所接纳和保护，不因使用人口少而被大语言所吞没，所以一直保持了稳定的民族自信心及与其他民族友好和谐的心态。随着民族地区经济、文化、教育事业的发展，各少数民族越来越感到学习国家通用语的重要性，对学习通用语的热情越来越高。可以预计，我国少数民族学习汉语的热潮在今后将会不断有新的发展。

**参考文献**

戴庆厦：《构建我国多民族语言和谐的几个理论问题》，《中央民族大学

学报》（哲学社会科学版）2008 年第 2 期。

戴庆厦、余金枝、余成林、林新宇、范丽君：《片马茶山人和谐的多语生活-语言和谐调查研究的理论方法个案剖析》，《云南师范大学学报》（哲学社会科学版），2009（6）。

戴庆厦：《两全其美和谐发展》，《中央民族大学学报》（哲学社会科学版），2011（5）。

# The Harmonious Multi-ethnic Language Life in the China-Vietnam Boarder Town Dulong

Yang Lu

**Abstract:** This paper bases on the first-hand materials of field investigation, analyzes and summarizes the usage of minority language in the China-Vietnam boarder town Dulong, points out: Ethnic minorities in Dulong town not only use their mother language steadily, they also use Zhuang language and Hmong language which have regional advantages. In addition, part of the Han nationality can also use Zhuang language or Hmong language. A situation of multi-lingual use and language harmony has been formed. This paper predicts that minority language and Chinese language will be long-term used and harmonious development at the same time in Dulong town.

**Key words:** China-Vietnam boarder; Dulong Town; Multi-Lingual Life; Language Harmony

（通信地址：650500　云南省昆明市呈贡区云南师范大学旅游与地理科学院）

# 广西三江侗语使用情况及演变趋势预测*

张景霓　苏　丹

【提要】本文通过实地调查三江侗族侗语使用的情况，认为当下的三江侗族使用侗语具有代际传承情况良好等特点，侗族侗语使用也随着社会的发展产生变化，在此基础上，预测广西三江侗族侗语使用情况的演变趋势：三江侗族将长期稳定使用侗语，兼用汉语；三江侗族侗语单语人将会越来越少直到消失；三江侗族兼语现象将长久地保持下去。

【关键词】三江侗族　侗语使用　演变趋势预测

近年来，关于少数民族语言活力的研究引起学界关注，采用何种标准对某种语言活力进行评估，孙宏开在《中国少数民族语言活力排序研究》(2006)中，除了参考联合国教科文组织专家组文件中提出的 9 条语言活力参考指标①之外，还根据中国少数民族语言分布的情况补充了 3 条指标，分别是：(1)语言的分布状况，聚居、杂居还是散居；(2)语言的内部差异程度，差异大的语言，活力就会降低；(3)国境内外的分布状况，交通是否发达、社区开发程度。

每个民族及其语言使用都有其共性和个性，在研究中需要具体情况具体分析。而少数民族语言活力又与语言使用情况息息相关，在孙文中，没有涉及兼用语对于民族语言活力的影响。中央民族大学戴庆厦教授主持的"985 工程"中国少数民族语言国情调查项目中对阿昌族、云南蒙古族、莫旗达斡尔族、基诺族、云南里山乡彝族、哈尼族、片马茶山人、耿马县景颇族、元江县羊街乡、布依族等都进行了语言兼用使用情况的调查，笔者认为，

---

* 基金项目：国家社科基金西部项目"广西少数民族语言使用情况调查与研究"（批准号：11XYY007）。本文获广西民族文化保护与传承研究中心资助。

① 9 条指标是：1. 代际的语言传承；2. 语言使用者的绝对数量；3. 语言使用者占总人口的比例；4. 现存语言使用范围的发展趋势；5. 语言对新领域和媒体的反应；6. 语言教育与读写材料；7. 政府和机构的语言态度和语言政策(包括语言的官方地位和使用)；8. 该语言族群成员对母语的态度；9. 语言记录材料的数量与质量。

当今社会，语言使用中的语言兼用现象是不可避免的，应当充分考虑语言兼用情况对于语言活力的影响。在对具体的民族语言活力的考察中，有必要补充一点：考察少数民族语言兼用程度对民族语言发展的影响。

2012 年 10 月，笔者来到三江侗族自治县独峒乡和林溪乡，对侗族语言情况进行调查。

广西三江侗族自治县（以下简称三江县）是全国七个侗族自治县中侗族人口最多的一个县，同时又是一个多民族聚居的少数民族县。全县常住人口共有 297244 人①，其中：汉族人口 50567 人、侗族 163503 人、壮族 17476 人、苗族 54659 人、瑶族 10741 人、其他民族 298 人。侗族人口占 55.0%，壮族占 5.9%，苗族占 18.4%，瑶族占 3.6%，其他民族占 0.1%。

我们通过不同村寨、不同代际（年龄）、不同场合等视角，对三江侗族侗语使用情况进行了多角度的考察。在考察中，注意共时与历时结合。本文将参考孙文中的排序标准并结合三江侗族侗语使用情况、兼语情况进行分析以此预测三江侗族侗语的演变趋势。

## 一　使用侗语的特点

独峒乡距离三江县 47 公里，盘山公路越过 3 座大山，交通上的不便利和相对封闭的地理环境给侗族侗语使用提供了客观的条件。

### （一）三江侗族有强势的语言态度

语言是用来交际的，语言态度关系到语言使用的选择和语言的代际传承。在三江县城、独峒乡、林溪乡的官方交际语言均为桂柳话②，政府办公也都使用桂柳话，不用侗语。当有外地人来的时候，对方若不会说桂柳话，则会和对方用普通话进行交谈。各个村寨的村干上乡镇府开会，也都用桂柳话。

自从国家推广普通话以来，独峒的学校教学尽量不用侗语。只有在小学低年级，为了更好地说明意思，使侗族小学生听懂课文，老师会先用普通话说一遍，再用侗语解释，辅助教学。直到小学 2、3 年级才会减少课堂上侗语的使用，双语教学会一直贯穿小学阶段。随着电视媒体的广泛传播，越来越多独峒乡的侗族儿童入学适龄儿童能听得懂普通话，但是还不能说普通话。但是在初中教学的时候，很多老师上课还是少不了侗语，用侗语能更好地解释普通话的内容。独峒一中的学生大多数是侗族，他们在课上

---

① 数据来源：三江县第六次人口普查领导小组办公室：《三江县第六次人口普查工作简报》，《三江县 2010 年第六次人口普查数据公报》（三）（内部资料）2012 年 6 月 12 日第 1 期。

② 桂柳话，指在广西桂林柳州一带说的汉语方言，属汉语北方方言。

有时用普通话和侗语。课下仍然更倾向于使用侗语。侗语是他们最重要的交际语。

无论哪个阶段，侗族儿童大多更倾向于使用自己的母语侗语与本族的朋友、同学交流。侗族成年人对于侗语的在心目中的地位也很强势。我们给吴益川（男，侗族，1971 年生，大专，教师，独峒乡独峒村独峒屯）做的访谈录中，他认为如果家里的兄弟姐妹不会说或不肯说侗语，他会强烈反对。当问及他的孩子侗语语音发音不准他是否可以接受时，他说："我会对自己的孩子有要求的，一定要教会他本地的语音。一直教到他学会为止。"他还说，侗语的消失与否要视情况而定，如果是在外面发展的人，可能一两代就消失了。如果是在独峒呢，几代人在这里都不会消失。

（二）三江侗语代际传承情况良好

在三江县林溪乡和独峒乡，我们入户调查了 7 个村寨侗族人使用侗语的情况，统计对象共有计 1141 人，调查对象为 6 岁以上（含 6 岁）、有正常语言能力（智障、聋哑人除外）的村民。调查结果显示，三江侗语代际传承情况良好。根据三江县侗族人使用侗语的基本情况特点，本次调查对语言能力的等级区分仅从"听""说"两方面进行。在体现科学性的同时，充分顾及分类的可操作性，我们将侗语的语言能力分为四个等级："熟练""一般""略懂""不会"。①调查对象包括村民、村干部、公务员、教师、学生等各方面有代表性的人物。

我们对独峒乡、林溪乡的唐朝村、独峒村、牙寨村、弄团村、平岩村的村民，分 5—19 岁，20—59 岁，60 岁以上（含 60 岁）三个年龄段进行了调查，我们随机抽取了 5—19 岁年龄段侗族进行语言能力考察，共 174 人，唐朝村 27 人、独峒村 29 人、牙寨村 92 人、弄团村 13 人、平岩村 13 人。20—59 岁年龄段共 628 人，其中唐朝村 125 人、独峒村 202 人、牙寨村 159 人、弄团村 83 人、平岩村 59 人；60 岁以上共 79 人，唐朝村 13 人、独峒村 28 人、牙寨村 12 人、弄团村 22 人、平岩村 4 人。具体情况见下表 1、表 2、表 3。

---

① 四个等级的划定标准为：（1）"熟练"："听""说"能力俱佳；日常生活中能够自如地运用侗语进行交际。（2）"一般"："听""说"能力均为一般，或"听"的能力较强，"说"的能力较差；日常生活中以使用侗语之外的语言为主，仅具有侗语的部分交际能力。（3）"略懂"："听""说"能力不平衡，只能听懂部分侗语，不会说侗语。（4）"不会"：侗语的"听""说"能力均较低下或完全不懂；日常生活中只使用侗语之外的语言。

表 1　　　　　　　　5—19 岁年龄段侗语语言能力统计图表

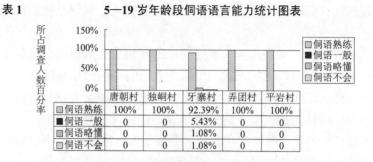

| | 唐朝村 | 独峒村 | 牙寨村 | 弄团村 | 平岩村 |
|---|---|---|---|---|---|
| 侗语熟练 | 100% | 100% | 92.39% | 100% | 100% |
| 侗语一般 | 0 | 0 | 5.43% | 0 | 0 |
| 侗语略懂 | 0 | 0 | 1.08% | 0 | 0 |
| 侗语不会 | 0 | 0 | 1.08% | 0 | 0 |

　　表 1 所示，5—19 岁年龄段熟练和一般水平达到 97%以上，其中，唐朝村、弄团村、平岩村的侗语熟练率达到 100%。

表 2　　　　　　　　20—59 岁年龄段侗语语言能力统计表

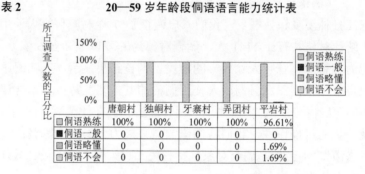

| | 唐朝村 | 独峒村 | 牙寨村 | 弄团村 | 平岩村 |
|---|---|---|---|---|---|
| 侗语熟练 | 100% | 100% | 100% | 100% | 96.61% |
| 侗语一般 | 0 | 0 | 0 | 0 | 0 |
| 侗语略懂 | 0 | 0 | 0 | 0 | 1.69% |
| 侗语不会 | 0 | 0 | 0 | 0 | 1.69% |

　　表 2 所示，20—59 岁的侗族人，唐朝村、独峒村、牙寨村、弄团村侗语熟练率 100%，平岩村侗语熟练率 96.6%，侗语略懂和不会的分别占 1.69%。

表 3　　　　　60 岁以上（含 60 岁）年龄段侗语语言能力统计表

| | 唐朝村 | 独峒村 | 牙寨村 | 弄团村 | 平岩村 |
|---|---|---|---|---|---|
| 侗语熟练 | 100% | 100% | 100% | 100% | 100% |
| 侗语一般 | 0 | 0 | 0 | 0 | 0 |
| 侗语略懂 | 0 | 0 | 0 | 0 | 0 |
| 侗语不会 | 0 | 0 | 0 | 0 | 0 |

　　表 3 所示，60 岁以上的侗族人，唐朝村、独峒村、牙寨村、弄团村、平岩村侗语熟练率达到 100%。

　　以上 3 个表显示，以侗族为主的侗寨，例如唐朝村、独峒村、牙寨村、弄团村、平岩村，无论哪个年龄阶段的侗族人侗语熟练率都比较高，达到

92.39%。其中，唐朝村、独峒村、弄团村 5 岁以上侗族的侗语熟练率达到 100%；平岩村 5 岁以上的的侗语熟练率也能达到 96.61%，牙寨村 20 岁以上侗族的侗语熟练率达到 100%。可见侗语在各个年龄段语言活力都很强，三江侗族侗语的代际传承情况良好。

（三）三江侗语使用者数量大

1. 数量大、范围广

范俊军在《彝语阿扎话语言活力评估》（2012）[5]（p169—174）中提到了关于语言使用者的绝对数量的定量问题，文中根据中国国情，考虑到乡镇平均人口数和少数民族人口比例达到 30%则可设定民族乡，将 1 万人口规模作为少数民族语言的安全临界值。根据这个量化的标准，三江侗族人口约 16.35 万人，在我们走访的林溪乡和独峒乡，90%以上的侗族人都会侗语，三江侗语从语言使用者的数量来看，远在安全值内。

三江侗族自治县，侗族人口占 55%以上，侗族人口高度聚居。绝大多数侗族都能熟练掌握侗语，侗语是绝大多数侗族的母语。侗语的使用范围也覆盖整个三江侗族自治县。可见三江侗语使用者数量大、侗语使用范围广。

2. 所占人口比例高

我们调查的 1141 人（唐朝村 165 人、独峒村 259 人、牙寨村 263 人、弄团村 118 人、平岩村 76 人、牙己村 56 人、玉马村 206 人）中，除了牙己村和玉马村是苗族村寨是苗族人之外，其余全部都为侗族，由表 4 可见，唐朝村、独峒村、弄团村侗语熟练率达 100%，平岩村侗语一般以上的达到 97.38%，而在苗族村寨的牙己村和玉马村的侗语一般以上水平达 79.12%，侗语使用者占人口比例很高。

表 4　　　　　　　　侗族语言能力统计图

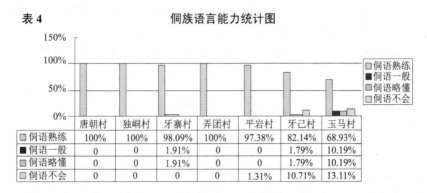

| | 唐朝村 | 独峒村 | 牙寨村 | 弄团村 | 平岩村 | 牙己村 | 玉马村 |
|---|---|---|---|---|---|---|---|
| 侗语熟练 | 100% | 100% | 98.09% | 100% | 97.38% | 82.14% | 68.93% |
| 侗语一般 | 0 | 0 | 1.91% | 0 | 0 | 1.79% | 10.19% |
| 侗语略懂 | 0 | 0 | 1.91% | 0 | 0 | 1.79% | 10.19% |
| 侗语不会 | 0 | 0 | 0 | 1.31% | 10.71% | 13.11% |

3. 民族杂居村寨的交际语是侗语

三江的民族杂居现象非常普遍，因此在三江，侗语使用者不只有侗族，还有生活在周边或者杂居在同一个村寨的其他民族，例如，苗族、瑶族等。

　　为此，我们以以侗族为主的侗苗杂居的唐朝村和以苗族为主的玉马村为例，通过两村的民族成分对比、侗语能力对比、苗族能力对比，考察侗语在三江的语言活力。唐朝和玉马村的民族成分为：唐朝村侗族 2545 人，苗族 543 人，汉族 3 人，分别占全村人口比例的 82.33%、17.56%、0.11%；玉马村侗族 95 人、苗族 3575 人、汉族 2 人分别占全村人口比例的 97.35%、2.6%、0.05%。

　　我们随机抽取唐朝村的 165 人（145 人为侗族，20 人为苗族）和玉马村的 206 人（206 人为苗族）进行侗语和苗语的能力调查，调查结果如下表 5、表 6：

表 5　　　　　　　　　　唐朝村侗语、苗语能力统计

| 唐朝村 | 熟练 | 一般 | 略懂 | 不会 |
|---|---|---|---|---|
| 侗语 | 100% | — | — | — |
| 苗语 | 6.67% | 1.21% | 4.24% | 87.88% |

　　表 5 中，唐朝村的侗语熟练率达到 100%；唐朝村的苗语熟练率为 6.67%，一般率为 1.21%，略懂的占 4.24%，不会的占 87.88%。

　　民族杂居的唐朝村侗语熟练率为 100%，这说明民族杂居的村寨交际语是侗语。在受调查的 165 人的中，只有 13 人即 7.88% 的人苗语水平一般以上，而 20 人是苗族，这说明 20 人中有一部分苗族人的苗语略懂或者不会。唐朝村吴永辉的一家，他的妻子吴乃师彦是苗族，但是她从小说侗语，苗语一点都不会。可见，在苗侗杂居的村寨，侗语是主要交际语。侗语占有绝对的强势地位，具有极强的向心力，苗族人会和侗族人说侗语，而侗族人不会和苗族人说苗语。

　　与唐朝村不同，玉马村的民族成分以苗族为主，他们的语言使用情况不同。

表 6　　　　　　　　　　玉马村侗语、苗语能力统计

| 玉马村 | 熟练 | 一般 | 略懂 | 不会 |
|---|---|---|---|---|
| 侗语 | 68.93% | 10.19% | 13.11% | 7.77% |
| 苗语 | 100% | — | — | — |

　　如表 6 所示，玉马村侗语熟练率为 68.93%，一般率为 10.19%，略懂的占 13.11%，不会的 7.77%。苗语熟练率达到 100%，侗语一般水平以上达到

79.12%，这意味着，玉马村全部的苗族的母语为苗语，同时，绝大多数苗族能够运用侗语进行基本的交流，具有侗语的一般交际能力。

通过对比民族杂居的唐朝村和以苗族为主的玉马村的村民语言能力，可以看到：民族杂居村寨唐朝村的侗族和苗族都熟练使用侗语，侗语熟练率达到100%，唐朝村的苗族一部分已经不会苗语，而是兼用用侗语，侗语是民族杂居村寨的交际语。

## 二　语言使用类型及对兼语的态度

### （一）三江侗族语言使用类型

侗族人不仅使用侗语，还兼用汉语，这是侗族语言使用类型产生的变化。孙文中，给语言活力排序的指标，没有涉及少数民族语言兼用情况对语言活力影响的指标。笔者认为，随着社会和时代的发展，语言兼用现象是不可避免的，但是语言兼用是加速少数民族语言的衰弱还是弥补少数民族语言功能的缺失以保持少数民族语言的活力，这要视乎少数民族语言兼用的程度和具体情况而定。因此，有必要对少数民族语言的兼语现象进行研究，并通过语言兼用现象来预测少数民族语言使用的趋势。

针对侗族语言使用类型发生的新情况，在侗族聚居村独峒乡牙寨村、独峒村、林溪乡弄团村3个村，我们调查了5岁以上侗族677人，其中，牙寨村314人、独峒村249人、弄团村112人的兼语情况，语言能力属熟练和一般的，归为兼用语言。而略懂或不懂的语言，则视为非兼用语言。根据侗族语言能力不同，将其分为以下类型。

1. 单语型

单语型是指只会侗语，不会其他语言的类型，这类型侗族占总调查人数的少数。677个受调查侗族中，有168人是侗语单语人，占调查总人数的24.8%。按照年龄段划分情况，详见下表7。

表7　　　　牙寨村、独峒村、弄团村单语人数统计表　　　　单位：人

| 村 ＼ 年龄 | 5—12 岁 | 13—20 岁 | 21—40 岁 | 41 岁及以上 |
|---|---|---|---|---|
| 牙寨村 | 8 | 3 | 16 | 61 |
| 独峒村 | 3 | 2 | 5 | 37 |
| 弄团村 | 9 | 1 | 2 | 23 |
| 总计 | 20 | 6 | 21 | 121 |

单语型侗族人主要是长期在家、较少外出、社会交往较少的妇女和老人，以及学龄前的儿童，例如，独峒村 5—12 岁的 3 位侗语单语人，全是 6—8 岁刚入学不久的儿童，他们的普通话都在初步学习的阶段，目前只能熟练掌握侗语。例如牙寨村 16 位 21—40 岁的侗语单语人中，13 人是 30 岁以上；从性别上看，只有 3 人是男性，另外 13 人为女性。

从年龄分布来看，41 岁及以上的单语型侗族人数远远多于其他年龄段侗族单语人的，这说明，早在 30 年前，大多数的侗族人都是侗语单语人，那时候侗族兼语现象还未普遍发生，侗语兼语现象是近 30 年内逐渐出现的现象。41 岁及以上的侗语单语人人数为 41 岁及以上受调查人数（257 人）的 47.8%，说明侗语单语人在侗族人口中占很大比例。年龄上也体现出中、老年侗族的单语人更多。

2. 兼语型

兼语型指的是兼用桂柳话或者兼用普通话的侗族人。由于不同的侗族兼用桂柳话和普通话的程度不同，故将其分开调查三个村寨 5 岁以上侗族的桂柳话能力和普通话能力。

（1）侗语-桂柳话型

牙寨村、独峒村、弄团村桂柳话能力统计见下表 8：

表 8　　　　　　　牙寨村、独峒村、弄团村桂柳话能力统计

| 年龄段 | 总人口 | | 熟练 | | 一般 | | 略懂 | | 不会 | |
|---|---|---|---|---|---|---|---|---|---|---|
| | 人口 | 百分比 | 人口 | 百分比 | 人口 | 百分比 | 人口 | 百分比 | 人口 | 百分比 |
| 5—12 岁 | 78 | 11.5% | 6 | 7.7% | 12 | 15.3% | 29 | 37.2% | 31 | 39.8% |
| 13—20 岁 | 64 | 9.4% | 16 | 25% | 11 | 17.1% | 20 | 31.3% | 17 | 26.6% |
| 21—40 岁 | 278 | 41.1% | 142 | 51.1% | 85 | 30.6% | 35 | 12.6% | 16 | 5.7% |
| 41 岁及以上 | 257 | 38% | 56 | 21.8% | 54 | 21% | 85 | 33% | 62 | 24.2% |
| 总计 | 677 | 100% | 220 | 32.5% | 162 | 23.9% | 169 | 25% | 126 | 18.6% |

从表 8 可知，5—12 岁、13—20 岁、21—40 岁、41 岁及以上侗族的侗语—桂柳话熟练或一般的语言能力，即兼语类型占该年龄段总人数的比例分别为 23%、42%、81.7%、42.8%。

四个年龄阶段的侗族人的桂柳话能力具有差异性。21—40 岁的侗语—桂柳话兼语人在该年龄段比例最高。交通的改善，促使这些青壮年侗族人走出大山，走向城市。进城打工是独峒侗族人目前最主要的经济来源。进城打工使更多的年轻人跟其他民族往来，接触汉语普通话的机会大大增多。

他们是兼用桂柳话的主要人群，他们的一般水平以上（即熟练或一般）达到总调查人数的34%。

5—12岁、13—20岁和41岁及及以上的人群，他们的略懂和不会水平均比本年龄段的熟练和一般的人数多。5—12岁的青少年，由于生活的语言环境单一，而桂柳话的使用场所多为办公地或三江县城。在他们上小学前基本只会侗语，或者能听懂一些电视里的普通话节目，在上小学后，他们的才逐渐接触更多的普通话和桂柳话，故这个年龄段的侗族的桂柳话水平不高。13—20岁的侗族青少年，改变了原来单一的语言环境，比如到乡镇上或县城读初中、高中、务工等，更多地接触桂柳话，故桂柳话能力高于5—12岁年龄段的侗族。41岁及以上侗族的桂柳话能力与其社会交往范围有关，这个年龄段的中年人，桂柳话熟练或一般的侗族人多数为在外工作，社会交际广的男性；略懂或不会的则是长年在家，很少外出，交际范围小的妇女和老年人。

总的来说，21—40岁侗族是该类型主要兼语人，他们的桂柳话能力比其他年龄段侗族更强，由于20岁以下、40岁以上的侗族人桂柳话能力不强，我们可以推测，侗族人逐渐兼用侗语是从21—40岁这代人开始的。5—20岁、21—40岁的侗族人桂柳话能力是逐渐增强的，可以推测：近20多年来，三江侗族兼用桂柳话从零星地接触→略懂→掌握→兼用桂柳话，桂柳话能力逐渐增强的的发展轨迹。

（2）侗语—普通话型

牙寨村、独峒村、弄团村普通话能力见表9：

**表9** 牙寨村、独峒村、弄团村普通话能力统计

| 年龄段 | 总人口 | | 熟练 | | 一般 | | 略懂 | | 不会 | |
|---|---|---|---|---|---|---|---|---|---|---|
| | 人口 | 比例 | 人口 | 比例 | 人口 | 比例 | 人口 | 比例 | 人口 | 比例 |
| 5—12岁 | 78 | 11.5% | 31 | 39.7% | 23 | 29.5% | 18 | 23.1% | 6 | 7.7% |
| 13—20岁 | 64 | 9.4% | 37 | 57.8% | 19 | 29.6% | 4 | 6.3 | 4 | 6.3% |
| 21—40岁 | 278 | 41.1% | 162 | 58.2% | 74 | 26.7% | 22 | 7.9% | 20 | 7.2% |
| 41岁及以上 | 257 | 38% | 51 | 19.8% | 48 | 18.7% | 97 | 37.7% | 61 | 23.7% |
| 总计 | 677 | 100% | 281 | 41.5% | 164 | 24.2% | 141 | 20.8% | 91 | 13.5% |

表9中，5—12岁、13—20岁、21—40岁、41岁及以上侗族的侗语-桂柳话兼语类型（熟练+一般）占该年龄段总人数的比例分别约为69%、87.5%、84.9%、38.5%。

5—12 岁的侗族青少年，在上小学前都是侗语单语人，对于普通话的学习是从听电视节目开始的，入学后真正接触普通话，才逐渐兼用普通话，他们这个年龄段的普通话能力还在不停地增强。

13—40 岁的侗族人是最主要的普通话使用人群。13 岁以下的侗族人的普通话能力还在不断地加强，40 岁以上的侗族人普通话能力比任何一个年龄段都低，从时间上可以预测，侗族人普遍兼用普通话是从 41 岁及以下，21—40 岁的这代人开始的。这与大力普及义务教育和广播电视的迅速传播有很大的关系。熟练掌握普通话的能力与侗族人的年龄、受教育程度有关。受教育程度越高汉语普通话表达能力越好，汉语普通话水平越高。

总的来说，随着社会发展、社会交往的增多和教育的普及，侗族语言使用类型发生了变化，他们的生活中，只使用侗语已不能满足交际的需要，通过对侗族的桂柳话、普通话能力的调查，一方面，可以推测出侗族人兼语现象发生的时间和程度；另一方面，可以判断兼语对侗语的影响。

（二）三江侗族对兼语的态度

侗族人强势的语言态度根源在于其对于母语的热爱和深厚的民族感情。随着社会的进步和发展，侗族人也不会故步自封，同时也具有与时俱进、开放兼容的语言态度。我们在调查每个独峒侗族人的时候，他们基本上都很热情地用汉语跟我们亲切交谈，而且都会说到"侗语是自己的母语，必须会说，但普通话很重要，很有用，我们需要学好，说好它"。在对语言重要性进行排序时，基本所有人都把侗语列在第一位，而汉语普通话就紧跟其后，足见他们很重视汉语普通话。从他们的语句中，可以感觉得到他们对语言的开放态度。如：独峒村吴江燕说："看对方是什么人，会说什么话，我们就用哪种语言跟他说话"。他们这种根据听话人的需求而调整自己，使用不同的语言，说明他们从可以接受多种语言，并且可以接受各种语言的持有者。这是一种很开放的语言态度。

三 侗语使用情况演变趋势预测

近 20 年来，三江侗族侗语使用处于稳定发展的阶段，随着社会的发展、教育的普及、城镇化进程的加快，越来越的侗族人能兼用汉语，通过三江侗族语言使用情况，并根据语言兼用的程度和范围、使用者年龄、对兼用语言的态度等方面，预测侗语在未来一个阶段的发展走向。

（一）家庭和村寨是侗语使用的最后堡垒

代际传承是"一个衡量语言濒危程度的核心指标之一"。在三江我们调查和走访的地方，家庭和村寨是稳定使用侗语的场所。绝大多数侗族的家庭都使用侗语进行交谈，家庭语言是完成侗语代际传承的重要场所。家庭语言使用侗语具有稳定性，这将有利于侗语代际传承顺利实现。在我们调查的苗、侗杂居的唐朝村的吴永辉一家，他妻子吴乃师彦就是苗族，但是她侗语熟练，苗语一点都不会。在他们家，全家人都说侗语。

侗族村寨，侗族村民都用侗语聊天，无论是在田间地头，还是在村头巷尾，只要在村寨里，都使用侗语。连村子里的苗族人都会和侗族人说侗语。侗寨是稳定使用侗语的重要场所。出了村寨，镇上的集市、邮政所、政府等场所，夹杂着桂柳话和侗话。具体说桂柳话还是侗语，要视具体情况而定。林溪乡距离县城较近，且旅游业发展良好，乡镇以说桂柳话为主。独峒乡距离县城较远，集市主要说侗语，但是邮政所、政府等办公场所以说桂柳话为主。

总的来说，稳定使用侗语的场所是侗族的村寨和家庭，家庭和村寨是侗语使用的最后堡垒，由于家庭用语仍是侗语，侗语的代际传承将顺利实现，这种情况将长时期地持续下去。

（二）侗语—桂柳话—普通话是互补、和谐的关系

"在某些重要交际场合,存在使用本族语和一种或多种强势语的多语现象……多语现象本身并不对语言构成必然威胁"，语言关系中，有语言和谐、互补等关系。语言互补指母语与兼语相互补充，共同实现语言表达功能、使用功能等。语言和谐指语言与语言之间不排斥、和谐并存的状态。

三江侗族语言兼用的普遍发生是近 20 年的事。例如唐朝村的吴永辉（1954 年生）是在 20 世纪 80 年代左右去桂林、柳州一带做生意才学会的桂柳话。三江侗族的语言兼用还处于比较早期的阶段。三江侗族虽然现阶段兼用了桂柳话和普通话，但是，现阶段兼用的桂柳话和普通话的语言地位仍然低于侗语。无论是从村寨和家庭的使用侗语的情况，还是从我们对侗族人做的语言态度调查中，侗族人都把侗语当成自己最重要的语言，也是使用最广泛的语言。从这点来看，侗语的语言活力并未因为兼用语而降低。相反，桂柳话和普通话与侗语在使用能力上构成互补关系，侗族在不同的语言环境下可以自由选择交际语言。在表达功能上，桂柳话、普通话的新词汇能够弥补侗语的不足,吸收汉语的表达方式来丰富侗语的表达方式，增强表达能力。

侗语—桂柳话—普通话在侗族人的生活中，相互补充，共同完成侗族人的语言交际功能。这将更有利于侗语的保持和延续其语言活力。三种语言之间处于互补、和谐的关系，这种语言关系将长久地持续下去。

（三）侗族人将长期稳定使用侗语，兼用汉语

侗族人将长期稳定使用侗语，现有的侗语使用特点，如侗语代际传承

情况良好，侗语使用者数量大、范围广、所占人口比例高，侗语使用者侗语能力具有差异性，这都说明了侗族侗语使用现状良好。侗族人将长期稳定地使用侗语，侗语的活力和侗语的交际能力仍将持续。

语言活力和语言保持会受到多方因素的影响而产生变化，如侗语的变化、语言环境的变化、侗族语言使用的变化、语言态度的变化，这些变化的产生是在侗族稳定使用基础上的细微的、长期性累积的变化。这些变化正不知不觉地对侗族侗语的使用产生影响。从这些变化中，我们能合理推断出侗族侗语使用的演变趋势：一是三江侗族人将长期稳定使用侗语，同时兼用汉语；二是三江侗族侗语单语人将会越来越少直到消失；三是三江侗族兼语现象将长期、稳定地保持。

### 参考文献

孙宏开：《中国少数民族语言活力排序研究》，广西民族大学学报（哲学社会科学）2006 年第 5 期.

戴庆厦主编：《云南蒙古族喀卓人语言使用现状及其演变》，商务印书馆 2008 年版.

丁石庆主编：《莫旗达斡尔族语言使用现状及发展趋势》商务印书馆，2009.

周国炎主编：《布依族语言使用现状及其演变》，商务印书馆，2009.

范俊军、李义祝：《彝语阿扎话语言活力评估》，《广西民族大学学报（哲学社会科学）》，2012 年第 3 期.

孙宏开：《关于怒族语言使用活力的考察——兼谈语言传承和保护的机制》，《玉溪师范学院学报》，2015 年第 1 期.

范俊军、宫齐、胡鸿雁译：《语言活力与语言濒危》，《民族语文》，2006 年第 3 期.

# The Evolution Trend of The Use of Guangxi Sanjiang Dong Language

Zhang Jingni    Su Dan

**Abstract**: In this paper, based on the field investigation of Sanjiang Dong language use, that the current Sanjiang Dong Dong has the characteristics of succession in good condition, but also with the development of society change using Dong Dong, on this basis, predict the trend of the use situation of Guangxi Sanjiang Dong language :Sanjiang Dong people will use Dong language stably and chronically, combining Chinese, and it will be permanently maintained. Sanjiang Dong monolingual will disappear.

**Key words:** Sanjiang Dong; Dong Language Using; Development Tendency

（通信地址：530006　南宁　广西民族大学文学院）

# 耿马景颇族的语言使用特点及其成因

余成林①

【提要】耿马景颇族不仅能够全民稳定、熟练地使用自己的母语，而且普遍兼用汉语及其他语言，形成不同的"双语"或"多语"类型。不同的语言在不同的场合功能互补，其形成原因既有主观的，也有客观的。

【关键词】耿马景颇族，语言特点，多语类型，形成原因

## 一 景颇族概况

景颇族主要分布在中国、缅甸、印度等地。在缅甸的景颇族被称为"克钦"（Kachin），人口共有 116 万余人。在印度阿萨姆邦的景颇族自称为"兴颇"（Singpo），人口共有 5 万余人。在我国，景颇族主要分布在云南省德宏傣族景颇族自治州，少部分散居在保山市腾冲县，临沧市耿马县，怒江州泸水县，思茅市澜沧县、勐连县，西双版纳州勐海县等地，人口共有 13 万余人。

景颇族分景颇、载瓦、浪速、勒期、波拉等五个支系。每个支系都有自己的语言。景颇支系的景颇语属汉藏语系藏缅语族景颇语支；载瓦、浪速、勒期、波拉等支系的载瓦语、浪速语、勒期语、波拉语比较接近，同属藏缅语族缅语支。景颇族于 19 世纪末有了以拉丁字母拼写的景颇文。1957 年中国政府考虑到景颇语、载瓦语差异较大，又创制了以拉丁字母形式拼写载瓦语的载瓦文。

耿马县地处云南省西南部。全县总人口 26.3 万人，有汉、傣、佤、拉

[作者简介] 余成林（1965—），男，汉族，河南光山人，黔南民族师范学院副教授，硕士研究生导师，贵州省社会科学院副研究员，语言学博士，主要从事语言比较及少数民族语言研究。

① 本文为国家社科基金项目"汉藏语系语言存在范畴研究"（编号 12BYY002）和贵州省基础教育科学研究项目"黔南州少数民族地区双语教育现状及对策研究"（编号 2012B306）的相关研究成果。

本文材料是作者作为教育部"985"项目"耿马县景颇族语言使用现状及其演变"课题组成员在耿马调查时所得，除作者外，还有戴庆厦、蒋颖、余金枝、乔翔、林新宇、朱艳华、范丽君。

祜、彝、布朗、景颇、傈僳、德昂、回、白等 26 个民族，少数民族人口占
总人口的 51.35%。其中，景颇族只有 1004 人，占全县总人口的 0.38%，是
一个人口较少的民族。

居住在耿马县境内的景颇族，主要分布在耿马大山的东、南两边，在
1855—1883 年间从德宏州的盈江、陇川、瑞丽、芒市、遮放和缅甸的普浪、
腊戌等地迁徙而来，至今已有 150 年左右的历史。

本文按城区、聚居区、杂居区选取了 6 个点的调查材料，介绍景颇族
语言使用现状。6 个点是：政府机关、耿马县贺派乡芒抗村景颇新寨、耿马
县耿马镇弄巴村那拢组、耿马县孟定镇景信村贺稳组、耿马县孟定镇邱山
村河边寨、耿马县孟定镇芒艾村草坝寨。

**二　耿马景颇族全民稳定、熟练使用母语**

（一）耿马景颇族全民稳定、熟练使用自己的母语

1. 入户调查显示，耿马景颇族普遍稳定使用自己的母语—景颇语

6 个点景颇族的母语使用情况见表 1：

**表 1　　　　　　　　　　景颇人母语使用情况统计**

| 调查点 | 总人口 | 熟练 | | 略懂 | | 不会 | |
|---|---|---|---|---|---|---|---|
| | | 人口 | 百分比（%） | 人口 | 百分比（%） | 人口 | 百分比（%） |
| 芒抗村景颇新寨 | 217 | 217 | 100 | 0 | 0 | 0 | 0 |
| 弄巴村那拢组 | 52 | 51 | 98.1 | 1 | 1.9 | 0 | 0 |
| 景信村贺稳组 | 191 | 189 | 98.95 | 1 | 0.52 | 1 | 0.52 |
| 邱山村河边寨 | 23 | 11 | 47.8 | 10 | 43.5 | 2 | 8.7 |
| 芒艾村草坝寨 | 156 | 152 | 97.4 | 3 | 2 | 1 | 0.6 |
| 耿马县城镇 | 57 | 45 | 78 | 6 | 11 | 6 | 11 |

表 1 显示，6 个调查点的 696 名景颇人，除邱山村河边寨和城镇地区，
耿马景颇族都能熟练使用自己的母语—景颇语。这说明景颇语在耿马县具
有很强的活力。河边寨景颇族之所以出现较突出的母语能力下降现象，主
要因为他们的人口过少（除未调查到的 2 户外，共有 8 户 23 人），并与拉
祜、佤、傈僳、汉等多个当地主体民族杂居一起。实际上，部分河边寨景
颇人不能熟练地使用母语，是指其母语的听说能力发展不平衡，即听的能
力较强，说的能力较弱。完全不懂景颇语的只有 2 人。

2. 问卷调查显示，景颇语是耿马景颇族最重要的交际工具

调查结果表明，除河边寨之外的 4 个景颇村寨，无论在村头巷尾还是在家庭里，无论在劳动中还是在休息、开会的时候，无论男女老幼，景颇人都能使用景颇语交流信息、表达感情。甚至连到景颇村寨的外族媳妇、上门女婿，在景颇语为主的语言环境下，也都逐渐掌握了景颇语。正如贺稳组村民李学忠所说："我们组没有景颇族互相讲汉话这样的事。我们只有在遇到外族人的时候才讲汉话。孩子们在学校的时候讲汉话，在村里就讲景颇话。"在全国通用语汉语，地方强势语言傣语、佤语的包围下，人口如此之少的耿马景颇人能稳定地传承自己的母语并在日常生活中坚持使用母语，实属难得。

（1）家庭内部的语言使用情况

族内婚姻家庭与族际婚姻家庭，景颇语的使用情况存在一些差异。

① 绝大多数族内婚姻家庭以景颇语为唯一的交际工具

在 5 个景颇村寨里，大部分是族内婚姻家庭。族内婚姻家庭，有的是三代同堂，有的是父、母亲与子女的四（五）口之家。在这样的家庭，其成员（长辈与长辈、长辈与晚辈、晚辈与晚辈）之间的饮食起居、生活劳动，一般都用景颇语交流，景颇语是家庭成员之间最重要的交际工具。

② 杂居村寨的少数族内婚姻家庭使用"景颇—汉"双语

在河边寨、草坝寨两个民族杂居村寨，有少数族内婚姻家庭使用"景颇—汉"双语。这两个村寨的成年人之间仍以景颇语为主要交际语言，但成人与青少年子女之间、青少年之间的交际语言主要是汉语。

③ 族际婚姻家庭中，有些以景颇语为主要交际工具，有些则使用"景颇—汉"双语

耿马景颇人的家庭形式主要是族内婚，但也有一些族际婚姻家庭。这些家庭的外族媳妇或女婿主要是佤族、拉祜族、汉族，也有少数傣族、傈僳族等。族际婚姻家庭的这些非景颇族成员，受景颇语语言环境的影响，婚后三五年一般都能听懂景颇语，时间再长一点，则能说景颇语。

以贺稳组为例，全组景颇家庭中有外族媳妇及女婿 24 人（其中汉族 13 人，佤族 6 人，拉祜族 3 人，傈僳族 2 人），能熟练使用景颇语进行日常交流的有 21 人，以景颇语为家庭的主要交际工具。有 3 人能听懂景颇语对话，但是说景颇语的能力较差，家庭的日常交际使用"景颇—汉"双语。

（2）家庭外部的语言使用情况

① 学校：景颇人崇尚教育，适龄儿童基本上都入学接受基础教育。由于景颇村寨没有学校，孩子们都须到别村上学。在学校里，景颇孩子课堂上讲汉语普通话，课后与同族孩子单独相处时主要讲景颇语，与他族孩子

在一起时则讲当地汉语方言，但打电话回家时则用母语—景颇语。景颇族学生升入高中的不太多，一般读到高中的景颇族学生，其景颇语水平低于村里的同龄人。

② 田间生产劳动：景颇人聚居的村寨，田地相连。每到农忙季节，景颇人一起种植，一起收割，互相帮助，彼此帮忙，他们用景颇语进行交流。

③ 商铺、集市：景颇人在村寨里开设了日用品小卖部，收费的台球桌，还有一些人从事小买卖。在商铺购买物品、在村里进行贸易活动时，景颇人之间使用的都是景颇语。

④ 村民会议：在景颇新寨、贺稳组，村民们开会除了无法对译的汉语新词术语外，基本上都能用景颇语贯彻始终。在那拢组，村民会议常常同时使用景颇语、汉语、佤语等多种语言。在草坝寨和河边寨村民会议以汉语为主。

⑤ 节日、集会：当地比较隆重的节日主要有景颇族的目瑙纵歌节、汉族的春节和傣族的泼水节等。在节日盛会上，村民载歌载舞，热闹非凡。景颇族用自己的母语景颇语尽情歌唱，抒发自己的喜悦心情，大家聊天、敬酒全都使用景颇语。

⑥ 婚丧嫁娶：耿马景颇人的婚礼有的还沿用传统礼仪，有新娘过草桥等一系列仪式。在婚宴上，新人的长辈会用景颇语祝福他们"同心同德""和和美美""共同建设新家庭"。婚礼参加者通常除了景颇族亲朋好友外，还有许多是同村、邻村的其他民族村民。因此，景颇人之间婚宴用语是景颇语，景颇人与其他民族之间则说汉语。

村里有人去世时，除贺稳组全组因信仰基督教不请巫师之外，其余4个村寨通常都会请本族巫师前来做法事。巫师一般都是通晓本族历史、了解村民血缘关系的长者。他们会在葬礼上用景颇语讲述逝者的生平事迹，追忆逝者家族的来历、变迁，并祝祷逝者的灵魂归属到祖先的行列之中去。

综上所述，在景颇村寨的各种不同场合中，景颇语都得到了全民性的稳定使用，发挥了表情达意、沟通思想的重要作用。

3. 对部分景颇人的 400 词测试显示，景颇青少年的语言能力有下降趋势

我们对耿马县贺派乡芒抗村景颇新寨 8 位村民和现在城镇居住的 1 位市民（何文，原籍耿马孟定草坝寨）进行了 400 词汇测试。其统计结果如表 2（各级词汇所占的数量表）、表 3（各级词汇所占总词汇的百分比表）所示。

表 2　　　　　　　　　　　测试的各级词汇数量

| 级别＼被测试人 | 岳子超 | 杨军 | 杨春 | 岳颖 | 岳云飞 | 岳忠伟 | 赵志勇 | 岳志明 | 何文 |
|---|---|---|---|---|---|---|---|---|---|
| A | 281 | 283 | 356 | 304 | 371 | 367 | 339 | 359 | 255 |
| B | 47 | 2 | 10 | 25 | 25 | 25 | 52 | 6 | 31 |
| C | 27 | 57 | 17 | 50 | 4 | 7 | 8 | 28 | 89 |
| D | 45 | 58 | 17 | 21 | 0 | 1 | 1 | 7 | 25 |
| 合计 | 400 | 400 | 400 | 400 | 400 | 400 | 400 | 400 | 400 |

表 3　　　　　　　　　测试的各级词汇所占总词汇的百分比（%）

| 级别＼被测试人 | 岳子超 | 杨军 | 杨春 | 岳颖 | 岳云飞 | 岳忠伟 | 赵志勇 | 岳志明 | 何文 |
|---|---|---|---|---|---|---|---|---|---|
| A | 70.25 | 70.75 | 89 | 76 | 92.75 | 91.75 | 84.75 | 89.75 | 63.75 |
| B | 11.75 | 0.5 | 2.5 | 6.25 | 6.25 | 6.25 | 13 | 1.5 | 7.75 |
| C | 6.75 | 14.25 | 4.25 | 12.5 | 1 | 1.75 | 2 | 7 | 22.25 |
| D | 11.25 | 14.5 | 4.25 | 5.25 | 0 | 0.25 | 0.25 | 1.75 | 6.25 |
| 合计 | 100 | 100 | 100 | 100 | 100 | 100 | 100 | 100 | 100 |

注：被测试人按年龄可分为三段：岳子超、杨军、杨春、岳颖分别为 9 岁、12 岁、13 岁、19 岁，属于青少年段；岳云飞、岳忠伟、岳智勇、何文分别为 25 岁、35 岁、38 岁、38 岁，属于壮年段；何文 54 岁，属于中年段。

　　根据表 2、表 3 可知：青少年段所掌握的 A 级词汇，即能脱口而出的词汇明显少于壮年段，不会的 D 级词汇也明显多于壮年段。这说明青少年段词汇能力有所下降。在青少年段，只有杨春的词汇掌握情况达到"优秀"级别，是因为她的第一语言是景颇语，五六岁才开始说汉语，在景颇语环境生活的时间较长，景颇语情况掌握较好。岳子超和杨军的第一语言都不是景颇语，是后来才学会景颇语的，所以词汇掌握情况没有杨春好。岳颖的第一语言虽也是景颇语，但完成了高中学业，一直在学校中接受汉语教育，离开说景颇语的环境时间较长，词汇掌握情况略逊于杨春。

　　壮年段的词汇能力较之青少年好。因为这些人长期生活在景颇新寨，虽然有的也曾到外地打工，但都是短时间的，所以掌握的词汇比较全面，词汇量较大，成为景颇语词汇传承的中流砥柱。

　　被测试人何文虽然是在耿马孟定草坝寨出生的，但能脱口而出的景颇语词汇只有 255 个，是因为他长期远离景颇语环境到外地求学和工作。

　　（二）景颇人母语使用的三种类型

　　按照母语使用水平的不同，我们可以把耿马景颇族的母语使用分成以下三种类型。

1. 聚居型

景颇新寨和贺稳组是景颇人高度聚居型村寨。这两个村寨的景颇语语言生态环境好，语言活力强，语言保存最完好，代际传承没有出现明显差异。这两个村按年龄段母语能力情况见表4：

表 4　　　　　　　　　景颇新寨和贺稳组不同年龄段母语情况统计

| 年龄段（岁） | 人数 | 熟练 | | 略懂 | | 不懂 | |
|---|---|---|---|---|---|---|---|
| | | 人数 | 百分比（%） | 人数 | 百分比（%） | 人数 | 百分比（%） |
| 6—19 | 114 | 113 | 99.1 | 1 | 0.9 | 0 | 0 |
| 20—39 | 168 | 168 | 100 | 0 | 0 | 0 | 0 |
| 40—59 | 99 | 99 | 100 | 0 | 0 | 0 | 0 |
| 60 及以上 | 27 | 26 | 96.3 | 0 | 0 | 1 | 3.7 |
| 合计 | 408 | 406 | 99.5 | 1 | 0.25 | 1 | 0.25 |

表 4 显示，景颇新寨和贺稳组 99.1%的 6—19 岁的青少年、100%的 20—59 岁的景颇人景颇语熟练；60 岁以上的景颇人，除一人因属于景颇族浪速支系，使用支系语言浪速语，并且嫁给了佤族不会景颇语之外，其余全部景颇语熟练。这说明在景颇人聚居的景颇新寨和贺稳组，景颇语语言使用情况稳定。景颇族青少年也未出现母语衰退的现象。

那拢组和草坝寨属于景颇人"大杂居、小聚居"的聚居型村寨。这两个村寨的景颇语语言环境比较好，语言活力比较强，但由于处于本地人口较多的佤、拉祜、汉等民族的包围杂居之中，语言本体受其他语言的影响产生了一些细微的变化，语言的代际传承也出现了一定程度的差异。这两个村按年龄段母语能力情况见表5：

表 5　　　　　　　　　那拢组和草坝寨不同年龄段母语情况统计

| 年龄段（岁） | 人数 | 熟练 | | 略懂 | | 不懂 | |
|---|---|---|---|---|---|---|---|
| | | 人数 | 百分比（%） | 人数 | 百分比（%） | 人数 | 百分比（%） |
| 6—19 | 62 | 57 | 91.9 | 4 | 6.5 | 1 | 1.6 |
| 20—39 | 77 | 77 | 100 | 0 | 0 | 0 | 0 |
| 40—59 | 51 | 51 | 100 | 0 | 0 | 0 | 0 |
| 60 及以上 | 18 | 18 | 100 | 0 | 0 | 0 | 0 |
| 合计 | 208 | 203 | 97.6 | 4 | 1.9 | 1 | 0.5 |

表 5 显示，那拢组和草坝寨 91.9% 的 6—19 岁青少年、100% 的 20 岁以上景颇人景颇语熟练。这说明在这两个景颇人小聚居村寨，景颇语语言使用情况稳定，但景颇族青少年出现了轻微的母语衰退现象。

从整体上来看，聚居型的景颇村寨，从老年人到儿童都能熟练地使用景颇语。景颇人无论是进行家庭内部讨论，还是协商、解决村内纠纷，或是邻里传递、沟通信息，或是参加村里的红白喜事、节日庆典，景颇语都是景颇人的首选语言，没有表现出明显的代际衰退现象。

2. 杂居型

耿马景颇人完全与其他民族杂居的只有邱山村河边寨。我们调查的 23 名河边寨景颇人的景颇语使用水平出现了明显的衰退下滑。母语熟练的只有 11 人，占 47.8%；母语略懂的有 10 人，占 43.5%。还有 2 人完全不懂景颇语，占 8.7%。23 人中，有 9 人的第一语言不是景颇语，而是别的语言。按年龄段母语能力情况见表 6：

表 6　　　　　　　　　邱山村不同年龄段母语情况统计

| 年龄段（岁） | 人数 | 熟练 | | 略懂 | | 不懂 | |
|---|---|---|---|---|---|---|---|
| | | 人数 | 百分比（%） | 人数 | 百分比（%） | 人数 | 百分比（%） |
| 6—19 | 7 | 2 | 28.6 | 3 | 42.8 | 2 | 28.6 |
| 20—39 | 10 | 5 | 50 | 5 | 50 | 0 | 0 |
| 40—59 | 5 | 3 | 60 | 2 | 40 | 0 | 0 |
| 60 及以上 | 1 | 1 | 100 | 0 | 0 | 0 | 0 |
| 合计 | 23 | 11 | 47.8 | 10 | 43.5 | 2 | 8.7 |

河边寨景颇人由于族际婚姻多、大杂居分布、人口总数少，青少年出现了比较突出的母语断层现象。表 6 显示，河边寨能够熟练使用景颇语的人不到一半，代际之间更是出现了明显的母语水平差异。绝大多数青少年的景颇语水平较低，甚至有近 30% 的青少年完全不懂景颇语。

3. 城镇型

城镇景颇人的景颇语使用出现了一定程度的衰退倾向。尤其是 40 岁以下的城镇景颇人，由于在城镇生活时间长，受学校教育程度高，使用景颇语的机会少，母语水平下降较为明显。城镇景颇人年龄段母语能力情况见表 7：

表 7　　　　　　　　　城镇景颇人不同年龄段母语情况统计

| 年龄段（岁） | 人数 | 熟练 | | 略懂 | | 不懂 | |
|---|---|---|---|---|---|---|---|
| | | 人数 | 百分比（%） | 人数 | 百分比（%） | 人数 | 百分比（%） |
| 6—19 | 20 | 14 | 70 | 4 | 20 | 2 | 10 |
| 20—39 | 18 | 13 | 72 | 2 | 11 | 3 | 17 |
| 40—59 | 16 | 15 | 94 | 0 | 0 | 1 | 6 |
| 60 及以上 | 3 | 3 | 100 | 0 | 0 | 0 | 0 |
| 合计 | 57 | 45 | 78 | 6 | 11 | 6 | 11 |

表 7 显示，40 岁以上的城镇景颇人母语保留较好，但在城镇长大的景颇族青少年由于多出生于族际婚姻家庭，缺乏景颇语语言学习得环境，加上从幼儿园、学前班开始接受汉语教育，学校生活及大多数的社会交往都以汉语为唯一的交际工具，景颇语水平下降明显，甚至有的城镇居民根本不懂自己的母语—景颇语。

（三）耿马景颇人稳定保留景颇语的原因

耿马景颇人能够稳定使用、传承母语的原因主要有四个：

1. 相对聚居是景颇族稳定使用景颇语的客观条件

同一民族的聚居有利于民族语的传承。虽然耿马县的景颇族人口少，但他们相对集中地分布在 5 个村寨，基本都处于"大杂居、小聚居"的居住状态。这是保证景颇语稳定使用的重要因素。

在景颇新寨、那拢组、贺稳组和草坝寨，景颇人都处于组内小聚居的分布状态。其中，景颇新寨和贺稳组是景颇人高度聚居村寨。景颇新寨有 71 户 298 人，由景颇、佤、汉、拉祜、傣等多个民族构成。其中景颇族人口最多，约占全组总人口的 80%。贺稳组全组共有 53 户 246 人。其中景颇族人口最多，占全组总人口的 84.15%。在那拢组，虽然佤族人口占绝对优势，而且 24 户景颇族家庭中只有 4 户是族内婚，但景颇人迁入那拢的历史长，组内的景颇族房屋相连、田地紧挨、关系亲密，所以实际上仍处于组内小聚居的状态。在草坝寨，虽然是景颇、拉祜、汉等多个民族杂居，但景颇人在寨内占了人口总数上的优势。草坝寨共有 84 户 381 人，其中景颇族 50 户 230 人。在这 4 个寨子里，无论是寒暄聊天、日常劳动、生活贸易，还是婚丧嫁娶、节日庆典、村民会议，景颇人每天都使用着自己的母语——景颇语，形成良性循环的景颇语语言环境。

只有邱山村是民族杂居，而且景颇族人口总数少，占全村总人口的比例很低。邱山村下辖 10 个组，只有第 2 组（河边寨）有景颇人。第 2 组是一个拉祜族、景颇族、汉族杂居的自然村寨，全组有 53 户，其中景颇族仅

10 户。景颇族的母语使用水平出现了明显的下降现象，只有 47.8%的景颇人景颇语熟练，43.5%的人景颇语略懂，还有 8.7%的人不懂景颇语，出现第一语言转用现象。

由上面 5 个村寨的母语使用熟练度可以看出小聚居对保存母语的重要作用。景颇族分布的小聚居性是其语言能稳定保留的主要原因。

2. 与缅甸景颇族关系密切、往来频繁是景颇语保持活力的客观现实

耿马县与缅甸接壤，县内国境线长 47.35 公里，两国边民交往频繁。耿马县景颇族人口少，但在缅甸的景颇族有 100 余万人，约占缅甸全国总人口的 2.4%。耿马与缅甸的景颇人同出一支，血脉相通，很多本地景颇人有缅甸亲戚。每逢景颇人的传统节日或婚丧嫁娶，两国景颇人会互相邀请，积极参加这些活动。本地景颇族与缅甸景颇族的语言基本相同，双方能够流畅地使用景颇语进行交流。

3. 母语感情深厚是稳定使用景颇语的情感基础

景颇语不仅是耿马景颇人最重要的交际工具，还是当地景颇人民族心理、民族习惯、民族文化、民族感情的重要载体。他们把景颇语与景颇人的身份紧密联系在一起，认为景颇人必须掌握本民族的语言，只有把语言传承下去才能真正保护、传承景颇人的优良民族传统。那拢组村民岳成明说："（我们）本来是景颇族，如果不会语言就没有什么意义了，我会教育孩子任何时候都不要忘本，尊重自己的民族，尊重自己就是尊重别人。"景颇人这种强烈的民族意识和语言情感有利于景颇语的传承。

4. 景颇人语言兼用能力强是景颇语稳定保留的内在动因

语言兼用在一定的条件下也有助于母语的保存。景颇族与当地汉族、佤族、拉祜族、傣族的关系十分密切。经过长期的接触交流，景颇族基本全民兼用汉语，还有一部分人能够同时兼用佤、拉祜、傣等少数民族语言。母语——景颇语和多种兼用语都是他们生活中不可缺少的交际工具。景颇语主要在家庭内、村寨内和传统活动等领域使用，担负着日常交际以及传播民族文化的功能。其他少数民族语言主要在村寨周边、集贸市场等领域使用，汉语则主要在商贸、学校、机关单位使用。它们"各司其职"，各自在不同场合、不同领域发挥作用。母语与兼用语的这种有机互补，有利于景颇语的保存。

## 二　耿马景颇族普遍兼用汉语及其他语言

景颇语虽然能满足景颇族在村寨内的交际需要，但离开村寨必然需要使用通用语进行交际。因此，耿马景颇族普遍能够熟练兼用全国通用语汉语。还有一部分人能够熟练或简单兼用傣语、佤语、拉祜语等当地人口占

优势的少数民族语言。

（一）耿马景颇人的兼语类型

1. 双语型

耿马景颇族的语言使用类型从兼用语种来看可以分为两类：一是仅兼用汉语；二是除了兼用汉语外还兼用其它民族语言。在这两种类型中，前一类型的人数最多，影响也最大。

双语通常指个人或语言（方言）集团除了使用自己的母语外，还能够使用另一种语言进行日常交际。耿马景颇人多能在熟练使用母语的同时，熟练兼用汉语。我们把这种熟练掌握景颇语、汉语两种语言，同时不会使用别的少数民族语言的兼语现象称为"双语型"。

请看各村寨汉语使用水平统计如表 8 所示：

表 8　　　　　　　　　5 个村寨景颇人使用汉语情况统计

| 调查点 | 总人口 | 熟练 | | 略懂 | | 不 懂 | |
|---|---|---|---|---|---|---|---|
| | | 人口 | 百分比（%） | 人口 | 百分比（%） | 人口 | 百分比（%） |
| 芒抗村景颇新寨 | 217 | 217 | 100 | 0 | 0 | 0 | 0 |
| 弄巴村那拢组 | 52 | 48 | 92.3 | 4 | 7.7 | 0 | 0 |
| 景信村贺稳组 | 191 | 184 | 96.34 | 6 | 3.14 | 1 | 0.52 |
| 邱山村河边寨 | 23 | 21 | 91.3 | 2 | 8.7 | 0 | 0 |
| 芒艾村草坝寨 | 156 | 155 | 99.4 | 0 | 0 | 1 | 0.6 |
| 城镇 | 57 | 57 | 100 | 0 | 0 | 0 | 0 |

熟练掌握汉语的能力与景颇人的年龄、受教育程度有关。中青年景颇人的汉语水平普遍高于老年人及未入学的儿童；受教育程度越高汉语表达能力越好，汉语水平越高。5 个村寨及城镇按年龄段汉语能力统计如表 9 所示：

表 9　　　　　　　6 个调查点景颇人不同年龄段使用汉语情况统计

| 年龄段（岁） | 人数 | 熟练 | | 略懂 | | 不懂 | |
|---|---|---|---|---|---|---|---|
| | | 人数 | 百分比（%） | 人数 | 百分比（%） | 人数 | 百分比（%） |
| 6—19 | 203 | 200 | 98.5 | 3 | 1.5 | 0 | 0 |
| 20—39 | 273 | 273 | 100 | 0 | 0 | 0 | 0 |
| 40—59 | 171 | 168 | 98.2 | 3 | 1.8 | 0 | 0 |
| 60 及以上 | 49 | 41 | 83.7 | 6 | 12.2 | 2 | 4.1 |
| 合计 | 696 | 682 | 98 | 12 | 1.7 | 2 | 0.3 |

表 9 显示，耿马景颇族基本上能够全民兼用汉语，但在不同年龄段上汉语水平有细微差别。景颇族适龄儿童一般 6—7 岁入学。入小学之前，在村寨居住的景颇儿童接触到的大多是景颇语。进入小学以后，汉语才慢慢熟练起来。因此，有 3 个 6—19 岁的青少年汉语水平只是略懂。到 20—39 岁年龄段的景颇人由于对外交流较多、接触汉语的时间较长，使用汉语的机会远远超过老人和儿童，因此这个年龄段的景颇人汉语水平最高，100% 熟练使用汉语。部分老年人以及个别较少离开村寨的中年人汉语水平一般。60 岁以上的老年人有两人完全不懂汉语。因为这两人都是文盲，其中一人年龄已 88 岁；另一人是景颇族浪速支系，从傣族聚居地嫁来，浪速语、傣语、佤语都很熟练，但不懂汉语。

2. 多语型

一部分景颇人除熟练景颇语、汉语外，还能熟练兼用佤、拉祜、傣等少数民族语言。我们把这种兼语状态称为"多语型"。不同的杂居民族，存在不同的兼语能力。例如，由于景颇新寨的南、北两边是傣族寨，东、西两边是佤族寨，所以该组的 217 个景颇族除兼用汉语外，还有少部分人能兼用傣语和佤语。具体情况见表 10：

表 10　　　　　　　景颇新寨景颇人兼用其他民族语情况统计

| 兼用语 | 熟练 | | 略懂 | | 不懂 | |
|---|---|---|---|---|---|---|
| | 人数 | 百分比（%） | 人数 | 百分比（%） | 人数 | 百分比（%） |
| 傣语 | 18 | 8.3 | 33 | 15.2 | 166 | 76.5 |
| 佤语 | 11 | 5.1 | 25 | 11.5 | 181 | 83.4 |

又如，那拢组总人口的 80% 都是佤族，因此，那拢景颇人除普遍兼用汉语之外，大部分成年人还能够兼用佤语。具体情况见表 11：

表 11　　　　　　　那拢景颇人兼用其他民族语情况统计

| 年龄段（岁） | 人数 | 熟练 | | 略懂 | | 不懂 | |
|---|---|---|---|---|---|---|---|
| | | 人数 | 百分比（%） | 人数 | 百分比（%） | 人数 | 百分比（%） |
| 6—19 | 17 | 4 | 23.5 | 11 | 64.7 | 2 | 11.8 |
| 20—39 | 16 | 12 | 75 | 2 | 12.5 | 2 | 12.5 |
| 40—59 | 16 | 11 | 68.75 | 5 | 31.25 | 0 | 0 |
| 60 及以上 | 3 | 1 | 33.3 | 2 | 66.7 | 0 | 0 |
| 合计 | 52 | 28 | 53.8 | 20 | 44.2 | 4 | 7.7 |

再如，河边寨拉祜族人口最多，该村的景颇人多能兼用拉祜语。具体情况见表12：

**表 12**　　　　　　　　　　河边寨景颇人兼用其他民族语情况统计

| 年龄段（岁） | 人数 | 熟练 | | 略懂 | | 不懂 | |
|---|---|---|---|---|---|---|---|
| | | 人数 | 百分比（%） | 人数 | 百分比（%） | 人数 | 百分比（%） |
| 6—19 | 7 | 7 | 100 | 0 | 0 | 0 | 0 |
| 20—39 | 10 | 9 | 90 | 0 | 0 | 1 | 10 |
| 40—59 | 5 | 4 | 80 | 1 | 20 | 0 | 0 |
| 60 及以上 | 1 | 1 | 100 | 0 | 0 | 0 | 0 |
| 合计 | 23 | 21 | 91.4 | 1 | 4.3 | 1 | 4.3 |

还有一部分景颇人能够同时兼用佤、拉祜、傣等多种语言。在调查中我们不由得惊叹，他们是生活中的语言大师。以草坝寨为例，该寨的景颇人多能兼用2种以上的语言，还有一些人能够兼用3种以上的语言。

综上所述，无论是双语型还是多语型，当与别的民族在一起时，景颇人都会根据具体的环境、场合、交际目的自由地转换使用语言，建立起具有和谐气氛的双语、多语语言环境。

（二）耿马景颇人的兼语特点

1. 兼用语具有普遍性

耿马景颇族普遍能够兼用汉语，部分人还能兼用其他少数民族语言，兼用语现象具有普遍性。无论是在乡镇还是在村寨，无论是聚居还是杂居，无论是老人还是儿童，无论是男性还是女性，无论文化程度是高还是低，他们都能自如地使用汉语等兼用语。

2. 兼用语具有一定的层次性

耿马景颇族的兼语现象因年龄代际差异、受教育程度及不同的社会经历具有一定的层次性。通常是老人、少儿的汉语水平稍差一些，但老人的佤语、拉祜语、傣语水平较高。少儿通常不懂其他少数民族语言。中青年的汉语水平无论是发音还是词汇、语法的运用，都比老年人要好一些。但兼用其他少数民族语言的水平低于老年人。主要是因为老年人和少儿一般受学校教育少，与外界交流接触少，汉语水平不高。而很多老年人都有集体劳动和多次搬迁的经历，他们与佤、傣、拉祜等本地人口较多的少数民族有很长时间的共同生活、共同劳动的历史，一般兼用少数民族语言的水平比较高。

### 3. 兼用语具有功能差异

耿马景颇族使用的不同语言，其社会功能存在差异。其中，"景颇—汉"双语型景颇人以景颇语为主要交际工具，景颇语使用频率高，家庭内部、村寨内部一般不使用汉语，汉语只在学校、行政机关等特定场合中使用。处于聚居状态的村寨里的景颇族，基本上都属于这种类型。"景颇—汉—其他民族语"多语型景颇人仍以景颇语为主要交际工具，但同时在村寨内部使用汉语及其他民族语。族际婚姻家庭的景颇人属于多语型的较多。

### （三）耿马景颇人兼语的成因

#### 1. 大杂居的民族分布状态是景颇族全民兼语的客观基础

耿马景颇族主要分布在 5 个村寨和一些城镇里，他们全部处于民族大杂居的分布状态。其中，景颇新寨隶属于贺派乡芒抗村，由景颇、佤、汉、拉祜、傣等多个民族构成。那弄组属耿马镇弄巴村委会所辖的 17 个自然小组之一，是一个由佤族、景颇族、汉族组成的自然村寨。贺稳组隶属于孟定镇景信村，由汉、拉祜、佤、傈僳、景颇等多个民族构成。邱山村委会隶属于耿马县孟定镇，由拉祜、佤、傈僳、汉、景颇、傣、彝等民族构成。草坝寨隶属于孟定镇芒艾村，有傈僳、景颇、拉祜、汉、彝、傣、佤等民族。城镇景颇人更是少数民族里的少数民族，处于各种民族语言的包围之中。这种大杂居的分布状态带来多民族的频繁接触和交际往来，掌握更多的语言成为景颇人的内在需要，为景颇人学习、兼用其他民族的语言提供了客观基础。

#### 2. 人口总数少使得景颇族需要全民兼语

人口总数越多、分布越集中，其语言使用越稳定，就越不需要学习别的语言；反之，人口总数越少、分布越分散，其语言使用就越容易受到冲击，就越需要学习、兼用别的语言。耿马县全县总人口 26.3 万人，景颇人只有 1004 人（含外族媳妇等落户景颇户主家里的人口），仅占全县人口比例的 0.38%。人口总数过少使得景颇族需要全民兼用别的语言，以便与人口占优势的民族沟通交往、互通有无。

#### 3. 语言态度开放、兼容是景颇族全民兼语的情感背景

景颇人对母语持有深厚的情感，同时也具有与时俱进、开放兼容的语言态度。我们在调查中遇到的每一位景颇人都热情爽朗地用汉语与我们亲切交谈。景颇人李智和说："学习汉语也重要。因为汉语是社会上交流比较广泛的一种语言。"

#### 4. 语言和谐是景颇族全民兼语的语言环境

无论是双语型还是多语型，景颇语与兼用语都是并存共用，互补互辅，形成了和谐统一的语言环境。这是景颇族全民兼语能力强的重要语言环境。

5. 经济发展的需求是景颇族全民兼语的内在动力

景颇人曾经长期处于自给自足的小农经济状态，母语景颇语足以应对所有的语言场合，承担全部的交际功能。但是，现在的耿马景颇族由自给自足的传统农耕田猎状态转入现代化耕种运作状态。很多景颇人开始大量饲养牛羊，种植橡胶、香蕉等经济作物。这些经济作物及牛羊家畜有的是商人上门来收购加工，有的卖给了邻近村落的加工厂，还有一部分则由村民个人运送至市场上兜售。这些经济交往直接促使景颇人学习汉语及别的民族语言。

此外，景颇人出外打工的也逐年增多。景颇新寨村民岳忠伟说："会说汉语在我们中国更重要，因为出门了如果只会景颇语不会汉语，就不能跟别人交往，什么事都不能做。"贺稳组村民岳卫国说："必须学习好汉语，才能跟得上社会的发展。"

### 三 耿马县景颇族支系语言的存在与变化

我国景颇族主要有景颇、载瓦、浪速、勒期、波拉 5 个支系。在德宏傣族景颇族自治州，这 5 个支系特点鲜明，各支系的人以自己的支系语言为母语。支系语言之间界限分明，决不混用。

但是在耿马县我们看到，景颇人的支系意识淡化了。并且只有景颇、载瓦、浪速、勒期 4 个支系。不同支系的传统风俗、服饰、语言都已基本趋同。最突出的表现就是载瓦、浪速两个支系的景颇人基本上都转用了景颇支系语言——景颇语，自己支系语言的代际传承出现严重危机。载瓦、浪速、勒期 3 个支系语言只在少数中老年人中使用。由于那拢组、河边寨的景颇人全是景颇支系，不存在支系语言的使用问题，下面我们分析其余 3 个村寨的景颇族支系语言情况。

1. 景颇新寨景颇族支系语言情况

景颇新寨共有景颇族 217 人，其中景颇支系 143 人、载瓦支系 34 人、浪速支系 40 人。这 217 名不同支系的景颇人，无论男女老幼，全部都已转用景颇语，不懂自己的支系语言。

2. 贺稳组景颇族支系语言情况

贺稳组有景颇族 191 人。其中景颇支系有 93 人，占该组景颇总人口的40.61%；浪速支系有 60 人，占 26.20%；载瓦支系有 33 人，占 14.41%；勒期支系仅有 5 人，占 2.18%。浪速、载瓦、勒期 3 个支系共计 98 人，基本都能熟练使用景颇语。其景颇语使用情况见表 13：

表 13　　　　　　　　贺稳不同支系景颇人使用景颇语情况统计

| 支系 | 人数 | 熟练 | | 略懂 | | 不懂 | |
|---|---|---|---|---|---|---|---|
| | | 人数 | 百分比（%） | 人数 | 百分比（%） | 人数 | 百分比（%） |
| 浪速支系 | 60 | 58 | 96.67 | 1 | 1.67 | 1 | 1.67 |
| 勒期支系 | 5 | 5 | 100 | 0 | 0 | 0 | 0 |
| 载瓦支系 | 33 | 33 | 100 | 0 | 0 | 0 | 0 |
| 合计 | 98 | 96 | 98 | 1 | 1 | 1 | 1 |

　　据我们的调查，该组这三个支系 98 人的支系语言出现了明显的退化、衰变现象，其中只有 16.33% 的支系人还能够熟练地使用自己的支系语言，8.16% 的支系人略懂自己的支系语言，剩余 75.51% 的支系人都完全不懂自己的支系语言。其中，勒期语的问题最为突出。5 个勒期人全部都已转用景颇语。载瓦支系 33 人里只有 6 人还能熟练地掌握载瓦语。而且这 6 人基本上都是 60 岁以上的老人，其余完全不懂自己的载瓦语。浪速支系 60 人里只有 10 人能够熟练地使用浪速语，并且这 10 人中 70% 是 60 岁以上的老人，30% 是 40—59 岁的中年人。

　　因此，我们可以得出一个清晰的结论：在贺稳组，景颇族支系语言的代际传承出现了明显的年龄差异和突出的语言断层现象。60 岁以上的支系人 91% 的还能熟练地使用自己支系的语言，但 6—19 岁的青少年 100% 的不懂自己的支系语言。具体情况见表 14：

表 14　　　　　贺稳景颇人不同年龄段使用自己支系语言情况统计

| 年龄段（岁） | 支系人数 | 熟练 | | 略懂 | | 不懂 | |
|---|---|---|---|---|---|---|---|
| | | 人数 | 百分比（%） | 人数 | 百分比（%） | 人数 | 百分比（%） |
| 6—19 | 16 | 0 | 0 | 0 | 0 | 16 | 100 |
| 20—39 | 45 | 1 | 2.2 | 1 | 2.2 | 43 | 95.6 |
| 40—59 | 26 | 5 | 19.2 | 7 | 26.9 | 14 | 53.9 |
| 60 及以上 | 11 | 10 | 90.9 | 0 | 0 | 1 | 9.1 |
| 合计 | 98 | 16 | 16.33 | 8 | 8.16 | 74 | 75.51 |

3. 草坝寨景颇族支系语言情况

　　草坝寨共有景颇族 156 人。其支系概念已相当模糊，一般都称自己是大山人，只有一人明确说自己是浪速支系，但他已经不会说浪速话。载瓦支系有 7 人，其中能熟练使用载瓦语的有 4 人。此外还有 8 位景颇支系的人会说载瓦语。

　　通过上面三个村寨的支系语言使用情况我们看到，耿马景颇族的支系观念已经淡化，支系语言发展不平衡。景颇支系还在稳定使用自己的母语景颇语，但浪速、载瓦、勒期 3 个支系的大多数都不懂自己的支系语言，转而使用景颇支系语言——景颇语。目前懂得三个支系语言的景颇人基本都是 60 岁以上的老人，非景颇支系的青少年 100%的不懂自己的支系语言，支系语言出现了明显的衰退倾向。可以肯定的是，随着时间推移，耿马景颇族将不再区分支系，景颇语将逐渐取代全部的支系语言，成为各支系景颇人的母语。

## 四　小结

　　通过对耿马景颇族分布的村寨、城镇的点与面的分析，我们对该县景颇族的语言使用现状及其演变有了一个大致的了解。这可以归纳为以下几点：

　　1. 耿马景颇族语言的特点主要是：使用人数少，形成一个与主体景颇族分离的"语言孤岛"，长期处于相对独立的发展状态。具有这一社会条件的景颇语，在使用及结构特点上，自然会与主体景颇语产生一定程度的差异。我们看到，"孤岛"型语言是语言社会变异的一种类型。它不同于"聚居"型语言，也不同于"杂居"型语言。对这种类型的语言进行研究，具有一定的语言学理论价值。

　　2. 耿马景颇语至今仍被耿马景颇族全民使用，只有极少数城镇人出现了语言转用。这里提出这样一个问题让我们去思考：像耿马景颇语这样一个使用人口仅千余人的少数民族语言，竟然能够在几个强势语言（汉语、傣语、佤语）的包围、冲击下，基本完好地保存了下来，这是一个什么因素在起作用？我们初步分析了以下几个因素：（1）相对聚居是耿马景颇族稳定使用景颇语的客观条件。（2）耿马景颇族与缅甸景颇族关系密切、往来频繁，是景颇语保持活力的一个原因。这说明跨境语言与语言活力的强弱是有一定关系的。（3）耿马景颇族对母语感情深厚是景颇语得以稳定使用的情感基础。（4）景颇人语言兼用能力强有助于景颇语稳定保留。除了这些因素外，还有没有别的？

　　耿马景颇语的语言活力百年不衰，说明人口少的语言不一定走向濒危，在一定条件下，还能稳定使用。

　　3. 耿马景颇族青少年的母语使用能力已出现一定程度的下降，这是一个值得引起重视的信号。在过去漫长的岁月中，耿马景颇语的语言活力能够一代代地传下来，但到了现代化建设的新时期，由于各种因素的作用，景颇语的活力已不能完全摆脱社会的影响。如何保证景颇语在耿马景颇族中的使用和传播，已引起耿马景颇族有识之士的重视。他们提出许多有见地的建议。如：在群众中推广景颇文，使大家能够在掌握文字的基础上，提高景颇语能力；要加强与德宏主体景颇族的联系；在小学开展"景颇—汉"双语教学，处理好母语和兼用语的关系；等等。这些建议对我们国家制定少数民族语言规划都有价值。

4. 耿马景颇族除了使用母语以外，普遍兼用汉语，有的还兼用另一种少数民族语言。他们是全民双语型的民族。所谓"全民双语"，就是绝大部分人都使用双语。我们在调查中惊奇地看到，耿马景颇族从白发苍苍的老人到五六岁的儿童，两种语言的使用转换自如，其语言能力普遍都很强。由此说明，一个民族的语言兼用能力是由对语言的需求决定的，当然还有语言关系、文化因素等各种条件的制约。

### 参考文献

戴庆厦主编：《耿马县景颇族语言使用现状及其演变》，商务印书馆 2010 年版。

蒋颖、朱艳华：《耿马县景颇族和谐的多语生活——语言和谐调查研究理论方法的个案剖析》，《暨南学报》（哲学社会科学版）2010 年第 4 期。

龚佩华、陈克进、戴庆厦：《景颇族》，民族出版社 2006 年版。

杨老三：《耿马景颇族》，德宏民族出版社 2007 年版。

余成林：《耿马景颇族的多语特点及其成因》，《殷都学刊》2014 年第 1 期。

# The Language Communication Features and Its Causes of Jingpo in Gengma

Yu Cheng-lin

**Abstract:** Jingpo nationality in Gengma can not only use their mother tongue stability and skilled, but communication generally with Chinese and other languages, form different "bilingual" or "multilingual" type. Different language has complementary functions in different occasions, the causes of its formation have subjective and objective.

**Key words:** Jingpo nationality in Gengma; language communication features; "multilingual" type; formation causes

（通信地址：558000　贵州省都匀市　黔南民族师范学院中文系）

# 董腊鱼苗族壮族的母语活力与双语变迁

余金枝　赵　静　娄朦朦

【摘要】董腊鱼是一个壮族和苗族杂居的村民小组。这个村子的苗族和壮族除了互相兼用彼此的母语外，还兼用云南汉语或普通话。董腊鱼的苗族和壮族在不同的时代，其双语类型经历了不同的变迁。双语关系的变迁为母语活力的保护提供了良好的语言环境。董腊鱼苗族、壮族双语关系的变迁与时代的变迁、社会的变迁、经济文化的变迁有密切的关系。双语关系变迁是他们根据自己语言生活做出的合理选择，是协调董腊鱼苗、壮民族语言生活的必然选择。

【关键词】董腊鱼　苗壮民族　母语活力　双语变迁

## 引言

董腊鱼是一个壮族和苗族杂居的村民小组，隶属于云南省文山壮族苗族自治州马关县都龙镇茅坪村委会，是茅坪村委会下辖的 9 个村民小组之一。2014 年 7 月，我们赴该寨实地调查，发现这个村子的苗族和壮族除了互相兼用彼此的母语外，还兼用云南汉语或普通话。不同代际者的双语类型有差异，双语和谐、双语互补成为这个村语言生活的突出亮点①。这种现象与我们所看到的强势语言对弱势语言形成冲击致使弱势语言衰变形成鲜明的对比。

在现代化进程中非主体民族为了融入主流社会、共享国家经济发展社会进步带来的成果，必须学习和使用主体民族的语言文化。而在学习掌握主体民族语言文化、融入主体民族经济生活的同时，往往会不自觉地丢失了自己的语言。正因为小语种以前所未有的濒危速度快速出现，才使得联合国科教文组织倡导的对濒危语言的保护得到广泛的认同，母语转用、母语濒危成为备受关注的语言保护问题。通过董腊鱼双语关系的变迁，我们

---

① 文中的数据是 2014 年 7 月至 8 月，本文的三位作者与"云南少数民族语言研究"课题组的戴庆厦、田阡子、王育弘、陈娥、李春风、和智利、杨露、张洁、刘丽媛、杨伟芬、杨棋媛、李敬敬、杨熙然、杨超等十余位成员同赴都龙调查所得。董腊鱼这个个案点的负责人是赵静和娄朦朦。

看到小语种在语言兼用、双语和谐、双语关系变迁中得以保留。操小语种的族群从母语单语到"母语—民族语"或"母语—民族语—云南汉语方言",再到"母语—民族语—普通话",通过双语或多语关系的变迁,为自己母语的保护提供一个很好的语言生态环境,从而使小语种在变迁的双语关系中获得新的生长空间。

本文基于实地调查所得的第一手材料,通过董腊鱼的双语关系看小语种的语言活力,以期为非主体民族的语言保护提供借鉴。

## 一　董腊鱼苗族、壮族的双语类型

董腊鱼村位于都龙镇南部,东与越南接壤,西与马关县金厂镇相连。董腊鱼内部分布情况是壮族位于村寨中部,苗族位于南北两端。所以总体上形成了一个苗族大聚居,壮族小聚居的村寨格局。目前董腊鱼共有居民55 户221 人。其中有 1/3 的人口为苗族,2/3 的人口为壮族,只有 1 位从外地嫁过来的汉族媳妇。壮族最先来此定居。他们大部分迁自广西,来此生活已有第五代,有王、张、田三大姓氏。苗族是后来来到的,来自贵州,至今已繁衍到第四代,有杨、候、张三大姓氏。两大民族世代在这里居住,形成各自的双语类型。

（一）董腊鱼苗族的双语类型

董腊鱼共有居民55 户中有 19 户是苗族族内婚姻家庭,5 户是苗壮通婚的家庭,全村共有苗族 76 人。该村的苗族在语言生活中存在以下几种双语类型。

1. "苗语—汉语云南方言"双语型

母语作为民族的象征,是董腊鱼苗族的第一语言。汉语云南方言是苗族与外界或外族交流的重要工具,因此母语-汉语云南方言是苗族最主要的双语类型。我们共统计到76 名村民苗语和汉语云南方言的使用情况（见下表1）。

**表 1　　　　　　　　　　　董腊鱼村苗族母语使用情况**

| 年龄段（岁） | 人数 | 熟练 | | 一般 | | 不会 | |
|---|---|---|---|---|---|---|---|
| | | 人数 | 百分比（%） | 人数 | 百分比（%） | 人数 | 百分比（%） |
| 6—19 | 16 | 16 | 100 | 0 | 0 | 0 | 0 |
| 20—39 | 31 | 31 | 100 | 0 | 0 | 0 | 0 |
| 40—59 | 22 | 22 | 100 | 0 | 0 | 0 | 0 |
| 60 及以上 | 7 | 7 | 100 | 0 | 0 | 0 | 0 |
| 合计 | 76 | 76 | 100 | 0 | 0 | 0 | 0 |

表1的数据显示，董腊鱼的苗族不分年龄段全部100%熟练地掌握母语，说明在这里母语没有受到强势语言的冲击，很好地保留了自己的母语。董腊鱼的苗族大多兼用汉语。请看下表提供的兼用汉语的一些数据：

**表2　　　　　　　　董腊鱼苗族村民兼用汉语云南方言情况**

| 年龄段（岁） | 人数 | 熟练 | | 一般 | | 不会 | |
|---|---|---|---|---|---|---|---|
| | | 人数 | 百分比（%） | 人数 | 百分比（%） | 人数 | 百分比（%） |
| 6—19 | 16 | 15 | 93.8 | 0 | 0 | 1 | 6.2 |
| 20—39 | 31 | 31 | 100 | 0 | 0 | 0 | 0 |
| 40—59 | 22 | 20 | 90.1 | 0 | 0 | 2 | 9.0 |
| 60及以上 | 7 | 6 | 85.8 | 0 | 0 | 1 | 14.2 |
| 合计 | 76 | 72 | 94.8 | 0 | 0 | 4 | 5.2 |

表2反映的信息有：94.8%的苗族能够熟练的兼用汉语。其中随着年龄的减小，其兼用汉语的水平逐渐增高，20—39岁的青年阶段，已经达到100%的熟练掌握，这与年轻人的外出打工或求学经历相关。6—19岁的由于脱离村寨的时间和范围有限，所以汉语水平还没有达到完全的熟练。同时，在汉语全面通行的今天还有4位村民不会，其中87岁的王玉琼、55岁的王发琼、52岁的王有芬三人均是文盲，并且都是50岁以上的老年人，在我们问及不会说汉语的原因时，王发琼（女，苗族，55岁）告诉我们说："以前没上过学，没有学过汉语。我们在家都是讲苗语，我也很少出远门，不会说汉语。"受教育程度和生活范围限制了她们汉语的习得。还有一个7岁的孩子杨开国，他不会汉语是因为在董腊鱼没上学的孩子都是苗语单语人，汉语方言和普通话都是到上学之后再学的，所以像他这种上学较晚或者学习较慢的孩子也不会说汉语，但是上到一、二年级的时候基本上汉语水平就已经很熟练了。

通过表1、表2，我们可以看到"母语—汉语云南方言"是该村苗族语言使用的基本类型，这种双语类型的普及面已达到94.8%以上。苗语用于族群内部交流，云南汉语方言用于族际之间交流。这两种语言互补和谐，转换自如。在我们进入村寨的时候，村长用云南汉语方言跟我们打招呼，用苗语跟他的妻子和父亲说话。一些村民看到我们到来，就赶过来用苗语向村长询问我们的来由，村长用苗语解释过后，他们就会用方言或者不太熟练的普通话跟我们交流。

2."苗语—壮语—汉语云南方言"多语型

董腊鱼村是一个苗族和壮族杂居的村子，一些苗族人除了母语和汉语方言之外还会说壮语，形成了"苗语—壮语—汉语云南方言"的多语类型。通过我们入户统计，董腊鱼苗语兼用壮语的情况如表 3 所示：

表 3                          董腊鱼苗族兼用壮语的情况

| 年龄段（岁） | 人数 | 熟练 | | 一般 | | 不会 | |
|---|---|---|---|---|---|---|---|
| | | 人数 | 百分比（%） | 人数 | 百分比（%） | 人数 | 百分比（%） |
| 6—19 | 16 | 0 | 0 | 5 | 31.2 | 11 | 68.8 |
| 20—39 | 31 | 6 | 19.4 | 2 | 6.4 | 23 | 74.2 |
| 40—59 | 22 | 6 | 27.3 | 3 | 13.6 | 13 | 59.1 |
| 60 及以上 | 7 | 4 | 57.1 | 2 | 28.6 | 1 | 14.3 |
| 合计 | 76 | 16 | 21.1 | 12 | 15.8 | 48 | 63.1 |

上表的数据显示，董腊鱼苗族村民整体兼用壮语的水平不高，能够熟练掌握壮语的人数比例为 21.1%。不同年龄段的壮语水平产生差异，其中 60 岁以上的老人掌握情况最好，熟练程度为 57.1%，其他年龄段熟练兼用壮语的人数比例依次为 27.3%、19.4%、0%，在逐步的减少，19 岁以下的苗族村民，全部不会说壮语。

这与我们在村寨中见到的情景一样。苗族人碰到壮族时都说苗语，仅有一些年龄较大的中老年人会用壮语。例如我们在村长家中作调查时，70 岁的苗族老人候照祥同 89 岁的壮族老人田正培交谈的时候，时而用壮语时而用苗语，很自然地交替使用。但是在我们对他们两位做四百词测试时发现，候照祥的壮语词汇没有田正培的苗语词汇掌握好，他会不时地问田正培一些壮语词汇。这说明苗族人掌握壮语没有壮族人掌握苗语好。19 岁以下的学生，因为在学校里面苗族的学生较多，所以会听懂简单的壮语，但是都不会说。20—59 岁的人在村寨当中经常会跟壮族的打交道，就习得了一些简单的壮语，但基本上都是能够听懂的程度，能够熟练使用的有 15.8%。即使会说一些壮语的人，也会用苗族同壮族交流。究其缘由，55 岁的壮族村民王富学告诉我们说："因为苗族人说我们壮话说不好，所以我们就都跟他们说苗语。"39 岁的田永成说："我们这寨子周围几乎都是苗族的，经常跟他们一起干活，所以我们都会说苗语。"

3. "苗语—壮语"双语型

由于董腊鱼地处大山深处，仅有一条出村的道路与外界联系，交通极为不便，这就造成董腊鱼与外界的沟通和交流较少，特别是年级较大的人。同时，董腊鱼所在的茅坪村委会基本以苗族为主体，相互之间的交流也没有障碍，即便是附近的壮族人，也有很多会说苗语，因此进一步缩小了董腊鱼村民的汉语方言使用范围。因此形成了苗语—壮语的双语类型。但是这种双语类型的比较少，正如前面我们统计的结果，董腊鱼村仅有 4 位苗族的村民不会讲汉语，也就代表了这种双语类型。

4. "苗语—普通话" 双语型

董腊鱼的苗族小孩，第一语言全部为母语，而且全部熟练地掌握。由于家庭当中全部使用苗语，所以小孩子是不会说汉语方言的。跟同村的孩子在一起时，大家都是跟本族的孩子一起玩耍，遇到壮族的孩子，会由大人或者年龄较大的孩子进行翻译。所以，在 6 岁以下还没有上学的时候，他们就只会苗语一种语言。等到上了学，由于学校推行的全部是普通话教学，上课的时候学生直接使用普通话，下课之后都是跟本族的孩子一起玩，因此促使这些孩子成了 "苗语—普通话" 双语人。就像我们在村子中碰到的玩耍的孩子，他们之间都是讲民族语。当看到我们的时候会直接用普通话来询问，回答我们的问题也全部使用普通话。他们既不会壮语也不会汉语方言，要是跟壮族的孩子在一起，要么说普通话，要么由其他人来翻译。这样的情况的年龄段是在 6—8 岁。例如 7 岁的杨开国就不会汉语方言，我们问的时候，他用普通话告诉我们："在家都说苗语，去学校说普通话。"一般来说，等到年龄再大一些，接触的人多一些的时候，他们都很快学会了汉语方言，转变成 "苗语—普通话—云南汉语方言" 多语种多方言的多语人。

（二）董腊鱼壮族的双语类型

董腊鱼共有居民 55 户，其中壮族族内婚姻家庭 31 户，其中苗壮通婚的家庭有 5 户，壮族 119 人。通过入户调查，我们得出董腊鱼壮族存在以下几种双语类型。

1. "壮语-汉语云南方言" 双语型

董腊鱼的壮族 100% 熟练地掌握自己的母语，同时大部分人兼用汉语云南方言。通过我们的户口统计和入户调查，得到的数据见下表4、表5：

表4　　　　　　　　　董腊鱼壮族母语使用情况

| 年龄段（岁） | 人数 | 熟练 | | 一般 | | 不会 | |
|---|---|---|---|---|---|---|---|
| | | 人数 | 百分比（%） | 人数 | 百分比（%） | 人数 | 百分比（%） |
| 6—19 | 20 | 20 | 100 | 0 | 0 | 0 | 0 |
| 20—39 | 46 | 46 | 100 | 0 | 0 | 0 | 0 |
| 40—59 | 34 | 34 | 100 | 0 | 0 | 0 | 0 |
| 60 及以上 | 19 | 19 | 100 | 0 | 0 | 0 | 0 |
| 合计 | 119 | 119 | 100 | 0 | 0 | 0 | 0 |

表 4 显示董腊鱼的壮族不分年龄段全部 100%熟练地掌握了自己的母语。这也说明，壮语在董腊鱼的活态较高，属于母语保留完整型。与苗族一样，该村的壮族也普遍兼用了当地的汉语方言，请看表 5 的数据：

表 5　　　　　　　　　　董腊鱼壮族兼用汉语方言统计

| 年龄段（岁） | 人数 | 熟练 | | 一般 | | 不会 | |
|---|---|---|---|---|---|---|---|
| | | 人数 | 百分比（%） | 人数 | 百分比（%） | 人数 | 百分比（%） |
| 6—19 | 20 | 19 | 95 | 1 | 5 | 0 | 0 |
| 20—39 | 46 | 46 | 100 | 0 | 0 | 0 | 0 |
| 40—59 | 34 | 33 | 97.1 | 1 | 2.9 | 0 | 0 |
| 60 及以上 | 19 | 16 | 84.2 | 1 | 5.3 | 2 | 10.5 |
| 合计 | 119 | 114 | 95.8 | 3 | 2.5 | 2 | 1.7 |

表 5 的信息显示：95%以上的人都熟练地掌握了汉语方言。特别是 20—39 岁这一阶段的青年人，已经达到了 100%的熟练程度，而 60 岁以上的老年人熟练汉语的比例最低为 84.2%，说明约有 20%的老人还不会汉语方言。这主要与这两个年龄段的人所接触的社会范围不同有关，由于青年人在外求学和打工的多，汉语水平自然好过常年在村寨的老年人。

由此可见，董腊鱼壮族的双语类型基本是"母语—云南汉语方言"双语型。这跟云南省几乎所有少数民族最重要的双语类型基本一致。这也说明，汉语作为通用语在少数民族地区得到普遍兼用，就连地处偏远封闭山区的董腊鱼村也不例外。

2."壮语—苗语—汉语云南方言"多语型

除了全面兼用汉语云南方言以外，董腊鱼的壮族还兼用状语，形成"壮语苗语—汉语云南方言"的多语类型。通过对董腊鱼 119 名壮族兼用苗语的情况统计得出以下的数据（见表 6）：

表 6　　　　　　　　　　董腊鱼壮族兼用苗语情况统计

| 年龄段（岁） | 人数 | 熟练 | | 一般 | | 不会 | |
|---|---|---|---|---|---|---|---|
| | | 人数 | 百分比（%） | 人数 | 百分比（%） | 人数 | 百分比（%） |
| 6—19 | 20 | 20 | 100 | 0 | 0 | 0 | 0 |
| 20—39 | 46 | 41 | 89.1 | 4 | 8.7 | 1 | 2.2 |
| 40—59 | 34 | 25 | 73.5 | 8 | 23.5 | 1 | 3.0 |
| 60 及以上 | 19 | 18 | 94.7 | 1 | 5.3 | 0 | 0 |
| 合计 | 119 | 104 | 87.4 | 13 | 10.9 | 2 | 1.7 |

董腊鱼壮族使用苗语的总体水平是：119 人当中能够熟练使用苗语的有 104 人，占调查的 87.4%；听懂苗语的有 13 人，占统计人数的 10.9%；完全不会苗语的人仅有 2 人，仅占了 1.7% 的比例。这个数据说明董腊鱼的壮族几乎全民熟练掌握苗语。这主要是因为董腊鱼寨中虽然只有 1/3 的人口是苗族，但周边的村寨几乎都是苗族聚居寨，苗族村寨的成片分布使该村的壮族必须兼用苗语以满足邻村之间的交流。正如我们采访董腊鱼的村组长田富光（壮族）说的那样，"与苗族人学说壮语相比，我们壮族人学说苗语更容易些。因为周围都是苗族人，我们需要说苗语好跟苗族人交流。说多了，自然而然就学会了苗语。"

不同年龄段的壮族掌握苗语的水平是：熟练苗语的人数比例从大到小依次是 6—19 岁 100%，60 岁及以上 94.7%，20—39 岁 89.1%，40—59 岁 73.5%。其中熟练使用苗语人数比例最大的竟然是 6—19 岁的年轻人和 60 岁及以上的老人，反而 40—59 岁的中年人熟练使用的人数比例最少。

董腊鱼壮族兼用苗语的水平跟年龄密切相关。6—19 岁的年轻人最高，40—59 岁的中老年人最低。为什么会产生这种情况呢？经过我们的调查，主要是因为董腊鱼所在的茅坪村委会主要是苗族的人口，6 岁以上的适龄儿童都去茅坪小学上学，那里苗族的学生最多，因此壮族的同学在与苗族同学的相处过程当中熟练地掌握了苗语，并且大部分学生认为苗语比壮语好学。相反，40—59 岁的中年人，早些年因为常年在外打工，渐渐地与村寨疏远，能够掌握苗语的人就不如成天跟苗族同学朝夕相伴的年轻人。而近些年，随着农村经济的快速发展，很多年轻人也开始选择在家乡创业发展，因此 20—39 岁这一年龄段的壮族人，苗语水平又开始重新好了起来。至于 60 岁及以上的老人，由于壮族是最先迁来此地的民族，人数多，苗族是后来的，为了便于同新来的民族的交流，加上后来的苗族总是不能很好地掌握壮语，因此壮族人主动学习苗语，以便更好地同新来的村民交流，因此 60 岁及以上的老人其苗语的水平也较高。例如我们测试苗语四百词的过程当中，64 岁壮族的老人王富元，400 个基本词汇当中有 398 个全部测试为 A 级，即能够随口脱出。

3. "壮语—普通话"双语型

这一点和苗族的情况基本一致，主要是集中在 6 岁左右的儿童。他们在上学前习得母语，上学之后直接用普通话进行交流，在三年级以前都不会汉语方言，成为了壮语—普通话的双语人，直到再长大一些才会逐渐习得汉语云南方言。

## 二　董腊鱼苗、壮民族双语类型的变迁

董腊鱼的苗族和壮族在不同的时代，其双语类型经历了不同的变迁。

变迁路径大致可以分为以下几个类型。

（一）由"母语—民族语"到"母语—汉语方言"的变迁

从历时的角度来看，董腊鱼的双语关系产生变化。无论是苗族还是壮族，其双语类型都存在由"母语—民族语"到"母语—汉语方言"演变的大趋势，只是在演变的过程当中苗族和壮族产生了差异。

首先看苗族双语类型的演变。在上文中我们统计了董腊鱼不同年龄段的苗族兼用汉语和壮语的百分比，这里我们纵向来分析这些数据可以发现：

董腊鱼的苗族熟练掌握壮语的人数比例分别是 60 岁及以上的 57.1%，40—59 岁的 27.3%，20—39 岁的 19.4%，6—19 的 0%。这组数据说明董腊鱼的苗族随着时间的变化其壮语的水平在不断的下降。同时我们统计到的能够熟练掌握汉语方言的人数比例于此正好相反，从 60 岁及以上到 6—19 岁，四个年龄段能够熟练掌握汉语方言的比例依次是 85.8%、90.1%、100%、93.8%。由于我们统计的 6—19 岁这一年龄段当中有很多 10 岁以下的儿童，目前其汉语水平还不是很好，但这并不影响整体的趋势，那就是董腊鱼的苗族掌握汉语的水平越来越好，预计在不久的将来，6—19 岁这一阶段的汉语水平也将达到 100% 的熟练。由此可见董腊鱼的苗族符合了由"母语—民族语"到"母语—汉语方言"的双语类型演变大趋势。

再来看壮族双语类型的演变。壮族掌握汉语的情况跟苗族的一样，年纪从大到小能够熟练掌握的比例依次是 84.2%、97.1%、100%、95%，说明汉语水平越来越好。但是其苗语的掌握情况就产生了差异。我们发现，董腊鱼的壮族熟练掌握苗语的人数比例跟苗族掌握壮语的情正好相反，6—19 岁的能够 100% 的熟练掌握苗语，年龄越大反而熟练掌握的人数比例越来越小，分别是 20—39 岁的 89.1%，40—59 岁的 73.5%，60 岁及以上的 94.7%。这其中的原因是什么呢？80 岁的壮族村民张安贵告诉我们，苗族来此地要比壮族晚一代人的时间，他们来到之后总是学不会壮话，或者学得不好，加上后来苗族搬来的越来越多，因此壮族的就开始学习苗语，因为苗语比壮话好学。可见，保证交流的顺畅使壮族人选择了更容易习得的苗语，并且在我们采访的过程当中，并没有壮族认为"迁就"苗族去学习苗族是不好的行为，两族人民的关系并没有因为语言的选择而产生隔阂，反而非常和谐。

最后我们的结论是，两族的双语演变都符合从"母语—民族语"到"母语—汉语方言"的大趋势，因为他们的年轻一代的汉语水平不断地在提高，而且都是 20—39 岁的年龄段 100% 的熟练兼用汉语，主要还是因为随着现代化进程的加剧，走出村寨的年轻人和获得高等教育的人越来越多，因此汉语水平会逐渐地提高，这也体现了从"母语—民族语"到"母语—汉语方言"演变的必然性。但同时，两个民族的演变生了差异。苗族已经按照这种趋势，慢慢地丢失"母语—民族语"的类型，因为6—19岁的年轻人已经完全不会壮语。而壮族不但没有丢失"母语—民族语"的类型，反而越来越好，6—19岁的壮族能100%熟练地掌握苗语。这种情况的出现主要是因为6—19岁的孩子还没有广泛地接触社会，其活动的大致范围还是在马关县甚至都龙镇和董腊鱼，而这些地区也是苗族人口较多的地方。并且在茅坪小学当中苗族学生占多数，因此苗语还是有很大的交际功能，能够方便其更好地交流。但是无论怎样，这种民族语强势的情况只会局限在小范围之内，大趋势上还是会被汉语所替代，转向"母语—汉语方言"的双语类型。

（二）由"母语单语"到"母语—普通话"的变迁

这种情况主要是针对10岁以下的儿童来说的，而且比例很小。董腊鱼的儿童从出生开始都是只会母语的单语人。上学之后进入课堂直接学习普通话，并且随着年轻父母思想观念的转变，他们认为普通话的价值高于方言，他们鼓励自己的孩子学习普通话，而对汉语方言则抱着顺其自然的态度。这就使这些年轻人的后代直接习得普通话，不学汉语方言。如董腊鱼村的王廷丹就只会说壮语和普通话，不会说汉语方言。可见，汉语普通话作为国家推广的通用语在少数民族地区产生了一定的影响力。在我们随机的问卷调查中，针对"最希望孩子掌握的语言一项中"，14位村民当中有6位希望自己的子女同时掌握母语和汉语普通话，而不是云南汉语方言。

### 三　从董腊鱼苗、壮民双语关系变迁看其母语活力

董腊鱼小组苗族和壮族的的双语关系大致经历了由"母语单语"到"母语—民族语""母语—云南汉语方言—民族语"，再到"母语—普通话的变迁"。双语变迁与母语活力相互关系的一般规律是：由母语单语人到"母语—兼用语"双语人或多语人的演变过程，会对母语的活力产生挤压，因为兼用语的习得和使用会挤占母语习得和使用的时间，从而导致母语的活力降低或濒危。但董腊鱼苗族和壮族双语关系的变迁并没有导致母语活力的下降或濒危。下面来进一步分析双语关系变迁与母语活力之间的互动关系。

（一）双语关系的变迁为母语活力的保护提供了良好的语言环境

上文的数据显示董腊鱼的苗族和壮族基本是全民"母语—汉语"的双语群体，他们已经完成了由母语单语人向"母语—汉语"双语人的变迁，掌握母语和汉语成为其语言能力的基本要求。但兼用汉语并没有对自己母

语的掌握形成威胁。在母语和兼用语的语言能力自评测试中，他们普遍自己的母语水平比兼用语高。我们统计的数据也显示了相同的情况。我们统计的董腊鱼的壮族和苗族其母语的掌握情况，均是 100%熟练，母语的代际传承没有出现断裂。他们不仅能够熟练掌握自己的母语，还普遍认为母语能够体现自己的民族身份、传承自己的民族文化和联络了自己的民族感情。大家对自己的母语都有强烈的认同感，认为不会母语就是忘本的表现。村子当中举办苗族花山节和壮族祭龙的时候都是用母语。老人们会用母语唱自己民族的传统歌曲、讲述民间故事，中青年用母语唱现代的民族歌曲，表达民族的自豪感。可见兼用云南汉语方言不仅没有危及母语的活力，反而还对维持母语的活力起到一定的促进作用。

（二）双语的和谐互补填补母语交际功能的不足

针对董腊鱼的多语使用情况，我们设计了不同场合语言使用情况表，随机抽取了董腊鱼的 14 名村民（苗族 7 位，壮族 7 位）进行了问卷测试，结果如表 7 所示：

表 7　　　　　　　　　　　不同场合语言使用情况

| 语言使用场合 | | 苗语/人 | 汉语/人 | 壮语/人 |
|---|---|---|---|---|
| 家庭 | | 7 | 0 | 7 |
| 村寨 | 本族人 | 7 | 0 | 7 |
| | 非本族人 | 9 | 5 | 3 |
| 公共场所 | 医院 | 2 | 10 | 2 |
| | 集市 | 2 | 10 | 2 |
| | 村委会 | 2 | 10 | 2 |
| | 镇政府 | 2 | 10 | 2 |
| | 节日 | 9 | 2 | 3 |
| 学校 | 课堂上 | 0 | 14 | 0 |
| | 课堂下 | 7 | 8 | 2 |

表 7 的数据显示的信息有：在家庭内部，母语是全家人的交际工具，苗族家庭使用苗语交流，壮族家庭使用壮语交流；在村寨里，同族之间讲母语，壮族遇到苗族时会跟着苗族人一起说苗语，碰到不认识的外来人时，会使用汉语跟对方交流；在医院、集市和政府这些公共场所，村民们会自然地转换语言，基本上首先选择汉语，如果交谈对象先开口说民族语，在确认会说该民族的语言的情况下，他们会转用成民族语；在学校里面，课堂上无论是师生之间还是同学之间，都是使用汉语普通话。课间休息时，会跟同族的同学说母语，同外族的同学说汉语。由此可见，双语的语域和

谐互补，促使了多种语言的保存和发展。

（三）双语关系的变迁是协调董腊鱼苗、壮民族语言生活的必然选择

世界的万事万物都在变化，语言关系也不例外。每个民族在自身的生存和发展的过程当中都要不断地适应新的变化，如经济模式、文化程度、交际范围的变化。这些变化反映到语言上就是不断地兼用通用语来满足族际之间的交流，从而推动自身和民族的发展。当今，国家对少数民族地区推行了很多惠民政策，村民的经济状况不断地好转，这些都使人们意识到兼用国家通用语的重要性。加上村寨当中的年轻人很多都外出打工或者求学，眼界和交际的范围更加开阔，这些都加重了习得汉语很重要的观念。正如苗族村民候朝文所说的"我希望孩子们都会说普通话，以后能考上大学，走出大山。" 因此兼用云南汉语方言和普通话已经成为董腊鱼融入主流社会、走出狭小村寨必不可少的一架语言桥梁。

再者，在民族杂居区生活，人数较少的民族兼用人数较多民族的语言也是一种顺应交际需要的双语选择。因为语言是一种工具，其工具性的功能使人们自然而然地对每一种语言的功能进行评估，而评估的重要参项就是该语言使用人数的多少。一般的规律是使用人数多的语言功用大，使用人数少的语言功用少。因此，在民族杂居区，我们往往会看到人数较少的民族兼用人数较多的民族的语言。在董腊鱼，周边都是苗族，董腊鱼的壮族自然要兼用苗语以满足于周边苗族交际的需要。

（四）因此，董腊鱼苗族、壮族双语关系的变迁与时代的变迁、社会的变迁、经济文化的变迁有密切的关系。董腊鱼苗族和壮族双语关系的变迁是他们根据自己语言生活做出的合理选择，这种双语变迁对保护母语活力、适应现代生活起到积极的作用。

## 五　董腊鱼苗、壮民族双语与母语活力互动关系的思考

非主体民族在双语化的过程中如何保留母语活力，双语化的完成与母语活力的提高如何形成良性互动关系，这是我们在对面董腊鱼苗族和壮族双语化变迁中必须思考的问题。

（一）双语化是多民族杂居区保持母语活力的必然选择

不同的民族分布区有不同的语言关系。在多民族杂居区，双语化或多语化是少数民族语言生活的必然选择，也是保护自己母语的最佳途径。因为在多民族杂居区，不同的民族有不同的语言交际需求。需要用母语维持族内交际和民族认同，使某一民族在民族杂居区获取作为一个独立民族存在的标志，以维系族群之间的情感，促进民族内部的团结。需要兼用多一种或多种语言以完成与其他民族经济文化交流。因此只有实现双语化或多

语化才能满足不同领域、不同层面的语言生活需求。

一直以来人们都有一种担忧：双语化的过程中强势语言会对弱势语言形成挤压，从而导致弱势语言的濒危、衰变甚至消亡。这一担心有一定的道理，因为只要多语存在，必然会存在语言竞争关系，在竞争关系中必然有弱势方和强势方，弱势方必然会受到强势方的挤压。这是语言生态中必然面临的语言关系。但问题是一个小民族在求生存、某发展的过程中必然有除了母语之外的语言需求，因此双语化已经成为小民族适应社会发展必然选择的语言生活。在双语化的过程中，小语种有继续保持活力和走向衰变两条路，并不仅仅是走向衰变的死路一条。董腊鱼苗族和壮族在双语生活中较好地保留自己的母语已经为小民族的双语化与母语活力保护的良性互动关系提供了一个很好的例证。

（二）双语化与母语活力的关系不同地区有自己的特点

双语化与母语活力的关系不同地区、不同民族有自己的特点。对于有文字的语言，其双语化还可以包括双文化，即实现母语与国家通用语、少数民族文字与汉文的双语双文化。这种包括文字在内的双语化层次肯定比仅仅停留在口语层次上的双语化要高。

对于有传统文字的语言，如藏语、蒙古语、维吾尔语、朝鲜语等语言。以这些语言为母语的族群，他们的双语化层次肯定比没有传统文字的要高，他们的双语化对母语活力的保护肯定作用更大。因此不同地区的双语化有自己的特点，这个特点与各地的客观条件与当地老百姓的主观需求有关。如：双语教育政策虽然已经颁布多年，但在云南大部分少数民族地区并未得到真正推行。就拿董腊鱼来说，课堂教学并没有真正意义上的双语教学，教师只是在教学的初级阶段（比如学前班或一年级的课堂上）利用民族语辅助教学，用汉语讲不通的知识点，就用民族语来解释。汉语教学包括"语"和"文"两方面，而母语的语文教学只有"语"，没有"文"。云南省教育部门虽然印制了小学课程的双语双文教材，但各地尚未具备推行双语教学的条件，这些教材还是躺在办公室里，并没有真正用在课堂上。

（三）在双语类型向"母语—汉语/普通话"变迁的趋势下，应该唤醒少数民族母语保护的自觉

虽然董腊鱼的双语模式已经向"母语—汉语/普通话"变迁，苗族和壮族村民已经意识到汉语对个人成长和家族发展的重要性，有意识地培养孩子学习汉语或普通话。但母语是人的天然情感，大家都有热爱母语的情结。从访问过的村民口中，我们听到最多的是："我喜欢说苗话""我喜欢说壮话""虽然汉语非常重要，可是在村子里还是说自己的母语感觉有亲切感"等反映了少数民族对自己母语有认同感的话语。因此，只要国家政策在保

护少数民族语言上稍做引导，就能够得到少数民族的拥护，唤起他们保护自己母语的民族自觉。这种民族自觉心理能够帮助少数民族语言在双语化过程保护其母语活力，从而形成双语关系与母语活力保护的良性互动关系。

## 参考文献

戴庆厦主编：《云南玉龙县九河白族乡少数民族的语言生活》，商务印书馆 2014 年版。

余金枝：《经济转型与双语变迁——德夯村双语变迁个案分析》，《民族教育研究》2003 年第 5 期。

乔翔、余金枝：《四川盐源县和谐的多语生活》，《中央民族大学学报》2010 年第 6 期。

# The Native Language's Energy and Bilingual Changes of Miao Nationality and Zhuang Nationality in Dong Layu

Yu Jinzhi    Zhao Jing    Lou Mengmeng

**Abstact:** Dong Layu is a village including Miao and Zhuang nationality. Besides Miao language and Zhuang language, Yunnan Dialect or Mandarin are also dual-purpose for villagers. The two nationalities had different change of bilingual types in different times. This change of bilingual relationship provides a good language environment for the native language's energy protection. The bilingual types changes have close relationgship with the changes of the Times, the changes of the social and the changes of economic and cultural. Bilingual relation change is a reasonable choice according to their own language life, also it is the inevitable choice to coordinate the language life of Miao and Zhuang nationality in DongLayu.

**Key words:** DongLayu; the Miao nationality and the Zhuang Nationality; Native Language's Energy; Change of Bilingualism

（通信地址：余金枝　650500　云南师范大学汉藏语研究院；赵静710005　西安　北京中公教育陕西分公司；娄朦朦　200122　上海　上海海通资源管理有限公司）

# 天祝县藏族居民语言使用现状调查与思考

王浩宇　　何俊芳

**【提要】** 本文根据笔者实际调查材料，对甘肃天祝藏族自治县藏族居民的语言使用情况及其成因进行了描述与分析，指出近些年藏语在当地的语言竞争中使用功能大幅衰退，表现在当地藏族居民的藏语使用能力、范围、频率及语言态度等多个方面。同时，天祝藏区的语言使用也呈现出明显的代际差异，儿童和青少年转用汉语现象突出。未来天祝藏区的文化与社会发展将面临藏语全面衰危的困境，如何挖掘与弘扬当地乃至河西走廊多民族杂居区的深厚历史文化积淀，维护语言多样性与多语和谐发展的社会环境是当前需要人们反思的重要议题。

**【关键词】** 语言使用　语言竞争　语言转用　代际差异　语言保护

## 一　引言

长期以来，天祝藏族自治县（以下简称天祝县）被外界普遍看作是我国藏区中"汉化"现象出现最早、程度最深的区域之一，这种看法的形成主要与当地藏语使用功能的衰退密切相关。但当地藏语的使用状况究竟如何？实际上，除 20 世纪 80 年代对该地的语言使用情况有过一些小规模的调查外，近 20 多年来学界还未有专门针对这一区域语言使用情况的总体调查，也未见到对当地藏族居民的语言使用状况及语言态度的系统描述和分析。本文意在弥补这一空缺，并就目前少数民族语言特别是散杂居地区人口较少民族语言的生存与发展困境等问题做出进一步的思考。

天祝县现有藏、汉、土、回、蒙古、满、东乡、保安等 22 个民族，全县总人口 22 万左右，少数民族 8 万余人，其中藏族 7 万余人，占当地人口总数的 32%左右[1]。本文语言使用现状数据源自笔者于 2014 年 7—8 月间对天祝县所进行的实地调查，本次调查采用立意抽样、偶遇抽样、定额抽样等方式，在该县的西大滩、天堂及抓喜秀龙牧区三个具有代表性的乡镇中共发放问卷 585 份，其中有效问卷 466 份，有效回收率为 79.7%，同时完成访谈 79 组，获得了丰富的数据与访谈资料。本文正是以这些数据为依据，通过对当地藏族居民藏汉语言使用能力、日常语言使用和语言态度等内容的描述，以呈现当地藏族居民的语言使用情况。

## 二 天祝县藏族居民语言使用基本现状

一般来讲，语言演变包括两个方面的内容：一是语言结构的演变，包括语音、语法、词汇、语义等方面的演变，其演变主要受语言内部因素的制约。二是语言功能的演变，包括语言使用功能大小的升降、语言使用范围大小的变化等，其演变主要受语言外部社会条件的制约。[2] 从整体情况来看，藏语使用功能大幅衰退是天祝县语言使用现状的基本表现之一，在长期的语言竞争中，汉语逐渐成为当地的"强势语言"，而藏语日益衰变为"弱势语言"。这一现象体现在当地藏族居民的语言使用能力、语言使用范围和频率以及语言态度等多个方面，以下通过具体数据对天祝县语言使用基本现状予以呈现。

首先，从语言使用能力上看，天祝县藏族居民普遍能够熟练使用汉语进行日常交际，但其藏语使用水平则因区域不同而有所差异：

表 1 天祝县藏族居民语言使用能力（N=466）

| 指标/语言 | 西大滩乡（N=176） | | 天堂乡（N=193） | | 抓喜秀龙乡（N=97） | |
|---|---|---|---|---|---|---|
| | 藏语 | 汉语 | 藏语 | 汉语 | 藏语 | 汉语 |
| A. 能流利交谈，没有任何障碍（%） | 2.1 | 60.1 | 15.9 | 70.5 | 28.3 | 30.7 |
| B. 能比较熟练使用，个别地方有障碍(%) | 2.8 | 35.7 | 13.6 | 22.0 | 28.3 | 33.5 |
| C. 能交谈，但不熟练（%） | 9.1 | 3.5 | 7.6 | 5.3 | 7.5 | 30.2 |
| D. 基本能听懂，但不会说（%） | 13.3 | 0 | 16.7 | 0.8 | 9.4 | 5.7 |
| E. 能听懂一些，不会说（%） | 34.3 | 0.7 | 21.2 | 1.5 | 15.1 | 0 |
| F. 听不懂，也不会说（%） | 38.5 | 0 | 25.0 | 0 | 11.3 | 0 |
| 合计（%） | 100 | 100 | 100 | 100 | 100 | 100 |

表 1 样本数据显示，在西大滩、天堂和抓喜秀龙三个乡镇中，分别有95.8%、92.5%和 64.2%的藏族居民能够流利或比较熟练地使用汉语进行交流，但仅有 4.9%、29.5%和56.6%的藏族居民能够同样程度地使用藏语进行交流；在三个乡镇中，几乎没有人不会说汉语，但是不会说藏语的人数比例分别达到样本组的 86.1%、62.9%和 35.8%。由此可见，在西大滩或天堂等类似乡镇中，多数藏族居民已经转变为汉语单语人。在调查中还发现，即使对于当地部分"汉语—藏语"双语人而言，其语言能力也为"双重语言不均衡"，即多数人对汉语的使用能力要强于藏语。与语言使用能力类似，

天祝县藏族居民对藏文的掌握水平也较低：

**表 2　　　　　　　天祝县藏族居民文字使用能力（N=466）**

| 指标/文字 | 西大滩乡（N=176） | | 天堂乡（N=193） | | 抓喜秀龙乡（N=97） | |
|---|---|---|---|---|---|---|
| | 藏文 | 汉文 | 藏文 | 汉文 | 藏文 | 汉文 |
| A. 非常熟练地掌握（%） | 0.7 | 27.3 | 1.5 | 29.5 | 1.9 | 11.3 |
| B. 比较熟练地掌握（%） | 3.5 | 25.9 | 6.1 | 26.5 | 9.4 | 24.5 |
| C. 能写一些简单的书信、字条等（%） | 17.5 | 17.5 | 21.2 | 18.2 | 15.1 | 20.8 |
| D. 认识一些字，但不会写（%） | 21.0 | 11.2 | 33.3 | 3.8 | 22.6 | 5.7 |
| E. 不识字（%） | 57.3 | 18.2 | 37.9 | 22.0 | 50.9 | 37.7 |
| 合计（%） | 100 | 100 | 100 | 100 | 100 | 100 |

　　表 2 样本数据呈现的是天祝县藏族居民对汉文和藏文两种文字的掌握情况，通过整体数据情况可以发现，当地藏族居民对藏文的掌握水平普遍较低，这一方面是受到了当地语言使用环境的影响，另一方面则是在牧区或半农半牧地区，人们的受教育程度普遍较低，文盲、小学或初中文化程度的人口比例较高。但同时也应该看到，三地中部分藏族居民对汉文的使用能力较强，这与天祝县汉语教育事业的发展及汉语在当地各领域中的广泛使用等因素不无关系。

　　其次，从藏族居民的语言使用范围和频率来看，藏语在当地的使用范围狭窄，使用频率较低，而汉语的使用范围广，使用频率很高：

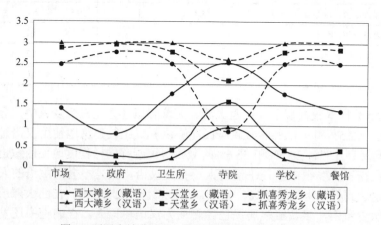

图 1　不同乡镇藏语和汉语使用情况对比（N=466）

注："经常使用""有时使用""偶尔使用""从来不用"分别记 3 分、2 分、1 分和 0 分。

图 1 样本数据所示，在西大滩和天堂两个乡镇中，汉语几乎为藏族居民在市场、政府、卫生所、寺院、学校、餐馆等诸多社区语域中的主要用语，只有在寺院这一特殊语域中，两地藏族居民才会使用藏语，但是使用频率依旧不高。在抓喜秀龙牧区，藏语的使用范围和频率均大于或高于上述两个乡镇，特别是在寺院这一语域中，藏语的使用频率远高于汉语的使用频率，但是从其他语域的语言使用情况来看，汉语依旧是抓喜秀龙牧区的社区主要用语。另一方面，从家庭内部的语言使用情况来看，藏语在当地的整体使用频率依然较低：

**表 3** 　　　　　　不同乡镇家庭语言使用情况比较（N=466）

| 地区/家庭语言 | 藏语单语 | 汉语单语 | 汉藏双语 | 合计（%） |
|---|---|---|---|---|
| 西大滩乡（%） | 0.7 | 77.6 | 21.7 | 100 |
| 天堂乡（%） | 7.6 | 51.5 | 40.9 | 100 |
| 抓喜秀龙乡（%） | 37.7 | 25.5 | 37.7 | 100 |

表 3 样本数据显示，在三个乡镇中，家庭语言为藏语单语的比例分别仅占样本量的 0.7%、7.6%和 37.7%，而家庭语言为汉语单语的比例分别为77.6%、51.5%和 25.5%。通过调查也进一步发现，对于那些家庭语言为汉藏双语的家庭来说，其家庭成员使用汉语的频率也要远高于使用藏语的频率，家庭成员一般仅在节庆、礼佛或招待客人时使用藏语。总之，无论从社区语言的使用情况来看，还是从家庭内部的语言使用情况来看，藏语在天祝县的生存与发展空间均被严重压缩，其使用范围小，使用频率低，在同汉语的竞争过程中，使用功能大幅下降，已日趋走向衰退。

最后，语言竞争情况也反映在当地人们的语言态度中，以下为三个乡镇藏族居民的语言态度调查数据：

**表 4** 　　　　　　不同乡镇藏族居民语言态度比较（N=466）[①]

| 语言/地区 | 西大滩乡 | | 天堂乡 | | 抓喜秀龙乡 | |
|---|---|---|---|---|---|---|
| | 使用价值 | 情感价值 | 使用价值 | 情感价值 | 使用价值 | 情感价值 |
| 藏语（%） | 18.9 | 62.9 | 25.8 | 69.7 | 67.9 | 92.5 |
| 汉语（%） | 74.1 | 35.7 | 67.4 | 28.8 | 30.2 | 7.5 |

---

① 语言态度属社会心理范畴，它代表了人们对一种语言或文字的社会价值的认识或评价。需要说明的是，人们对语言价值的评价并不等于语言本身的价值，语言是一种客观存在的社会现象，它具有自身的客观价值，因此不同个人或群体对某语言价值的评价标准也会有所差异，即测量的效度会受到一定影响。本文针对语言使用价值的测量问题为："下列哪一种语言对您来说最有用"，对语言情感价值的测量问题为："使用下列哪一种语言让您感到最亲切"。

| 语言/地区 | 西大滩乡 | | 天堂乡 | | 抓喜秀龙乡 | |
|---|---|---|---|---|---|---|
| | 使用价值 | 情感价值 | 使用价值 | 情感价值 | 使用价值 | 情感价值 |
| 其他（%） | 7.0 | 1.4 | 6.8 | 1.5 | 1.9 | 0 |
| 合计（%） | 100 | 100 | 100 | 100 | 100 | 100 |

通过表 4 样本数据可以发现，在西大滩乡和天堂乡中，尽管多数藏族居民认同藏语的情感价值，但是对于语言的使用价值而言，人们则更加认同汉语。抓喜秀龙乡藏族居民的语言态度与其他两个乡镇的情况差距较大，无论是语言的使用价值还是情感价值，当地多数藏族居民都认同藏语，这一方面是受到抓喜秀龙牧区语言环境的影响，另一方面也与当地的传统文化、宗教、生活习俗保持较好等因素息息相关。但是，从天祝藏区整体情况来看，人们已逐渐将语言的使用功能与认同功能相分离，汉语是当地藏、汉、土等民族的主要日常交际用语，不会汉语就无法与他人交流，而藏语则承担起情感认同的功能，是当地藏族居民对本民族、家庭或亲友等保持认同的重要基础。

### 三 天祝县藏族居民语言使用代际差异及分析

通过对三个乡镇语言使用情况的呈现，可以发现藏语在当地的语言竞争中使用功能已大幅衰退，语言转用现象表现突出。语言转用是一个民族或民族的部分人放弃使用本民族语言而转用另一民族语言的现象，是不同语言之间功能竞争的结果，是语言发展中常见的一种现象。[3]同时也应看到，依据地区的不同，语言转用情况也存在着一定的差异，例如西大滩乡临近"汉区"，乡内汉族人口众多，当地藏族居民已经整体转用汉语。但在抓喜秀龙乡这一牧区地带，仍有相当比例的人数依旧保持着较好的藏语使用能力，在家庭和寺院中人们使用藏语的频率也较高，只有部分藏族居民出现了转用汉语的情况。但即便如此，藏语在抓喜秀龙牧区的生存与发展前景仍不容乐观，该牧区的儿童和青少年群体转用汉语的趋势非常明显，语言使用代际差异和藏语传承断代便是其重要表现。可见，天祝藏区在未来若干年后将会面临藏语全面衰危的困境。

**表 5    不同时期天祝县牧区藏族居民语言使用能力对比（N=151）**

| 抽样地点 | 样本量 | 掌握藏语人数（%） | | | 掌握汉语人数（%） | | |
|---|---|---|---|---|---|---|---|
| | | 懂 | 略懂 | 不懂 | 懂 | 略懂 | 不懂 |
| 牧区（1988） | 54 | 100.0 | 0 | 0 | 59.3 | 29.6 | 11.1 |
| 抓喜秀龙（2014） | 97 | 73.6 | 15.1 | 11.3 | 100.0 | 0 | 0 |

从表 5 中对不同时期抓喜秀龙牧区语言使用情况作出对比可知①，在近二十多年的时间内，样本中"略懂"和"不懂"藏语的人数比例增加了 26.4%，而样本中"略懂"和"不懂"汉语的人数减少了 40.7%，即当地不会藏语的人数在逐步增多，而不会汉语的人数正在逐渐减少。通过调查发现，数据呈现这一特点的原因主要是由于当地年轻人的语言使用情况较过去相比发生了很大的变化。对于当前抓喜秀龙牧区的年轻人来讲，他们的语言使用情况与前一调查阶段同龄人的最大区别在于：部分人的第一语言已经变为汉语，第二语言才是藏语，即使对于那些第一语言是藏语的年轻人而言，由于目前生活环境、教育环境等诸多因素的改变，他们的第二语言汉语水平的提升速度也要远远超过前一阶段的同龄人，最终使得样本呈现的特点为，当地藏族居民的语言使用从过去的"会汉语一定会藏语"演变为当前的"会藏语一定会汉语"。这也从另一方面反映出当地语言使用的代际差异现象，即牧区的儿童和青少年正逐渐由过去的"藏语—汉语"双语人转变为"汉语—藏语"双语人或汉语单语人。

首先，从语言使用能力上看，调查数据就已呈现出明显的代际差异现象：

表 6　　　抓喜秀龙乡藏族居民年龄段与语言水平交互分析（N=97）

| 指标/年龄段 | 6—19 岁 | | 20—39 岁 | | 40—59 岁 | | 60 岁及以上 | |
|---|---|---|---|---|---|---|---|---|
| | 藏语 | 汉语 | 藏语 | 汉语 | 藏语 | 汉语 | 藏语 | 汉语 |
| A. 能流利交谈，没有任何障碍（%） | 5.6 | 44.4 | 25.0 | 75.0 | 33.3 | 16.7 | 53.3 | 6.7 |
| B. 能比较熟练使用，个别地方有障碍（%） | 0 | 33.3 | 25.0 | 25.0 | 50.0 | 58.3 | 46.7 | 13.3 |
| C. 能交谈，但不熟练（%） | 5.6 | 22.2 | 25.0 | 0 | 8.3 | 25.0 | 0 | 60.0 |
| D. 基本能听懂，但不会说（%） | 16.7 | 0 | 12.5 | 0 | 8.3 | 0 | 0 | 20.0 |
| E. 能听懂一些，不会说（%） | 38.9 | 0 | 12.5 | 0 | 0 | 0 | 0 | 0 |
| F. 听不懂，也不会说（%） | 33.3 | 0 | 0 | 0 | 0 | 0 | 0 | 0 |
| 合计（%） | 100 | 100 | 100 | 100 | 100 | 100 | 100 | 100 |

---

① 本处将表 1 中语言使用能力的指标 A、B、C、D、E、F 合并为"懂""略懂"和"不懂"三个层级，使其与 1988 年的调查指标一致。上表所示 1988 年的调查数据来自于中国社会科学院民族研究所语言室的科研人员在 1986 年至 1988 年期间对当时全国 5 个自治区、30 个自治州、113 个自治县（旗）和15 个少数民族居住的省进行的语言使用情况的调查，其中天祝县所选调查点为"牧区"，故本文选择抓喜秀龙牧区的数据与之比较。这里需要说明的是，由于抽样方式和指标设置的不同以及抽样误差等因素，这一数据对比难免会出现某些误差，但在某种程度上也可反映当地语言使用变化的情况。数据原载于《中国少数民族语言使用情况》，中国社会科学院民族研究所、国家民族事务委员会文化宣传司主编，中国藏学出版社 1994 年版，第 256 页。

如表 6 样本数据所示，在"6—19 岁""20—39 岁""40—59 岁"和"60岁及以上"四个年龄段中，能够流利或比较熟练使用藏语的人数比例分别占样本组总量的 5.6%、50%、83.3% 和 100%，不会说藏语的人数比例分别占样本组总量的 88.9%、25%、8.3% 和 0%。同时在"6—19 岁"这一年龄段不会讲藏语的人数中，还有 33.3% 听不懂藏语，有 38.9% 仅能听懂一些藏语，即当地居民的藏语使用能力呈现出明显的代际差异现象。另外，在四个年龄段中，能够流利或比较熟练使用汉语的人数比例分别占样本组总量的 77.7%、100%、75% 和 20%，老年群体和年轻群体的汉语水平也呈现出较为明显的代际差异现象。同时也应该看到，除"60 岁及以上"这一年龄段外，当地藏族居民的汉语水平普遍较高，这也能反映出汉语在当地语言使用中的强势地位。

其次，从日常语言使用情况来看，当地老年藏族居民在家庭、社区等地使用藏语的频率较高，中年藏族居民在寺院、家庭和某些特殊场合下有时也会使用藏语进行交际。但年轻一代的藏族居民则很少讲藏语，一是由于其本身藏语水平所限，二是受到天祝藏区整体语言环境的影响，在当地藏族年轻人中逐渐形成了一种"会说但不说"的语言习惯，在学校、市场、医院、社区等语域中，其多使用汉语进行对话。一位当地的被访者这样说："我们好多同学，两个都会说藏语，但是在一起时不说（藏语）。好像已经形成一种习惯了，家里也不说，平时说的都是汉语，没有那种我们两个人到一块就说藏语的习惯。再一个就是走到路上的时候，好多人不是都说汉语嘛，他们在路上说藏语别人又听不懂，就觉得特别奇怪，就看着他们，他们肯定也不好意思吧。"（被访者：女，25 岁）

需要指出的是，当前很多抓喜秀龙牧区的青少年在日常生活中已不再成长于一个利于藏语使用的环境中。由于地理位置、教学资源及居民教育观念的改变，当地很多家长都会将孩子送至县城读书，这不仅使得儿童或青少年平日无法使用藏语进行交流，同时也促使其对藏、汉两种语言的使用能力发生了较大的改变。

最后，从语言态度的变化情况来看，当地藏族居民对语言使用价值和情感价值的评价均呈现出一定的代际差异现象：

表 7　　抓喜秀龙乡藏族居民年龄段与语言态度交互分析（N=97）

| 语言态度/年龄段 | | 6—19 岁 | 20—39 岁 | 40—59 岁 | 60 岁及以上 |
|---|---|---|---|---|---|
| 使用价值 | 藏语（%） | 44.4 | 50.0 | 83.3 | 93.3 |
| | 汉语（%） | 55.6 | 37.5 | 16.7 | 6.7 |
| | 英语（%） | 0 | 0 | 0 | 0 |

续表

| 语言态度/年龄段 | | 6—19 岁 | 20—39 岁 | 40—59 岁 | 60 岁及以上 |
|---|---|---|---|---|---|
| 合计（不含"说不清"）(%) | | 100 | 87.5 | 100 | 100 |
| 情感价值 | 藏语（%） | 77.8 | 100.0 | 100.0 | 100.0 |
| | 汉语（%） | 22.2 | 0 | 0 | 0 |
| | 英语（%） | 0 | 0 | 0 | 0 |
| 合计（不含"说不清"）(%) | | 100 | 100 | 100 | 100 |

表 7 样本数据显示，在"6—19 岁""20—39 岁""40—59 岁"及"60岁及以上"四个年龄段中，认同藏语使用价值的人数比例分别为 44.4%、50%、83.3%和 93.3%，即随着年龄的增长而递增；而认同汉语使用价值的人数比例分别为55.6%、37.5%、16.7%和 6.7%，即随着年龄的增长而递减。这一方面是由于年轻人与老年人身处的社会环境不同，对语言环境的感知存在差异，从而对语言使用价值的评价有所不同。另一方面也反映出在当地的语言竞争中，汉语在教育、传媒、交际等年轻人参与较多的社会语域中占据强势地位，进而反映在语言人的语言观念中。从对语言情感价值的评价来看，"20—39 岁""40—59 岁"和"60 岁及以上"三个年龄段没有差异，均认同藏语的情感价值，但是对于"6—19 岁"这一年龄段的藏族居民来说，其中有 22.2%的人认同汉语的情感价值，虽然这一比例不高，但是数据说明了当地儿童或青少年语言态度的变化趋势，即伴随着部分人第一语言转变为汉语，其对汉语和藏语两种语言的认同情况也发生了变化。同时，以目前语言环境的变化趋势来看，未来这一地区或其他牧区会有越来越多儿童的第一语言或母语转变为汉语，进而影响到这一群体的整体语言态度。

## 四　总结与反思

抓喜秀龙牧区被当地居民认为是天祝县藏语保持最好的区域之一，如今该区域内的语言使用代际差异明显，在儿童和青少年群体中已开始显现整体转用汉语的趋势，这便预示着藏语在未来天祝藏区的生存与发展将面临着严峻的考验，如果当前没有相应措施予以保护，若干年后藏语将很有可能在这一地区消失。天祝藏区被称为"河西走廊的门户"，在我国西北民族走廊中的地理位置非常重要，这一地区的地理、人文、社会环境等与河西走廊其他民族杂居区具有诸多相似之处，其所面临的语言文化发展困境不仅是周边区域，甚至是我国其他多民族杂居区目前或未来将要面临的语言生存与发展的挑战。

从客观因素来看，居住格局、人口构成、民族交往、族际通婚、文化交流等因素均是促使少数民族居民转用汉语的重要原因。就天祝藏区而言，其四周均为汉族聚居区，且县内汉族人口比例又远高于藏族人口所占比例。由此，汉语在当地的使用人口多、社会功能强大，其不仅是各民族之间的族际通用语，同时又作为天祝藏区的区域优势语被广泛使用，并在长期的语言竞争中占据优势地位，藏语则日渐演变为弱势语言，使用功能大幅下降，目前正走向衰退。同时，我国多民族杂居区的一个重要特点在于各民族之间通婚现象普遍，这对家庭语言的使用也产生了重要影响：例如，与同一少数民族或同一民族相同语言群体成员组成的家庭中的年轻一代语言人相比，不同民族或同一民族不同语言群体成员通婚家庭年轻一代语言人的语库特点出现了明显的简化趋势，即前一类少数民族家庭的后代多是民、汉双语或多语人，而后一类家庭的后代则多数成为汉语方言和普通话双语码人。[4] 天祝藏区是藏、土、汉、蒙等多民族杂居区，伴随着近些年社会发展和居民婚姻观念的改变，各民族之间的通婚现象更为普遍，汉语成为当地大多数家庭的主要用语，这在很大程度上对民族语言的传承与发展产生了巨大的冲击。河西走廊是古代丝绸之路的必经之途，自古以来就是我国西部地区的交通要道，当前随着我国西部大开发与现代化进程的加速，现代文化、全球文化、汉文化等多元文化在此相互影响与交会，民族语言和传统文化既拥有新的发展机遇，也面临着诸多生存挑战。总之，当前少数民族的语言使用变化体现了民族地区的社会变迁，是历史发展的趋势，是不以人们的主观意志为转移的，正确、客观地认识语言文化的变化也是探索民族地区的社会发展状况与民族关系的重要基础。

但另一方面，我们也应该充分认识到维护语言多样性与多语并存并用的重要意义。民族语言是不可再生的、弥足珍贵的非物质文化，同样也是构成文化多样性的前提条件。语言保护不仅是出于政治、经济方面的考虑，更是人们认识到民族语言对提高民族尊严、维护人类社会长期生存与发展的重要作用。然而，目前我国部分民族地区居民的语言态度并不利于民族语言的传承与发展，例如，在天祝藏区，"藏语无用论"的语言观念在当地藏族居民，特别是在藏族青少年群体中体现得较为普遍，基于升学、就业与个人发展等多种现实因素的考量，青少年群体及其家长认为学习藏语没有出路，在部分学生中出现了排斥双语学习的现象。这一语言观念的形成，不仅不利于民族语言的传承和民族传统文化的保护与发展，同时也导致少数民族学生丧失其自身语言优势，在就业市场的竞争中长期处于被动地位。

面对类似情况，政府出台合理的升学与就业政策则显得尤为必要，这一方面能够为民族语言的生存与发展提供支持，另一方面也是解决少数民族学生就业问题、维护多民族共同繁荣与发展、促进民族平等的重要保障。以天祝藏区为例，在调查中发现，当地除天祝县藏语言文字工作办公室、天祝县广播局藏语部、天祝县藏医院、天祝县民族中学和少部分乡镇中小学以外，公安、司法、交通、农业、民政等政府机关以及银行、博物馆、邮政、电力等众多企事业单位均极少设置藏语相关岗位，这一现实情况在很大程度上缩减了藏语专业学生的就业面，影响了其学习本族语的动力。另外，由于很多藏族学生的汉语水平与汉族学生具有一定的差距，这一客观情况又导致其在整体就业环境中始终处于弱势地位，无法在竞争激烈的劳动力市场中脱颖而出。即学习汉语缺乏相应教育资源的支持，成效不明显，而学习藏语又面临着巨大的就业与生存压力，少数民族学生始终难以突破这一"尴尬"的局面。同时，天祝藏区现有的就业招考优惠政策不仅没有激发学生学习藏语的动力，反而促使很多藏族居民对是否学习藏语持无所谓的态度，一位政府部门的负责人介绍说："事业单位和公务员考试的时候，所有少数民族考生加 5 分，这个政策出台坏了。这就是说，反正我的小孩只要占住少数民族（身份）就行了，你去学十几年的藏语，你从小学到大学学出来加 5 分，我的娃娃一直上普通中学，我不用学母语，但是我们两个都是同样的待遇，都加 5 分。家长就说学它干啥，反正都是加 5 分，这样弄的话其实对民族教育更不好。"（被访者：男，43 岁）

总之，无论对于天祝藏区，还是河西走廊的其他民族杂居区，甚至是我国广大民族地区来说，为保护民族语言的传承，促进民族平等，维护各民族共同繁荣与发展，当前的语言、教育及就业等多方面政策均需要做出适当的调整。一方面，语言政策发挥作用需要以合理的社会政策为基础，应以区域发展和社会全局的整体视角从多个方面促进民族语言的教育与使用；另一方面，语言政策和语言规划应当警惕"一刀切"的做法，依据不同地区的现实情况，因地制宜、实事求是地制定与实施语言政策及相关政策才是维护民族语言发展与传承的关键举措。

### 参考文献

《天祝藏族自治县概况》编写组：《天祝藏族自治县概况》，民族出版社 2009 年版，第 20—21 页。

戴庆厦：《语言竞争与语言和谐》，《语言教学与研究》2006 年第 2 期。

何俊芳：《也论我国民族的语言转用问题》，《民族研究》1999 年第 3 期。

王远新:《中国民族语言学理论与实践》,民族出版社 2002 年版,第 221 页。

（通信地址：100081　北京　中央民族大学民族学与社会学学院）
（本文原载《中央民族大学学报》2015 年第 5 期）

# 彝族和白族杂居区的语言使用情况

## ——以漾濞县平坡镇为个案研究

李雪巧

**【提要】** 本文以彝族和白族杂居的漾濞县平坡镇为个案调查对象，分析彝族和白族两个民族的语言使用情况，比较其间差异，解释和探讨彝族和白族杂居区语言使用特点形成的原因。

**【关键词】** 漾濞县 平坡镇 杂居区 彝族 白族 语言使用

我国是一个多民族国家，不同民族在经济、文化等方面相互交往。彝族和白族都属于藏缅语言民族，由古羌氏人分化而来，长期以来有着密切的联系。本文以漾濞县彝族和白族杂居区——平坡镇为例，结合彝族和白族的历史，探讨彝族和白族杂居区的语言使用特点。为了解当地彝族和白族的语言使用情况，于 2014 年 7 月前往漾濞县平坡镇进行调查①，本文调查数据在整理分析的基础上撰写而成。

## 一 引言

漾濞彝族自治县（简称漾濞县）位于云南省西部，大理白族自治州中部。东邻大理市、巍山彝族回族自治县，西连永平县、云龙县，南交昌宁县、北连洱源县。因盛产全国知名的"漾濞核桃"被誉为"中国核桃之乡"。全县土地面积 1957 平方公里，辖 3 镇 6 乡（苍山西镇、漾江、平坡 3 镇，富恒、太平、顺濞、瓦厂、龙潭、鸡街 6 乡），65 个村委会和 1 个社区。平坡镇位于漾濞县东部，南抵顺濞乡，北止苍山西镇，距州府所在地下关镇 17 公里，距漾濞县城 15 公里。全镇土地面积 128 平方公里，耕地面积 4895 亩，下设平坡、向阳、石坪、高发 4 个村民委员会，49 个村民小组，55 个

① 本调查受中央民族大学研究生创新实践项目资助，除作者外，参与调查的还有周廷升、张婉、陶成美。

自然村，截至 2013 年全镇总人口为 8306 人。境内居住着汉、彝、白、傈僳等 8 个民族，其中以彝族和白族为主。

## 1. 彝族历史源流

彝族是中国第六大少数民族，原名"夷族"，其名源于汉史记载中的"西南夷"，2010 年人口普查资料显示，彝族总人口为 871.44 万人，主要聚居在中国西南部的云南、四川、贵州三省。彝族的族源说法众多，尚无定论，目前羌氏说的观点较为普遍。羌氏说认为彝族由古羌人早期南下的支系与当地土著部落融合形成，西昌地区的邛蕃和云南地区的滇蕃等是彝族的先民。隋唐以后，彝族先民分化为乌蛮[①]和白蛮，唐代统一六诏建立以乌蛮为主的"南诏国"。元以后，彝族又被成为"爨蛮"，与"罗罗"这个族称交错使用。

漾濞县是以彝族为主的民族杂居区，共有彝、汉、白、回等 17 个民族，截至 2013 年，全县总人口为 103616 人，其中彝族占人口总数的 47%。彝族是漾濞县的土著民族，约公元前 12 世纪前后，"昆明"人向洱海及其周围区域迁移形成。境内彝族可分为腊罗、聂苏、诺苏 3 个支系，其中腊罗支系人口最多，是县内最古老的土著民族，族内自称"腊罗巴"，族外自称"土家人"，据说与南诏时的"蒙舍蛮"有直接的传承关系，是哀牢地区"哀牢夷"的后裔。平坡镇的彝族属于腊罗巴支系，截至 2013 年，共有 3484 人，占总人口的 41.9%，主要姓氏有熊、罗、猛、杨、茶等，主要分布在高发村和向阳村。当地彝族多居住在山区和半山区，以传统农业生产为主，以林果业生产和畜牧业生产相辅。

## 2. 白族历史源流

白族自称"白伙" $p\varepsilon^{42}xo^{44}$、"白子" $p\varepsilon^{42}ts\eta^{33}$，是一个古老的民族，源于古代氐羌的一支，史称 "叟""爨氏""白蛮"等，早在汉代以前就分布在洱海地区。白族大部分分布在云南省大理白族自治州，贵州、四川、湖南等地也有分布，2010 年人口普查资料显示，总人口为 185.81 万人。明朝后期开始，就有大理洱海地区的白族迁入漾濞落籍，分布在平坡、石坪、白塔箐、邑头村等地。清末民国时期，大理、洱源、云龙等地区部分白族又逐步迁入定居。先期迁入的白族，多为手艺人，其中密古苏氏先祖以塾师身份迁入定居。截至 2013 年，平坡镇白族有 3018 人，占总人口的 30.1%，主要居住在平坡村和石坪村，其中平坡村是镇政府所在地。当地白族多居住在平坝或半山区，以农业生产为主，还有部分是手工艺人，居住在交通沿线的还从事商贸服务业。

---

① "乌蛮"泛指除了白族以外的彝语支民族先民。

### 3. 通婚情况

平坡镇彝族和白族普遍通婚，彝族和白族调查对象对民族通婚的态度都很积极，认为不同民族通婚是很正常的事。从类型上来说，既有白族嫁给彝族，也有彝族嫁给白族，但彝族女孩嫁给白族男孩的情况更为普遍。彝族女孩嫁给白族男孩的情况下，由于当地考试政策的影响，子女族别多以母亲一致，登记为彝族。

## 二　语言使用情况

不同族群的人相互交往会引起语言接触，使语言在结构和交际功能上发生变化。平坡镇彝族和白族长期杂居，彝语和白族语的使用自然会相互影响。西南官话是平坡镇的通用语，彝族和白族都具有较高的西南官话水平，绝大部分都是双语人，能较好地掌握本民族语言，还能兼通其他民族的语言。

### 1. 语言掌握和语言掌握程度

#### （1）语言掌握

平坡彝族和白族都掌握西南官话，绝大部分都是双语人（包括多语人）。汉语单语人3人（占所有被试的6.8%），双语人41人（占所有被试的93.2%）。双语人中，兼通其他语言（白族语/彝语/傈僳语）被试的最多，为28人（占所有被试的63.6%）；兼通普通话10人（占所有被试的22.7%）。

**表1　　　　　　　　　　语言掌握情况（N=44）**

| 兼用类型　　　　　　　　　　　　　民族 | 彝族 | 白族 | 合计（人） |
|---|---|---|---|
| 本民族语/西南官话/普通话/其他语言（白族语/彝语/傈僳语） | 10 | 3 | 13 |
| 本民族语/西南官话/其他语言（白族语/彝语/傈僳语） | 13 | 2 | 15 |
| 本民族语/西南官话/普通话 | 2 | 6 | 8 |
| 本民族语/西南官话 | 1 | 4 | 5 |
| 西南官话/普通话 | 1 | 1 | 2 |
| 西南官话 | 1 | 0 | 1 |
| 合计（人） | 28 | 16 | 44 |

彝族和白族兼用情况有所不同，白族兼用彝语的人数比彝族兼用白族语的人数要少。彝族所有被试的人都掌握西南官话，绝大部分都是双语人。汉语单语人2人（占彝族被试的7.1%），双语人15人（占彝族被试的93.7%）。双语人中，兼通的普通话12人（占彝族被试的46.2%）；兼通白族语23人

（占彝族被试的 88.5%）；兼通傈僳语 1 人（占彝族被试的 3.8%）。

　　白族所有被试都掌握西南官话，绝大部分都是双语人（包括多语人）。汉语单语人仅 1 人（占白族被试的 6.3%），双语人 15 人（占白族被试的 93.7%）。双语人中，兼通普通话 9 人（占白族被试的 60%），兼通彝语 5 人（占白族被试的 33.3%）。汉语单语人 3 人（占白族被试的 6.8%），双语人 41 人（占白族被试的 93.2%）。双语人中，兼通其他语言（白族语/彝语/傈僳语）被试的最多，为 28 人（占白族被试的 63.6%）；兼通普通话 10 人（占白族被试的 22.7%）。

　　当地彝族和白族普遍通婚，男方是白族，女方是彝族的家庭，考虑到彝族在升学考试中有加分，多将子女族别登记为彝族，但他们的子女在家基本使用白族语，族别与语言使用及语言认同并不一致。

　　（2）语言掌握程度

　　平坡镇彝族和白族都具有较高的西南官话水平，较好地掌握本民族语。白族被试本民族语掌握程度高于彝族；彝族被试其他语言（白族语）掌握程度，高于白族被试其他语言（彝语）掌握程度。

**表 2　　　　　　　　　　　语言掌握程度（N=44）**

| 背景 | 语言 | 本民族语 | 西南官话 | 普通话 | 白族语/彝语 | 傈僳语 |
|---|---|---|---|---|---|---|
| 彝族 | 非常流利 | 18/64.3[①] | 17/60.7 | 0/0 | 10/35.7 | 0/0 |
| | 比较流利 | 3/10.7 | 11/39.3 | 4/14.3 | 7/25 | 0/0 |
| | 一般 | 1/3.6 | 0/0 | 12/42.9 | 3/10.7 | 1/3.6 |
| | 听得懂不会说 | 4/14.3 | 10/35.7 | 3/10.7 | | 0/0 |
| | 听得懂一点 | 2/7.1 | 0/0 | 2/7.1 | 1/3.6 | 0/0 |
| | 合计（人） | 28 | 28 | 28 | 24 | 1 |
| 白族 | 非常流利 | 13/81.3 | 9/56.3 | 0/0 | 2/12.5 | 0/0 |
| | 比较流利 | 1/6.3 | 6/37.5 | 1/6.3 | 0/0 | 0/0 |
| | 一般 | 0/0 | 1/6.3 | 11/68.8 | 3/18.8 | 0/0 |
| | 听得懂不会说 | 1/6.3 | 0/0 | 3/18.8 | 0/0 | 0/0 |
| | 听得懂一点 | 1/6.3 | 0/0 | 1/6.3 | 0/0 | 0/0 |
| | 合计（人） | 16 | 16 | 16 | 5 | 1 |

　　关于语言掌握程度，44 名被试的人中，本民族语"一般"以上的 36 人

---

① "/"前表示人数，"/"后表示占本民族被试的百分比。

（占所有被试的 81.8%），其中"非常流利"的 31 人（占所有被试的 70.5%）；西南官话 "一般"以上的 44 人（占所有被试的 100%），其他语言（白族语/彝语/傈僳语）"一般"以上的 26 人（占所有被试的 59.1%），普通话"一般"以上的 28 人（占所有被试的 63.6%）。

彝族本民族语"一般"以上的 22 人（占 78.6%），其中"非常流利"的 18 人（占 64.3%）；西南官话"一般"以上的 28 人（100%）；普通话 "一般"以上的 16 人（占 57.1%）；白族语"一般"以上的 20 人（占 71.4%）；傈僳语有 1 人掌握，掌握程度为"一般"。

白族本民族语"一般"以上的 14 人（占 87.3%），其中"非常流利"的 13 人（占 81.3%）；西南官话"一般"以上的 16 人（100%）；普通话"一般"以上的 13 人（占 75%）；彝语"一般"以上的 5 人（占 31.3%）。

（3）语言习得和习得环境

当地彝族和白族普遍通婚。大部分彝族和白族被试先学会本民族语，部分被试母语已转换，先学会西南官话。对方民族语的学习，大多通过与民族接触或对方民族亲属教授两种途径。彝族被试中，先学会本民族语的 23 人，先学会西南官话的 2 人，先学会白族语的 3 人。会说白族语的 24 名被试中，从小就会白族语的 9 人，其中最先学会的是白族语的 3 名；5 到 7 岁学会的 10 人，12 岁到 16 岁学会的 5 人，20 岁左右学会的 2 人。17 名被试通过与当地白族接触学会，7 名被试通过家中白族亲属教授学会。白族被试中，14 人最先学会本民族语，2 人最先学会西南官话。会说彝语的 5 名被试中，六七岁前后学会的 3 名，在十二三岁学会的 1 名，四五岁学会的 1 名。4 名被试通过与当地彝族接触学会，1 名被试通过家中彝族亲属教会。

值得注意的是，会说白族语的 24 名彝族被试中，有 3 名表示最先学会的是白族语。一位 28 岁的男性调查对象表示自己最先学会的是白族语，彝语十六七岁才学会。该名调查对象表示，自己父亲是白族，母亲是彝族，家里都是使用白族语，不用彝语。可以看到，当地彝族部分母语已经转换，与民族成分不一致。

2. 语言使用现状

（1）家庭语言使用

在家庭语言使用中，本民族语和西南官话同等重要，其他语言也会经常使用，但普通话较少使用，且使用者为在校学生。彝族家庭中，西南官话的使用比例要高于彝语，白族语的使用频率也较高，仅次于彝语。多名受访者家中，不论跟祖父母、父母、还是兄弟姐妹都使用的是白族语。比如一名 28 岁男性受访者，初中学历，父亲是白族，母亲是彝族，家里都使用白族语。白族家庭中，白族语为主要使用的语言，为 87.5%；其次是西南官话，为 31.5%，彝语为 18.8%，普通话为 12.5%，出现在受教育水平较高的家庭。

表 3 家庭语言使用（N=44）

| 民族/背景 | 语言 | 本民族语 | 西南官话 | 普通话 | 其他语言（白族语/彝语） |
|---|---|---|---|---|---|
| 彝族 | 家里常用 | 18[①] | 24 | 1 | 11 |
| | 祖父母 | 15 | 12 | 0 | 4 |
| | 父亲 | 14 | 14 | 0 | 5 |
| | 母亲 | 11 | 15 | 0 | 6 |
| | 兄弟姐妹 | 12 | 15 | 0 | 7 |
| 白族 | 家里常用 | 14 | 8 | 2 | 3 |
| | 祖父母 | 14 | 3 | 0 | 1 |
| | 父亲 | 14 | 5 | 0 | 1 |
| | 母亲 | 13 | 5 | 0 | 1 |
| | 兄弟姐妹 | 14 | 5 | 0 | 2 |

（2）社区语言使用

西南官话是彝族和白族不同交际场合中必不可少的交际工具。本民族语是村里的主要交际工具，其他语言（白族语/彝语）也经常会用到。赶集和去政府机关办事，西南官话是主要交际工具，少数人会根据具体交际对象选择使用普通话和其他语言（白族语/彝语）。

西南官话是彝族和白族面对不同交际对象是必选的语言，而且占有一定的比重，与本民族人交谈、与好朋友交谈，基本上都与本民族语并驾齐驱，而面对陌生的对象，西南官话更是首选。其他语言（白族语/彝语）在与好朋友和其他民族村寨人交谈时也经常用到。与白族相比，彝族使用西南官话和其他语言（白族语/彝语）更多。

表 4 社区语言使用情况（N=44）

| | 常用语言 | 本民族语 | 西南官话 | 普通话 | 其他语言（白族语/彝语） |
|---|---|---|---|---|---|
| 彝族 | 交际场合 村里 | 18 | 22 | 1 | 16 |
| | 赶集时 | 15 | 22 | 1 | 14 |
| | 政府机关办事 | 2 | 25 | 3 | 3 |
| | 交际对象 附近本民族村寨的人 | 17 | 25 | 14 | 0 |
| | 附近其他民族村寨的人 | 14 | 26 | | 16 |
| | 好朋友 | 15 | 23 | 2 | 17 |
| | 不熟悉的人 | 2 | 26 | 2 | 4 |
| | 跟本民族人打电话 | 17 | 12 | 1 | 4 |

① 数据为分项统计结果，单位为人次。

| | | 常用语言 | 本民族语 | 西南官话 | 普通话 | 其他语言<br>（白族语/彝语） |
|---|---|---|---|---|---|---|
| 白白族 | 交际场合 | 村里 | 14 | 9 | 0 | 5 |
| | | 赶集时 | 8 | 16 | | 4 |
| | | 政府机关办事 | 0 | 15 | 1 | 0 |
| | 交际对象 | 附近本民族村寨的人 | 13 | 13 | 0 | 5 |
| | | 附近其他民族村寨的人 | 16 | 8 | 0 | 5 |
| | | 好朋友 | 14 | 13 | 0 | 5 |
| | | 不熟悉的人 | | 16 | 2 | 0 |
| | | 跟本民族人打电话 | 13 | 4 | 0 | 0 |

3. 语言态度

彝族和白族对本民族语都有较高的情感认同，但趋于平和，觉得多语多言是很正常的事，一半以上彝族和白族的被试者认为几种语言差不多好听，认为普通话、西南官话或其他民族语（白族语/彝语）好听的比例都差不多。这样多元的结果，可能由于当地是彝族和白族杂居镇，居民处于多语言的环境下，对语言情感上的认同也趋于平和。调查中一位41岁的彝族男性受访者表示"多民族地区遇到什么说什么，语言嘛，没有哪个好听不好听"，这是当地彝族白族多民族杂居语言现状的描述。此外，对其他民族学习自己的语言都很乐意去教授。

白族的情感认同要略高于彝族。多数彝族、白族被试者对在县城听到本民族语都有亲切感，但白族被试者有亲切感的高于彝族被试者：彝族 13人（占本民族被试的46.4%），白族9人（占本民族被试的56.3%）。问及当对方用民族语交谈时的反应，彝族被试者改用汉语的比例高于白族：彝族 6人（占本民族被试的21.4%），白族（占本民族被试的6.2%）。

## 三 语言使用特点

1. 大多兼通对方语言，但白族兼通率远低于彝族

平坡镇是彝族、白族杂居区，彝族和白族普遍通婚，西南官话是当地的通用语，绝大部分居民都是双语人。彝族和白族都具有较高的西南官话水平，较好地掌握本民族语，多数人兼通其他民族语言。白族掌握本民族语的人数多于彝族，掌握程度也高于彝族；但白族兼通彝语的人数（33.3%）远少于彝族兼通白族语的人数（88.5%），且彝族白族语掌握程度高于白族彝语掌握程度。

2. 均通西南官话，白族语的使用情况好于彝语

家庭语言使用情况方面，彝族和白族以兼用本民族语、西南官话和其他语言（白族语/彝语）为主，但本民族语是主要交际工具。与白族相比，彝族使用西南官话和其他语言（白族语）的更多。社区语言方面，西南官话是彝族和白族居民主要的交际工具，不同的交际场合和交际对象使用不同的语言。本族人少的交际场合主要使用西南官话，本族人为主的交际场合主要使用本民族语言，用受访者的话说就是"遇到什么样的人说什么话"。

3. 对语言差异的包容度高

彝族和白族对本民族语都有较高的情感认同，但感情比较平和，结果比较多元，有很高的包容度。可能由于彝族和白族长期杂居，处于多语言、多文化的环境下，形成对语言差异有很高的包容度。

4. 存在族别和语言使用及认同的不一致

当地彝族和白族普遍通婚，男方是白族，女方是彝族的家庭，考虑到彝族在升学考试中有加分，多将子女族别登记为彝族，但他们的子女在家基本使用白族语，族别与语言使用及语言认同并不一致。

## 四 结语

长期的民族杂居对平坡镇彝语和白族语的使用功能产生了重要影响，当地彝族和白族普遍兼用西南官话，多数兼用白族语或彝语，但彝族兼通人数和兼用频率均大于白族，这与两个民族的社会文化水平密切联系。

大理州是白族自治州，居民以白族为主，白族多居住在坝区，以农耕为生，彝族多居住于山区，以林果业为生，白族经济发展水平和教育水平都要高于彝族。平坡镇四个村，白族聚居村多居住在平坝，从事蔬菜种植，经商人多，而且从历史源流上来说，当地白族就是商人，手工艺人迁入的。而彝族聚居的村落，高发村和向阳村居住在海拔更高的山区，以林果业为主，经济发展水平要低于白族。镇政府和集市都设在白族为主的平坡村，当地其他民族办事，买东西都要到平坡，为了交际和交流，彝族学习白族的必要性就要高于白族学习彝语。

由于族际通婚普遍存在，部分彝族出现语言转用，家庭和社区都首选白族语。但要看到的是，在汉语强势影响下，虽然彝语和白族语的仍在当地人的生产和生活中起比较重要的作用，但其语言功能已经慢慢衰退。从语言掌握情况以及使用情况来看，彝族衰退比白族语严重，可以预计的是，

当地彝语和白族语在汉语的冲击下，使用范围、功能将慢慢缩小。

### 参考文献

王远新.《语言田野调查实录》（五），中央民族大学出版社 2011 年版。

王远新.《语言田野调查实录》（九），中央民族大学出版社 2013 年版。

戴庆厦.《构建我国多民族语言和谐的几个理论问题》，《中央民族大学学报》2008 年第 2 期。

乔翔、余金枝.《论四川省盐源县各民族的语言和谐》，《中央民族大学学报》2010 年第 6 期。

蒋颖.《构建统一多民族国家语言和谐的几个问题》，《语言与翻译（汉文)》2010 年第 3 期。

漾濞彝族自治县民族宗教事务局，《漾濞彝族自治县民族宗教志》，云南民族出版社 2005 年版。

# The Language Usage of Multi-ethnos Areas of Yi and Bai
## —A Case Study on Pingpo Yangbi

Li Xueqiao

**Abstract:** This paper is a case study on Pingpo Yangbi, a Multi-ethnos Areas of Yi and Bai. By analyzing and comparing the language usage of Yi and Bai, sum up and explain the differences and characteristics of Multi-ethnos Areas of Yi and Bai.

**Key words:** Yangbi; Pingpo; Multi-ethnos Areas; Yi; Bai; language Usage

（通信地址：100081　北京　中央民族大学少数民族语言文学系）

# 哈萨克斯坦维吾尔族的母语生活

## ——以阿瓦特乡为例

田　静

【提要】本文以哈萨克斯坦维吾尔族的母语生活为研究对象，分析维吾尔语的使用特点，探讨维吾尔族母语保留的原因，为境外维吾尔族语言生活研究以及跨境语言研究提供一份有价值的个案参考。

【关键词】维吾尔族　哈萨克斯坦　母语　语言生活

维吾尔族是一个跨境民族，主要分布在中国，在哈萨克斯坦、吉尔吉斯坦、乌兹别克斯坦、沙特、土耳其等国也有分布。哈萨克斯坦是境外维吾尔族人口最多的国家。哈萨克斯坦的维吾尔族共有 231400 人，占全国总人口的 1.5%（2012）。他们主要居住在阿拉木图市（Almaty）郊区和阿拉木图州的塔尔加尔县（Enbekshikazakhskiy Rayon）、维吾尔县（Uygurskiy Rayon）、潘菲洛夫县（Panfilovskiy Rayon）等地。19 世纪末和 20 世纪 60 年代，中国的维吾尔族曾先后两次较大规模地从新疆移居到今哈萨克斯坦境内，其后裔构成现今哈萨克斯坦维吾尔族的主体。哈萨克斯坦维吾尔族的语言能力很强，大多是"维吾尔语—俄语"双语人，有的还是"维吾尔语—俄语—哈萨克语"三语人。

本文将利用田野调查材料[①]并结合历史文献资料，对哈萨克斯坦阿瓦特乡维吾尔族的母语生活进行个案研究，分析维吾尔语的使用特点，探讨维吾尔族母语保留的各种因素，希望能为境外维吾尔族的语言生活研究以及跨境语言研究提供一份有价值的参考。

---

① "哈萨克斯坦维吾尔族及其语言"是中央民族大学戴庆厦教授主持的国家语委"十二五"科研规划重大项目"中国跨境语言现状调查研究"的子课题。课题组一行 7 人于 2012 年 7 月在哈萨克斯坦境内进行调研。本文的第一手材料和数据均来自此次调研。

## 一　阿瓦特乡的基本情况

### （一）地理位置、人口和民族

阿瓦特乡隶属于塔尔加尔县，距离哈萨克斯坦原首都阿拉木图市约 250 公里，距离位于中哈边境的霍尔果斯口岸约 130 公里。这是一个典型的维吾尔族聚居乡。全乡共有 560 户人家 3500 人，维吾尔族约占 90%，哈萨克族约占 10%，还有少量俄罗斯族。维吾尔族村民有一部分是土生土长的当地人，还有一部分是 19 世纪末来自中国新疆伊犁的移民。维吾尔族大多是族内通婚，族际婚姻多为维吾尔族和哈萨克族通婚。

### （二）经济特点

当地主要经济来源是农业和畜牧业。农业以种植水果和玉米、苜蓿、小麦等农作物为主，畜牧业主要是养殖牛羊。哈萨克斯坦实行土地承包制，已基本实现农业机械化。阿瓦特乡每 3—4 户人家有一台收割机，农田割草从收割到捆绑都是使用联合收割机来完成的。种植农作物的家庭，粮食能够自给自足；从事畜牧业的家庭则需购买粮食。日常生活用品在本地超市就能买到，家用电器等则要去县城购买。电视、冰箱、电话、手机在该乡已经普及，还没有使用电脑。电视节目除了能收看本国的节目以外，还能收看到中国中央电视台及各省卫视的节目。村民大多使用天然气做饭、取暖，少数人家使用电暖器采暖。

### （三）学校教育

阿瓦特乡有 1 所维吾尔语学校，即 Hezim Iskanderov 维吾尔语学校，适龄少年儿童在此接受义务制免费教育。该校于 20 世纪 20 年代初期建校，已有近百年历史。现招收 1—11 年级的学生，1—4 年级是小学，5—11 年级是中学。共有学生 520 名，教师 87 名。学校开设了文、理科课程。在语言课方面，设有维吾尔语、哈萨克语、俄语和英语等语言类课程。小学阶段，维吾尔语课每周安排 5 课时，哈萨克语课每周 4 课时，俄语课每周 2 课时；从 5 年级开始开设英语课，每周 2 课时。用维吾尔语授课的课程有数学、历史、地理、物理、化学、手工课等。初中阶段，维吾尔语课时减半，语言课每周 2 课时，文学课 2 课时。还开设有宗教课程，讲授宗教知识、仪式等内容，每周 1 课时。

中学毕业后，约有 30%的学生升入大学，有 70%升入中专和职业技术学校。学生们多选择在本国上大学，也有少数去乌兹别克斯坦首都塔什干上大学。大学毕业后，学生自主择业。有的回到本地从事教师、医生、律师等职业，也有的在外地工作。

此外，该乡还有 1 家幼儿园。

（四）宗教

宗教信仰自由。维吾尔族和哈萨克族都信仰伊斯兰教，俄罗斯族信仰东正教。乡里有清真寺，维吾尔族和哈萨克族定期到清真寺做礼拜。

（五）语言使用

阿瓦特乡维吾尔族使用的语言有维吾尔语、俄语和哈萨克语，使用得最多的是维吾尔语。由于苏联时期已普及俄语，所以绝大多数维吾尔族都会说俄语。现在政府大力推广哈萨克语，所以，维吾尔族孩子在学校除了学习维吾尔语、俄语以外，还学习哈萨克语。该乡的哈萨克族和俄罗斯族不仅会说自己的母语，也会说维吾尔语。

## 二　维吾尔族母语的使用特点

本调查在阿瓦特乡随机抽样调查到 127 名 6 岁以上的维吾尔族被试者。按年龄段来分，6—19 岁有 21 人，20—39 岁有 46 人，40—59 岁有 22 人，60 岁及以上有 38 人；按性别来分，女性 51 人，男性 78 人；按文化程度来分，中小学文化程度 72 人，其中，小学 4 人，中学 68 人；大专大学文化程度 55 人，其中，大专 19 人，大学 36 人。

阿瓦特乡维吾尔族的母语使用具有以下几个特点：

（一）母语保留完好，语言活力强

阿瓦特乡的维吾尔族熟练使用母语的比例高达 100%，没有呈现出明显的代际差异、性别差异和文化程度差异。维吾尔族在日常生活中时时刻刻都在使用母语，脱口而出的语言就是母语。孩童从呱呱坠地那一刻开始，长辈们便用母语和他们交流，给他们取维吾尔族名字，教他们说维吾尔语。阿瓦特乡维吾尔族母语使用的同质性非常高，个体差异小，这说明维吾尔语的语言活力非常强盛。

从语言习得顺序来看，以维吾尔语为第一语言的维吾尔族占 99.2%。（见表 1）被试者中有 1 人（32 岁）的第一语言不是维吾尔语。她不是本地人，从小生活在城市里，第一语言是俄语，第二语言才是维吾尔语。结婚后，她随丈夫（36 岁）来到阿瓦特乡生活，维吾尔语水平有很大提高，现在日常生活中使用的最多的是维吾尔语。

表 1　　　　　　　　　维吾尔族母语习得语言顺序统计

| 维吾尔语习得顺序 | 人数 | 比例（%） |
|---|---|---|
| 以维吾尔语为第一语言 | 126 | 99.2 |
| 以维吾尔语为第二语言 | 1 | 0.8 |
| 以维吾尔语为第三语言 | 0 | 0 |
| 合　　计 | 127 | 100 |

（二）维吾尔语是维吾尔族最重要的语言

维吾尔语在阿瓦特乡社会生活的各个领域都发挥着不可替代的作用，民族内部的所有事务都是以维吾尔语为桥梁得到解决的。维吾尔语承担着交际、教育、文化传承和情感等多项社会功能，所以说，维吾尔语是阿瓦特乡最重要的语言。

1. 维吾尔语的交际功能

在阿瓦特乡，家庭成员之间、邻里之间说的都是维吾尔语，人们交流看法、谈天说地，小至家长里短，大至议论国家时事，都使用维吾尔语。在生活域的劳动、买卖、节日、丧葬等交际活动中，维吾尔族都使用母语。人们通过维吾尔语传递信息、表达思想，维吾尔语是与维吾尔族生存、发展紧密相关的、最重要的语言交际工具。

2. 维吾尔语的教育功能

学校教育、家庭教育和社会教育的目的是教会学生掌握人类生存发展所必备的知识和技能。在阿瓦特乡，无论哪一种教育形式，都必须借助维吾尔语的讲授才能实现。在家里，长辈对晚辈的叮咛、嘱咐、表扬、批评以及各种形式内容的家教都是通过维吾尔语表达的。在学校，维吾尔语既是一门课程，又是其他课程的教学语言；老师不仅在语文课上教授维吾尔语，还用维吾尔语教授数学、历史、地理、物理、美术、音乐等课程。维吾尔语不仅仅是作为一种语言来学习，而且还是学习科学文化知识的必备的语言工具。掌握了维吾尔语后，就能学会更多的知识和技能，能获得更好的学习成绩和发展机会。

3. 维吾尔语的文化传承功能

语言是文化的载体。保留母语，有助于保留本民族的历史和文化。阿瓦特乡维吾尔族先民在生产劳动中创造出丰富多彩的民族文化，积累了大量生产经验和劳动智慧，各种具有鲜明民族特点的物质、非物质文化财富都以维吾尔语为载体，代代相传，不断发扬光大。

4. 维吾尔语的情感功能

维吾尔语不仅是维吾尔族人与人之间沟通的桥梁，还是民族情感的纽带和寄托。维吾尔族对母语感情深厚，他们不仅愿意说，而且时时刻刻都在说。维吾尔族大多数人都是"维吾尔语—俄语"双语人，有的还是"维吾尔语—俄语—哈萨克语"三语人，但本民族同胞只要一见面，首先说的是维吾尔语。维吾尔语的使用增强了维吾尔族的民族认同感和内部凝聚力，拉近彼此之间的距离。

（三）维吾尔语是阿瓦特乡的族际交际语，也是该乡最有活力的语言

阿瓦特乡居住着维吾尔族、哈萨克和俄罗斯族三个民族，使用维吾尔

语、哈萨克语和俄语三种语言。从语言功能来看，维吾尔语不仅是维吾尔族内部的交际语言，而且还是当地各民族之间的族际交际语。当地的哈萨克族和俄罗斯族都会自己的母语，同时也兼用维吾尔语。除了用哈萨克语传达政府会议精神外，不同民族之间的交流都是使用维吾尔语。因此，维吾尔语成为阿瓦特乡使用范围最广、使用人口最多的语言，也是最有活力的语言。

### 三　维吾尔族保留母语的原因分析

哈萨克斯坦维吾尔族的主体是一百多年前从中国新疆迁徙而来的。纵观哈萨克斯坦的历史，维吾尔语一直没有得到官方的重视。俄国沙皇时期曾强制推行俄语，歧视和排挤少数民族语言。苏联时期政府一度突出俄语地位、压制少数民族语言使用的方针。在现代社会中，受经济一体化的冲击，有些语言由于使用人口锐减、语言功能骤降、政府没有及时加以保护，逐渐走向濒危。比如，哈萨克斯坦的朝鲜族、东干族已基本丢失了母语。维吾尔族人口仅占哈萨克斯坦全国总人口的 1.5%，维吾尔语也不具有哈萨克斯坦国语或官方语言的地位，但维吾尔族还是成功地保留了母语，其成功保留的模式和经验值得我国一些面临生存挑战的少数民族语言和小语种语言借鉴。

（一）维吾尔族聚居分布，语言使用人口多，有利于母语的保留

阿瓦特乡是一个维吾尔族聚居乡，维吾尔族约占全乡总人口的 90%。聚居分布以及语言使用人口多，使得维吾尔语成为阿瓦特乡最有活力的语言，为维吾尔语的保留和传承提供了客观条件。阿瓦特乡维吾尔族人把母语作为最重要的语言交际工具，在日常生活中能熟练使用母语。维吾尔语还是该乡的族际通用语，哈萨克族和俄罗斯族都能熟练使用维吾尔语，在各种社会活动中基本上都使用维吾尔语。

（二）热爱母语，积极的语言态度是母语保留的内在心理基础

语言态度影响语言的选择和使用。积极的语言态度有利于语言的保留和发展。我们随机对 7 位维吾尔族村民的母语态度进行了问卷调查。调查结果是：

1. 关于"维吾尔语是否有用"一项，有 5 人选择"很有用"，2 人选择"有些用"。

分析：大多数维吾尔族人认为维吾尔语"很有用"，表明他们认识到维吾尔语的使用价值，充分肯定维吾尔语的作用。

2. 关于"本地电视台、广播站的播音语言"一项，3 人希望用维吾尔语，2 人希望用哈萨克语，1 人希望用俄语，1 人希望用英语。

分析：维吾尔族希望电视台、广播站能用维吾尔语播音，说明维吾尔语在生活中仍然发挥着重要作用，维吾尔族有进一步扩大母语使用范围的要求。

3. 关于"希望子女最好说什么语言（可多选）"一项：有 7 人次选择维吾尔语，2 人次选择哈萨克语，1 人次选择俄语。

4. 关于"愿意把子女送到用哪种语言授课的学校" 一项的调查，有 5 人选择维吾尔语，1 人选俄语，1 人选英语。

分析：大多数维吾尔族希望孩子们掌握母语，希望子女能在维吾尔语学校学习，表明维吾尔族对母语的忠诚度很高，期待母语能够得到很好的传承和发展。

5. 关于"对维吾尔人不会维吾尔语的态度"一项的调查，有 2 人选择"接受"，2 人选择"顺其自然"，3 人选择"反感"。

6. 关于"如果有人在外地学习或工作几年后回到家乡，不再说维吾尔语"的问题，有 5 人选择"可以理解"，1 人选择"无所谓"，1 人选择"反感"。

分析：对于少数人不会母语和放弃母语，维吾尔族的态度比较开明、理智，同时也可以看出他们对母语有信心，并不担心少数人不说母语会影响母语的未来。

总的来说，阿瓦特乡维吾尔族对母语怀有深厚感情，热爱母语，愿意说母语，母语忠诚度高。这种积极乐观的语言态度，为母语的保留奠定了稳定的心理基础。

（三）学校教育是传承和发展维吾尔语的重要途径

阿瓦特乡维吾尔语学校以传播维吾尔族语言文化为主要宗旨。除了开设维吾尔语语文课程之外，维吾尔语还是所有课程的教学语言，学生们使用的课本都是用维吾尔语编写的。学生们不仅学习维吾尔族语言，还学习维吾尔族文学、历史和文化知识；不仅学习维吾尔语口语，还学会书面语表达形式。通过系统而规范的学校教育，使维吾尔语得到良好的传承。

（四）维吾尔语的使用受法律保护

哈萨克斯坦是一个多民族、多语言的国家。《哈萨克斯坦共和国语言法》第 6 条"政府对各种语言的关注"规定，"哈萨克斯坦共和国的每一个公民都有权使用母语，有权自由地选择语言进行交际、受教育、学习和创作。"这为维吾尔族母语的保留、使用和发展提供了法律保障。在法律的保护下，阿瓦特乡维吾尔族可以自由地使用母语，发展母语，在生产、生活、教育等各个领域中最大限度地发挥母语的作用。

## 四 结语

本文选取哈萨克斯坦阿瓦特乡维吾尔族的母语生活作为个案研究对象，分析维吾尔族母语使用的特点，并探讨母语保留的原因。哈萨克斯坦维吾尔族虽然人口数量少，分布范围小，但由于聚居分布、母语忠诚度高、学校教育、法律保障等因素，维吾尔语得到完好的保留。在哈萨克斯坦的多语言生活中，维吾尔语仍然具有很强的语言活力，并且还将稳定地发展下去。所以，哈萨克斯坦维吾尔族母语保留的成功经验以及和谐的语言生活模式，能为我国人口较少民族保留母语提供参考。

### 参考文献

常庆：《哈萨克斯坦民族面面观》，《中国民族》2004 年第 8 期。

《哈萨克斯坦共和国境内维吾尔族居民状况》，http://www.kazembchina. org/create/bike/home.jsp?tablename=itemcontent&iiid=-6703394369686190326&tableFlag=subitemtable（哈萨克斯坦共和国驻华使馆网页），2012 年。

李琪：《中亚维吾尔人》，新疆人民出版社 2003 年版。

田静：《哈萨克斯坦维吾尔语使用特点分析》，《跨境语言与社会》，商务印书馆 2015 年版。

# Kazakhstan uighurs native language life

## —Survey on Abat country

### Tian Jing

**Abstract:** In this paper, the use of Kazakhstan Uighur up for the study, analysis of the characteristics Uighur used to explore the reasons Uighur up reservations, provide a valuable reference for the case study overseas Uighur language and cross-border living language study.

**Key words:** Uighur; Kazakhstan; Mother tongue; Language Life

（通信地址：100081 北京 中央民族大学中国少数民族语言文学系）

# Evidence for Rank Theory in Vanishing Languages①

Wang Feng

**Abstract:** Rank theory has been proposed by Chen (1996) to identify genetic relationships between languages. It divided the Swadesh 200 basic words into two groups: High-rank and Low-rank, with the High-rank words being more stable and borrowing-resistant than Low-rank words. It is hypothesized that,after language split, genetically related languages share more High-rank words; while shared words due to language contact are less likely to be High-rank words. This distinction between the High and Low ranks is confirmed in two vanishing Austronesian languages: Papora and Taokas. These two languages are assumed to be in their final stages till the end, and they retainmore High-rank words than Low-rank words. Moreover, this research suggests that Yakhontov's 35-basic words may be the most stable group among the Swadesh 200 basic words.

**Key words:** Rank theory; Swadesh basic words; PaporaTaokas

In historical linguistics, basic words often involveSwadesh's lists. In fact, there are two well-known Swadesh lists: the 200-word-list (Swadesh 1952) and the 100-word-list (Swadesh 1955). Originally, Swadesh tried to create a list for lexicostatistic dating. He proposed that words in such a list should be as stable as C14 in physics, and they could be used to date language split. Swadeshfigured out some problems in the first list, and "the only solution appears to be a drastic weeding out of the list, in the realization that quality is at least as important as quantity. The new list of 100 items includes92 from the old list, ...plus eight new ones: *say, moon,round, full, knee, claw, horn, breast.*

---

① Professor Dai Qingxia supervised my postdoctoral research at Minzu University from 2007 to 2009, and guided my studies since then. This piece of work is dedicated to Professor Dai on the occasion of his 80th Birthday. I am grateful to Prof. Anne Yue for sending me the paper by Shigeru Tsuchida(1982). The data presented in the paper form the basis of the present article.I would also thank Dr. Lin Youjing and Dr. PhuaChiew-Pheng fortheir helpful comments on the draft.This work was supported by Projects of National Social Science Fund [#14ZBD102; #10&ZD125; #13AZD051].

Eventhe new list has defects, but they are relativelymild and few in number."(1955: 124)The 100-word list was used as the standard Swadesh list. Later on,the words in the list are deemed resistant to borrowing.

Based on data of languages in contact, Chen (1996) proposed that lexical borrowing should not be analyzed in terms boundaries, but should be deemed in terms of ranks.By "rank" he means words are different in how vulnerable they could be borrowed.To put it simply, cultural words and non-basic words are easier to be borrowed than basic words. Once borrowing occurs, cultural words and non-basic words will be borrowed before basic words, and if contact becomes intensive enough, basic words can be borrowed too. The crucial point is how to propose an objective definition for the ranks of basic and non-basic words. The resolution suggested for Rank theory in Chen (1996) is to make use of the Swadesh lists. In Chen (1996) the200-word list (Swadesh 1952) has beendividedinto two sub-groups: the 100 basic-word list of Swadesh(1955), and the remainder of the Swadesh 200 word-list that excludes the items from Swadesh's 100-word list.The two groups are termed "High-rank" (the first 100 words) and "Low-rank" (the remaining 100 words) by Chen. It is assumed that words in the High-rank are more stable and loan-resistant than those in the Low-rank.

In other words, when two languages get into contact, borrowing may have no limit, and all words can be borrowed. However, it should be noted that Low-rank words more susceptible to borrowing than High-rank words. That is to say, we should expect more loanwords in the Low-rank than in the High-rank. On the other hand, if two languages split from a common language, their shared words in the Low-rankwill get lost more easily than those in the High-rank. That is, two related languages should be expected to share more words in the High-rank. Based on such nature of High-rank and Low-rank, Chen (1996) proposes a method to identify genetic relationships between languages. That is, genetically related languages have a greater number of related words in the High-rank than in the Low-rank. On the contrary, the number of related words in the High-rank would be less than that in the Low-rank if the two languages are in a contact relationship. This method was tested on data oflanguages from several well-established language families, in particular numberof Indo-European languages and Chinese dialects. However, it is rather indirectevidence, since vocabulary lossduring the process oflanguage split cannot be observed directly, how the cognates in the two ranks change differently in proportion remains unknown.

There are some other ways to test the nature of the two ranks. Phua and Ho (2010) tested it in the imperfect learning of ChaozhouMin by young generations and old generations. It is found that there are more High-rank words in these imperfectly learned speech forms. This kind of test is still anotherindirect observation. It is based on the notion that learningcould serve as a mirror image of language loss.

In a vanishing language, real lexical loss may be observed directly.Speakers of the vanishing language often switched to another language in their daily life, and it is difficult for them to switch back to their mother tongue if they had not spoken it for many years. However, there are still some words kept in their mind. Three lists of such preserved words in Papora were reported in Tsuchida (1982). Paporpa had been thought to be an extinct Austronesian language. The three lists discovered by Tsuchida (1982)were a total surprise. The earliest one is Asai (1937) found in the Asai collection of the Institute for the Study of Language and Culture of Asia and Africa. The second one is recorded by Liu in 1948[①], and the third one is recorded by Tsuchida in 1969 in a visit to the same district, namely, Toata Sia[n] near Puli. Po Ahiong, the consultant of Papora recorded by Tsuchida in 1969, was 71 year old, and had not spoken Papora for more than fifty years. That is, she had almost forgotten all of her mother tongue. The situations of Asai (1937) and Liu (1948) might be the same. Each of the three lists includes less than 200 lexical items. As Tsuchida (1982: 464-5) states, "These lists clearly demonstrate that the further we go back in time, the more native people remembered, and vice versa, even though each investigator worked with different consultants. In other words, we can observe three stages in the process of the gradual extinction of a language...". Looking into the three lists, it is intriguing to find more High-rank words than Low-rank words are preserved in all of them. Below is the table sorted according to the High and

---

① Prof. Liu Chih-Wan collected the Papora words based on a questionnaire compiled by the institute of Ethonology of the former Taihoku Imperial University (the predecessor of the present National Taiwan University). As Tsuchida (1982) pointed out, this questionnaire has a strong ethnographic bias. We should be aware of this, and note that this list may not represent the whole Papora vocabulary of the informants just because of the incompleteness of this questionnaire. It should be also noted that some more words out of the questionnaire were added in Prof. Liu' s collection, however, the reference of these words remains unclear.

Low ranks (Yakhontov 35 words in bold).

| | Rank | Asai1937 | Liu1948 | Tsuchida 1969 |
|---|---|---|---|---|
| belly | H | ginu | ginnu | nginú: |
| big | H | mudu | molo | mo:ró: |
| black | H | abidu | | |
| breast | H | idoq | | |
| cold | H | maqil | | ma:kíd |
| come | H | mali | mali | |
| **dog** | H | hatu | hattu | hat°ú: |
| drink | H | mananu | manu | man |
| **ear** | H | sarina，sarin | (sadina)salina | sariná: |
| earth | H | bilah | | |
| eat | H | man | man | man |
| **eye** | H | masa | (masa) matsa | masá |
| **fire** | H | dapu | laʾpu | mapú: |
| **fish** | H | babul | babut | ba:búd |
| foot(/leg) | H | qapuru | (kapulu)kapuru | kapurú: |
| **give** | H | bula | | |
| good | H | mo-on | moon | |
| hair | H | bud，buθ | but | bú:d |
| **hand** | H | rima | dima | rimá: |
| head | H | tarakú | talaku | talakú: |
| **I** | H | | inli | |
| man | H | badáʾ | | ʾitán |
| many | H | mumtu | | matú: |
| **moon** | H | budal | hiolat | |
| mountain | H | yaugul | | |
| mouth | H | yobé | hiobe | gyo:bé: |
| night | H | | madūa | |
| **nose** | H | nuā | nut | núā |
| **one** | H | tat | tat | tát |
| person | H | θo | sou，θou | só: |
| rain | H | modal | | morád |
| red | H | abadín | (abolino) | abolin |
| sit | H | magapua | gapoa | ma:pwá:，makapwá: |
| sleep | H | mala | | ma:lá: |

continued

|  | Rank | Asai1937 | Liu1948 | Tsuchida 1969 |
|---|---|---|---|---|
| small | H | mačiči | mait | maičí: |
| star | H | sanat | sanat | |
| **stone** | H | batu | battu | ba:tú: |
| **sun** | H | lat | bolat | |
| **tongue** | H | tatuiú | tatchia | |
| **tooth** | H | rabít | labit | rabíd |
| tree | H | he | | hé: |
| **two** | H | mia | miah | mía: |
| walk | H | dumoa | bunmoa | |
| **water** | H | dim | lom | róm |
| white | H | apu-ui | | |
| woman | H | naqa | na'kka | naká: |
| yellow | H | mah | | |
| **you** | H | | inohi | |
| back | L | lahá | | pačá:ʔ |
| bad | L | maqi | (matke)makke | |
| child | L | da | laia | |
| day | L | | dūa | |
| father | L | baba | babā | |
| few | L | maiči | maihi | maičí: |
| five | L | lima | dima | ríma |
| four | L | pat | pat | pát |
| here | L | | pini | |
| hold-take | L | | mila | |
| leftside | L | mudualíma | aili | |
| (foot/)leg | L | qapuru | (kapulu)kapuru | kapurú: |
| mother | L | qaya | kaiya | |
| rightside | L | mačiči-alima | aili | |
| river | L | laqap | | |
| **salt** | L | tšiku | | či:rú: |
| sea | L | zilim | | |
| sky | L | hudum | burom | |
| snake | L | zisu | | |
| three | L | | (turu) tru | tóru |
| where | L | piu | piu | |

The High/Low rank contrast can be summarized in the following table.

| | Asai 1937 | Liu 1948 | Tsuchida 1969 |
|---|---|---|---|
| High rank | 45 | 35 | 31 |
| Low rank | 17 | 16 | 7 |

It is obvious that the retention rate in the High-rank is higher than that in the Low-rank for each of the three lists.

Yakhontov has proposed a 35-word list as the most basic words (See Starostin 1991), whichinclude *blood, bone, die, dog, ear, egg, eye, fire, fish, full, give, hand, horn, I, know, louse, moon, name, new, nose, one, salt, stone, sun, tail, this, thou, tongue, tooth, two, water, what, who, wind, year.*According to this list, a three-rank division of Swadesh's 200 words in the following tablehas been tested in Wang (2006).

| Rank I | Yakhontov 35-word |
|---|---|
| Rank II | 68 items contained in the 100 wordlist but not in the 35 wordlist |
| Rank III | 97 items contained in the 200 wordlist but not in either of the 35 or 100 wordlists |

The test in Sino-Bai data shows that such division generated a consistent result with High/Low rank. Thus, it may be further tested in the Papora lists. The results are shown as below.

| | Asai 1937 | Liu 1948 | Tsuchida 1969 |
|---|---|---|---|
| Rank I (35) | 17(49%) | 17(49%) | 13 (37%) |
| Rank II (68) | 29(43%) | 18(26%) | 19 (28%) |
| Rank III (97) | 16(16%) | 16 (16%) | 6 (6%) |

It turns out that the three-rank division is tenable. The Yakhontov 35-list may be the most stable part of Swadesh 200-word list.

In endnote 4 of Tsuchida(1982), which concernsanother final stage of a language on the verge of extinction", 48 Taokas words obtained in Miyamoto (1932) have been reproduced. There are 48 Swadesh basic words. The distributions in High/Low rank and three-division rank are shown as below, which confirm the Rank theory, too. (Yakhontov 35 words in bold.)

| High Rank | 21 | Bodron'head', takun'hair', mata'eye', yanu'nose', sarinau'ear', bila'mouth', lima'hand', rawa'foot(/leg)', giatap'water', sanuf'person', matakan'man', maholi'woman', giatan'rain', bato'stone', uln'earth', giati'fish', maro'dog', beya'bird', mananaha'night', taanun'one', doan'two' |
|---|---|---|
| Low Rank | 9 | galim'child', tapu'father', taai'mother', bulun'sky', boli'wind', taliaha'three', yepat'four', kasap'five', rawa'(foot)/leg' |

It can be summarized as below.

| Rank I (35) | 11 (31%) |
|---|---|
| Rank II (68) | 12 (18%) |
| Rank III (97) | 7 (7%) |

Note that the essence of Rank theory is the focus onproportion. In other words, the probabilities of two ranks (or three ranks) inlanguagelearning or language vanishing are different. However, it is difficult to claim that a particular word in the High-rankis easier or more difficult to get lost or borrowed than a particular word in the Low-rank. For instance, Phua and Ho (2010) claimed that 'claw', 'tongue', 'tail', and 'louse' in the High-rank, while 'lake', 'fog', 'woods' and 'hunt' in the Low-rankmaybe get lost most easily. However, in the two Papora lists (Asai and Liu), 'tongue' in the High-rank is still retained though only about 40 words in total of the 100 High-rank words are recalled.

In sum, Rank theory has been tested by many kinds of evidence since it wasproposed in Chen (1996). Now the evidence from the vanishing PaporaandTaokasalso supports it. Here again, we would like to emphasize that Rank theory is a testable hypothesis, in other words, falsifiable. However, so far it has not been falsified.

## Reference

Asai, Erin. 1937. Investigation of Shek-noan language. In NampoDozoku, 4:3, 55-56.(In Japanese)

Chen, Baoya 陈保亚. 1996.*Lunyuyanjiechuyuyuyanlianmeng* 论语言接触 与语言联盟 [Language contact and language union]. Beijing 北京: Yuwenchubanshe 语文出版社.

Miyamoto, Nobuto. 1932. Taokas vocabulary. In NanpoDozoku 2.1: 61-62.(In Japanese)

Phua, C. P. 潘秋平 and Hoh P. K. 何佩芩. 2010. 语言的消亡——以新加坡潮州话为个案[Language Decline—A Case Study on Singapore Teochew Dialect]. YuyanxueLuncong 42. Beijing: The Commercial Press.

Starostin. S. 1991. Altajskaja Problema i Proisxoždenie Japonskogo Jazyka [The Altaic problem and the origin of the Japanese language]. Moscow: Nauka, pp. 59-60.

Swadesh. M. 1952. Lexico-statistic dating of prehistoric ethnic contacts. *Proceedings of the American philosophical society*, 96.4: 452-463.

Swadesh, Morris. 1955. Towards greater accuracy in Lexicostatistic dating. *International Journal of American Linguistics*, Vol. 21, No. 2 (Apr., 1955), pp. 121-137.

Tsuchida, Shigeru. 1982. Most persistent words in vanishing languages the case of Papora (Taiwan). In Carle, Rainer et al. (eds), *Gava' studies in Austronesian languages and cultures dedicated to Hans Kahler*, pp. 463-478.

Wang, Feng. 2006. Comparison of languages in contact: the distillation method and the case of Bai. Taipei: Institute of Linguistics, Academia Sinica.

（通信地址：.100871 北京大学中文系）

# 时—式—体调查问卷<sup>*</sup>

Östen Dahl　著　田阡子、潘家荣　译

【提要】瑞典语言学家 Östen Dahl1985 年出版了 *Tense and Aspect Systems* 一书，在附录部分附上了《时—式—体调查问卷》，供读者和语言调查者调查时参考使用。本问卷设计了若干对立的情境，目的是协助研究者辨别语言中关于时—式—体范畴的形态或者句法特征。本问卷实用性极高，但是迄今缺乏中文版。我们特此译成中文，以飨读者。

【关键词】时—式—体　调查问卷

在方括号里给出了上下文提示，括号里的词不需要翻译。

## A 部分—句子

（1）［站在房子前面］房子很大。

（2）［谈论说话者居住的房子（房子不在视线内）］房子很大。

（3）［谈论说话者过去常住但是现在已经倒塌的房子］房子很大。

（4）［谈论说话者昨天第一次看见而现在没看见的房子］房子很大。

（5）［问：你的弟弟现在做什么？（=他忙着做什么事情？）看得见他的某个人回答：］他在写信。

（6）［C=6］他在写一封信。<sup>①</sup>

（7）［A：我刚刚跟我的弟弟通了电话。B：现在他在做什么？A 回答：］他在写信。

（8）［C=7］他在写一封信。

（9）［A：昨天我去探望我的弟弟。B：他在做什么？（=当时他忙着做什么事情？）］他在写信。

---

　　* 原文请查询网络版，https://www. eva. mpg. de/lingua/tools-at lingboard/questionnaire/tma_ description. php. 躬逢戴庆厦教授八十华诞，谨以此译文敬献。

　　① 译者按：c 是 context［语境］的缩写形式。此处的 c=6 应该理解为 c=5，语境见（5）。

（10）［C=10］他在写一封信。①

（11）［A：昨天我跟我的弟弟通电话了。B：他在做什么？（=当时他忙着做什么事情？）］他在写信。

（12）［C=11］他在写一封信。

（13）［A：昨天你探望你的弟弟的时候，你吃完晚饭之后，他做了什么？回答：］他写信了。

（14）［C=13］他写了一封信。

（15）［问：你想今天如果你不去看你的弟弟，他会做什么？答：］他会写信给我。

（16）［问：你想当我们到达的时候你的弟弟会做什么？（=他会忙着做什么事情？）］他会写信。

（17）［C=16］他会写一封信。

（18）［问：你的弟弟早饭后通常做什么？回答：］他写信。

（19）［C=18］他写一封信。

（20）［问：去年夏天早饭以后你的弟弟通常做什么？］他写信。

（21）［C=20］他写一封信。

（22）［问：现在你正在计划做什么？回答：］我写信。

（23）［C=22］我写一封信。

（24）［A 和 B 都看不到 B 的弟弟。A：你想他现在在做什么呢？（=他正忙着做什么事情？）］他在写信。（我如此认为，因为每天这个时候他都在做那件事）

（25）［A：我的弟弟在办公室上班。B：他做什么性质的工作？］他写信。

（26）［A：去年我弟弟在办公室上班。B：他在那里做什么性质的工作？］他写信。

（27）［A：我的弟弟已经找到了一份新工作。他明天就开始工作。B：他在那里做什么工作？］他写信。

（28）［谈论昨天发生的事情］当我的弟弟写这封信的时候，我在花园等（他）。

（29）［问：你的弟弟很快地写完这封信吗？回答：］（没有，）他很慢地写完这封信。

（30）［谈论湖里面的水，说话人和听话人都能看到水］（湖里的水一般都是温热的，但是今天）水很凉。

（31）［一个看得见的湖，水看起来通常怎么样］水很凉。

---

① 译者按：此处的 c=10 应该理解为 C=9，语境见（9）。

（32）［一个看得见的湖，说话的人昨天在湖里游泳］（今天水很温暖，但是昨天）水很凉。

（33）［一个看得见的湖］（很多年前我第一次在这个湖里游泳）水很凉。

（34）［一个看得见的湖，在夏天的时候说到］（通常水是温热的，但是这个夏天）水很凉。

（35）［C=34］（通常水是温热的，但是去年夏天）水很凉。

（36）［明天尝试在湖里游泳是没有什么用的］到时候水很凉。

（37）［问：你认识我弟弟吗？］（是的）我遇见过他（所以我认识他）。

（38）［C=37］是的，我刚刚（几分钟以前）遇到他。

（39）［C=37］是的，几年前我遇到过他一次。/是的，几年前我跟他有过一面之缘。

（40）［C=37］是的，（到现在为止）我经常遇见他。

（41）［C=37］不，我这辈子没遇到过他。/不，我从来没遇到过他。

（42）［问］（到目前为止）你遇到过我弟弟吗？

（43）［问：我爸爸去年过世了。你认识他吗？］（是的，）我至少遇到过他一次。

（44）［C=43］（是的，）我遇到过他几次。/（是的，）我偶尔遇到他。

（45）［假设 B 将要见 A 的弟弟，A 问：］（昨天，依照计划）你见到了我的弟弟了吗。

（46）［回答 45：］（是的，）（昨天，依照计划）我见到他了。

（47）［回答 45：］（不，）（昨天，依照计划）我并没有见到他。

（48）［问：一年前你来这个地方的时候，你认识我弟弟吗？］（是的，）来这里之前，我至少见过他一次。

（49）［C=48］（是的，）我刚见到他（就在我来这里之前）。

（50）［问：我爸爸去年过世了。你认识他吗？］（不，）我从来没见过他。

（51）［问：一年前你来这个地方的时候，你认识我弟弟吗？］（不，）来这里之前，我没见过他。

（52）［C=51］（不，）我来这里之前并没有遇到过他，但是之后我遇见他了。

（53）［A：我想给你的弟弟一本书读，但是我不知道该给哪一本比较好。在这些书里有哪一本他已经读过了？B 回答：］（是的，）他读过这本书了。

（54）［A：你的弟弟似乎根本没有把书读完］（那个说法不是很正确）他把这整本书都读完了。

（55）［问：今天你的弟弟做了他的老师交代他去做的事情了吗？］（是的，）照老师所交代的，他把这本书整本读完了。

（56）［问：国王还活着吗？回答：］（不，）他死了。

（57）（A：你听到消息了吗？B：没有，发生什么了？A 回答：）国王被杀了（也就是说，他们杀了国王）

（58）［问：你想国王要去上床睡觉了吗？回答：］（是的，）他累了。

（59）［看着窗外，眼前所见到的地面是湿的］（不久前）下的雨。

（60）［警察正在调查一件窃盗案。看着开着的窗户和窗户下的脚印，探长说：］贼就是从这个窗户进入屋里的。

（61）［房间里很冷，可是窗户是关着的。问：］你打开了窗户（又关上了吗）？

（62）［回答（61）：］（是的，）我打开了窗户。

（63）［回答（61）：］（不，）我并没有打开窗户。

（64）［孩子：我现在可以走了吗？妈妈：］你刷牙了吗？

（65）A 出门一会之后回家了。B 问：你做了什么事情？

（66）［回答（65）：］我买吃的了。

（67）［问：昨天你去镇上的时候，你发现什么了？回答：］国王死了。

（68）［C=67］国王被杀了。

（69）［问：为什么房间里这么冷呢？窗户开着但是问问题的人不知道。开窗户的人回答：］我打开了窗户。

（70）［问：这间房子一直是红色的吗？回答：］（不，以前）这间房子是白色的。

（71）［聊到说话者的习惯；我喜欢早起。］我早上六点钟起床（即：在黎明时候）。

（72）［这个星期我必须很早就出门工作。］我早上六点钟起床（即：在黎明时候）。

（73）［问：猫怎么叫？］他们喵喵叫。

（74）［问：当你的猫饿了的时候，它们做什么？］它们喵喵叫。

（75）如果你逗猫，它会喵喵叫。

（76）［问：猫吠叫吗？］（不，）它们不吠叫。

（77）无论你告诉他什么，他都不回应。

（78）无论你把什么东西放在袋子里，袋子都不会破。

（79）如果你把石头放进这个袋子里，它会破。

（80）即使你把石头放进这个袋子里，它也不会破。

（81）［问：如果我吃了这个蘑菇会怎么样吗？］你会死掉。

（82）［依据合同］明天我们不工作。

（83）［爸爸对孩子说：］（请不要打扰我，）我在写信。

（84）［问：你的弟弟现在正在写信吗？（＝那是他正在做的事情吗？）］（不，）他没在写信（他睡着了）。

（85）［问：你的弟弟现在正在做什么？（＝他正在做什么事情？）回答：］他坐在椅子里读书。

（86）［C＝85］他在吃面包和喝水。

（87）［问：昨天你的弟弟早饭后做什么了？回答：］他去市场买了一些苹果。

（88）［问：昨天当这个男孩回家的时候他的爸爸做什么了？回答：］他打他和踢他好几次。

（89）［问：你们看到你弟弟在家吗？回答：］（不，我们没看到）我们到家之前，他就出门了。

（90）［C＝89］不，很不凑巧，我们并没有看到他。就在我们来之前，他出门了。

（91）［问：昨天你给你弟弟这种药的时候，他的反应是什么？］他咳了一声。

（92）［C＝92］他咳了两声。

（93）［C＝92］他咳了七声。

（94）［C＝92］他咳了很多声。

（95）［C＝92］他咳了一小时。

（96）［C＝92］他经常咳嗽

（97）［问：为什么你认为你的弟弟感冒了？］他经常咳嗽。

（98）［问：昨天为什么你认为你的弟弟感冒了？］他经常咳嗽

（99）［问：你弟弟花多长时间写完这封信？］他花了不到一个小时写完了这封信。

（100）［几天前，这个男孩的父亲寄给他一笔钱，而且昨天这笔钱到了］当这个男孩拿到钱的时候，他给这个女孩买礼物了。

（101）［去年，这个男孩的父亲寄给他一笔钱］当这个男孩拿到钱的时候，他给这个女孩买礼物了。

（102）［这个男孩以前偶尔会收到一笔钱］当这个男孩拿到钱的时候，他就给这个女孩买礼物。

（103）［这个男孩期待着收到一笔钱］当这个男孩拿到钱的时候，他会给这个女孩买礼物。

（104）［这个男孩想他也许会得到一笔钱］如果这个男孩得到钱了，他会给这个女孩买礼物。

（105）［说话的人知道这个男孩当时期待着收到钱，但是他不知道这个男孩是否已经收到钱了〕如果这个男孩昨天收到钱了，他会给这个女孩买礼物。

（106）〔说话的人知道这个男孩当时期待着收到钱，然而事实上他并没有收到钱〕假设这个男孩昨天收到了这笔钱，他会给这个女孩买礼物。

（107）〔与某人谈话，这个人过一会就要离开了〕当你回来的时候，我就写完这封信了。

（108）〔一位老师离开教室的同时，以命令的口吻说到〕我回来的时候，你们要把作业完成。

（109）〔假设说话者的弟弟是个值得信赖的人，而且他正讲到说话者和听话者都看不到的湖水〕 我的弟弟现在正说到湖水很凉。

（110）〔说话者和听话者都看不到湖里的水〕我的弟弟现在正说到湖水很凉。（但是我不相信他）

（111）〔C=110〕我的弟弟现在正说到昨天的湖水很凉，但是我不相信他。

（112）〔C=110〕我的弟弟昨天说昨天的湖水很凉，但是我认为他错了。

（113）〔C=110〕我的弟弟昨天说前天的湖水很凉，但是我认为他错了。

（114）〔C=110〕我的弟弟昨天说今天的湖水会很凉，但是结果证明他是错的。

（115）〔C=110〕我的弟弟此刻认为今天的湖水很凉，但是他是错的。

（116）〔C=110〕我的弟弟昨天认为昨天的湖水很凉，但是他错了。

（117）〔C=110〕我的弟弟现在知道了今天的湖水很凉。

（118）〔C=110〕我的弟弟昨天就知道今天的湖水会很凉。

（119）〔C=110〕我的弟弟昨天相信了湖水通常很凉这件事。

（120）〔C=110〕他现在觉得湖水很凉。

（121）〔C=110〕（昨天当我的弟弟下水的时候）他觉得湖水很凉。

（122）（不在视线内的湖水说——话者知道这湖水实际上很凉）我的弟弟现在不认为湖水很凉（他认为它是温的）。

（123）〔C=110〕我的弟弟现在怀疑湖水很凉这件事（=他猜想湖水是温热的）。

（124）〔C=110〕我的弟弟现在希望水是凉的。

（125）〔用承诺的方式表达〕我答应明天去你那里。

（126）〔在一个命名仪式上讲到〕（用 NAME 来替代任何适合的动词（例如，CHRISTEN），用 X 来代替任何专有名字（例如，JOHN）〕 我给这个孩子起名叫 X。

（127）〔气愤地看着一个破了的杯子〕谁打破了这个杯子？

（128）〔看着一间房子〕谁盖了这间房子？

（129）［看着一张照片，而照片内的房子已经被拆毁了］这间房子是谁盖的？

（130）［看着一间最近刚油漆粉刷的房子］这间房子是谁油漆粉刷的？

（131）在你感到劳累之前，必须上床睡觉（今天）。

（132）（昨天晚上）在我的弟弟回家之前，我就上床睡觉了。

（133）［说话者刚刚看到国王已经到了（没人预料到这件事）］（你听说这则消息了吗？）国王到了。

（134）［已经听说（133）这件事但是并没有看到这件事的人说：］（你听说这则消息了吗？）国王到了。

（135）［人民已经盼望国王好几个星期了。说话者才刚刚看到他］国王到了。

（136）［已经听说（135）这件事但是并没有看到这件事的人说：］国王到了。

（137）（昨天）当我回到家的时候，他写了两封信。（=我先回到家，然后他才写信）

（138）（昨天）当我回到家的时候，他写了两封信（=他就在我回到家之前写完了这两封信）。

（139）（昨天）当我回到家的时候，他写了两封信（=那两封信是我不在家的时候他所写完的）。

（140）（昨天）当我回到家的时候，他在写两封信（=那是他当时正在做的事情）。

（141）［发生在下午的对话。对话所提及的市场被假设坐落在距离说话发生的地点很远的地方。问：你认识我的弟弟吗？］（认识，）我今天早上在市场里遇见他了。

（142）［C=141］（是的，）我昨天在市场遇见他了。

（143）［在下午发生的对话：你认识我的弟弟吗？］（是的，）今天早上我在这里遇见他了。

（144）［C=143］［你认识我的弟弟吗？］（是的，）昨天我在这里遇见他了。

（145）［旅行者对本地人说：］如果你给我指路，我给你钱。

（146）［妈妈对孩子说：］如果你不停止玩球的话，我就把它拿走。

（147）［站在一间房子的前面：谁盖了这间房子？］我的弟弟盖了这间房子。

（148）［（一个在咳嗽的孩子：）你的儿子咳嗽多长时间了？］他咳一个小时了。

（149）〔A 知道 B 将会遇到 A 的弟弟，但是不知道是什么时间。A：〕
你遇到我弟弟了没有？

（150）〔回答（149）〕（是的，）我遇到他了。

（151）〔回答（149）〕（不，）我没有遇到他。

（152）〔一个年轻人说〕我老了的时候，我要买一幢大房子。

（153）〔说话的人刚刚看到国王到了（比预料的时间早）：〕国王已经
到了。

（154）〔人民期待国王的到来〕国王还没有到。

（155）〔问：你的弟弟写完信了吗？〕（没有）他还在写。

（156）〔问：昨天你问你的弟弟忙不忙的时候，他说什么？〕他说他（忙
着）写信。

### B 部分—系列文本

（B1）〔你知道我昨天发生了什么事情吗？〕（161）我在森林里走着。
（162）忽然间，我踩到一条蛇。（163）它咬了我的腿。（164）我捡起一块
石头扔向这条蛇。（165）蛇就死了。

（B2）〔我要告诉你我儿时所发生的一件事〕（166）我在森林里走着。
（167）忽然间，我踩到一条蛇。（168）它咬了我的腿。（169）我捡起一块
石头扔向这条蛇。（170）蛇就死了。

（B3）〔你知道我弟弟昨天发生了什么事情吗？这件事是我自己亲眼所
见到的。〕（171）我们在森林里走着。（172）忽然间，他踩到一条蛇。（173）
它咬了他的腿。（174）他捡起一块石头扔向这条蛇。（175）蛇就死了。

（B4）〔你知道我弟弟昨天发生了什么事情吗？这件事是他自己所陈述
的。〕（176）他在森林里走着。（177）忽然间，他踩到一条蛇。（178）它咬
了他的腿。（179）他捡起一块石头扔向这条蛇。（180）蛇就死了。

（B5）〔从前有一个人。有一天他发生了一件事，这件事是真实发生在
他身上的。〕（181）他在森林里走着。（182）忽然间，他踩到一条蛇。（183）
它咬了他的腿。（184）他捡起一块石头扔向这条蛇。（185）蛇就死了。

（B6）〔说话者刚从森林散步回来。你知道我刚发生了什么事情吗？〕
（186）我在森林里走着。（187）忽然间，我踩到一条蛇。（188）它咬了我
的腿。（189）我捡起一块石头扔向这条蛇。（190）蛇就死了。

（B7）〔我要告诉你一件事，我在森林里散步的时候偶尔发生在我身上
的事〕（191）我看到蛇。（192）我捡起石头扔向蛇。

（B8）〔我要告诉你一件事，我小时候在森林里散步的时候偶尔发生在
我身上的事〕（193）我看到蛇。（194）我捡起石头扔向蛇。

（B9）［我要告诉你此刻我从窗户里看到了什么。］（195）一个男孩和一个女孩在大街上玩耍。（196）（此刻）男孩拿起了一个球并且朝女孩扔了过去。（197）女孩把球扔了回来。

# The TMA Questionnaire

Östen Dahl　author　Qian-zi Tian & Chia-jung Pan　translators

**Abstract:** In 1985, Östen Dahl, a Swedish linguist, published a famous and inspiring book, called *Tense and Aspect Systems*. The book appends useful TMA questionnaire for fieldworkers. The questionnaire with clear context indications given aims to help fieldworkers investigate TMA's morphological and syntactic characteristics. The questionnaire in Chinese will be a practical guide for Chinese fieldworkers interested in TMA.

**Key words:** Tense-Mood-Aspect; questionnaire

（通信地址：田阡子，650500　昆明云南师范大学汉藏语研究院；潘家荣，300071　天津　南开大学文学院）

# 晋北方言地名的音变

崔 霞

【提要】晋北方言地名的音变现象较为丰富和复杂，主要有同化、弱化、合音、脱落等几种，这几种音变现象互相交叉、互相影响。本文描写了晋北方言地名的语音并探讨其音变结果。

【关键词】晋北方言 地名 音变

晋北方言包括大同市、大同城区、大同矿区、朔城区、山阴县、平鲁区、应县和怀仁县等县区方言。晋北方言地名具有较丰富和较复杂的音变现象，主要有同化、弱化、合音、脱落和其他音变等几种。本文通过描写晋北方言地名的音变现象，分析其音变的原因，发现了晋北方言地名的音变现象所表现出的语音特点。

## 一 同化

同化现象是晋北方言地名音变现象最常见的一种。晋北方言地名语音因受前后字韵母或声母的影响发生同化，其中以韵母的同化为主，表现为：u 介音的增加、齐齿呼和撮口呼互相转换及主要元音的改变。

1.1　u 介音的增加：高山疃<sub>山阴</sub>[ kɔo³¹³/³¹suæ³³⁵t'uæ³¹³ ]

在山阴方言中，"山"无论是单字音还是在其他语音场合中都读作[ sæ³¹³ ]，而在"高山疃"这一地名中，在前字"高"韵母[ ɔo ]和后字"疃"韵母介音[ u ]的共同"夹击"之下，"山"韵母部分增加了一个介音[ u ]，因而"山"读作[ suæ³³⁵ ]。

1.2　齐齿呼和撮口呼的互相转换

1.2.1　齐齿呼转换为撮口呼：八步堰<sub>山阴</sub>[ pAʔ²⁴pu³³⁵yE³³⁵ ]、口前<sub>山阴</sub>[ k'əu⁵²tɕ'yE³¹³ ]、双碾<sub>平鲁区</sub>[ suŋ²¹³nyər²¹³ ]、望岩<sub>应县</sub>[ vaŋ²⁴yẽ³¹ ]、王宜庄<sub>应县</sub>[ vaŋ⁴³y³¹tsuaŋ⁴³ ]。

在山阴方言中，"堰"和"前"通常读作[ iE³³⁵ ]和[ tɕ'iE³¹³ ]，而在地名"八步堰"和"口前"中，"堰"和"前"分别受前字"步"和"口"韵母中［u］的影响，"堰"和"前"韵母中的介音［i］变为［y］，"堰"和"前"在这两个地名中分别读作［yɛ³³⁵］和［tɕ'yɛ³¹³］。

在平鲁方言中，"双碾"这一地名在称读时必须儿化。根据平鲁方言儿化韵的语音特征，"碾"的韵母［iɛ］儿化后应读作［iər］。而在地名中，由于受前字"双"韵母中［u］介音的影响，"碾"儿化后韵母中的介音读作［y］，"碾"在这一地名中读作［nyər²¹³］。

在应县方言中，"岩"和"宜"通常读作［iɛ̃³¹］和［i³¹］。而在地名中均受到前字"望"和"王"声母浊擦音［v］的影响，"岩"和"宜"韵母部分的［i］都读作［y］，"岩"和"宜"在地名中分别读作［yɛ̃³¹］和［y³¹］。

**1.2.2　撮口呼转换为齐齿呼：薛家营**<sub>应县</sub>**［ɕiaʔ⁴³tɕiaʔ⁴³iəŋ³¹］**

在应县方言中，"薛"通常读作［ɕyaʔ⁴³］，而在地名"薛家营"中，受后字"家"韵头［i］的影响，"薛"的韵头被同化，不读作［y］，而读作［i］。

**1.3　主要元音的改变：梁官**<sub>平鲁区</sub>**［liɛ⁴⁴kuæ²¹³］**

在平鲁方言中，æ、iɛ、uæ 和 yɛ 共同构成开、齐、合、撮四呼的韵母格局。"梁"通常读作［liɒ⁴⁴］，而在地名"梁官"中，由于受到后字"官"韵母的影响，"梁"韵母中的主要元音由［ɒ］变成［ɛ］，"梁"读作［liɛ⁴⁴］。

## 二　弱化

晋北方言地名的音变还包括不同程度的弱化现象。弱化现象常常与同化、脱落等音变有关联。晋北方言地名读音的弱化主要表现为音节读作轻声。

**2.1　利民**<sub>朔城区</sub>**［li⁵³mi］**

"民"在朔城区方言中通常读作［miə̃³⁵］，而在地名"利民"中，受到前字"利"的同化，"民"的主要元音鼻音韵母［ə̃］脱落，韵母变成了［i］，而且，"民"的声调丧失了原有的调值，弱化为轻声。

**2.2　义井**<sub>应县</sub>**［i²⁴tɕiəŋ］、钗里**<sub>应县</sub>**［ts'ɛi⁴³li］**

在应县方言中，"井"通常读作［tɕiəŋ⁴³］，而"里"有舒入两读，在"三里、里头"等词语中，"里"读作舒声［li⁵⁴］，而在"家里、院里"等词语中，"里"读作入声［ləʔ⁴³］。在地名"义井"和"钗里"中，"井"和"里"的音高和时长都发生了变化，音高变低，时长变短，声调等都弱化为轻声。

## 三　合音

晋北方言地名中有合音现象。从所收集地名的读音来看，合音大致有两种方式：一是直接合并，或是前两个音节直接合并，或是后两个音节直接合并。例如：

（1）西盐池<sub>山阴</sub> ［ɕi³¹³iɛ³¹³tʂʅ³¹³］→ ［ɕiɛ³¹³tʂʅ³¹³］

（2）杨里窑<sub>大同</sub> ［iɒ³¹³li⁵⁴iɐo³¹³］→ ［iɒ³¹³liɐo³¹³］

例（1）中的第一个音节"西"的韵母与第二个音节"盐"韵母、例（2）中的第二个音节"里"的韵母与第二个音节"窑"的韵母均属齐齿呼，因此，例（1）中的第一个音节与第二个音节整体直接合并，例（2）中第二个音节与第三个音节整体直接合并，形成合音现象。

二是前后两个音节合并后，音节韵母中主要元音及入声韵尾脱落。例如：

（3）马（庞）家窑<sub>大同</sub> ［ma⁵⁴（p'ɒ³¹³）tɕiaʔ³¹iɐo³¹³］→ ［ma⁵⁴（p'ɒ³¹³）tɕiɐo²⁴］

（4）张力窑<sub>大同</sub> ［tʂɒ³¹liəʔ³²iɐo³¹³］→ ［tʂɒ³¹liɐo³¹³］

（5）前（后）郭家坡<sub>大同</sub> ［tɕ'iɛ³¹³（xəu²⁴）kuaʔ³²tɕiaʔ³¹p'o³¹］→ ［tɕ'iɛ³¹³（xəu²⁴）kua³¹³p'o³¹］

例（3）中第二个音节"家"、例（4）中第二个音节的"力"与后一个音节"窑"、例（5）中第二个音节"郭"与第三个音节"坡"分别合并，合并后前一个音节的主要元音及入声韵尾均发生脱落，并构成新的音节结构。

## 四　脱落

由于语言接触及语音内部的缘故，晋北方言地名还存在脱落现象。脱落现象不仅发生在介音和主要元音上，而且还发生在整个音节上。

### 4.1　罗庄<sub>应县</sub> ［luɣ³¹³tsaŋ⁴³］

中古时期，"庄"属宕、摄、开口三等阳韵庄母平声字，演变至今应县方言读作［tsuaŋ⁴³］。而在地名中，"庄"读作［tsaŋ⁴³］。究其原因，主要是因为"罗庄"属应县大临河乡，地理位置上与大同市浑源县比较接近，而浑源方言的韵母有这样一个特点，即宕、摄、开口三等庄组、合口见系字和江摄知庄组字，今读开口呼，例如"庄"＝"张"，"光"＝"刚"，"窗"＝"昌"，"况"＝"抗"。因此，在方言互相接触与影响之下，应县地名"罗庄"中"庄"的韵头脱落，读作开口呼。

### 4.2　辛留村<sub>山阴</sub> ［ɕi³¹³/³¹liəu³³⁵tʂ'uə̃³¹³］

"辛"在山阴方言中通常读作［ɕiə̃³¹³］，而在称读地名"辛留村"时，"辛"的主要元音鼻化元音［ə̃］脱落，原来的介音承担了整个音节的主要元音。因此，"辛"在地名中读作［ɕi³¹³］。

### 4.3　王家涧<sub>山阴</sub> ［uɒ³¹³/¹³tɕiə̃ʔ⁴/²tɕiʌr³³⁵］

在称读山阴地名"王家涧"时，这一地名常常儿化，而且其中"家"这一音节发生脱落，因此，这一地名在口语中常常读作［uɒ³¹³/¹³tɕiʌr³³⁵］。

## 五　其他音变

晋北方言地名还有一些特殊音变现象。这些音变现象无法归纳到以上音变现象之中，主要以下几种。

### 5.1　n/l 不分

"另"在平鲁方言中通常读作 [liə̃⁵²]，而"另山"这一地名在平鲁方言中读作 [niə̃⁵²sæ²¹³]。其中"另"声母由 [l] 变读为 [n]。

与平鲁方言同属五台片的朔城区方言也有极少 n/l 不分的语音现象。例如：你咋还捉弄我这个老头子哩！例子中的"弄"的声母在口语中也常常读作 [l]，不读作 [n]。

山阴方言中也有这一现象，"立"在山阴方言中通常读作 [liəʔ⁴]，而地名"上/下立羊泉"[ʂɒ³³⁵/ɕiA³³⁵ni³³⁵iɒ³¹³tɕ'yE³¹³] 中的"立"读作 [ni³³⁵]，"立"的声母读作 [n]，而不读作 [l]。

"大同地区区分 n/l，但在这样的地区，也有个别 n/l 相混的词，如天镇'农'n→l，北京'弄、梁'n/l。"①以上语音事实再次证明，除天镇以外，晋北其他方言点也有 n/l 相混的语音事实。

### 5.2　舒声促变

晋北各地方言中不同程度地存在舒声促变的语音特点。应县地名"白马石""东辉耀"和"大西头"，山阴地名"上神泉""上河西"和"蓿麻沟"，大同地名"李怀角儿""祁皇墓""四眼井儿"等各地地名中加着重号的字均不读作舒声，而是读作入声。特别值得一提的是，大同地名"白马城"中的"马"与应县地名"白马石"中的"马"一致，均读作入声。

### 5.3　舌尖中音变为舌尖前音

（1）东沙堆_山阴_ [tuə̃³¹³sA³¹³tsuei³¹³]；（2）西沙堆_山阴_ [ɕi³¹³sA³¹³tsuei³¹³]

在山阴方言中，"堆"可以读作 [tuei³¹³]，也可以读作 [tsuei³¹³]。而且"堆"可以和"圪"字头结合，构成动词和量词。但不论是作动词还是作量词，"堆"仍保持两读现象。例如：

你给咱把那点儿土往里圪堆圪堆。（动词）

一圪堆土。（量词）

由于受普通话的影响，人们逐渐放弃了 [tsuei³¹³]，更多地选择读作 [tuei³¹³]。而在称读地名"东沙堆"和"西沙堆"时，"堆"的声母不读作舌尖中音 [t]，仍读作舌尖前音 [ts]。

汉语其他方言区口语和地名中也有这种语音现象。在河北方言晋州、献县、安国、望都、忠县、满城等地"堆"念 [tsuei] 一类的音。②在北京话和济南话中，"堆"既可以读作 [ˌtuei]，也可以读作 [ˌtsuei]。③

5.4 东鄬河 山阴 [ tuƏ³¹³/³¹sɒ³³⁵xuƏ⁵² ]、西鄬河 山阴 [ ɕi³¹³/³¹sɒ³³⁵xuƏ⁵² ]

在山阴方言中，"鄬"通常读作 [ʂæ³³⁵]，而在地名"东鄬河"和"西鄬河"中读作 [sɒ³³⁵]。"鄬"这一音节的声母和韵母均发生了变化。

## 六 结语

晋北方言地名中的音变现象相互交叉，相互影响，同化引起弱化，弱化、合音又伴随着脱落现象。另外，晋北方言还有一些其他的音变现象，如在称读时，地名必须儿化或加子尾以及地名中字音调值的变化。这些都需要我们去深入描写其读音和探究其形成的原因。

## 附注

① 贺登崧：《汉语方言地理学》，石汝杰、岩田礼译，上海教育出版社2003 年版，第 108 页。
② 田恒金、李小平：《河北方言地名中的一些音变》，《语文研究》2008年第 2 期。
③ 北京大学中国语言文学系语言学教研室编《汉语方音字汇》（第二版重排版），语文出版社 2003 年版，第 162 页。

## 参考文献

崔霞、贺宏、李颖：《朔州方言研究（朔城区卷）》，九州出版社 2012 年版。
侯精一、温端政主编《山西方言调查研究报告》，山西高校联合出版社1993 年版。
蒋文华：《应县方言研究》，山西人民出版社 2007 年版。
马文忠、梁述中：《大同方言志》，语文出版社 1986 年版。
杨增武：《山阴方言志》，山西高校联合出版社 1990 年版。
杨增武：《平鲁方言研究》，山西人民出版社 2002 年版。

# The Mutation of Regional Names in Jinbei Dialects

Cui Xia

**Abstract:** The mutation of regional names in Jinbei dialects is rich and complicated. It is mainly divided into several types, including assimilation, reduction, combination tones, and disappearances and so on. These phonetic changes cross and interact with each other. This paper describes the mutation of regional names in Jinbei dialects and discusses the results of this mutation.

**Key words:** Jinbei dialects; regional names; mutation

（通信地址：037009　山西大同　大同大学文学学院）

# 万家乡方言音系与普通话的比较

马　邹

【提要】万家方言属于西南官话，又具有自己独特的特色。本文以万家方言的音系为例，在声韵调方面与普通话做比较。

【关键词】万家方言　声调　声母　韵母

## 一　万家音系概况

万家乡隶属于松滋市管辖，位于松滋最南端，靠近湖南省北部。松滋市位于湖北省西南部，东临荆州，西连宜昌，南接武陵，北滨长江。在方言分区上，松滋话属于《中国语言地图集》上划分的西南官话 。松滋境内方言有南北之分，其最大的区别是北部没有入声，而南部保留了入声。《松滋县志》"方言" 中说："北音敛，南音侈。北乡平与入相淆（时、十同音，疑、一同音，河、合同音，齐、七同音，类此者多），每字但得四音；南乡于入声字开口扬声读之，每字可得五音。"松滋市内由于南北地理位置的不同，受外界影响的程度不一样，因此南北地域在语音的演变上也存在不同。松滋北部，如以新江口为代表的主流方言，语音方面受影响较多，入声字归阳平，现在已经演变为典型的西南官话。松滋南部，如街河市、西斋、万家一带因为地处较偏，因为经济相比较弱，因此也受到临近强势的北部方言的影响，故入声字大批进入阳平，但与北部方言比较而言，保留古貌的成分要多一些，仍有大部分入声字成为独立的一个调类。松滋方言虽然与普通话较一致，但在声母、韵母、声调等方面仍有许多自身的特点。

## 二　声韵调系统

### 2.1　声母

声母有 17 个，包括零声母。他们分别是：[p]、[ph]、[m]、[f]、[t]、[th]、[n]、[k]、[kh]、[x]、[tɕ]、[tɕh]、[ɕ]、[ts]、[tsh]、[s]、[ø]。

p 布巴　　　ph 怕盘　　　m 门马　　　f 飞发

t 大道　　　th 太同　　　n 拿那

| k 高街 | kh 开去 | x 话咸 |
| --- | --- | --- |
| tɕ 节 | tɕh 秋齐 | ɕ 休 |
| ts 早招 | th 仓苍 | s 散伞 |
| ø 安然 | | |

关于声母的几点说明：

（1）中古精、知、照组声母，今一律读ts、tsh、s，即ts和tʂ、tsh和tʂh、s和ʂ不分，无卷舌音，都读成ts、tsh、s。

（2）中古"泥、来"两母基本上不分，n、l皆读成n。就整个松滋而言，出现"l"声母的地方比较多一些，但万家例外。原因可能是从小对"n、l"两声母不敏感，发"l"时，舌面高，容易直接阻碍气流，导致鼻音的产生。也就是说，万家人在发"l"时，是在发边音"l"的部位，用的发鼻音"n"的方法。

（3）ʐ声母全部分化。分化分为两种情况，一是直接脱落，成为零声母。例如："燃"读作an²¹²；二是ʐ声母变读为其他的声母。例如："如"读作nu²¹²。第一种情况是演变的主流趋势，第二种情况比较少见。

（4）x、f两声母的分混。一般是x混入f，但是通常是在"晓、匣"两母在单韵母u前读作f。例如：

忽fu　呼fu　虎fu　户fu　胡fu　狐fu　互fu　湖fu，而其他的x、f声母字一般不混。大体是直接受湘方言影响所致。

（5）应当注意当声母tɕ、tɕh、ɕ与撮口呼相拼时，发音近似于tʃ、tʃh、ʃ。

（6）声母k、kh、x与后鼻音韵母相拼时，与普通话相比发音部位稍微靠前。

（7）"见、晓"组声母开口二等字在方言中都读开口呼。以万家方言为例，以下字在该方言中均读开口呼：

| 例字 | 万家读音 | 普通话 | 中古声韵调 |
| --- | --- | --- | --- |
| 牙 | a²¹² | ia³⁵ | 麻开二平见 |
| 阶 | kai²¹⁴ | tɕiɛ⁵⁵ | 麻开二平疑 |
| 介界届戒 | kai³³ | tɕiɛ⁵¹ | 马开二上匣 |
| 街 | kai²¹⁴ | tɕiɛ⁵⁵ | 传开二见平 |
| 解 | kai³¹ | tɕiɛ²¹⁴ | 蟹开二上见 |
| 鞋 | xai²¹² | ɕiɛ³⁵ | 佳开二平匣 |
| 敲 | khau²¹⁴ | ɕiao⁵⁵ | 肴开二平溪 |
| 咬 | au³¹ | iau²¹⁴ | 巧开二上疑 |
| 夹 | ka²¹² | tɕia³⁵ | 洽开二入见 |
| 掐 | kha²¹⁴ | tɕia⁵⁵ | 洽开二入溪 |

| 咸 | xan²¹² | ɕiɛn³⁵ | 咸开二平匣 |
| 陷 | xan³³ | ɕiɛn⁵¹ | 咸开二去匣 |
| 眼（洞） | an³¹ | iɛn²¹⁴ | 产开二上疑 |
| 项 | xaŋ³³ | ɕiaŋ⁵¹ | 讲开二上匣 |

声母例词

| 声母 | 例 | 词 | 例 | 词 |
|---|---|---|---|---|
| p | pa³³ | 爸 | pu³³ | 布 |
| ph | phan²¹² | 搬（东西） | pha²¹² | 爬 |
| m | ma³¹ | 马 | mao³³ | 帽 |
| f | fɔ²¹² | 佛 | fa⁵⁵ | 发（财） |
| t | ti³³ | 弟 | taŋ³³ | （上）当 |
| th | thi²¹⁴ | 梯 | thaŋ²¹² | 糖 |
| n | nu²¹² | 如（果） | ni²¹² | 泥 |
| k | kao²¹⁴ | 高 | ko³³ | 过（来） |
| kh | khai²¹⁴ | 开 | kan³¹ | 砍 |
| x | xua³³ | 话 | xan²¹² | 咸 |
| tɕ | tɕin²¹⁴ | 经（过） | tɕy³¹ | 九 |
| tɕh | tɕhi²¹² | 旗 | tɕhuɛ²¹² | 全（部） |
| ɕ | ɕi³³ | 细 | ɕioŋ²¹⁴ | 胸 |
| ts | tsɿ²¹⁴ | 知（道） | tsaŋ³³ | 胀 |
| tsh | tshaŋ³³ | 唱 | tshu²¹⁴ | 粗 |
| s | suan²¹⁴ | 酸 | san²¹⁴ | 三 |
| ø | an²¹² | 然（后） | aŋ³³ | 让 |

## 2.2 韵母

韵母有 35 个。可以分为三类：（一）单元音韵母 8 个：ɿ、ɯ、a、o、ɤ、i、u、y。（二）复合元音韵母 14 个。其中二合元音韵母 10 个：ai、ei、au、ou、ia、iɛ、io、uo、ua、yɛ。三合元音韵母 4 个：iau、iəu、uai、uəi。（三）带辅音尾的韵母 13 个：an、aŋ、ən、in、iaŋ、iɛn、uən、uan、uaŋ、yɛn、yn、yŋ、oŋ，如表 1 所示。

**表 1　　　　　　　　　　　　　　　韵母**

| 单元音韵母 | | ɿ　ɯ　a　o　ɤ　i　u　　y | | |
|---|---|---|---|---|
| 复元音<br>韵母 | 二合 | ai　ou　iouayɛ<br>au　ei　iɛ　uo<br>ia | | |

续表

| 单元音韵母 | | ɿ ɯ a o ɤ i u y |
|---|---|---|
| 复元音韵母 | 三合 | iau uai<br>iəu uei |
| 带鼻韵尾的韵母 | | an　ən　inuan yɛn<br>aŋ oŋ　iaŋ uən　yn<br>iɛn uaŋ　yŋ |

韵母说明：

（1）鼻韵尾n和ŋ一般不分。该地方言中没有iŋ和əŋ这两个鼻韵尾，iŋ、əŋ都读作in、ən。但是an和aŋ不混同。

（2）普通话里面没有的韵母。例如io韵母。"脚"读为"tɕio³¹"，"学"读为"ɕio⁵⁵"，"药"读为"io⁵⁵"等。

（3）uo的实际音值为[uɔ]。例如：kuo³⁵"国（家）"读为"kuɔ²¹²"，xuo³⁵"活（动）"读为"xuɔ²¹²"。

（4）以[o]代替[ə]。发音部位靠后，且舌位略微有所上升。如："哥"读成"ko²¹⁴"，"科"读成"kho²¹⁴"，"割"读成"ko⁵⁵"，"何"读成"xo²¹²"。

韵母例词：

| 韵母 | 例 | 词 | 例 | 词 |
|---|---|---|---|---|
| ɿ | tsɿ²¹⁴ | 支资 | sɿ²¹⁴ | 师（傅） |
| ɯ | ɯ⁵⁵ | 日 | khɯ⁵⁵ | 去 |
| a | pha²¹² | 爬 | ta³¹ | 打 |
| o | xo²¹² | 河 | mo²¹⁴ | 摸 |
| ɤ | pɤ⁵⁵ | 白 | ɕɤ⁵⁵ | 黑 |
| i | tɕi⁵⁵ | 急 | i³¹ | 以（为） |
| u | ku³¹ | 古 | nu⁵⁵ | 六 |
| y | ɕy²¹⁴ | 虚 | tɕy³¹ | 举 |
| ai | khai²¹⁴ | 开 | xai²¹² | 鞋 |
| ei | mei²¹² | 梅 | nei³³ | 雷 |
| au | sau²¹⁴ | 烧 | khao³¹ | 烤 |
| ou | sou²¹⁴ | 收 | ou³³ | 肉 |
| ia | tɕia³³ | 架 | tia²¹⁴ | 爹 |
| iɛ | tɕiɛ³¹ | 姐 | thiɛ⁵⁵ | 铁 |
| io | ɕio⁵⁵ | 学 | io⁵⁵ | 药 |
| uo | kuo²¹² | 国 | khuo³³ | 课 |

| | | | | |
|---|---|---|---|---|
| yɛ | tɕhyɛ²¹² | 茄 | ɕyɛ²¹² | 靴 |
| iau | thiau²¹² | 条 | thiau²¹⁴ | 挑 |
| iəu | niəu²¹² | 牛 | niəu²¹² | 流 |
| uai | kuai³³ | 怪 | xuai³³ | 坏 |
| uəi | tuəi³³ | 对 | suəi³¹ | 水 |
| an | tan³¹ | 胆 | tuan³¹ | 短 |
| aŋ | taŋ³¹ | 党 | kaŋ²¹⁴ | 缸 |
| ən | pən³¹ | 本 | kən²¹⁴ | 耕 |
| in | tɕin³¹ | 紧 | ɕin²¹⁴ | 新 |
| iaŋ | tɕiaŋ³¹ | 讲 | tɕhiaŋ³¹ | 抢 |
| iɛn | tɕiɛn³¹ | 减 | niɛn²¹² | 年 |
| uən | xuən²¹² | 魂 | xuən²¹² | 横 |
| uan | kuan²¹⁴ | 关 | uan³¹ | 软 |
| uaŋ | kuaŋ²¹⁴ | 光 | ɕuaŋ²¹² | 黄 |
| yɛn | tɕhyɛn²¹² | 权 | yɛn²¹² | 圆 |
| yn | tɕhyn²¹² | 群 | yn²¹² | 云 |
| yŋ | tɕhyŋ²¹² | 穷 | ɕyŋ²¹⁴ | 胸 |
| oŋ | toŋ²¹⁴ | 东 | toŋ³³ | 洞 |

### 2.3 声调

（1）万家方言的声调可分共五类：阴平、阳平、上声、去声和入声（中古入声字全部另读一声类，如读、达、节、觉、烈等字）。其单字调的调类、调值和例字如下：

| 调类 | 调值 | 例字 |
|---|---|---|
| 阴平 | 214 | 高开天安伤 |
| 阳平 | 212 | 穷寒床云人 |
| 上声 | 31 | 古展口好有 |
| 去声 | 33 | 近盖厚怕饭 |
| 入声 | 55 | 黑说急白局 |

（2）万家入声的特点及发展变化

就整个荆沙方言来说，入声都为舒入声，即无塞音韵尾p、t、k、ʔ等。其入声的发音与非入声调基本相同。但是万家的入声发音比较短促，而且为高平 55 调，略有[ʔ]收尾的感觉，如黑xɣ⁵⁵，白pɣ⁵⁵，笔pi⁵⁵。入声的演变可能是经历了p、t、k归入[ʔ]尾的语音演变过程。

随着经济的发展，入声的的消逝是必然趋势。其消逝大致有以下原因：一是调型相似，而成"累赘"，所以向同调型的阳平靠拢，最后进入阳平，失去入声调。二是松滋北部的入声大量进入阳平，南部地区受类化扩散方式的影响，向"入派阳平"的主流方言靠拢，入声最终逐渐消逝。

### 2.4 音节结构类型

音节结构类型有以下九种：

第一种，元音 ɯ⁵⁵ "日"

第二种，元音+元音 ai³³ "爱"

第三种，辅音+元音 pɣ⁵⁵ "白"，xɣ⁵⁵ "黑"

第四种，辅音+元音+元音 ɕio⁵⁵ "学"，kai³¹ "解"

第五种，辅音+元音+元音+元音 niəu²¹² "流"

第六种，元音+辅音 an³¹ "染"

第七种，元音+元音+辅音 uen²¹⁴ "翁"

第八种，辅音+元音+辅音 kən²¹⁴ "耕"，tsən³¹ "整"

第九种，辅音+元音+元音+辅音 tɕiɛn³¹ "减"，kuaŋ²¹⁴ "光"

在以上九种形式中，与普通话不同的是三合元音不能自成音节，必须要和声母搭配才能构成音节。其中第三、四、八出现的频率比较高。

### 参考文献

刘艳丽：《湖北松滋（新江口）方言音系》，《湖北教育学院学报》2007年第 3 期。

王志芳：《松滋方言的入声》，《武汉教育学院学报》2001 年。

王群生：《湖北荆沙方言》，武汉大学出版社 1993 年版。

# Comparison Between the Phonetic System of WanjiaDialect and the Mandarin

## Ma Zou

**Abstract:** Wanjia dialect belongs to the southwest mandarin, but also has its own unique characteristics. In this paper, the phonology of the Wanjia dialect as an example, compared with Mandarin tones in hand.

**Key words:** Wanjia dialect; tone; initials; vowel

（通信地址：650500　昆明　云南师范大学文学院）

# 武汉方言的四音格词初探

姚　洲

【提要】本文从语音、语义和语法三个方面对武汉方言的四音格词进行梳理，认为第二个音节轻声、描写性强、构词方式以复合构词为主等是武汉方言四音格词的主要特征。

【关键词】武汉方言　四音格词

武汉市的方言情况比较复杂，处于官话和非官话的交界处，武汉市中西部地区的江岸、江汉、研口、汉阳、武昌、青山、洪山七个中心城区，东西湖、汉南两个郊区，以及蔡甸、江夏北部一个半远城区都属于西南官话的武（汉）天（门）片；东北部的黄陂、新洲两个远城区属于江淮官话的黄（陂）孝（感）片；东南部江夏区的南部属于赣方言的赣北片。但是就总的情况而言，武汉地区的权威方言当属长江以北武汉中心城区的方言，一般称为"汉腔"。①本文讨论的武汉方言四音格词从武汉老三镇——武昌、汉阳、汉口中选取。

武汉方言有较为丰富的四音格词，但目前尚未见专门的论著，这给本文提供了写作空间。本文共搜集到武汉方言四音格词 152 个，从语音、语义、语法等三个方面对武汉方言四音格词的特点进行梳理和分析。

## 一　语音特征

武汉方言有四个声调：阴平 55，阳平 213，上声 42，去声 35；阳平作为前字有两个连续变调，即 213 调在阳平前变 13 调，在阴平、上声、去声、轻声前变 21 调。②音节重叠和音节和谐不是武汉方言四音格词的典型形式，武汉方言的四音格词绝大部分不具有双声、叠韵的韵律特征。武汉方言四

---

① 朱建颂：《武汉方言研究》，武汉出版社 1992 年版，第 1 页。

② 武汉方言轻声音高一般为 3 度，有时为 5 度，本文不作区分，一律用"·"来表示四音格词中的轻声，标在音节的前边。

音格词大部分都带有轻声音节。

（一）语音形式

**表1　　　　　　　　　四音格词语音形式分布**

| 语音形式 | ABCD | ABAC | AABB | ABCB | ABBC | ABCA |
|---|---|---|---|---|---|---|
| 数量 | 120 | 14 | 11 | 4 | 2 | 1 |
| 百分比 | 78.9 | 9.2 | 7.2 | 2.6 | 1.3 | 0.6 |

**表2　　　　　　　带轻声音节四音格词分布**

| 语音形式 | 带轻声音节的四音格词数量/百分比 | | 第二个音节为轻声的四音格词数量/百分比 | |
|---|---|---|---|---|
| ABCD（120） | 107 | 89.1 | 98 | 81.6 |
| ABAC（14） | 9 | 64.2 | 7 | 50 |
| AABB（11） | 11 | 100 | 11 | 100 |
| ABCB（4） | 4 | 100 | 3 | 75 |
| ABBC（2） | 2 | 100 | 0 | 50 |
| ABCA（1） | 1 | 100 | 1 | 100 |

武汉方言四音格词的语音形式有 ABCD、ABAC、AABB、ABCB、ABBC、ABCA 六种类型。其中 ABCD 式有 120 个，占总数的 78.9%，是武汉方言四音格词的基本格式，其余几类分别有不同的音节重叠关系，ABAC 式和 AABB 式分别只有 14 个和 11 个，剩下的几类仅搜集到 7 个，不足总数的 5%；带轻声音节的四音格词占大多数，共 134 个。

1. ABCD 式

【之乎也者】ts$^{55}$·xu ie$^{42}$ tsɣ$^{42}$

① 敷衍了事

② 支吾其词

【赤脚甩片】tshŋ$^{21}$·tɕio suai$^{42}$ phiɛn$^{42}$

光着脚的样子。

【一个玩意】i$^{21}$·ko uan$^{21}$·i

多么好玩儿

【白子拉卡】pɣ$^{21}$·tsɿ·na kha$^{42}$

苍白得难看。

【□脚动手】tshŋ$^{55}$·tɕio toŋ$^{35}$ sou$^{42}$

动手动脚，指打人，打架。

2. ABAC 式

【自说自应】tsʅ³⁵ so²¹³（或 suɤ²¹³）tsʅ³⁵ in³⁵

自言自语，自己跟自己说话。

【一正一作】i²¹ tsən³⁵・i tso²¹

一本正经，形容很规矩、庄重

【懒屎懒尿】nan⁴²・sʅ　nan⁴² niau³⁵

借拉屎拉尿来偷懒。

3. AABB 式

【武武等等】u⁴²・u dən⁴² dən⁴²

每个角落；到处

【满满弢弢】man⁴²・man thau⁵⁵ thau⁵⁵

行动迟缓的样子。

【圪圪劳劳】kɤ²¹・kə³ nau³⁵・nau

每个角落；到处。

4. ABCB 式

【倚歪就歪】i⁴² uai⁵⁵・tɕiou uai⁵⁵

破罐破摔，比喻有了缺点和错误而自暴自弃

【疤子欠子】pa⁵⁵・tsʅ tɕhien³⁵・tsʅ

指皮肤不光滑，也指皮肤不光滑的人。

5. ABBC 式

【拿爹爹钱】na²¹³ tie⁵⁵ tie⁵ tɕhien²¹³

活干得少，钱却拿得多，指干轻松活

【屙滴滴屎】ŋo⁵⁵ ti²¹・ti sʅ⁴²

比喻办事不爽利，不彻底。

6. ABCA 式

【渊仰其渊】yɛn⁵⁵・iaŋ・tɕhi yɛn⁵⁵

适逢其会，恰好碰到那个时候。

（二）韵律特征

武汉方言四音格词的韵律特征并不突出。从统计数据可以看出武汉方言四音格词大部分无音节重叠，ABCD 是基本格式，因此不具有双声、叠韵的韵律特征。重叠式的四音格词不受语音规则的规约，重叠音节的选择主要取决于语义条件。不重叠音节的构词成分基本上都是同义、类义词或语法上存在某种意义上的联系。如"自说自应""疤子欠子""拿爹爹钱""屙滴滴屎"，"说、应"是类义关系，"疤子、欠子"是同义关系；"拿钱""屙屎"是动宾关系。武汉方言中带有轻声音节的四音格词占绝大多数，集中分布在第二个音节上。从轻声前后的声调来看，第一个音节为平声的有 75 个，为仄声的有 61 个，第三个音节为平声的有 52 个，为仄声的有 42 个，分布较为均匀，没有明显的平仄搭配规律。通过对武汉方言中不同语音类型四音格词声韵调的统计和分析，我们初步断定武汉方言四音格词的音节排序不受到语音规则的规约。

## 二　语义特征

### （一）语素构成

1. 只含有一个语素的四音格单纯词。此类四音格词大致可分为两类：一类是四个构词成分均无语素义，不能拆分，只有结合起来才能表达完整的语义；另一类是一个或两个实义语素加上无意义的音节搭配而成。此类四音格词大都为拟态词或拟声词。重叠式中 ABBC 没有单纯词，AABB 全部为四音格单纯词，ABCA 只有一个，属第一类四音格词。

四个构词成分均无语素义的四音格词，如：

（1）ABCD

【之乎也者】$ts^{55}$・$xu$ $ie^{42}ts\gamma^{42}$

① 敷衍了事

② 支吾其词

【圪劳空里】$k\gamma^{21}$・$nau$ $kho\eta^{35}$・$ni$

难找的处所。

【呜哩哇啦】$u^{55}$ $ni^3$ $ua^{55}$ $na^{55}$

哭声。

【幺四角里】$iau^{55}$・$s\underset{\cdot}{\imath}$ $ko^{21}$・$ni$

空当里，角落里，不易被发现的地方。

（2）ABAC

【熨斯熨贴】$y^{21}$・$s\underset{\cdot}{\imath}$ $y^{13}$ $thie^{213}$

① 有条理的样子

② 妥当、周到的样子

（3）AABB

【武武等等】$u^{42}$・$u$ $d\partial n^{42}$ $d\partial n^{42}$

形容个子适中而壮实的样子。

【呼呼啦啦】$xu^{55}$・$xu$ $na^{55}$ $na^{55}$

吃喝声，形容吃的很快

【唧唧哝哝】$t\textcyrillic{c}hy^{55}$・$t\textcyrillic{c}hy$ $no\eta^{35}$・$no\eta$

唧唧哝哝

（4）ABCB

【胡的妈的】xu²¹·ti ma⁵⁵·ti

① 不问情由

② 莫名其妙

（5）ABCA

【渊仰其渊】yɛn⁵⁵·iaŋ·tɕhi yɛn⁵⁵

适逢其会，恰好碰到那个时候。

一个或两个实义语素加上无意义的音节搭配而成的四音格词，如：

（1）ABCD

【乌漆麻黑】u⁵⁵·tɕhi ma⁵⁵ xɣ²¹

黑漆漆

【作古正经】tso²¹·ku tən³⁵ tɕin⁵⁵

慎重其事。

【黏子打糊】tsan⁵⁵·tsʅ·ta xu²¹³

黏糊糊儿的，形容沾染了黏的东西感到难受。

（2）ABAC

【一正一作】i²¹ tsən³⁵·i tso²¹

一本正经，形容很规矩、庄重

【一老一实】i²¹·nau i¹³ sʅ²¹³

① 非常诚实的样子

② 规矩谨慎的样子

③ 直截了当

（3）AABB

【弯弯角角】uan⁵⁵·uan tɕiou³⁵ tɕiou³⁵

形容弯曲很多。

【黑黑致致】xɣ²¹·xə tsʅ³⁵ tsʅ³⁵

浅黑。

（4）ABCB

【倚歪就歪】i⁴² uai⁵⁵·tɕiou uai⁵⁵

破罐破摔，比喻有了缺点错误而自暴自弃

2. 有两个及以上语素的四音格词。此类四音格词大都分布在 ABCD 式中，重叠式中 AABB 没有超过两个语素的，其他形式有，但数量极少。

【乌眉皂眼】u⁵⁵·mei tsau⁵⁵ iɛn⁴²

本指脸上肮脏，泛指其他东西脏，并比喻不鲜明、模糊、难看等。

【撮是撩非】tsho²¹·sʅ niau³⁵ fei⁵⁵

挑拨是非。

【扯皮拉筋】tsɣ⁴² • phi na⁵⁵ tɕin⁵⁵

纠缠不休。

【疤子欠子】pa⁵⁵ • tsʅ tɕhiɛn³⁵ • tsʅ

指皮肤不光滑，也指皮肤不光滑的人。

【巴心巴肝】pa⁵⁵ • ɕin pa⁵⁵ kan⁵⁵

（二）表义特点

武汉方言四音格词在表义上共有五个方面的特点，以下分别举例说明。

1. 四音格词的四个音节不能独立表义，拆分后没有任何意义。

【之乎也者】ts⁵⁵ • xu ie⁴²tsɣ⁴²

① 敷衍了事。

② 支吾其词。

【圪劳空里】kɣ²¹ • nau khoŋ³⁵ • ni

难找的处所。

【幺四角里】iau⁵⁵ • sʅ ko²¹ • ni

空当里，角落里，不易被发现的地方。

2. 四音格词可切分为两个语义项，或前一个语义项修饰限制后一个语义项，或后一个语义项修饰限制前一个语义项。整体词义与其基本语素义相比表示的动作或状态更为形象，描写性更强。

（1）前三个音节为一个语义项，最后一个音节为一个语义项，且是中心义。

【冰斯骨冷】pin⁵⁵ • sʅ • ku nən⁴²

冷冰冰，温度很低的样子。

【明不剀说】min²¹ • pu khai⁴² so²¹³

直接了当的说。

（2）前两个音节为一个语义项，为中心义，后两个音节为一个语义项。

【白子拉卡】pɣ²¹ • tsʅ • na kha⁴²

苍白得难看。

【血糊淌细】ɕie²¹ • xu • thaŋ ɕi⁵⁵

血淋淋，形容鲜血不断地流的样子。

【水激拉汉】suei⁴² • tɕ na⁵⁵ • kua

水不住往下流的样子。

【油脂马旦】iou²¹ • tsʅ ma⁴² tan³⁵

满是油迹或油垢。

【吓人巴□】xɣ²¹ • nən • pa • sa

很吓人的样子。

【弟兄伙里】ti³⁵ • ɕioŋ xo⁴² • ni

① 哥哥和弟弟

② 男性平辈

【姊妹伙里】tsɿ⁴² • mei xo⁴² • ni

① 姐姐和妹妹

② 女性平辈（全是女性或其中有女性）

3. 由两个近义词组联合构成四音格词，词义发生转移，生发出新的词义。

【口脚动手】tshŋ⁵⁵ • tɕio toŋ³⁵ sou⁴²

动手动脚，指打人，打架。

【丫声嗲气】ia⁵⁵ sən⁵ tia⁴² tɕhi³⁵

形容撒娇的腔调。

4. 由两个同义词联合构成四音格词，词义加深或概括性更强。

【日子时辰】ɯ²¹ • tsɿ sɿ²¹ • sən

时候，时间。

【热天热事】nɣ²¹ thien⁵⁵ nɣ²¹ sɿ³⁵

泛指夏天的炎热情况。

【百事百点】pɣ²¹ • sɿ pɣ²¹ tie⁴²

每一样。

5. 四个构词成分各自组合或单独使用时的意义与词整体所表达的意义没有直接联系，整体词义为比喻义，带有鲜明的感情色彩。

【糍粑屁股】tsh²¹ • pa phi³⁵ • ku

比喻坐着不走的客人。

【杂种事情】tsa²¹ • tsoŋ sɿ³⁵ • tɕhin

本是詈语，转化为表示惊奇、不满的叹词。

【屙滴滴屎】ŋo⁵⁵ ti²¹ • ti sɿ⁴²

比喻办事不爽利，不彻底。

【拿爹爹钱】na²¹³ tie⁵⁵ • tie tɕhiɛn²¹³

活干得少，钱却拿得多，指干轻松活。

【一个玩意】i²¹ • ko uan²¹ • i

多么好玩儿

【屙脓滴血】ŋo⁵⁵ noŋ¹³ ti¹³ ɕie²¹³

（干）不齿于人（的事）。

武汉方言四音格词可分为单纯式和合成式。单纯式的四音格词不可拆分，拆分后不表义。合成式中，偏正式和补充式的复合四音格词经过修饰或说明后词义更为生动形象，描写性更强，如"冰斯骨冷"、"吓人巴口"，与"冷"和"吓人"相较而言表义更加具体生动，四字格形式亦能加深表义程度。联合式的四音格词大都是同义或近义关系，基本没有反义关系，联合构成四音格词后词义或加深或扩大或转移。还有一些词义无法从语素义上直接提取、带有鲜明情感色彩的四音格词，如"杂种事情"表惊奇或愤慨，"糍粑屁股"表说话人因客人不走而产生的不满情绪。

### 三 语法特征

（一）构词方式

武汉方言四音格词构词方式多样，具有较强的组合能力，主要有联绵式、复合式、重叠式三种构词方式，以复合式构词为主。

1. 联绵式

四个音节构成一个整体，分开后没有意义，这类四音格词在武汉方言中占一定比例，主要分布在 AABB、ABCD 和 ABCA 三种语音形式中。如：

【武武等等】$u^{42}$·u dən$^{42}$ dən$^{42}$

形容个子适中而壮实的样子。

【鬼里姆妈】kuei$^{42}$ ni$^3$ m$^{42}$ma$^3$

虚指，表示不肯定的什么人。实无其他人，相当于北京话的"哪个，谁"。

【渊仰其渊】yɛn$^{55}$·iaŋ·tɕhi yɛn$^{55}$

适逢其会，恰好碰到那个时候。

2. 复合式

由两个词或词组并列构成，复合式的四音格词在武汉方言中占据了较大的比例，合用时词义加深，大致可以分为并列式、偏正式、陈述式、动宾式、补充式五种，其中并列式四音格词数量最多，主要分布在 ABCD 式中。

【撮是撩非】tsho$^{21}$·sʅ niau$^{35}$ fei$^{55}$

挑拨是非。

【冰斯骨冷】pin$^{55}$·sʅ·ku nən$^{42}$

冷冰冰，温度很低的样子。

【一搭两就】i$^{21}$ ta$^3$ niaŋ$^{42}$tɕiou$^{35}$

一搭两用儿，一件东西当两件用或两人共用一件东西。

【搓反索子】tsho$^{55}$ fan$^{42}$ so$^3$ tsʅ$^{55}$

唱反调，唱对台戏，比喻提出相反的主张，采取相反的行动，用来反对或搞垮对方。

【血糊淌细】ɕie$^{21}$·xu·thaŋ ɕi$^{55}$

血淋淋，形容鲜血不断地流的样子。

每个角落；到处。

3. 重叠式

武汉方言中的重叠式四音格词可以由双音节词分别重叠构成，也可以由单音节词重叠加叠音构成，构成四音格词后意义加深或词义扩大。

【角角劳劳】ko²¹ · ko nau³⁵ · nau

每个角落；到处。

【原副原全】yɛn²¹ · fu yɛn¹³ tɕhiɛn²¹³

① 保持原样

② 完完整整

（二）词类及句法功能

表 3　　　　　　　　　　　　　　四音格词词类分布

| 词类/分布 | 形容词 | 动词 | 名词 | 拟声词 | 叹词 | 副词 |
|---|---|---|---|---|---|---|
| 数量 | 71 | 42 | 35 | 2 | 1 | 1 |
| 百分比 | 46.7 | 27.6 | 23 | 1.3 | 0.6 | 0.6 |

从表中可知，武汉方言四音格词中分布最广的是形容词，说明四音格词主要为了增强语言的描写性和修饰性。此外，还存在极少数兼类词。如：

【拿爹爹钱】na²¹³ tie⁵⁵ tie⁵ tɕhiɛn²¹³

活干得少，钱却拿得多，指干轻松活。

例：他只晓得～。

他真是～。

【撮是撩非】tsho²¹ · sɿ niau³⁵ fei⁵⁵

挑拨是非。

例：他蛮～。

他到处～。

【五爪金龙】u⁴² · tsau tɕin⁵⁵ noŋ²¹

指抓东西（主要是食物）的手指。

例：他等不及，就用起～来了！

遇到要紧的事莫～。

武汉方言四音格词从语法单位来说是词的一种固定结构，具有较强的独立性，在句中具有较广的适应性，几乎可以充当任何一个句子成分。名词性四音格词多数可以充当主语、宾语，少数用作谓语、补语；动词性四音格词主要充当谓语；形容词性四音格词可以充当谓语、补语、定语和状语。

1. 主宾位置的四音格词，基本由名词性的四音格词充当。

【辣汤辣水】na²¹ thaŋ⁵⁵ na²¹ suei⁴²

比喻艰苦的生活。

例：～真够我尝的！

【幺四角里】iau⁵⁵ sɿ³ ko²¹ ni³

空挡例，角落里，不易被发现的地方。

例：他拽<sub>蹲</sub>得<sub>在</sub>～。

2. 谓语和补语位置的四音格词。谓语主要由动词和形容词性的四音格词充当，名词性的四音格词能充当谓语的只有一个，且该词亦能做补语；补语基本由形容词性的四音格词充当。

（1）充当谓语的四音格词

【惹祸撩灾】nɣ⁴² · xo niau²¹ · tsai

惹是生非。

例：你莫拿出去～。

【乌兹懵懂】u⁵⁵ tsɿ⁵ moŋ⁴² toŋ⁴²

糊糊涂涂。

例：这伢～的。

【一佔平阳】i²¹ tsan³ phin³⁵ iaŋ²¹

一片平地。

例：沿路～的。

（2）充当补语的四音格词

【一条一段】i²¹tiau²¹i²¹i²¹dan³⁵

有条有理，一点也不乱。

例：屋里检<sub>收拾</sub>得～的。

【一佔平阳】i²¹ tsan³ phin³⁵ iaŋ²¹

例：那里搞得～<sub>夷为平地</sub>。

3. 定状位置的四音格词基本由形容词性的四音格词充当。

【撇斯寡淡】phie⁵⁵ sɿ³ kua³ tan³⁵

淡而无味。

例：～的菜么样吃？

【三把两样】san⁵⁵ pa³ niaŋ³ iaŋ³⁵

形容动作敏捷利索。

例：他～就把饭吃完了。

## 四　结语

综上所述，我们认为武汉方言的四音格词在语音形式上以 ABCD 式为主，语素选择主要取决于语义条件。第二个音节为轻声音节是大部分武汉方言所具有的共同语音特征，这一点的形成原因有待进一步研究。语义方面，形成四音格词后，表义程度加深，描写更为形象生动。语法上，分布最广的词类是描写性强的形容词性四音格词，构词方式以复合构词为主，几乎能够充当所有的句子成分。

### 参考文献

李荣：《武汉方言词典》，武汉出版社 1995 年版。

朱建颂：《武汉方言词汇》，《方言》1981 年第 1 期。

戴庆厦、孙艳：《四音格词在汉藏语研究中的价值》，《汉语学习》2003 第 6 期。

戴庆厦、孙艳：《景颇语四音格词产生的机制及其类型学特征》，《中国语文》2005 年第 5 期。

刘劲荣：《拉祜语四音格词的语义特点》，《民族语文》2010 年第 3 期。

孙艳：《汉藏语四音格词研究》，民族出版社 2005 年版。

余金枝：《湘西矮寨苗语四音格词研究》，《中央民族大学学报》2006 年第 3 期。

# The Tetrasyllabic Words of Wuhan Dialect

## Yao Zhou

**Abstract:** The research object of this paper is the tetrasyllabic words of Wuhan dialect. This paper runs throuh phnetic attributes, semantic creatures and grammatical creatures of Wuhan dialect. We think that tetrasyllabic words of Wuhan dalect have three main creatures: the second syllable are usually light tones, the semantic of the tetrallabic words are mainly descriptive, the word forms are mostly composition.

**Key words:** Wuhan dialect; the tetrasyllabic words

（通信地址：650500　云南师范大学文学院）

# 论汉语的"诗性智慧"及其相关问题

张文国

**【提要】**汉语是一种充满诗性智慧的语言，但该结论是从汉语的文学语言、文学创作的角度得出来的。实际上，由于有更深层的整体思维的调控，与形态语言不同，诗性智慧更主要的还是体现在汉语本身。一音多义、体用同称和词义衍生以及由此带来的新词、新义、新用无一不是诗性智慧在汉语中的具体表现，由此也说明汉语为什么存在有如此多的诗性智慧了。

**【关键词】**诗性智慧　汉语　整体思维　一音多义　体用同称　词义衍生

自 18 世纪意大利哲学家维柯在其名著《新科学》中提出语言的"诗性智慧"一说以来[①]，汉语的"诗性智慧"得到中外学界的广泛关注。学界普遍认为"汉语言是最具有诗性智慧的语言"[②]。但是，现有的研究对诗性智慧在汉语中的表现和作用尚存在有语焉不详的现象。因此，本文拟从语言学的视角出发，对汉语的诗性智慧及其相关问题做进一步的探讨。

一

维柯在其《新科学》中认为，"诗性智慧"是原始社会的人类与生俱来就拥有的一种独特功能，主要表现在语言的隐喻与象征上。由于汉语"具有一种隐喻的，带有文学色彩的风格。这种风格在西方往往被称为是'诗的'风格"[③]，因此，汉语也有了"最具有诗性智慧的语言"的美誉。但研究表明，诗性智慧并不只是原始语言与诗一类的文学语言所特有的现象，而是古今中外人类所有的语言所具有的共同因素，只是在各种语言中的表现和作用有程度上的差异罢了。从此角度说，隐喻虽然是诗性智慧在汉语中的重要表现之一，但不是唯一的，甚至可以说不是最主要的表现。其实，

---

① [意]维柯著《新科学》，朱光潜译，人民文学出版社 1986 年版，第 151—407 页。

② 曹明海：《语文教学本体论》，山东人民出版社 2007 年版，第 290 页。

③ [日]西村文子：《结构，文化和语言》，《国外社会科学》1985 年第 3 期。

诗性智慧在汉语中最本质的表现是人文性，也即"惟人参之"的特性。

"每一语言都包含着一种独特的世界观。"①世界上的每种语言都有其独特而深厚的哲学思维基础。"语言就是人类最原始的思维方式，当你选择了一种语言，你就选择了一种思维方式。但不是语言决定思维，而是整个人类对自然和生活的认识及其生活经验决定他的表达工具。"②当今学界普遍认为，汉语背后蕴含着更深层次的思维基础便是整体思维，而整体思维则给汉语直接带来了"以大观小"的组织和识解策略："字之精神，寄于句。句之精神，寄于篇章。"（钱基博《国文法研究》）反过来说就是，"既于大段中看篇法，又于大段中分小段看章法，又于章法中看句法，句法中看字法，则作者之心不能逃矣。"（元代程端礼《读书分年日程》）

"以大观小"的组织和识解策略给汉语带来了重结构与功能的本质特点。话语中，一个小的语言单位所表达的意义与功能只能是由更大的语言单位决定的。这和重实体与元素的西方形态语言明显大异其趣，因为在西方形态语言中，语言单位具有可分离性的特点，比如一个词可以从句子中分离出来，而其意义与功能与其在句内时毫无二致。两相比较，操汉语者付出的认知努力明显要远远大于操形态语言者。从此角度说，汉语是一种"偏重心理，略于形式"③，"必须重视人的体味、领悟，神而明之"的"人治"语言④。"人治"特点给汉语带来了一些独特的造词法和造句法，并从而带来了一些独特的表达功能和语用效果。很明显，汉语的"人治"特点也都是汉语诗性智慧的具体表现，或者说，"人治"特点也即汉语的诗性智慧。由此可以看出，隐喻与象征虽是汉语诗性智慧即"人治"特点的一种具体表现，但还远远不是全部。诗性智慧在汉语中还有其他的更多表现。

二

汉语的诗性智慧首先表现在一音多义及其相应的别义功能上。根据普通语言学的理论，语言符号是"能指"与"所指"的结合体。"能指"即语音形式，"所指"即意义内容。简单地说，语言符号也就是音义的结合体。研究表明，中西方语言符号的音义结合方式是很不相同的。

---

① [德]威廉·冯·洪堡特著：《论人类语言结构的差异及其对人类精神发展的影响》，姚小平译，商务印书馆 1997 年版，第 70 页。

② 成中英：《中国语言与中国传统哲学思维方式》，《哲学动态》1988 年第 10 期。

③ 黎锦熙：《新著国语文法》，商务印书馆 1992 年版，第 4 页。

④ 王力：《中国语法理论》，商务印书馆 1947 年版，第 283 页。

一般认为，汉语的音节有 440 多个①，如果加上声调的区别，则有 1300 多个②，而汉语的词则有几万个，甚至十几万个。如此以来就产生了一个很有意思的问题，那就是汉语是如何运用这 1300 多个音节来完成其作为交际工具的功能的。因为这有限的音节必然产生数量庞大的同音词，比如 bì 这个单音节在《现代汉语词典》中就有 71 个词头，如"币""毕""闭""庇""必""敝""弊""碧""壁""避""璧"等。这些词头都对应着不同的意义，形成一音多义多词的关系。如果单说 bì 这个音节，听者根本无法知晓它与哪个意义或词语相关联。相反，在形态语言如英语中，音义之间的结合方式往往是一音一义的一一对应的关系，如上面所列举的前五个词头在英语中就分别对应着五个独立的单词：money、finish、shut、cover、must。英语的这五个单词很明显是能够做到听音知义的。

汉语中，要想理解一个单音节词的意义，就必须把它放到一个更大的语言单位中去，哪怕是只比它多一个音节的双音节中去，比如 bì，在其前加 qián 或 guān 时，由于前后两个音节的相互选择限制，bì 就分别与"钱""闭"发生了关联，构成了"钱币""关闭"两个词。在其后加上 hù、dìng 或 yè 时，它又分别与"毕""庇""必"发生了关联，构成了"毕业""庇护"和"必定"三个词。同样，双音节同音词在汉语中也有许多，对它们意义的捕捉也需放到更大的音节组合中去，比如 xíngshì 在不同的语境中就会对应着"形式""形势""刑事""行事"等。很明显，由于背后有更深层次的整体思维的调控，汉语就具有了很强的别义别词的功能，从而也能解释了为什么汉语只用区区 1300 多个音节就能完成其作为交际工具的功能。而在此过程中，一音多义多词之所以能够具体化为一义一词，很明显是"人治"的结果。

如果说别义功能还不足以体现汉语的诗性智慧的话，那么由一音多义多词而带来的谐音联想在此方面则有足够的说明力了。古今汉语中，巧妙利用一音多义多词即同音词可以从一事物的名称谐音联想到另一事物，从而产生一个新的文化象征义，即隐喻义，也就是汉语中非常多见的双关修辞法。一音多义多词产生的双关可以是同音异形词，如唐代刘禹锡《竹枝词》的"东边日出西边雨，道是无晴却有晴"一句，"晴与情谐音，构成双关，说的是天气，指的却是爱情。绝妙的双关意使其成为了千古传诵的名句"③。在此，"晴"与"情"同音但异形。也可以是同音同形词，现代广告语

<hr />

① 高名凯：《语言论》，科学出版社 1963 年版，第 212 页。

② 武占坤：《现代汉语读本》，北京语言学院出版社 1986 年版，第 178 页。

③ 周志培、陈运香：《文化学与翻译》，华东理工大学出版社 2013 年版，第 175 页。

中有较多的使用，如某品牌打印机的广告语："不'打'不相识。""将'打斗'与'打字'混杂在一起，一明一暗，显得新颖独特。"另如某品牌手机的广告语："一机在手，打遍天下！""'打'，常用义为'殴打'，在此换过来表示'发出'，非常切合移动电话神通广大的功能属性。"① 本质上，谐音双关就是利用音同的关系，人为地有意识地由甲义联想到乙义，并使甲、乙两个意义同时呈现出来，从而造成一音二义二词，也产生了独特的修辞效果，体现出很强的诗性智慧。

谐音联想甚至于被用到今体诗中，形成了一种特殊的对仗，即借音对。所谓借音对，是借对的一种，就是利用字词之间的同音关系，以甲词（字）来表示乙词（字）而结成对仗。俞弁《逸老堂诗话》说："洪觉范《天厨禁脔》有琢句法，中假借格如'残春红药在，终日子规啼'，以红对子（谐紫），如'住山今十载，明日又迁居'，以十对迁（谐千），朱子僎诗话谓其论诗近于穿凿。余谓孟浩然有'厨人具鸡黍，稚子摘杨梅'，以鸡对杨（谐羊），老杜亦有'枸杞因吾有，鸡栖奈瓜何'，以枸（谐狗）对鸡，韩退之云'眠昏长讶双鱼断，耳热何辞数爵频'，以鱼对爵（谐雀），皆是假借，以寓一时之兴，唐人多有此格，何以穿凿为哉。"②借音对实际上也是汉语一音二义二词特点的运用所带来的一种特殊的诗性智慧罢了。

### 三

其次，汉语的诗性智慧还表现在其"体用同称"及其相应的消歧功能上。基于"体用一源"的哲学观念，汉语中存在有大量的"体用同称"的现象。清代段玉裁在注"梳"字时说："所以理发也。……器曰梳，用之理发因亦曰梳，凡字之体用同称如此。"可见，体用同称就是指器物义与其用途义共同使用一个名称。用今天的话来说就是名词义和动词义同时存在于一个词形内。体用同称的现象在古代一般被称为"实字虚用""死字活用"。其中，"实字""死字"主要是表示人或事物的词，大致就是名词；"虚字""活字"主要是表示动作行为的词，大致就是动词；"实字虚用""死字活用"大致就是今天的名词动用。换句话说，一音一词包含有意义相联的体用即名动两种意义。

体用同称的现象本质上就是一种利用部分表示整体的转喻现象，因为认知语言学认为，"体"义所表示的实体是"用"义所表示的关系的一部分。名词动用的过程也就是一个物相化（或曰具体化）（reification/objectification）

---

① 宋长江：《汉语的魅惑》，湖南人民出版社 2011 年版，第 131 页。
② 转引自李新魁编《实用诗词曲格律辞典》，花城出版社 1999 年 11 月第 2 版，第 230 页。

的过程，即使用名词表达一个动词短语表达的一个事件，就将一个概念性的行为集中体现为一个具有某一特定物质形态的、清晰可见的、形象的动作，从而带来了鲜明形象的表达效果①，比如《韩非子·外储说左上》："王登为中牟令，上言于襄主曰：'中牟有士曰中章、胥己者，其身甚修，其学甚博，君何不举之？'主曰：'子见之，我将为中大夫。'相室谏曰：'中大夫，晋重列也，今无功而受，非晋臣之意。君其耳而未目之邪！'襄主曰：'我取登，既耳而目之矣；登之所取，又耳而目之。是耳目人绝无已也。'王登一日而见二中大夫，予之田宅。"在此，加点的"耳""目"是名词动用了，分别是"听""视"意思，也即体用同称。清人袁仁林分析说："'耳''目'，体也，死实字也；'视''听'，用也，半虚半实字也。'耳而目之'句，配以'而'字'之'字，则死者活，实者虚矣。口中'耳目'，而意已'视听'矣。盖直斥'视听'者，意尽言中，而索无余味；活用'耳目'者，体用俱来，而形神飞动。以此推之，知虚用活用之妙。"②袁氏把死字活用的修辞效果相当巧妙地概括为"体用俱来，而形神飞动"，可谓生动传神。此例中，虽然名词"耳""目"活用后是动词"听""视"的意思，但是《韩非子》没有直接用动词"听""视"，其原因就是它们仅表示其词形所关联的一种抽象的动作行为（即"意尽言中"），而不能联想起其他的趣味（即"索无余味"）。但用名词"耳""目"却就不同了，二者不仅能表达出动词"听""视"所关联的意义，而且还关联到名词"耳""目"自身固有的器官义（即"体用俱来"），二者分别是一音兼有体用二义，使"听""视"成为一种"清晰可见的、形象的动作"，从而产生了"形神飞动"的审美效果。相反，西方形态语言如英语中，名词"耳""目"分别对应着 ear 与 eye，只表示器官义；动词"听""视"分别对应着 listen 和 watch，只表示动作义，即直接点明（即"直斥"）其词，自然也就"意尽言中，而索无余味"了。两相比较，明显可以看出体用同称也是汉语诗性智慧的一种体现。

按照古人的观点，形容词也被看成"死字"，因而一个形容词活用作动词也被看作是"死字活用"，虽不属于体用同称，但二者本质上却有很大的相同之处，即都是一音兼有"死""活"两种意义，可以说是"死活同称"。从此角度说，形容词动用本质上也是汉语诗性智慧的一种体现，比如杜甫的名句"春风又绿江南岸"，宋代洪迈的《容斋续笔》说："吴中士人家藏其草，初云'又到江南岸'，圈去'到'字，注曰'不好'，改为'过'，复

---

① Taylor，J. R. ，*Linguistic Categorization—Prototypes in Linguistic Theory*，Oxford：Oxford University Press，1995.

② 袁仁林著《虚字说》，解惠全注，中华书局 1989 年版，第 130—132 页。

圈去而改为'入',旋改为'满',凡如是十许字,始定为绿。"近人傅庚生先生评价说:"'到'、'过'、'入'等字均简率而无意绪,'满'字稍佳,但只是径直言春风之满,不足表示时序之推移以感人者,着一'绿'字,则有以寄'又是一年春草绿'之慨,且全诗句句在暗写一'望'字,'绿'是目中之色,尤觉贴切也。"①

## 四

最后,汉语的诗性智慧还表现在其词义衍生与其增殖功能上。汉语的谓词进入一个更大的句法结构时有时会衍生出一些它们独立时所没有的新意义,体现出汉语明显的增殖功能,如《论语·学仁》:"泛爱众,而亲仁。"宋代邢昺疏:"有仁德者则亲而友之。""仁"本义为仁爱,形容词,在此却为"有仁德者",即仁人的意思,明显衍生出"人"的意思。这种以典型属性代替具有此种属性事物的转喻明显也是汉语诗性智慧的一种体现。

谓词词义衍生的现象在古代汉语更为常见,比如,颜色形容词表示的是一种无形的东西,但是,古人却可以"巧妙地将这种本无形的东西活用作名词,赋予了有形的意义,使得它具备了与其它有形的东西一样的特点,从而可以在句中作主语"②。宋代范晞文《对床夜语》说:"老杜多欲以颜色字置第一字,却引实字来,如'红入桃花嫩,青归柳叶新'是也。不如此,则语既弱而气亦馁。他如:'青惜峰峦过,黄知橘柚来','碧知湖外草,红见海东云','绿垂风折笋,红绽雨肥梅','红浸珊瑚短,青悬薜荔长','翠深开断壁,红远结飞楼','翠乾危栈竹,红腻小湖莲','紫收岷岭芋,白种陆池莲',皆如前体。若'白摧朽骨龙虎死,黑入太阴雷雨垂'益壮而险矣。"当然也可以出现在句中,杜诗中如有:"岱宗夫如何,齐鲁青未了。"(《望岳》)"孤城返照红将敛,近市浮烟翠且重。"(《暮登四安寺钟楼寄裴十》)例中的"红""黄""青""绿""翠""紫""白"等颜色词就均被作为一种有形的事物活用作名词,明显有效地增强句子的语势。

在一定的条件下,谓词还可以转指具有此种属性特征的人或事物,如宋代李清照《如梦令·昨夜雨疏风骤》中的名句"知否,知否?应是绿肥红瘦"中的"绿""红"就是如此。宋代胡仔《苕溪渔隐丛话》认为:"'绿肥红瘦',此语甚新。""'新'可以有多种解读,其中之一便是将形容词'绿''红'活用为名词:分别与'肥''瘦'组合成主谓结构,形象而又生动地

---

① 傅庚生:《文学欣赏举隅》,开明书店出版社 1947 年版,第 195 页。
② 于年湖:《杜诗语言艺术研究》,齐鲁书社 2007 年版,第 158 页。

表现了春末夏初花儿凋零、绿叶满枝的时令特点，令人耳目一新。"①在此，"绿"指绿叶，"叶"为其临时衍生义；"红"指红花，"花"为其临时衍生义。二者不仅能够表示出绿叶红花的事物义，更主要地是突出了该事物的属性特征，因此，清代王士祯《花草蒙拾》赞誉说："人工天巧，可称绝唱。"

　　总之，汉语是一种充满诗性智慧的语言，但前人的这个结论很明显是从汉语的文学语言、文学创作的角度得出来的，因为"过去，人们往往将比喻和象征看作文学表现的手法"②。实际上，汉语的诗性智慧虽然如同其他语言一样可以体现在其文学语言上，但更主要的还是体现在汉语本身。一音多义、体用同称和词义衍生以及由此带来的新词、新义、新用无一不是诗性智慧在汉语中的具体表现，由此也充分说明了汉语为什么存在有如此多的诗性智慧了。

## 参考文献

曹明海：《语文教学本体论》，山东人民出版社 2007 年版。

成中英：《中国语言与中国传统哲学思维方式》，《哲学动态》1988 年第 10 期。

高名凯：《语言论》，科学出版社 1963 年版。

黎锦熙：《新著国语文法》，商务印书馆 1992 年版。

宋长江：《汉语的魅惑》，湖南人民出版社 2011 年版。

王力：《中国语法理论》，商务印书馆 1947 年版。

[意]维柯著《新科学》，朱光潜译，人民文学出版社 1986 年版。

[德]威廉·冯·洪堡特著《论人类语言结构的差异及其对人类精神发展的影响》，姚小平译，商务印书馆 1997 年版。

[日]西村文子：《结构，文化和语言》，《国外社会科学》1985 年第 3 期。

# A Study on the "Poetic Wisdom" of Chinese and Its Related Problems

Zhang Wenguo

**Abstract:** Chinese is a language that is full of poetic wisdom, but the

---

① 丁凤来：《唐宋词深度导读》，苏州大学出版社 2012 年版，第 119 页。
② 范军：《略论我国先秦时期的形象思维》，《江汉石油学院学报》（社科版）1999 年第 4 期。

conclusion is reached from the Chinese literary language and its literature creation.In fact, due to the regulation of deeper overall thinking, the poetic wisdom is embodied mainly in the Chinese language itself, which is different from form languages. A sound has several meanings, which brings about new words. A body and its function have a  same appellation, which brings about new meanings. The  meaning of a word can derive, which brings about new uses. Therefore it can be explained why there are so many Chinese poetic wisdoms.

**Key words:** poetic wisdom; the Chinese language; overall thinking; a sound which has several meanings; a body and its function which have a same appellation; the  meaning of a word can derive

（通信地址：250014　济南　山东师范大学文学院）

# 维吾尔族说汉语普通话时韵律焦点的表达方式

## 王 玲 刘 岩

【提要】本文基于严格控制的语音实验，对维吾尔族大学生说汉语普通话时韵律焦点的表现形式进行研究。根据研究问题设计两个句子，请多位发音人以对话形式自然朗读实验目标句，采用问答匹配的形式自然控制句子的焦点位置。通过对不同焦点条件下各词的音高、音长和音强进行深入分析，结果显示，维吾尔族说汉语普通话时，焦点词音高没有系统增加，没有焦点后音高骤降，不同音点的语调曲线走势也有所不同；而音长和音强都有所增加；中性焦点时的音长和音强表现与句首焦点条件相似，即句首词是默认焦点。可见维吾尔族人并不能很好地掌握汉语普通话表达韵律焦点的手段。

【关键词】维吾尔语 普通话 韵律焦点 第二语言教学

## 一 引言

　　焦点是语句中根据语境需要而凸显的成分，在韵律方面的表现形式常常是音高升高、音长延长和音强加大，有"焦点后音高骤降"[①]的典型特征，对语调有明显的调节作用。韵律焦点作为语用平面的一个重要概念，在表词达意方面有着重要的作用。

　　从目前的研究结果看，有一些语言使用韵律焦点特征来帮助信息焦点的确定，即音高升高、音长延长、音强增强，如英语（Cooper et al.，1985；Xu，2005）、汉语普通话（Xu，1999；Shih，1988；Chen & Gussenhoven，2008）、德语（Féry & Kügler，2008）、藏语安多方言（王玲，2011）、藏语

---

　　作者简介：王玲（1983—），湖北师范大学文学院，讲师，主要从事现代语音学的教学和研究。刘岩（1970—），中央民族大学少数民族语言与古籍研究所教授，博士生导师，主要从事实验语音学、中介语教学研究及南亚语系语言教学研究。

　　① Xu（1999）提出的三区段（tri-zone）焦点音高调节模式：（与中性焦点相比）焦点条件下，焦点本身的音域扩大，焦点后的音高值降低且音域压缩（post-focus compression，or PFC），而焦点前的音高保持不变。

拉萨话（王玲，2013）、维吾尔语（Wang，B.，Wang，L. et al.，2011；王蓓、吐尔逊·卡得等，2013）等。而在另一些语言中，没有明显的韵律特征来表现焦点，焦点词音高升高不显著，没有"焦点后音高骤降"的特征，如德昂语（王玲，2011；王玲等，2011）、彝语（Wang，B.，Wang，L. et al.，2011）、台湾闽南话（Chen et al.，2009）等。

　　在汉语作为第二语言（对内、对外）教学中，韵律层面的特征往往是最难以准确掌握的部分，其主要原因是韵律特征很容易受其母语固有特征的影响。那么这些不同母语背景的学生学习汉语普通话焦点时，其母语中韵律焦点特征的有无对其学习效果产生怎样的正负迁移的作用？学生能否自然习得普通话中用音高标记焦点的韵律表达方式？为此，我们选择了母语中没有明显韵律焦点特征的德昂族学生和母语中有明显韵律焦点特征的维吾尔族学生为考察对象，对其韵律焦点的学习效果进行考察。德昂族学生的考察结果已另文发表，本文着重对维吾尔族学生的考察。

　　维吾尔语属阿尔泰语系突厥语族，是多音节、无声调的黏着型语言。其在焦点表现上使用韵律手段，和汉语普通话一样都表现为音高升高、音长延长和能量加大（Xu，1999；Wang，B.，Wang，L. et al.，2011），有焦点后音高骤降特征。那么维吾尔语的韵律焦点特征是否能够对维族学生学习汉语焦点时有正迁移作用？

　　本文首先考察了维吾尔族大学生说汉语中介语的韵律焦点语调模式，再结合我们已经研究的德昂族说汉语（王玲，2011；王玲等，2011）、闽南人说汉语（Chen et al.，2009）、闽南人说英语（Wu et al.，）的结果，探讨韵律焦点在普通话口语教学中的地位。

　　本研究基于严格控制的语音实验，从交流功能入手，根据研究的问题设计两个句子，请多位发音人以对话形式自然朗读实验目标句，采用问答匹配的形式自然控制句子的焦点位置，让发音人分别强调句子首、中、末三个位置的词及整句（宽焦点），以自然方式使目标词被重读或不被重读，从而考察重读音节和非重读音节的声学表现。然后对不同焦点条件下句中各词的音高、音长和能量进行深入分析。

## 二　研究方法

（一）实验材料

　　由于本文不讨论汉语声调与语调的关系，本实验语料采用由阴平调音节组成的句子，实验语料为"孙冰天天开飞机"和"猫咪捉七只青蛙"，采用问答匹配的方法，为每个句子设置四种焦点情况，句首目标词为"孙冰"和"猫咪"，句中目标词为"天天"和"七只"，句末目标词为"飞机"和

"青蛙",还有一个中性焦点条件,即要求发音人不要强调句中某个词,作为比较的基线。

每个发音人共读 4(焦点位置)×3(重复次数)×2(句子)= 24 个句子。

（二）发音人

8 位维汉双语人分属于不同音点(不同音点的维语在听感上存在差异),和田 2 人、哈密 2 人、喀什 2 人、库尔勒 2 人,皆为女生(平均年龄为 20 岁),现就读于中央民族大学。维吾尔语为主要日常交际语言,汉语水平达到 MHK 四级,其中库尔勒的两位发音人没有参加过汉语水平考试。没有任何听力或言语障碍,参与实验得到少量报酬。

（三）录音过程

录音在中央民族大学语音实验室完成。每个人在安静的屋子里独立录音。重复 3 次,每次顺序都是随机的。实验要求他们根据问句说出目标句,并正确强调答句中相应的成份。正式实验前有一个简短的练习。实验中如果某个句子回答错误(添词、漏词或是不流利),会再播放一遍问句,让发音人重复一次。

录音所用麦克风为 Rode NT1-A,声卡为 Presonus Firebox,通过 PromptCreater 录音平台录音,直接在 Hp540 电脑中保存成 wav 文件,采样率为 22 KHz。

（四）声学参数提取

所有声音文件在 Praat 中用 Xu(Xu,2005—2012)的脚本文件对声带的振动周期进行手工校对,并结合共振峰及声带振动变化对音节边界进行手工标记,然后该脚本文件根据振动周期自动提取各音节的音高最大值、音高最小值、音长和平均音强,并存为文本文件。音高值用公式(1),以 50Hz 为参考值将 Hz 转为半音(st)。

$$f_{st} = 12 \times \log_2 (f_0/50) \tag{1}$$

### 三 实验结果

（一）音高的统计分析

图 1 是四种焦点条件下维吾尔语每个音点两位发音人关于两个目标句的基频曲线,其中每个音节都是平均提取了 10 个点的音高值。图 1 中可见,维吾尔语每个音点中,句首、句中、句末三种焦点条件的基频曲线与中性焦点的差异都不明显,没有焦点后音高骤降,语调曲线变化规律不成系统。

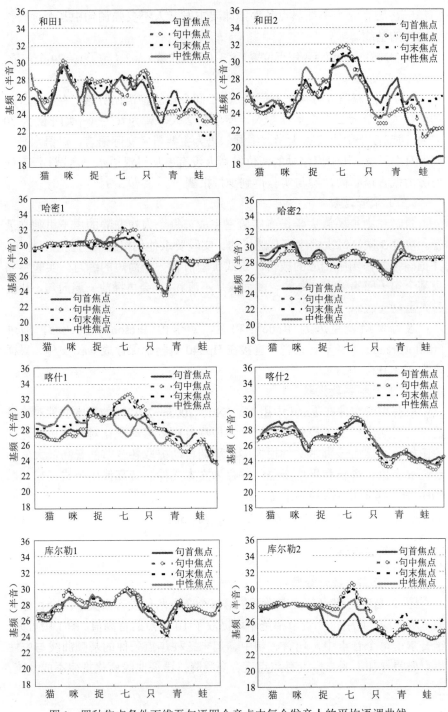

图 1　四种焦点条件下维吾尔语四个音点中每个发音人的平均语调曲线

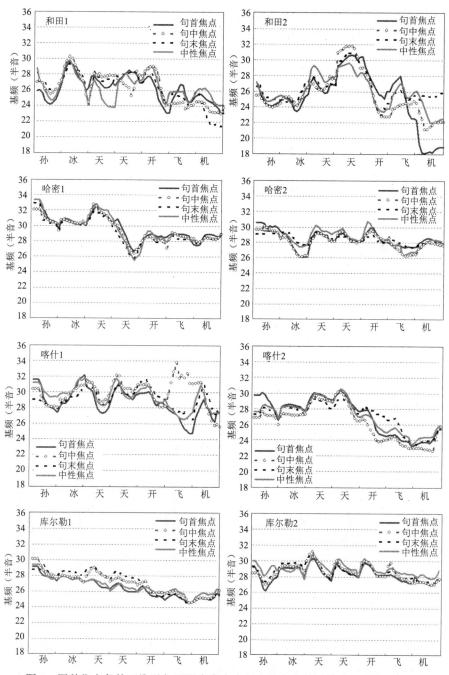

图 1　四种焦点条件下维吾尔语四个音点中每个发音人的平均语调曲线（续）

从图 1 中的语调曲线还可以发现，四个音点中的语调曲线走势各异，和田和喀什的语调高低变化显著，而哈密和库尔勒较为平缓。可见，汉语中介语语调的曲折高低变化向母语的语调特征靠近，而丢失了汉语的声调和语调特征。

（二）音长的统计分析

图 2 中的数据是把 8 位发音人的音长进行平均的结果。该数据显示焦点词音长延长显著，中性焦点条件下的音长表现与句首焦点条件相近。

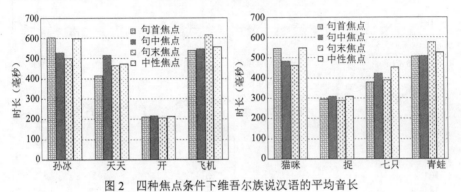

图 2　四种焦点条件下维吾尔族说汉语的平均音长

（三）音强的统计分析

图 3 中的数据是把 8 位发音人平均音强进行平均的结果。该数据显示焦点词音强有所增强，尤其是"猫咪捉七只青蛙"的音强表现更为整齐，而"孙冰天天开飞机"在中性焦点条件下的整体音强都较强。

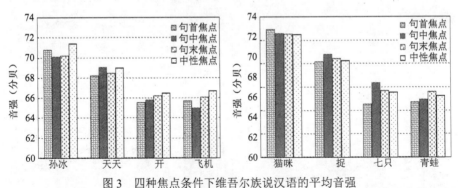

图 3　四种焦点条件下维吾尔族说汉语的平均音强

（四）小结

综合以上分析，维吾尔族说汉语时，焦点词音高没有系统增加，没有焦点后音高骤降；音长和音强都有增加；中性焦点条件下，目标句中的每个词的音长和音调都比焦点条件的高，这可能是被试把"请陈述这句话"

理解成了对整个句子进行强调。对比四种焦点条件下的音长和音调表现，中性和句首焦点的表现比较接近，即在维族人学习汉语时，没有任何强调或者强调整句话的情况下，句首词是默认焦点。

可见维吾尔族人学汉语时并不能能很好地掌握汉语普通话表达韵律焦点的手段，发音人没有用升高焦点词音高、降低焦点词后音高来表达焦点的意识。

## 四　讨论

维吾尔语与汉语普通话韵律焦点表达方式相似，原本认为维吾尔族人可以很容易地掌握普通话的焦点表达模式，即维吾尔族说的汉语中应该有焦点后音高骤降，焦点词的音高、音长和音调都会增加。但结果出乎意料，维吾尔族人并不能自然习得普通话的焦点表达方式，维—汉中介语中没有焦点后音高骤降，焦点词的音高没有系统增加，音长和音调有所增加。值得注意的是，中性焦点条件下的音长和音高也有所增加，尤其是句首词，其音长和音高的增加情况与句首焦点相似。

德昂语是南亚语系语言，处于有声调和无声调的过渡阶段（刘岩，2006）。德昂语中焦点的韵律特征不显著，没有焦点后音高骤降，焦点词的音高、音长和音调都没有系统增加；德昂族说汉语时也不用音高、音长和能量的增加来标记焦点，没有焦点后音高骤降（王玲，2011；王玲等，2011）。

其他学者对闽南人说汉语（Chen et al.，2009）和闽南人说英语（Wu et al.，2011）的研究结果也发现，闽南语没有焦点后音高骤降特征，闽南人说汉语普通话和英语时，也不能很好地用音高增加、音长延长和音调增强来表达目标语的韵律焦点。

这样看来，学生对目标语言焦点的韵律特征不但不易自然习得，而且还没有传递性。即使两种语言中都使用韵律手段来表达焦点，在第二语言学习中，既不能自然习得目标语的韵律模式，也不容易把母语的焦点表达方法转移到目标语中。我们以韵律焦点的表达方式"焦点词音高增加、音长延长和能量增强，有焦点后音高骤降"的"有无"为标准，把对焦点韵律特征的习得规律列表 1 如下。

表1　　　　　韵律焦点的表达方式在不同语言中的表现

| 母　语 | 目标语 | 中介语 |
|---|---|---|
| 有<br>如：维吾尔语 | 有<br>如：汉语 | 无 |

续表

| 母　　语 | 目标语 | 中介语 |
|---|---|---|
| 无<br>如：德昂语 | 有<br>如：汉语 | 无 |
| 无<br>闽南语 | 有<br>如：汉语、英语 | 无 |

　　韵律焦点是语调的一部分，是增强语言表现力的一种手段。在非母语人习得汉语普通话过程中，要想说得地道，对韵律焦点的把握至关重要，是解决常见的"洋腔洋调""民腔民调"问题的手段之一。结合焦点不易习得的特性，在普通话作为第二语言的语音教学中，韵律焦点应该在语调教学内容中受到应有的重视。

**参考文献**

刘岩：《孟高棉语声调研究》，中央民族大学出版社 2006 年版。

王玲：《焦点的韵律编码方式——德昂语、佤语、藏语、汉语等语言比较研究》，硕士学位论文，中央民族大学，2011 年。

王蓓、吐尔逊·卡得、许毅：《维吾尔语陈述句中焦点的韵律实现及感知》，《声学学报》2013 年第 1 期，第 92—98 页。

王玲、王蓓、尹巧云、刘岩：《德昂语布雷方言中焦点的韵律编码方式》，《中央民族大学学报》（哲学社会科学版）2011 年第 2 期，第 129—133 页。

张夏夏：《韵律焦点的实现与感知》，硕士学位论文，中央民族大学，2013 年。

Chen，S.W.，Wang，B.，Xu，Y. 2009. Closely related languages，different ways of realizing focus. *Interspeech*，Brighton，UK.

Chen，Y.Y.，Gussenhoven，C. 2008. Emphasis and tonal implementation in Standard Chinese. *Journal of Phonetics*，36，pp.724–746.

Cooper，W.E.，Eady，S.J.，Mueller，P. R. 1985. Acoustical aspects of contrastive stress in question-answer contexts. *Journal of the Acoustical Society of America*，77，pp.2142–2156.

Féry，C.，Kügler，F. 2008. Pitch accent scaling on given，new and focused constituents in German. *Journal of Phonetics*，36，pp.680–703.

Shih，C. L.. 1988. Tone and intonation in Mandarin. *Working Papers，Cornell Phonetics Laboratory*，No. 3，pp.83–109.

Wang，B.，Wang，L. and Qadir，T. 2011. Prosodic encoding of focus in six languages/dialects in China. *17th ICPhS*. Hong Kong, pp.144-147.

Wu，W. L.，Chung，L. 2011. Post-Focus Compression in English-Cantonese Bilingual Speakers. *In Proceedings of The 17th International Congress of Phonetic Sciences*，Hong Kong. pp.

Xu，Y.，Xu，C. X. 2005. Phonetic realization of focus in English declarative intonation. *Journal of Phonetics*，33，pp.159–197.

Xu，Y. 1999. Effects of tone and focus on the formation and alignment of F0 contours. *Journal of Phonetics*，27，pp.55–105.

Xu，Y. 2005-2012. TimeNormalizeF0.praat. available from. http://www.phon.ucl.ac.uk/home/yi/tools.html.

# Prosodic Encoding of Focus in Mandarin Spoken by Uygur

Wang Ling　　Liu Yan

**Abstract:** This paper studied experimentally prosodic realization of focus in Mandarin spoken by Uygur. Speakers were asked to read aloud sentences in an appropriate way by emphasizing a corresponding word in a certain context. Systematic acoustic analysis and statistic tests showed that, $F_0$ was not significantly raised in focused words, it was not decreased in post-focus words either, and the intonation contours　were different in the different dialects of Uygur：whereas the duration and intensity were all increased：the duration and intensity in neutral focus was similar to which in the context of initial focus, that is to say, the initial word is default focus. Therefore, Uygurs could not easily master the means of prosodic encoding of focus in Mandarin.

**Key words:** Uygur; Mandarin; Prosodic focus; Second Language Teaching

（通信地址：王玲，435002　黄石　湖北师范大学文学院；刘岩，100081 北京　中央民族大学少数民族语言与古籍研究所）

# 汉英形修名结构选择与搭配对比研究

乔 翔

**【提要】**本文主要讨论三个问题：通过描述形容词和名词在语义选择和搭配方面的特点，对比分析汉英形修名结构的相同点；从文化背景、词义引申、习惯搭配等方面分析汉英形容词和名词搭配的差异及其形成的原因；汉英形容词和名词搭配差异对汉英翻译的指导原则。

**【关键词】**汉英形修名结构 语义选择和搭配 异同点 成因 翻译原则

汉语和英语分别属于汉藏语系和印欧语系，是语言结构类型差异较大的两种语言。汉语是典型的分析性语言，缺少表示语法意义的形态，以语序和虚词做为重要的语法手段；英语则是曲折性语言，形态丰富，借助形态表示不同的语法意义。而形容词修饰名词结构（以下简称"形修名结构"）是这两种语言共有的重要的结构类型。本文将着眼于汉英两种语言中形容词和名词在选择与搭配上的差异，试图解释差异形成的原因，并对汉英形修名结构的互译提出指导性原则。

## 一 研究现状

国内外对汉英形修名结构中形容词和名词的选择与搭配对比研究都非常罕见，未见专门的研究性文章。相关的成果有：孙屹（2007）主要对英汉语的名词修饰名词、动词和形容词进行了比较，涉及一点名词修饰形容词的内容；孙海燕（2004）基于语料库的统计和研究，对比了中国英语学习者和本族语者在形容词搭配方面的不同的模式，从语义角度探析学习者在形容词搭配使用中的典型特征和原因；黄田（2008）则从分析英语"形名"结构内部的语义关系入手，探讨英语"形名"结构的汉译方法——对译和转译孰好孰坏。相关的硕士学位论文：周光磊（2007）针对英汉名词短语中形容词和中心名词相对位置的差异，以普遍语法特别是最简方案为理论框架，对英、汉两种语言中的形容词修饰名词时的句法表现及修饰机制进行对比研究，并对英汉形容词对名词进行修饰的机制做了统一分析，得到英、汉语中的形容词对名词的修饰机制基本一致的结论。王晓新（2005）从语义特征、文化、概念结构、语源等角度分析了英汉形容词和名词搭配的选择条件，得出的结论是：形容词选择名词作其搭配词或名词选择形容词做其修饰语时，两者都不是任意的，存在一定的选择条件，如语义特征、语境、文化、认知、语源等。语义特征主要表现为形容词及其修饰名词的语义兼容；语境主要表现形容词及其修饰名词的语境恰当；文化主要表现为形容词及其修饰名词的文化适应；认知主要表现为形容词及其修饰名词的概念结构相符；语源主要表现为形容词及其修饰名词的语源一致。

以上汉英形容词和名词的选择与搭配对比研究，无论在成果的数量和质量，还是在研究的深度和广度上都是非常欠缺的，可以说还是一块空白领域，值得我们高度重视并进行深入的研究。

## 二 汉英形名选择和搭配的相同点

汉语与英语一样，形容词与名词的搭配不能是任意的，只能是选择的，可以说不具备任意性（arbitrariness）、只具备选择性（selectiveness），而这时的选择性主要就语义而言。不论是汉语或英语，词语搭配的语义选择性分两个大的方面，一是历时方面；二是共时方面。（刘宓庆，2006:179）

历时因素在很大程度上决定哪些词可以与哪些词搭配，哪些词又不能互相搭配。譬如古代语用习惯只能用"骄阳"（杜甫"三伏时已过，骄阳化为霖"），不能用"骄日"，尽管"阳"等于"日"，都指"太阳"。这类例子在中国文学修饰史上很多。英语也一样。古旧英语常以 mental 与 attitude 搭配，随着科学的进步，证明 attitude 本来就是心智的，当代英语也就只认可一种与 mental 相对的 physical attitude。19 世纪的时候人们只说 a good purchase，而现在只说 a good buy 了。

共时因素也支配着偏正短语中的搭配，而且共时因素比历时因素更加复杂。总的说来，支配偏正因素中实现搭配的基本条件是语义的选择性，具体说是：

第一，搭配中的形容词与名词的语义关涉性（semantic relevance）一致。例如，与"柔软"有关的形容词只能用来形容具有柔软或不柔软的语义特征的名词。我们只能说"柔软的沙滩""柔软的床垫"，不能说"柔软的湖水""柔软的板凳"。这一类，汉英同理。

第二，没有造成语义上的悖理（paradox）。语言上所有的搭配都不能造成逻辑上的冲突，表现在形名搭配上就是不能出现语义悖理，例如，"娇滴滴的云""绿色的主意""坚硬的湖水"都是不成立的。这一点，英汉皆然。

第三，必须符合语义自足性原则。意即形名搭配进入句子以后，如果将偏正结构中的形容词去掉，那么与之发生联系的名词的语义不能自足。语义自足性决定搭配的合理性，汉英相同。

（1）"张兰大眼睛"：如果去掉"大"就成了"张兰眼睛"，是人都有眼睛，但眼睛分大小、美丑，而且没有了形容词该句就不再是主谓句，而是名词词组。

（2）"驾驶员必须有敏捷的反应"：如果去掉"敏捷的"，句子成了"驾驶员必须有反应"，句子就没有了意义，因为是人都会有反应。

（3）I have only one *free* evening this month.（我这个月只有一个晚上有空）如果去掉 free，句子成了"I have only oneevening this month."（我这个月只有一个晚上）很明显，去掉形容词后的句子语义不完整，信息表达不充分。

（4）They had small hope of success.（他们成功的希望很小）如果去掉 small，句子成了 They had（the）hope of success. 意思大相径庭，原句表示成功的希望很小，语气上有否定的意味，而改变后的句子表示有成功的希望，语气上是肯定的、有把握的。

### 三 汉英形名选择和搭配的不同点

从语法上看，形容词和名词都可以进入"形修名"结构，但实际的使用情况是形容词与名词之间存在选择关系，二者之间的组合受到其语义关系的制约。汉英形修名结构都受语义关系的制约，在词义引申、思维观念、文化背景等方面表现出不同于彼此的某些差异。

#### 3.1 词义引申构成的习惯搭配差异

汉语同一个形容词的词义引申，造成英语选词上的差异。以偏正搭配"废+名词"为例：废料→useless（or waste）material；废话→superfluous words，nonsense；废气→exhaust gas；废品→waste product；废物→waste material；废水→waste water；废渣→waste residue。可见汉英关于"废"的语义场不尽相同，但以上 7 例中"waste"居其五，语义场界重叠（overlap）大于非重叠（out lap）。正是所谓"大同小异"，这是很有意思的。

我们再以英语中最常见的一个形容词 good 为例，它是个虚指的抽象词语，我们在不少情况下都把 good 翻译为它的基本词义"好"，例如：（1）She is a good girl. 她是一个好姑娘。（2）He is a good helper of mine. 他是我的好帮手。（3）I wish you a good luck. 祝你好运。（4）They are good friends. 他们是好朋友。（5）No news is good news. 没有消息就是好消息。以上 5 个例子中的 good，我们都翻译为"好"，但是，在比较正规或文学作品当中，就不能一味用 good 和"好"对应。例如，汉语"他是一个好水手。"英语中不能说 He is a good sailor，而应该是 He is an old salt 或者 He is an experienced sailor。这是因为，汉语中习惯说"好水手"；英语中表示"好水手"习惯用 a salt/ an old salt/ an experienced sailor，不能用 a good sailor，因为 a good sailor 意为"一个不晕船的人"，a bad sailor 意为"一个晕船的人"。

### 3.2  思维观念构成的习惯搭配差异

因为中国人和英美人的思维模式和看问题的角度有很多差异，所以汉语和英语中的形容词有不少习惯搭配。特别是一些属性形容词，如"大、小"，"多、少"，"高、矮"，"浓、淡"，"死、活"等，在汉语和英语中与名词的前置搭配不完全相同，完全按汉语的搭配去套英语，有时会不合英语习惯，有时会意义大相径庭。

我们先来看汉英"多（many/much）""少（a few/a little）"和名词的搭配。在汉语中，"多"和"少"是比较特殊的单音节形容词，它们单纯表示数量，做定语时不能直接修饰名词，只能说"很多人""很少的钱"。"多"和"少"既可以修饰可数名词，也可修饰不可数名词。英语中表示多的 many/much、表示"少"的 few/little 做定语可以直接修饰名词，但是 many 和 few 只能修饰可数名词，much 和 little 只能修饰不可数名词。

再以"大""小"这两个词为例。"今天有一场大雨（雪/风）。"汉语中的"大雨""大雪""大风"，英语中习惯用 a heavy rain，a heavy snow，a strong wind，而不能用\*a big rain/ snow/wind[①]。同理，"他爸爸是个烟（酒）瘾大的人。"要说 "His father is a heavy smoker（a heavy drinker）." 而不是 "\* His father is a big smoker（a big drinker）." "跟她谈话，你怎么有那么大的耐心？" "How do you manage to speak to him with such great patience?" "那么大的耐心"英语中要说 "great patience" 而不是 "big patience"。"我要大号的。""大号"的表达是 "large-size" 而不是 "big-size"。以上这些汉语句子的英语表达中，"大"都没有对译为"big"，而是根据与其搭配的名词，选择了相应的习惯搭配。

"小"在英语中有三个对应词 "little，small，tiny"，它们的区别是用来修饰人时，little 侧重于因年龄小而使身材娇小，含有爱恋等感情色彩；small 侧重于指比一般人身材矮小，含有比较的意味，不含感情色彩；Tiny 比 little 和 small 更强调小，含有"微不足道"的意思。比如：（1）我要小号的。I'd like the small-size.（\* I'd like the little-size.）（2）老妇人照顾她的小狗犹如照顾她生病的孩子。The old lady fusses over her little dog as if it were a sick

---

① 星号表示误句。下同。

child.（3）他一人住在一间很小的茅屋里。He lived in a tiny cottage all by himself.

### 3.3　文化背景构成的习惯搭配差异

语言反映不同民族的价值体系。因文化背景而构成的习惯搭配也表现了不同民族的世界观。我们通过一些基本的属性形容词与名词的搭配习惯，来比较汉英语形名搭配的不同。

（1）汉英表示度量、形体的形容词与名词搭配时的语义差别

潘文国（1997：29）认为，汉语中表示度量、形体的属性形容词，如"高、低、深、浅、粗、细、宽、狭、大、小、长、短、方、圆"等，都可以与人的品质、属性等互相搭配，如"高"风亮节、人品"低"下，城府很"深"、为人"浅"薄，是个"粗"人、心"细"如发，"宽"以待人、心地"狭"窄，"大"人、"小"人，语"重"心长、人穷志"短"，为人"方"正、处事"圆"滑等。而在英语等西方语言里，却极少有这样的搭配。英语在这些词义上的引申多是物理方面的、有形的，即使像在 high spirit、low spirit、deep feeling、shallow argument、broad mind、narrow escape、big inhale、small talk、Women have long hair and short wit 中，词义的引申仍是一种客观的描述，而不像汉语那样有强烈的主观评价色彩。这也许与西方人不具有汉族人传统的"天人合一"的宇宙观有关。

（2）汉英颜色形容词和名词搭配时的语义差别

绿色象征和平、希望和生机，在汉、英两语中都是一致的。同样，汉、英语中的"绿色"也都有其贬义的用法。例如 green-eyed 意思是"嫉妒的"，如"Those fellows have become green-eyed.""那些家伙得了红眼病（不是 red-eyed）。"如果英语说 He is wearing a green hat. "他戴了一顶绿帽子。"中国人看了都要发笑，如换成 she 就没有问题。

红色在英语中红色是一个贬义色彩很强的词，多是指危险、激进、灾难，让人联想到"火""血"。与西方文化大不相同的是，"红"在中国人心目中是喜庆、成功、吉利、忠诚和兴旺发达的象征，是褒义色彩最浓烈的一个颜色词。一些与"红"有关的汉语词汇在英语中没有完全对应的等值词，如"红糖"是 brown sugar 而不是 red sugar，"红茶"是 black tea 而不是 red tea。不过，随着东西方文化的相互交流和渗透，有些颜色词的象征意义趋于一致，比如"红包"在英语中也可以说 red envelops；red packets 或 red paper containing money as a gift。

白色在西方文化中是上帝、天使、幸福、欢乐和美德的象征。如 a White Christmas 指"银装素裹的圣诞节"，white hands 是"公正廉洁"，white lies 是"善意的慌言，为了不使人难堪而说的谎话"，a white day 是"吉日"等。

而"白"在中国封建社会是"平民之色"。古代老百姓的衣服不能有色彩，因此称"白衣"，后世称"布衣"。"白"字派生出来的词往往含有徒劳、轻视、无价值等贬义，如"白忙活""白费功夫""白搭""白眼""白送""吃白食""一穷二白"等。另外，"白"在政治概念上被当作"红"的对立面，代表反动、落后、顽固的意思。如"白区""白匪""白据点""白专道路""白色恐怖""白色政权"等。

黑色是西方文化中的基本禁忌色。圣经里，黑色象征魔鬼、痛苦与不幸，因此黑色也叫"死色"，如 Black Mass（安灵弥撒），black words（不吉利的话）。它还象征邪恶、犯罪，如 Black man（邪恶的恶魔），black guard（恶棍、流氓），blackmail（敲诈、勒索）。它也象征耻辱、不光彩，如 a black mark（污点），black sheep（害群之马、败家子，而不是"黑色的羊"）。它还象征沮丧、愤怒，如 black dog（沮丧情绪）。在汉语中，黑色由于其自身的黑暗无光而给人以阴险、毒辣和恐怖的感觉，它象征邪恶、反动，如阴险狠毒的人是"黑心肠"，不可告人的丑恶内情是"黑幕"，在特殊的那段时期出现了"黑五类""黑材料""黑后台""黑干将"，反动集团的成员是"黑帮""黑手"等。进行犯罪、违法活动的势力是"黑社会"，各种集团或群体（特别是秘密社团）出于文化习俗和交际需要，而创制的一些遁词隐义的隐语叫"黑话"。

其他色彩词也有着不同的文化语义色彩，在汉、英两种语言中可能对应不一致。如 a blue movie 不是"蓝色电影"而是"色情片"，in a blue mood 不是"沉浸在蓝色情绪中"而是"心情忧郁"，Yellow Books 不是"黄色书籍"，而是"黄皮书"（法国等国家的政府报告书），yellow dog 不是"黄狗"而是"卑劣的人"（成吉思汗西征和义和团运动曾使西方人胆战心惊，因此他们诬称黄种人为 yellow dog），等等。这些由文化背景差异而形成的汉英形修名结构都不能按照字面意思直译。

## 四 汉英形容词和名词搭配差异对汉英翻译的指导原则

### 4.1 把握汉语某些形修名结构的专有语义

汉语中有些形容词用的都不是其常用意义，而是与其选择性极强的名词粘合后具有了专门的含义。这些词已经成为凝固性极强的词汇，形容词和名词之间不能插入"的"字，也不以任何形式充当谓语成分，而只能做定语。汉英翻译时不能按字面意思照直翻译。举例如下。[①]

---

① 参见中国社会科学院语言研究所词典编辑室编《现代汉语词典》，商务印书馆 1999 年版。

| | |
|---|---|
| 陈醋（陈<sup>2</sup>：时间久的；旧的）<sup>①</sup> | mature vinegar (*old vinegar) |
| 臭架子（臭₂：惹人厌恶的） | put on the airs (*stinking frame) |
| 老地方（老₇：原来的） | usual place (*old place) |
| 熟皮子（熟₃：加工制造或锻炼过的） | tanned leather (*ripe leather) |
| 熟人（熟₄：因常见常用而知道得清楚） | acquaintance，friend |
| 生字（生²₄：生疏） | new words (*raw words) |
| 正中间（正₂：位置在中间） | in the middle |
| 准新娘（准₅：程度上虽不完全够，但可以作为某类事物看待的） | the future bride: the bride-to-be (* correct bride) |

"臭架子"中"臭"是其第 2 个义项"惹人厌恶的"，其对应的英语不能是其本义 smelly 或 stinking，"臭架子"在英语中的对应词组也不能按照形容词和名词的搭配去组合，而是要转化为动词词组 put on the airs/ give oneself airs。

"老地方（脾气）"中"老"是其第 7 个义项"原来的"，所以"老地方"在英语中的对应是 usual place，即以前经常去的地方。还可以表达为 the same place 或 our place，例如，She's at our place. 她就在老地方。而"老脾气"是指一个人的本性，英语中应用 one's nature 表达，其他表达方式还有：True to his nature，Drouet clung to this idea as an easy way out. "杜洛埃按照他的老脾气，一旦有了这个省事的法子，就紧紧抓住不放了。"

"熟皮子（铁）"中"熟"是其第 3 个义项"加工制造或锻炼过的"，英语应为 tanned leather，"熟铁"是 wrought iron。而"熟人"在英语中有对应的名词 acquaintance，friend，无须逐字对译汉语。同理，"生人"是《现代汉语字典》中第 2 种用法的第 7 个义项"生疏"的意思，英语中是 stranger，outlander；"生字"是 new word/ unfamiliar word。

"正中间（门）"的"正"是非谓形容词，这里不是其本义"正确"，而是指物体的位置在中间，跟"偏""侧"相对。英语中，要根据上下文灵活选词。例如，把它放在正中间. Put it right in the middle.正前方有 right ahead，dead ahead，directly ahead（全部为副词词组）等说法。

### 4.2　熟谙汉语和英语的文化背景和内涵

汉英语言习惯不同，风俗各异，表示颜色的方法和用词也不尽相同，就是对同一颜色的理解与运用也有差异。在言语交际中，颜色词不仅表示

---

① 此处所举的汉语词条，上标阳文码的表示该词为多义词，序号为其在词典中的第几个意义；下标阳文码的表示该词有多义项，序号为其在词典中的第几个义项。下同。

颜色，而且具有一定的象征意义和隐喻性。由于使用汉语和英语的民族各有不同的历史文化背景，使得相同的颜色词蕴含着不同的象征意义。因此，在跨文化交流中，由颜色词派生出来的汉英词汇，在互译时往往都不能直译。

"白"（white）派生出来的词汇都不能用 white 对译，而应采用意译，否则令人费解。"白搭"译为 no use，"一穷二白"译为 poor and blank，"白开水"是没有加什么东西的水，与 white 无关，译为 plain boiled water。"白区"应译为 The Kuomingtang-controlled Area（国统区）。

"红"（red）派生出来的汉语词汇，译为英语时往往都不能直译为 red。例如：（1）她看破了红尘。She has seen the world of the mortals through.（汉语的"红尘"是指"人世间"，不是红色的灰尘）；（2）我们分了红利。We have got bonus.（汉语的"红利"是奖金，不是红色的利润）；（3）你看了红榜吗？Have you seen the honor roll?（汉语的"红榜"是光荣榜，因多用红纸写成，所以叫"红榜"，不是红色的名单）；（4）自古红颜多薄命。A beautiful girl has often an unfortunate life.（或用英语的一句谚语对译：Beautiful flowers are soon picked）。

"黑"（black）在英汉两种语言中虽然都有贬义用法，但情况很不一样，一般也不能对译。当代汉语里"黑"在中国大陆有象征反动、反革命的意思，因此诸如"黑社会"应译为 gangland/ underworld group，"黑帮"译为 reactionary gang，而不是"black society"和"black gang"，因为 black 在英语中并无反动的意思。另外还有一些习惯用法，汉英搭配不同，如："他是一匹'黑马'（或他爆了冷门）"。应该对应 He is a dark horse（而不是 He is a black horse）。"黑面包"是 brown bread（而不是 black bread），等等。

语义和文化背景造成的汉英形名选择、搭配上的问题可能更多、更大些。我们在此只是略谈一二，事实上，语言研究不可能是纯粹的共时描写，特别是像汉语和英语这样有较长历史的语言，语言中有着极其丰富的历史和文化内涵，稍有不慎，便会闹出笑话。

### 4.3 注意汉英两个民族的思维和观念差异

汉语用词概括，英语用词具体。这是因为汉民族的思维是整体综合的、概括的，其特点是从整体上把握事物，其结果是强调整体；而英民族的思维是个体的、独特的，其特点是把事物分解为个体与部分，进行细致入微的分析，其结果是将个体置于首位。在汉英互译时，我们应对此加以注意，使用符合目标语的习惯搭配。例如：

"浓（thick/ strong）"和"淡（weak/ thin）"。"浓茶"是"strong tea"，而不是"thick tea"，这里英语是从茶水里含咖啡因的浓度而言，因此选用

strong。同理，"淡茶"对应的英语是"weak tea"，而不是"thin tea"或"salt-free tea"。但对于"这是个淡水湖"，却不宜再用* This is a weak（salt-free）lake，而应译成 This is a freshwater lake。

"高（high/ tall）"和"矮（low/ short）"。汉语中无论指人高还是物高都用一个"高"字，如"高的人""高的山"，但在英语里，"高的人"要说成 tall man，而"高的山"要说成 high mountain；如果说成 high man 或 tall mountain，是说不通的。不过，表示"一栋高房子"，英国人用 a high building，美国人用 a tall building。"她是矮个子。"英语要说 She is a short woman. 而不能说 She is a low woman。汉语中无论指人矮还是物矮都用一个"矮"字，但英语中表示"人的个子矮"习惯用 short，不能用 low，因为 low 用于描述人或说明人时指某人"品德下贱"或"思想下流"。

"死（dead）"和"活（living/ live/ alive）"。汉语中"死"和"活"是形容词还是动词仍有争议，一般倾向于看作是动词。但是，在英语中这两个词是典型的形容词。请看下句："活人比死人重要。"正确的译法有 Living people are more important than the dead people. People alive are more important than the dead people.（* Live people are more important than the dead people.）汉语中表示"活人"或"活的动物"都用一个"活"字，英语中表示"活人"习惯用 a living man 或 a man alive，不能用 a live man，因为 live 表示"活的"只能修饰动物不能修饰人，它只有表示"朝气蓬勃"时才能修饰人，如 a live young man（一个朝气蓬勃的年轻人）。

## 五　小结

本文用汉语中常见的属性形容词（单音性质形容词）和英语中对应的单词形容词作对比，考察它们与名词的选择搭配习惯，得出如下结论：汉、英两种语言中形容词和名词在选择与搭配上既有共同点又有不同点。汉英"形修名"结构都受语义关系的制约，形容词和名词的搭配不是任意的，并且在词义引申、思维观念、文化背景等方面表现出不同于彼此的差异。了解了这一点，有助于汉英"形修名"结构的互译，也使我们更好地认识汉、英两种语言中形名组合的特点。

**参考文献**

黄田：《论英语"形名"结构的汉译》，《怀化学院学报》2008 年第 3 期。
刘宓庆：《新编汉英对比与翻译》，中国对外翻译出版公司 2006 年版。
潘文国：《汉英语对比纲要》，北京语言大学出版社 1997 年版。
孙屹：《英汉名词修饰语用法比较》，《集宁师专学报》2007 年第 3 期。

孙海燕：《基于语料库的学生英语形容词搭配语义特征探究》，《现代外语》2004 年第 11 期。

王晓新：《形容词和名词搭配的选择条件研究》，硕士学位论文，湖南师范大学，2005 年。

朱德熙：《现代汉语形容词研究》，《语言研究》1956 年第 1 期。

周光磊：《英汉形容词修饰名词机制的比较分析》，硕士学位论文，中国人民解放军外国语学院，2007 年。

中国社会科学院语言研究所词典编辑室编《现代汉语词典》，商务印书馆 1999 年版。

# A Comparison of Adjective-noun Selection and Collocation between Chinese and English

Qiao Xiang

**Abstract:** This paper mainly discusses three problems: first, to compare the similarities of Adjective-noun structures in Chinese and English from characteristics of adjectives and nouns in semantic selection and collocation: secondly, to analyze the differences between Adjective-Noun structures in Chinese and English from aspects of cultural background, extended meaning of adjectives and usual collocation: lastly, to put forwards translating principles according to these differences of adjective -noun collocation.

**Key words:** Adjective-noun structures in Chinese and English; adjective-noun selection and collocation; similarities; differences; causing factors; translation principles

（通信地址：100081　北京　中央民族大学预科教育学院）

# 泰国汉字教学现状调查与思考

田 艳

【提要】本文运用多种研究方法——实地考察法、文献资料法、课堂观察法等方法，对泰国汉字教学理论研究与教学实践两个方面进行调查和分析。笔者发现，在理论研究方面，泰国汉字教学的研究虽然近些年有了一定的发展，但是研究视角和研究内容较为单一。在教学实践方面，泰国汉字教学缺乏统一的教学大纲、科学的课程安排以及多样合理的教学方法。本研究的成果在一定程度上有助于引起学界对于泰国汉字教学的关注，同时对汉字教学国别化研究也具有一定的启示意义。

【关键词】泰国汉字教学　国际汉语教学　汉字教学国别化研究　调查研究

## 一 引言

进入 21 世纪，对外汉语教学时代已经逐步向国际汉语教学时代转型[①]，海外汉语教学日益引起学界的关注。其中泰国汉语教学发展迅猛，成为海外汉语教学中不容忽视的力量。

自 20 世纪 90 年代起，中、泰两国之间的贸易发展迅速，两国之间经济、教育、文化等方面的往来逐年提高，这大大促进和带动了泰国汉语教学的发展。与此同时，在诗琳通公主的影响和带领下，泰国皇室成员、政府官员也都非常重视汉语在泰国的推广[②]。与此同时，中国政府也对泰国汉语教学给予了大力的支持与援助，在多方的努力下，汉语在泰国已经成为继英语之后学习者最多、最重要的语言。

目前，在泰国开展汉语教学的中小学也已超过 2000 所，有几十所大学开设了中文系和中文课程，并且中泰已经合作建立了 12 所孔子学院、11 个孔子课堂，越来越多的私立教育机构也开始开设汉语课程，学前阶段的汉

---

语教学也正在迅速发展。泰国学习汉语的学生人数从几年前的 8 万人已迅速发展到目前的 80 多万人①。如今汉语已经成为泰国高考外语考试中可考的语言选择之一。泰国一流的大学，如朱拉隆功大学、法政大学等，都认可汉语作为高考外语类的考试成绩②。

目前，在汉语教学的规模方面，泰国逐渐形成了从幼儿园到大学汉语教学以及各种汉语教育培训班的规模化发展格局。③在汉语教学的地位方面，泰国已经将汉语教学上升到提高国家竞争力的高度④。在这一时期，汉字教学对于汉语教学的基础作用就突现了出来，并对今后深化泰国汉语教学发挥着推动性的作用。

但是，泰国汉字教学的理论建设和教学实践两方面均处于较为滞后的局面，已经成为影响泰国汉语教学发展的障碍，这非常不利于泰国汉语教学长期、稳固地发展下去。

本研究采用实地考察法、文献资料法、课堂观察法等研究方法，对泰国汉字教学理论研究与教学实践两个方面进行调查和分析⑤，希望研究成果能在一定程度上引起学界对于泰国汉字教学的关注，同时对汉字教学国别化研究提供一定的启示。

## 二 泰国汉字教学理论研究现状

近十年来，有关泰国汉字教学的研究开始增多，2010 年以后更是取得了不少的成果。截至 2016 年 1 月，本研究者在中国知网上共检索出了相关论文 79 篇。具体情况见表 1：

表 1　　　　　　　　　泰国汉字教学研究文献信息

| 序号 | 文献类别 | 文献数量 |
|---|---|---|
| 1 | 汉字教学方面的研究 | 22 |
| 2 | 动态习得方面的研究 | 11 |
| 3 | 静态习得方面的研究 | 35 |
| 4 | 其他方面的研究 | 5 |

从表 1 可以看出，该领域成果主要集中在学习者动态汉字习得研究、

---

① 泰国中华网：《许琳：泰国学习汉语人数达 80 万，3000 学校开课》，2012 年。

② 丁米：《泰国大学汉语课程教学改革研究》，博士学位论文，华东师范大学，2011 年。

③ 杜宗景、缑广则：《泰国汉语教学问题分析及对策》，《经济与社会发展》2011 年第 7 期。

④ 李峰：《泰国汉语教育的历史、现状及展望》，《国外社会科学》2010 年第 3 期。

⑤ 本研究者曾于 2011 年至 2013 年三次赴泰国多地进行汉字教学方面的调查。

静态汉字习得研究（汉字书写及偏误研究）及汉字教学情况等几个方面。

### 2.1 汉字教学方面的研究

这类文献主要是针对泰国汉字教学现状、教学模式以及教学设计展开，本研究者检索出 22 篇文章。

朱丽（2001）在《泰国大学汉字教学现状及分析》中对泰国 17 所大学的汉字的课程设置、汉字教学使用的教材和汉字教学方法等方面进行了详细调查；许翠英（2008）《泰国汉字教学的现状与教学对策研究》一文综述了泰国对外汉字教学与研究的现状，探讨了泰国汉字教学的难点和存在的主要问题，并提出了泰国汉字教学的相关对策和方法；田海丽（2012）分析了泰国华裔幼儿汉字教学的可行性和必要性，进行了相关的调查，并提出了具体的教学方案；史翠玲（2013）在《泰国汉字教学模式调查研究》一文中尝试从国别化角度对泰国汉字教学模式进行考察分析。该文还对《体验汉语》（高中版）第一、二册教材的汉字内容进行了统计分析，并就汉字教学部分进行了教学设计。

此外还有卢桂芝、孙玉卿（2010）、曾丹（2011）、李雪华（2012）、冯少鹏（2013）、胡媛媛（2013）、吴有进（2013）、张邈宇（2013）、方琳（2013）、陆泽（2014）、周吉争（2015）等人的研究。

### 2.2 动态汉字习得研究

广义的汉字习得研究包括偏静态的研究和偏动态的研究两类。偏静态的研究注重的是习得成果的分析，如对学习者书写错误的研究；偏动态的研究则主要专注于学习者的习得过程，如学习者正字法意识的发展。汉字构形意识的发展等。由于汉字书写研究数量比例很大，因此将在下一部分中详细介绍。此处介绍偏静态的习得研究，这类文献为 11 篇。

李金兰（2004）在《泰国学生汉字习得途径和方法研究》中对泰国学生运用汉字的基本现状进行调查，发现对泰国学习者来说，汉字音形义中，字义最难掌握，其次是字形，字音难度最低；谢镇发（2007）在《泰国大学生汉字辨认情况研究》中探讨了泰国大学学生辨认汉字的情况；尹杰（2013）的《影响泰国小学生汉字习得的汉字属性因素的考察》从汉字的属性出发，从认读和书写汉字两方面考察了影响泰国小学生汉字习得的主要属性因素。此外，其他的文章还有：刘斐菲（2009）、翁丽虹（2011）、黄丽雯（2011）、谭世松（2012）、李如丽（2012）、姜美玲（2012）、、陈麟（2015），等等。

### 2.3 静态汉字习得研究

静态汉字习得研究主要是指汉字书写方面的研究，这类文献的比例是最大的，共有 35 篇文章。

周旭东（2004）在《泰国学生汉字习得研究》一文通过对泰国WALAILAK大学生汉字书写情况的调查，分析了影响泰国学习者汉字习得的因素及产生书写错误的原因；钟宝娟（2010）《泰国中学生汉字书写偏误分析》一文以泰国合艾某中学学生汉字书写情况为例，分析了影响泰国学生汉字偏误的因素及原因；李斌（2013）在《泰国学生汉字书写动态过程研究》中，结合不同学习阶段泰国学生汉字书写动态过程的实证研究，探讨了不同学习阶段泰国学生汉字书写过程的特点；常曼（2014）在《泰国卡露娜苏克萨小学学生汉字笔顺情况调研》中分析了该小学学生的汉字笔顺情况。此外，其他研究还有黄丽雯（2011）、谭世松（2012）、周文汇（2013）、黄佩玲（2014）、秦琴（2014）、周玲玉（2015）等。

### 2.4 其他方面的研究

近几年，学界还出现了一些新的研究内容，涉及繁简汉字、汉字多媒体教学、基于中泰文字对比的研究等。

马伶娟（2012）在《汉泰文字对比及对泰汉字教学研究》中通过对中、泰文字的特点进行对比研究，主要分析汉语、泰语的语音、书写方面的特点及汉字教学存在的问题等，并提出了影响泰国学生学习汉字的难点并提出了相应的对策；谢明珠（2013）在《泰国初级多媒体辅助汉字教学研究》中通过实验研究发现：在汉字初学阶段，学习者在汉字的笔画、笔顺、结构、偏旁、造字法等内容的测试中，多媒体辅助汉字教学班与传统汉字教学班相比都显示出了明显的优势；陈燕（2015）在《泰国中学生繁体字简体字转换调查研究》一文中首次对泰国学生繁体字和简体字的转换情况进行了调查。

从上述的文献梳理可以看出，泰国汉字教学研究呈现出如下特点：（1）研究对象：由于不少研究者曾经担任赴泰汉语志愿者教师，因此研究对象中，在泰国学习的汉语学习者占不小的比例；（2）研究内容：静态习得研究（汉字书写研究）比重最大，如对学习者汉字形体错误以及对学习难点等方面的分析。此外，汉字教学方法、教学模式等方面的研究也有一定的数量。（3）研究空白：国别化的汉字教学研究目前正成为学界研究的一个关注点和趋势。在现有的国别化汉字教学研究中，泰国汉字教学研究成果最为突出，尽管如此，有关泰国汉字教材、利用本土教学情境开展汉字教学、教师汉字能力的培养等其他更为广阔的领域的研究几乎没有涉及，更无法形成系统、深入的研究，存在着研究内容分布极不均衡的状态，只有结合泰国更为多元复杂和具体教学情境的因素，泰国汉字教学才能继续向纵深发展。

### 三　泰国汉字教学实践现状

泰国各教育阶段的汉字教学，在课时安排、教学方式等方面都有所区别。下面笔者结合实地调查、文献资料、访谈调查等研究方法，从小学、中学和大学三个部分来分析泰国汉字教学实践的现状。

3.1　小学阶段的汉字教学情况及个案调查

1. 泰国小学汉字教学的基本情况

泰国小学阶段分为 6 年级，每个年级每周设有 3 节至 6 节汉语课。泰国小学阶段的汉字教学使用的教材基本上都是综合型教材，如《中文》、《华语》等，尚未开发独立的汉字教材。由于使用综合型教材，所以其中的汉字教学部分很少受到重视。一般情况下，教师使用传统的教学方式，即让学生通过反复抄写所学汉字的方式达到使其认读的目的。

泰国小学阶段的汉字教学存在的问题主要是教学方法单一，基本类似于我国母语教学中的汉字教学法，如诵读、抄写等，因此学生感觉汉字难学难记。近些年，中国国内母语识字的教学方法有了较大的发展，不过由于师资、教材等条件等诸多因素的限制，这些新方法并没有充分运用到泰国小学阶段的汉字教学中。

2. 泰国小学汉字教学的个案调查——曼谷孔堤学校[①]

曼谷孔堤学校经常使用的汉语教材是暨南大学编写的系列汉语教材，分《说话》与《汉语》两类书。其中《汉语》教材类似综合教材，其间有不多的汉字教学内容。

该学校汉字教学的方法主要是隋文识字，即根据课文的生字表进程来安排。笔画的教学采用反复记忆法，机械重复地进行。也采用偏旁部首教学法，比如讲解与手的动作有关的汉字，教师一般集中讲解，并介绍"提手旁"的含义。教师偶尔也会根据学习者的年龄特点和认知特点，采用会意联想教学法，如教"男"字，将其拆分成两个部分，让学生进行联想记忆。学生课后作业使用《汉语》教材配套的《练习册》，该练习册上都有不同程度的书写和阅读练习。此外，教师让学生准备作业本，要求学生课后书写正确笔顺。

由于孔堤学校是华文学校，且接受本研究者调查的教师是从中国派去的教师，因此在汉字教学方面还较为重视，教学效果还比较理想。

3.2　中学阶段的汉字教学情况及个案调查

1. 泰国中学汉字教学的基本情况

---

① 该调查得到了国家侨办公派汉语教师阿香老师的大力帮助，特此感谢。

　　泰国中学汉字教学的整体情况是：（1）汉字教学基本上是在综合课中完成；（2）汉字课缺乏明确的教学目标；教师对汉字的重视不够。有研究者对泰国 35 所中学进行调查，结果发现这些学校均未开设独立的汉字课。[①]这一调查结果与本研究者的调查发现十分一致。

　　泰国中学阶段的汉语教学从零起点开始进行，所以汉字教学也是从零起点开始，教学方法仍泛善可陈，主要是让学生抄写所学的汉字，同时教授学生一些书写汉字的规则。一些华文中学运用传统识字方法教授汉字：认字、朗读、抄写习字、书写大楷小楷等[②]。由于中学生在认知能力上比小学生成熟一些，因此教师对中学生的汉字能力有更高的期望，如能够正确地书写和认字等。但在实际教学中，汉字教学的情况不太理想，课堂汉字教学方法单一，没有运用高效、有趣的汉字教学方法。[③]

　　2. 泰国中学汉字教学的个案调查——清迈李利娜学校

　　下面以清迈李利娜学校为例，介绍一下泰国高中汉语班汉字教学的具体情况。[④]

　　在汉语课程设置方面，汉语文科班课时较多，每周 8 节汉语课，其中汉语必修课 4 节，汉语选修课 3 节，汉语活动课 1 节（1 小时）。在汉语活动课中学生看中文动画片、听中文歌曲、读中文故事。汉字教学依附于汉语综合课，按照生词、课文的内容讲解，而没有按照汉字的规律来讲解。

　　具体的教学内容中，没有完整系统的笔画、笔顺教学，主要是让学生课下机械训练。考试时考笔顺，不过只考几个字的笔顺，老师也不讲解其中的规律。由于老师的教法是让学生抄写汉字，而不是讲解汉字是如何构成的，因此学生对汉字结构没有完整、理性的认识。在课时量少的情况下，词汇的练习时间同样也有所减少，练习方式也比较乏味，主要是跟读、认读等方式。

　　在识字量方面，学校规定高中一年级掌握 500 个汉字，到高中二年级掌握 1000 个汉字，高中三年级时要掌握 1500 个汉字。学习这些汉字基本上靠死记硬背。

　　① 史翠玲、陈作宏：《泰国公立中小学汉字教学模式调查分析与改进建议》，《汉语国际传播研究》2014 年第 1 期。

　　② 杨金隆：《泰国华语教学概况》，载《第二届国际华文教育研讨会论文集》，华语教学出版社 2001 年版。

　　③ 信息来源：达叻男子中学汉语教师玛丽老师。

　　④ 该调查获得了该校毕业生、现在泰国某校教授汉语的泰籍汉语教师马老师的大力帮助，在此表示感谢。本小节介绍的是李利娜学校高中汉语班汉字教学的情况。在泰国，高中汉语班的教学情况相对较好，课时较多，汉字教学也可能稍好一些。

　　李利娜学校的汉字教学在泰国中学中尚属较好的，有些中学的汉字教学情况则会差很多。

### 3.3　大学阶段的汉字教学情况及个案调查

1. 泰国大学汉字教学的基本情况

　　目前泰国大学的汉字教学总体状况也不算乐观，各所学校之间存在差异。

　　目前泰国高校汉语专业的汉语教学同样属于零起点教学，从最基础的汉语教起。泰国大学的汉语课通常是分技能进行的，如清迈皇家大学汉语专业开设了汉语听力、汉语写作、汉语阅读、汉语口语、汉泰翻译、汉语报刊等课程[①]，但是基本上没有开设独立的汉字课程。

　　有研究者曾对泰国 17 所大学的汉字课程设置、汉字教学使用的教材和汉字教学方法等方面进行了详细调查。结果发现，在所调查的 17 所开设汉语教学的泰国大学中，在初级阶段尚没有开设独立的、以掌握汉字技能为主的汉字课。泰国汉字教学部分一般是分散在语法课、口语课、听力课、阅读课等课型教授。[②]只有华侨崇圣大学和宋卡王子大学在二年级开设汉字技能课，因此泰国大学生总体上缺乏关于汉字字形结构及其理据的系统知识，这就使学习者难于领会和掌握汉字的认知规律，因而汉字教学的效果自然也不理想，这也导致词语学习、汉语学习受到一定的影响。也有几所开展汉语教学较好的高校（如朱拉隆功大学、泰国农业大学等）在大学三四年级开设了有关汉字源流的课程，这类汉字理论课与本研究所指的以培训技能为主的汉字教学课并无太大的关系。

2. 泰国大学汉字教学的个案调查——泰国艺术大学

　　为了深入了解泰国大学汉字教学的情况，本研究者对泰国艺术大学的汉字教学情况进行了深入的调研。[③]

　　1）中文课程和汉字教学的设置情况

　　在泰国艺术大学，学生们要想进入汉语专业，前三个学期需学习基础汉语。之后学生们必须参加汉语考试，且考试合格后才能进入汉语专业。二年级第二学期（即第四个学期）开设课程逐渐增多，有汉语写作、汉语阅读、听力和口语等课程，每门课都是 18 课时。从三年级第一学期一直到四年级，开设课程较为丰富，如中级汉语写作、中级汉语阅读、中级听力和口语，汉泰—泰汉翻译、高级汉语写作、高级听力和口语课阅读、高级

　　① 清迈皇家大学汉语专业 2004 年课程，资料来源：清迈皇家大学人文学与社会学学院网站，http://www.human.cmru.ac.th/Human_web/index.php。

　　② ［泰］朱丽：《泰国大学汉字教学现状及分析》，硕士学位论文，北京语言大学，2001 年。

　　③ 该调研得到了该校毕业生、现在在泰国教授汉语的泰籍教师小雯老师的大力支持，特此表示感谢。

汉语写作、泰国成语、中国概况等。

该校汉语专业没有开设专门的汉字课，汉字教学在综合课中完成。一般都是按生词表或课文内容出现的汉字依序讲解汉字。教师既要教生词生字，又要教课文、句型、语法。由于教学内容很多，因此大部分老师没有时间讲解汉字规律，也未能将汉字教学与语言教学有机结合起来。因而学生仅仅靠课堂教学，既不能获得系统的汉字知识，又因没有开设独立的汉字课，而无法充分地进行汉字训练及应用。有关汉字的技能和知识，学生基本上是课后练习，所谓的练习一般也只是笔顺练习。很显然，艺术大学采用的是"随文识字"的教学方式，首先教授简化字，三年级才教繁体字。学生大部分会认繁体字，但是不会写。

2）汉字教学法的运用及汉字知识的教学

开始教授汉字时，通常采用笔画教学法。教完基本笔画和笔顺以后，有的老师采取了部件教学法，还教一些常见形旁的意义。有的老师采取了先整字后分析的教学方法，有的老师却止步于此，再也不对汉字结构进行讲解了，因为他们认为学汉字就要靠学生自己下功夫，必须大量地抄写、反复地训练。有时教师也采取听写的办法监控学生的汉字学习。因为没有好的教汉字的方法，学生学起来很困难，汉语学生流失较为严重。学校使用的教材是《汉语教程》，教学中采用词本位教学法。比如在教授"商店"一词时，教师没有告诉学生为什么这个词是由"商"和"店"组成，因此忽略了汉字的语素功能，即"字"的功能。

老师在讲解汉字时，为了能够引起学生对汉字的兴趣，通常都会借助图画、汉字的古代形体来讲授，可以说是比较注重汉字的象形性以及字形和字义的联系。但是并没有涉及汉字的基本理论知识，如汉字性质、汉字特点等问题，因此学生头脑中对汉字知识缺乏全面系统的认识。

3）识字量的要求

艺术大学对学生汉字识字量的要求是一年级掌握400—500个汉字，到二年级时掌握500—1000个汉字，到三年级时掌握1000—1500个字，学了四年以后就要能掌握1500—2000个汉字。大学四年级开设中国文学课，因为教材中出现了很多生字，尤其是古代常用字，因此学生应该有较大的识字量才能看懂。

### 四　对泰国汉字教学建设的思考

目前，泰国汉语教学迅猛发展，已经从最初的拓荒阶段经过了飞速发展的阶段，进入了稳定成长的阶段。在这一时期，汉字教学在汉语教学中的基础作用就凸显了出来，并对今后深化汉语教学发挥着推动性的作用。

泰国汉字教学近些年已经积累了一定的成果，不过与泰国汉语教学的快速发展相比，整体水平严重滞后。

在理论研究方面，有关泰国汉字教学的研究内容较为狭窄，无法对复杂的教学情境给予理论上的思考和指导。研究视角较为单一，局限于"学科知识"与"学习者习得"两个视角，没有将"教学情境"和"教师"这两个视角纳入进来。这一情况如果继续下去，则较难突破现有研究思路，取得更加纵深的研究成果。①

在教学实践方面，由于至今没有制定出汉字教学大纲并编写出一本真正意义上的独立汉字教材，泰国学校中开辟专门的汉字教学环节的学校不多，开设独立汉字课程的学校更是十分鲜见。同时，由于教师汉字能力存在较大的差异，汉字教学完全依靠教师在课堂上的自我把握和掌控，汉字教学存在较大的随机性和随意性。在课堂教学中，汉字教学方法单调、落后，教学内容不够全面，没有充分体现汉字教学的规律。同时，据本研究者的课堂观察及与泰国汉语教师的访谈，泰国汉语教师无暇顾及汉字知识的讲解，汉字文化的传授也不成系统。在教学效果方面，由于缺乏必要的汉字教材作为支持、缺乏必要的课程设置作为保证，加之汉语教师汉字能力有所欠缺，泰国汉字教学效果欠佳，学生汉字笔画、笔顺错误比较严重，部件意识不够清晰，汉字能力水平参差不齐②。

基于此，泰国教育部门和汉语教学机构应该对泰国汉字教学进行宏观设计方面，在汉字大纲标准建设、汉字课程设置、教学资源建设、教材编写、教师培训等方面进行统筹安排，以确保泰国汉字教学整体上有一个明显的改观。有研究者曾指出，无论在语言学和教学理论方面，在教材的编写原则方面，甚至在课程设置方面，不承认中国文字的特殊性以及不正确处理中国文字和语言特有的关系，正是汉语教学危机的根源③。可以说，泰国汉字教学目前正面临着这样的危机，因此尤其需要各部门对这一领域投入更多的关注。相信在不久的将来，泰国汉字教学一定会取得良好的发展。

**参考文献**

［泰］陈丽亮、田艳：《对泰国少儿汉语教材的分析与思考——以三套

---

① 有关外语教学研究视角参见吴一安等《中国高校英语教师教育与发展研究》，外语教育与研究出版社 2008 年版。

② 参见［泰］吴有进《泰国大学生汉字学习情况分析及教学对策》，硕士学位论文，中央民族大学，2013年。［泰］许翠英《泰国汉字教学的现状与教学对策研究》，硕士学位论文，厦门大学，2008年。

③ 白乐桑：《汉语教材中的文、语领导之争：是合并，还是自主，抑是分离?》，载《第五届国际汉语教学讨论会论文选》，北京大学出版社1997年版。

不同类型的汉语教材为例三套》，《汉语国际传播研究》2012 年第 1 辑。

田艳：《泰国汉语教学调研报告》，《汉语国际传播研究》2012 年第 1 辑。

［泰］吴有进：《泰国大学生汉字学习情况分析及教学对策》，硕士学位论文，中央民族大学，2013 年。

［泰］吴应辉、龙伟华、冯芳忠［泰］、潘素英［泰］：《促进泰国汉语教学，提高国家竞争力战略规划》（译），《国际汉语教育》2009 年第 1 期。

［泰］许翠英：《泰国汉字教学的现状与教学对策研究》，硕士学位论文，厦门大学，2008 年。

［泰］朱丽：《泰国大学汉字教学现状及分析》，硕士学位论文，北京语言大学，2001 年。

# Investigation Research on Current Situation of Thailand Chinese Character Teaching

## Tian Yan

**Abstract:** This study, based on various research methods, focuses on current situation of Thailand Chinese Character teaching from two perspectives: theory research and classroom teaching. This study finds, in theory research field, although making some progress, research perspectives and research contents on Thailand Chinese Character teaching are still relatively weak: Meanwhile, in classroom teaching field, there lack is a lack of unified teaching syllabus, reasonable curriculum and verified teaching methods. This study hope to draw more attention of Chinese Character teaching of Thailand, and give some application to country-specific Chinese character teaching.

**Key words:** Thailand Chinese Character teaching; International Chinese teaching; country-specific research on Chinese Character teaching; investigation research

（通信地址：100081　北京　中央民族大学国际教育学院）

# 泰国学生习得汉语声母的
# 难度等级和教学策略

陈 娥

【提要】本文通过对比泰语与汉语的声母，结合泰国学生习得汉语声母的偏误形式和偏误率，建立了泰国学生习得汉语声母的难度等级。文中还分析了泰国学生汉语声母偏误的成因，并提出了相应的教学对策。

【关键词】难度等级　汉语声母　习得　泰语学生

学习难度是心理学研究的内容，也是第二语言习得中的重要问题（周小兵，2001）。在第二语言教学中，为了有效地利用课堂时间，让学生更快、更好地掌握所学知识，教师一定要明确哪些语言形式要多教多练，哪些语言形式少教少练，甚至一笔带过。要做到这些，需要准确地预测所习得知识点的难易程度。

近些年来，来中国学习汉语的泰国学生越来越多，帮助他们克服"泰国腔"，说好汉语，是汉语教师的责任。关于泰国学生习得汉语的语音偏误，以往研究多只从习得者的偏误角度进行分析。由于偏误分析不能完全反映学习者在目的语习得中遇到的所有困难和问题，因此，本文拟从泰国学生习得汉语声母难度等级的角度，全面系统、细致入微地探究泰国学生习得汉语声母的过程以及存在的问题，以弥补已有研究的不足。本研究参照 Ellis（1985）等级分类操作方法，结合泰国学生习得汉语声母的具体情况，设计以下操作程序：（1）描写汉泰两种语言的声母系统；对比并认定差异点和共同点；预测可能引起偏误的语言点。（2）泰国学生习得声母的错误率及错误形式。（3）综合第一步和第二步的研究成果，建立泰国学生习得汉语声母的难度等级。

## 一　汉泰语声母系统比较

汉语共有 21 个声母，这 21 个声母都是辅音，因此我们又可称这 21 个声母为辅音声母。汉语除了这 21 个声母以外，还有一个不能做声母只能做韵尾的辅音 ng，因此，汉语共有 22 个辅音。汉语各个辅音声母如表 1 所示。

表 1　　　　　　　　　　　　汉语、泰语单辅音声母

| 发音部位 | 汉/泰 | 塞音 清 不送气 | 塞音 清 送气 | 塞音 浊 | 塞擦音 清 不送气 | 塞擦音 清 送气 | 擦音 清 | 擦音 浊 | 鼻音 浊 | 边音 浊 | 颤音 浊 | 半元音 浊 |
|---|---|---|---|---|---|---|---|---|---|---|---|---|
| 双唇音 | 汉 | p[p] | p[ph] | | | | | | m[m] | | | |
| 双唇音 | 泰 | ph[p] | p[ph] | b[b] | | | | | m[m] | | | w[ɥ] |
| 唇齿音 | 汉 | | | | | | f[f] | | | | | |
| 唇齿音 | 泰 | | | | | | f[f] | | | | | |
| 舌尖齿龈音 | 汉 | d[t] | t[th] | | | | | | n[n] | l[l] | | |
| 舌尖齿龈音 | 泰 | th[t] | t[th] | d[d] | | | | | n[n] | l[l] | r[r] | |
| 舌尖齿背音 | 汉 | | | | z[ts] | c[tsh] | s[s] | | | | | |
| 舌尖齿背音 | 泰 | | | | | | s[s] | | | | | |
| 舌面硬腭音 | 汉 | | | | j[tɕ] | q[tɕh] | x[ɕ] | | | | | |
| 舌面硬腭音 | 泰 | | | | ch[c] | c[ch] | | | | | | |
| 舌尖硬腭音 | 汉 | | | | zh[tʂ] | [tʂh]ch | sh[ʂ] | | | | | |
| 舌面音 | 泰 | | | | | | | | | | | y[j] |
| 舌根音 | 汉 | g[k] | g[kh] | | | | h[x] | | ng[ŋ] | | | |
| 舌根音 | 泰 | | | | | | | | ng[ŋ] | | | |
| 喉音 | 泰 | | | | | | h[h] | | | | | |

为了便于分析，我们按照汉语传统的声韵母分析法，把泰语中音节开头的辅音看作声母，这样，泰语有辅音声母 32 个，其中单辅音声母 21 个，复合辅音声母 11 个。单辅音声母如表 1 所示。

泰语除单辅音声母外，还有复辅音声母。复辅音声母发音时由第一个辅音很快地滑到第二个辅音，中间没有间隔。复辅音声母是作为一个整体与其后的元音拼合。

泰语有 11 个复辅音，按发音部位和发音方法排列如下：

pr　phr　　　　pl　　　phl
kr　　khr　kl　　khl　　kw　　khw
tr

汉语、泰语辅音声母对比结果如下：

1. 从声母的数量上看、汉泰语单辅音声母的数目差不多，分别为 22 个和 21 个。由于泰语有 11 个复辅音，汉语只有单辅音，所以泰语声母的总数量超过汉语。

2. 从辅音声母的结构来看，汉语没有复辅音声母，而泰语的复辅音声母很丰富，共 11 个，占泰语辅音声母总数的三分之一。

3. 从发音部位来看，汉语有舌尖前音、舌尖后音、舌面音。硬腭音丰富、成阻部位在舌尖-硬腭或舌面-硬腭的辅音共有 7 个、占汉语辅音总数的三分之一、其中，sh[ʂ]、zh[tʂ]、j[tɕ]、x[ɕ]在汉语辅音声母中使用率最高，zh[tʂ]、ch[tʂ]、sh[ʂ]、r[ʐ] 4 个舌尖-硬腭卷舌音是泰语中没有的。泰语辅音均可作前辅音（声母），p、t、k、m、n、ng 可做塞音尾。

4. 从发音方法上看，汉语声母主要以送气与不送气为区别性对立特征，辅音声母中清辅音占优势，浊辅音声母只有[m]、[n]。泰语浊辅音声母较多，清音与浊音形成区别性对立特征，21 个单辅音声母中有 4 对浊辅音声母，泰语还有浊颤音。

## 二　泰国学生习得汉语声母的偏误形式和偏误率

### （一）调查对象

为获得泰国学生的偏误率和偏误形式，本次调查选取了泰国清迈皇家大学初级阶段（学习汉语时间半年）、中阶段（学习汉语时间一年）、高级阶段（学习汉语时间两年以上）的学生各 2 名。其发音偏误形式见表 2。

表 2　　　　　　　　　泰国学生习得汉语声母的误形式

| 声母偏误形式 | 初级阶段发音偏误形式偏 | 中级阶段发音偏误形式 | 高级阶段偏误形式 |
| --- | --- | --- | --- |
| b[p] | [ph] | [ph] | |
| p[ph] | [p] | [p] | |
| d[t] | [th] | | |
| t[th] | [t] | [t] | |
| l[l] | [r] | | |
| f[f] | | | |
| g[k] | [kh] | [kh] | |
| k[kh] | [x] | | |
| h[x] | [h] | [h] | [h] |

续表

| 声母偏误形式 | 初级阶段发音偏误形式偏 | 中级阶段发音偏误形式 | 高级阶段偏误形式 |
|---|---|---|---|
| j[tɕ] | [ts]、[c]、[dʒ] | [c]、[ts]、 | |
| q[tɕh] | [tʃ]、[c]、[tɕ] | [ɕ] | [s] |
| x[ɕ] | [s]、[ʃ] | | |
| zh[tʂ] | [c]、[ʂ]、[ts]、[ʃ] | [c]、[ts] | [ts] |
| ch[tʂh] | [ʃ]、[tsh]、[ʂ]、[s]、[tɕ]、[tʃ]、[c] | [tʂ h]、[ʂ]、[tʃ] | [tsh]、[s]、[ch]、[ʂ] |
| sh[tʂ] | [ʃ]、[tʂh]、[s]、[tsh]、[tʂh] | [s] | [s] |
| r[z] | [l]、[j]、[r] | [l] | |
| z[ts] | [c]、[dʒ]、[ch]、[tʂ]、[ʂ]、[tsh]、[c] | [c]、[ts] | [c]、[ts] |
| c[tsh] | [tʂh]、[ʃ]、[s]、[ʂ]、[ch]、[tʃ]、[kh] | [tʂh]、[ʃ]、[s] | [ch]、[tʂh] |
| s[s] | [ʂ]、[ʃ] | [s] | [ʂ]、[tʂh] |

（二）调查内容、方法及结果

1. 测试表的设计：

（1）选用适当的词条，以双音节为主。

（2）所选词条覆盖现代汉语的 21 个声母，每个声母有一定的重现率。

（3）所选词条均为日常生活中的常用词，对于学习时间较短的学习者，发音测试表使用汉语拼音，便于受试者通过认读拼音来发音。

2. 测试方法：

（1）让受试者认读测试表中各字组，调查人录音。

（2）调查人根据学生的实际读音，用国际音标将各受试者对各字的声母发音记录下来。偏误形式见表 2，偏误率见表 3。

表3　　　　　　　泰国学生习得汉语声母的偏误率统计

| 声母<br>错误率（%） | b | P | f | d | t | L | g | k | h | j | q | x | zh | ch | sh | r | z | c | s |
|---|---|---|---|---|---|---|---|---|---|---|---|---|---|---|---|---|---|---|---|
| 初级阶段 | 15 | 30 | 10 | 5 | 19 | 8 | 4 | 5 | 15 | 70 | 70 | 13 | 45 | 55 | 31 | 20 | 42 | 82 | 32 |
| 中级阶段 | 16 | 16 | | 16 | | 22 | 3 | 15 | 8 | 39 | 33 | 25 | 29 | 29 | 33 | 27 | 34 | 30 | |

续表

| 声母<br><br>错误率（%） | b | P | f | d | t | L | g | k | h | j | q | x | zh | ch | sh | r | z | c | s |
|---|---|---|---|---|---|---|---|---|---|---|---|---|---|---|---|---|---|---|---|
| 高级阶段 | | | | | | | 13 | | 10 | 4 | 29 | 11 | 16 | 25 | 20 | 10 | 11 | 21 | 22 |

统计方法：（1）笔者对学生朗读的"声母调查表"里的词条的录音样本进行听辨并确定其正误。（2）统计每个学习阶段的被测试者对每个声母朗读的总次数。即用各声母在"声母调查表"里的词条中出现的总次数分别乘以各个调查组的人数。例如，s 在声母调查表里出现 3 次，调查组的发音人为 5 名，声母 s[s]在声母发音调查过程中出现的总次数为 15 次。（3）统计每个学习阶段的被测试者对每一个声母的偏误总次数。如初级阶段的发音人 5 名，每人把 s 发错了一次，这样，初级阶段对 s 的总偏误次数为 5 次。（4）每一学习阶段对每一个声母的平均偏误率="3"的结果除以 2 的结果乘以百分之百。如初级阶段的 s 的平均偏误率=5/15×100%。（5）每一阶段对汉语声母的平均偏误率=每一阶段对每个声母平均偏误率之和除以每一学习阶段的人数之和乘以百分之百。

## 三 泰国学生习得汉语声母的难度等级及教学对策

### （一）声母偏误分析

为了了解泰国学生习得汉语声母的过程及其声母中介语的发展过程，笔者分别对初级、中级和高级这三个学习阶段的声母偏误情况进行分析。

1. 初级阶段

表 3 显示，偏误率达到或高于 20%的共有 13 个声母，其中声母 c[tsh]、j[tɕ]、q[tɕh]、zh[tʂ]和 z[ts]的偏误率分别高达 82%、70%、70%、45%和 42%，这几个音应是泰国学生初学汉语声母的最大难点。表 3 显示，泰国学生习得汉语声母的过程中，就连泰语中存在相对应的音素，初级阶段的学生也发生了偏误，像 b、p、d、l、g、k、t。这些声母的偏误率不高，偏误形式比较统一。

从偏误形式来看，初级阶段声母的偏误形式复杂多样。对于泰语中没有与之音值完全一样的音素，学生的偏误形式则更加复杂。表 2 显示，zh、ch、sh、z、c 的偏误形式都达到了四种以上，ch、c 的偏误形式居然有 7 种之多。从中可知，语音介入阶段的学习者耳朵对汉语语音的反应十分复杂，心理学家分析其原因在于"在一种语言中以范畴形式知觉的语音，在另一种语言中就不一定按范畴形式来识别。因此，似乎可以这样说，生活在单一语言环境中的听者即便能够识别其所处语言环境中的语音范畴，但对其他语言中较易识别的语音范畴却不能识别（这里的范畴形式是指音位，笔者注）"（傅氏梅，2001）。由于这个阶段的学习者一般只有自己母语音系的概念，对汉语语音特征、语音规则的感觉没有建立起来，因此，他们的语音习得处于盲目摸索阶段，学习者所采用的训练方法是盲目的，是冒险的，使得他们有时对自己的偏误成因也不能解释，如调查中笔者发现有个学生多次把 c 发成 k，学生自己也不明白为什么把 c 发成 k。

2. 中级阶段

中级阶段的大部分学生对汉泰语中都有的声母掌握得比较好，只有个别学生产生了偏误，这一阶段的偏误集中在汉语中独有的那些声母上，如 x、ch、sh、r、c，这些声母的偏误率都在 30%左右。

从表 2 中可以看出，中级阶段的偏误形式比较集中，规律性强。

笔者在调查中发现，部分学生发现自己读错了音时会马上改正过来，有的学生经老师提醒后才意识到。这一现象说明中级阶段的学生对汉语声母系统基本掌握了，但还不牢固。随着学习者学习语言水平的提高及对原有知识的不断渗透，中介语的错误也在不断得到修整逐步向目的语靠拢。

3. 高级阶段

表 2、表 3 显示高级阶段的偏误有以下特点：

（1）学习者对于汉泰语中都有的声母的偏误几乎消失了。

（2）高级阶段偏误率高的声母是 zh、ch、sh、z、c、s，这些声母的偏误率在整个学习过程中一直都很高，可见这些声母的发音偏误在整个学习过程中容易"僵化"，也就是中介语产生的"石化"现象。对于"石化"现象，许多学生自己也意识到了，可就是不容易改变。

（二）声母偏误成因及教学对策

第二语言学习者产生的偏误是由各种各样的语言原因引起的。总的来说，主要有三方面的原因：第一，学习者的母语对习得汉语声母所产生的负迁移引起的；第二，由于学习者对汉语声调系统规则掌握不全面或因错误推断而产生的偏误；第三，不正确的练习方式。

1. 母语负迁移

（1）泰语的辅音既有送气与不送气的对立，也有清浊的对立。汉语的辅音基本上只有送气与不送气的对立。对于"清、浊"对立的发音习惯泰国学生习得汉语时只要避免发浊音就不会影响汉语的发音。但是从泰国学生的声母偏误率表（见表 3）和偏误形式表（见表 2）可以看到，这方面的偏误还不少。像 b[p]有时被发成 p[ph]，当 b[p]和元音 o[o]组合时，这种偏误更多。相应的，p[ph]有时也会被发成 p[p]。d[t]与 d[th]相互混淆。其原因在于，泰语和汉语都用拉丁字母给各自的文字注音，但两种语言中的拉丁字母所表示的实际不同：比如，泰语的 พ、ท、ค、ช 用拉丁字母分别记为 ph、th、kh、ch，其实际音质分别为[ph]、[th]、[kh]、[ch]，相应的不送气音则去掉表示送气的符号[h]，用拉丁字母分别记作 p、t、k、c，实际音质分别为[p]、[t]、[k]、[c]。这样，汉语拼音 p、t、k、c 就容易被泰国学生，特别是初学者按照泰语的拉丁文记音形式读作[p]、[t]、[k]、[c]。

（2）泰国学生把汉语的不送气清音 b[p]与 t[t]读成不送气浊音[[b]、[d]]。汉泰语都用这两个拉丁文字母给自己的文字注音，可它们在两种语言中表示的实际音值不一样，汉语中 b、d 的实际音质是[p]、[t]，而泰语中 b、d 的国际音标是[b]、[d]，这样，初学汉语的泰国学生多数倾向于把汉语的 b[p]、d[t]发成泰语的浊音[b]、[d]。对于这类情况，我们需要向学生讲解清楚两种语言中同样的拉丁字母所表示的实际读音不一样，泰语中与汉语 b[p]、d[t]音质完全一样的音素是 p[p]、t[t]，而不是[b]、[d]。当学生清楚了泰汉语中实际相对应的音素，利用母语的正迁移，问题便迎刃而解了。这类问题到了高级阶段就逐步消失了。

（3）l[l]与 r[z]

表 1 显示，泰语中没有 r[z]，学习者找不到 r[z]的发音方法时，就用母语中相近的音来代替。r[z]有时被习得者发成半元音[j]和舌尖齿龈音 r[r]。学生把[l]发成舌尖齿龈音 r[r]、原因在于泰语也用 r 这个拉丁字母来记音，但泰语中的 r 表示的是个舌尖齿龈颤音。发泰语中的 r[r]时，舌身放松，舌尖向上齿龈靠拢，气流使舌尖颤动，于是，许多初学者就把汉语的舌尖后、浊、擦音念成泰语的舌尖颤音。实际上，这两个音在听感上与发音部位上很不一样，只要老师讲清楚 r[z]的发音部位，这种偏误是能够较快纠正的。汉语声母与发音偏误形式表也显示，中、高年级的学生就不再发生这种偏误。

学生把汉语的 r[z]念成边音[l]或者把[l]念成 r[z]。笔者与泰国人交流时发现很多泰国人在发自己母语中的[r]时，舌尖并不颤动，用他们自己的话说是自己懒得去颤动，而只是把舌尖放到齿龈的位置则止，这样发出的泰语的[r]（与英语的 r[r]相似）在听感上与汉语的 r[z]很相似，唯一点区别是感觉他们的卷舌不是很明显。所以学习者就这样顺手拈来发汉语的 r[z]。

（4）泰语中没有和汉语的 h[x]发音完全一样的音，因而学习者常把它和发音部位相同的 g[k]和 k[kh]相混淆。另外，h[x]有时会发成 h[h]，原因在于泰语也用 h 这个字母给泰语注音，但是泰语中的 h 表示的是个声门擦音，"发音时舌身后移，气流通过声门时发生摩擦形成此音。"要纠正学生的这个音，可以用学生会发的的 g[k]和 k[kh]来带出 h[x]，做法是让学习者先发 g[k]或者 k[kh]，并保持他们的发音部位不变，只是让舌后部从 g[k]部位的接触软腭稍稍离开软腭一点，千万记住，舌后部不能离开软腭太远，否则又发成了声门音 h[h]了。

2. 目的语知识的干扰与不正确的训练方式

（1）j[tɕ]、q[tɕh]、x[ɕ]泰语中都没有，所以偏误率比较高。j[tɕh]常被发成 j[dʒ]、[c]、z[ts]等音，q[tɕh]与 x[ɕ]发生混淆。有的学生还会把 x[ɕ]听成并发成舌端音 s[s]。其中有个特别的现象，有个学生把 q[tɕh]与 x[ɕ]发成 sh[ʃ]，她对 q[tɕh]、x[ɕ]、ch[tʂ]、c[tsh]的偏误达到了 100%，其对 q[tɕh]、x[ɕ]、ch[tʂ]、c[tsh]的偏误形式主要表现为英语的[ʃ]。这种现象给我们一个启发，这位学生对汉语 q[tɕh]、x[ɕ]、ch[tʂ]、c[tsh]这几个音的语音特点完全没掌握，除了对目的语知识掌握不够而产生偏误以外，另一个重要的原因在于学习者自己的学习策略的影响。估计这位学生在初学这组音时，估计在学这组音的中的第一个音时便从自己所掌握的音中找来一个与这些新音素相似的[ʃ]来代替目的语的新音素，而后到了学习这组音的其他一些音时，又没能在自己的母语中找到一样的音，再加上"懒惰学习策略"，于是其他类似的音也用英语的[ʃ]来代替，这样一来，这位学生都用英语的[ʃ]来代替汉语中的 q[tɕh]、x[ɕ]、ch[tʂ]、c[tsh]而都发成[ʃ]，我们应该注意这种象，如果这个学生还不对自己的这种偏误引起重视，加以纠正，她很快会对这些音素的学习进入"石化"阶段，因为每说一次或听一次这 4 个音素中的的任何一个音素，就会她对这些音的偏误强化一次。这几个音在汉语中的使用频率很高，如果他对这 4 个音位产生混淆，那势必严重影响交际。

（2）zh[tʂ]、ch[tʂ]、sh[ʂ]被念成舌面音[c]、[ch]、j[tɕ]、q[tɕ]、x[ɕ]或听感上与舌面音相似的的舌叶音[tʃ]、[ʃ]。我们发现舌尖后音被念成舌面音（或舌叶音）后，由于普通话舌面音不能跟开口呼与合口呼韵母相拼，而舌尖后音又只跟开口呼和合口呼韵母相拼，因而误读后原韵母也会发生变化。至于原韵母具体怎么变化，我们将在韵母偏误一章具体介绍。此外的偏误现象有舌尖后音还常被发成舌尖前音，塞音与塞擦音之间经常混淆。从统计表 3.6 的统计数字可以看出，舌尖后音是学生们的一大语音难点，即使到了学习的高级阶段，仍然是泰国学生学习汉语要努力攻克的一大难点。

（3）z[ts]、c[tsh]、s[ʂ]常常与舌尖后音 zh[tʂ]、ch[tʂ]、sh[ʂ]混淆。由于泰语中只有一对舌面塞擦音[c]和[ch]，而没有其他发音部位的塞擦音。因此，初级阶段的学生根据母语的听觉习惯，只注意塞擦的语音特点忽视舌尖前、舌尖后的区别，以致发生相同阻塞气流方式下的不同发音部位的混淆。另外，擦音会跟送气擦音与塞擦音发生混淆，其原因在于他们的发音从成阻到除阻都有一股气流，跟送气的塞音塞擦音在听感上有些相似，因此引起混淆。从泰国学生声母偏误统计表可以看出，学生对声母 c[tsh]偏误率最高。除了上面提到的那些偏误形式、它还常发成 s[s]、[ch]等形式。要纠正这些错误，最好采用对比教学的方法现训练学生在听觉上对送气、塞擦音的特点和擦音进行比较，然后反复进行发音方面的练习。由于这一组音的偏误一直贯穿泰国学生的整个学习过程中，这说明这组音的确是泰国学生的语音难点，我们应在教学之初便强化学生练习这组音。

（三）汉语声母的难度等级

在第二语言语音教学中，分析学生学习目的语语音所发生的偏误，可以预测和描述可能会引起困难的语音项目。但是偏误分析不能完全反映学习者在目的语的习得中遇到的所有所有困难和问题。为了了解泰国学生在汉语语音习得中对各个音素掌握的难易程度有一个更清楚的认识，必须把偏误分析和语言对比分析结合起来考虑，揭示泰国学生汉语声母习得的难度层级，这样既可预测泰国学生学习汉语语音的难点，又可帮助我们进一步了解泰国学生的汉语语音的学习过程，为对泰汉语语音教学提供有针对性的教学策略。

根据普拉克特（C. Practor）提出的一种分类比较简明的"难度等级模式"，目的语的知识项目的难度可分为六级（从一级到六级，极数愈高难度也愈大）。"难度等级模式"的分类主要在本族语和目标语的对比的基础上划分的（刘询，2011）。

本文根据上述理论对汉语普通话 21 个声母进行难度层级分类。分类标准有两方面的依据：（1）汉泰两种语言声母系统的比较；（2）泰国学生习得汉语声母偏误测试结果（见表 2、表 3）。根据"难度等级模式"理论的分类标准，本文将汉语 21 个声母的学习难度分为四级（从一级到四级），难度层级的划分大概如下：

一级：汉语和泰语语音系统中发音部位、发音方法、拉丁文的书写形式一样及其实际音值完全相同的音素，如：

汉语声母：m    f    l    n
泰语声母：m    f    l    n

这些声母在汉语声母学习中产生了正迁移。大多数学生对这些声母的听觉与发音是正确的。若产生个别偏误，可能是因为紧张或者自己的母语的地方口音影响而引起的。（比如 l[l]/r[r]相混）

二级：汉语与泰语语音系统都有的声母，但是两种语言采用不同的拼音符号形式，如：

汉语声母：p[ph]    d[t]    t[th]    g[k]    k[kh]
泰语声母：ph[ph]    t[t]    th[th]    k[k]    kh[kh]

汉泰语这一部分音值相同的声母，由于在书写形式上的差异，会给泰国学生无论在发音上还是字母的书写上都带来一定程度的负迁移，对于初学者则更容易产生混淆。

三级：汉语中有，泰语中完全没有，如：r[z]

这些音泰语中没有，因此，泰国学生不习惯使用舌尖、浊擦的发音习惯，以致这个音是泰国学生习得汉语的一大难点。

四级：汉语有，泰语只有相近的音素（即发音部位或发音方法相近），如：

| 汉语声母： | 泰语声母： |
|---|---|
| h[x]舌面后、清、擦音 | h[h]声门擦音 |
| j[tɕ]舌面前、不送气、清、塞音 | |
| q[tɕh]舌面前、送气、清、塞音 | |
| x[ɕ]舌面前、清、擦音 | |
| zh[tʂ]舌尖后、不送气、清、塞擦音 | |
| ch[tʂh]舌尖后、送气、清、塞擦音 | ch[ch]舌面硬腭、塞擦音、清音 |
| sh[ʂ]舌尖后、清、擦音　送气 | |
| z[ts]舌尖前、不送气、清、塞擦音 | |
| c[tsh]舌尖前、送气、清、塞擦音 | c[c]舌面硬腭塞擦音、清、不送气 |
| s[s]舌尖前、清、擦音 | s[s]舌端齿背擦音 |

泰国学生声母偏误率统计表 3 显示，泰国学生对汉语声母中的塞音、塞擦音的偏误率很高，其中最高的分别是 c[tsh]、ch[tʂh]、sh[ʂ]、s[s]。偏误形式统计表 2 也显示，这几个声母的偏误表现形式最复杂。

对于上述汉语声母，学习者应该把它们当作全新的项目来学习，可由于母语发音习惯，学习者直觉上不能分辨目的语的这些语音要素与对应的母语语音要素之间的区别、目的语语音要素相同部位不同发音方法之间的区别及不同发音部位相同发音方法的语音要素之间的区别，于是或者用母语中相似的音直接代替目的语中的语音要素，或者把目的语中的不同语音要素相混淆。另一种情况是由于学习者的惰性学习策略，即明知目的语中对应的语音要素与母语不一样，可自己懒得花时间去练习，这些语音要素于是成了泰国学生学习汉语声母的最大难点，这也证实了语音干扰的特点是："两个或几个不同音位之间的发音部位越接近、发音越相似，音与音之间就越形不成对比，干扰就越大，也就越难确定与把握音准。"（赵金铭，1998）。因此，这些语音项目，是最容易引起学习僵化的语音项目，也就成了对外汉语教学的重点所在。

### 参考文献

周小兵：《学习难度的测定和考察》，《世界汉语教学》2004 年第 1 期。

Rod Ellis：《第二语言习得概论》，上海外语教学出版社 1999 年版。

刘珣：《对外汉语教学引论》，北京语言文化大学出版社 2000 年版。

李红印：《泰国学生汉语学习的语音偏误》，《世界汉语教学》1995 年。

蔡整莹、曹文：《泰国学生汉语语音偏误分析》，《世界汉语教学》

2002 年。

　　傅氏梅：《越南学生对汉语韵母听觉偏误与发音偏误》，硕士学位论文，2001 年。

　　赵金铭：《语言教学与对外汉语教学》，北京语言文化大学出版社 1998 年版。

# The Grade of Difficulty of the Thai Students Learning the Chinese Consonant and Teaching Counter Measure

Chen E

**Abstract**：By Comparing the consonant between the Thai language and Chineselanguage, combing the Error forms and Error rate, The paper established the grade of difficulty of the Thai students learningChineseconsonant, and proposed correspondingteachingcountermeasure.

　　**Key words**: the grade of difficulty; chineseconsonant; learning; the Thai students

（通信地址：650500　昆明云南师范大学汉藏语研究院）

# 谈编写和使用韵文类汉语教材的必要性

## 吴　铮

【提要】文章从语言教学的角度对韵文类汉语教材做了界定。文章认为，汉语韵文的节奏明晰、音乐性强，可以提高汉语的教学效率，能够解决仅使用散文类教材遇到的问题。文章强调在汉语国际教育中，应该重视编写和使用韵文类汉语教材。

【关键词】韵文　汉语　教材　吟诵

### 一　什么是韵文类汉语教材

韵文指的是有韵的文体，与散文相对应。那么，什么是"韵"呢？据《说文解字》的解释："韵，和也。"《玉篇》中说"声音和曰韵。"《文心雕龙》说："异音相从谓之和，同声相应谓之韵。"可以说，韵，是在文体中相同声音的重复回应。在文章中使用韵，可以增强声音的表现力，《晋书·律历志》中说："凡音声之体，务在和韵，益则加倍，损则减半。"因此，自古以来，人们就重视韵的使用，韵文是文学发展的源头："韵文完具而后有散文，史诗功善而后有戏曲。"（章炳麟《文学说例》）

韵文教材，指的是以韵文为主要内容的教材。这里的韵文是一个广义的概念，只要是节奏感强，可以入乐歌唱的，都可以算作韵文。它可以包括历代的诗词曲赋、流传在百姓口头的童谣歌曲，也包括根据教学需要、按照韵律格式编写的歌谣。

韵文教材，自古就有。在我国传统的蒙学教育中，几乎全部是韵文教材。3 岁到 6 岁的儿童就是通过背诵《三字经》《百家姓》《千字文》和一些唐诗，达到识字正音和初步文化教育的目的。现代语文教育中也常采用韵文，不过真正编辑为教材的并不多。教育部语言文字应用研究所模仿《千字文》体例编写的《中华字经》，可以算是一部典型的韵文教材。

对于母语为汉语的学习者来说，他们所接触的大量韵文，并非在课堂教学中以教材的形式出现的。实际上，大量在他们的生活中接触到的，传唱于口头的民谣、歌曲甚至打油诗等都属于韵文的范围。韵文对于语感的培养有很大的作用。不过，对于母语非汉语的学习者来说，他们在学习生活中很难接触到大量韵文。因此，我们建议有必要从适合汉语教学的角度，搜集整理并编写以韵文为主要内容的汉语教材。这就是韵文类汉语教材。

## 二　为什么要重视韵文类汉语教材

历来，汉语国际教育中所使用的教材几乎完全是散文体教材，大家不使用韵文教材的原因大概是：韵文不是口语，而散文是口语。诚然，培养交际能力是语言教学的重要目标，散文教材在其中起着十分重要的作用。但是，长期以来，我们在仅仅使用散文教材进行教学的时候，是否也发现一些瓶颈问题，如语音教学难以突破，识记字词负担过重等。我们认为，使用韵文教材正可以解决这些问题。因此对于语言教学而言，散文教材和韵文教材应该结合使用。

在语言教学中，之所以应该重视韵文教材是因为：

首先，不同的语言由于具有不同的语音系统，因而具有不同的韵律特点，而一种语言的韵文最能体现该语言的韵律特点。萨丕尔曾在《语言论》中对比过希腊语、拉丁语、英语、法语及汉语的诗律之不同：

"总起来说，拉丁和希腊诗依靠音量对比的原则；英语诗依靠音势对比的原则；法语诗依靠音节数目和响应的原则；汉语诗依靠数目、响应和声调对比的原则。这些节奏系统，每一种都出自语言的无意识的动力习惯，都是老百姓嘴里掉出来的。"

在不同语言的语音系统中，不同的语音要素具有各不相同的重要性。从萨丕尔的这段话中便可以知道，学习英语要注意轻重音的对比，学习法语要注意音节和元音韵，而学习汉语除了注意音节、元音韵以外，还要掌握声调。传统格律诗讲究平仄和谐，正是因为汉语有声调。所以，通过韵文体会某一种语言的韵律特点，既直观又经济。

其次，与其他的语言相比，汉语的韵律对于汉语系统及中国传统艺术具有特殊的影响力。学习汉语韵文，可以帮助学习者了解和掌握中国传统文化。

魏建功先生曾说："中国语言里的音乐特质（语言的韵律特点）形成文学上形态的自然变迁"（冯胜利，2010：26）。郭绍虞先生也指出汉语的音乐性比西方语言突出。"中国文辞重在音句而不重在义句"（申小龙，2008：165）。近年，冯胜利先生也证明了汉语的韵律特征对汉语文体的发展有制约作用（冯胜利，1997、2010）。吴宗济先生不仅注意到汉语韵律与传统诗文的关系，还关注到汉语韵律与书法、音乐、歌舞等中国传统艺术的关系。他认为汉语的韵律特征和中国传统艺术有着密切的联系，"同属汉语的思维系统"（吴宗济，2003、2009）。

汉语韵律与汉语系统和中国传统文化的特殊联系，大概跟中国几千年来提倡"诗教"和"乐教"有很大的关系。从一定意义上说，韵文教学也是对母语非汉语者的一种"诗教"和"乐教"。《孝经》说"移风易俗，莫善于乐。"让学习者能在富有节奏和旋律的韵文中培养汉语的思维系统，善莫大焉！

### 三 韵文教材对汉语教学的具体作用

汉语韵文的特点是：几乎全部都可以歌唱。古代所有的诗词文赋，都是吟诵的，也就是可以有曲调地吟咏。现代的诗歌，只要有韵律有节奏，也很容易歌唱。汉语歌唱的方式是依字行腔、依义行调，所有的读音都要求非常准确。歌唱的方式对于激发学生的学习兴趣、活跃课堂和增强记忆，都是非常有效的。洛扎诺夫提出的暗示教学理论认为，当人们舒舒服服地沉浸于音乐歌曲歌谣时，人们身上就会同时展开大量的生理和心理活动，这时候，精神状态在形成，自由联想在奔驰，观念、情绪在起伏，创造力在活跃。这时候学到的知识记忆特别牢固，特别持久。有试验结果表明，有歌曲、歌谣伴随的教学和没有歌曲歌谣的教学相比。前者比后者记忆有效率高 2.17—2.50 倍。

如果再具体一点说，使用韵文教材对汉语教学的作用主要体现在辨调正音、识记字词、浸润文化这三个方面。下面依次做简要说明：

（1）辨调正音

"语音是一套习惯，学习外语就是养成一套特别的习惯。"对于母语非汉语的学习者而言，有一些汉语语音习惯，较难辨别，如声调的变化；有些语音习惯，不易掌握，如复韵母。此时，如果适当夸张、延长，就能取得较好的效果。韵文教材由于能够入乐歌唱，因此可以拉长练习。比如吟诵《江南·汉乐府》的节奏是这样的："江南一可一采一莲一，莲叶一何一田一田一，鱼戏一莲一叶一间一。鱼戏莲叶东，鱼戏莲叶西，鱼戏莲叶南一，鱼一戏一莲叶北。"可以看出，前三句的韵脚是 ian，在吟诵中因为拉长而被突出了。第二句后 3 个字是三个二声相连，在吟诵中也因为拉长，放大了调域，使学习者的感受非常明显。再如唐诗《春晓》的吟诵节奏："春眠不觉晓一，处处闻啼鸟一。夜来风雨声一，花落知多少一。"全诗每一句的韵脚都拉长了，可以帮助学习者掌握韵母"ao"的发音。

有一些语音习惯是汉语特有的，如元音"u"。教学中如果缺乏循环复现，则不易掌握。上文提到的《江南·汉乐府》全诗 5 个字都是"u"。教师在帮助学生掌握"u"的发音之后，可以使用该韵文进行强化练习，促成学生发音的自动化。

（2）识记字词

和日常对话的散文形式相比，韵文的节奏感强，可以入乐，且多有回旋往复的结构，便于记忆，学习者在牢记歌谣的基础上，自然可以随文识字。在中国传统启蒙学教育中，吟诵《三字经》《百家姓》《千字文》等韵文是短期内提高儿童识记汉字的高效方式。据了解，古代的儿童，一般三四岁入启蒙学，经过两三年的吟诵学习，便可以掌握 3000 个以上的汉字。

韵文的结构特点和音乐性，也同样有助于词语的记忆。以童谣《小兔子，开铺子》为例："小兔子，开铺子。一张小桌子，两把小椅子，三双小袜子，四条小裤子，五顶小帽子。来了一群小猴子，买了一张小桌子，两把小椅子，三双小袜子，四条小裤子，五顶小帽子。小兔子的东西卖完了，明天再来开铺子。"这段韵文共分两段，核心部分是 6 组量词搭配，前后两句又使增加了韵文的故事性，练习起来生动有趣，毫不枯燥。

（3）浸润文化

文化教学是语言教学的重要内容，优秀的汉语教材应该融入中国文化的精神内涵。朱志平等人曾分析研究了 1998 年到 2008 年的对外汉语教材，她们发现多数教材"文化设计的随意性还比较大，与课文的关系较为松散"（朱志平等，2008）。我们认为韵文教材中有许多汉语经典诗文和民谣，这些韵文蕴含了中国人的生活智慧、哲学思想、价值观念等。学习者通过反复吟唱，沉浸其中，渐渐便能体悟和理解到中国文化的精神内涵。比如，《三字经》中有一段："高曾祖，父而身，身而子，子而孙 。自子孙，至玄曾，乃九族，人之伦。父子恩，夫妇从。兄则友，弟则恭。长幼序，友与朋。君则敬，臣则忠。"这里仅用 48 个字就清楚明白地介绍了传统中国人的人伦关系。再如，《诗经·国风·卫风·木瓜》"投我以木瓜，报之以琼琚。匪报也，永以为好也！投我以木桃，报之以琼瑶。匪报也，永以为好也！投我以木李，报之以琼玖。匪报也，永以为好也！"一个比一个微小而廉价，再往下，就该没有什么可赠予的了，但是这不妨碍情义，因为"匪报也，永以为好也"！一种珍视情谊、淡薄物质的观念在一唱三叹中充分表达出来。

四　怎样使用韵文类汉语教材

前文说过，语言教学中应该同时重视散文教材和韵文教材的使用，在具体教学实践，根据教学对象的不同、教学环境的差异、教学目标的设定等，要调整韵文教材的使用范围和比重。比如，针对学龄前后的儿童，可以韵文教材为主；针对成年人，可以韵文教材为辅。在国内教学设置较完备的学校，韵文类教材可以侧重于语音课、汉字课等选修课的课堂教学，也可用于课后的强化练习；在师资不足或课时有限的学校，比如，一些海外孔子课堂，为了保证教学效率，保持学习者的学习热情，可适当增加韵文教材的使用。

## 参考文献

萨丕尔：《语言论——言语研究导论》，商务印书馆 1985 年版。

冯胜利：《论韵律文体学的基本原理》，当代修辞学 2010 年第 1 期。

申小龙：《汉语与中国文化 2 版（修订本）》复旦大学出版社 2008 年版。

冯胜利：《汉语的韵律、词法与句法》北京大学出版社，1997 年版。

吴宗济：《"书话同源"——试论草书书法与语调规则的关系》，《世界汉语教学》2003 年第 1 期。

吴宗济：《试从文学与艺术的韵律探索普通话的韵律规则》，《第六届全国现代语音学学术会议论文集（上）》2003 年。

吴宗济：《试论普通话中韵律规则与其他若干学科中韵律规则的共性》G. Fant, H. Fujisaki, J. Shen（沈家煊）主编《现代语音学前沿文集》，商务印书馆 2009 年版。

朱志平、江丽莉、马思宇：《1998—2008 十年对外汉语教材述评》《北京师范大学学报》（社会科学版）2008 年第 5 期。

# The Necessity of Preparing and Use of Rhyme in Chinese Teaching Material

Wu Zheng

**Abstract:** From the point of language teaching, verse on the Chinese language teaching materials is defined. there is clear rhythm and musicality in Chinese verses, which can improve the efficiency of Chinese teaching, also can solve problems using only prose textbooks. We should pay more attention to the preparation and use of rhyme in Chinese teaching materials in the Chinese international education.

**Key words:** Verse; Chinese language; textbooks; Chinese chant

（通信地址：100083　北京语言大学汉语速成学院）

# 藏汉双语平行　文理学科并重

## ——藏汉双语教育人才培养的最佳途径探索

严木初

【提要】目前，四川藏区藏汉双语教育从小学、初中、高中到大学呈现出连贯完整的体系化特征，在取得可喜成绩的同时，藏汉双语教育人才的培养数量与质量上还存在较大的缺陷，这不仅不能满足藏区经济社会文化日益发展的实际需求，而且与内地快速发展的教育整体水平差距愈发悬殊。本文针对这一现状，对藏汉双语人才培养模式进行全面探析，提出藏汉双语教育必须走藏汉双语兼顾并重、文史理工平行发展的人才培养之路，才能使双语教育名副其实。

【关健词】四川藏区　双语教育　人才培养模式

## 引言

四川藏区藏汉双语教育，从小学、初中、高中到大学呈现出连贯完整的体系化特征。目前，从使用的教学语言角度，基础教育阶段双语教育人才培养模式主要分为两类：以学藏文为主，加学汉语文，这类学生使用的教材（包括汉语文教材），基本上使用的是藏、青、甘、川、滇五省区统编教材，惯称"一类模式"。以学汉语文为主，加学藏语文，这类学生除藏语文外，其他教材与当地普通班使用的教材一致，惯称"二类模式"。多年来，这两种模式"为提高藏民族的思想文化水平，促进藏区社会的稳定和发展，继承弘扬藏族优秀的传统文化等方面做出了巨大贡献。"[①]但藏汉双语教育所存在的不足也相当明显：一方面藏汉双语教育人才培养的数量、质量与藏区经济社会文化日益发展的实际需求还有不小的差距；另一方面藏汉双语教育水平与内地快速发展的教育整体水平差距越来越大。

---

① 严木初、郭三黎：《立足"三个面向"，科学构建专业课程——浅谈藏汉双语教育专业的课程建设》，《阿坝师专学报》2010 年第 3 期。

本文结合四川藏区基础教育双语教育实际，对藏汉双语人才培养模式现状及问题进行深入探析，并就笔者所在学校近年来在藏汉双语教育培养思路、课程设置等方面所做出的尝试与努力做一粗略介绍，希专家学者批评指正，共同为优化藏汉双语教育人才培养模式贡献绵薄之力。

## 一　四川藏区藏汉双语教育现状及问题

### （一）四川藏族语言复杂，导致双语教育发展不平衡

藏族是一个多元一体的民族，各区域的语言差异大。四川藏族使用的语言除藏语中的安多方言、康方言外，还有嘉绒语、道孚语和待进一步识别的语言。非康方言、安多方言的藏族学习藏语，犹如学习第二语言，难度比学习汉文还大。所以，藏语的这种多样性复杂性，导致四川藏区藏文水平参差不齐的现状。大家普遍认为阿坝考生的藏文成绩好于甘孜考生，这是有原因的。阿坝地区的双语教育基本上在安多方言区，母语即学生的学习语言，藏文教学效果好就不言而喻。而在甘孜藏族使用的语言除藏语的康方言外还有嘉绒语、道孚语和有待于进一步识别的其他语言①，使用这些语言的地区的藏文水平相对较低。20 世纪 60 年代，嘉绒语研究专家林向荣教授就提出了"嘉绒地区不宜开设藏文"的观点②。甘孜藏区语言复杂，除康方言的学生外，对其他学生来讲，从小学起就担负着两种外语的学习任务，成绩不理想在情理之中。这也从侧面证实，虽同为藏族，但因母语不同，学习藏文的难易程度也存在显著差别。

另外，当下国家重视双语教育，政策倾斜大，双语学生就业率高。这样学校办双语班的积极性高，学藏文的学生家长高兴（其中藏族感情的因素不少），学生满意。普通高中生中临近高考时偷换模式，变成双语考生大有人在。其结果录在藏文专业的大学生，有的连语言关都没有过，文字就更不用说了。这样下去双语教育徒具虚名，失去了应有的意义。

### （二）两类教育模式皆存在缺陷，导致学生知识结构残缺

"以藏语文教学为主同时开设汉语文"的一类模式与"以汉语文教学为主同时开设藏语文"的二类模式原本是为了因地制宜，适应不同地区经济社会文化教育现状，实现分类差异化培养的目的，但在实际教学过程中并没有处理好两者之间的关系，最终没有达到藏汉并重发展的预期效果，导致学生知识结构残缺。一类模式学生藏文成绩普遍好于汉文成绩，个别水平高的学生在中学就能写作发表藏文诗集，但不少学生连汉语拼音方案都

---

① 黄布凡：《川西藏区语言关系》，《中国藏学》1988 年第 3 期。

② 林向荣：《阿坝州双语使用情况调查》，《民族语文》1986 年第 4 期。

没有过关，笔画数不清，错字、别字比比皆是，语言表达不通顺，不少学生不能用汉语完全准确地表达自己的思想。二类模式的学生汉文成绩普遍好于藏文成绩，个别水平高的学生能用标准的汉语主持大型的文艺晚会，但绝大多数学生的藏语听说读写能力较差，能用藏语表达自己思想的学生凤毛麟角，文字写作能力就可想而知了。真正能够在藏汉双语上健康行走的学生不多，普遍存在语言"跛足"现象。

（三）过于强调语言习得，导致文理学科发展不均衡

囿于历史和现实多方面原因，藏区数理化教育基础薄弱。在基础教育阶段学生需修习藏语、汉语甚至英语等多种语言。学时有限，相关地理、生物、化学、科技、艺术等非语言类课程开设严重不足。一类模式的学生藏语文成绩好，数理化成绩差，到高中阶段就表现为学文史的多，学理工科的少。这样，造成文史理工发展不平衡，懂藏汉双语的理工类专业人才奇缺。教育"梗阻"与"短板"现象并存。

（四）双语教育质量不高，与内地差距悬殊

以 2014 年四川省各类专业录取最低控制线进行比对，就能看出双语教育与内地差距有多大。2014 年四川省各类高考以"3+X"（语数外+文理综）750 分的总分设置。双语的语文成绩由藏文和汉文两部分各占 50%组成，即藏文 75 分，汉文 75 分。藏文用四川省统一试题，汉文用的是"民考汉"试题，相当于汉语等级考试，比普通内地学生汉语试题简单得多。其他科目的试题均用普通内地学生的试题，只是用藏文答卷。两类考生各批次最低控制线的差距高达两三百分，悬殊惊人，详见下表：

**2014 年四川省各类专业录取最低控制线**（见四川省教育考试院网站）

| 类别 | 批次 | 普通专业 | | 藏文专业 | | 分　差 | |
|---|---|---|---|---|---|---|---|
| | | 本科 | 专科 | 本科 | 专科 | 本科 | 专科 |
| 文史 | 第一批 | 551 | 450 | 304 | 278 | 247 | 172 |
| | 第二批 | 500 | 200 | | | | |
| | 第三批 | 476 | | | | | |
| 理工 | 第一批 | 540 | 390 | 227 | 208 | 313 | 182 |
| | 第二批 | 475 | 180 | | | | |
| | 第三批 | 446 | | | | | |

（五）双语教师"量"不足、"质"不高

四川藏区地处青藏高原，气候恶劣，条件艰苦，教师待遇低，教师生活单调枯燥，吸引不了人，留不住人，双语教师队伍不稳定，流失严重，

数量不足。部分地区中小学长期请代课教师，找顶岗实习生。在师资缺乏时，不得已就压缩课时，减少相关课程。在就业形势相当严峻的今天，藏汉双语师资不足，缺编严重，可见一斑。

双语教师学历层次上总体偏低，除有少部分大专毕业生外，绝大多数是中专毕业生。在专业结构方面，藏文物理、化学、生物、政治、历史、地理学科的教师缺乏。藏汉双语专业素质与专业技能不高，较少接触现代教育理念与现代教育技术。

### 二、藏汉双语教育人才培养模式探索

（一）推行"藏汉双语平行，文理学科并重"培养模式的必要性

从行政层面上看，"汉语是国家最主要的行政语言，是国内通行面最广的交际工具，是国家对外交往中的正式语言文字。"[①]因此国家把汉语称为"国家通用语言"，鼓励并大力推广汉语言文字。少数民族学习汉语言文字，既是现实的需要，又是国人的义务。

从语言功能来看，藏语是藏区主要的交际工具，使用频率高，汉语只在特定场合使用，属"母语—汉语型"。双语并行，对个体来讲，能挖掘自身最大的发展潜能，成为对社会有用之才；对民族来讲，能提高整个民族的综合素质，促进民族地区的现代化；对国家来讲，有利于构建和谐社会，促进藏区社会政治稳定经济发展。

从文字功能来看，藏文是我国少数民族文字中历史最悠久的文字之一，记载的文献仅次于汉文。如今在藏区官方还是民间藏文依然发挥着它的作用。学习藏文不仅更好地继承和发扬藏民族优秀的传统文化，还能为藏区社会和谐发展添砖加瓦。在我国，现代科学技术承载的主要工具是汉文。把包括以汉语言文字为载体创造的科学技术及借鉴吸收的科学技术，通过汉语言文字来传播，是少数民族学习人类文明成果的最有效途径之一。

从语言习得的途径来看，藏族习得汉语，主要是通过学校教育实现的，在日常生活交往中自然而然掌握了汉语的不多。在一定程度上可以说，普及提高藏区汉语文水平是藏区教育战线的首要任务。

推行"藏汉平行，文理并重"模式，可以解决藏区各条战线双语专业技术人才与学校数理化双语教师奇缺的现状。现在，生源差，降低标准成了权宜之计。2014年阿坝师专双语教育系招收的藏汉双语免费师范生（专科），文科的录取线是278分，理科的录取线是208分（并且是历来最高

① 宝玉柱：《喀喇沁蒙古族双语教育研究》，戴庆厦主编《双语学研究》（第三辑），民族出版社2011年版，第24页。

分）；①缺教师，只有降低要求，请代课教师找顶岗实习生。如不加大双语教改力度，教育就很难适应当今社会和经济发展形势。

推行"藏汉双语平行，文理学科并重"的培养模式，不仅是现实的客观要求，也是符合双语教育的根本含义。

（二）推行"藏汉平行，文理并重"培养模式的步骤

提高藏汉双语教育的质量，是民族与时代的需要。如何实现藏汉双语兼顾并重，文史理工平行发展，使双语教育名副其实，培养德才兼备合格的藏汉双语人才就成了当今教育责无旁贷的使命。

第一，统一思想，提高认识，克服民族语文"说起来重要，做起来次要，忙起来不要"的思想。

民族语文工作光靠人治不行，还要法治，法律可以使民族语文工作在稳定的状态中前进。光靠教育部门不行，还要有相关部门的通力合作。明确各部门的职责，发挥各部门的职能，可以改变有些机构"不调查、不研究、不表态、不做事"的作风。要把"母语教育是开发儿童智力的金钥匙""学好汉语走出大山""学好数理化走遍天下都不怕"等理念深入人心。

第二，要培养一大批多层次的双语教育研究专门理论工作者和水平较高的专家，构建双语学。

目前，对双语研究有兴趣、研究的，主要是一些语言学家、教育家、大学教师，但他们缺乏基础教育的具体经验，缺乏丰富的双语教学感性认识；而有实际经验的中小学教师，由于忙于教学，做研究的少，在理论上有所欠缺。因此，双语教学中兼具具体教学经验与语言学理论的人太少。应鼓励语言学家、教育家、大学教师到双语教学第一线去工作调研。要创造条件，鼓励第一线的双语教师从事科研。二者通力合作，共同打造双语教育的蓬勃春天。

开展国内外双语教育的比较研究、双语理论研究等，为双语教育提供理论指导。开辟双语教育研究阵地，成立专门研究机构，使双语教育研究系统化、科学化，从依存于语言或教育学等学科中独立出来，成为介于语言学、民族学、教育学、心理学等学科之间的新兴边缘学科，构建我国双语教育研究理论体系和实践体系，从而为我们这个多民族、多语种的国家经济和文化建设服务。

第三，明确各教育阶段的培养目标，切实把藏汉双语教育落到实处。

四川藏族的语言复杂，且双语教育本身就是复合型教育，因此在实施

---

① 阿坝师专双语教育系 2014 级 41 人文科生语文的平均分是 116 分，最高分 134 分，最低分 94.44 分；理科生语文的平均分是 108 分，最高分 125 分，最低分 87 分。

双语教学的学校更需要有一个正确的引导、科学的规划，既要符合教育规律，又要兼顾目标培养，科学合理安排课程课时。课程是实现培养目标的载体，课程结构是人才培养模式中的重要内容。合理确定藏汉语言科目的开设时间与课时比例，具有特别重要的意义。双语教育课程设置应充分考虑学生文化基础、认知心理与社会需求。

小学是培养学生学习习惯，树立学习积极性的关键时期，也是奠定一定语言文字基础的时期。在小学一年级就学藏语文、汉语文、数学三门主课，对第一语言是民族语言的学生来讲学习压力实在是太大。如采用"先藏后汉，循序渐进"的方法开展教学，肯定比"民汉同步"的效果好。以母语起步，汉语会话过渡，先学会话后学文，鼓励学生用汉语交流，开展有针对性的活动，有意创造汉语语境，通过听、说、读、译训练，循序渐进，小学毕业时的汉语文水平能达到普通班4年级的水平。

初中到高中，逐年加大汉语言的课时，到高二藏汉双语课时一样，高中毕业多数学生的汉语文水平达到普通班高二的水平，基本实现"藏汉双语化"。在解决了教学语言的前提下，逐步开发加大其他课程，实现文理并重的办学格局，逐步克服重文轻理的现状。强化"短板"决定人才"容量"的观念，树立"学习汉语，学习数理化"的思想。

高等教育藏汉双语教育的培养目标应该是：培养拥护中国共产党的领导，具有一定专业技能，有同等水平使用藏汉双语（文）能力和较高藏汉文化素养的接班人和劳动者。教育类型为"专业+双语双文化型"即专业加藏汉双语双文化并重的教育模式。教育的重点是专业教育和文化教育，实现"藏汉双语双文化"。

只有分工明确，任务落实，才能实现"藏汉双语平行，文理学科并重"的教育模式。

# Simultaneity of Tibetan-Chinese Bilingual Education and Equal Stress on Arts and Science Subjects

—Exploring the best way to Tibetan-Chinese personnel training

Yan Muchu

**Abstract:** In Sichuan Tibetan areas, Tibetan-Chinese bilingual education has been so far continuously and systematically conducted from elementary schools through colleges. Although Gratifying achievements has been made in bilingual education, whereas the quantity and quality of bilingual personnel training are still the defect to be ameliorated. Such deficiency makes it impossible for the actual needs of cultural, economic and social growth in Tibetan areas to be met, and makes the gap between the education in Tibetan areas and the inland rapid and overall education development level increasingly bigger. The paper attempts to explore the training mode of Tibetan-Chinese bilingual education against this defect, proposing that the veritable bilingual education should take into account both Tibetan and Chinese and lay equal stress on arts and science subjects.

**Key words:** Sichuan Tibetan areas; bilingual education; personnel training mode

（通信地址：623002　阿坝州汶川县水磨镇　四川省阿坝师专双语教育系）

# 领航　成果　感谢

## ——破解"汉字难学"的探索

赵明德

**【提要】**本文分两部分：第一部分谈戴庆厦先生对我的帮助。第二部分谈在戴先生的领导下取得的成绩，即"汉字不难学"的破解。

**【关键词】**领航　汉字教学改革　汉字不难学

### 一　领航

笔者和戴先生相识 40 多年了，早在 20 世纪 70 年代，我们就住在一个楼里，经常见面、打招呼，给我留下了深刻的印象：和蔼可亲、平易近人。后来我调到少数民族语言文学系汉语教研室工作，戴先生是系主任，是我的直接领导，从此，工作上有了直接的联系。戴先生对我的帮助真是不小。在任期间，他除了领导大家搞好教学之外，特别重视科研工作。他身体力行、著作等身，同时引导大家去做。有几件事是不得不提的。

第一件：我清楚地记得，在一次全系的午餐会上，戴先生在谈到下一阶段工作时，讲科研工作，号召大家报选题。问到我，我说我报一个"汉字教学改革"。随后，又有关辛秋老师、田艳老师加入。从此，在戴先生的领导下，我们踏上了汉字教学改革之路。

第二件：我研究了一套汉字立体玩教具，它可以直接演示汉字的各种结构，还可以偏旁归类、组词造句，使汉字教学由平面变立体，由枯燥变有趣，由难变易，受到各方面的好评。在学校科研处的组织下，召开了有校内外专家参加的鉴定会，戴先生任鉴定组组长。会议开得很成功，受到专家们的好评。会后多家媒体进行了报道，引起了很好的社会反响，后来还获得了教育部奖。

第三件：戴先生不仅自己经常给我们讲要在搞好教学的同时搞好科研，还请大专家大学者给我们讲如何搞科研。我记得在 1996 年中国少数民族语言研究理论方法研讨会上，华中师范大学的邢福义先生因故未能到会，特写了贺信。这贺信听起来是一封祝贺大会的信，讲到了如何做科研的各个方面，竟成了我 20 多年来做科研的座右铭。邢先生是这样讲的："第一，从众多的事实中，发掘出值得研究的事实；第二，从值得研究的事实中发掘出规律性；第三，从所得的规律中发掘出理论问题；第四，从发掘规律和理论的过程中总结出研究思路和研究方法。事实发掘的程度，反映研究的深度。离开了事实的发掘谈不上理论与方法的建树，自然也谈不上学科研究的成熟。季羡林先生最近在《探求正未有穷期》(《世界汉语教学》1996年第三期) 一文中强调'充分发扬我们自己的语言的理论'，'在世界语言学界发出我们的声音'。这似乎既是汉语研究工作者的任务，也是我们少数民族语言研究工作者的任务。"这里，话虽然不是很多，仅仅是二三百字，但非常非常重要啊！它首先告诉我们，搞科研，第一是如何选好题目；第二是如何做好题目；第三，指出挖掘事实的重要性；第四，指出我们的研究要有自己的特色，不能跟着别人的理论跑，不能用别人的理论当做我们的最高标准，要"发出我们自己的声音"。我认为这对我们每一个搞研究的人来说都是非常重要的。特别是搞汉语教学研究的，尤其重要。我今天特地把这段话全文介绍给大家，就是要与大家分享大学问家的风范，大学问家的宝贵经验，与大家共勉，共同沿着这条路走下去，作出更大的成绩。

第四件：戴先生带领大家走出去，开阔视野，结识朋友，向他人学，丰富自己。语言学、语言教学、第二语言教学是国内外语言学界经常讨论的话题。少数民族学汉语、外国人学汉语都是把汉语作为第二语言来学习的，如何教好他们是一门新兴的学科，有许多理论问题与实践问题需要解决，光靠闭门造车是不行的，需要和同行们研讨切磋，需要多听听专家、学者的意见。这就需要走出校门，向他人请教。作为一般的教师，虽有此愿，还需领导创造条件。戴先生在这方面就做得非常好，为大家创造条件，带领大家去学习、去创造，我是受益者，如参加在广州暨南大学召开的双语学讨论会，就是在戴先生的支持下、领导下成行的，从而获益匪浅。

第五件：教学科研升华。戴先生不仅重视自己的研究与提高，写出论文一篇篇，著作一本本，同时为大家创造条件，把教学与科研结合起来，论文集一集接一集地出版，如《第二语言（汉语）教学论文集》，这对广大教师是一个极大的促进和提高，我又是受益者。

上面列举的五件事，具体说明了戴先生的为人，戴先生对我的帮助，在这里，我向戴先生表示衷心的感谢。

## 二　成果

下面就介绍一下我们取得的一点点成绩。汉字教学的改革、立项，这是二十年前的事了。经过 20 多年的探索，汉字难学的问题已经有了突破，我们的结论是"汉字不难学"，论文发表在 2005 年 5 月份的《美国中文教学与研究》的期刊上，题目是《汉字不难学——我们的探索》。

汉字不难学，这是一个不能轻易说出的命题，因为，在世界范围内，普遍认为"汉字难学"。这是一个学术问题，也是一个教学实践问题，不是一般的宣传，不是媒体的炒作，所以不能轻易地说。我们这样说，是说：经过探索，可以不难学；我们经过探索，使汉字变得不难学；不能完全解决，我们要继续探索。所以这个题目是说我们的研究成果和我们的努力方向。这样说，我想是可以的吧！

（一）我们的理念

我们是基于下述的理念进行探索的。"世上无难事，只怕有心人"。世界上万事万物都是有规律的，找到规律就不难。难道不是这样吗？

试想，中国的先民们，在没有汉字的时候，为了传递信息和保存久远，他们想了各种办法，把汉字造出来，而且造得是那样的巧妙，那样的科学，那样的合理，使之经久不衰，历经几千年，传至今天。

他们开始的时候难不难？难吧，但是他们不怕难，终于把汉字造出来了，让后人共享。

说今人吧！汉字在没能输入计算机之前，曾有人断言：计算机的出现是汉字的掘墓人！真够吓人的！但是中国及使用汉字的他地、他国，就有一批语言文字学家和科学技术专家，他们就是不信邪，不怕难，经过日以继夜的奋战，终于把汉字输入到计算机里了，解决了汉字输入计算机的难题。不仅解决了，而且解决得很好！这不是又一个很好的例证吗？！

人类社会就是在不断地克服困难，解决难题中前进的，古今中外都如此。为什么，汉字难学就不能解决呢？完全可以解决，只要我们认真地钻研，找到教学的规律就不难。这就是我们的信念，于是我们开始了多年的探索。

（二）探索

开始，从兴趣出发，研制出了"汉字立体玩教具"，经过多次实验，获得了成功，通过了专家鉴定，获得了教育部奖励；继而向母语教学学习，向外语教学学习，向书本学习，向同仁学习，在戴庆厦教授的领导下，我和关辛秋老师、田艳老师成立了汉字教学改革课题组，经过多次的教学实验，获得成功，研究出了汉字独立授课的"汉字百日通"成人教材，并且，我和田艳老师合写了《美国零起点短期班学员汉字教学初探》的论文；继而在有关领导的推荐下，组成编写组，为国家汉办编写、制作了《轻轻松松学汉字》15 集电视片，在美播放，受到好评；继而在朋友推荐下，与他人合作编写、制作了《汉字步步高》教学光盘，实现了以学生为本的现代化教学；继而又在一位藏族老师的激励下，研究出了《儿歌汉语》文语同步教材，受到师生们的普遍欢迎；继而，在北语好友张朋朋老师的推荐下，在北京语言大学教师进修学院给来华进修的外国中小学老师讲汉字课，在连续几年授课的过程中，又形成了一套《快乐汉字》教学法。今年（2015）五月，《美国中文教学与研究》学术期刊发表了《汉字不难学——我们的探索》的论文，得到了国外专家学者们的好评。

不断地探索与学习，提高了我们的认识，使我们认识到，汉字不难学。说难学，不是学生的问题，不是老师的问题，不是汉字本身的问题，是我们研究不够造成的。

不断地探索与学习，我们认识到了工作的重大意义，大大激发了探索的热情，要努力尽快解决"汉字难学"这一阻碍世界汉语教学大发展的"最大瓶颈"问题。这是广大海外学习者，特别是西方学习者向我们发出的呼吁，是他们的殷切期盼，是汉办领导向我们提出的要求，是我们广大汉语言文字工作者义不容辞的责任。

中国古人不认为汉字难学，它们通过学习三、百、千（《三字经》《百家姓》《千字文》）等启蒙读物，较快地认识了汉字，逐步达到听、说、读、写四会。

（三）难学的原因

除历史的、社会的原因外，理论的误导导致今天的汉字难学。

就第二语言教学而言（含中国少数民族学汉语），用西方语言学的词本位理论编写汉语教材，把汉字放在词汇的附属地位，不能体现汉字构成的特点，不能体现教学的规律，不能发挥汉字的优势，致使汉字难学，成为对外汉语教学的"最大瓶颈"（国家汉办主任许琳，2009）。这里，我们要充分认识汉字的特殊性。早在 1997 年，世界汉语教学学会副会长、法国教育部汉语总督学白乐桑教授就指出："无论在语言学和教学理论方面，在教材的编写原则方面甚至在课程设置方面，不承认中国文字的特殊性以及不正确处理中国文字和语言特有的关系，正是汉语教学危机的根源。"[①]（难学的根源——笔者认为）。又说：有一点是可以肯定的，以适合表音文字的教学法去就是汉语，会把汉语复杂化。[②]

我觉得他讲得非常好，非常有道理。我认为事实就是这样。

原世界汉语教学学会会长吕必松先生说："这是很有见地的论述。充分认识汉字的特殊性以及汉字与汉语的关系的特殊性，是寻求新的教学路子的关键。"又说："可以肯定地说，充分认识汉字的特殊性以及由这种特殊性所决定的各项技能训练之间的关系的复杂性，找出其中的客观规律，并在课程设置和教材编写等方面体现这样的规律，是进一步提高汉语教学效率和推动汉语教学发展的关键之一。"③

所以，我们现在要做的工作，就是承认客观事实，从这些客观事实中找出"规律性"。

（四）探索规律与创新教法

在对外汉语教学（在中国国内）和国际汉语教学中，有哪些规律性呢？通过不断的学习、研究、实验，使我们认识到，下面几条是必须遵循的：（1）文语分开。（2）识写分开。（3）初学识字，用韵语。（4）初学写字，从简到繁，循序渐进。（5）识字讲字理。（6）记字、写字讲部件。（7）使用汉字立体玩教具。（8）儿童用文语同步新法。（9）识字与阅读相结合。

下面做些说明：

1. 文语分开是由汉字的特点和与汉语的关系所决定的。汉字是表意文字，与汉语（这里指口语）的关系不是我手写我口（要说的话）说的关系，它是一套独立的文字体系，有其自身的特点和学习的规律，二者不能混为一谈。它与口语又是一字对一音的关系，它是口语的书面表达形式。字从文的学习，即现在的学汉字跟着课文走，碰到什么学什么，都很困难，都学得很慢，所以，我们的教学一定要文语分开，即汉语听说课，按照听说课的特点、听说课的教学规律编写教材，进行授课；汉字课，按照汉字的特点编写教材，进行授课。

2. 识写分开是由汉字本身的特点所决定的。汉字是由笔画构成的方块字，少则一两笔，多则三十几笔，甚至更多。识字不分笔画多少，写字要分笔画多少。少的好写，多的难写，这是人们的常识。为了学写不难，就要从最简单的开始，即从简到繁，循序渐进。从简到繁，循序渐进，这也是教育学最基本的原理之一，做什么事情都不能违反，违反了就做不好。我们必须改变思路，图省事（学说什么，就学写什么）反而坏了事（难写，找不到规律，很费时间）。从一、二、三开始学写，一点都不困难。我们做过多次实验，不管是成人，还是儿童，没有一个说难的。反而觉得很有意思，很好玩。独体字，一横就是一个"一"字，两横就是一个"二字"，三横就是一个"三"字，一横一竖就是一个"十"字。合体字，"女""马"两个部件相加就是一个"妈"字，"言""身""寸"三个部件相加就是一个"谢"字。多有意思呀，所以一定要识写分开。

3. 激发兴趣，使其爱学。兴趣是最好的老师，有了兴趣，就有了动力，就能不怕学习中的困难，这是大家所熟知的，这是教学中最基本的一条原则。成人与儿童都如此，儿童更甚。世界汉语教学学会会长许嘉璐先生说：

"'汉字难学'是摆在所有初学汉语汉字的外国朋友面前的客观事实。作为汉语教学者，当然要创造性地为母语非汉语的学习者探索、设计多种多样的学习方法，而通过教学让学习者产生莫大的兴趣，应该是解决汉字难学漫长过程的突破口。"

如何运用到教学中呢？以零起点的学生为例，我们是这样做的：首先，像讲故事一样，向学生们讲(成人用成人喜闻乐见的语言，儿童用儿童喜闻乐见的语言。这里我们试用儿童的语言，以美国为例)：在离我们国家很远很远的地方，在地球的那一面(拿地球仪演示)有一个很古老的国家，有五千多年的历史。那里住着 56 个民族，他们居住的地方、生活习惯等等都不一样，有很多好玩的地方、有趣的事(展示几张民族图片或中国民族分布图)。那里是世界上人口最多的国家，有 13 亿多人，占世界人口总数的五分之一左右，世界上五个人中就有一个是中国人。那里有世界上最高的山峰——珠穆朗玛峰，那里有世界上最大的广场——天安门广场，可以容纳 100 万人开会(展示图片)。那里有世界上最大的皇家园林——颐和园(展示图片)等等等等(讲多少，视学生的兴趣而定)。问学生："你们想不想去呀？"学生说"想去"(好奇心所至)！老师说：想去，为了到那里方便，最好先学习人家的语言，学习人家的文字，不然，去卫生间都找不到。他们全国通用的语言叫汉语(普通话)，他们使用的文字叫汉字，都不难学。汉语简单，明确，没有性数格的变化，如(写在黑板上或打在屏幕上)"我爱妈妈"，"我去中国"，"你干什么？"，等等(用汉语读，用学生的母语翻译给学生听，然后带学生读汉语)。他们的文字也很好玩。大家看到了，汉字是一个个的方块字，跟我们的文字大不一样。汉字很有意思，一个汉字就是一个小故事，比如"人"，就像侧立的人形，"山"就像一座山峰，"水"就像流动的水(此时展示字理的图片给学生看)。你们看好玩不好玩呀，很有意思吧。他们的字，有的复杂，有的简单，简单的比我们的一个字母还好写，如"一""二""三"(此时用母语翻译给学生，可带学生读，带学生写。这样，一举两得，即暗含识写分开，又教会学生三个简单的汉字，即增强了兴趣，又学到了知识)。

4. 总体描述，消除畏难情绪。在汉字的科学知识还没有普及的今天，学生在上课之前他们会从各种渠道听到有关汉字的一些不恰当、不准确的说法，形成对汉字的一些不正确的认识，造成一些畏惧心理，影响他们学好汉字的信心。为了使他们一开始就建立起学好汉字的信心，消除他们的畏难情绪，一开始上课，我们对学生就进行了汉字的总体描述。告诉学生，汉字总数很多，但常用字并不多，学习 1000 多个就够用了，一般的书报就可以看了。欧盟的标准是 1500 个，我们再增加一点，1800 个(覆盖率

98.21%）就足够了。⑤

5. 讲字理，明字源，激兴趣。前面已经提到一点，这里再要说的是，讲字理的好处和应掌握的度。好处是讲了字理，学生就不会认为汉字是笔画的无序乱堆了，每一笔都是有意义的了，多了不行，少了不行，乱写也不行。汉字是一个个有意思的小故事，从而大大激发了学生们学习汉字的兴趣。在讲字理的时候，我们要尽可能地贴近字源，但不拘泥字源。可以发挥，可以联想，但不要过头，不要产生负面影响。

6. 识字、写字讲部件，化多为少，化难为易，好学好记。举一个例子，攀登的"攀"，看起来，很复杂，笔画很多，结构很乱，6 个部件，有左中右结构，又有上中下结构。按笔画记，19 笔；一会儿横，一会儿竖，一会儿撇，一会儿捺，对于初学者来说，可真把他们难死了。按部件分析一下，就不难记了，且很有趣。上面左右是两个"木"字，两个木字中间是两个叉。攀字的中间是一个"大"字，下面是一个"手"字。整个字的意思是一个人用手扒着树杈向上爬。多有意思呀。而按部件记，又有趣，又不难了。所以我们教合体字，一定要讲部件。上课时，在黑板上把结构图画出来，使学生一目了然，加上老师的讲解，很快就记住了。

7. 韵语识字，化难为易，多快好省。现教材的识字，是分散识字或叫随文识字，即课文中出现了哪些生词，这些生词中有哪几个不认识的汉字，就教那几个汉字，是字从文，即随着课文走，不按照汉字学习的规律去教。而汉字是一套严密的、科学的文字体系，是很有规律的。按规律教，就不难教，不难学。不按规律教，就难教，难学。其实，做任何事情都如此。教汉字的规律是什么呢？其一是用韵语识字。这是由汉字的特点所决定的。汉字有韵律美，与口语相适应，一个汉字对应着口语的一个音。把不同的十几个、二十几个汉字有机地组合起来，编成韵语，就好学，好记，还省时间，学得还多，达到了多快好省的目的。中国古人早就明白这个道理，所以中国古代的启蒙识字都编成朗朗上口的韵语，如《三字经》《百家姓》《千字文》等。教起来不难，学起来也不难，至今还被人们所推崇。如果说《三字经》字与字之间还有意义上的联系，而《百家姓》，字与字之间毫无意义上的联系，却好教，好学：赵钱孙李，周吴郑王，冯陈褚卫，蒋沈韩杨……老师很容易教，学生也很容易学，且持久不忘，一次就可以学十几个字、二十几个字，或更多。为什么呢？就是因为汉字有韵律美，听起来好听，符合人们审美心理，又符合初学者学习语言的生理要求。我们举个日常口语的例子吧。下面有 24 个字，看谁记得快，不限方法：进、茶、家、老、客、坐、请、爸、这、和、水、妈、果、来、喝、我、别、迎、师、欢、吃、的、气、是。我们换成韵语：请进请坐请喝茶，这是我的爸和妈。

请吃水果别客气，欢迎老师来我家。您看，记忆的速度是否快多了。我们进行了多人次的，不同学历的师生测试，有本科生、硕士生、博士生、多年工作的老师，无一例外的，后者比前者快好几倍。每个人都可以试一试。这种方法，不仅适用于儿童，也适用于成人。我们第一期的实验，就是在十名美国成人中进行的。我们教了一首左右手的韵语：左手右手两只手，工作学习都用手。人人都有两只手，你有我有他也有。我们开始教的时候，想试试看，没觉得怎么样，可教后，出奇地好。课上跟着老师练，下课了，学生们也不休息，你说我听，我说你听的。更让人想不到的是，在我们带学生们去附近公园玩的时候，一出校门，一个学生就对我说："老师，你听我说：左手右手两只手，工作学习都用手。人人都有两只手，你有我有他也有。"一边说，一边还用手比画，真让人喜出望外。

8. 运用汉字立体玩教具，寓教于乐，有趣高效。目前，市场上有不少汉字玩具，但，没有配合课本的，不能演示汉字全部结构，不能配合教学进行偏旁归类，组词造句的。我们新研发的汉字立体玩教具，由几十块按照汉字结构特点分割的字块组成，可以分，可以合，可以转动。每一面印有独体字或偏旁，字块一经移动，就可准确地演示出汉字的各种结构，一经转动就可以进行偏旁归类。两块在一起，可以进行同音字比较、形近字比较，还可以组词造句，使师生在游戏中——好像是在变戏法、玩魔方——完成教与学两大任务。做到了既减轻了学习负担，又提高了教学质量。既减轻了学生的负担又减轻了老师的负担，同时激发了学习兴趣，体现了汉字教学的规律，又体现了汉字的优点和特点。

用此教具、学具，教学效果非常显著，在几项对比测试中，实验班高出非实验班好几倍。我们先在母语教学中进行实验，后又在少数民族汉语教学中进行实验，又在对外汉语教学中进行实验，都取得了令人满意的效果。理论部分及专家鉴定见论文《工欲善其事　必先利其器》。[7]

下面是一组图片：

汉字魔方盒面　　　　　　　　　　　　可演示多种结构的教具

下面是拼插型汉字学具

玩具《神奇的汉字》盒面

玩具字块

部分实验照片：

这里有中国的小学生、俄罗斯的小学生、东南亚的小学生。比赛时、他们都异常兴奋，找到了老师所说的那个字、词或句子，特别高兴，心中充满了成就感。

这，就是我们的追求，这，就是我们的理想，让教师们快乐地教，让学生们快乐地学。

我们可以根据国内外不同的汉语课本设计，也可以根据特定的要求设计。

课本上的汉字，一旦设计到六面体的字块上，就变成了玩教具，就具有了玩的功能，就使印在书上，写在黑板上，不能动的汉字活起来了，动起来了，就能神奇的比书本上多学很多字，多学很多词，多学很多句子，有力地促进教与学质量的大提高，同时做到玩中学，学中玩。现已完成了产品的设计、试生产、实验、实验报告、鉴定、参赛获奖、专利申请等。

除此，还有体态表示法；语言模仿法；智力测验法[®]；等等，我们就不一一介绍了。

9. 儿歌汉语，文语同步。快乐有趣，一举两得。

儿童喜欢儿歌，古今中外皆如此。为此，我们为儿童专门编写了儿歌汉语教材，利用汉字一字对一音的特点，通过唱儿歌，玩字卡，学生很快就记住了汉字。通过汉字有意义的重组，又学会了汉语口语，一举两得。请看：

重组

● "你"字加"好"字，就是"你好"

● "爸"字加"好"字，就是"爸爸好"

● "妈"字加"好"字，就是"妈妈好"

● "你"字加"去北京"，就是"你去北京"

● "我"字加"去北京"，就是"我去北京"

● "他"字加"去北京"，就是"他去北京"

● "你"字加"吃烤鸭"，就是"你吃烤鸭"

● "我"字加"吃烤鸭"，就是"我吃烤鸭"

……

这里，关键是选字和用好字卡。⑧

10. 识字与阅读

识字不是目的，阅读才是目的。所以，我们要随着识字量的增加，编写大量的学习者喜闻乐见的读物。这里就不展开来说了。

除此，还有课程设置，时间分配，运用现代教育技术等问题，就不一一论述了。

我们的实验是初步的，还有大量的工作要做。希望您提出宝贵意见，希望您与我们一起做实验，我们一道为汉字不难学做出我们的贡献，为世界汉语教学，为少数民族的双语教学，为汉语、为母语的教学做出我们的贡献。

**参考文献**

白乐桑：《汉语教材中的文、语领土之争：是合并，还是自主，抑或分离？》，《第五届国际汉语教学讨论会论文选》，转引自《汉字与汉字教学研究论文选》，北京大学出版社 1999 年版，第 11—12 页。

白乐桑：在法国第二届国际汉语教学学术研讨会（汉字教学讨论会）上的开幕词，《汉字与汉字教学研究论文集》，北京大学出版社 1999 年版，第 2 页。

吕必松：在法国国际汉语教学学术研讨会（汉字教学讨论会）开幕式上的致辞，《汉字与汉字教学研讨会论文选》，北京大学出版社 1999 年版，第 12 页。

许嘉璐：《〈汉字五千年〉》序言《汉字五千年》，新星出版社 2009 年版，第 2 页。

《汉语国际教育用音节汉字词汇等级划分》（国家标准），北京语言大学出版社 2010 年版，第 11 页。

赵明德等：《立体结构识字法实验》，《现代小学识字教育科学化研究》，北京科学技术出版社 1995 年版，第 182—189 页。

赵明德：《工欲善其事 必先利其器》，《汉字文化》2014 年第 5 期，第 12—14 页。

赵明德、田艳：《美国零起点短期班学员汉字教学初探》，《第二语言（汉语）教学论集》（第二集），民族出版社 1997 年版，第 134—150 页。

赵明德：《汉字的独特性及其教学模式中的几个问题》，《世纪对话：汉语字本位与词本位的多角度研究》，北京大学出版社 2013 年版，第 345—346 页。

（通信地址：100081　北京　中央民族大学国际教育学院）

# 戴庆厦学术思想初探

班　弨*　李丽娜

【提要】戴庆厦先生是中国当代著名语言学家，其学术思想主要体现在三个方面：（一）开创藏缅语研究领域，对藏缅语的特点进行全面深入的研究。这方面的成就包括通过对数十种藏缅语的深入描写和比较研究总结出来的松紧元音理论、结合语音和语义进行语法研究的理论。（二）探索了一套适合少数民族语言特点的研究理论和方法。归纳为正确处理语言研究中的四个关系：语言共时描写研究与历时比较研究的关系、单一语言研究与不同语言比较研究的关系、模仿与创新的关系、语言本体研究与非本体研究的关系。（三）重视民族语言学的应用研究。包括：关于少数民族双语教育的思想、关于濒危少数民族语言问题的思想。

【关键词】戴庆厦　藏缅语　学术思想　少数民族语言

## 一　引言

戴庆厦，男，汉族，1935 年出生于福建省厦门市。当代民族语言学家，国家民族事务突出贡献专家。现为中央民族大学教授，"985 工程中国少数民族语言文化教育与边疆史地研究哲学社会科学创新基地"首席科学家。兼任全国哲学社会科学规划领导小组成员，中国语言学会副会长，国际双语学会会长，国家语言文字工作委员会 21 世纪第一届语言文字规范审定委员会委员，全国语言文字标准技术委员会主任，全国术语标准化技术委员会少数民族特别分技术委员会委员。曾多次应邀去美国、法国、澳大利亚、泰国、日本等国及台港地区学术访问和讲学；为美国语言学会终身荣誉会员；还担任《中国语文》、《民族语文》、《语言文字应用》、《语言研究》等国内重要的语言学刊以及美国《藏缅语区语言学》（LTBA）杂志、语言学重要丛书《李芳桂先生全集》编委。

---
*［作者简介］班弨（1962—），男，广西邕宁人，暨南大学华文学院教授、博士生导师。研究方向：语言学。李丽娜（1978—），女，湖南邵阳人，暨南大学华文学院讲师。研究方向：语言学。

戴先生青少年时代曾幻想成为一位工程师或发明家。可是 1952 年进入中央民族大学被分配到景颇语专业学习，彻底改变了他的人生之路。在老师的热情指导下以及学校浓郁的民族氛围影响下，他懂得了学习民族语言的重要性，开始了他为我国民族事业服务的奋斗之路。在学期间，他到景颇山寨生活了一年，向景颇人学习景颇语和景颇文化，开始对藏缅语产生了兴趣，毕业后留校任教。为帮助少数民族创制文字，他又随工作组去云南调查，一待就是四年。这期间主要从事哈尼语的调查研究，参加设计了哈尼文字方案，编写了哈尼语语法、词典、课本等。他与少数民族兄弟结下了深厚的情谊，景颇人称他是"我们的景颇人"，哈尼人也把他当做"我们的哈尼人"。戴庆厦教授认为这是他一生中最引以为豪的。这几年进一步加深了他研究藏缅语的兴趣，他在一部书中说："自从进入藏缅语研究领域，我就深深地被它的奥秘所吸引，尽管研究在逐渐深入，而我愈加感到它难以捉摸。它那丰富而复杂的特征，有规律而又很不整齐的变化，一个个煞费苦心也难以解开之谜，使我为之迷恋。"戴庆厦深入少数民族地区学习少数民族语言的经历，与许多国际著名语言学大师经历相似，如马提索夫、桥本万太郎等，而在国内实属罕有，这段经历为他日后成为享有国际声誉的藏缅语研究领域的学术权威奠定了基础。

50 多年以来，戴先生主要从事汉藏语系藏缅语族语言和社会语言学的教学与研究，出版专著 31 部（部分为合著），发表论文 277 篇。其中，《仙岛语研究》，《藏缅语族语言研究》，《中国濒危语言个案研究》等 10 余部著作获奖。戴先生对藏缅语特别是景颇语的研究处于国内外前沿，被国外誉为"中国藏缅语族下属语支的权威学者之一"，国内公认的该领域的学术带头人。他还培养了一大批学术中坚力量，如今许多弟子已成为各个领域的领军人物。戴先生经历丰富，硕果累累，本文拟对其学术思想进行初步地梳理和总结，以启迪后学，促进学科的发展和学术的繁荣。

## 二 开创藏缅语研究领域，对藏缅语的特点进行全面深入的研究

藏缅语族语言是汉藏语系中语种最多、分布最广、内部差异最大的一个语族。藏缅语无论在共时或是历时上情况都很复杂，不仅存在多种类别，而且不同类别又呈现出交叉的特点。中国学者研究藏缅语，起步较晚，始于 20 世纪 30 年代。由于各种客观条件，对各语言的研究在时间、广度、深度都很不平衡。戴庆厦先生认为，认识藏缅语的特点，除了要有一个个比较深入的总体描写性著作外，还要有一个个比较深入的专题研究。二者相互补充，相互促进。戴先生先后调查了景颇语、阿昌语、载瓦语、浪速语、勒期语、波拉语、基诺语、独龙语、苦聪语、卡卓语、傈坡话、仙岛

话、缅语、克伦语等，在对上述语言的共时描写分析的基础上，把握藏缅语的主要特征，开展专题研究，探索藏缅语历史发展规律，沟通藏缅诸语言的亲属关系，有助于全面深入探讨藏缅语特点。特别值得提出的是，戴先生对景颇语的研究最为深入，全面系统地研究了景颇语的语音、词汇、语法，取得了突破性的成果，奠定了他在该领域的领军地位。学术成果颇丰，出版了一系列著作（如《景颇语语法》）和大量论文（如《景颇语"形修名"两种语序对比》、《景颇语动词与藏缅语语法范畴》等），其研究处于国内外前沿，形成自己的独特的学术思想。

1. 关于松紧元音的学术理论，沟通了藏缅语的松紧元音上的关系。

元音分松紧，是藏缅语一部分语言在语音方面的一个重要特征，如彝、哈尼、拉祜、傈僳、怒、景颇、载瓦、景颇、勒期、浪速、波拉、白、木雅等语言，都有元音松紧对立；它也是藏缅语语音学研究的一个重要方面，因为它在藏缅语中与其他语音特征有着相互制约的密切关系，对研究藏缅语语音的演变、古藏缅语语音的构拟以至古代汉语语音的研究都有重要价值。戴先生积累了丰富的语言素材，这为深入揭示松紧元音的特征及其内部规律打下了牢靠的基础。先后撰写了几篇有重要价值的文章，如《谈松紧元音》、《哈尼语元音的松紧》、《我国藏缅语族松紧元音来源初探》1979、《藏缅语族松紧元音研究》、《关于纳西语的松紧元音问题——兼论彝缅语语音历史演变的研究方法》等，对松紧元音的特征做了系统分析。他认为，松紧元音的发音特征是喉头紧缩与不紧缩，这是构成松紧对立的主要标志。但由于松紧元音总是同声母、声调等语音要素结合在一起而存在的，所以松紧的差别往往也造成声母、声调、舌位等方面的一些差别。正确认识松紧元音的特征，分清哪个是主要特征，哪个是伴随特征，能够帮助我们正确认识松紧元音的属性，同时还能使我们从中窥见语音发展的一些线索，对于松紧元音的发展变化，以及它同其他语音要素的关系，都会有很大的帮助。

关于松紧元音的历史来源。探索松紧元音的来源问题，可以为藏缅语族语言的历史比较提供一些线索和资料。戴先生通过亲属语言比较以及共时特征分析，揭示松紧元音的两个来源：一是来源于过去韵母的舒促对立，舒声韵转为松元音韵母，促声韵随着塞音韵尾的丢失转为紧元音韵母；二是来源于过去声母的清浊对立，清声母音节转为紧元音音节，浊声母音节转为松元音音节。

关于松紧元音的发展趋势。戴先生指出，藏缅语族一些语言（或方言）的松紧元音在它的发展过程中会出现紧元音松化的现象，即松紧元音由严整对立演化为不完全对立，再到完全不对立。这种松化的趋势在不同的语言发展不平衡，如有的语言全部或大部分紧元音音位消失了，有的消失了一部分紧元音音位，有的是在一些具体词上紧元音特征消失了，或出现可松可紧的现象。紧元音松化的途径有两种：一是松紧对立消失后变为舌位的差别，即转化为舌位高低不同的元音；另一种是松紧对立消失后引起声调的分化。

此外，戴先生对藏缅语其它一些语音特点进行了研究，寻找发展规律。如对藏缅语弱化音节的现状、来源进行研究，揭示了弱化音节多种来源的特点，即有的来自复辅音声母的分化，有的来自实词的虚化。这种认识，证实了藏缅语复辅音声母向单辅音声母发展、单音节变为双音节的发展趋势。

2. 结合语音、语义进行语法研究，是深化藏缅语研究的有效途径。

藏缅语内部的语言单位，包括音素之间，声韵调之间，语音、语法、词汇之间，都处在密切联系、相互制约之中。一个世纪以来，藏缅语研究在语音领域取得了巨大成就，语法研究却相对薄弱。戴先生结合语音、语义对语法进行研究，对藏缅语语法范畴的研究取得了重大突破。如在研究载瓦语的使动范畴时，采取语法意义、语音形式、同源词三者的综合考察，并通过载瓦语和亲属语言的比较，揭示了藏缅语使动范畴形态上的内在联系和发展规律：使动范畴的形态变化是藏缅语族语言的一个重要特征，在历史上有过共同的来源；载瓦语使动范畴形态变化的几种形式，在保持清浊对立的亲属语言里多数同清浊变换对应；载瓦语的自动词和使动词在声调上存在不同的形式，是由原来相同的形式转化来的，其转化条件主要与原来存在的清浊有关，相关亲属语言也具备该特点。依赖于形态变化的语法范畴，其发展变化往往会受到语音发展变化的影响，改变或增减其表现能力，或影响它出现不同的特点。因此在藏缅语语法研究中，必须注意语言单位之间的相互联系和相互制约。

戴先生进一步指出，语音、语法、语义三者的关系非常密切，有的现象虽以语音问题的形式出现，但包含着语法、语义问题；而有的现象虽是语法问题，但受语音、语义的制约。所以，在研究藏缅语某一语言现象时，必须重视三者的关系，从几个角度同时考察，从不同要素的制约、互为条件的关系中揭示某一语言现象的本质特征。

### 三　正确处理民族语言研究中的四个关系

改革开放以来，少数民族语言学研究有了很大的发展，取得了前所未有的成绩。公布了一大批新语料，揭示了一些新规律，更加重视现代语言学的新理论、新方法的运用，研究的视角进一步扩大。为实现民族语言研究的可持续性发展，进行民族语言学研究应注意什么，戴先生根据自己多年的实践和经验，提出必须正确处理好四个关系，可以看作是进行民族语言研究的方法论指导。

（一）语言共时描写研究与历时比较研究的关系

共时描写与历时比较是语言研究的两个方面，都是不可或缺的，二者总是在相互启发、相互促进中发展的。但在具体实施时，应当根据不同语言的研究情况而有所侧重。我国的民族语言学，起步较晚，研究很不平衡，相当一部分语言还只停留在初步的认识上，甚至有些语言，知之甚少。总的说来共时描写研究薄弱，这必然会给历时比较研究带来"先天不足"的困难。汉藏语系属问题一直未能解决就是一个很好的证明。一方面是因为汉藏语系庞大，情况复杂；另一方面是研究者对诸语言的共时状态还缺乏比较深入的认识。在语言研究中，语言的共时描写研究是基础，是语言研究得以全面、深入发展的前提，没有这个基础和前提，历史语言研究也好，语言应用研究也好，都不能顺利进行。因此戴先生认为，在近期的研究中，有少数学者从事历史研究是必要的，而不必吸引更多的人把兴趣放在这一领域的研究。在今后相当一段时间里，民族语言研究必须大力加强语言的共时描写研究，把共时描写研究作为重点，努力探索语言的现状特点，迅速弥补对语言现状认识的严重不足。特别是年轻学者应当把主要精力放在共时描写研究上。共时描写的研究，应强调微观的、有新意的研究，鼓励新理论、新方法的运用。历史比较研究应在过去的基础上深入、扩大，鼓励多做"由下至上"的比较研究，即加强语支之间、语族之间的历史比较。

（二）单一语言研究与不同语言比较研究的关系

我国是一个统一的多民族国家，各民族的分布呈现大分散、小聚居的特点，加上各民族在长期的历史发展过程中互相交流，相互融合，因而在语言上不可避免地存在频繁的语言接触和语言影响。这是一个重要的基本国情，决定了要科学地、深入地认识我国语言的特点就必须注意语言之间的关系。长期以来，研究汉语的学者、专家很少关注少数民族语言，视角不开阔，这不能不说是一个缺陷，如果能充分利用少数民族语言材料，必然会大大改善和加强汉语的研究。戴先生十分重视语言的比较研究，长期致力于藏缅语族内部诸语言的比较研究，取得了实绩如第一部分所述，另外他也十分注重少数民族语言和汉语的比较研究。

他指出，少数民族语言研究与汉语研究相结合包含两层意思：一是少数民族语言研究要借鉴汉语研究的成果。汉语研究历史长，研究的人多，取得的成果丰富，特别是汲取现代语言学理论、方法方面走在少数民族语言研究之前，所以少数民族语言研究必须学习、借鉴汉语研究的经验。可以说，这是提高少数民族语言研究水平的捷径。二是要科学地认识少数民族语言的特点，就必须揭示汉语与少数民族语言的相互关系，从相互关系中把握单一民族语言的特点。汉语与少数民族语言之间的语言接触和语言影响是双向的。

他认为，少数民族语言研究与汉语研究相结合具有重要意义。一是扩大民族语言研究的视角，不再停留在只从单一语言研究一种语言，从单一现象研究一种现象，而更加重视语言之间的比较、不同现象的综合研究，特别是汉语与少数民族语言的比较，亲属语言的比较、同一范畴不同语言的比较。二是少数民族语言研究与非汉语相结合，则有助于对语言现象的解释。描写只能提供对现象的认识，而解释才能透过现象进一步看到现象的本质。三是我国不同语言研究相互结合，能为语言类型学和语言共性的研究增添大量新的养料，丰富语言类型学研究。

（三）模仿与创新的关系

模仿与创新，是人类认识客观事物的一对相关的手段与方法，也是人类创造发明所共有的、必须遵守的认识规律。语言研究也是这样。戴先生认为，既要模仿又要创新，这是语言研究得以顺利进行并能取得新成果的必要保证。任何人在开始研究一种新的语言或一种新的语言现象时，特别是初学做语言研究时，都避免不了要模仿别人的经验和做法。模仿则是研究语言、认识语言在初始阶段的一种既方便而又简捷的方法。模仿常常不会是单纯的模仿，模仿的过程总会带有不同程度的创新。先生以汉藏语系的系属分类以及彝语词类的划分为例，论证了模仿是研究的开端，也是后来创新的基础。

戴先生认为，处理好模仿与创新的关系，必须正确认识共性和个性的关系。不同语言之间，既有共性又有个性，汉语与非汉语之间也是这样。正是由于语言之间有共性，所以模仿的运作才有获得成效的可能。但语言除了共性外还有个性，个性决定了某一语言的性质，因而，语言研究除了寻求不同语言的共性外，还应着力研究各个语言的个性。只有这样，才能摆脱原有模仿的束缚，从本质上认识所研究语言的特点。

（四）语言本体研究与非本体研究的关系

所谓"本体研究"，是指对语言结构内的语音、语法、词汇的语言学研究；所谓"非本体研究"，是指对与语言相关的社会现象诸如社会、文化、历史、民俗、宗教等的跨学科研究。如何摆正二者的关系，也是研究者经常遇到的问题。戴先生认为，语言学家必须把语言本体研究放在主要地位，应当在自己的领域为其他学科提供语言本体的研究成果。当然，也可以做一些与语言相关的交叉学科的研究，但这不能是主要的。因为一个人的精力是有限的，不可能样样都通，没有重点就没有深度。语言本体的研究越深入，就越能为相关学科提供有价值的旁证语料，否则只能是似是而非，经不起历史考验。

## 四 民族语言学研究应为少数民族的发展服务

戴先生特别重视少数民族语言的应用研究，认为民族语言的研究的最终目的是为少数民族地区的繁荣发展服务。他运用现代语言学理论结合我国实际，挖掘汉藏语系语言特点规律之余，还十分注意民族语言学的应用研究，进行过民族语言国情研究、双语研究、濒危语言研究、语言接触研究、语言和谐研究、跨境语言研究等。其中又以双语教育研究和濒危语言研究这两方面表现得最为突出，主持了八·五全国教育科学规划项目"少数民族地区双语教育研究"和国家社科基金"中国濒危语言个案研究"等科研课题。这些研究成果，不仅能为国家制定方针政策提供咨询，而且具有重要的学术价值。

### （一）关于少数民族双语教育的思想

我国是一个以汉族为主体的多民族、多语种的国家，双语教育已成为人们所关注的一项重要工作，客观上要求对双语教育进行深入研究。国家连续召开了多次双语教学会议，有中国少数民族双语教学研究会第九届学术讨论会暨首届国际双语教学研讨会、第七届双语双方言国际学术研讨会、第二届双语学国际研讨会、第三届双语学国际研讨会、中国少数民族双语教学研究会第十次全国学术研讨会等。戴先生多次担任国际双语学研讨会会长，对双语教育的定性问题、历时沿革、现状特点、发展趋势等相关问题都进行了较为详细地探讨。

关于双语教育的定性问题。这是进行双语教育研究的基础，也是发展成为一门学科"双语学"必须解决的问题。对于有关基本概念，虽然目前尚未取得完全一致的认识，但戴先生还是明确界定了"双语"、"双语教育"、"双语教学"，并指出，双语教育是包含双语教学的，双语教学是双语教育的重要途径之一。

关于双语教育的历史沿革。我国民族地区双语教育已有很长的历史。早在西汉时期，新疆地区的少数民族中就有一些人开始学习汉文。但是，不同民族、不同地区之间，双语教育的发展很不平衡，有的民族双语人仅占极少数（如藏、维吾尔等民族），而有的民族则占相当大的比例（如锡伯、壮、白等民族）。戴先生大体上把双语教育的历史沿革分为三个阶段。第一阶段从秦汉到明清。特点是：双语人较少，主要通过有组织的教育形式以学习汉文化为主，尚未建立有双语体制、双语内容的专门学校。第二阶段清末至民国。双语教育有了进一步发展，新建了一些少数民族学校。总的说来建国前的双语教育具有两面性的特点。第三阶段自新中国建立后。我国少数民族双语教育进入了一个新时期，焕发出勃勃生机。

关于双语教育的现状及发展趋势。自 80 年代以来双语教育研究开始蓬勃发展。戴先生指出，中国少数民族双语教育的现状特点主要表现在：人们对双语教育的适用性有了较客观明确的认识；双语教育已向法制化迈进；双语教育研究设立了多个国家级项目，加大了研究力度；少数民族的双语观念也发生了一些变化；少数民族的双语教育实验在各地较普遍地展开。其发展趋势是：双语教育将持续发展，民、汉双语并重的语言观念将逐渐成为主流，与少数民族双语教育密切相关的双语学，将作为一个独立的学科得到较快发展，呈现出更美好的前景。

关于双语理论建设。双语理论建设，是当前双语教育研究必须强调的一个重要问题，先生提出"语言互补和语言和谐"。我国少数民族的双语关系应坚持语言和谐的理论，既看到母语与通用语相互竞争的一面，又要看到二者互补的一面，做到母语与通用语的和谐是有可能的。语言和谐有利于民族和谐，有利于少数民族文化教育、科学技术的发展。双语理论建设，是当前双语教育研究必须强调的一个重要问题。

### （二）关于少数民族语言濒危问题

语言濒危，是一个全球性的问题。从上世纪 80 年代末开始，国际语言学界开始重视濒危语言研究，而且不断升温。联合国科教文组织把 1993 年定为"濒危语言年"。在我国，2001 年中国民族语言学会和《民族语文》杂志社联合召开了"中国濒危语言问题研讨会"。此后，濒危语言研究有了较大的发展。这期间戴庆厦教授主编的《中国濒危语言个案研究》广受世人瞩目。该书汇集了土家语、仙岛语、仡佬语、赫哲语、满语等五种濒危语言的个案调查材料，对其濒危现象、濒危趋势及造成语言濒危的各种因素以及有关濒危语言的理论问题进行了分析，提出了若干有价值的论断和看法。

提出濒危语言界定的标准。汉语"濒危语言"一词，是近十年来语言学研究中的一个新概念。如何界定濒危语言，目前中国语言学界尚未形成一致的观点。戴先生主张以量化的多项综合指标体系为依据来判定一种语言是否是濒危语言。要依据语言的外部和内部两方面的情况来建构衡量濒危语言的指标体系。这个指标体系包括的内容有主有次，其核心指标是主要的，是决定语言是否是濒危语言的主要依据。核心指标包括：[指标 1]丧失母语人口的数量。[指标 2]母语使用者的年龄。[指标 3]母语使用能力。这三个指标是估量一种语言是否是濒危语言的主要标准，互为补充。

要综合这三个指标才能对一种语言作出科学的判断。参考指标包括：［指标4］母语的使用范围。［指标5］民族群体的语言观念。在研究中可将上述指标体系视为一个开放性的体系，让它随着研究的深入而不断完善。

加强濒危语言的个案调查和理论研究。我国对濒危语言的研究，目前只处于起步阶段，对语言濒危的现象认识很少。要对濒危语言现象有科学的认识，必须开展深入的个案调查，积累丰富的语言资料，全面了解各个语言的状况。这是濒危语言研究的基础性工程，也是当前濒危语言研究的主要任务之一。从研究的内容来说，既要有对语言功能的调查分析，又要有对语言结构的分析描写，缺一不可。因为语言功能的衰退，必定在语言结构上也有所反映。濒危语言的语言结构特征是一个什么样的状态，存在什么演变趋势，这是语言学工作者必须认识的。除了语言功能、语言结构的研究外，还要广泛研究影响制约语言濒危的各种社会因素，从中分清主次，并认识各种社会因素间的关系。此外，还要研究濒危语言所涉及的语言关系，从语言关系中认识濒危语言的处境和地位。濒危语言的出现不是孤立的，与周围的民族、语言存在密切的关系，因此，要以系统论的观点来分析、研究濒危语言，而不能"只见树木，不见森林"。

呼吁建立濒危语言学。濒危语言研究与以往的语言研究相比，既有共同点，又有不同点。但濒危语言研究是语言学研究的新领域、新课题，有其独自的内容和方法。随着全球经济一体化、信息化的深入发展，以及不同国家、不同民族、不同地区相互交往的不断加强，濒危语言的出现将会增多。语言学家面对语言变化的现实，将会更多地、更深入地研究濒危语言，并会逐渐建立起适合濒危语言研究的理论体系和方法论，使之成为语言学研究的一个新分支学科——濒危语言学。

戴先生的研究涉及了藏缅语言的诸多领域，除上文所提到的以外，还在辞书编纂、方言研究等方面有所成就，由于篇幅有限，未能言及。

## 参考文献

戴庆厦：《藏缅语族语言研究》，云南民族出版社 1990 年版。

戴庆厦：《二十世纪的中国少数民族语言研究》，书海出版社 1998 年版。

戴庆厦：《我国藏缅语族松紧元音来源初探》，《民族语文》，1979 年第 1 期。

戴庆厦：《载瓦语使动范畴的形态变化》，《民族语文》，1981 年第 4 期。

戴庆厦：《正确处理民族语言研究中的四个关系》，《河北师范大学学报》，2006 年第 2 期。

戴庆厦：《模仿与创新》，《暨南学报》，2005 年第 5 期。

戴庆厦:《中国少数民族双语教育的历史沿革（上）》,《民族教育研究》,1996 年第 4 期。

戴庆厦:《中国少数民族双语教育的现状及发展趋势》,《黑龙江民族丛刊》, 1998 年第 1 期。

戴庆厦:《濒危语言研究中定性定位问题的初步思考》,《中央民族大学学报》, 2001 年第 2 期。

戴庆厦:《濒危语言研究在语言学中的地位》,《长江学术》, 2006 年第 1 期。

# On the Academic Thoughts of Prof Dai Qing-xia

Ban Chao, Li Li-na

**Abstract:** Pro.f Dai Qing- xia is one of the well-known Contemporary linguists in China. This paper has discussed his academic thought and research in Tibeto-burman languages and applied linguistics.

**Key words:** professor Dai Qing-xia; minarity languages academic thoughts; Tibeto-burman languages

（通信地址：510610　广东　广州暨南大学华文学院）

（本文原载《暨南学报》2009 年第 6 期）

# 20世纪50年代语言实习生活回忆札记

戴庆厦

【提要】本文记述笔者20世纪50年代语言实习生活的经历，从中可以看到新中国成立后民族语文人才培养和民族语文事业发展是怎么走过来的，经历了哪些艰苦历程。

【关键词】语言实习　回忆

## 引言

20世纪中一年的语言田野调查生活，使我们这批汉族大学生得到难得的锻炼，培养了语言调查研究的能力。我们有着艰苦和欢乐的经历，也有过甜蜜和辛酸的回忆。不管是经验还是教训，都是新中国成立后少数民族语文事业的一部分，对后来者都会有所借鉴和帮助。如今，我们这一批语文工作者都已经老了，为了让后来者了解新中国建立后民族语文工作是如何开始和发展的，我们有责任把它写出来奉献给大家。

笔者的回忆有三部分：一、语言实习生活；二、语言调查生活；三、跨境语言调查生活。这篇是第一部分——20世纪50年代语言实习生活，写的是当年我们这批汉族大学生在新中国成立之初，为了学好少数民族语言，怎样与少数民族在一起，怎样学习语言，遇到了哪些事情，怎样从不懂人间事理到略懂。文中所谈的都是我们亲身经历的，都是真实的、实实在在的，没有任何虚构。尽管已过了半个多世纪，但许多往事现在还历历在目，记忆犹新。

## 人生的一次转折

1952年，国家为了帮助少数民族更快地发展，从全国各高校在读的大学生和应届汉族高中毕业生中，抽调一部分人到中央民族学院学习少数民族语言。我们1952级有180多人，来自祖国的四面八方。当时，我们各有自己的理想，各有自己的志向和爱好。国家的需要，我们有缘走到了一起。笔者到校之前，在福建仙游一中上高中，连自己是什么民族都不知道，更不知道什么是少数民族语言。

到校后，各人的想法不一样。有的怀着理想和对祖国的忠诚愉快地进入校门；有的抱着试试看的态度在徘徊观望；少数觉得不符合自己的理想打算离开学校。我当时才 17 岁，觉得无可奈何，既来之则安之。在入学教育中，刘春院长报告中的一句话对笔者触动很大。他说："你们别老想去北大。北大的民族学、民族语文专业还不如我们。要安心学习！"他曾在北大读过书，是位延安时期的干部，也是研究民族问题的专家。后来，通过学习和观察，我逐渐找到了感觉，知道语言学是一门学问，只要肯努力还是有价值的。我很快就定心了，决心努力学习，来实现朦胧的人生理想。就这样，我比较快地、顺利地完成了人生最初的一次转折。现在回想起来，幸好那时转折得快，这对我以后的人生路子起了很好的作用。

不久就分配专业。蒙古语、藏语（拉萨藏语、安多藏语）、维吾尔语、壮语、布依语、苗语（黔东苗语、湘西苗语）、瑶语（勉语、拉珈语、布努语）、傈僳语、纳西语、景颇语、载瓦语、佤语等 16 个语言专业班。我上哪个班？因为我对这些专业一无所知，很迷茫，于是就凭一股青年热情，表示服从分配。宣布名单时，知道被分配到景颇语班，一共 15 人。当时系领导只告诉我，景颇语是分布在云南边疆、使用人口较少的一种语言。就凭这一星点的认识进了景颇语班。从此，景颇语成为陪伴我的终身专业，也不知为什么，我一开始就爱上了语言学，爱上了景颇语。

### 我们的新课堂

分班后，我们就开始学习语言。四年中，我们除了上从北京大学、科学院语言所请来的一些专家如王力、高名凯、袁家骅、傅懋勣等著名语言学家和系主任马学良教授讲授的语言学基本理论和方法课外，主要是学习少数民族语言。

我们的景颇语学习，主要是学习常用的会话。当时，学校为我们 15 名学生配了 4 名教员——3 名景颇族老师（Nhkum no、Laban hkang、Marip la）、1 名汉族助教（张彦翼老师）。由于这是个新专业，过去没有任何基础，没有专业教师，没有课本，一切都从头开始，在摸索中前进。几位景颇族老师都是从边疆请来的，他们都会说一口流利的景颇语，但汉语只会说一些简单的会话，没教过课，也没有受过语言学的训练。助教张老师跟我们一样也是汉族，也没学过景颇语，只能是边学边做辅导工作。

我们上课时没有系统的课本，几位老师课前编了景颇语会话，用打字机打好后发给我们学。不理解的地方就问老师，老师因汉语水平所限解释不出来的就一起讨论。就这样一步步地增加感性知识。

即使是这样的条件，我们学习都很认真，对老师很都尊重，心想一定要把这一陌生而奇异的语言学好。

我们所学的景颇语，是属于汉藏语系藏缅语族的一种语言。在我国，景颇语使用人口只有四万多人，分布在中缅漫长的边境线上；但在邻邦缅甸、印度则有 150 多万人。景颇语有许多不同于汉语的特点，如语音中有松紧元音对立、有多个塞音韵尾、有弱化音节等，语法上使用各种形态变化表示使动、人称、数等语法范畴，语序也不同，词汇更有不同的特点。与一些语言相比，景颇语是一种比较难学的语言。我们像学外语一样在学习景颇语。笔者的母语属于闽语，景颇语里的一些语音如舌叶音声母、舌叶化声母、松紧元音声母、喉塞音、带塞音尾的韵母等，笔者母语里都没有，需要不断练习并排除母语干扰，才能学会。

不知是责任感的驱使，还是同学之间的相互影响，我们的学习都非常努力。清晨起来就背单词，晚上睡觉前还抓紧时间把一天课堂上学的内容复习一遍，自己不会发的音反复练习。同学之间相互纠正发音。因此，学了不到一个学期，我们就会说一些简单的景颇语会话，自己感觉与景颇族老师近了。

**到边疆景颇寨实习**

1953 年春，学校为了让我们更快地掌握好语言，决定让我们去少数民族地区向少数民族群众学习语言。我们听了这个决定非常高兴，心想这下就可以知道景颇族是一个怎样的民族。但心里还是有点不踏实，担心景颇族地区的生活不能过得惯，担心边境地区不安全。带着这种矛盾的心情出发了。

那时交通不便，从北京到边疆景颇族地区一共走了 10 天，除了乘火车、坐汽车外，还要步行。我们都要自带行李，打成一个背包。坐的汽车是货车，行李当座位，一辆车坐 10 多个人。记得从昆明到保山的长途汽车路上，夜晚十点在快到保山的一个山头上，车灯坏了，司机几经修理也未能修好，我们只好在车上度过了一夜。

我们的实习地点是云南德宏傣族景颇族自治州瑞丽县。当时县府所在地只有一条不到 80 米的小街，只有一些小店。没有宾馆、招待所，也没有饭店，我们住在县政府干部的宿舍里，在县府食堂吃饭。县里的领导、干部和边防军对我们这批大学生非常热情，他们说在边疆很难见到大学生，为大学生能学习少数民族语言、为少数民族服务而由衷钦佩。见到我们都说："你们回家了！" 每当路过边防站时，边防军会热情地留我们吃饭，还不许我们付钱。这些都使得我们感到边境地区的温暖，也就不觉得陌生、艰苦，增强了学习少数民族语言的信心。

一到瑞丽县，县委杨永生书记（山西人）就给我们定了几条规定。笔者记得他对我们说："我们热烈欢迎你们这批大学生。边疆刚解放，社会状况复杂，要注意安全。一是因为景颇族群众对我们新政府还不了解，你们还不能住到老乡家里，先要盖个临时住房自己住。二是你们要带武器，以防万一。离开住处 100 米就必须带枪。三是实习地点定在勐秀寨，那里景颇人多些，虽紧挨缅甸，但寨子离边防站近，有事的话边防战士一刻钟就能跑到。"县委还给我们配了一位 20 多岁叫麻腊的当地景颇族干部，让他负责与当地老乡联系，解决我们的需要，还让他照顾我们的生活。我们在县上领了枪和手榴弹后，第二天就上山进寨了。

上山的第二天，边防军就训练我们打靶，每人打三发。我们都是第一次打枪，又高兴，又害怕。女同学也都战战兢兢地参加了，枪的后坐力把她们吓得脸都发白了。边防战士温馨地对我们说："你们住在寨子里遇到敌情就放枪，我们会很快赶到。"

勐秀山区的景颇族人家，零零星星地洒落在郁郁葱葱的原始森林里。景颇族群众带着好奇的、和善的眼光看着我们这些来自城市的汉族青年，不知道我们是来干什么的。每个男子虽然身上都挎把长刀，有的还背只铜炮枪，威风凛凛的，但很和善，也很有礼貌。

跟我们一起的景颇族麻腊，用景颇语与当地的山官、头人以及群众说明了我们的来意。征得当地山官的同意后，我们就在一个山头盖房。记得我和老师随山官到山林里去找竹林，找到一片高大的竹丛，山官说这片是他管的，你们可以随便砍。

第二天一清早，一些老乡主动来帮我们砍竹子、破竹篾，山官和几位景颇族老师带领我们去割茅草。来自上海、四川的几位女同学，割茅草手被茅草划破一手鲜血；男同学第一次学会怎样砍竹子，怎样把一棵大竹子劈成一条条细薄的小竹篾片，又怎样用小竹篾捆绑柱子、地板。在劳动中，我们利用空余时间向老乡学习景颇语，学了许多在课堂上没有学到的词汇，如"竹篾、竹节、金竹、竹板、柱子、门框、劈（竹篾）、破（竹板）"等。第一次跟当地的景颇族说景颇语，虽然说得不好，但觉得很充实，有一种难以言传的高兴。

我们和老乡辛苦了两天，就盖好了一大间可以入住的简易茅草房。我们把它分为三小间，左间是女生住的，右间是男生住的，中间是学习间也是招待老乡的"客厅"，旁边还盖了一小间厨房。大部分材料都是用竹子。就这样，我们这个小家落成了，虽然简陋无比，但充满了温暖，因为这是我们用自己的双手创造的，有了立足安身之地。

有了家，老乡陆续地来串门了。我们与他们交了朋友。夜晚，我们这间小竹房响起了景颇姑娘悠扬的景颇歌声，回荡在景颇山间。

**一支笔，一个本子，一杆枪**

有了家后，我们就安排了学习和生活。白天，我们参加群众的田间劳动，在劳动中学习鲜活的语言。晚上老乡会来我们这里串门，老乡一来，就抓紧和他们聊天，提高口语水平。还教他们唱歌，背小药箱的徐悉艰（上海籍，女，后来是中国社会科学院研究员）还给老乡治些小病。大家抢着同老乡说活，听不清楚的，就请教老师。

我们有三样不离身：一是笔，二是本子，三是枪。去老乡家串门，这三样东西都要带。遇到新的词、新的短语、和新的句子，马上就记下来，晚上再与老师核对。大家深深感到，要学习一种新的语言，不专心致志、一点一滴地学，是不可能学好的。

我们的生活很紧张，除了学习、记录、整理材料外，每两晚还要轮流站一次岗。每次三小时。女同学和男同学两人合成一岗。还规定了几条守则，如遇到紧急情况时怎么对付，怎么交岗等。

景颇山的夜晚宁静无比，有时只听到远处的狗吠声。我们像边防战士一样在祖国的边境持枪站岗，有着一种自豪的感觉。但是，由于白天学习、劳动很累，晚上要熬三个小时的岗，觉得时间很长。记得，笔者那时利用站岗的时间默默复习白天学到的词汇和句子，思考一些问题，以此来度过这段时间。

一天晚上，大约是半夜两点，笔者在睡梦中被一声巨大的枪声惊醒，马上意识到可能是敌人来了。来不及穿好衣服就提了枪到门口察看是什么情况，才知道是交班时前一班的宋哲明（南通籍，后在云南玉溪任教授）同学的枪走火了。因为我们规定交班时要把三颗子弹退出，大约他没退完第三颗子弹就扣了扳机走了火。接班的是方炳翰（温州籍，后来在云南民族大学任教授）和龚佩华（上海籍，女，后来在中山大学任教授）。子弹从龚佩华头上掠过，把竹墙打下了一块竹片；正好掉在龚佩华头上。龚佩华喊了一声"我的头！"，以为头被打中了。方炳翰立即跑过去往头上一摸，摸到一块竹片，这才解了惊吓。

除了晚上站岗外，我们还要轮流下山买菜。大约是每周派两名同学下山赶集，把一周要吃的蔬菜、肉类及大米买回。大家轮流做。谁都不会做，反正好吃不好吃就这样了。后来担心营养不够，决定每周加一次荤，多买些猪肝、肉、鱼改善伙食。周兴波同学（北京籍，后来在云南民族大学任教授）特别讲究营养，每次做菜都嘱咐要多放些油。大家跟他幽默地开玩笑，叫他 Asau（景颇语的意思是"阿油"）。

## 把景颇人视为亲人

刚到景颇山寨，景颇族群众不了解我们是为什么来的。因为他们长期生活在国界边上，有的连自己是哪一国的人都不清楚。记得我们初到村寨时，向群众讲明我们是为帮助景颇族来学习景颇语的，是政府（asuya）派我们来的。听了半天，他们还以为我们说的"政府"asuya 是缅甸政府。后来，他们逐渐了解了我们来这里是帮助景颇族的，知道了"中国、北京、昆明、人民政府"。

过了三个月，我们结交了许多景颇朋友，景颇人也了解了我们。为了能更好地学习语言，我们征得县委领导的同意后，部分同学搬到老乡家里去住，和群众"同吃、同住、同劳动"，在"三同"中学习语言。两人分一家，笔者和周兴波分到姓 Marip 的一家。

由于勐秀乡的景颇族居住分散，一个山头只有一两家居住。刚住下来的头一两天，到了夜晚有点害怕。半夜狗吠声把我们从睡梦中惊醒，我们立即端起了枪。由于白天太累，兴波和我也就逐渐不多想，转头又睡了。

我们严格要求自己与群众打成一片。清早，我们与女主人一起舂米，舂完当天要下锅的米。主人下地劳动，我们也跟了去，锄地、薅草、播种等都干，有时还下山干水田活。从劳动中学到了不少词汇。晚上吃完饭后，我们围在火塘边与老乡聊天，从中记录历史、民情、习俗等知识。景颇人吃饭很简单，一锅大米饭，一碗水煮的野菜，好时加个煮木耳或弄个"舂菜"。我们跟着吃，也觉得很香。

大家都与景颇人有了感情，都不约而同地把景颇人当成自己的亲人。见到老一辈都称"爷爷（jidui）、奶奶(dui)、伯伯(wadi)、妈或姨(nu)"，见到同辈的都称"哥哥(hpu)、姐姐(ana)、弟弟(nau)/妹妹(nau)"。老乡们听了很高兴，觉得我们可亲，是自己人，一下子就拉近了距离。他们也称我们"孩子（Asha）、哥（Ahpu）、姐（Ashong）"。

一次，笔者与佘国华（山西籍。后来在云南民族出版社任副社长，编审）下山办事。回来的路上，看见一位年约 50 岁的景颇族大爷蹲在路上呻吟，一问才知道他出现了胃剧痛。夕阳西下，天已快黑了，若不回去，就会在野外遭到野兽的袭击，后果不堪设想。笔者和佘国华商量了一下，认为他是走不动的，决定轮流把他背回寨子。有了这个决心和勇气，不知哪来的力气，我俩轮流硬把他背回寨子。虽然汗流浃背，但我俩都为自己做了一件好事而高兴。

### 一场虚惊，一次锻炼

一天晚上七点钟，边防站突然通知我们："根据情报，今晚有股敌对势力要过你们的寨子，你们要做好应急准备。一有情况你们就放枪，我们就跑步赶到。"那时，我在老乡家住，饭还没吃，就提了马灯到各家去通知大家立即回我们盖的茅草房集中。笔者去通知大家时，要通过几个林子，一路黑压压的，但那时也没想到会有什么危险。

大家都回来后，宣布了"敌情"，并做了"战略"部署。基本方案是：如果敌人来了，持枪的男同学在第一线战斗，几位女生往屋后山洼里跑，把自己藏起来，边防军听到我们的枪声会来支援的。

这天晚上，我们彻夜没睡，一直熬到天亮。清晨，边防军来通知我们，敌人往别处走了，没过你们的寨子。我们这时才松了一口气。

现在回忆起来觉得蛮有意思。我们这批没受过任何军事训练的大学生，竟然也能在关键时刻，被逼上梁山做起"作战部署"。如果这股敌人果真要经过我们这里，那结局将会怎样，大家不愿再往下想。

### 转换新的实习地点

由于考虑到现在这个实习点景颇人居住分散，还杂居不少说载瓦语的景颇人，如果能再去一个说景颇语的景颇人比较聚居的村寨实习，收获会更大些。在征得学校领导和瑞丽县县委的同意后，我们开始做搬迁的准备工作。

因为是新中国成立之初，对景颇族的分布情况不清楚，特别是对景颇族内部不同支系的分布情况不清楚。所以要找一个说景颇语的景颇支系比较集中的地区，简直是"一眼黑"。怎么办？只好自己去找。当时决定派景颇族岳绍进老师和肖家成（四川籍，后来在中国社会科学院任研究员）同学二人担当这一任务，步行到附近地区去找。他俩五六天后回来了，告诉大家找到陇川县章凤区的弄唤村（Nonghong），那是一个景颇族聚居的村寨，位于坝区，离景康街（jingkham gat）只有两公里。大家听了都很高兴，感谢二位辛苦奔波。

过了两天我们就动身了，走了约 40 公里的山路，下山后就到达了弄唤村。

没想到，没等我们安顿好住处，肖家成因有点劳累或因旅途饮食原因，连续几天发了高烧，一直不退。附近不要说是医院，连医生也找不到一个。只好决定往县医院送。怎么送？不通公路只能用担架送。但是，找山官商议时又出现了没有预料到的问题，山官很为难地说，我们景颇人的习俗是不能抬活人的，只能抬死人。后经景颇族老师和他们反复商议，最后他们同意挑八个壮青年分两组轮流抬到县医院。一清早，他们就砍了竹子做好了担架。由笔者和佘国华二人去送。

这期间正是雨季，雨不停地下。从我们住处到县里虽然只有 30 多公里，我们从早上九点出发，下午六点才到，走了九个多小时，一路大雨不停。通往县城的是一条靠水田的土路，由于不断下雨，道路被黄牛、水牛踩得泥泞不堪，每一脚都要踩进烂泥半尺。抬担架的老乡非常辛苦，为避免摔倒，并排的两人的手互相搭肩行走。笔者和佘国华背着枪走在后面，全身都湿透了。开始是穿草鞋，后因草鞋踩进泥里拔不出来，就改穿球鞋。但球鞋太滑，一路不知摔倒了多少次。由于担架上下晃动，发高烧的肖家成途中几次从担架上翻了下来。好不容易才走到县城。

县医院十分简陋。病房是一间竹房，除了几张竹子搭的病床外什么也没有，黄土的地面高低不平。笔者和佘国华一进屋都愣住了。好在医生很热情，很负责，马上就检查。一检查，发现是伤寒病，说如果晚送来的话就危险了。后来才得知，这位医生过去得过伤寒病，所以根据症状一下就准确地诊断出了病情。天哪，幸亏遇到了这位医生！肖家成在医院里住了两个月才出院，回到了我们这个集体。

### 口语学习与研究结合

搬到弄唤村后，我们的学习条件好一些，大家都抓紧学习，争取在实习结束时口语能大大提高一步。除了坚持与群众一起学习口语外，还加强通过研究景颇语的各种现象提高对景颇语的理性认识。

实习队把每个人每天收集的语料汇在一起，由笔者和张骥用蜡纸刻出来印发给大家交流。当时的条件很差，刻写的蜡板、印刷器械是向附近的工作组借的，是夜晚在马灯下一个字一个字刻出的。丰富而珍贵的语料，为大家思考景颇语的特点提供了依据。我们思考了景颇语的语序特点、四音格词的构造规律及语音结合特点、解释了各种助词的语法意义等。每遇到一个不懂的词或不懂的句子，由于我没有资料可查，没有人可问，只能靠自己苦思冥想地去解决，去寻求答案。我们逐渐懂得，每一种语言都是深奥的，要学会一种语言是很不容易的。

我们会一般的会话后，就注意记录反映景颇族社会历史文化的语篇材料，如景颇族的口传文学（故事、谚语等）、历史传说、生活习俗等。一次，笔者与佘国华晚饭后到岳家（Nhkum）聊天。岳大爷热情地在火塘边接待了我们。今晚他要给我们讲述景颇人如何上山打猎。我们认真地低头记录他的描述。他讲到兴奋时，从墙上取下铜炮枪比画给我们，说如何在树上躲藏等野兽靠近时开枪。他突然搂了扳机，一声巨响，子弹从我俩的头边擦过，把我们两人都吓呆了。大爷也吓坏了，赶忙说以为枪里没有装火药。至今一想到这事，还有些后怕。

前人的景颇语研究，基本上是一张白纸，我们没有可参考的资料。不过这也好，逼着我们去研究，去思考。回想起来，实习时期这种学习方式，对我们这批人后来的教学研究工作提供了一定的基础。

第一线的语言实践，使我们有了丰厚的感性知识，更重要的是，它使我们初步懂得了应该如何处理好语言事实和语言学理论的关系。

回校后，学校给我们安排了几门由著名语言学家讲授的语言学基础课，如高名凯教授的普通语言学课，整整讲了一年，给我们打下了系统的语言学理论知识。还有袁家骅的语音学课，吕叔湘的汉语语法课，傅懋勣教授的语言调查课等。我们还听了一些著名语言学家如王力、周祖模、周殿福、刘又辛等教授的语言学专题报告。我们如饥似渴地去听这些报告，一听说有报告，就提前去抢位置。由于有了一年的语言实践，我们倍感知识的重要，理论的可贵。这些学习，我们不约而同地认真做笔记，课堂上一片寂静。

### 还想说的话

一年的实习生活，我们学到了许多在学校课堂里学不到的东西，使大家初步懂得如何做人、如何做学问。我们与景颇族的父老兄弟结下了深厚的感情，理解他们的喜和忧、乐和苦。我们懂得了要热爱自己的事业，要埋头苦干，坚持不懈，不要这山望那山高。要多为国家、民族做贡献，树立"人生的价值在于贡献"的理念。

如今，我们这批当年曾经在景颇山学习语言、得到锻炼的青年学子，大多是教授、研究员，成为新中国第一批景颇语文教学研究的骨干。《景颇语语法》《景颇语词典》《景颇语词汇学》《景颇语教程》《景颇族文化》《勒包斋娃——景颇族创世史诗的综合性文化形态》《景颇族的山官制度》等一批景颇族语言文化奠基之作，都是出自这批人之手的。

离开景颇山寨已60多年，但至今我们都时时想到"同吃、同住、同劳动"的景颇山寨的父老兄弟，想到我们自己盖的茅草房，想到夜晚在火塘边学习景颇语，想到在笔记本上记下的珍贵语料。这些难以忘怀的情结，催促我们不断前进。

笔者希望，笔者的这些感受能够使在现代化课题里学习民族语言和语言学的大学生和研究生们会有共鸣，还希望对国家如何培养语言学人才有所借鉴。时代不同了，条件不同了，要求也会不同，但一些基本理念、基本精神应是相同的不变的。

　　谨以此文献给曾经一起经受艰苦磨炼的大学同班同学，并以此哀悼前几年去世的崔志超、方炳翰、宋哲明三位同班老同学。

# "中国少数民族语言研究暨庆祝戴庆厦先生八十华诞学术研讨会"弟子代表发言

张 博

敬爱的戴先生，尊敬的曲木铁西校长和各位专家师长，亲爱的同门兄弟姐妹们：

今天我们怀着无比激动的心情，欢聚一堂，共同庆祝我们敬爱的导师戴庆厦先生八十华诞。此时此刻，我和每一位沐浴师恩的同门学友一样，心中充满了对老师无限的感激和崇敬。

1985 年，我陪我的硕士导师刘又辛先生到北京，有幸拜识了戴先生和师母徐老师。三十年来，我一直得到先生的厚爱、关怀和指教，不仅在先生的指导下完成博士学位论文，而且，毕业以后，怎么带学生、做研究、做编辑，怎样为我所在的单位北京语言大学多做一些工作，都得到先生的悉心教导和鼓励。

我想，先生培养的硕士博士研究生上百名，本科生上千名，每一位同门学友蒙受的师恩和教诲可能不尽相同，可先生对我们的影响同样都是巨大而深远的，由于时间关系，我谨代表我们同门学友说几点共同的深切感受。

1. 高尚的人格。从戴先生身上，我们真切地体会到，为人与为学是紧密联系、互为因果的。每一个跟随先生学习过的同学，都能感受到先生高尚的人格。先生迄今出版学术著作 46 部（部分为合著），主编 75 部著作，发表论文 300 余篇。[①]在学术上有如此辉煌的成就，实在是出自人格的力量。先生视学术为生命，把引领推进汉藏语研究作为自己的使命，把培养人才作为自己的天职。正是有了这样的远大目标和使命感，先生淡泊名利，把对物质生活的要求降到最低，争分夺秒地调查研究，尽心竭力地培育后学。先生为推进汉藏语研究、为造就汉藏语研究队伍所建立的卓越功绩，世所

---

① 见朱艳华《立足田野　博而能精——戴庆厦先生学术述评》，《文化学刊》2014 年第 3 期。

公认。

2. 立足语言事实的严谨学风。我虽然没能亲随先生做田野调查，但我知道，同门学友大都经过先生严格的学术训练。先生总是手把手地教学生做语言调查，挖掘语言事实，进行精细的语言描写，揭示语言规律。最近这些年，先生已是年逾古稀的老人了，腿也因风湿病时常疼痛，可还是以坚韧的毅力，带领学生深入西南少数民族村寨做民族语言调查，或赴周边国家做跨境语言调查。这种扎实严谨的学风学品，使先生的学术成就得以成为汉藏语研究领域最有价值、最厚重求实的一部分。不仅为中国学者树立了楷模，也赢得了国际同行的敬重，为中国的历史比较语言学研究、汉藏语研究赢得了国际话语权。去年 10 月，戴先生在云南师范大学主办的第 47 届国际汉藏语言暨语言学会议吸引了 17 个国家和地区 380 余位专家学者参加，是汉藏语大会历史上规模最大的一次盛会，折射出先生巨大的学术影响力和感召力。

3. 重视微观研究的治学取向。先生治学，注重从具体的、微观的问题一个个做起，逐渐拓宽题域，由点到面。正是经过众多具体语言问题的描写分析，经过对藏缅语全方位的研究，先生在很多带有全局性的大问题上提出高屋建瓴的理论学说，比如，藏缅语族系属的分类问题，汉藏语的分类，汉藏语语法比较研究的理论方法，汉语研究和非汉语研究的关系，语言接触与语言的内部机制等。这种学术路径特别值得我们仿效。我也常常听先生在答辩会上告诫后学，先做一些切实的问题研究，避免生硬地套用理论，不能一开始就做那种自己无力驾驭的大选题。要一步一个脚印地从事科学研究。由于先生的大力倡导和亲身践行，重视微观研究已经成为整个学科尤其是先生亲传弟子鲜明的学术风格。

4. 对国家、民族、社会和学界的责任感。数十年来，先生大力倡导"构建和谐语言生活"的理念，为维护民族团结和科学保护各民族语言文字奔走呼吁，建言献策；为少数民族创制文字，指导少数民族的双语教学；抢救濒危语言，调查跨境语言；担任多个学术机构、35 所大学的学术顾问或客座教授，为其学科建设、学术研究、人才培养提供咨询指导，体现出一代大师的人文情怀和学术担当。

特别要说的是，近十年来，戴先生担任北京语言大学客座教授，为北语少数民族语言文学学科建设、为"中国周边语言文化协同创新中心"的建立和发展做出巨大贡献，在北语先后培养出王跟国、戴宗杰、张鑫、经典、彭茹等优秀的博士，今天，我们北京语言大学校领导特意嘱我向尊敬的戴先生表示崇高的敬意和诚挚的谢忱！

我们对先生的崇敬和感激实在难以尽述，能蒙先生收纳为徒，得到先生的教诲栽培，是我们一生最大的福分和荣幸。没有先生，就没有我们的今天。我们深知，离先生的期望和要求还差得很远，今后，我们要不懈地努力，用更好的成绩向您的九十华诞、百岁华诞敬献厚礼！

衷心祝福敬爱的老师和师母身体健康，幸福吉祥！

2015 年 6 月 13 日

# 庆祝戴庆厦先生八十华诞学术研讨会隆重举行

6月13日，中国少数民族语言研究暨庆祝戴庆厦先生八十华诞学术研讨会在中央民族大学隆重召开。此次学术研讨会由中央民族大学中国少数民族语言文学学院主办，少数民族语言文学系和中国少数民族语言与古籍研究所承办。中央民族大学校领导、特邀主旨发言嘉宾、中国少数民族语言文学学院各系所师生，以及来自全国各地的戴庆厦先生弟子共近百人参加了这次学术研讨会。

开幕式由少数民族语言文学系主任木乃热哈主持，中央民族大学副校长曲木铁西教授、中国少数民族语言文学学院院长阿不都热西提·亚库甫教授、北京语言大学《世界汉语教学》主编兼校学术委员会主任张博教授、《云南师范大学学报》主编兼云南师范大学汉藏语研究院常务副院长罗骥教授分别致辞。曲木铁西教授回顾了戴先生带领他调查记录彝语各方言和其他少数民族语言及指导他研究彝语义诺话的经历，满怀深情地表达了对戴先生作为他学术和人生导师的无尽感激之情。阿不都热西提·亚库甫教授高度评价了戴庆厦先生为中国少数民族语言教学研究和人才培养做出的重要贡献，肯定了戴先生作为中央民族大学中国少数民族语言文学学院第一任院长在学院学科建设和发展中起到的关键性作用。张博教授回顾了戴庆厦先生对学生严格教导和无微不至的关怀，总结了戴先生一生所取得的巨大学术成就，声情并茂地表达了弟子们对戴先生身体健康、快乐长寿和永葆学术青春的祝愿。罗骥教授风趣幽默地谈了自己与戴庆厦先生共事三年来的感受，生动地描绘出了一个心地善良、孜孜不倦工作的戴先生形象，并宣读了云南师范大学校长蒋永文教授专门为戴庆厦先生八十华诞发来的祝贺信。此外，张鑫博士播放了"戴庆厦先生学术生涯掠影"幻灯片。在观看幻灯片的过程中，大家看到了戴庆厦先生往事的点点滴滴，让戴门弟子们回想起当年和先生一起调查研究少数民族语言的经历，无比敬仰的目光投向了眼前这位精神矍铄、容光焕发的长者。一些单位和个人还向戴庆厦先生敬献上了最美的鲜花和哈达，整个会场充满了喜乐祥和的气氛。

　　研讨会主旨发言分为两场，分别由阿不都热西提·亚库甫教授和李锦芳教授主持。在第一场中，中国社会科学院黄行研究员做了题为《汉藏语系语言区域性语音特征》的报告；黄行研究员根据诸多汉藏语言的语音研究成果，比较印欧语系、阿尔泰语系等的语音，总结出汉藏语系语音方面的特点，并探讨了汉藏语系塞擦音、送气音、辅音韵尾和声调以及其他一些重要语音现象的形成和演变机制。北京语言大学崔健教授做了题为《朝鲜语汉源虚词——以汉字词的语法化为例》的报告；崔健教授以朝鲜语汉源连接词、比较标记、对象标记、时体标记、形式名词为例，考察了汉语对朝鲜语的影响。首都师范大学洪波教授做了题为《领主属宾结构的句法来源及构式语义嬗变》的报告；洪波教授指出，在先秦时期，汉语领主属宾构式中的动词如果有自动与使动配对的，皆用使动形式而不是自动形式；洪波教授认为，领主属宾构式原属于使动构式，其句法形式直接导源于使动句法结构。第二场主旨发言是由南开大学的曾晓渝教授做题为《侗台语"稻秧"的地理分布》的报告；曾晓渝教授通过观察侗傣语言"稻秧"一词的地理分布，分析侗台民族语言的历史痕迹，得出广西中部地区很可能是侗台族群土著的发源地、泰族最早可能亦源自该区域的结论。

下午的学术报告在两个分会场同时进行，分别有十二位专家学者做了学术报告。此外，还有近三十位专家学者或硕博研究生提交了学术报告论文摘要或全文，内容涉及语言本体研究、语言使用、语言系属分类、语言接触、比较研究、对外汉语教学、双语教学、少数民族学生汉语习得、少数民族文献研究等方面，既有探讨整个汉藏语系或藏缅语族语言的类型特征，也有分析具体语言的特点。戴庆厦先生到学术报告第一分会场听取报告，并提出宝贵的建议。整个学术报告体现了弟子们在继承和发扬戴庆厦先生学术思想的基础上，不断创新和发展中国少数民族语言研究的新局面。

闭幕式由中国少数民族语言与古籍研究所所长胡素华教授主持。张鑫博士宣读了由北京师范大学珠海分校副校长傅爱兰教授和香港大公报中国新闻部主任赵汝庆博士提出的关于设立"戴庆厦徐悉艰伉俪民族语教学与研究基金"的倡议。最后，戴庆厦先生发表了自己的真挚感言，慷慨激昂地表达了自己对少数民族语言研究与教学事业的热爱，坚定地表示要把 80 岁作为一个新的人生起点，保证不离开少数民族地区，不离开少数民族同胞，不离开少数民族语言，为中国少数民族语言研究教学事业而奋斗终生。戴先生还对终生支持自己事业的爱人徐悉艰研究员表达了谢意。

戴庆厦教授，生于 1935 年 6 月；福建仙游人，汉族，中国著名语言学家，国家民族事务委员会（部级）系统突出贡献专家。现任国际双语学学会会长、云南师范大学汉藏语研究院院长、中央民族大学汉藏语研究中心主任等职，戴先生也是美国语言学会终身荣誉会员。戴先生自 1956 年中央民族大学毕业后，一直在中央民族大学工作，曾任国务院学位委员会学科评审组成员、中国语言学会副会长、中央民族大学中国少数民族语言文学学院院长等职，终生兢兢业业从事少数民族语言教学研究和人才培养工作，多年以来带领学生深入西南地区少数民族村村寨寨，调查记录过几十种少数民族语言，会讲一口流利的景颇语，是国际著名的景颇语研究专家，熟悉大多数彝缅语支语言，曾为哈尼族、景颇族载瓦支系等民族或民族支系

创制文字，撰写或主持编辑过几十部很有影响力的专著，发表了上百篇高质量的论文，培养出几百位高端人才，为中国少数民族语言研究和教学事业做出了杰出贡献。

原载中央民族大学校园网综合新闻

（周廷升/文　张鑫、王保锋、周廷升/图）

# 后　记

　　我们这些弟子怀着崇敬的心情为恩师编辑 80 华诞纪念文集，深感莫大荣幸，永远值得回忆。这些论文凝结着戴门所有弟子和戴老师好友的心意，代表着大家对戴老师的深厚情感。

　　由于收稿时间紧迫，未能收录所有同门贺寿文章，编辑工作也不尽完善。所有遗憾，留待老师 90 华诞纪念文集补足。也请各位同门谅解。

　　编辑组衷心感谢同门及戴老师好友的积极支持，感谢中央民族大学中国少数民族语言文学学院、中国少数民族语言与古籍研究所的关照。同时也衷心感谢关心本文集编辑出版的所有同人。

　　本文集所有论文顺序均按内容类别排列。

《庆祝戴庆厦教授 80 华诞文集》编辑组　敬上

2016 年 5 月 18 日